忠州高句麗碑

| 연구 및 편찬 책임자 |

고광의 동북아역사재단 책임연구위원

『광개토대왕릉비 탁본』(공저, 국립문화재연구소, 2019), 『혜정 소장본 廣開土太王碑 원석탁본』(공저, 동북아역사재단, 2014), 「충주 고구려비의 판독문 재검토－題額과 干支를 중심으로－」(『韓國古代史研究』 98, 2020), "The Digital Restoration Copy of the Afrasiab Palatial Mural : the Northeast Asian History Foundation Project 2013-2015"(*BULLETIN OF IICAS* 27, 2018)

| 공동연구원 |

조영훈 국립공주대학교 문화재보존과학과 부교수

「성덕대왕신종의 3차원 디지털 기록화의 의미와 모니터링 기초자료 구축」(공저, 『박물관 보존과학』 24, 2020), "Noncontact restoration of missing parts of stone Buddha statue based on three－dimensional virtual modeling and assembly simulation"(공저, *Heritage Science* 8, 2020), "Three－dimensional digital documentation of cultural heritage site based on the convergence of terrestrial laser scanning and unmanned aerial vehicle photogrammetry"(공저, *ISPRS International Journal of Geo-Information* 8, 2019)

| 연구원 |

신빛 동덕여자대학교 회화과 겸임교수, 사진가

안재홍 한국과학기술원(KAIST) 문화기술대학원 초빙교수

| 연구보조원 |

권다경 국립공주대학교 문화재보존과학과 석사

忠州高句麗碑

동북아역사재단 편

동북아역사재단
NORTHEAST ASIAN HISTORY FOUNDATION

머리말

동북아역사재단은 고구려 시대의 비문, 고분 묵서, 금속기명, 토기명, 와·전명 등 문자자료의 조사 및 연구를 진행하고 있다. 사료가 부족한 고구려사 연구에서 남·북한 및 중국, 일본 등의 지역에서 보고된 금석문 자료를 파악하여 연구의 기초 자료를 확보하고 이를 학계에 제공하려는 것이다.

이러한 재단의 중장기적인 사업 계획 아래 충주고구려비(이전 명칭 중원고구려비) 발견 40주년을 맞는 2019년에는 '충주고구려비의 금석학적 연구'를 추진하였다. 연구책임은 동북아역사재단 고광의 책임연구위원이 맡고, 국립공주대학교 문화재보존과학과 조영훈 부교수가 공동연구자로 참여하였다. 충주고구려비의 탁본은 문화재청이 지원하여 대한불교조계종 불교중앙박물관에서 수행한 '2019 금석문 탁본 조사 사업'의 결과물을 활용하였다. 연구 진행 과정에서 추가된 비와 탁본의 초고해상 디지털 촬영은 동덕여자대학교 회화과(사진 및 디지털 이미지 전공) 신빛 겸임교수가 담당하였고, RTI는 한국과학기술원(KAIST) 문화기술대학원 안재홍 초빙교수가 제안함으로써 가능하게 되었다.

전 고구려연구회 회장 서길수 교수는 1979년 충주고구려비 4차 조사에 참여하여 직접 찍은 슬라이드 사진 필름을 비롯하여 정영호 교수가 기증한 탁본과 2000년 2월에 고구려연구회에서 직접 제작한 탁본 및 관련 사진 필름을 제공하였다. 단국대학교 석주선기념박물관 측은 소장 탁본 및 관련 자료의 촬영을 허락하고, 아울러 박경식 관장은 학부 재학 시절 비의 초기 조사에 참여할 때 찍은 사진 파일을 전해주었다. 충주시는 작업 기간 중 충주고구려비 전시관 휴관일인 매주 월요일에 현장에서 작업을 할 수 있도록 배려를 아끼지 않았다.

한편 이와 별도로 비의 발견 40주년을 맞아 동북아역사재단 한국고중세사연구소와 한국고대사학회가 공동으로 충주고구려비를 재조명하는 학술회의를 계획하고, 그 과정에서 공동판독회를 진행하였다. 제1차 판독회는 2019년 8월 동북아역사재단에서 동북아역사재단·한국고대사학회·고구려발해학회·한국목간학회·한국서예학회와 국립공주대학교 문화재보존과학과 및 한국과학기술원 문화기술대학원의 관계자가 참여한 가운데 진행되었다. 제2차 판독회는 10월 국립공주대학교에서 진행되었으며, 학술회의의 발표·토론·사회자와 동북아역사재단과 한국고대사학회 관계자가 중심이 되어 진행하였다. 이러한 두 차례의 판독회를 바탕으로 11월 '충주 고구려비 발견 40주년 기념 학술회의'를 동북아역사재단에서 개최하였다. 제3차 판독회는 2020년 4월 서울교육대학교에서 진행되었으며, 한국고대사학회와 동북아역사재단 관계자가 참석하여 1·2차 판독회에서 미비했던 부분을 중심으로 살펴보았다.

이번 연구를 진행하는 과정에서 기존에 접하지 못한 충주고구려비의 3차원 스캐닝, RTI 자료를 획득한 것은 큰 성과이다. 또한 비의 실물과 같은 고해상 디지털 사진을 촬영하고 양질의 최신 탁본을 제작하여 디지털화하였다. 특히 동북아역사재단과 한국고대사학회가 공동판독안으로 제시한 각각의 글자들에 대해서 디지털 사진, 비면에 부착된 상태로 촬영한 탁본과 이를 배접한 탁본 및 배접하지 않은 탁본, 그리고 RTI와 3차원 스캔 데이터를 다양한 렌더링 기술을 적용하여 가시화한 이미지로 보여줌으로써 판독에 도움이 되도록 하였다.

이 자료집은 이러한 결과물을 한데 모아 충주고구려비가 발견된 지 40주년이 되는 시점에서의 현재적 기록이란 의미로 엮은 것이다.

끝으로 그간 함께 연구에 참여하여 도움을 주신 분들과 관련 학회 및 기관에 깊은 감사의 말씀을 드린다.

2021년 6월

동북아역사재단 책임연구위원

고광의 씀

일러두기

· 이 책은 2019, 2020년도 동북아역사재단 기획연구 수행 결과물이다(NAHF-2019-기획연구-15, NAHF-2020-기획연구-13).

· Ⅰ과 Ⅱ의 원고는 「충주고구려비의 판독문 재검토-題額과 干支를 중심으로-」(고광의, 2020, 『韓國古代史研究』 98, 한국고대사학회)의 내용을 수정 · 보완한 것이다. Ⅶ은 「충주고구려비(忠州高句麗碑) 디지털 판독의 성과와 고찰」(조영훈 · 권다경 · 안재홍 · 고광의, 2021, 『文化財』 제54권 제2호, 국립문화재연구소)의 내용을 일부 수정 · 보완하여 수록하였다.

· 이 책은 e-book으로도 발행하였다.

차례

I

디지털 사진 촬영

충주고구려비(국보 제205호)의 초고화질 디지털 사진 촬영을 통해 비면의 현상태를 정확히 기록하고 데이터화한 것은 이번 연구의 중요한 성과 가운데 하나이다. 본 작업을 통해 비를 최대한 자연광에서 관찰하는 것처럼 사진으로 재현하고 다양한 방식으로 화상 처리함으로써 비문의 판독 및 한국 고대사 연구에 새로운 자료를 제공하게 되었다.

그림 1 충주고구려비 전시관

카메라는 5,000만 화소 이상으로 각종 전용 프로그램이 포함된 Canon EOS 5Ds R 바디에 100mm 마이크로 렌즈를 사용하였다. 조명은 엄브렐러 디퓨저를 장착한 모노타입 600W 2개씩을 비의 좌우에 각각 설치하고, 우측 조명 높이를 좌측보다 1m 더 높게 함으로써 빛에 의한 그림자 방향이 좌측 아래로 향하게 하였다.

우측과 좌측의 조명비는 2:1이며, 비면 전체에 동일한 노출값이 나오도록 조명의 위치를 비면을 기준으로 4m 떨어진 지점에 설치하였다. 비면 전체에 입체감을 살리면서 조명비에 따른 밝기의 차를 없게 하는 데 주력하였다. 사진의 촬영과 사후 보정 작업을 위해 EOS Utility, Adobe Photoshop CC 버전 등의 소프트웨어를 활용하였고, 비면의 색감을 정확히 재현하기 위해 Color Checker Passport를 사용하였다. 또한 촬영된 사진의 초고해상도 스티치 작업을 위해 레이저 수평계, 레이저 거리계 등을 사용하여 수평·수직을 정확히 맞추고 비의 이미지 왜곡이 발생하지 않도록 주의를 기울이며 촬영하였다.

비면의 고해상 사진 데이터 확보를 위해 각 비면을 14컷으로 분할하여 촬영하였다. 글자가 가장 많이 남아 있고 폭이 가장 넓은 전면을 촬영의 기준점으로 삼아 카메라의 거리와 가로세로의 표준 크기를 정하였다. 각 비면의 중심부를 기준으로 표준 크기는 가르 60cm, 세로 40cm의 면적으로 1컷씩, 각 비면의 하단부터 좌우로 이동하면서 가장 높은 위치까지 각 면마다 모두 14컷을 촬영하였다. 매

표 1 촬영 및 화상 처리 장비 목록

장비	구분	품목	수량	비고
카메라	메인	Canon EOS 5Ds R	1	5,000만 화소 이상, 각종 전용 프로그램 포함
	보조	Canon EOS 5D Mark IV	1	
렌즈	24mm	F2.8	1	
	50mm	F1.4	1	
	85mm	F1.8	1	
	100mm	F2.8	1	
조명 관련	스트로브	600W	4	현장 및 스튜디오 촬영
	조명스탠드	중형	4	
	소프트 엄브렐러	대형	4	
컴퓨터 관련	노트북	프로 15형	1	유물 촬영 현장용
	데스크탑	코어i9	1	후반 포토샵 보정용
	모니터(데스크탑용)	EIZO-27형	1	
	기타 악세서리	전용 소프트웨어, 그래픽 테블릿 등	다수	전용 소프트웨어 활용

표 2 충주고구려비 고해상 분할 촬영

비면	합성 컷수	파일 종류	용량(GB)
전면	14컷	TIFF	3.380
좌측면	14컷	TIFF	3.698
우측면	14컷	TIFF	3.887
후면	14컷	TIFF	2.593

컷마다 주변의 다른 컷들과 30% 이상 중첩되게 촬영하고, 이를 포토샵을 이용하여 비의 4면을 각각 1장씩의 사진으로 완성하였다. 이렇게 각 비면에 대해 실제 면적과 동일한 초고해상도 사진 파일을 확보함으로써 비면과 같은 크기로 프린트가 가능하고 비 표면의 디테일까지도 실재에 가깝게 재현하였다. 이 디지털 사진 파일은 인위적인 필획과 자연 크랙(crack)을 구분하는 등 비문의 판독에 유용하게 활용할 수 있을 뿐만 아니라 비의 전체적인 형태를 초고해상도로 찍은 최초의 사진이라는 점에서 의의가 있다.

그림 2 충주고구려비 전시 상태

그림 3 디지털 사진 촬영 현장

그림 4
비면 초고해상 스티치 작업(전면)

후면 – 좌측면

좌측면

후면

우측면 – 후면

좌측면 – 전면

전면

우측면

전면 – 우측면

| 전면 |

전면 상부

전면 하부

| 좌측면 |

좌측면 상부

좌측면 하부

| 후면 |

후면 상부

후면 하부

| 우측면 |

우측면 상부

우측면 하부

II
탁본 제작 및 화상 처리

충주고구려비의 탁본은 1979년 정식 첫 조사일인 4월 5일부터 시작하여 최근까지 제작되었다. 특히 조사를 주도한 정영호 교수가 직접 채탁하여 국내외 연구자와 지인 및 기관에 기증한 탁본이 상당수 전하고 있다. 이 가운데『史學志』제13집에 게재된 것을 비롯하여 예술의 전당 '한국서예사 특별전' 전시도록(1998), 국립중앙박물관 발행『금석문자료1 – 삼국시대』(2010) 및 최근 서울대학교박물관 기획특별전(2019)에 출품된 탁본은 인쇄물로 출판되었다. 또한 충주고구려비 전시관, 아차산고구려 역사문화홍보관, 단국대학교 석주선기념박물관 등에 전시된 탁본과 고려대학교박물관, 고구려연구회 및 개인이 소장하고 있는 탁본이 다수 전한다. 이외에도 일본 등 해외에 기증된 탁본이 있다고 한다. 이들 중에는 비의 초기 연구 과정에서 활용된 것으로 보이는 탁본이 포함되어 있다. 한편 탁출 일자가 분명한 것으로는 2000년 2월 8~10일 고구려연구회가 문화재청의 허가를 얻어 제작한 탁본이 있다. 이 탁본은 배접하지 않은 상태로 현재 서길수 교수가 소장하고 있으며, 이번 연구에서 초기 탁본과 함께 비교 자료로 활용하였다.

비문 연구에서 양질의 탁본을 확보하는 것은 무엇보다도 중요하다. 따라서 본 연구를 기획하는 과정에서 충주고구려비 발견 40주년 기념 탁본 제작을 염두에 두고 문화재청에 문의하였다. 그런데 이미 문화재청이 자체적으로 대한불교조계종 불교중앙박물관 측에 의뢰하여 '금석문 탁본 조사 사업'을 진행하고 있으며, 2019년도 탁본 제작 대상에 충주고구려비가 포함되어 있으니 그 결과물을 활용하는 것이 좋겠다는 의견을 전해 왔다.

탁본은 전시관 휴관일인 2019년 6월 17일과 24일, 2회에 걸쳐 진행하였다. 채탁은 문화재청 금석

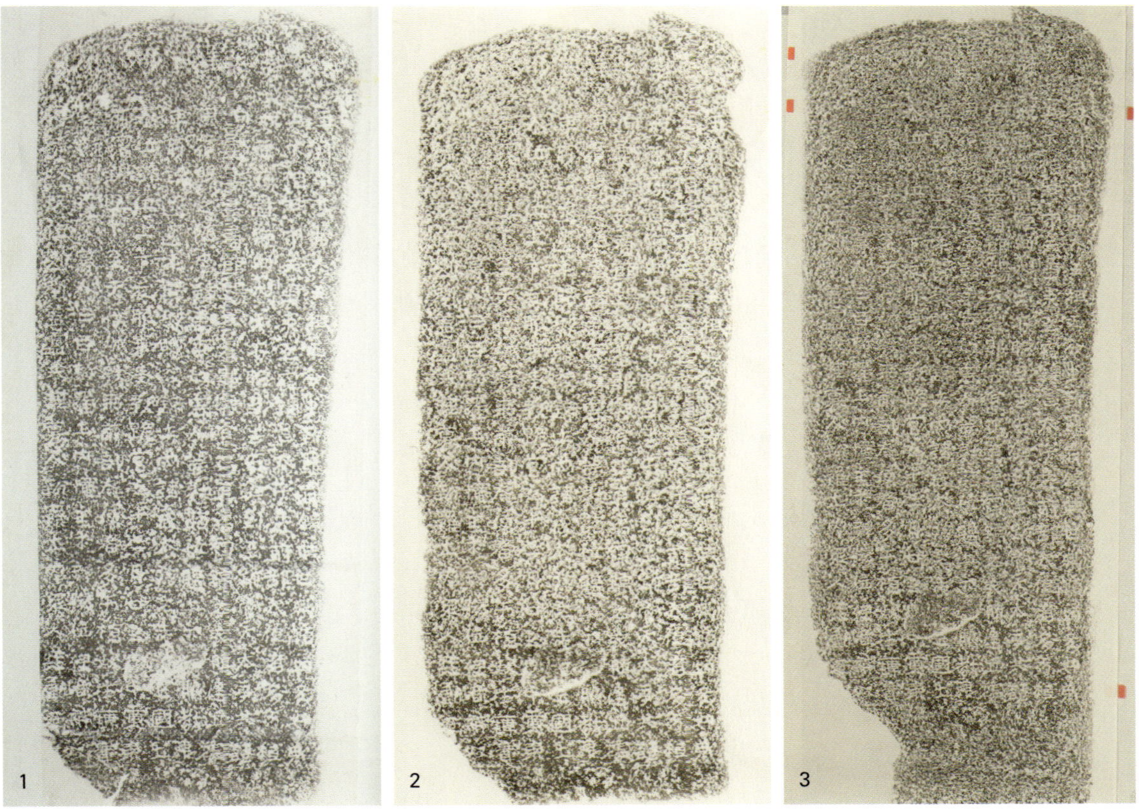

그림 1 역대 충주고구려비 탁본(전면)
1. 1979년 탁본(배접, 충주고구려비 전시관)
2. 2000년 탁본(비배접, 고구려연구회)
3. 2019년 탁본(배접, 불교중앙박물관)

그림 2 충주고구려비 탁본 제작
(2019. 6. 17)

문 탁본 조사 사업의 책임연구원인 홍선 스님 등이 수행하였다. 사용된 종이는 섬유질이 상대적으로 많고 질긴 전통방식으로 제작한 한지를 사용하였으며, 비면보다 약간 크게 한 장으로 재단하여 각 면의 모서리를 감싸도록 하였다. 습식탁본 방식으로 4면을 한 벌로 모두 두 벌을 제작하였는데, 물 묻은 비면에 종이가 부착된 상태나 먹색의 농담에 따라 나타나는 글자의 상태를 단계별로 촬영하였다. 특히 먹봉을 두드리는 작업을 완료한 후 탁지가 비면에 부착된 채 조명을 처리하여 촬영한 사진에서 글자가 선명하게 드러나고 있음을 확인할 수 있었다. 촬영된 탁본의 사진 파일을 포토샵에서 '흑백', '반전' 등 다양하게 처리함으로써 비문의 판독을 위한 최상의 효과를 추구하였다.

이번에 제작한 탁본 가운데 한 벌은 배접하여 불교중앙박물관 측에서 자체적으로 보관하고, 다른 한 벌은 배접하지 않은 상태로 문화재청에 사업 결과물로 납품되었다. 재단은 이 두 탁본에 대해서도 비면의 촬영과 거의 같은 방식으로 초고해상 디지털 촬영을 실시하였으며,[1] 한국고대사학회와 공동으로 개최한 판독회 및 학술회에서 실물 크기의 사진과 함께 공개하였다.

이 자료집에서는 먼저 2019년 6월 17일 탁본 작업 때 촬영한 비면에 부착된 상태의 탁본을 보여주고, 이어서 이를 포토샵에서 '이미지 반전' 처리한 탁본도 함께 소개하였다. 후자의 경우 필획 부분이 진한 색으로 나타나고 있어 글자를 식별하는 데 도움이 된다. 그리고 다음으로 이 탁본을 배접한 것을 실었고, 가장 나중에 6월 24일에 채탁한 배접하지 않은 상태의 탁본을 수록하였다.

1 두 탁본의 초고해상 디지털 촬영은 카메라 바디를 Canon EOS 5D Mark Ⅳ로 사용한 것 이외에는 기타 장비 및 방식이 비면 촬영과 거의 같다. 다만 탁본은 1개 면을 총 6컷으로 분할하였고, TIFF 파일 기준 사진 데이터 용량은 약 1.3GB이다.

그림 3 비면 부착 상태의 탁본 및 포토샵 처리
1. 비면 부착 상태 2. 포토샵 반전 3. 포토샵 흑백

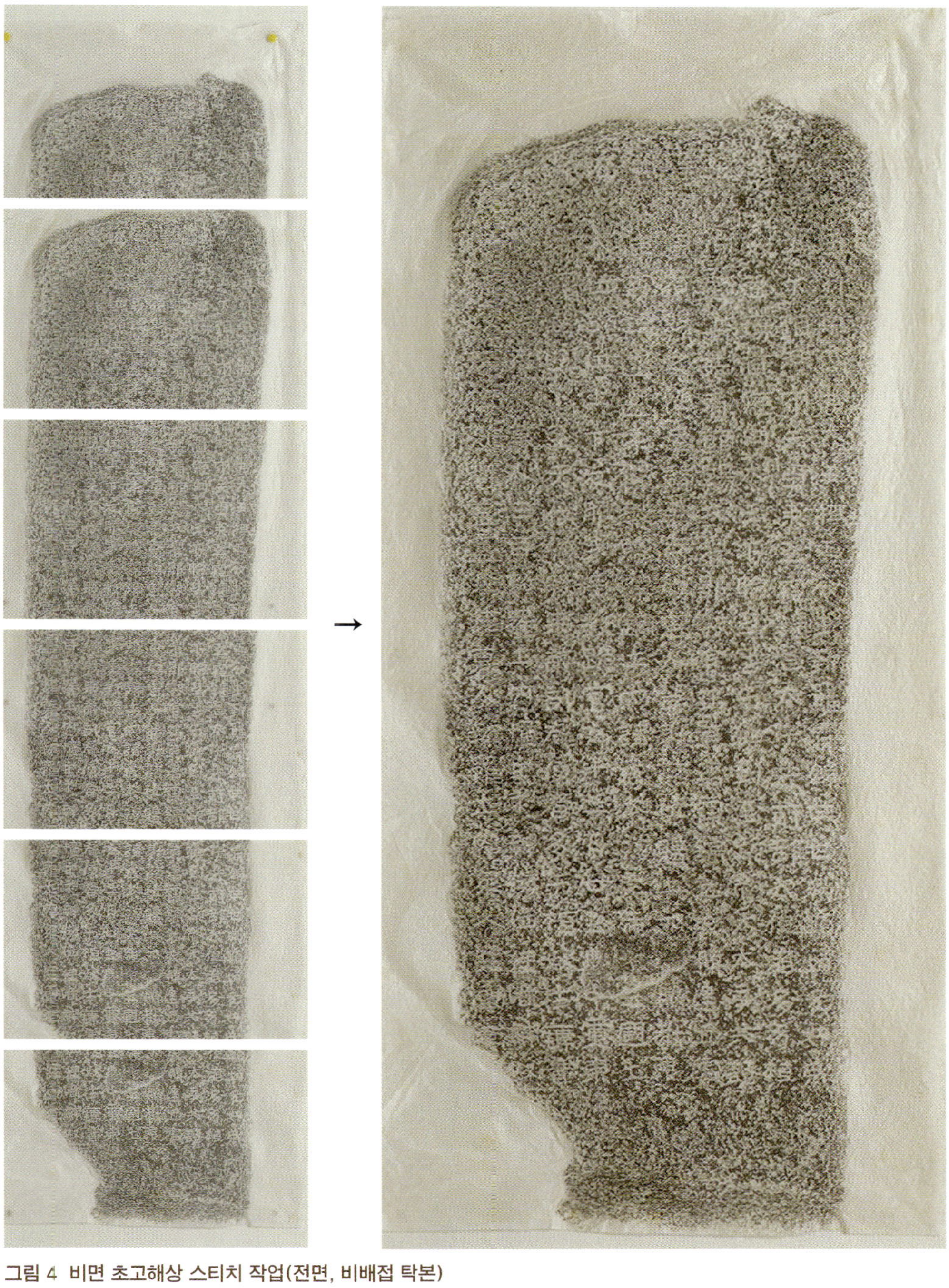

그림 4 비면 초고해상 스티치 작업(전면, 비배접 탁본)

비면 부착 탁본 및 포토샵 반전

| **전면** 비면 부착 탁본 |

| **전면** 포토샵 반전 |

전면 상부 비면 부착 탁본

전면 상부 포토샵 반전

전면 하부 비면 부착 탁본

전면 하부 포토샵 반전

| **좌측면** 비면 부착 탁본 |

| **좌측면** 포토샵 반전 |

좌측면 상부 비면 부착 탁본

좌측면 상부 포토샵 반전

좌측면 하부 비면 부착 탁본

좌측면 하부 포토샵 반전

| **후면** 포토샵 반전 |

후면 상부 비면 부착 탁본

후면 상부 포토샵 반전

후면 하부 비면 부착 탁본

후면 하부 포토샵 반전

| **우측면** 포토샵 반전 |

우측면 상부 비면 부착 탁본

우측면 상부 포토샵 반전

우측면 하부 비면 부착 탁본

우측면 하부 포토샵 반전

탁본(배접)

| 후면 |

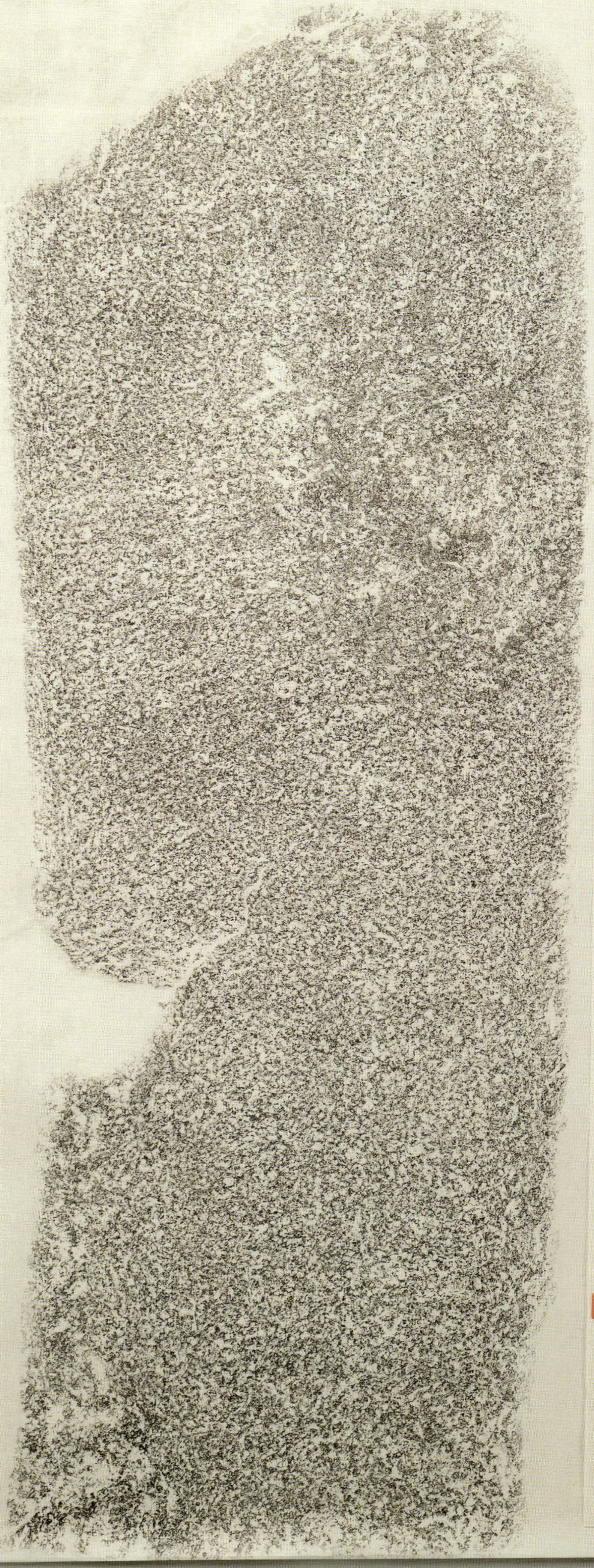

| 좌측면 |

| 전면 |

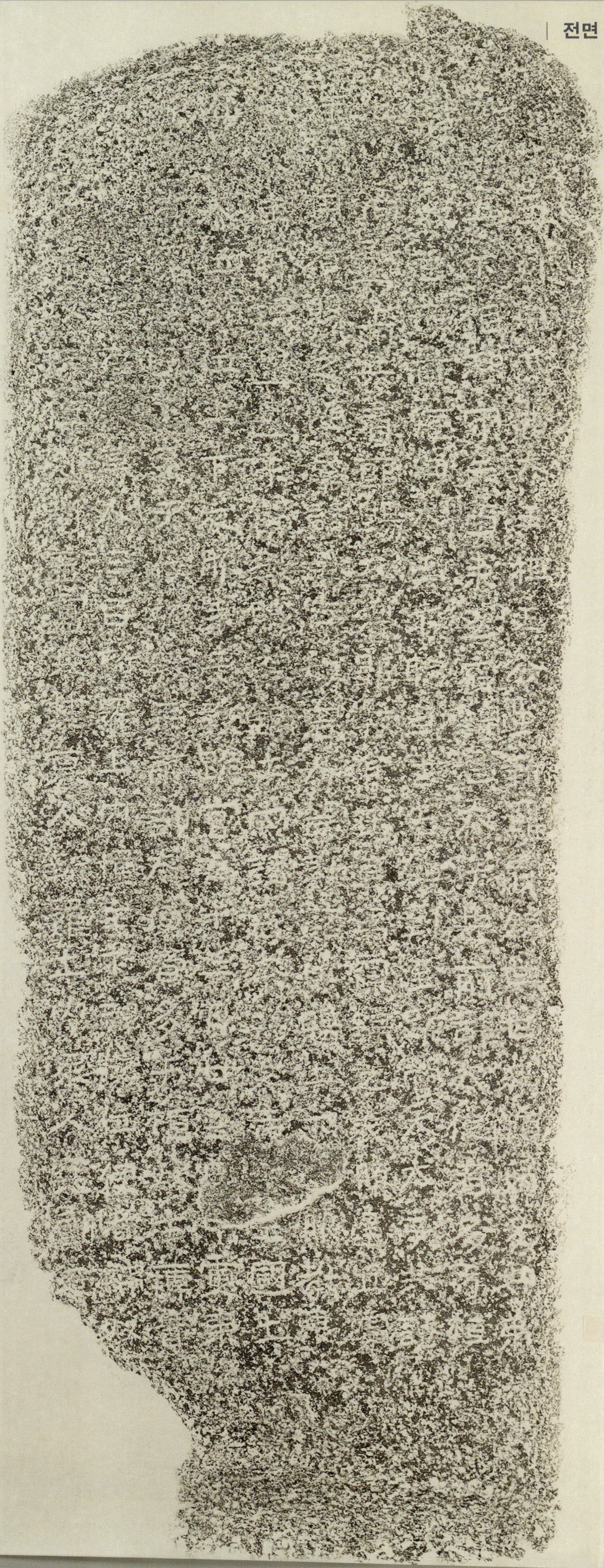

| 우측면 |

* 빨간색 표시는 상대적으로 비교해 본 각 면 글자의 첫 줄과 마지막 줄 및 전면 상단의 글자 위치

전면 상부

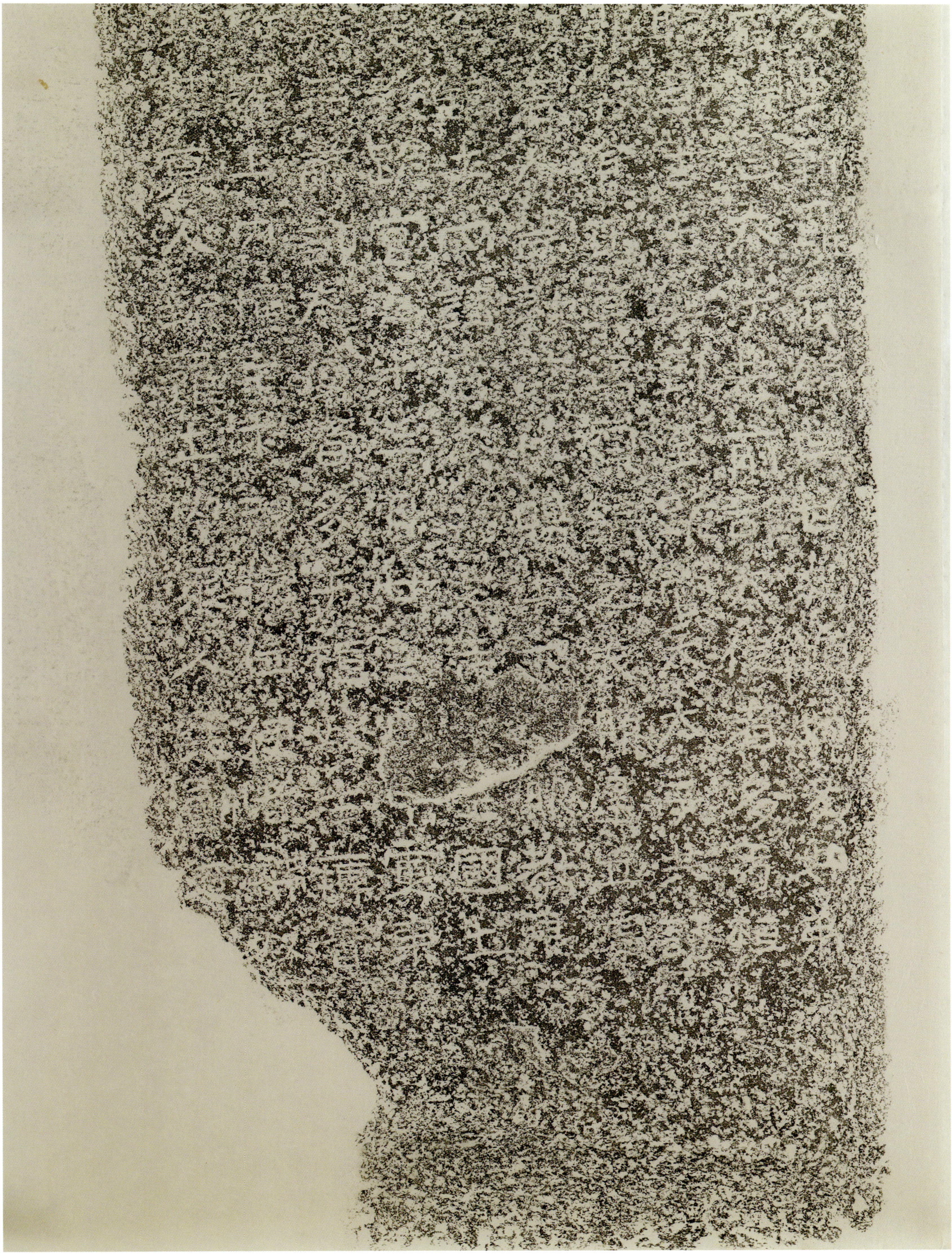

전면 하부

좌측면 상부

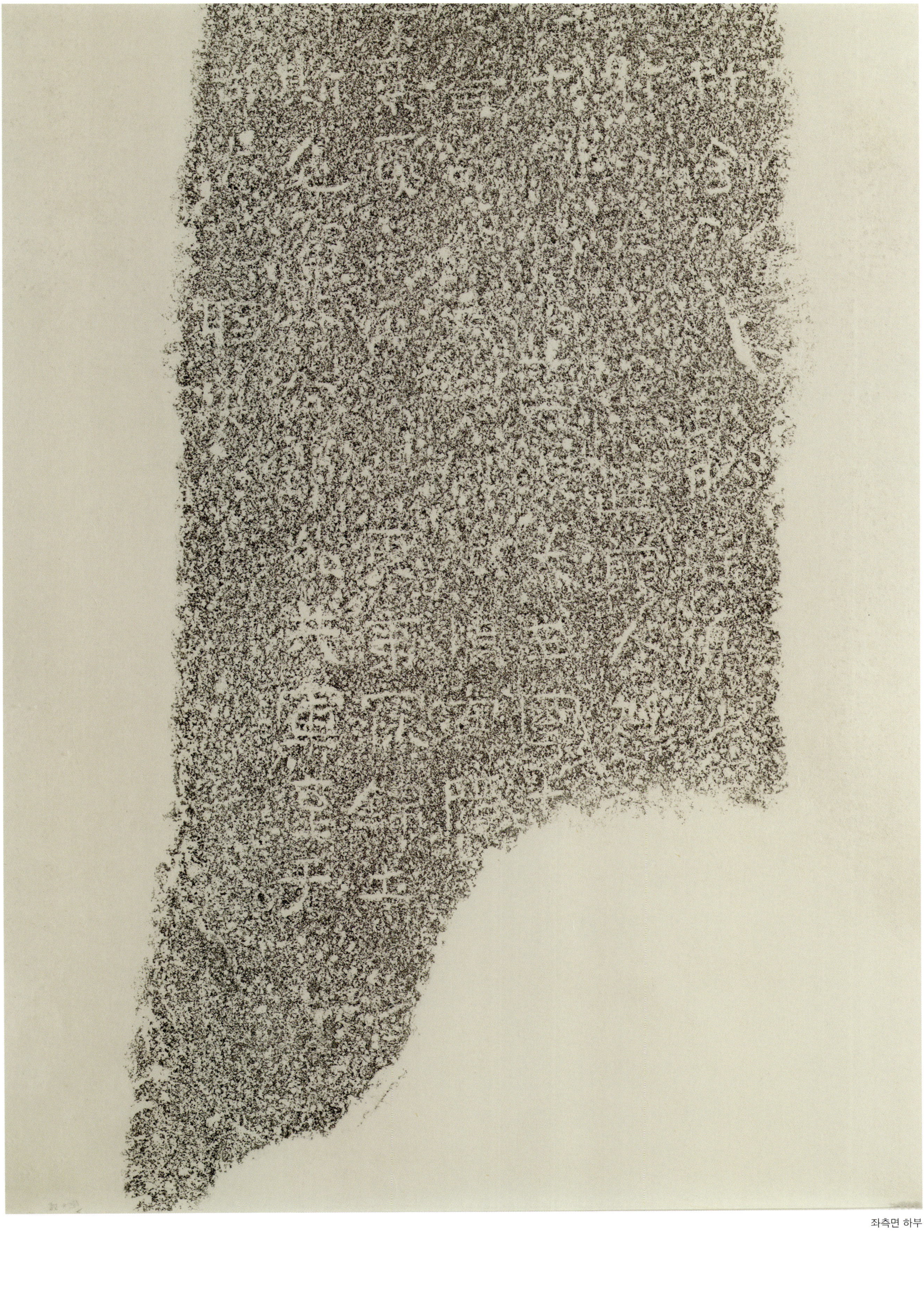

좌측면 하부

후면 상부

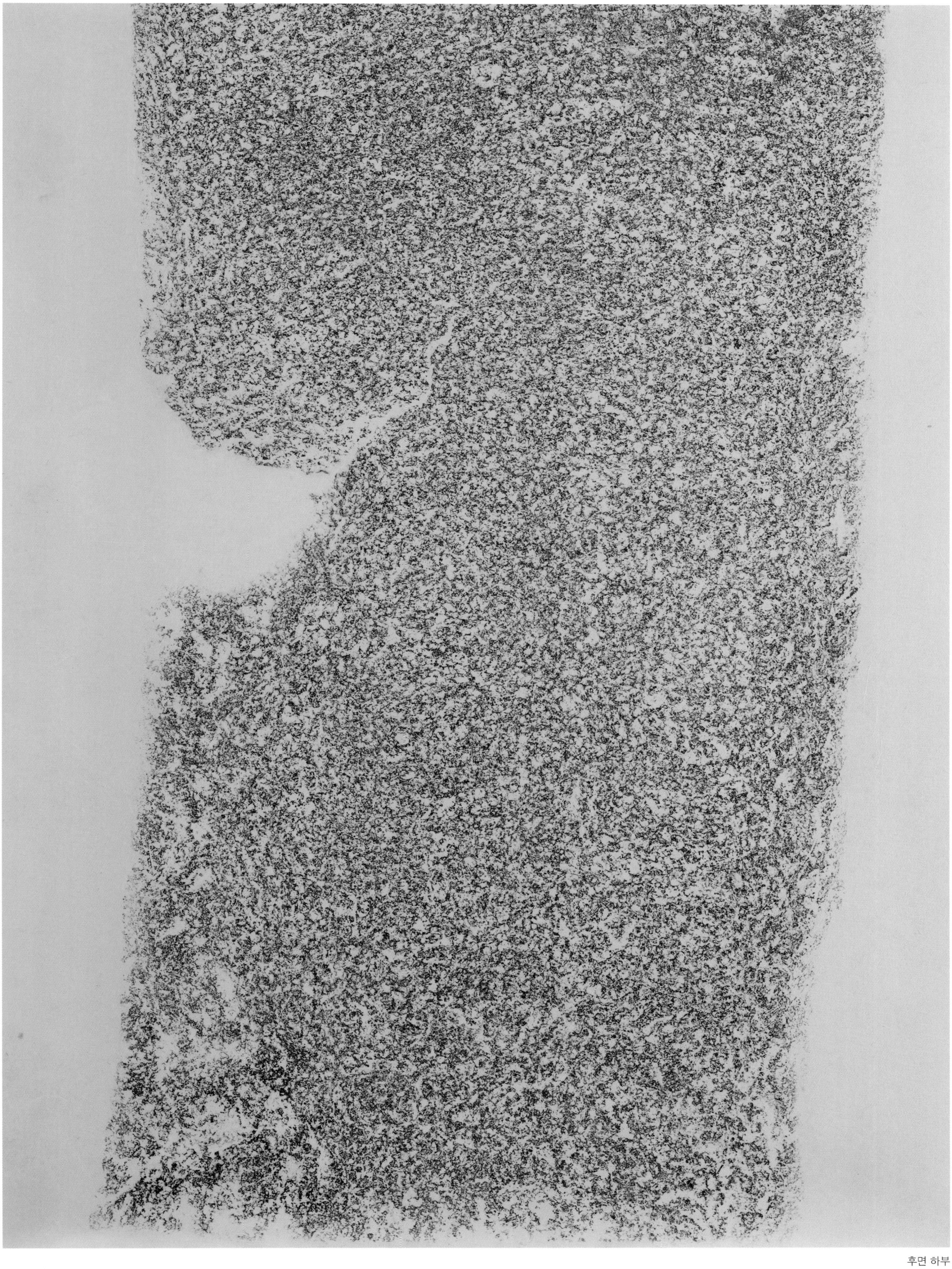

후면 하부

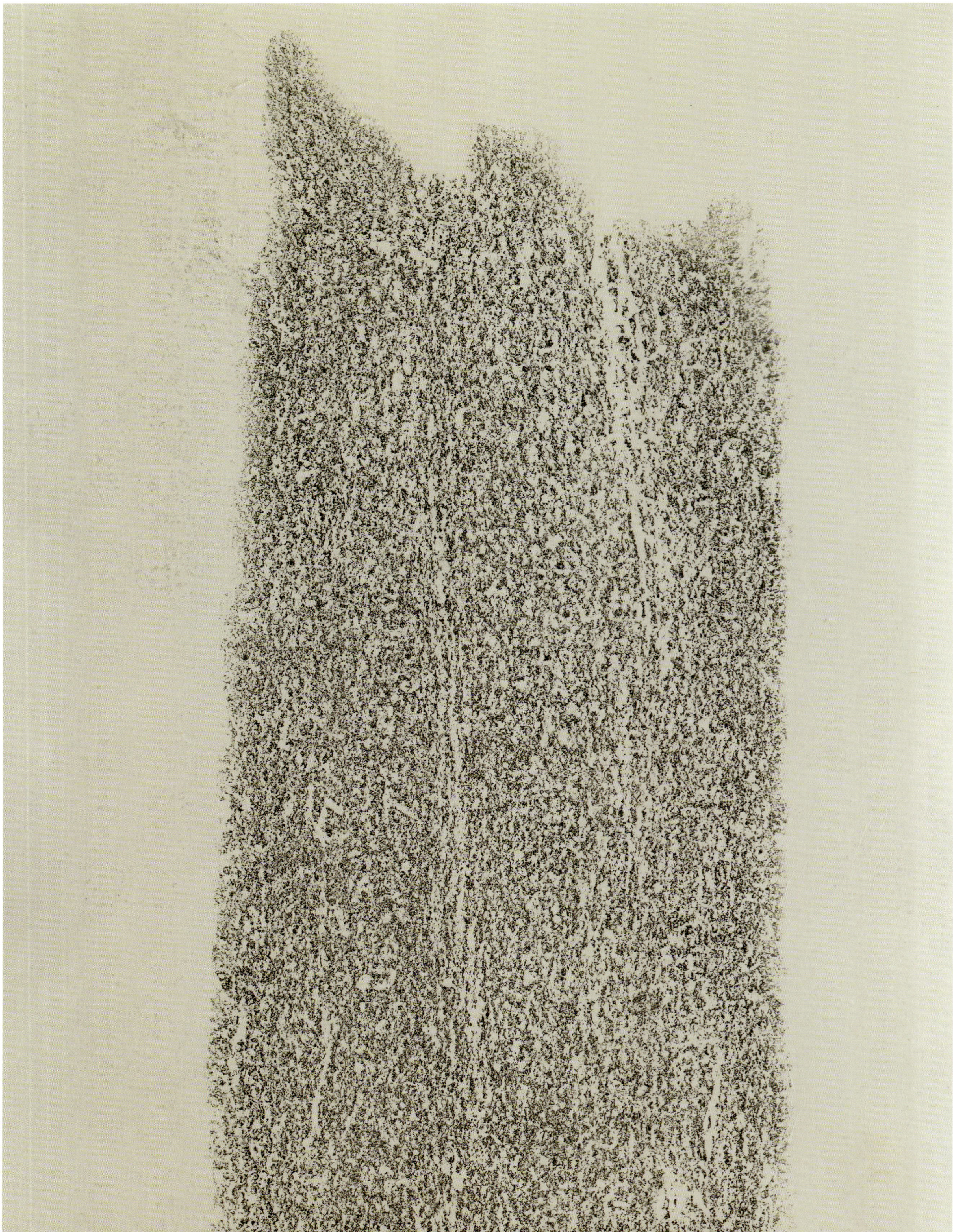

우측면 상부

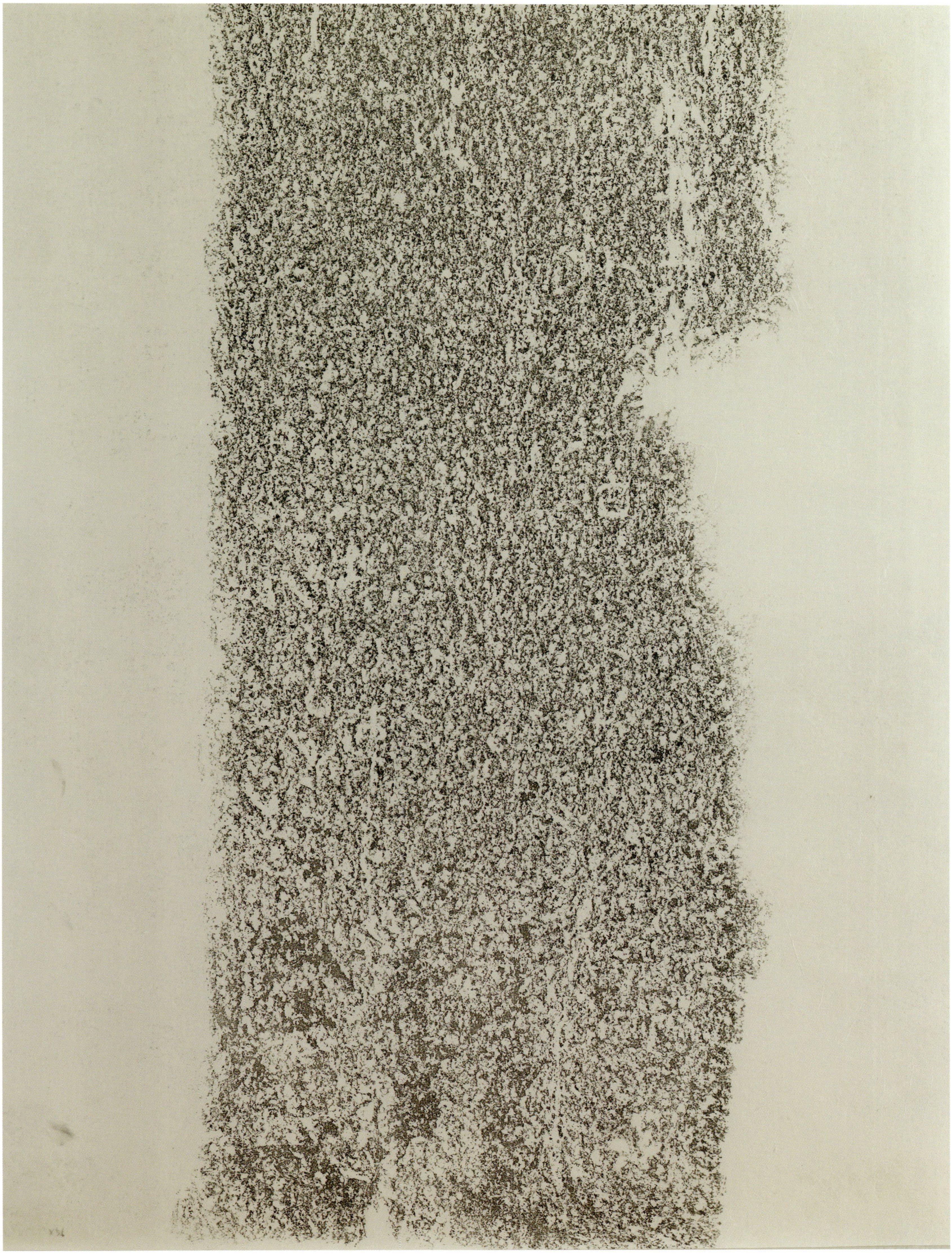

우측면 하부

탁본(비배접)

| 후면 |

| 좌측면 |

| 전면 |

| 우측면 |

* 빨간색 표시는 상대적으로 비교해 본 각 면 글자의 첫 줄과 마지막 줄 및 전면 상단의 글자 위치

전면 상부

전면 하부

좌측면 상부

좌측면 하부

후면 상부

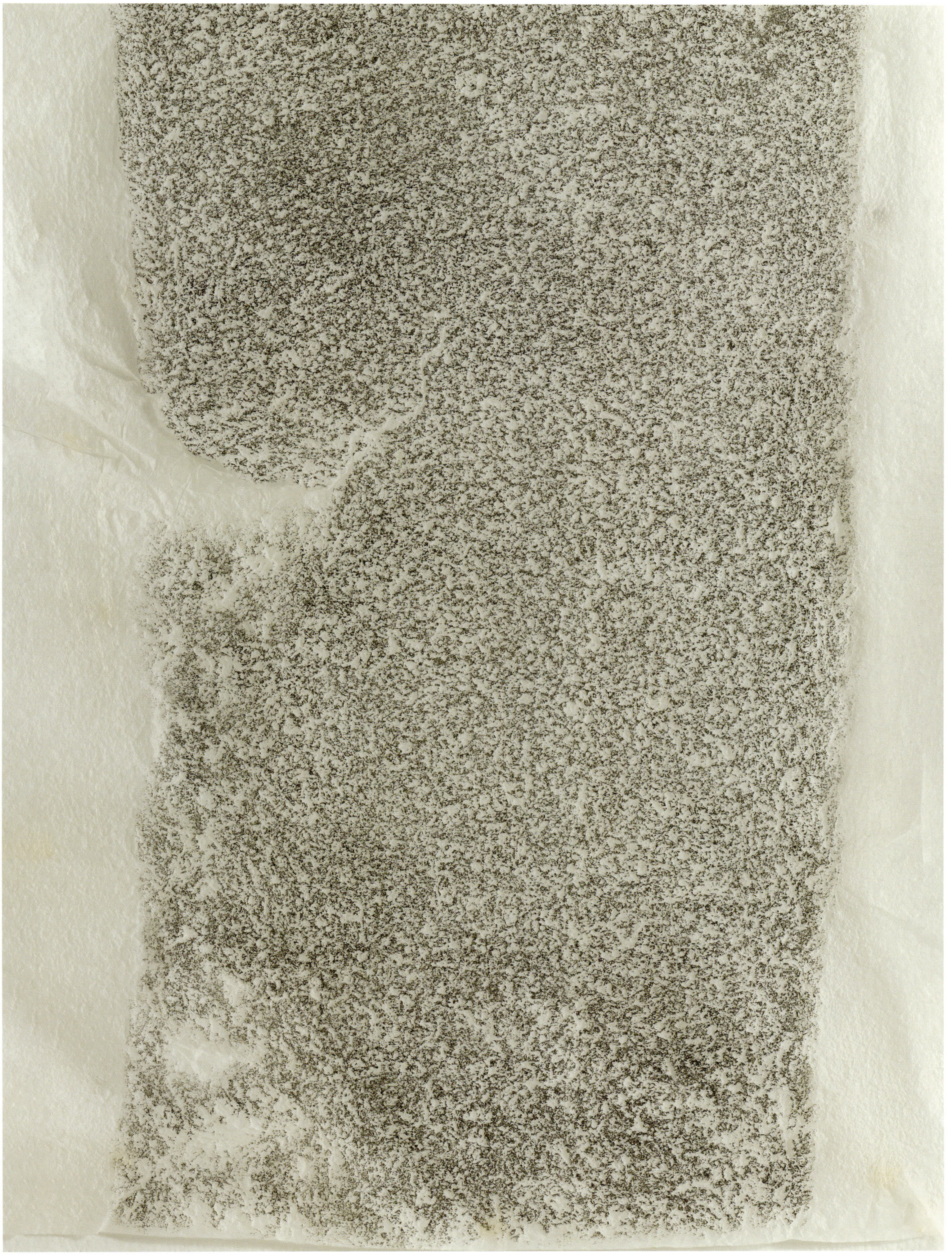

후면 하부

우측면 상부

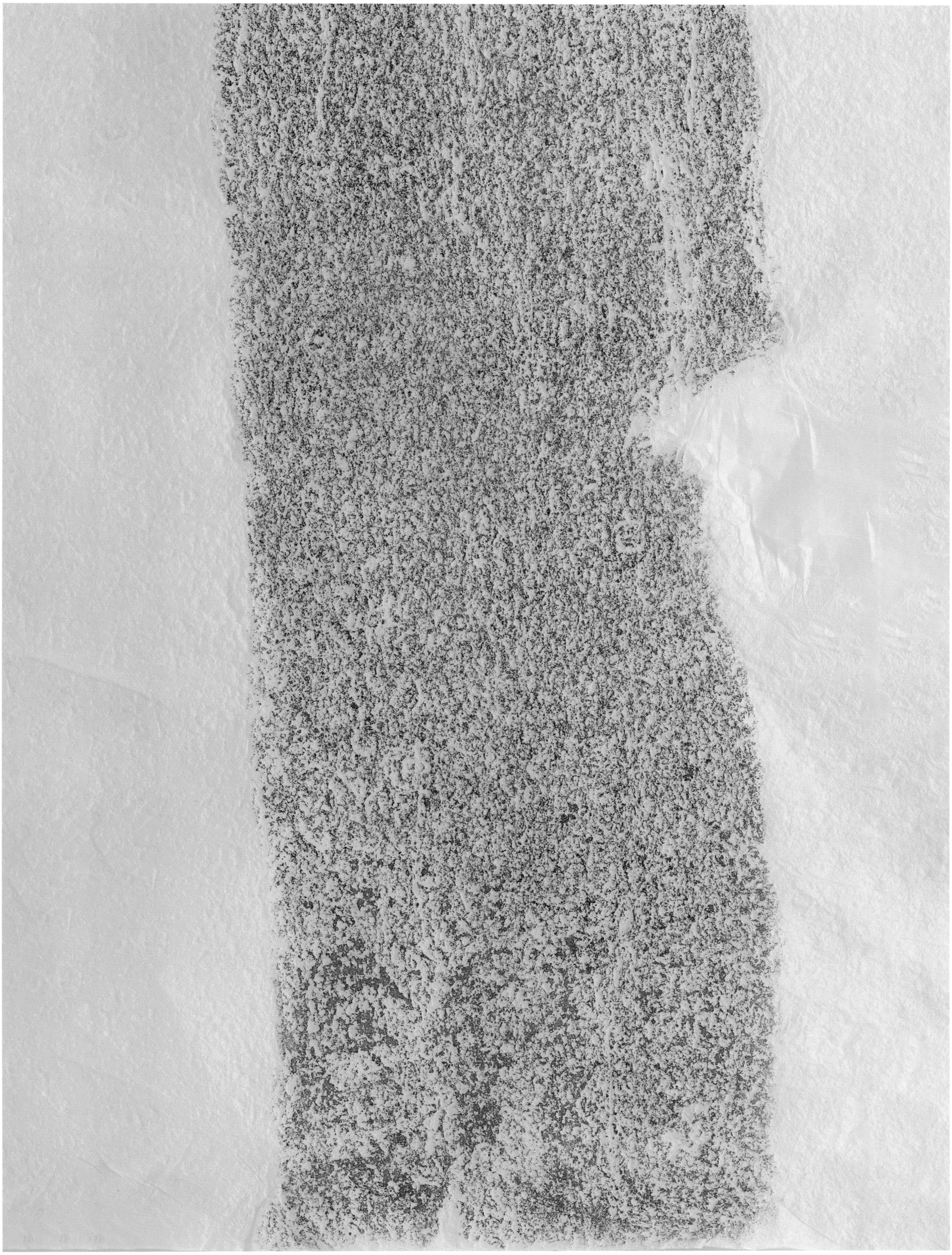

우측면 하부

III
RTI 이미지 캡처

RTI, 즉 반사율 변환 이미징(Reflectance Transformation Imaging; 이하 RTI)은 다광원(多光源; Multi-light) 이미징 기법의 일종으로서, 문화유산 표면의 세밀한 형상을 시각화하는 데 있어 매우 효과적인 기술이다. RTI 기술로 생성된 파일에서 각 픽셀의 컬러는 사용자가 인터랙티브하게 임의의 위치로 움직여가며 설정하는 광원 위치에 따라 결정된다. 즉 사용자는 가상의 조명을 임의의 위치로 움직여가며 이에 따라 표면의 요철에서 생성되는 음영을 확인하면서 표면의 입체적 형상을 인지할 수 있다. RTI는 대상 표면의 세밀한 형상을 시각적으로 보다 명확하게 인지할 수 있는 가능성을 강화함으로써 대상의 관찰과 연구, 보존을 위해 효과적으로 상태를 확인할 수 있게 한다.

RTI 파일을 생성하기 위해서는, 대상을 향해 카메라를 고정하고 조명을 서로 다른 위치에서 순차적으로 비출 때마다 사진을 촬영하여 다광원 이미지 세트를 구성한다. 이때 광원의 위치는 대상으로부터 같은 거리만큼 떨어져 있고 가급적 균등하게 분포되도록 한다. 이러한 방식으로 촬영한 이미지 세트는 RTI 파일 생성용으로 개발된 전용 소프트웨어에서 처리되어 하나의 RTI 파일을 생성한다. 이때 필요한 광원의 방향 정보는 고정된 광원의 위치를 이용하거나 촬영 시 포함하는 반사구(反射球)에 맺힌 하이라이트의 위치로부터 계산하여 구한다. RTI 파일은 이미지의 모든 픽셀에 대해 조명 위치에 따른 각 픽셀별 표면 반사율 및 컬러 정보를 다항식의 함수로 구성한다. 생성된 RTI 파일은 2차원 사진과 비슷하게 보이지만, 사용자가 임의의 위치로 조명을 옮기면 실제 입체적인 대상 표면에 조명을 비추는 것처럼 음영이 생기면서 표면의 세부 형상이 드러난다. 특히 픽셀에 포함된 함수의 인자를 조정하여 효과를 내는 여러 렌더링 모드를 적용하여 표면의 요철 정보를 다양한 방식으로 강조할 수 있

그림 1 RTI 이미지 캡처 작업

그림 2 이미지 캡처를 위한 RTI 촬영

그림 3 H-RTI 방식으로 이미지 획득

다. 그 결과, 표면 질감은 물론 사진이나 육안으로 포착되지 않는 미세한 세부 형상이 드러나기도 한다.

RTI 기술은 국내외에서 여러 응용 사례를 통해 문화유산의 표면 분석, 보존을 위한 확인, 모니터링에 효과적임을 선보였다. 또한 2.5D 형태의 결과를 생성하므로써 대상이 평면 형태에 가까울 경우 더욱 효과적인 결과를 낼 수 있어 암각화, 벽화, 금석문, 고문서, 화화 및 지류, 동전 등 곡률이 크지 않은 유물의 표면에 효과적으로 활용될 수 있다.

이번 충주고구려비의 과학적 조사와 판독에서는 RTI 기술을 최초로 적용하였다. 충주고구려비의 경우 RTI 데이터를 획득하는 데 있어 돔 형태의 자동화 시스템을 사용하기에는 크기가 커서, 조명을 직접 옮기며 촬영하는 하이라이트 RTI(Highlight RTI; H-RTI) 방식을 적용했다. 현장에서 데이터를 취득하는 과정에서는 구형반사체(球形反射體)를 대상 가까이에 두고 촬영했는데, 검은 색의 구형반사체는 조명에 의해 구체 표면에 발생하는 하이라이트를 사진에 남겨 이후 소프트웨어에서 이를 기반으로 해당 이미지 촬영 시 조명 방향을 계산할 때 사용된다. 카메라는 소니 A7R III[1]를 사용했고, 컬러 보정을 할 수 있도록 컬러차트를 사용했다. 충주고구려비의 4개 면 중 폭이 넓은 전면과 후면에 대해서는 카메라를 가로로 해서 상·중·하 3개 영역으로 나누어 촬영하고, 좌측면과 우측면은 상·하 2개 영역으로 나누어 촬영하되 카메라의 방향을 90° 회전해 세로로 놓고 프레임 내에서 많은 부분을 사용함으로써 높은 화소 수를 유지하도록 했다. 조명은 대상을 향하도록 하고 카메라를 중심으로 우산 살 모양으로 퍼지는 가상의 선 위에 놓이도록 함으로써, 대상으로부터 일정한 거리를 갖도록 했다. 그리고 각 가상 선 위에서는 5개 지점으로 조명을 움직이며 위치하고, 이를 카메라와 대상을 잇는 축 중심으로 30°씩 회전하며 수행함으로써 총 60개 지점에 조명을 위치하면서 고정 카메라로 각 이미지를 촬영했다(그림 3). 다만 현장에 있는 보호 난간 등으로 인해 위치 확보가 어려운 부분은 피해서 조명을 위치하거나 불가피한 경우 생략했다.

현장 촬영 작업을 마친 후, 각 영역에서 획득한 이미지 세트로부터 RTI 빌더(RTI Builder; 버전 2.0.2)[2]에서 PTM fitter를 적용하여 하나의 RTI 파일을 생성함으로써 총 10개(전면과 후면 각 3개, 좌측

1 유효픽셀 수 약 42.4메가픽셀의 35mm 풀프레임 이미지센서가 내장된 디지털 카메라이다.

2 RTI 빌더는 무료 소프트웨어로서 culturalheritageimaging.org/What_We_Offer/Downloads/Process/index.html에서 다운로드할 수 있다.

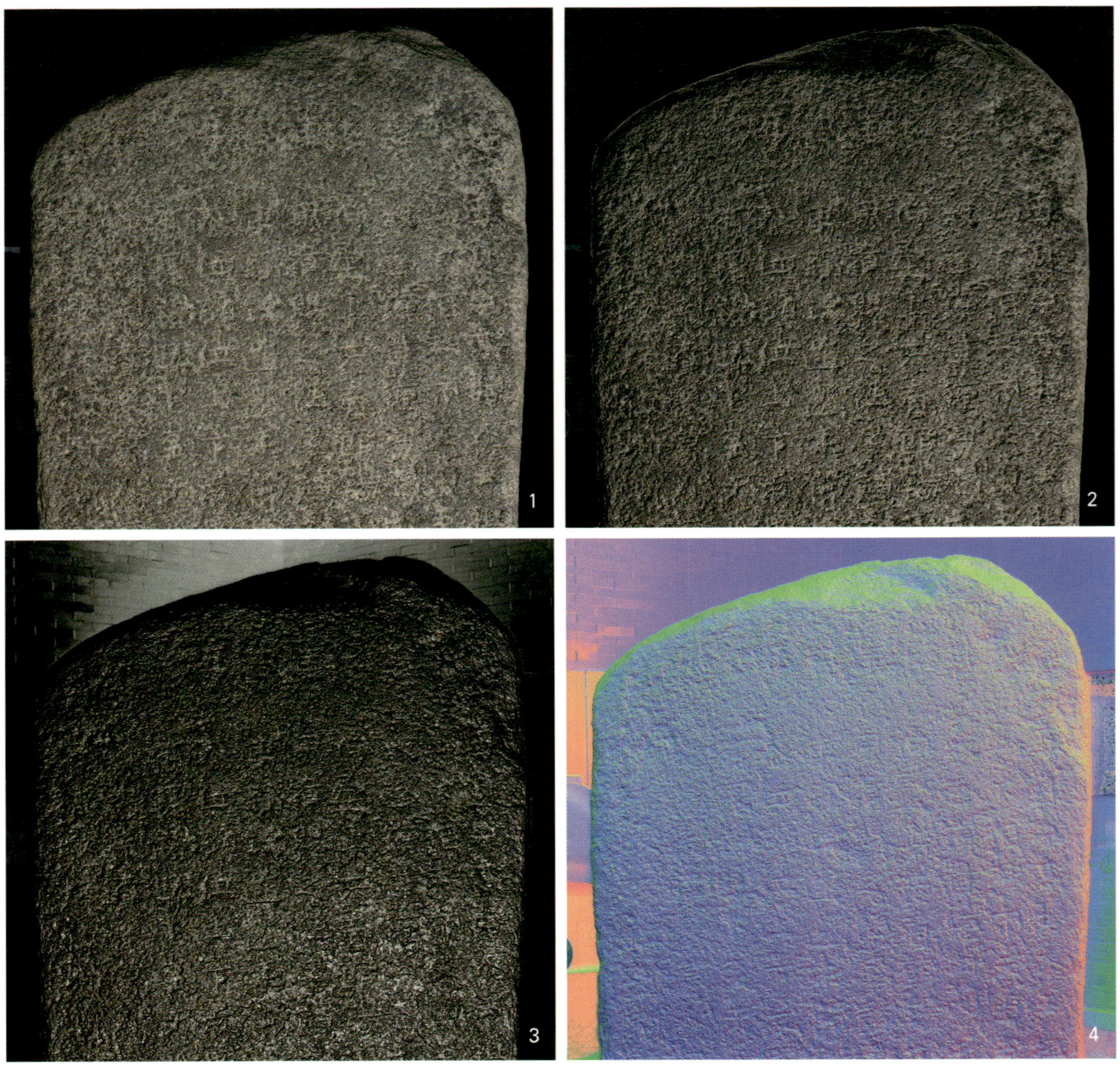

그림 4 네 가지 렌더링 모드의 비교 (충주고구려비 전면 상부)
1. 기본 모드
2. Diffuse Gain
3. Specular Enhancement
4. Normal Visualization

면과 우측면 각 2개)의 RTI 파일을 생성했다. RTI 파일은 RTI 뷰어(RTI Viewer; 버전 1.1)[3]에서 열어서 확인해 볼 수 있는데, 뷰어는 가상 광원의 위치 제어 기능, 줌 기능, 렌더링 모드 변경 기능 등을 지원한다. 각 렌더링 모드는 RTI 파일에서 생성한 함수를 조정해 시각적인 효과를 내게 되는데, 대상과 목적에 따라 적합한 모드를 선택하고 변수를 조정할 수 있다. 그림 4는 충주고구려비 RTI 파일 중 하나의 파일에서 모드를 달리해 시각화한 것이다. 여러 모드 중, 충주고구려비에 사용하기에 적절한 기본, Diffuse Gain, Specular Enhancement, Normal Visualization의 네 가지를 선택했다.

기본 모드는 현장에서 촬영한 원천 사진에 가까운 이미지이고, Diffuse Gain은 대상 표면의 형상 중 급격하게 높이와 깊이가 변하는 부분을 강화해 시각화한 것이며, Specular Enhancement는 표면에서 반사된 빛과 확산 RGB 값을 조합해 렌더링한 것이다. Normal Visualization은 표면 형상을 표현하는 법선 벡터의 x, y, z 값을 각각 R, G, B 컬러 값으로 대체해 시각화해서 보여주는 것이다. RTI를 활용한 여러 사례에서 Specular Enhancement로 표면의 디테일을 보여주는 경우가 많은데, 이는 대상의 컬러를 배제함으로써 표면의 요철을 일반 사진 이미지보다 효과적으로 드러낼 수 있기 때문이다. 그러나 충주고구려비의 경우 각자(刻字) 부분과 돌의 요철 구분이 쉽지 않고 오히려 컬러가 보일 때 각자 부분에 대한 인식이 용이해지는 것을 확인함으로써 이 자료집에서는 Diffuse Gain을 사용해 시각화한 이미지들을 첨부했다.

RTI 뷰어에서 데이터를 열어서 입체적인 형상을 확인할 때 사용자가 광원을 옮김에 따라 표면의 음영이 바뀌는 것을 확인하는 동적인 과정에서 형상을 효과적으로 인지할 수 있다. 지면에 수록하기 위

---

3 RTI 뷰어는 무료 소프트웨어로서 culturalheritageimaging.org/What_We_Offer/Downloads/View/index.html에서 다운로드할 수 있다.

해 RTI 파일을 캡처한 이미지 파일은 이러한 동적인 효과와 무한개의 조명 위치에 대한 음영을 보여주지 못한다. 따라서 대신 음역을 어느 정도 효과적으로 보여줄 수 있는 조명 방향을 선정해 이에 대한 캡처 이미지들을 수록했다.

판독회에서는 이 결과 데이터를 뷰어에서 열어서 제시한 후, 글자 판독에 적합한 렌더링 모드로 바꿔가며 적용하고 조명 위치를 제어하면서 참석한 전문가들이 글자 형태를 인식할 수 있도록 했다. 또한 조명 위치를 판독 대상 글자 주위에서 옮겨 가면서 전문가들이 입체적인 형상을 쉽게 인식할 수 있도록 했다.

최종 RTI 파일은 향후 뷰어와 함께 공개하여 충주고구려비 판독에 관심이 있는 여러 연구자, 학생, 일반 대중이 직접 다운로드해서 확인해 보도록 하거나, 웹상에서 직접 구동하는 WebRTI 뷰어 형태로 공개할 수도 있으며, 충주고구려비 전시관에서 관람객들이 글자를 확인해 볼 수 있도록 인터랙티브한 전시 콘텐츠 형태로 개발될 수도 있다.

전면 상부 광원 방향 ↓

| **전면 상부** 광원 방향 ↙ |

| **전면 상부** 광원 방향 ← |

| **전면 상부** 광원 방향 ↗ |

| **전면 상부** 광원 방향 ➞ |

| **전면 상부** 광원 방향 ↘ |

전면 상부 광원 방향 ◎

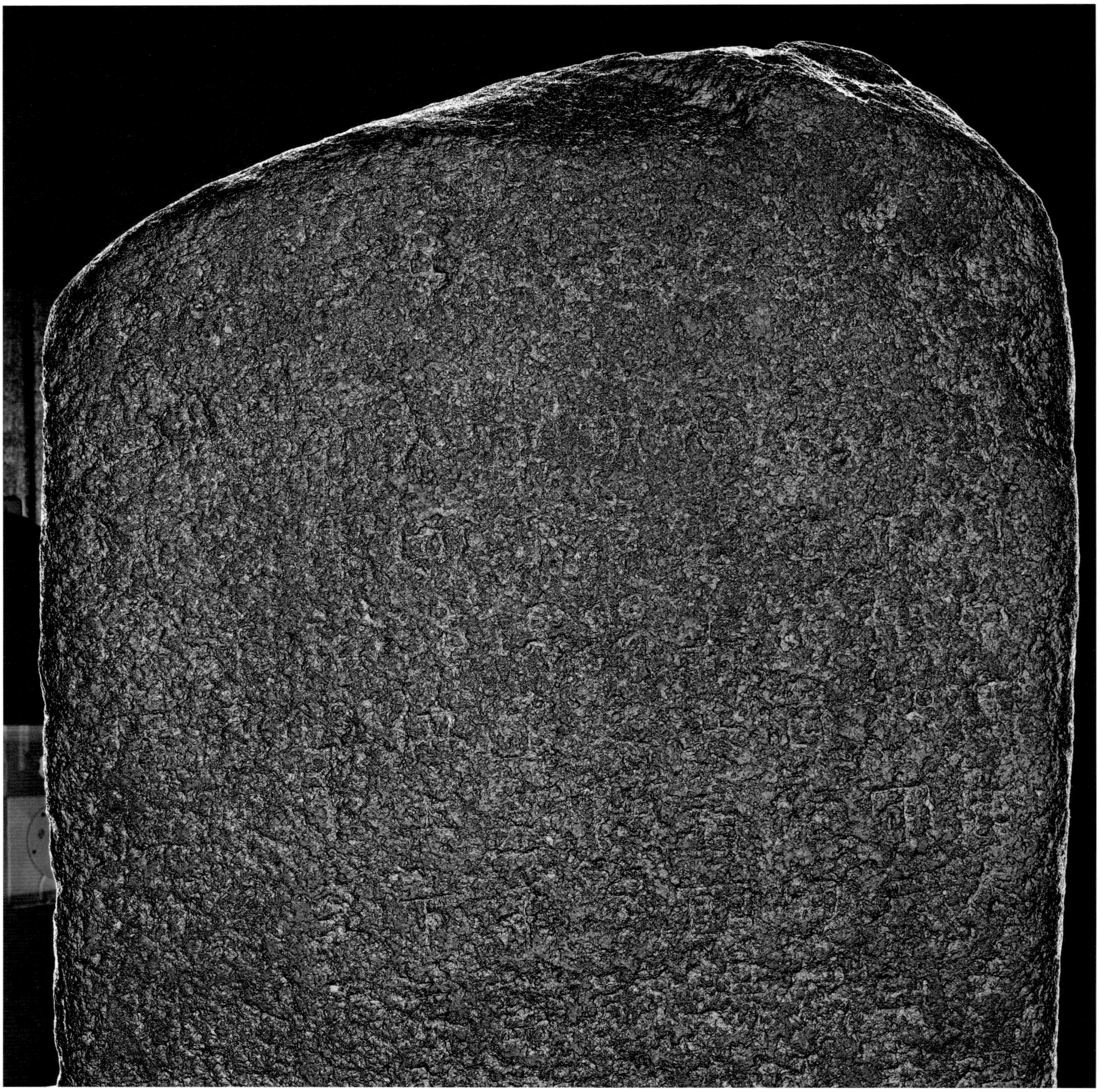

| **전면 중앙** 광원 방향 ⬇ |

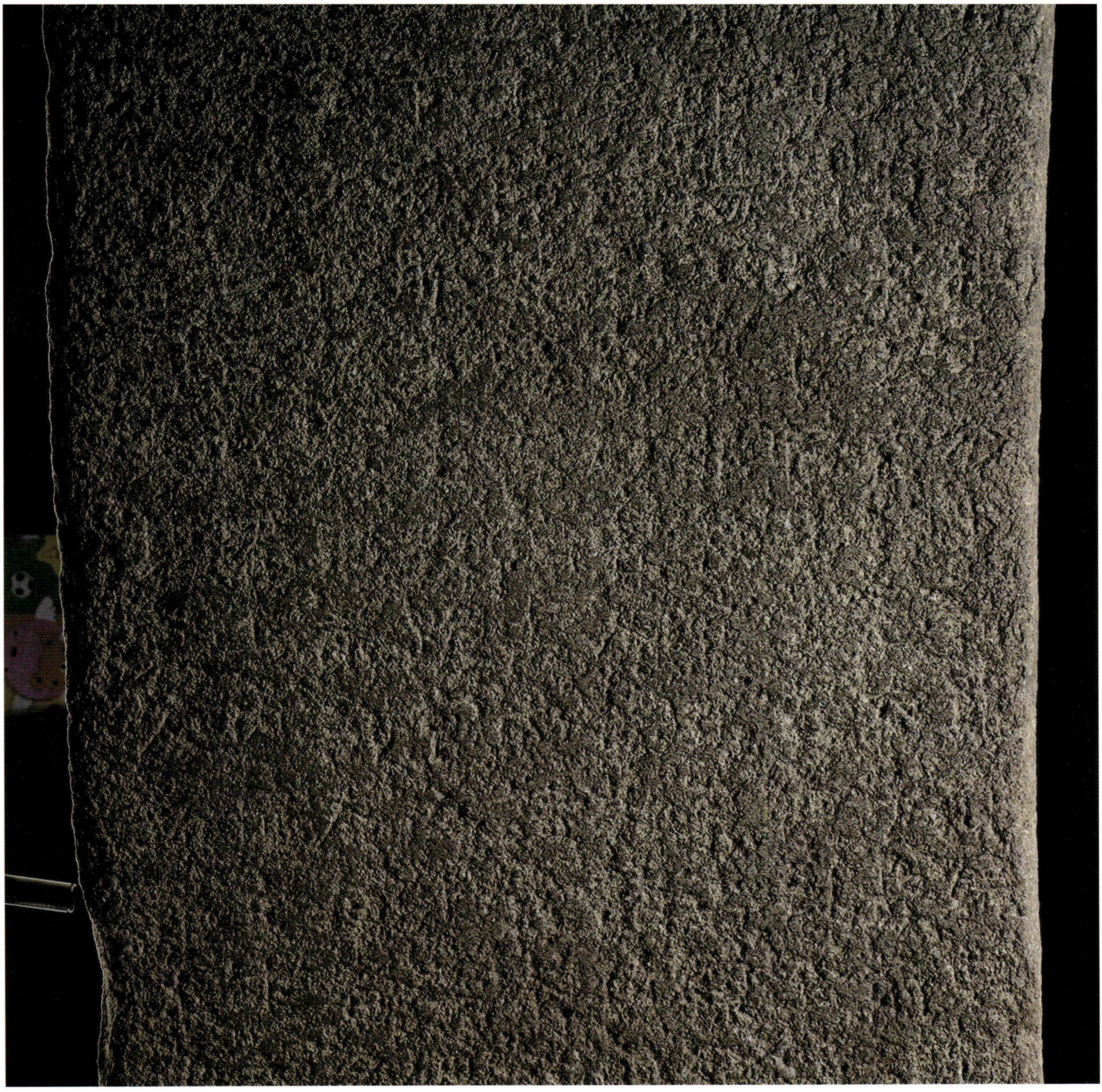

| **전면 중앙** 광원 방향 ↗ |

| **전면 중앙** 광원 방향 ➞ |

| **전면 중앙** 광원 방향 ↘ |

| **전면 중앙** 광원 방향 ◎ |

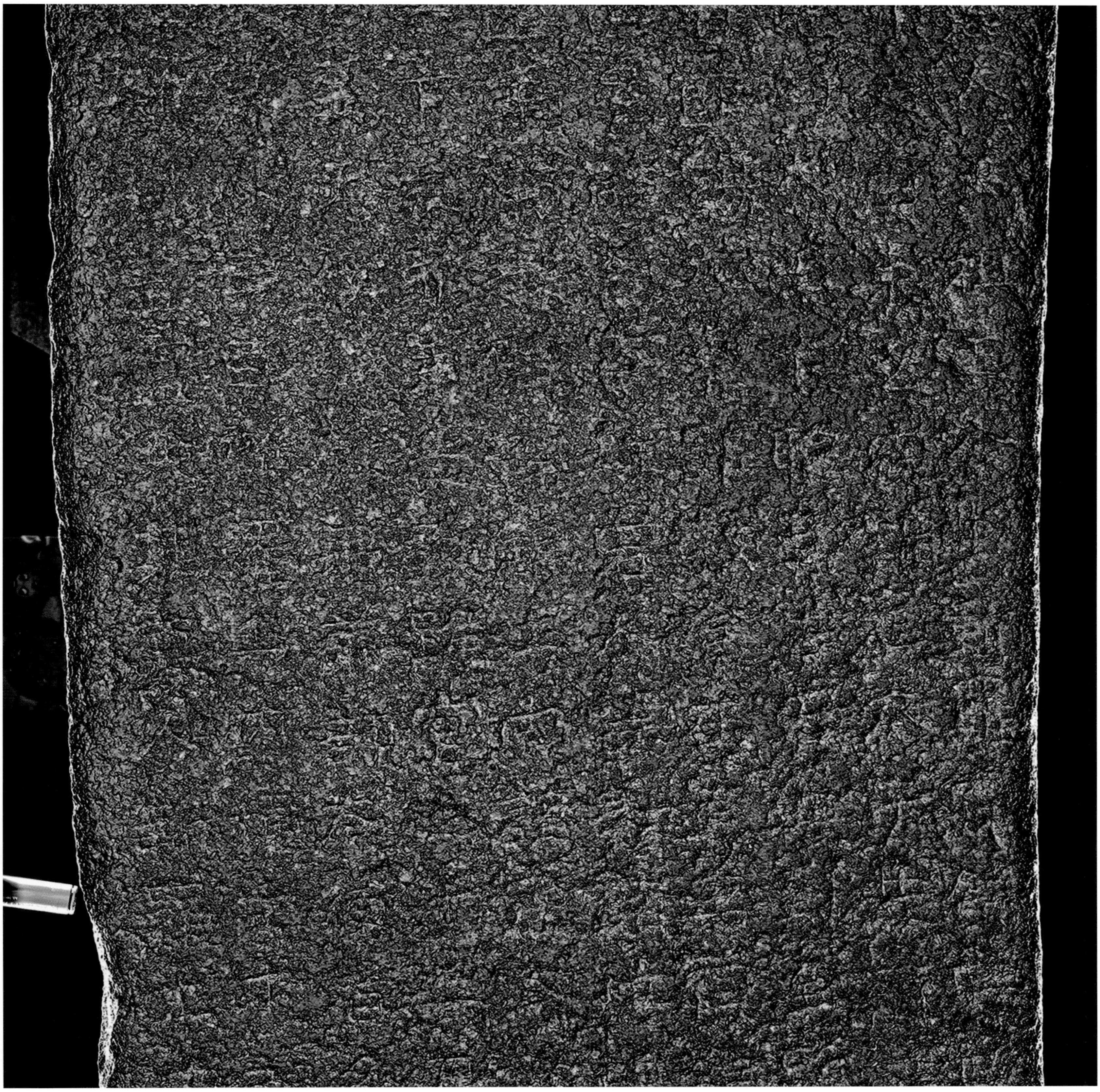

| **전면 하부** 광원 방향 ↓ |

| **전면 하부** 광원 방향 ↙ |

| **전면 하부** 광원 방향 ← |

| **전면 하부** 광원 방향 ↑ |

| **전면 하부** 광원 방향 ↗ |

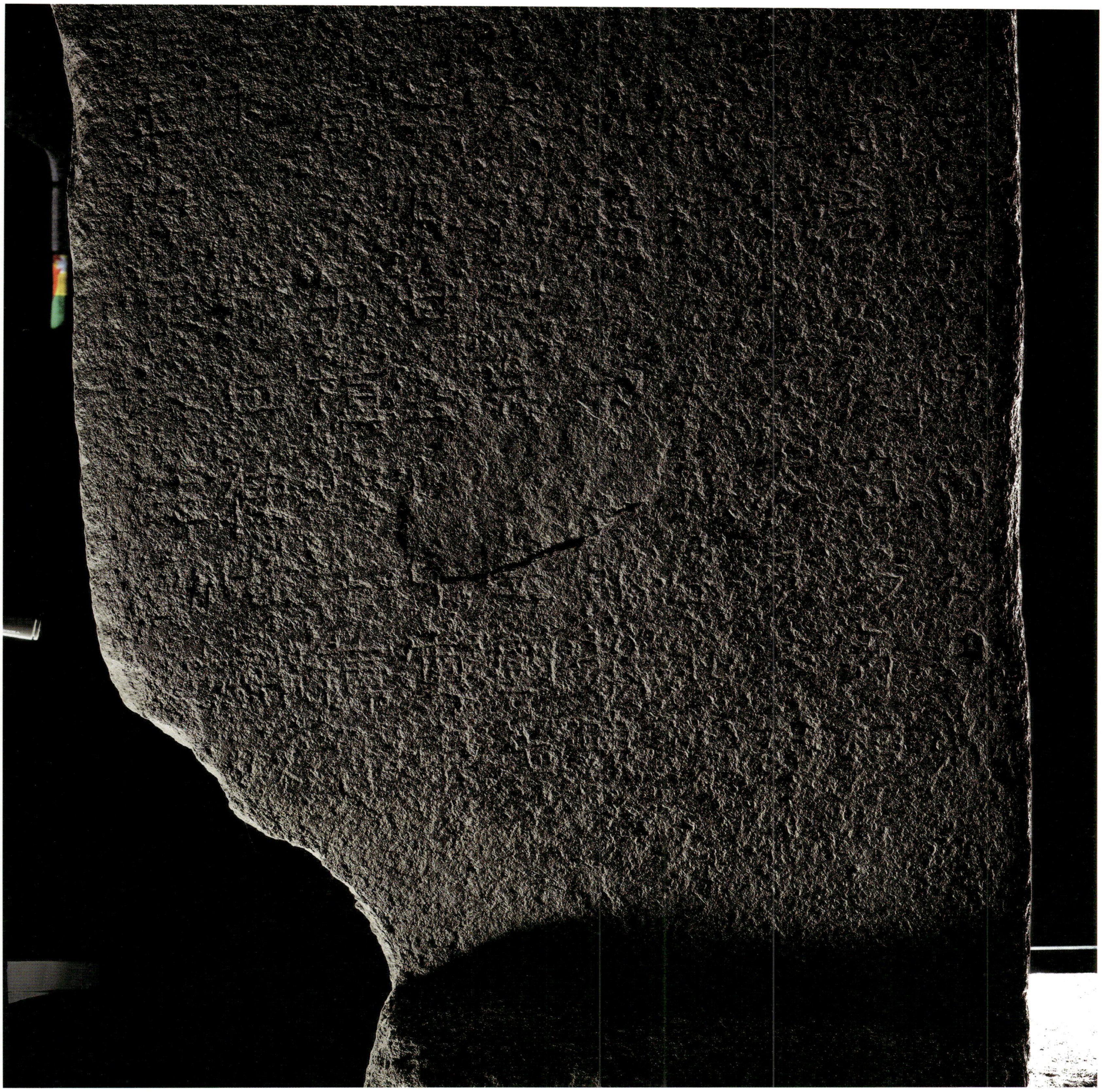

| **전면 하부** 광원 방향 ➞ |

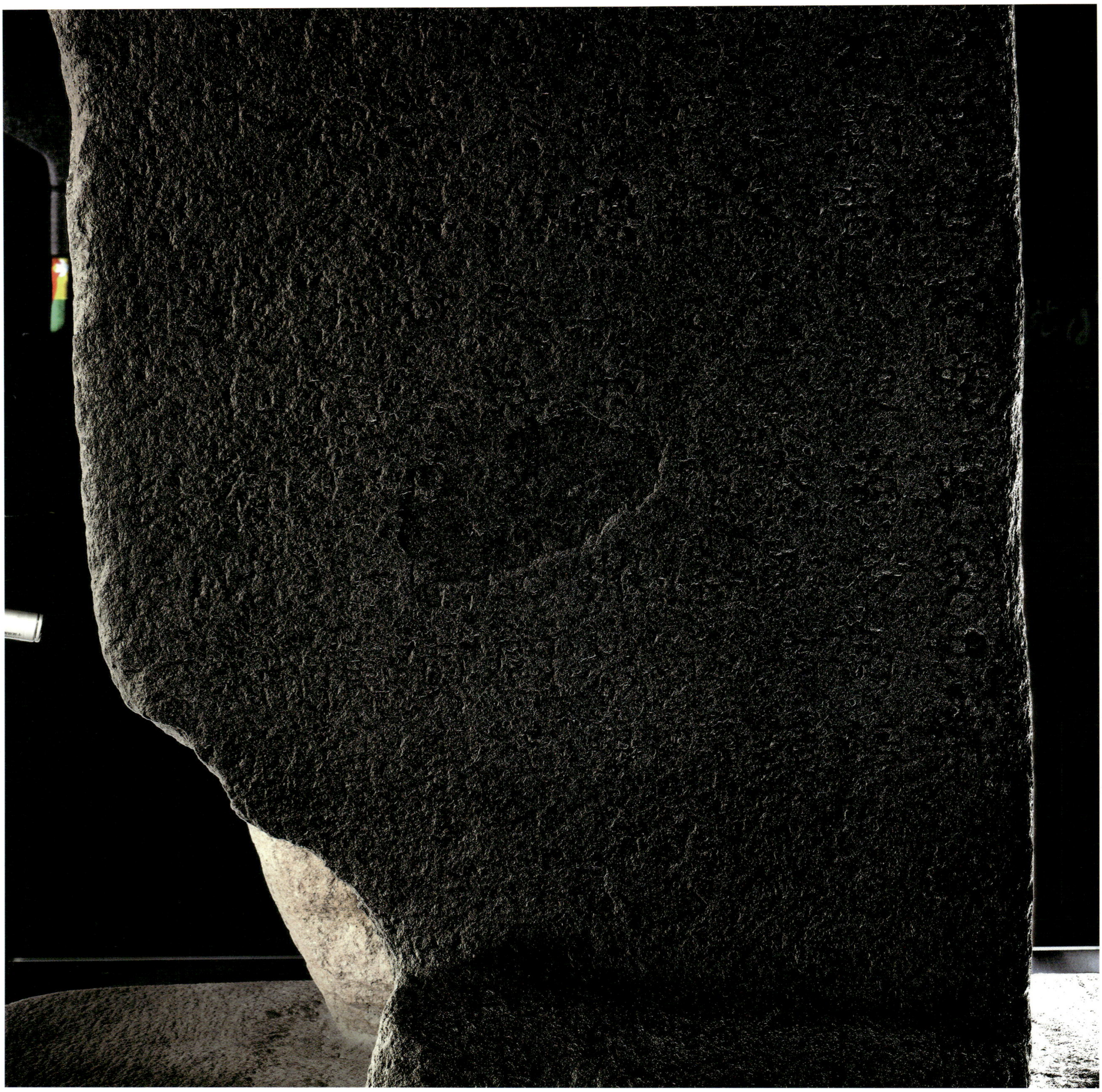

| **전면 하부** 광원 방향 ↘ |

| **전면 하부** 광원 방향 ◎ |

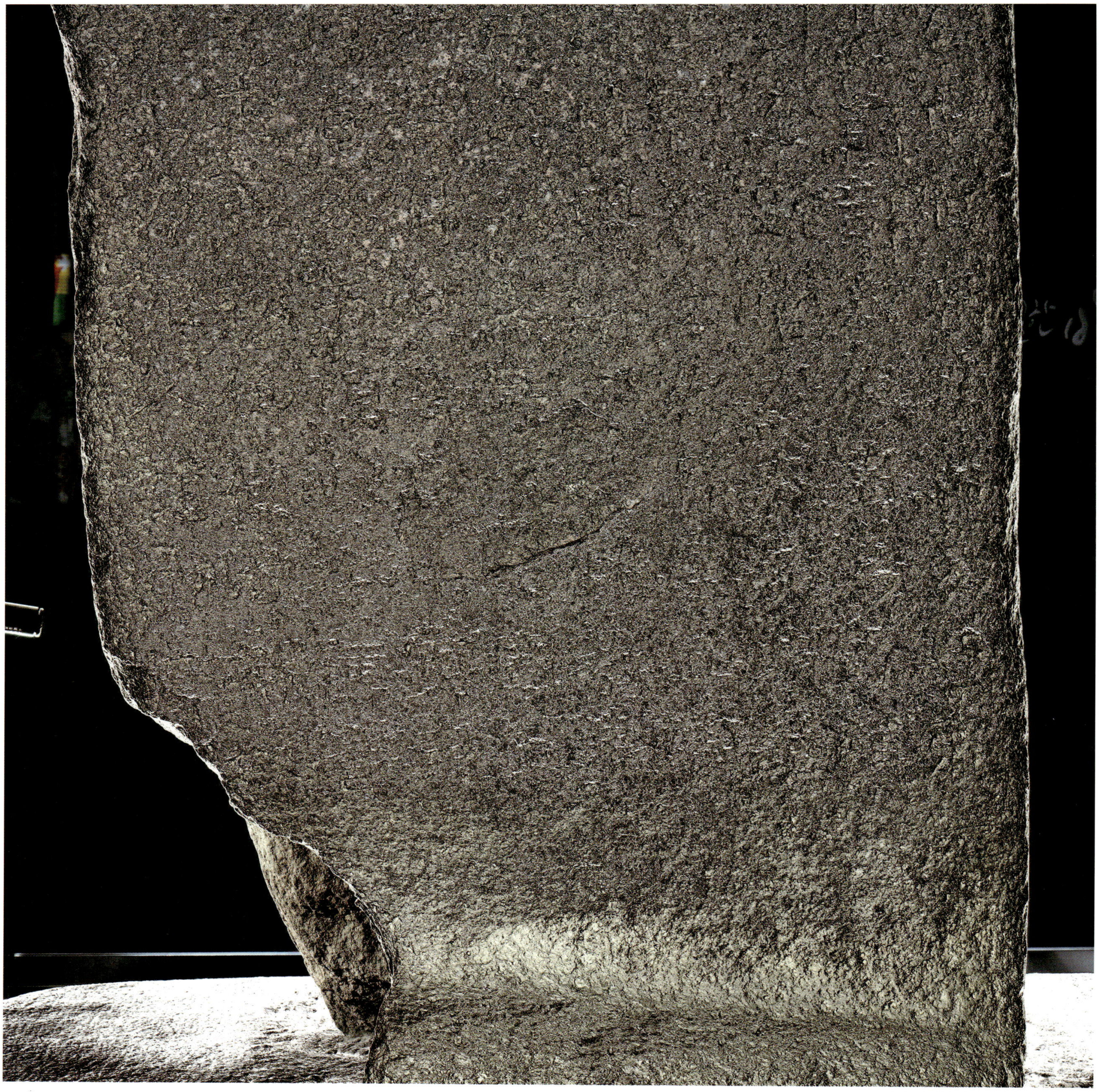

| **좌측면 상부** 광원 방향 ↓ |

| **좌측면 상부** 광원 방향 ↙ |

| **좌측면 상부** 광원 방향 ↑ |

| **좌측면 상부** 광원 방향 → |

| **좌측면 상부** 광원 방향 ↘ |

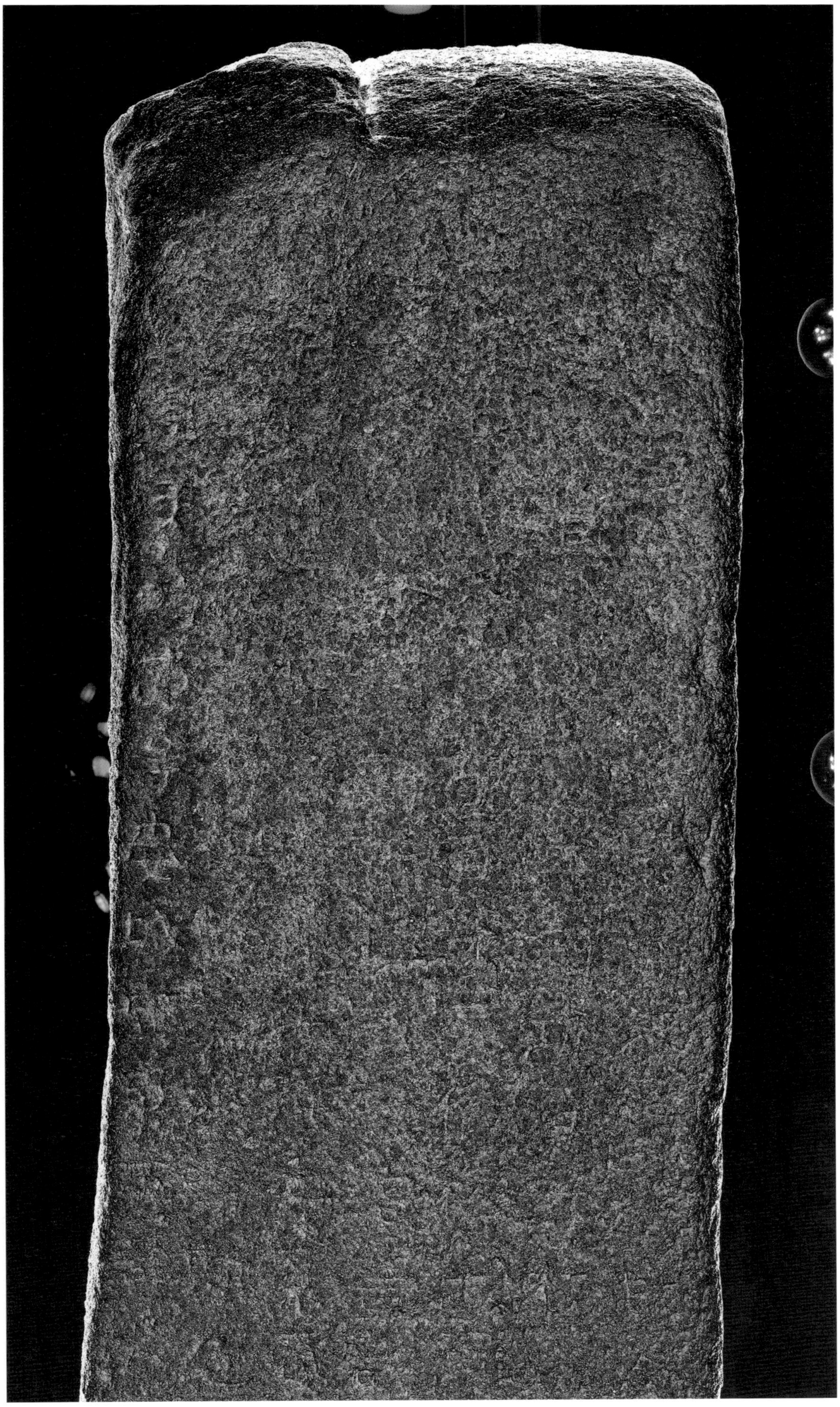

| **좌측면 하부** 광원 방향 ⬇ |

| **좌측면 하부** 광원 방향 ← |

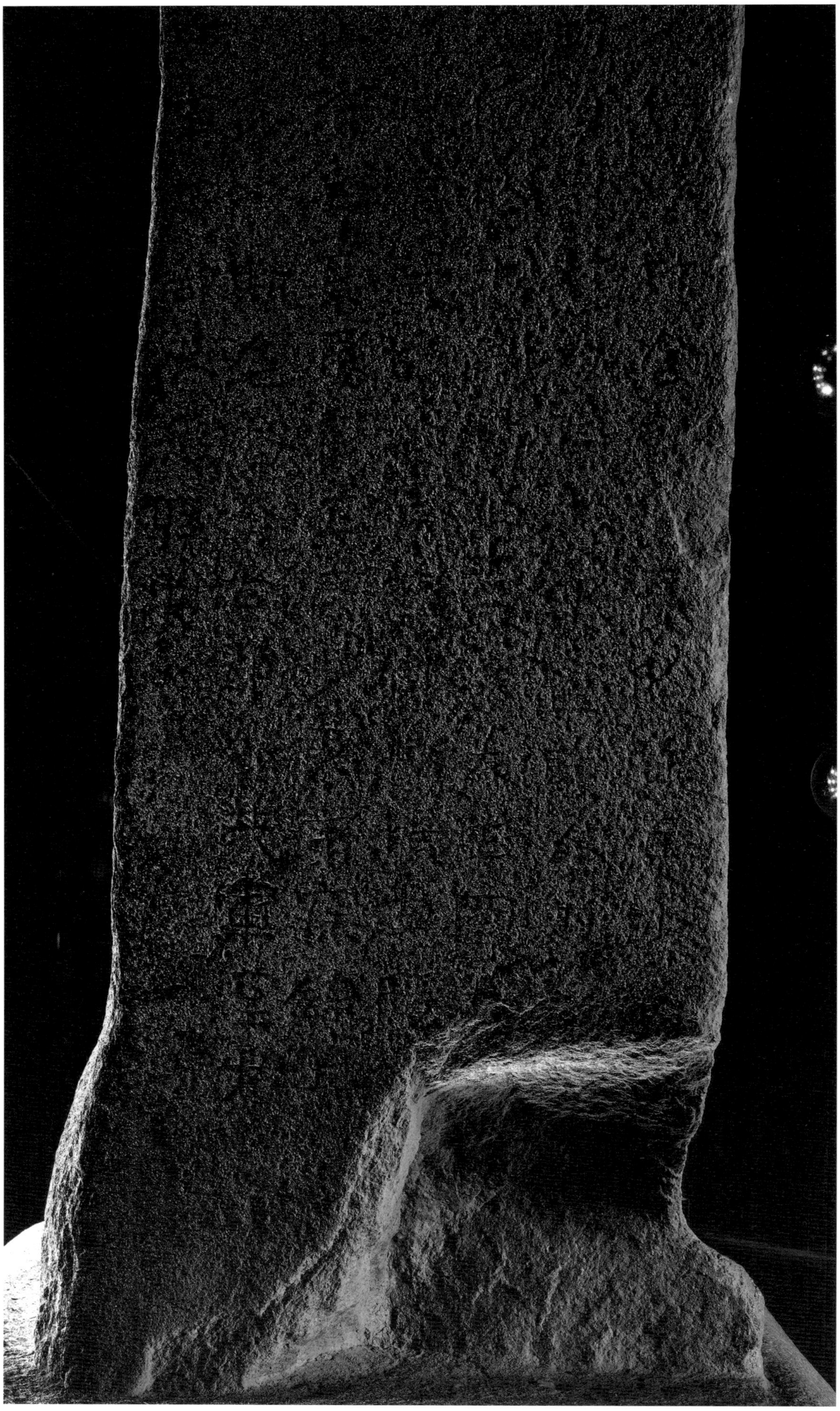

| **좌측면 하부** 광원 방향 ↖ |

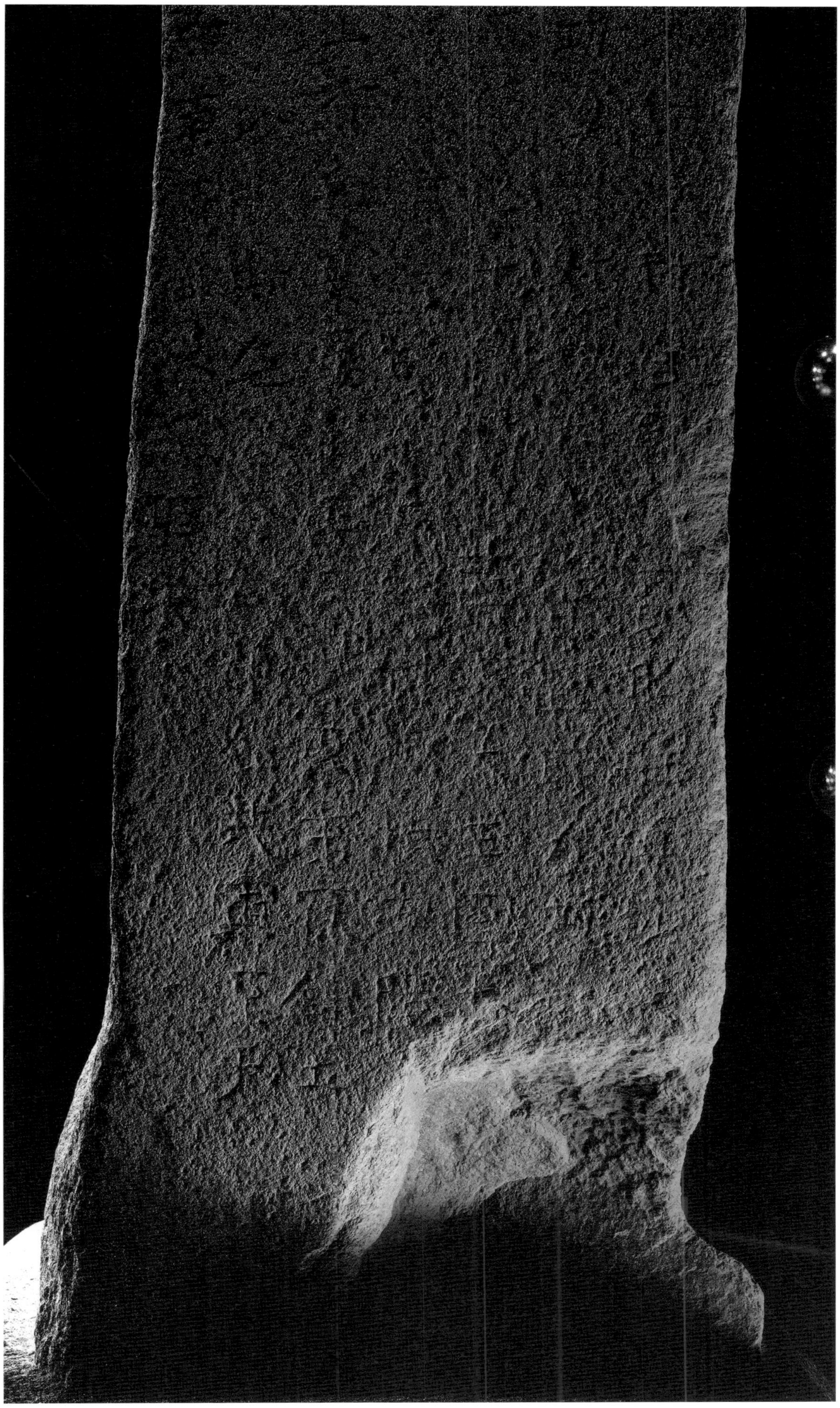

| **좌측면 하부** 광원 방향 ↑ |

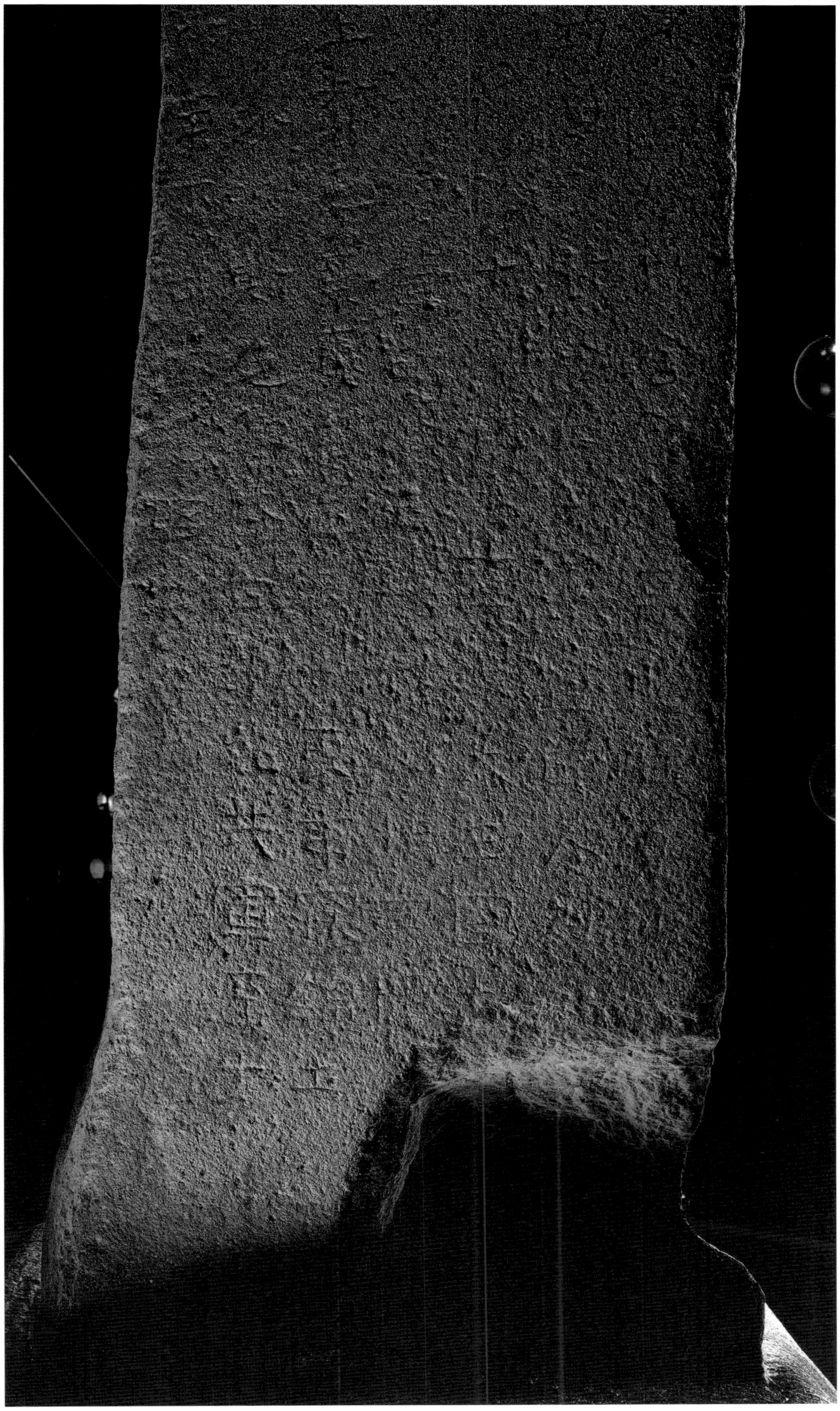

좌측면 하부 광원 방향 →

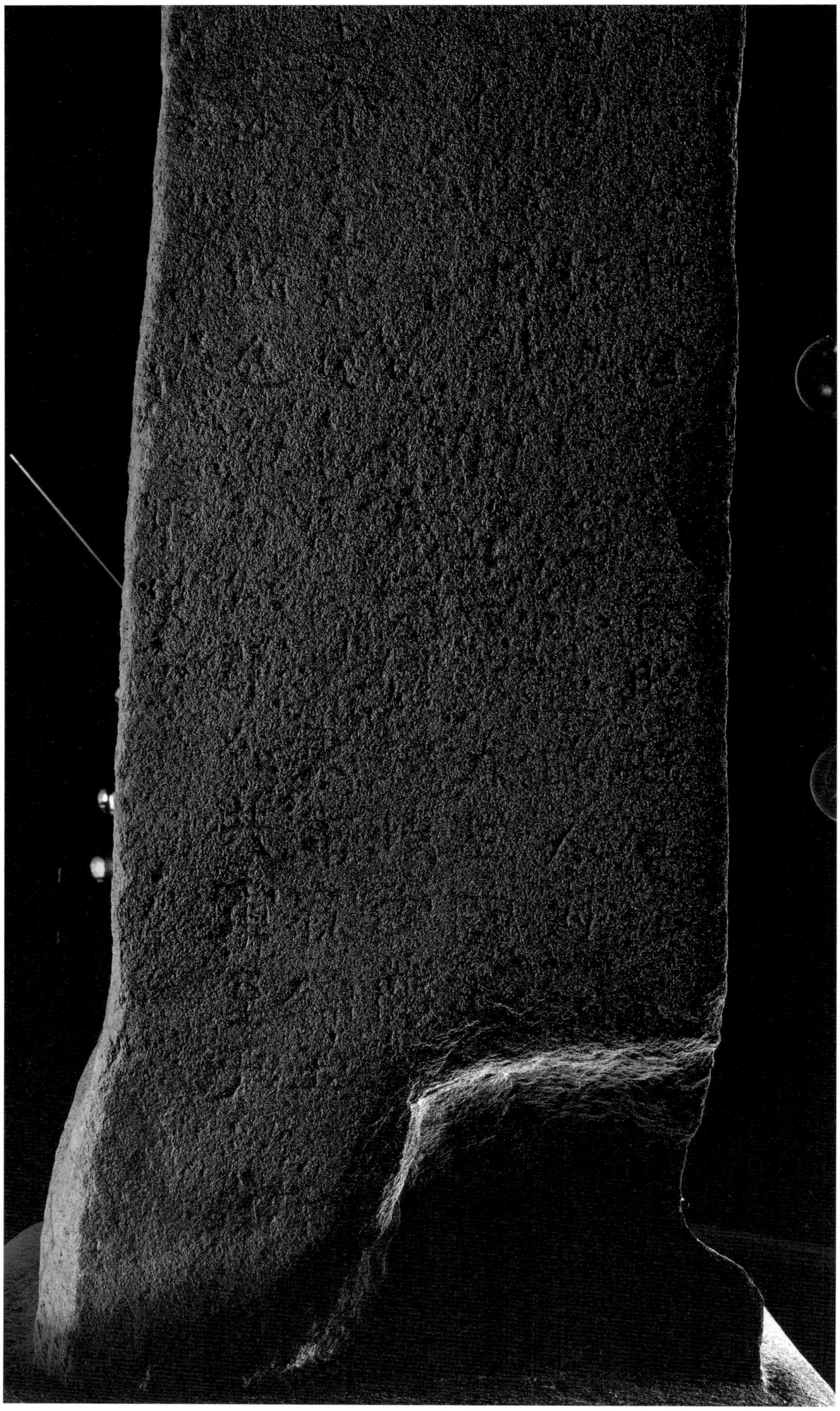

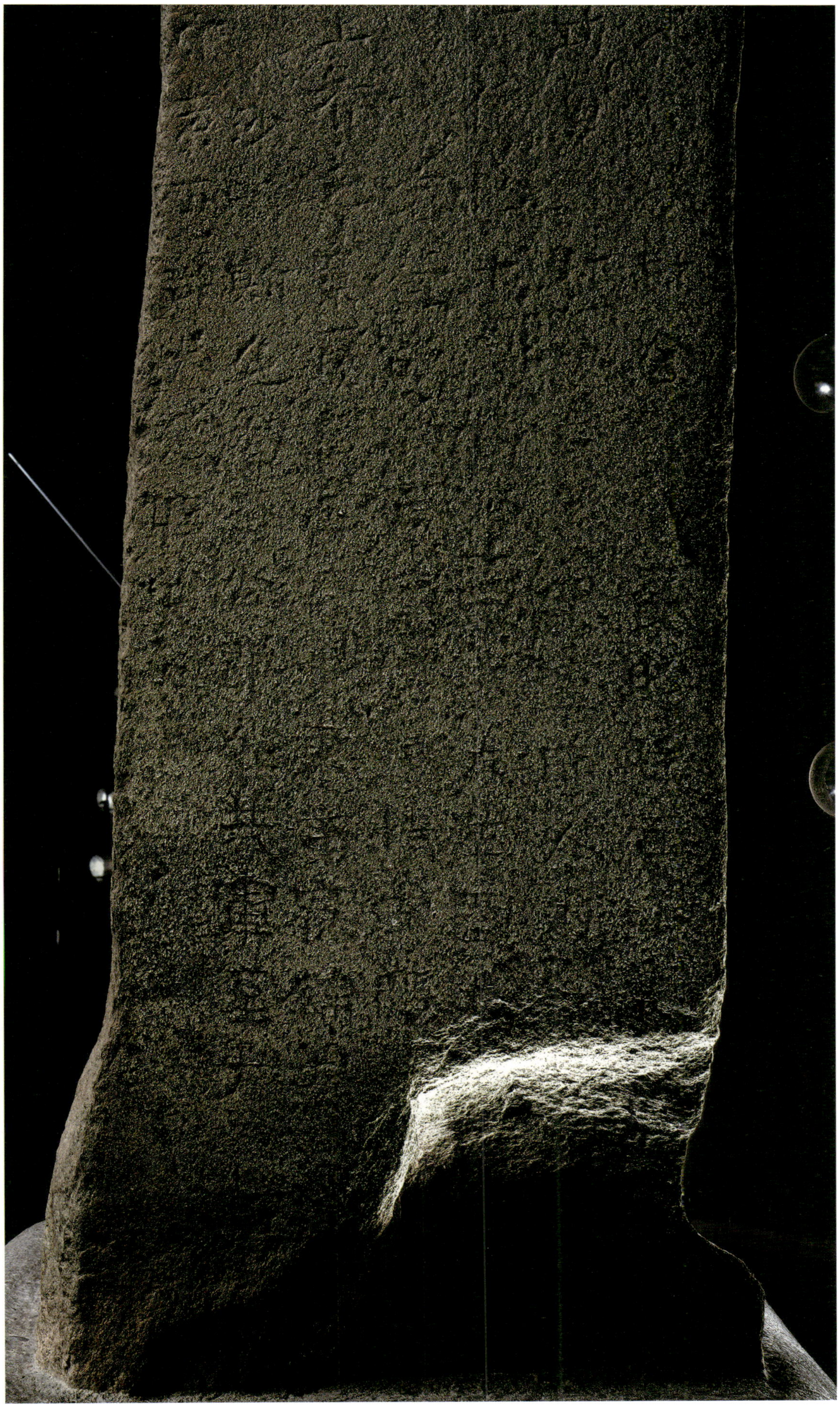

| **좌측면 하부** 광원 방향 ◎ |

| **후면 상부** 광원 방향 ↓ |

| **후면 상부** 광원 방향 ↙ |

| **후면 상부** 광원 방향 ← |

| **후면 상부** 광원 방향 ↖ |

| **후면 상부** 광원 방향 ↑ |

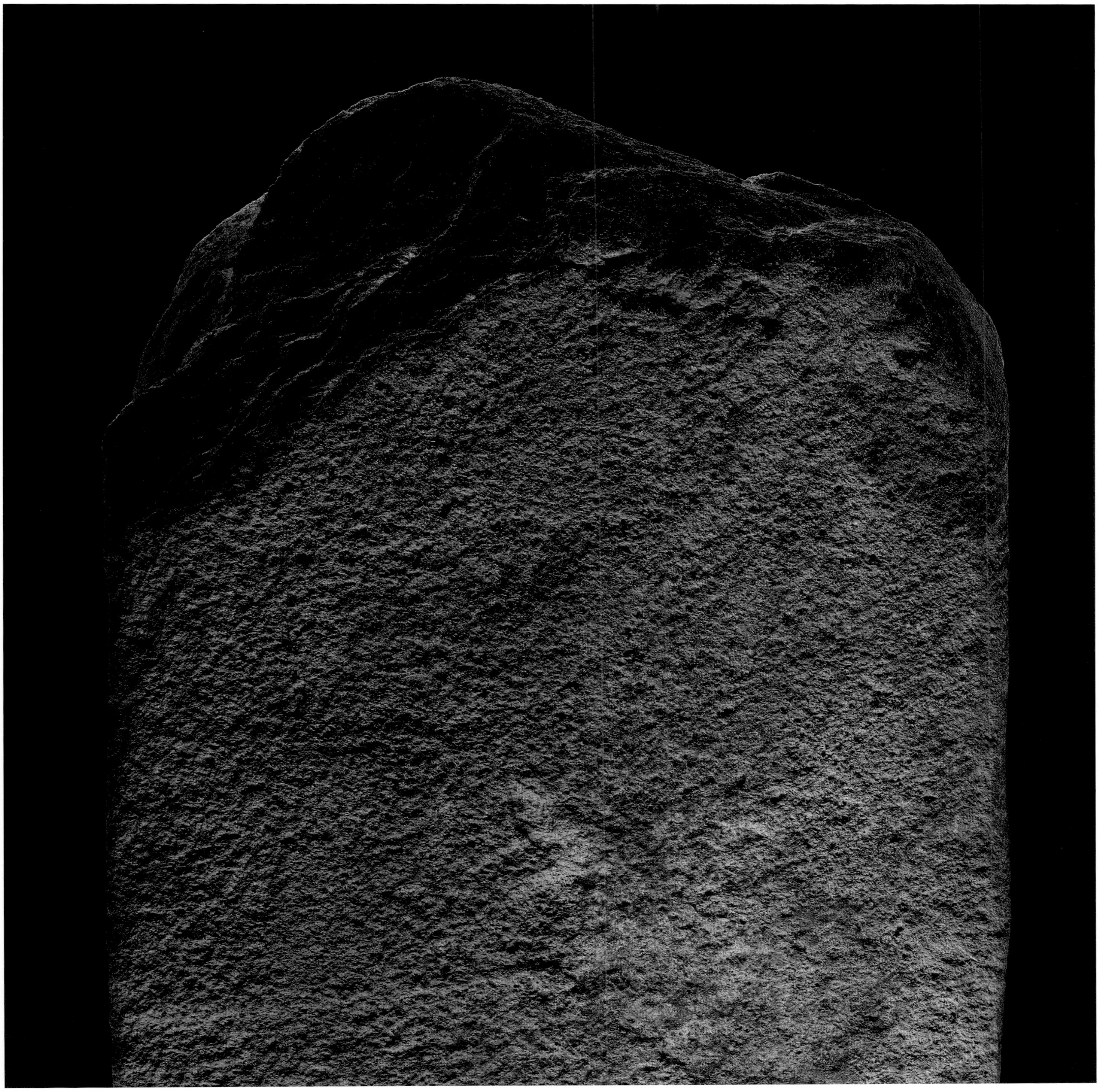

| **후면 상부** 광원 방향 ➜ |

| **후면 상부** 광원 방향 ◎ |

| **후면 중앙** 광원 방향 ⬇ |

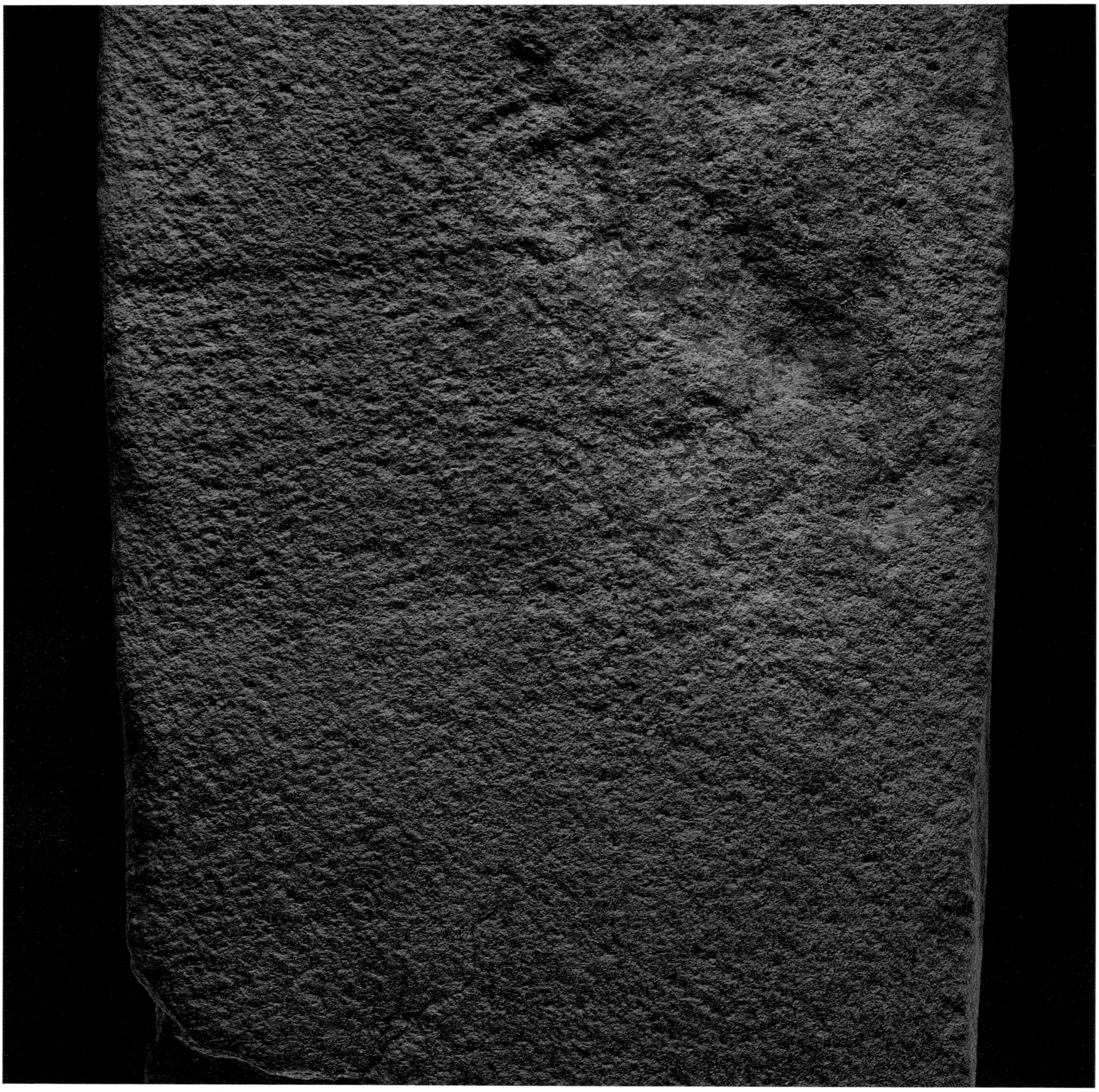

| **후면 중앙** 광원 방향 ↙ |

| **후면 중앙** 광원 방향 ← |

| **후면 중앙** 광원 방향 ↖ |

| **후면 중앙** 광원 방향 ↑ |

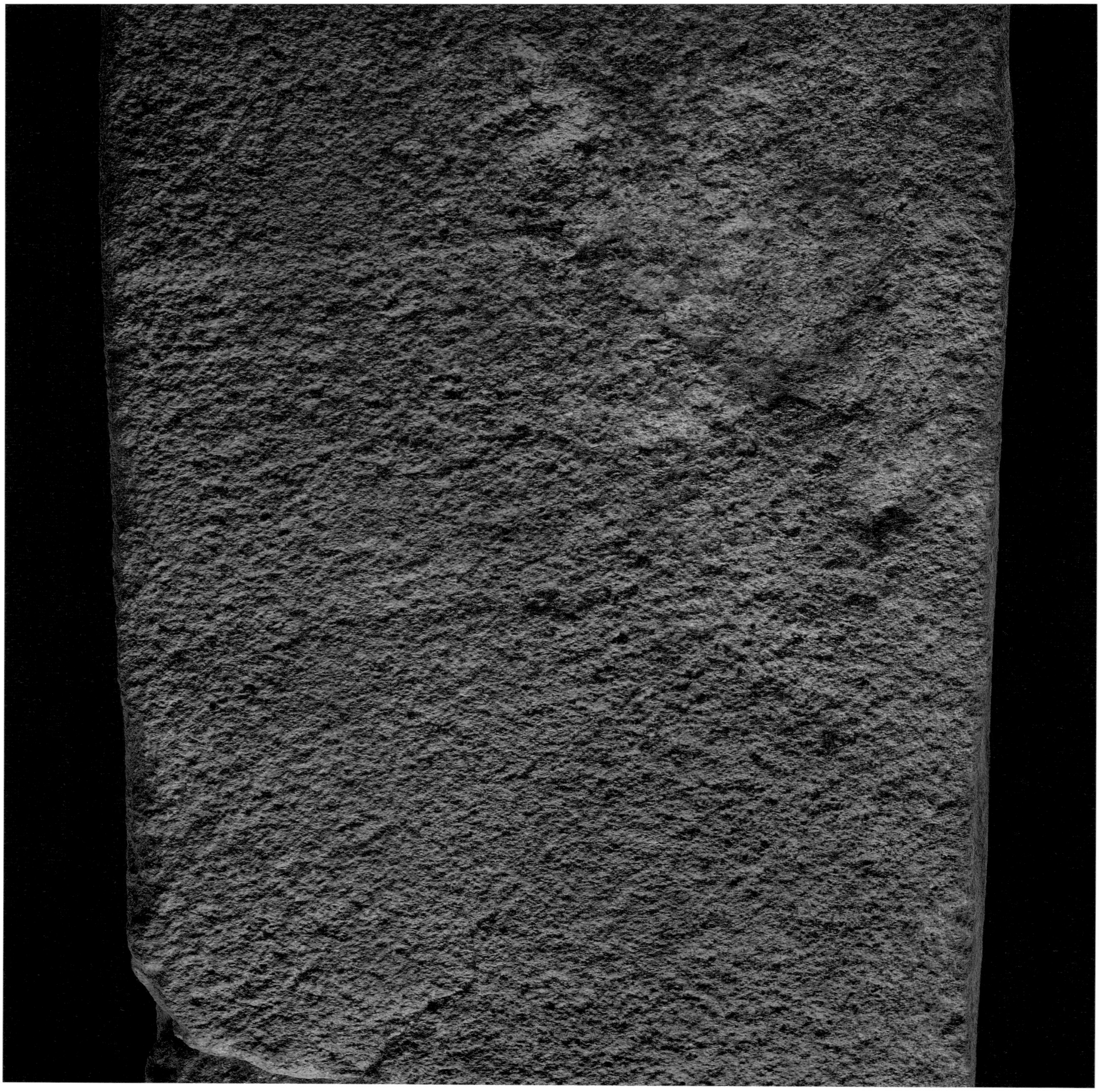

| **후면 중앙** 광원 방향 ↗ |

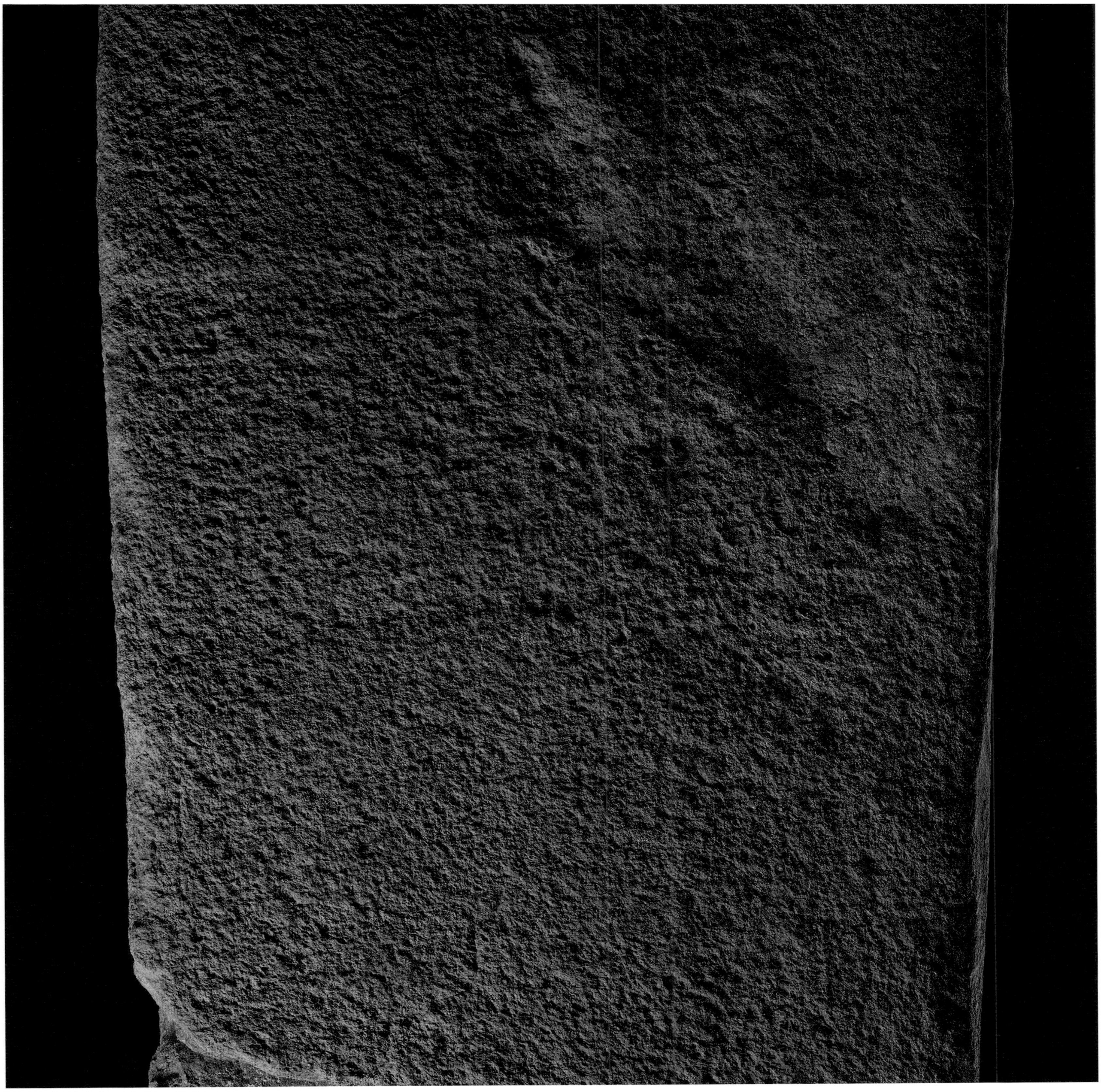

| **후면 중앙** 광원 방향 ➡ |

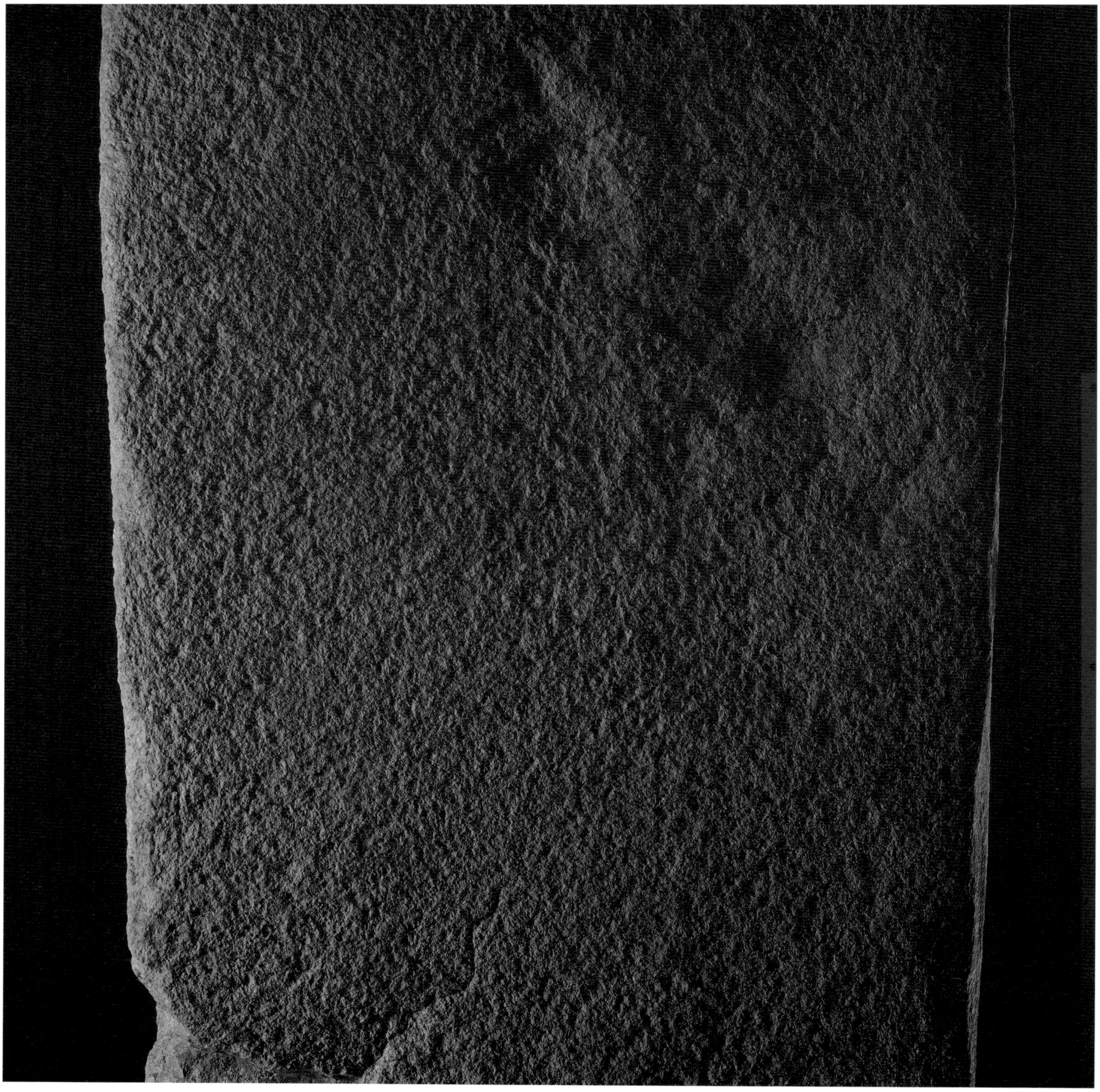

| **후면 중앙** 광원 방향 ↘ |

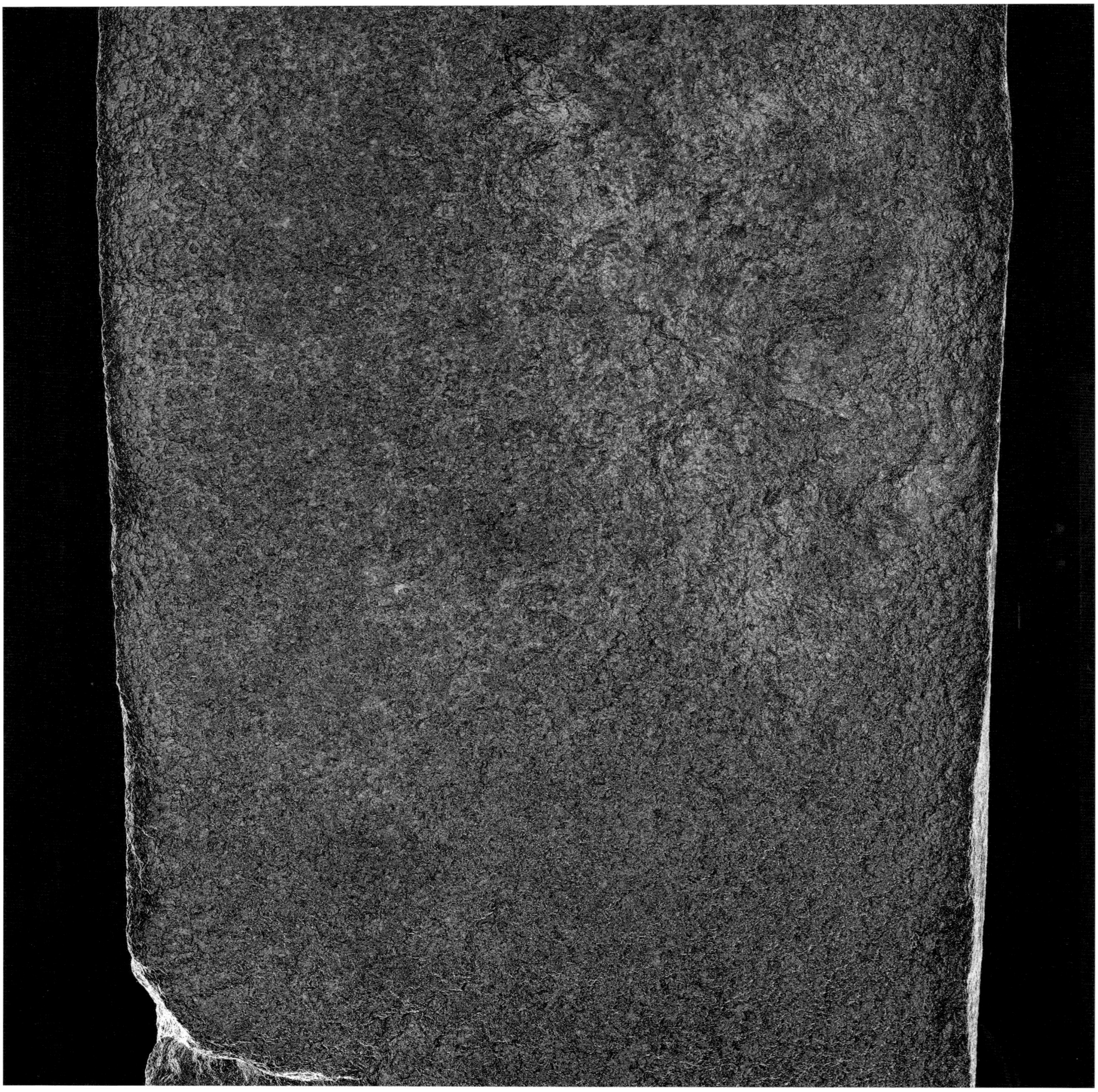

| **후면 하부** 광원 방향 ↓ |

| **후면 하부** 광원 방향 ↙ |

| **후면 하부** 광원 방향 ← |

| **후면 하부** 광원 방향 ↖ |

| **후면 하부** 광원 방향 ↑ |

| **후면 하부** 광원 방향 ↗ |

| **후면 하부** 광원 방향 ➔ |

| **후면 하부** 광원 방향 ↘ |

| **후면 하부** 광원 방향 ◎ |

| **우측면 상부** 광원 방향 ⬇ |

| **우측면 상부** 광원 방향 ↙ |

| **우측면 상부** 광원 방향 ← |

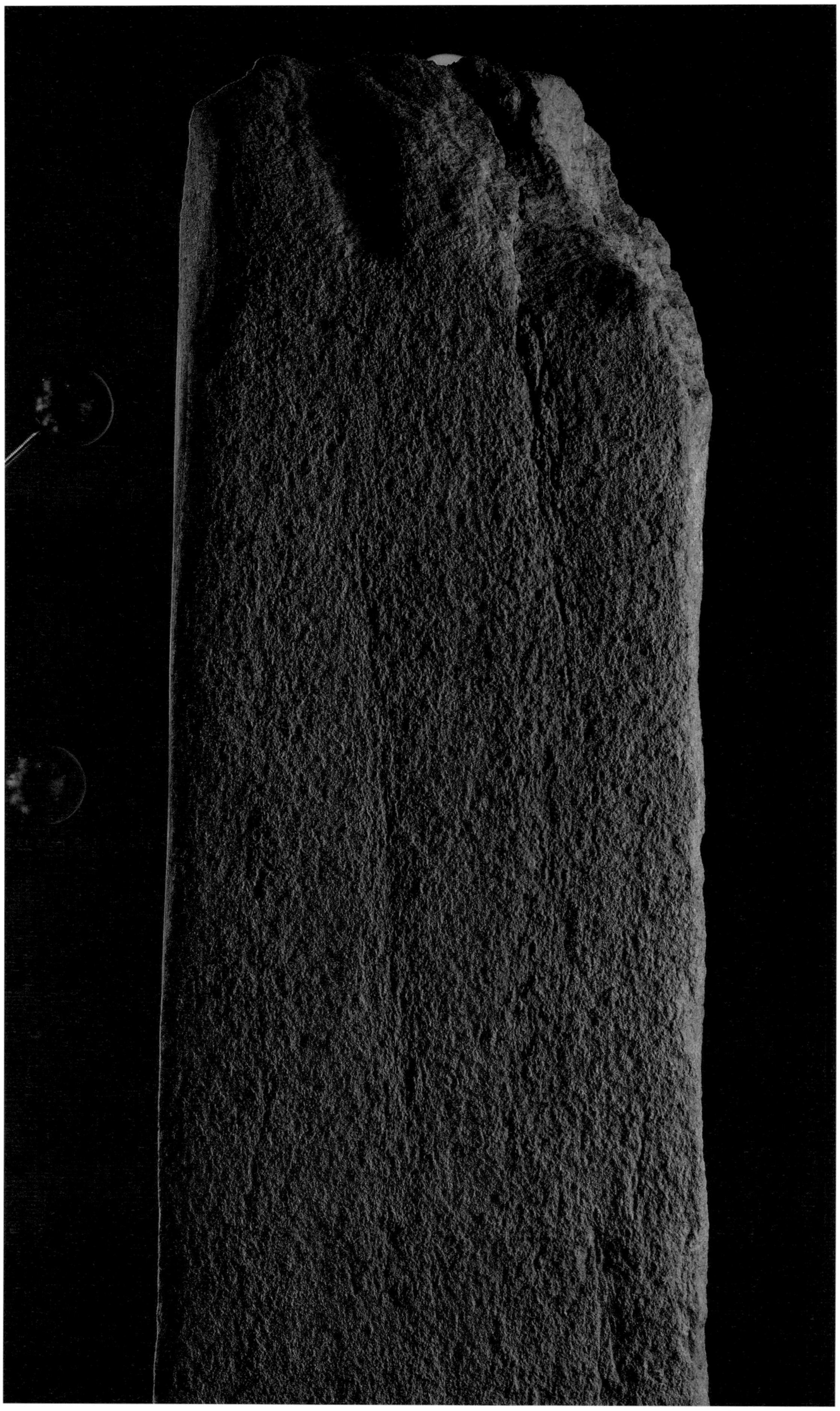

| **우측면 상부** 광원 방향 ↖ |

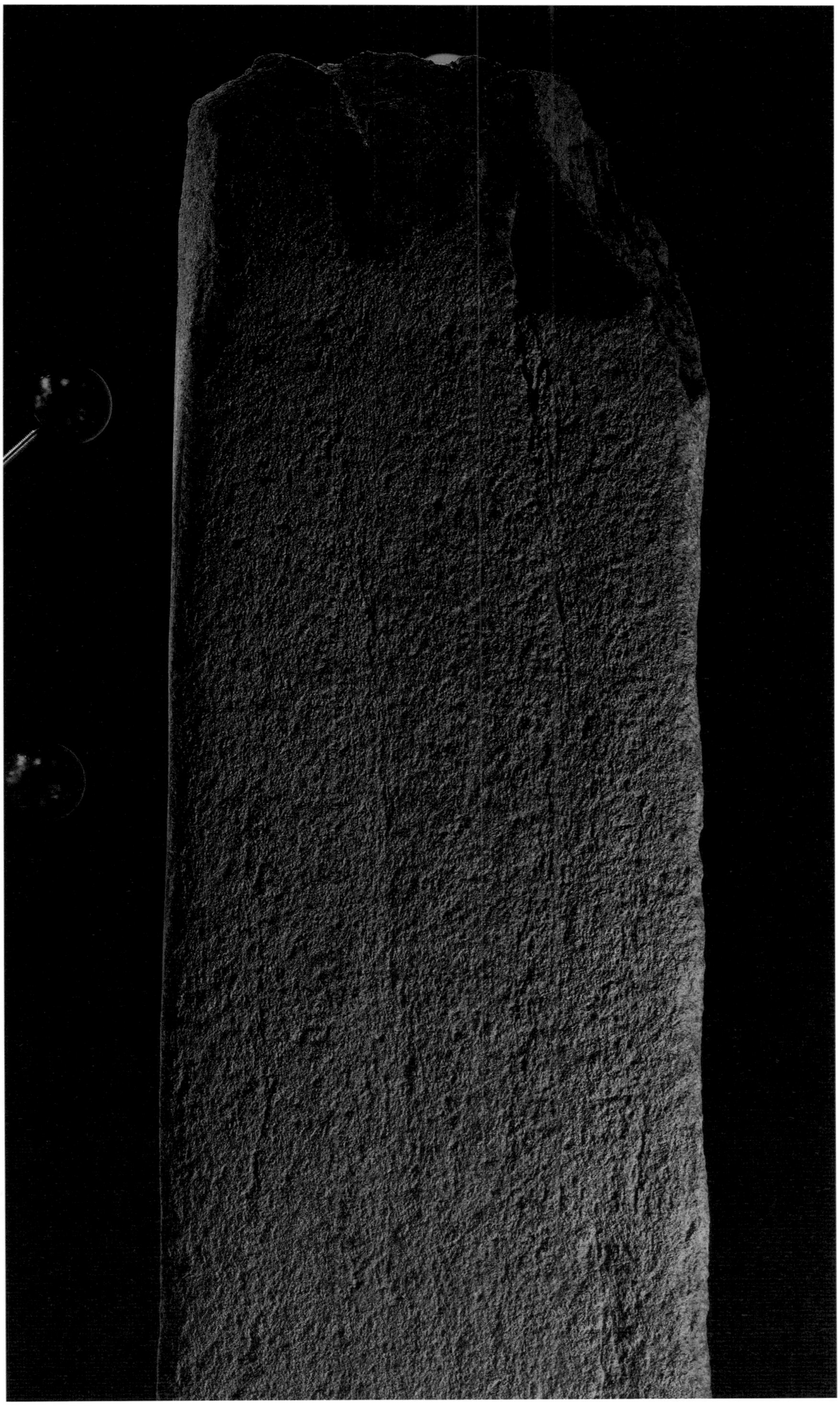

| **우측면 상부** 광원 방향 ↑ |

| **우측면 상부** 광원 방향 ↗ |

| **우측면 상부** 광원 방향 ➜ |

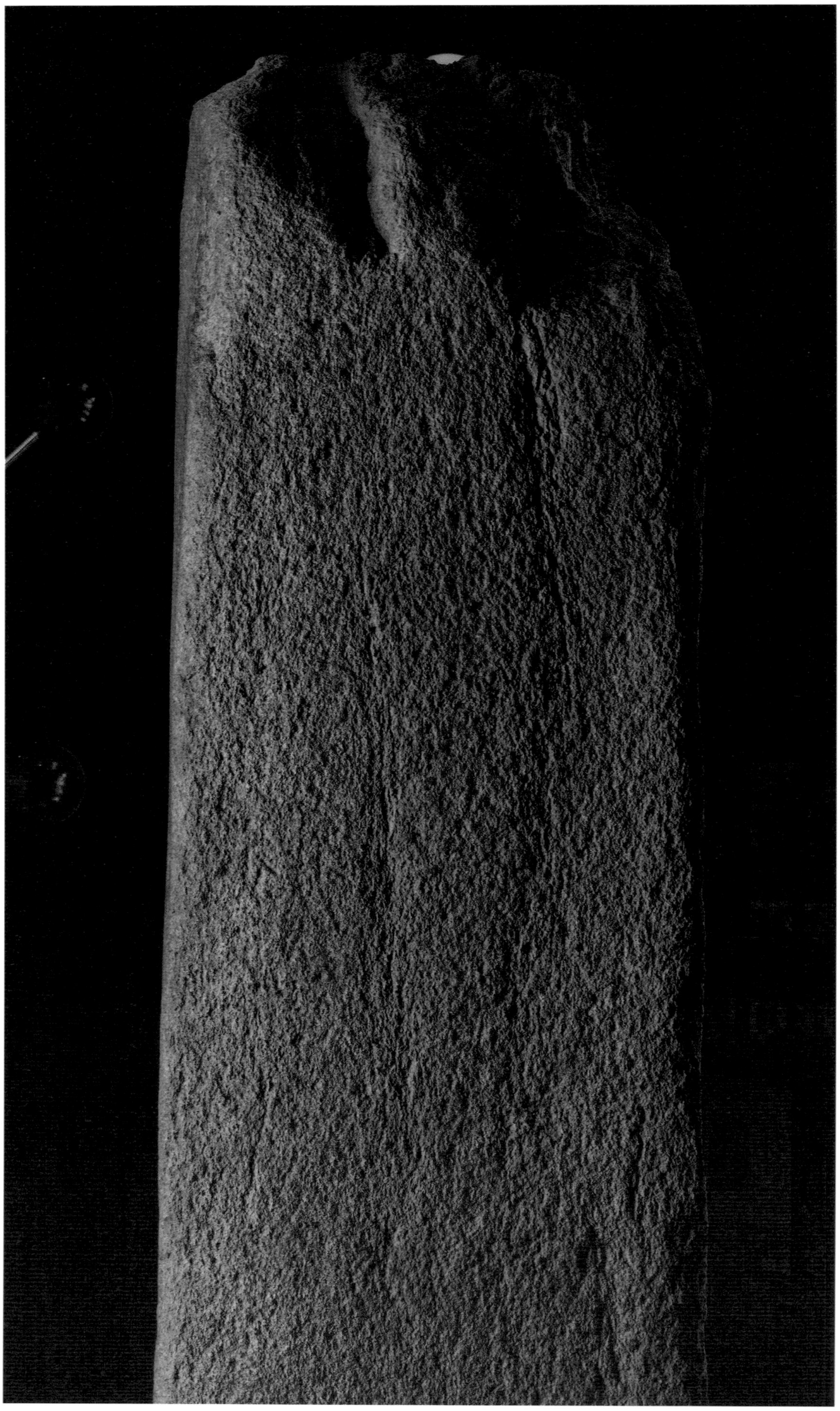

| **우측면 상부** 광원 방향 ↘ |

| **우측면 상부** 광원 방향 ◎ |

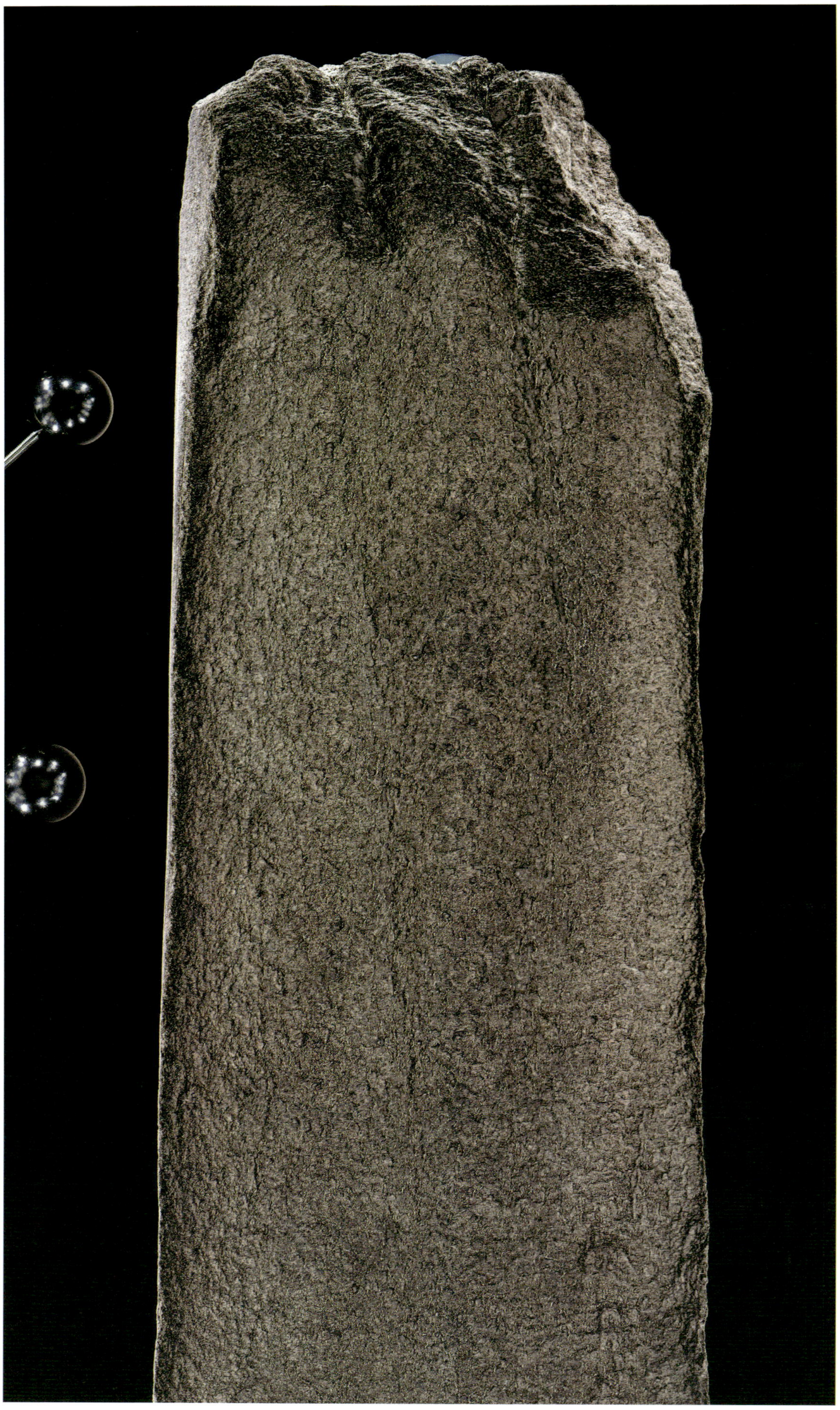

| **우측면 하부** 광원 방향 ↓ |

| **우측면 하부** 광원 방향 ↙ |

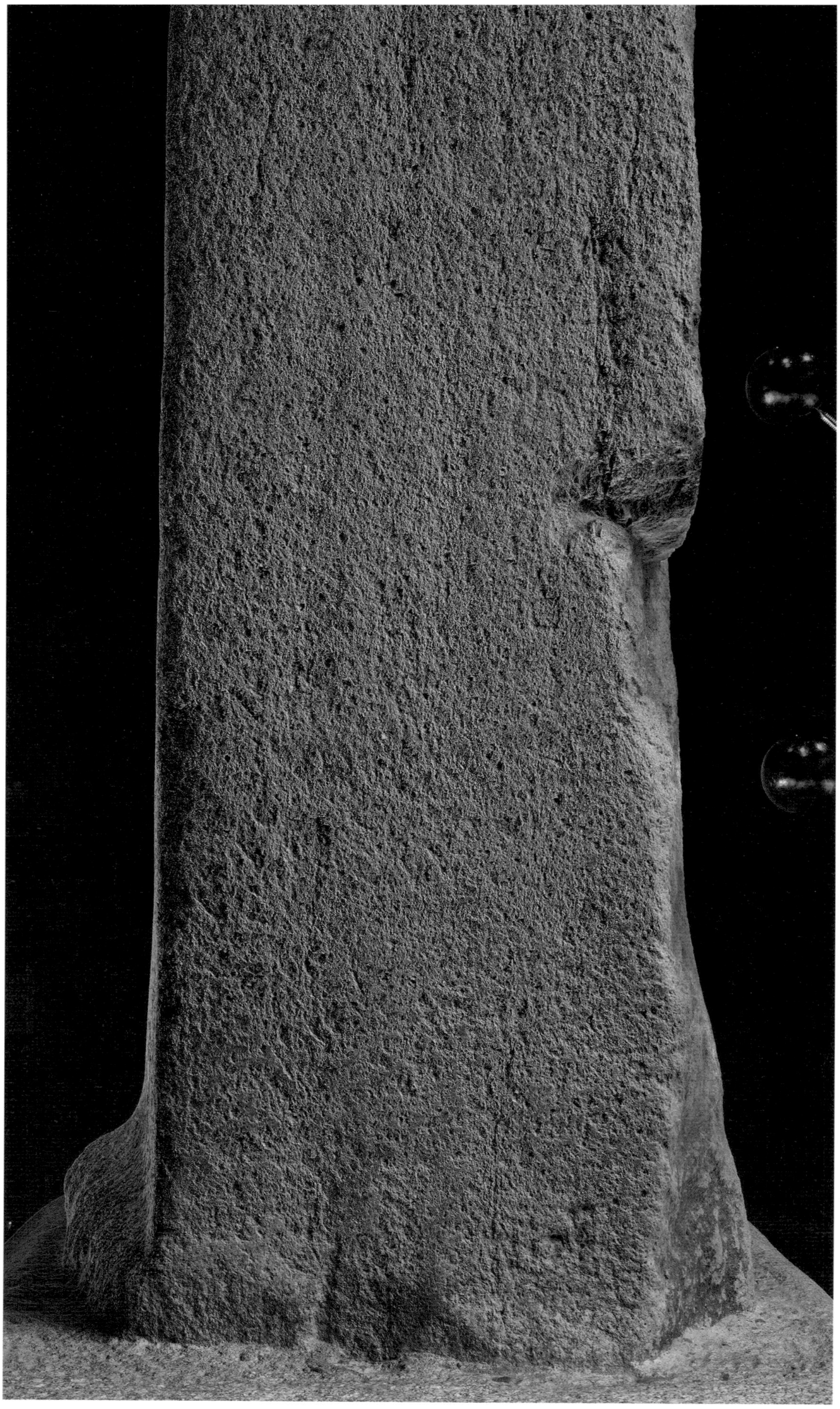

| **우측면 하부** 광원 방향 ← |

| **우측면 하부** 광원 방향 ↖ |

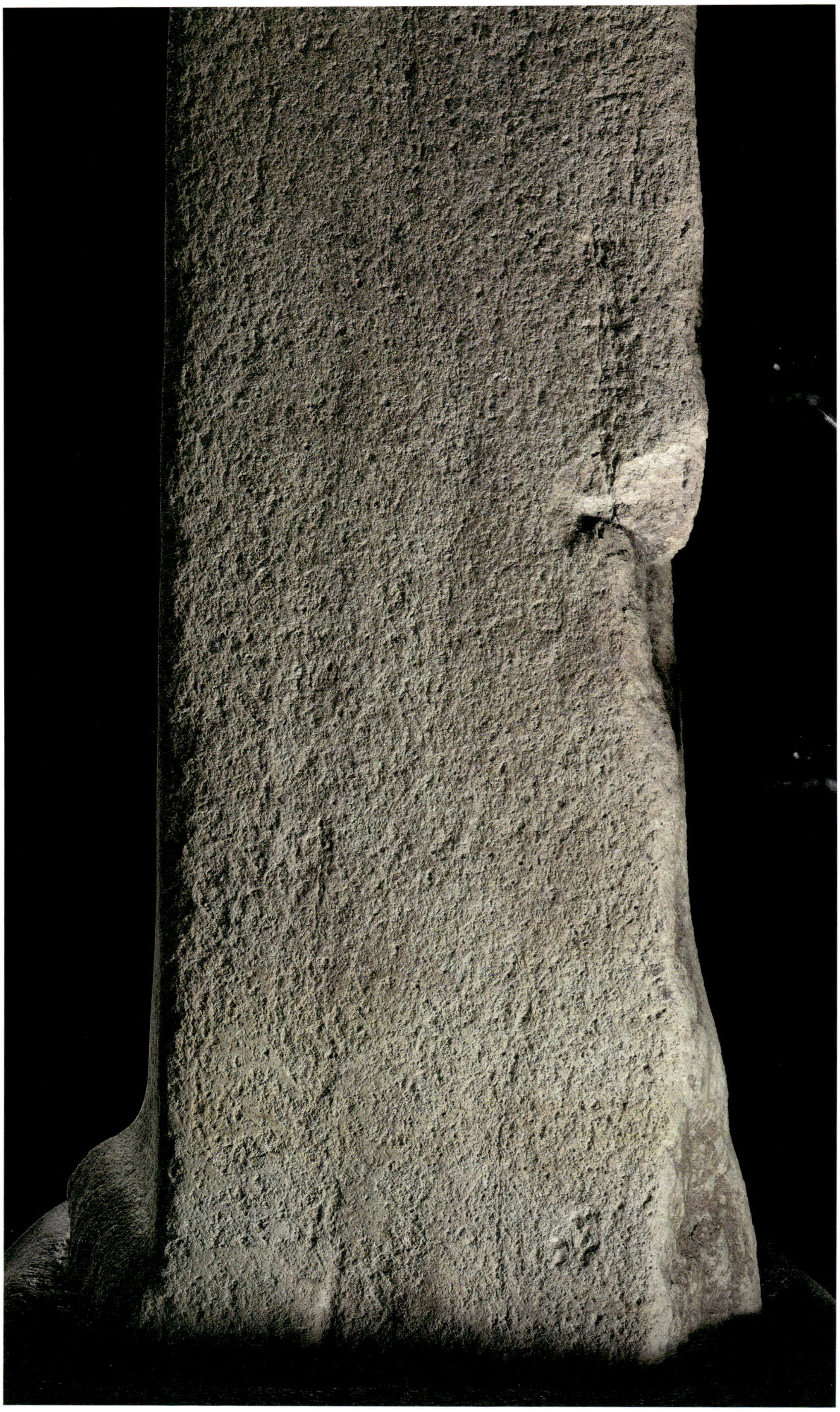

| **우측면 하부** 광원 방향 ↑ |

| **우측면 하부** 광원 방향 ↗ |

| **우측면 하부** 광원 방향 ➞ |

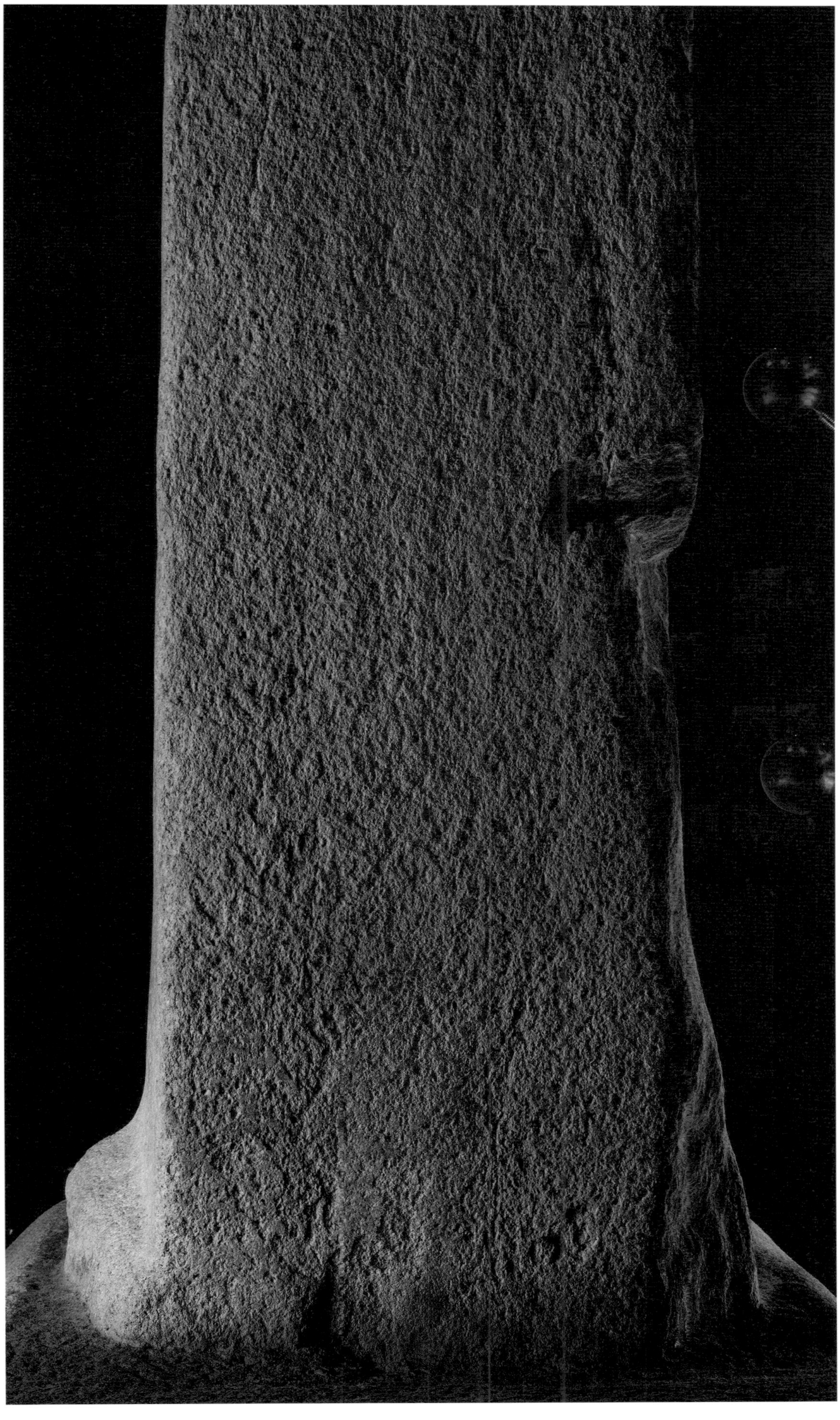

| **우측면 하부** 광원 방향 ↘ |

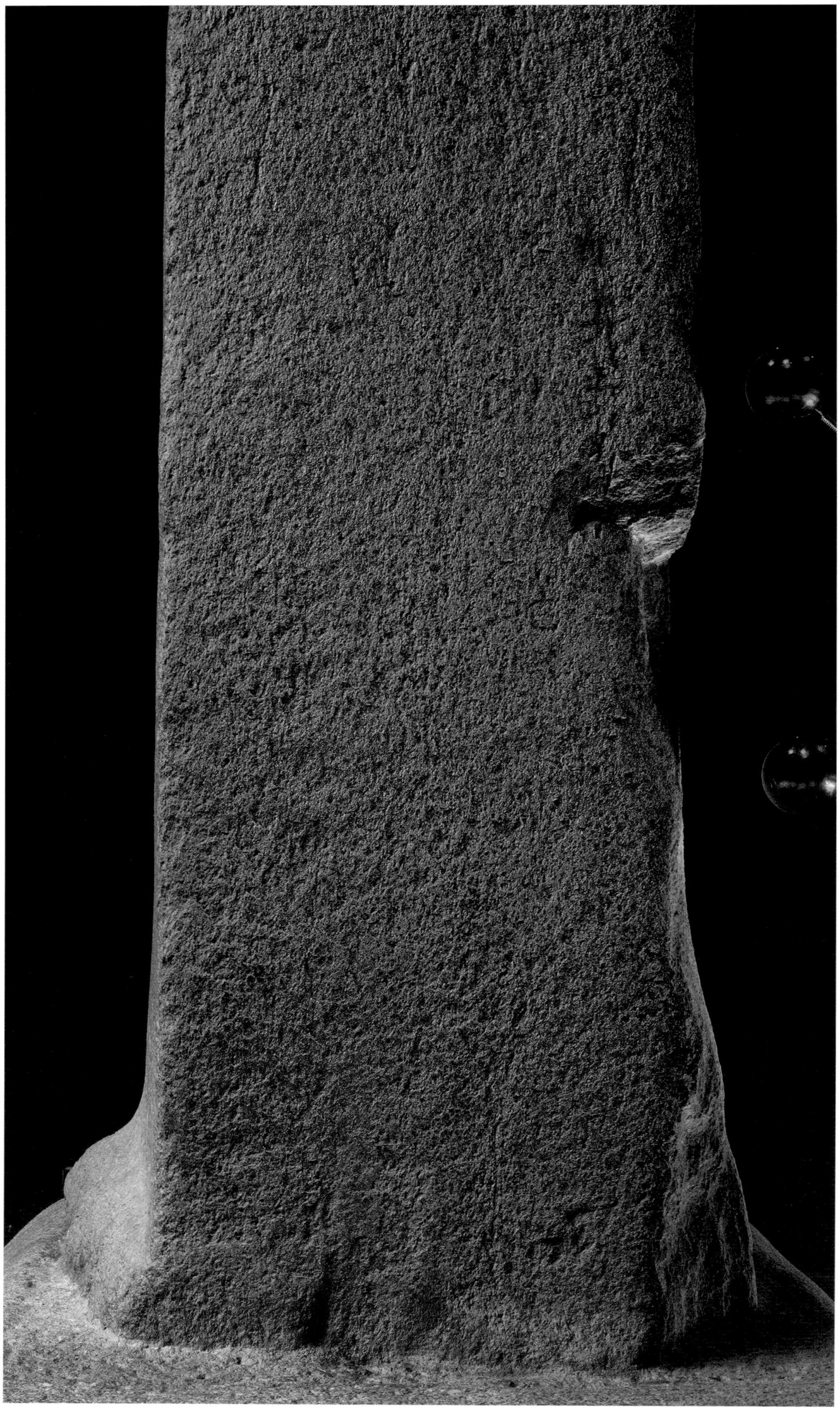

| **우측면 하부** 광원 방향 ◎ |

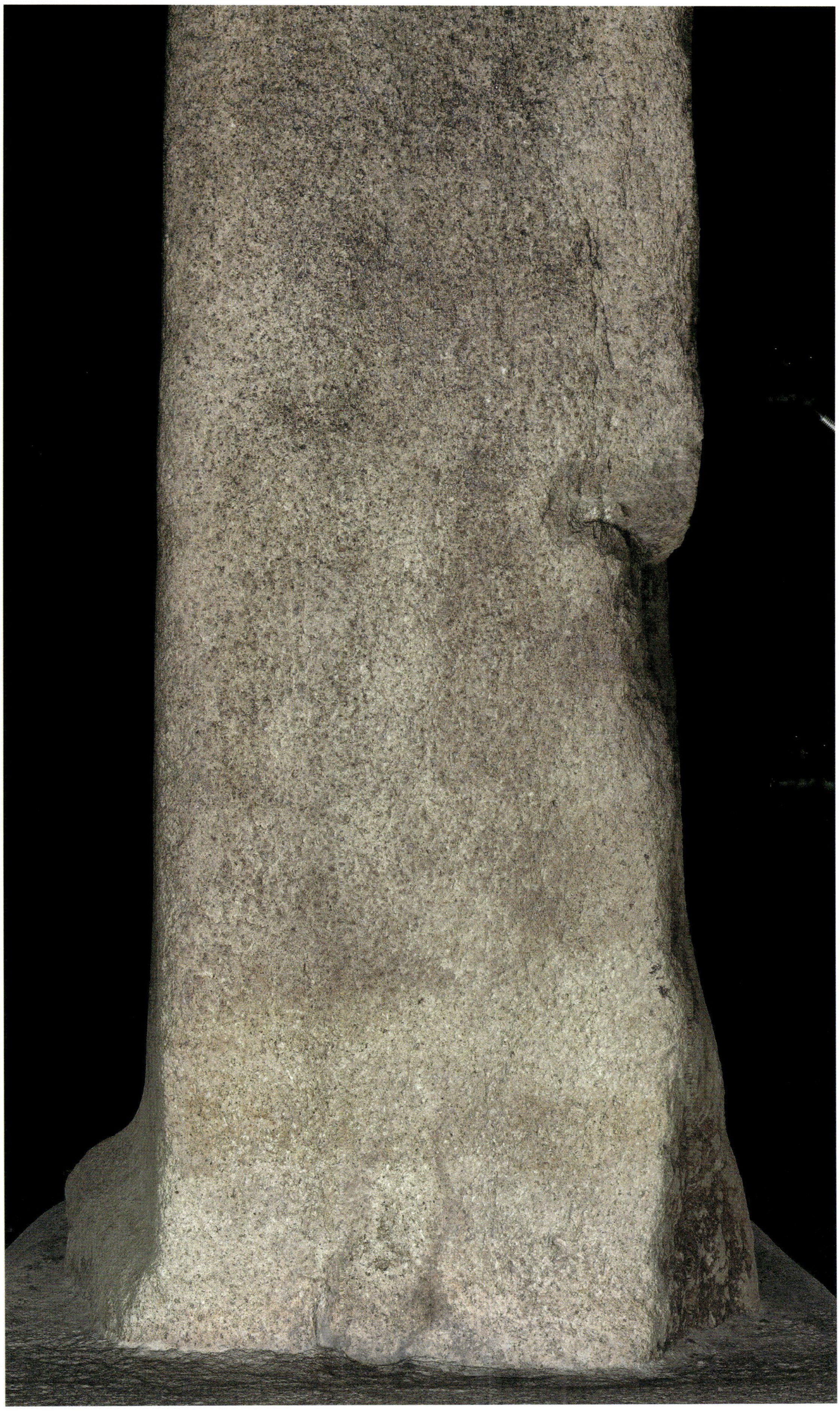

IV

3차원 스캐닝 및 디지털 가시화

충주고구려비는 발견 당시에 이미 풍화와 표면 오염이 심해 육안 관찰과 탁본에 의한 판독이 쉽지 않은 상태였다. 그간 학계에서는 비문의 판독을 위한 학술조사 및 판독회를 1979년과 2000년 두 차례에 걸쳐 진행하였다. 특히 충주고구려비는 한국고대사에서 사료적 가치가 매우 커 탁본을 비롯하여 다양한 판독기술이 지속적으로 적용되었고, 이를 통해 비석의 성격과 건립 연대 등을 구명하는 일정한 성과도 있었다. 그러나 여전히 판독이 어렵거나 이견이 있는 글자가 다수 존재하여 보다 진전된 판독 방법의 개발이 필요한 실정이다.

최근 첨단기술의 급속한 발전과 함께 금석문의 가독성과 판독률을 높이기 위한 연구가 다수 진행되고 있는데, 그 대표적인 방법이 디지털 가시화 기술이다. 이에 따라 2019년 발견 40주년을 맞이한 충주고구려비의 역사적 가치를 재조명하고자 3차원 스캐닝과 영상분석 기반의 디지털 판독을 수행하였다(그림 1). 먼저 다양한 3차원 스캔 기술을 적용하여 충주고구려비의 개별 글자와 전체 형상에 대한 입체 수치 정보를 획득하였다. 특히 디지털 판독에 적합한 데이터 최적화 과정을 거쳐 글자 원시 데이터의 정확도와 품질을 높였다. 또한 기하정보 매핑과 렌더링 기반의 디지털 가시화를 통해 마모로 인해 형상을 파악하기 어려운 글자의 판독률을 높였다. 이러한 작업은 육안 관찰과 탁본을 통한 기존의 전통적인 금석문 판독 방법을 3차원 스캐닝 기반의 디지털 판독으로 전환하는 데 크게 기여할 것으로 기대된다.

3차원 스캐닝

1. 3차원 스캔 방법

3차원 스캐닝이란 표면에 투사한 광원의 간섭이나 반사 데이터를 이용하여 점군(point clouds) 형태의 3차원 형상 또는 공간 정보를 취득하는 기술을 말한다. 일반적으로 실물의 형상을 구조화된 점집합으로 변환하는 3차원 스캔과 측정한 데이터를 하나의 3차원 모델로 제작하는 데이터 처리 과정으로 이루어진다. 충주고구려비의 3차원 스캐닝은 비석의 크기와 형태를 가늠할 수 있는 외형 정보와 비석의 내용을 담고 있는 비문을 디지털화하는 데 주안점을 두었다. 이를 위해 네 가지 방식의 3차원 스캔 기술을 적용하여 비석과 글자의 입체 정보를 구축하였다.

충주고구려비의 입체형상 정보 획득에 사용된 3차원 스캔 방식은 핸드헬드형 중정밀스캔, 핸드헬드형 고정밀스캔, 고정형 고정밀스캔, 고정형 초고정밀스캔 등 총 네 가지이다(그림 2). 먼저 충주고구려비의 받침석을 포함한 전체적인 3차원 형상은 이동성 및 접근성이 뛰어난 핸드헬드형 중정밀스캔이, 비신 중심의 입체형상은 핸드헬드형 고정밀스캔이 활용되었다. 충주고구려비는 전체적으로 수직적인 형상을 가지고 있기 때문에 중첩도를 고려하여 전체 형상, 비면, 받침석 순으로 현장 스캔을 실시하였다.

사용된 두 가지 방식의 핸드헬드형 3차원 스캐너는 공통적으로 내장 카메라와 광원을 이용한 광

그림 1
디지털 판독을 위한 3차원 스캔

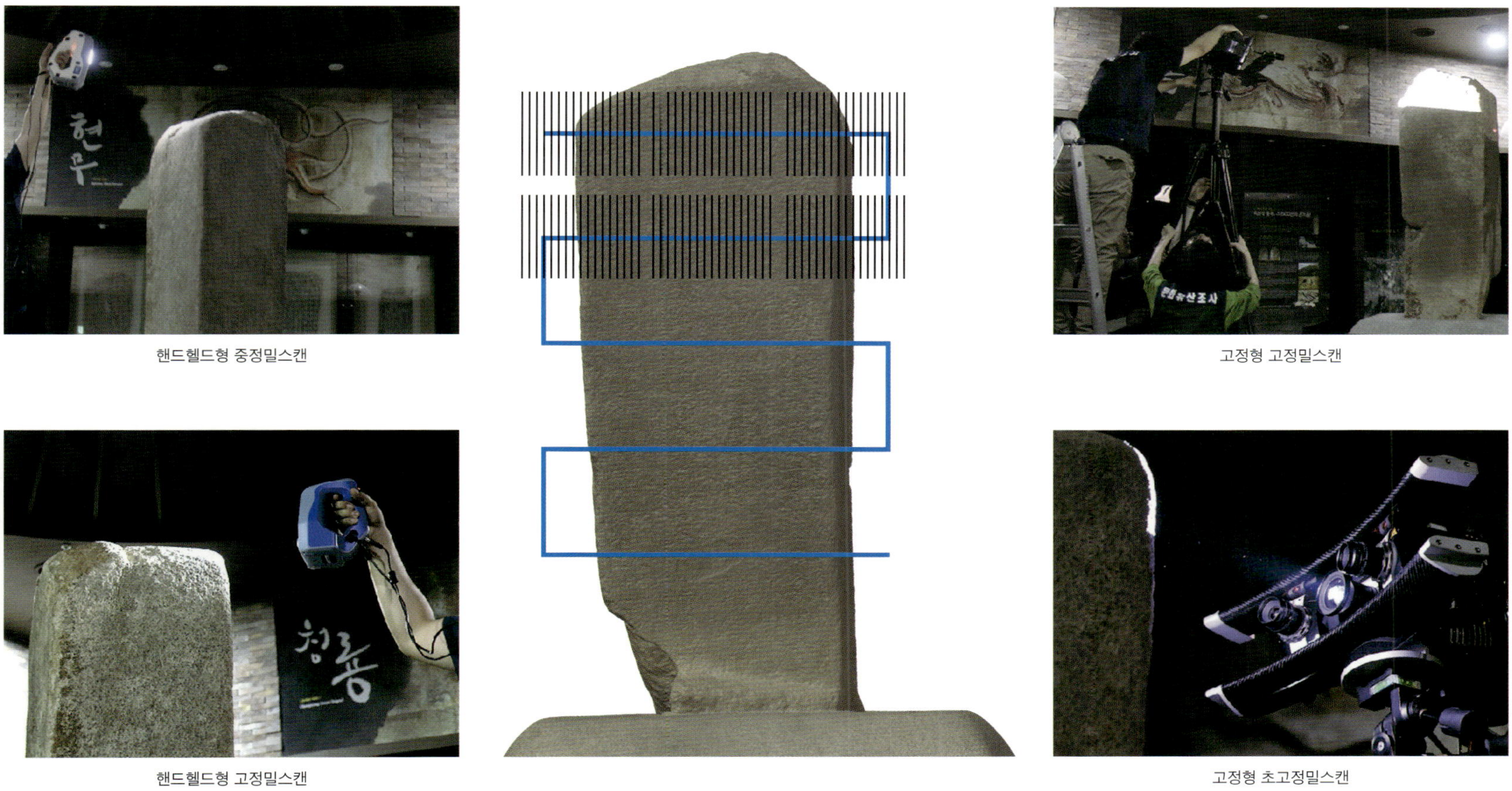

그림 2 디지털 기록에 사용된 3차원 스캔 방식

표 1 핸드헬드형 3차원 스캐너의 주요 제원

구분	중정밀스캐너	고정밀스캐너
모델명	Eva, Artec3D	Spider, Artec3D
3D 해상도	최대 0.5mm	최대 0.1mm
3D 점데이터 정확도	최대 0.1mm	최대 0.05mm
3D 거리 정확도	100cm 이상에서 0.03%	
색상	24bpp	
텍스처 해상도	1.3MP	
광원	백색 구조광	청색 구조광
스캔 거리	0.4~1.0m	0.2~0.3m
영상 프레임 속도	16fps	7.5fps
노출 시간	0.0002초	0.0005초
데이터 획득 속도	2,000,000점/초	1,000,000점/초

삼각측량 방식으로 작동한다. 이 중 중정밀스캐너(Eva, Artec3D)는 백색 구조광 방식으로 0.5mm의 해상도와 0.1mm의 정확도를 가지며, 빠른 데이터획득속도(16fps)가 특징이다. 반면 고정밀스캐너(Spider, Artec3D)는 중정밀스캐너에 비해 데이터획득속도(7.5fps)가 느리지만, 비교적 높은 해상도(0.1mm)와 정확도(0.05mm)를 갖고 있다. 이 작업에서는 일차적으로 중정밀스캔을 통해 비신 및 받침석 중심의 형상 기록과 수평 기준에 대한 좌표를 설정하였다. 또한 이차적으로 고정밀스캔을 통해 비신 중심의 데이터를 취득하였다. 충주고구려비의 핸드헬드형 중정밀 및 고정밀 스캐너의 주요 제원은 표 1과 같다.

충주고구려비는 각 비면마다 풍화로 인해 손상이 심한 글자가 다수 존재한다. 따라서 각 비면

표 2 고정형 3차원 스캐너의 주요 제원

구분	고정밀스캐너	초고정밀스캐너
모델명	HDI Advance R3X, LMI TECHNOLOGIES	STEREOSCAN NEO, HEXAGON
측정 원리	구조광 삼각측량	
광원	백색 구조광	청색 구조광
카메라 해상도	2.8메가픽셀	16메가픽셀
스캔 속도	0.88초/스캔	1초/스캔
측정 영역	200~600mm	75~1,100mm
정확도	0.03~0.08mm	0.025mm

에 구조광을 투사하여 정밀한 비문 형상과 수치데이터를 취득하기 위해 고정형 고정밀스캐너(HDI Advance R3X, LMI TECHNOLOGIES)를 사용하여 비문 판독을 위한 3차원 모델을 구축하였다. 고정형 고정밀스캐너는 백색 구조광과 두 개의 스테레오 카메라를 이용하여 삼각측량 방식을 통해 대상체를 스캔한다. 또한 280만 화소의 카메라 분해능을 가지며, 렌즈에 따라 0.03~0.08mm의 정확도로 고품질의 3차원 스캔데이터를 획득할 수 있다. 여기서는 12mm 렌즈를 시야각 200mm로 설정하여 0.04mm의 정확도로 비문을 스캔하였다.

고정형 고정밀스캐너는 외부 간섭에 예민한 3차원 계측 장비로 흔들림이 발생하면 데이터에 오차가 발생할 수 있기 때문에 스캐너와 삼각대의 안정성이 매우 중요하다. 따라서 스캐너를 지면과 견고하게 고정하고 대상체와의 거리를 고려하여 비문에 대한 입체형상 정보를 정밀하게 기록하였다. 특히 비문은 평면적 특징을 가지고 있어 데이터의 중첩도를 고려하여 'ㄹ'자 순으로 현장 스캔을 진행하였다. 충주고구려비의 고정형 고정밀스캔에 사용된 스캐너의 상세정보는 표 2와 같다.

한편 마모가 심하고 재검토가 필요한 글자에 대해서는 고정형 초고정밀스캐너(STEREOSCAN NEO, HEXAGON)를 사용하였다. 이 스캐너는 현재 보급된 고정형 방식의 정밀스캐너 중 가장 높은 해상도를 가지며, 정밀한 카메라 센서를 통해 정확도(0.025mm) 높은 고해상도 데이터를 취득할 수 있다. 고정형 초고정밀스캔에 사용된 스캐너의 제원은 표 2와 같다.

2. 데이터 처리 및 최적화

3차원 스캔을 통해 획득된 원시데이터는 필터링, 정렬, 정합, 병합, 면보강 순으로 처리되었다. 먼저 핸드헬드형 3차원 스캔데이터는 기본적으로 프레임 형태로 존재하기 때문에 오류값이 높은 프레임을 삭제하고, 원시데이터의 노이즈를 수동으로 제거하는 필터링을 수행하였다. 이를 통해 데이터 크기와 정합 오차를 줄여 처리 과정의 신뢰도를 높였다.

그런 다음 두 개의 메시데이터 간 중복된 지점을 찾아 좌표상의 위치를 맞춰주는 정렬 및 정합을 실시하고, 평균 점 간격을 0.3mm로 샘플링한 후 하나의 객체를 갖춘 데이터로 병합하였다(그림 3). 이렇게 병합이 완료된 최종 3차원 모델에는 부분적으로 스캔되지 않은 영역이 존재하는데, 이는 소프트웨어상의 면보강 기능을 통해 보완하였다. 마지막으로 RGB 텍스처를 매핑하여 비석 고유의 색상 정보를 표현함으로써 실감 효과를 높였다.

한편 비문의 고정형 고정밀스캔을 통해 전면 188개, 좌측면 82개, 우측면 87개, 후면 132개 등 총 410개의 개별 원시데이터를 획득하였다. 이렇게 취득된 3차원 스캔데이터는 스캐너의 원점을 기준으로 한 좌표값이므로 여러 메시데이터가 중첩된 상태로 존재한다. 따라서 현장에서는 개별 메시데이터들의 위치를 맞추는 초기 정렬을 실시하고, 실내에서는 정밀한 데이터 처리를 위해 공통지점을 기반으로 정합하였다. 정합이 완료된 각 폴리곤메시데이터는 미세정합을 통해 점 간격의 오차범위를

그림 3 핸드헬드형 중정밀스캔데이터 처리 과정

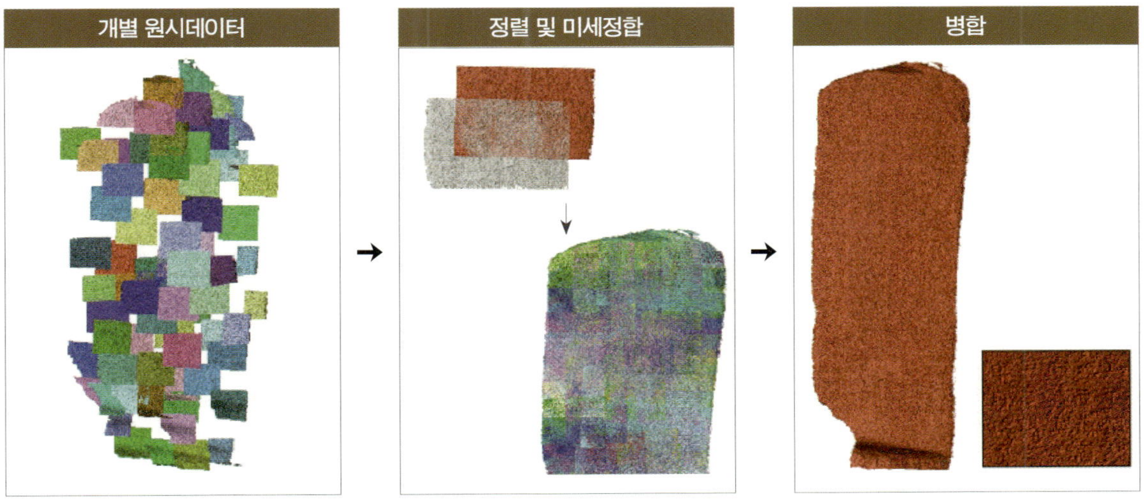

그림 4 고정형 고정밀스캔데이터 처리 과정

최소화한 후 하나의 좌표계로 병합되어 비문 판독을 위한 3차원 모델을 가지게 되었다(그림 4).

그러나 고정밀스캐닝 모델은 원시데이터 취득과 처리 과정에서 노이즈 클러스트와 같은 비정상적인 폴리곤들을 생성하게 마련이다. 이는 형상 정확도를 저해할 뿐만 아니라 렌더링 시 오류가 함께 가시화되는 문제점을 야기한다. 따라서 충주고구려비 비면에 존재하는 비정상적 폴리버텍스, 접힌 폴리페이스, 작은 클러스터, 교차 폴리페이스 등을 개선하는 최적화 과정을 진행하였다. 이 과정은 3차원 폴리곤 모델의 품질과 디지털 판독의 완성도를 높이는 데 중요한 역할을 하였다.

3차원 모델링

3차원 스캐닝을 통해 완성된 충주고구려비의 디지털 모델은 전체적인 형상과 비문이 잘 표현된데다 폴리곤메시와 RGB 텍스처매핑 결과 모두 뛰어난 품질을 보였다. 특히 네 종류 3차원 스캔 방식의 모델링 결과를 토대로 해상도를 비교한 결과, 비석 받침석을 포함한 전체 형상 중심의 핸드헬드형 중정밀스캐닝은 1,152만 1,439개의 폴리페이스와 0.81mm의 점 간격을 나타냈고, 비석 중심의 핸드헬드

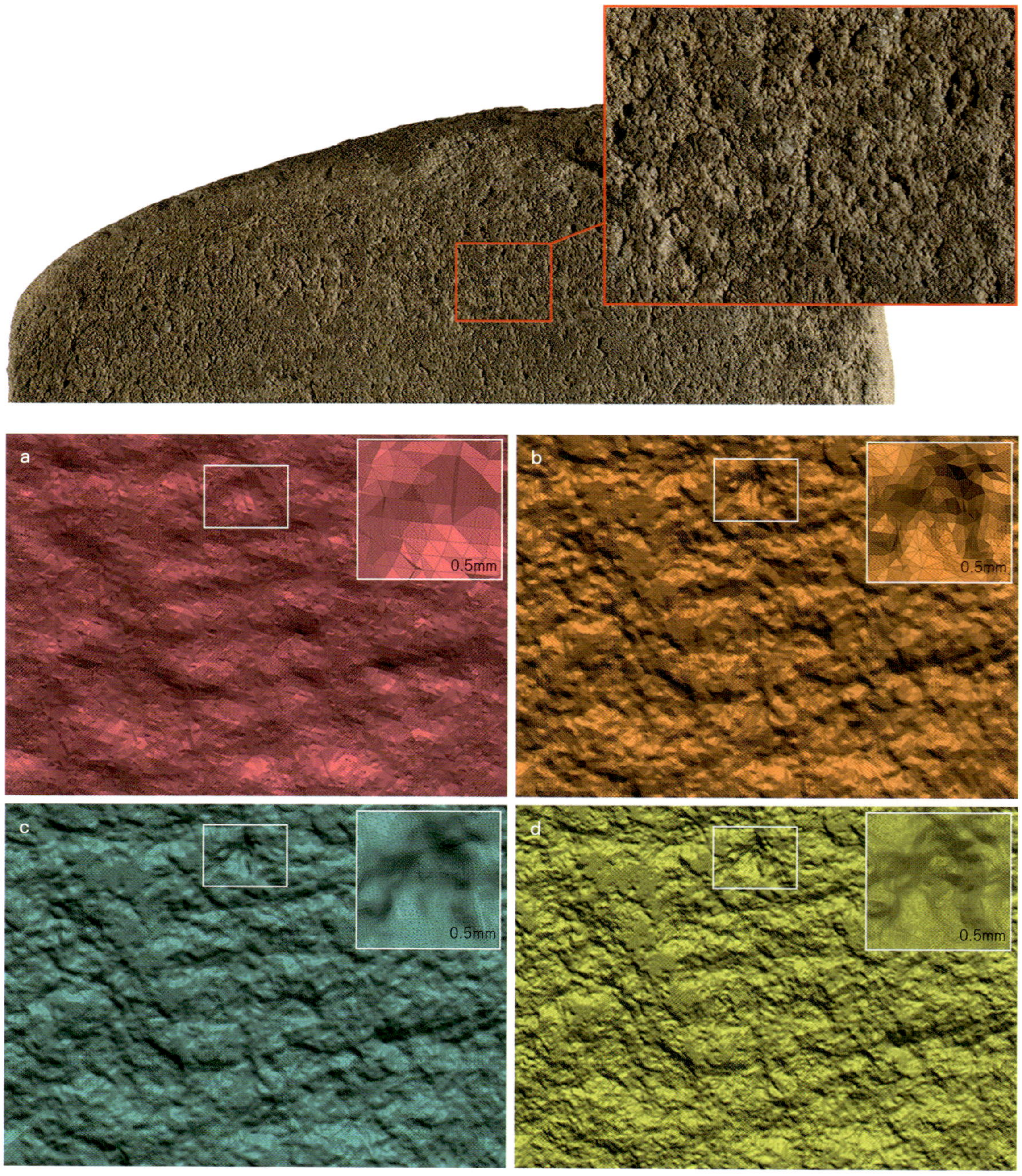

그림 5 디지털 기록에 적용된 3차원 스캔 방식 해상도 비교
a. 핸드헬드형 중정밀스캐닝, b. 핸드헬드형 고정밀스캐닝, c. 고정형 고정밀스캐닝, d. 고정형 초고정밀스캐닝

표 3 충주고구려비의 3차원 스캐닝 결과

스캔 방식	스캔 대상	폴리페이스	점간격
핸드헬드형 중정밀	비석+받침석	11,521,439개	0.81mm
핸드헬드형 고정밀	비석 4면	95,635,972개	0.30mm
고정형 고정밀	전면	144,180,474개	0.12mm
	좌측면	70,895,939개	0.14mm
	우측면	80,257,514개	0.12mm
	후면	140,365,697개	0.11mm
	총합 및 평균	435,699,624개	0.12mm
고정형 초고정밀	전면 상부	454,611,132개	0.05mm
	이견 글자	24,312,880개	0.05mm

형 고정밀스캐닝 모델은 9,563만 5,972개의 폴리페이스와 0.30mm의 점 간격을 보였다. 또한 비면 중심의 고정형 고정밀스캐닝 결과는 총 4억 3,569만 9,624개의 폴리페이스와 평균 0.12mm의 점 간격 해상도를 보였고, 전면 상부와 이견 글자 중심의 초고정밀스캐닝 결과는 총 2,431만 2,880개의 폴리페이스와 평균 0.05mm의 점 간격 해상도를 나타냈다(표 3).

이상의 각 스캔 방식을 종합하면, 핸드헬드형 스캐닝 결과는 비석의 전체적인 입체 형상을 기록하여 디지털 실측에 유용하나, 개별 글자의 디지털 판독에는 한계가 있었다(그림 5a, 5b). 그러나 고정형 고정밀스캐닝 모델은 음각된 글자와 비석의 표면 질감을 표현하는 데 효과적이어서 디지털 판독에 적극 활용되었다(그림 5c, 5d). 이처럼 다양한 방식의 3차원 스캐닝 결과는 정밀 실측, 디지털 판독, 3차원 프린팅 복제품 제작[1] 등 다양한 목적으로 활용되었다(그림 6, 7). 이는 데이터 품질뿐만 아니라 적용 목적에 적합한 스캔 방식을 선정하는 기준이 될 수 있을 것으로 판단된다.

이러한 3차원 모델링 결과를 기반으로 충주고구려비의 절대 크기를 실측하였다(그림 8~12). 그 결과, 전체적인 폭은 전면 570mm, 후면 540mm, 좌측면 356mm, 우측면 313mm로, 전·후면이 긴 장방형을 보이고 있다. 높이는 전면 1,604~1,607mm, 후면 1,601~1,610mm, 좌측면 1,602~1,611mm, 우측면 1,592~1,602mm로, 평균 약 1,604mm로 확인되었다. 비문의 높이는 전면 1,172~1,174mm, 좌측면 1,109~1,174mm로 평균 약 1,157mm이며, 전면 상단 부분의 글자들은 폭 308mm와 높이 38~50mm 범위에 각자된 것을 알 수 있다.

1 충주고구려비는 한성백제박물관 '고구려와 한강' 특별전(2020. 4. 10~6. 7)의 일환으로 복제된 바 있다. 국립공주대학교 조영훈 교수 연구팀(문화재보존과학과 디지털보존솔루션연구실)은 동북아역사재단의 협조하에 약 1.6m 크기의 충주고구려비를 대형 3차원 프린터로 40일(1,000시간 정도) 동안 출력하여 복제하였다. 첨단과학기술을 통한 충주고구려비의 재현은 기존의 접촉식 수작업 복제를 비접촉식 디지털 방식으로 전환하는 계기가 되었다.

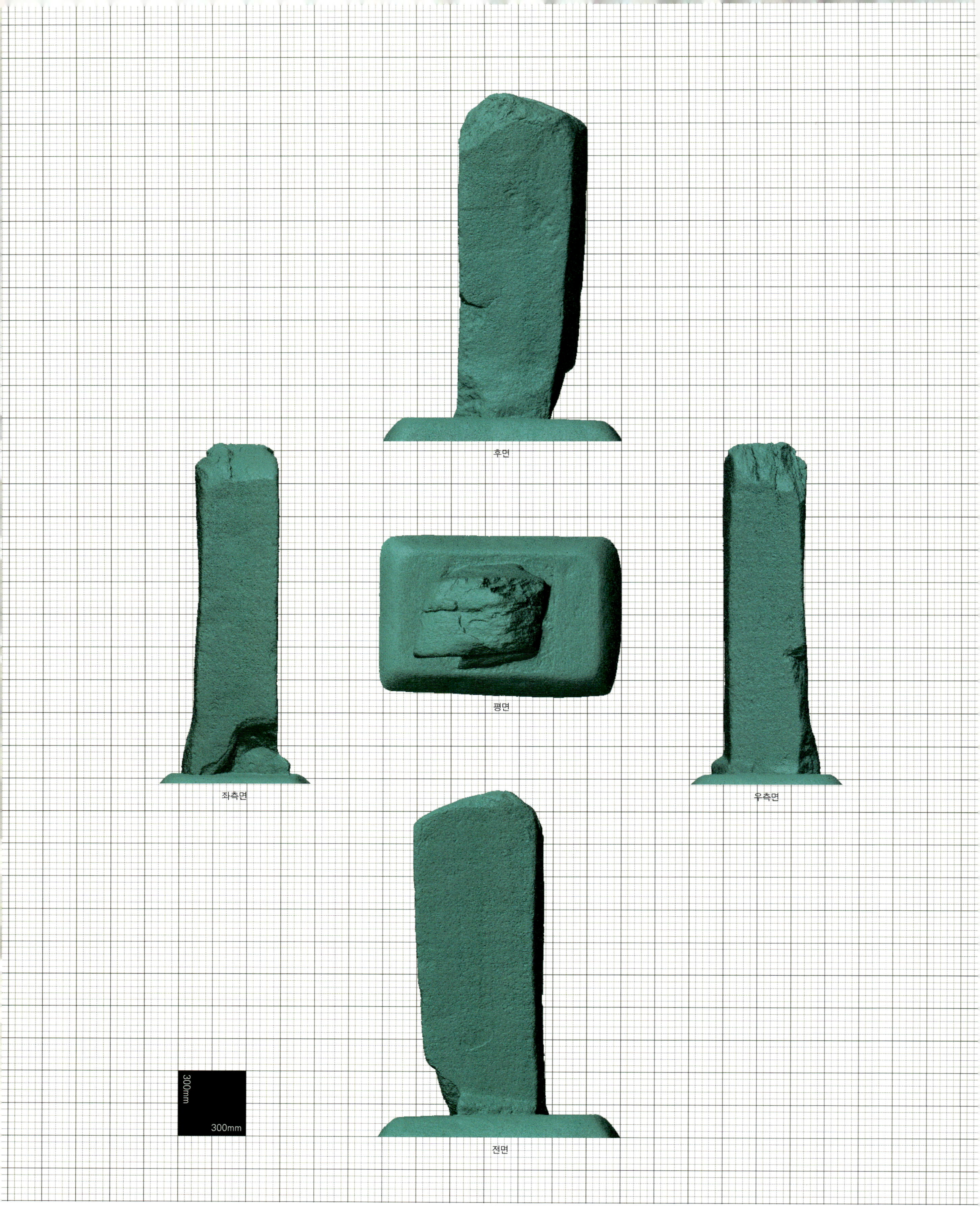

그림 6 3차원 폴리곤메시 모델

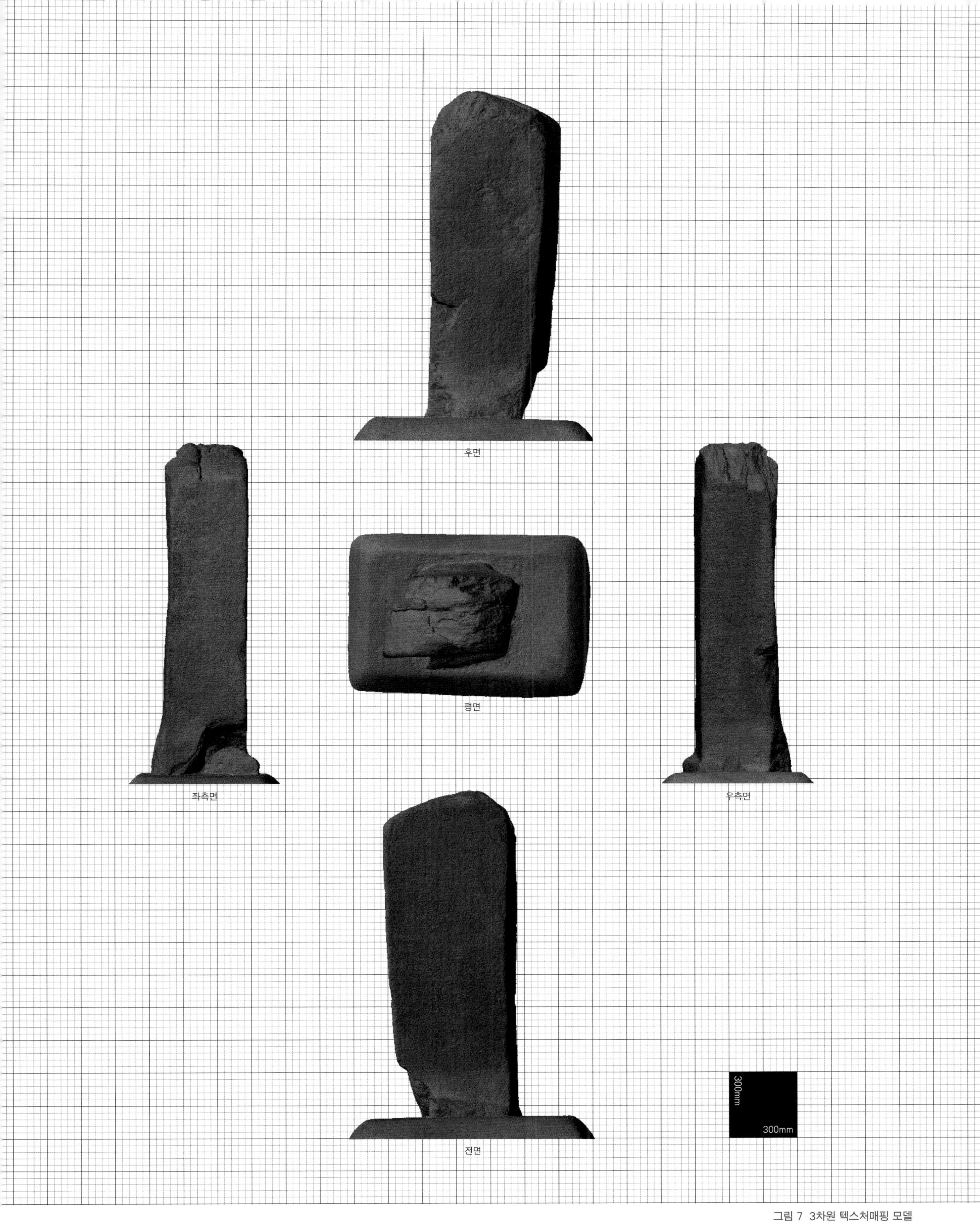

그림 7 3차원 텍스처매핑 모델

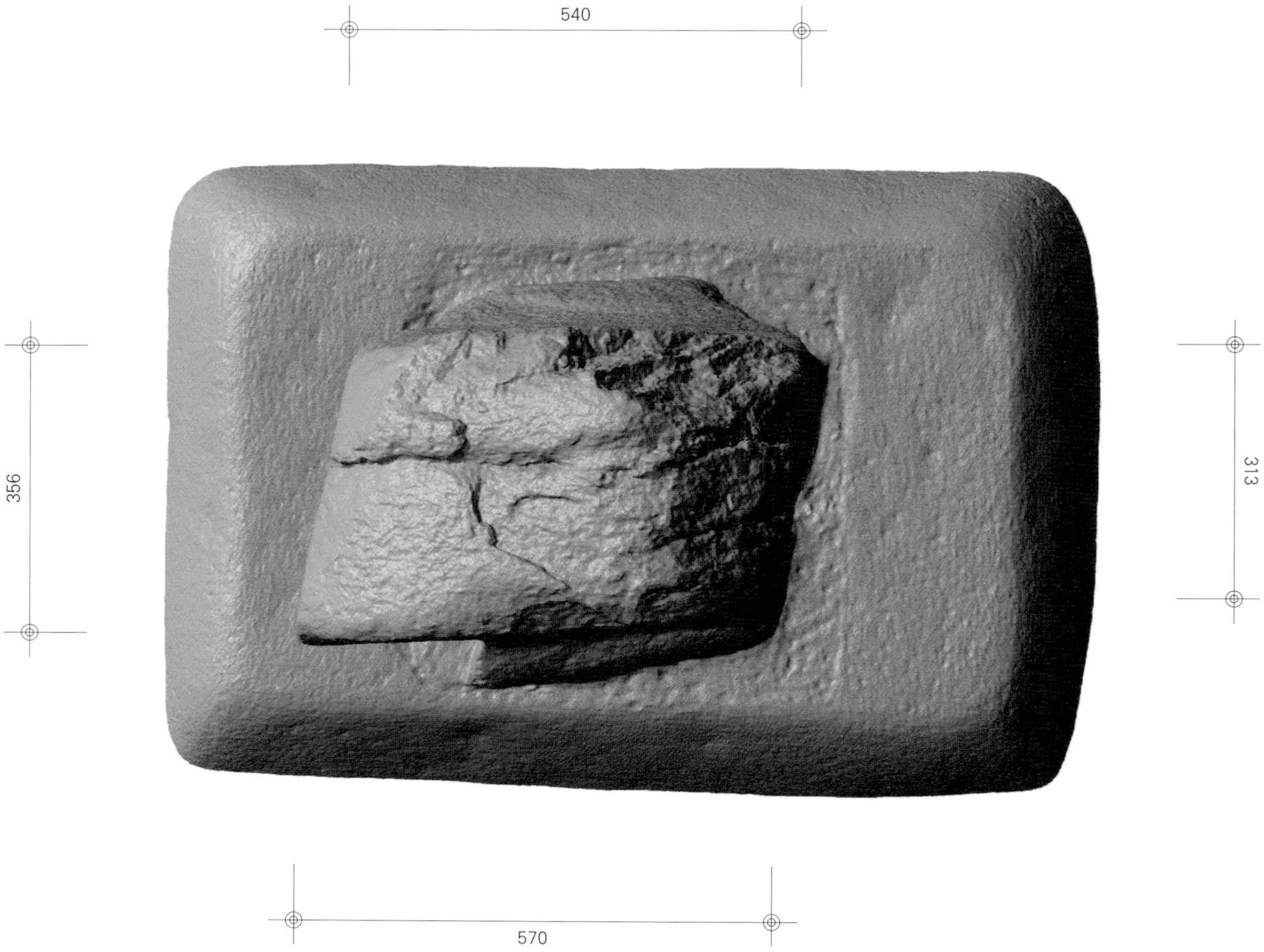

그림 8 평면 치수 도면

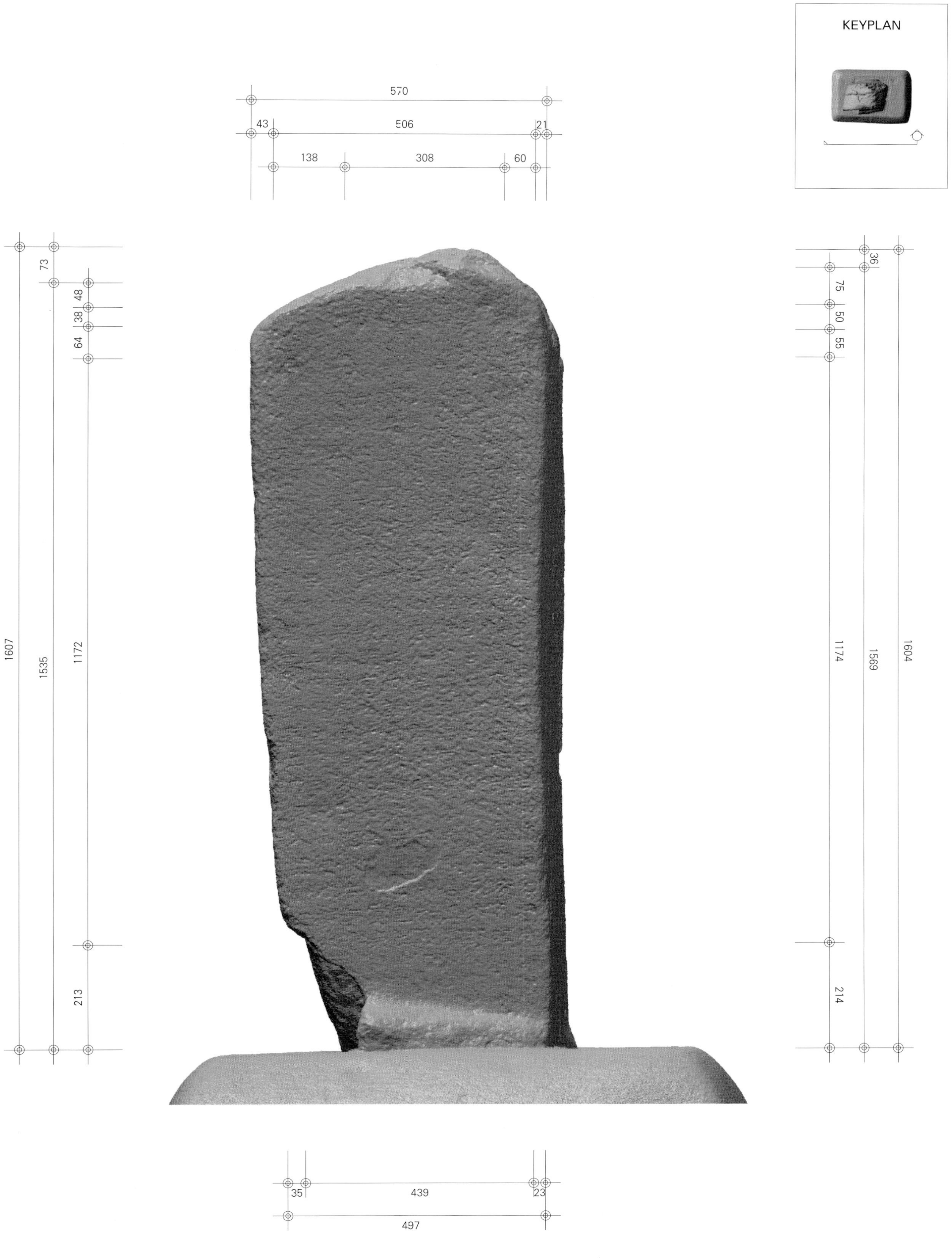
KEYPLAN
570
43
506
21
138
308
60
1607
1535
1172
73
48
38
64
213
36
75
50
55
1174
1569
1604
214
35
439
23
497

그림 9 전면 치수 도면

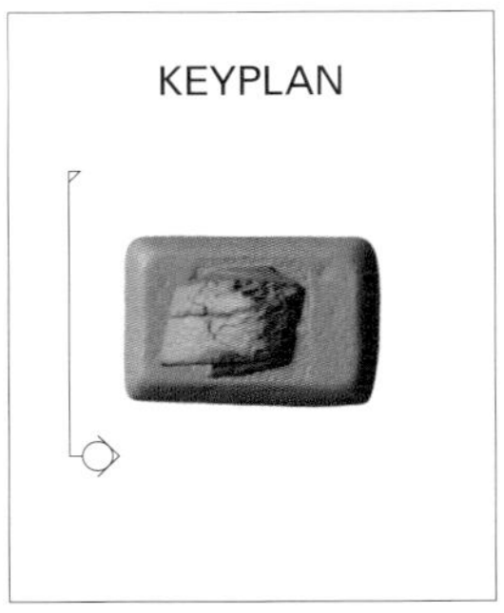

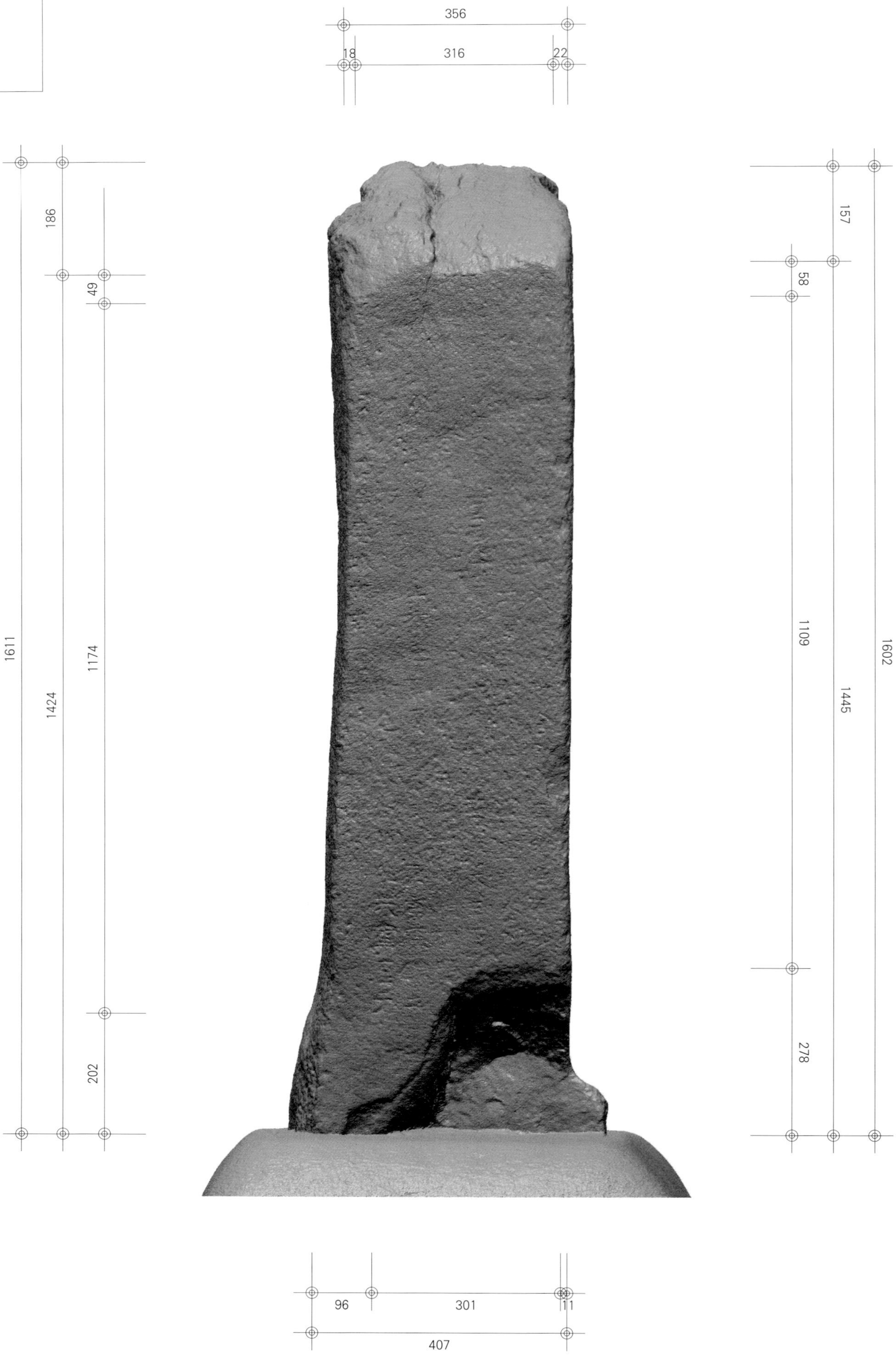

그림 10 좌측면 치수 도면

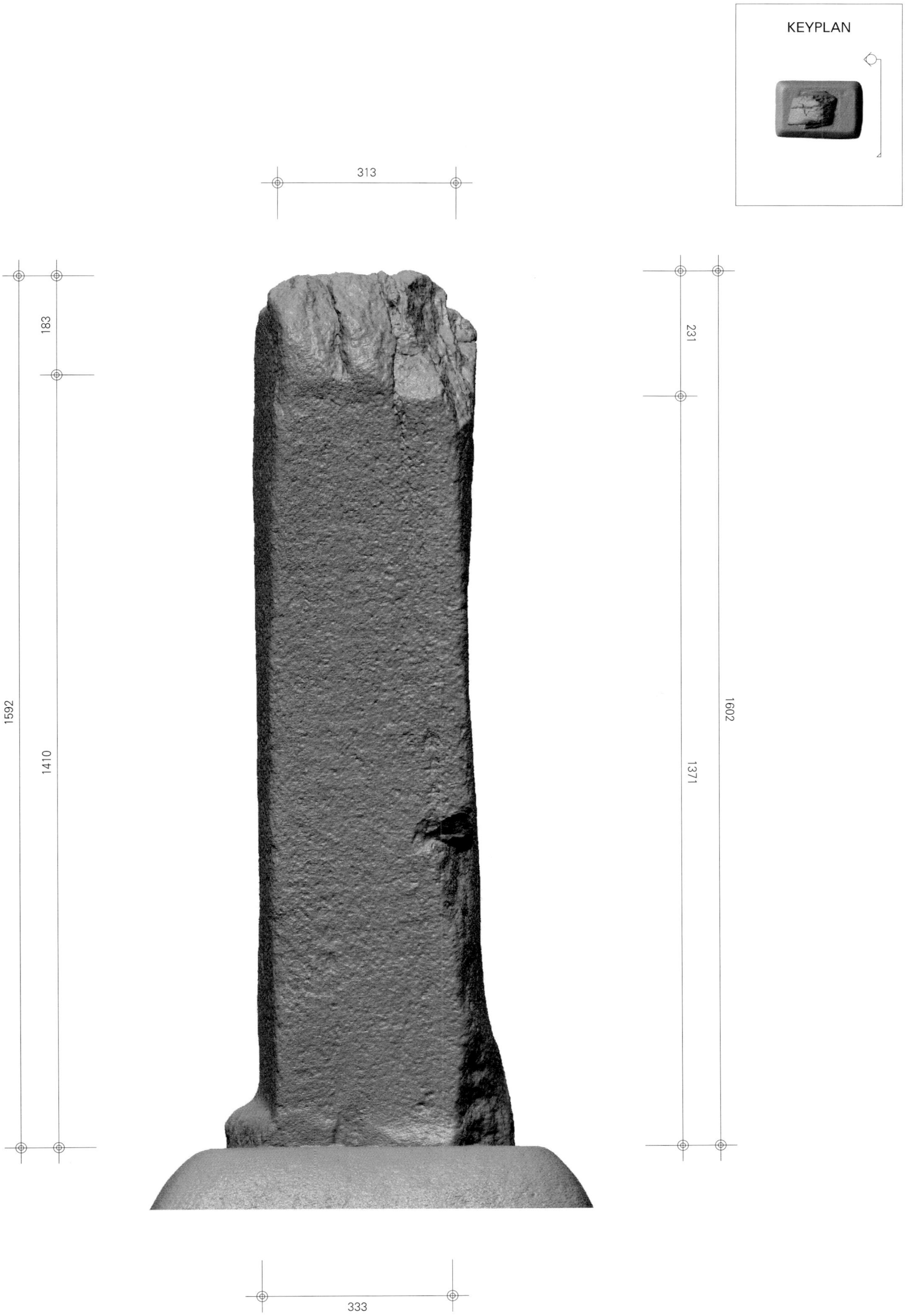

그림 11 우측면 치수 도면

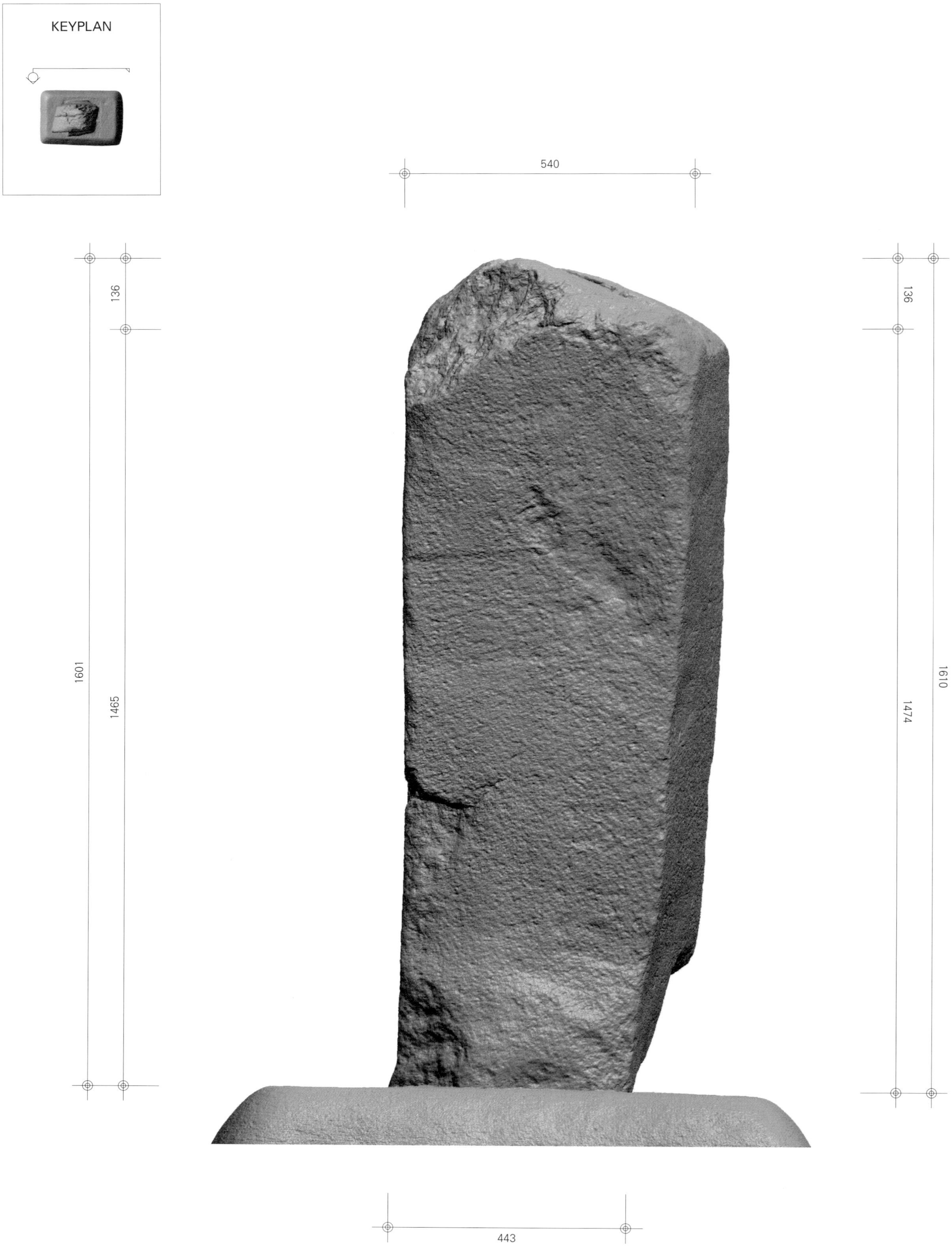

그림 12 후면 치수 도면

디지털 가시화

1. 가시화 방법

디지털 가시화는 스캔데이터 자체만으로 표현되지 않는 복잡한 형상을 명암, 곡률, 음영 중 일부를 강조하여 보여주는 컴퓨터그래픽 기법이라고 할 수 있다. 특히 3차원 스캐닝을 통해 획득한 폴리곤 메시 모델은 위치, 좌표, 깊이, 음영 등 다양한 기하정보 및 입체형상을 가지고 있어 매핑 및 렌더링에 따라 다양한 가시적 이미지를 제작할 수 있다.

충주고구려비의 3차원 스캔데이터를 기반으로 기하정보 매핑과 렌더링의 디지털 가시화를 수행하였다. 먼저 개별 글자의 디지털 가시화를 위해 판독 전문가와 협업하여 글자 영역을 설정하고, 가장자리 상·하·좌·우 측의 높이가 유사하도록 기준축을 고정하였다. 그런 다음 기하정보를 매핑하여 심도맵, 곡률맵, 노말맵을 제작하였고, 음영 효과를 이용하여 음영맵, 엠비언트 오클루전(ambient occlusion, 이하 AO맵), 래디언스 스케일링(radiance scaling, 이하 RS맵)의 렌더링을 적용하였다(그림 13). 가시화 결과를 통해 글자의 가독성을 교차 비교하고, 충주고구려비에 가장 적합한 가시화 기술을 선택하여 디지털 판독을 수행하였다. 특히 각 영상분석 결과를 비교하여 개별 글자의 가독성을

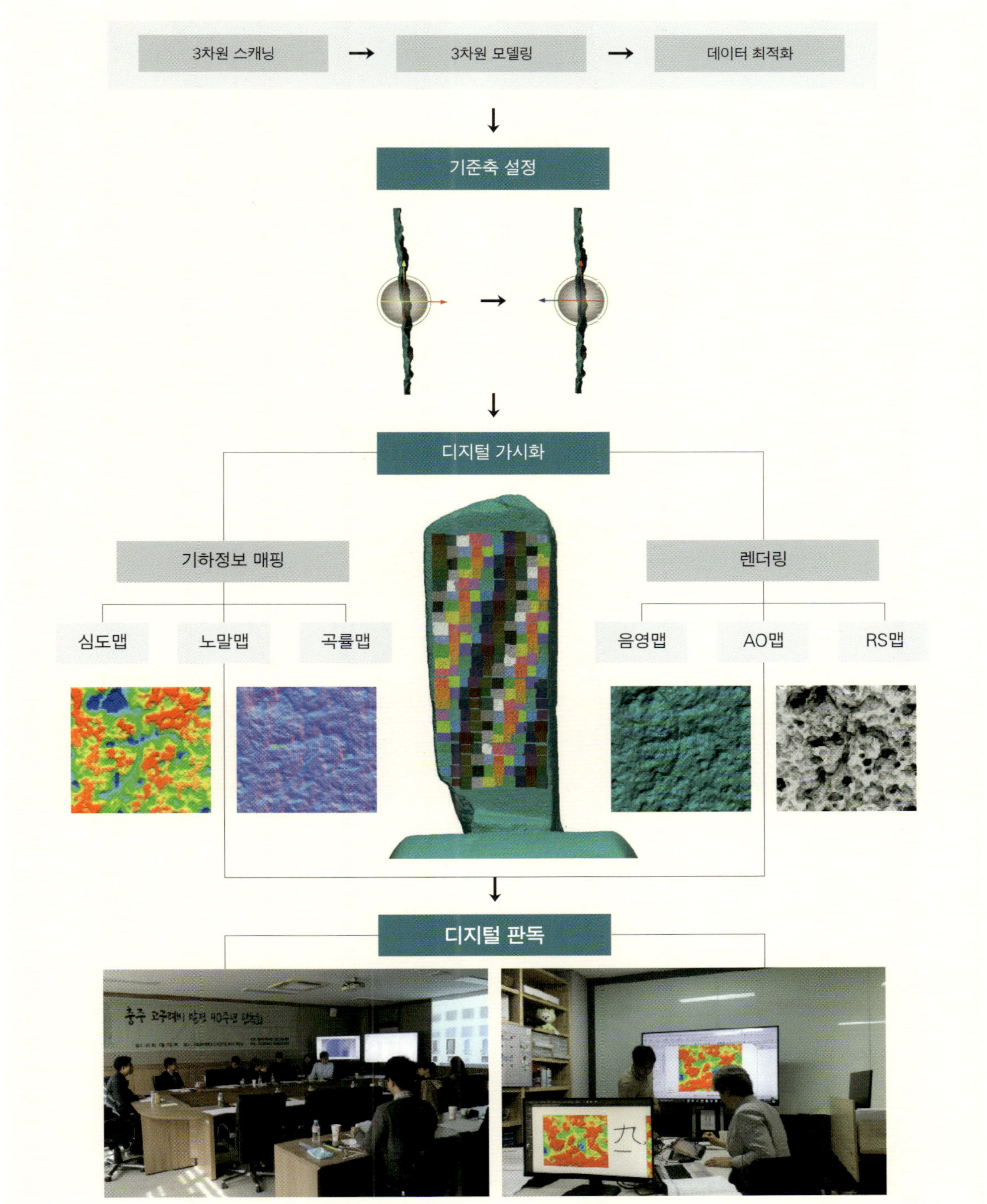

그림 13
3차원 디지털 가시화 과정

높이는 최적의 방법을 선정하였다.

충주고구려비의 디지털 가시화 기술 이론에 대해서는 연구팀이 이미 보고한 바 있다.[2] 이를 요약하면, 기하정보 매핑 중 심도맵은 X축과 Y축을 고정하고 여기에 높이값인 Z축 좌표만 표현하는 방법으로, 특정 임계값을 기준으로 상대적인 높이를 매핑하는 방법이다. 즉, 높이값을 컬러맵으로 저장함으로써 모델의 형상을 가시화할 수 있다. 주로 높이가 같은 지점을 동일한 색상을 사용하여 연속적으로 연결하는 등고선 방식이 사용되며, 이를 통해 경사도, 경사방향 등 형상분석이 가능하다.

곡률맵은 물체의 곡선 또는 곡면이 휜 정도를 역수로 취해 변화율을 매핑하는 기법이다. 곡률은 곡선이 급변하는 양과 음의 방향에 대한 상대적 차이를 통해 글자가 가시화되며, 이를 통해 비문 판독이 가능해진다. 노말맵은 컴퓨터그래픽스 분야에서 사실과 가까운 그래픽 환경을 제작하기 위해 고안된 방법으로, 폴리곤의 법선 벡터값을 사용하여 로우폴리곤 그래픽 환경에서도 사실에 가까운 입체감과 질감을 구현할 수 있다. 노말맵은 주로 그래픽 전문가들이 구현하는 3차원 모델링에 사용되었으나, 최근에는 문화유산의 표면 형상을 가시화하는 데 적용되고 있다.[3] 또한 3차원 모델의 법선을 기준으로 표현되기 때문에 표면에 존재하는 요철과 데이터 오류 등을 가시화할 수 있다.

한편 렌더링 기술 중 음영맵은 조명 방향에 따라 그림자 효과를 달리하여 글자의 가독성과 가시화를 높이는 방법이다. 즉 3차원 가상환경에서 조명과 물체 사이의 거리, 조명 방향 등에 따라 달라지는 음영을 이용하여 글자 음각 부위가 달리 보인다. 또한 음각된 글자라도 특정 조명 방향에서는 양각된 것처럼 착시현상을 일으켜 글자 형상의 대비가 뚜렷해지는 효과가 있다.

또한 비사실적 렌더링 기술로 많이 사용되고 있는 AO맵은 음영효과의 한 방식으로 장면에 깊이감을 주기 위해 사용되고 있는 방법이다. 물체 표면에서 모든 방향으로 조명을 비추어 빛의 차폐로 인한 감쇠 근사치를 계산하며, 조명이 물체에 의해 가려지게 되면 밝기가 감소한다. RS맵은 표면 곡률과 재료 특성에 따라 반사광의 강도를 조정하는 렌더링 기술로, 표면 요철 및 재질적 특성을 극대화시키는 데 널리 활용되고 있다.

2. 가시화 결과

충주고구려비의 디지털 가시화는 전면 1행 7자(王)를 대상으로 기하정보 매핑 및 렌더링 이미지를 추출하고, 이를 디지털 사진 및 탁본 이미지와 비교하여 수행하였다(그림 14). 먼저 X축과 Y축 표면의 수평을 중심으로 기준축이 설정된 개별 글자들에 음각 깊이(Z축)인 심도를 매핑하였다. 이 결과, 글자 필획이 있는 음각 부분은 파란색에서 하늘색, 상대적으로 높은 비면은 노란색에서 빨간색으로 표시되었다. 이들의 높이 차는 최대 약 3mm였으며, 이러한 심도에 의한 색 변화를 통해 글자의 각자 흔적과 표면 요철이 잘 드러났다.

곡률맵의 경우 글자의 음각된 경계를 따라 곡률(R)이 높은 수치는 붉은색으로, 낮은 수치는 푸른색으로 매핑되었다. 전체적인 곡률값은 −4.5~3.4를 나타냈다. 노말맵 역시 전체적으로 법선에 따라 비면 및 글자 표면 형상이 입체적으로 잘 드러난 것을 알 수 있다. 이렇게 적용된 기하정보 매핑의 심도맵, 곡률맵, 노말맵은 충주고구려비의 제작 특징을 이해하는 데 중요한 정보를 제공하였다.

3차원 스캐닝 모델 기반의 렌더링은 음영맵, AO맵, RS맵이 적용되었다. 이 중 음영맵은 방향과 각도에 따라 달라지는 그림자를 이용하여 비석의 표면 질감과 글자의 입체적 특징을 가시화하는 방법이다. 이 연구에서는 30° 간격으로 조명의 위치를 달리하여 글자의 형상을 드러냈다. 1행 7자(王)의

---

2 조영훈·권다경·고광의, 2020, 「충주 고구려비 판독을 위한 3차원 스캐닝 기술의 적용 및 고찰」, 『韓國古代史硏究』 98, 9~45쪽.

3 권다경·조영훈, 2019, 「3차원 렌더링 기술을 이용한 청동거울의 표면형상 가시화 및 분석」, 『문화재과학기술』 14, 71~76쪽.

경우 조명 각도가 120~150° 방향에서 필획의 형상과 음각 깊이가 가장 잘 나타났다.

AO맵은 빛의 차폐 특징에 의해 회색조 스케일로 나타나는 기본 AO맵, 임계값 조정을 통해 신호가 강한 영역의 파장을 추출하는 AO맵 최적화 이미지, 마지막으로 설정한 임계값을 역수로 표현하는 AO맵 반전 이미지까지 총 세 종류의 가시화 이미지가 제작되었다. 특히 AO맵 반전 이미지는 비석 표면과 글자 종선획의 경계 파악이 어려운 부분을 탁본과 유사하게 표현함을 알 수 있다. RS맵은 3차원 모델과 반사광의 반응 강도를 조절하여 글자의 음각된 형상을 가시화하는 것으로, 음영에 따라 충주 고구려비의 표면 질감 특성이 두드러지게 나타났다.

이상의 기하정보 매핑과 렌더링 적용 결과를 종합적으로 검토하면, 심도맵이 글자의 필획과 음각 특성을 가장 잘 표현하였다. 그러나 표면의 물갈이 흔적이 손상되거나 요철이 심한 부분은 가독성이 다소 떨어졌다. 이를 보완하기 위해 AO맵과 같은 비사실적 렌더링 기술을 함께 적용하여 가시화 기술 간의 한계를 상호 보완하였다. 충주고구려비의 디지털 판독에는 다양한 가시화 이미지 중 심도맵과 AO맵이 적극 활용되었다.

그림 14
디지털 가시화 결과 비교(전면 1행 7자 '王')

| **평면** 폴리곤메시 모델 |

| **평면** 텍스처매핑 모델 |

| **전면** 폴리곤메시 모델 |

| **전면** 텍스처매핑 모델 |

| **좌측면** 폴리곤메시 모델 |

| **좌측면** 텍스처매핑 모델 |

| **우측면** 폴리곤메시 모델 |

| **우측면** 텍스처매핑 모델 |

| **후면** 폴리곤메시 모델 |

| **후면** 텍스처매핑 모델 |

| **입체뷰** 폴리곤메시 모델 |

| **입체뷰** 텍스처매핑 모델 |

| **전면 상부** 폴리곤메시 모델 |

| **전면 하부** 폴리곤메시 모델 |

| **좌측면 상부** 폴리곤메시 모델 |

| **좌측면 하부** 폴리곤메시 모델 |

| **우측면 상부** 폴리곤메시 모델 |

| **우측면 하부** 폴리곤메시 모델 |

| **후면 상부** 폴리곤메시 모델 |

| **후면 하부** 폴리곤메시 모델 |

V
문자 이미지 비교

제시한 글자 중 필획이 명확하지 않은 것은 주변 글자들의 위치를 고려하여 가능한 영역을 설정하였다.

전면 상단 1자(2행 위)

이[1]: 高(1행 위)[2]□麗□

이호 : △

공 : △?

고광 : 永

디지털 사진

RTI

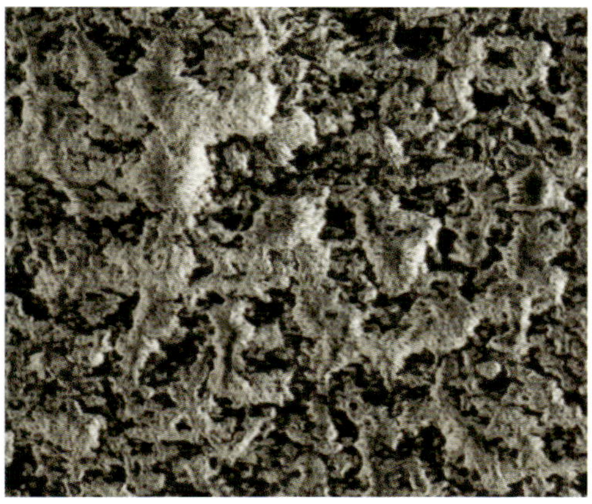

부착 탁본

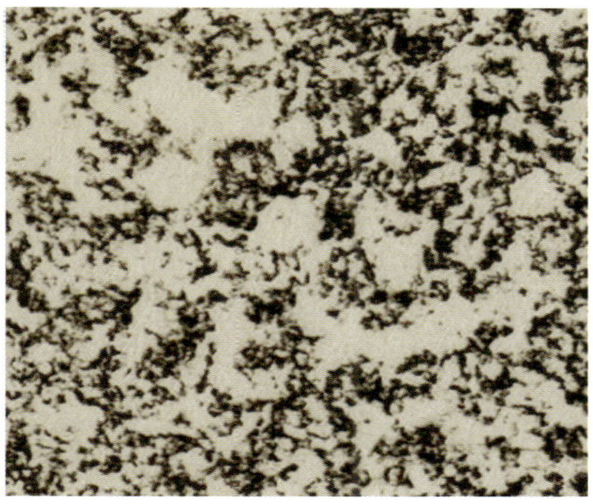

배접 탁본

비배접 탁본

폴리곤메시

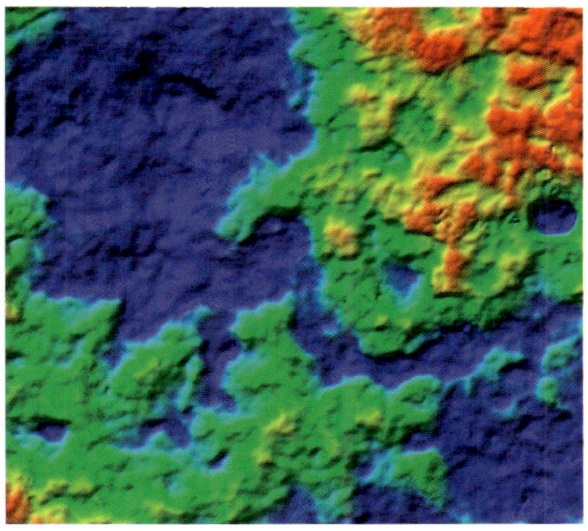

심도맵

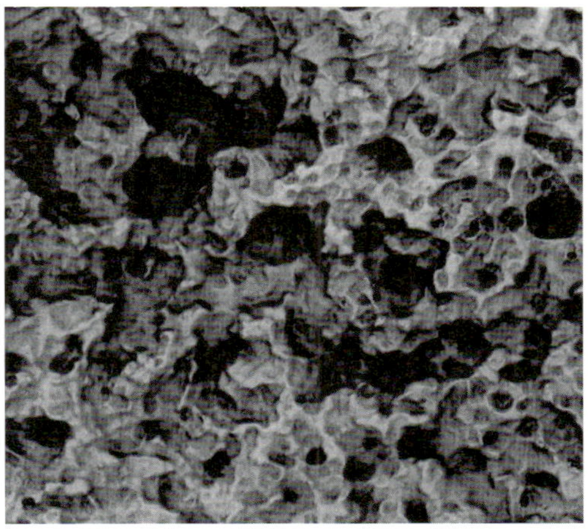

AO맵

1 비문의 판독자 약호는 이 책 615쪽 참조.

2 전면 상단에서 비문의 1행 위 부분에는 원래부터 글자를 새기지 않은 것으로 보이는데 이병도는 이 부분에 '高'자가 있는 것으로 보았다.

전면 상단 2자(3행 위)

이 : 建
(3·4행 사이)
이호 : 熙
공 : △?
고광 : 樂

디지털 사진

RTI

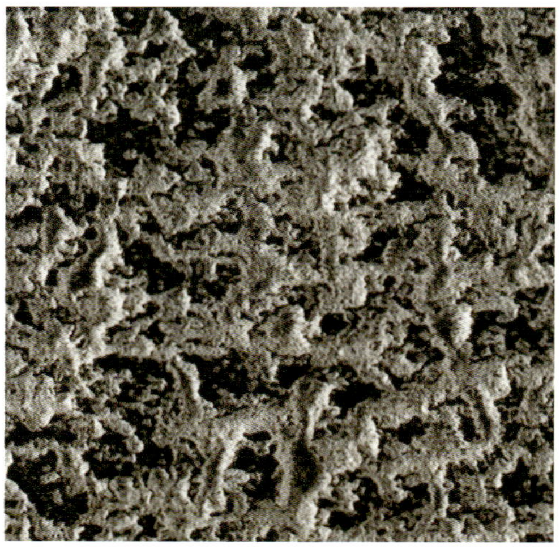

부착 탁본

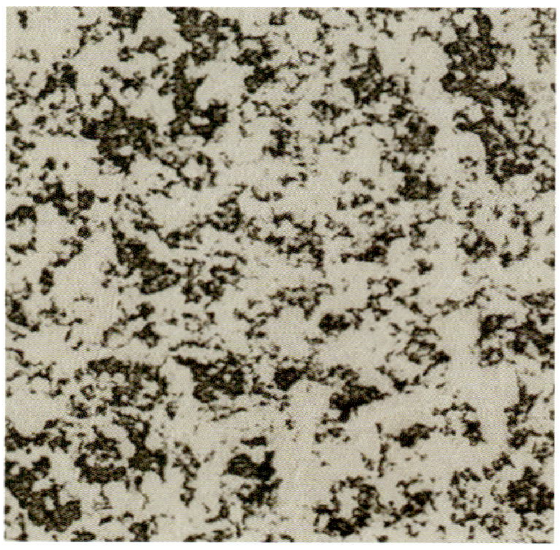

배접 탁본

비배접 탁본

폴리곤메시

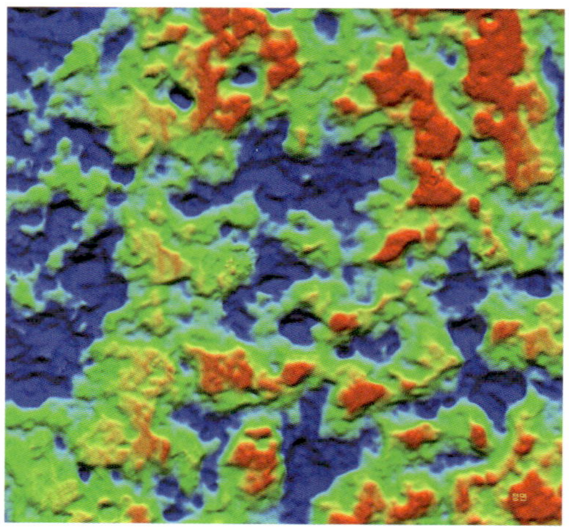

심도맵

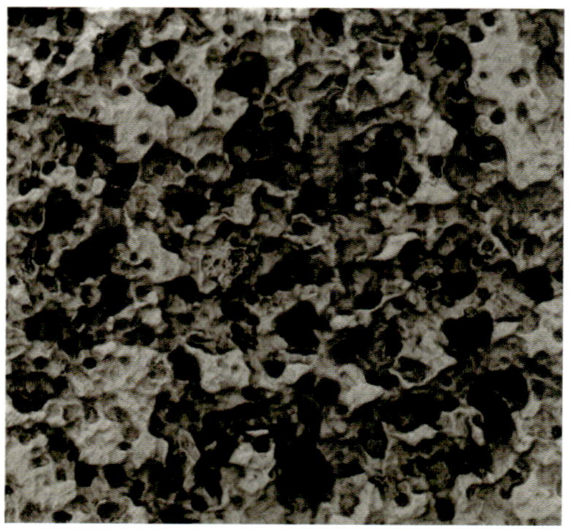

AO맵

전면 상단 3자(4행 위)

이호 : 七
공 : 七?
고광 : 七

디지털 사진

RTI

부착 탁본

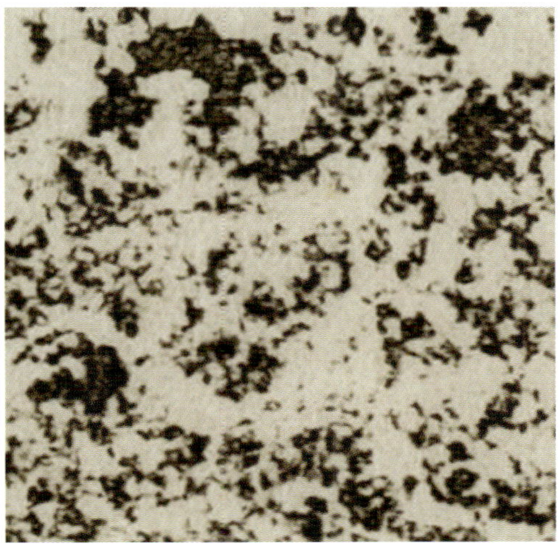

배접 탁본

비배접 탁본

폴리곤메시

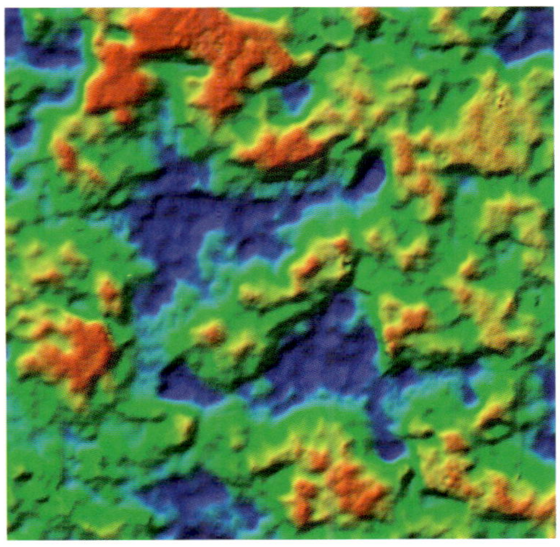

심도맵

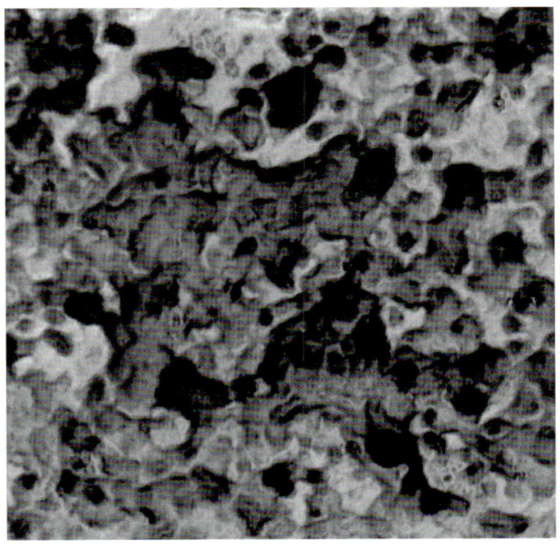

AO맵

전면 상단 4자(5행 위)

이 : 興
이호 : 年
고 : 年
공 : 年?
고광 : 年

디지털 사진

RTI

부착 탁본

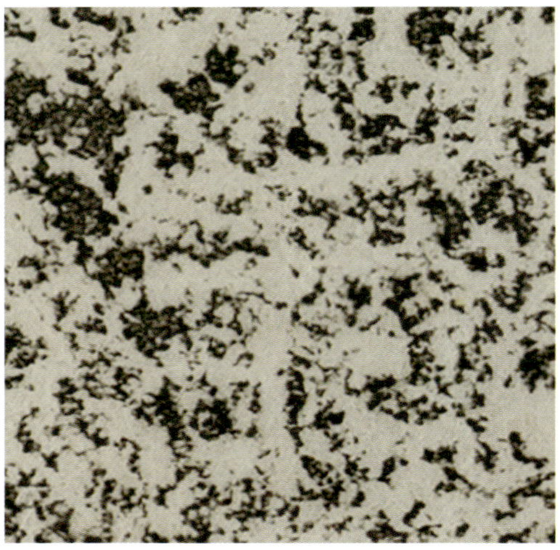

배접 탁본

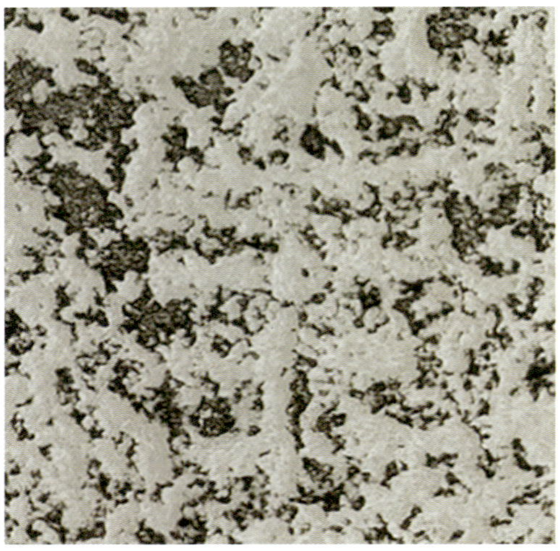

비배접 탁본

폴리곤메시

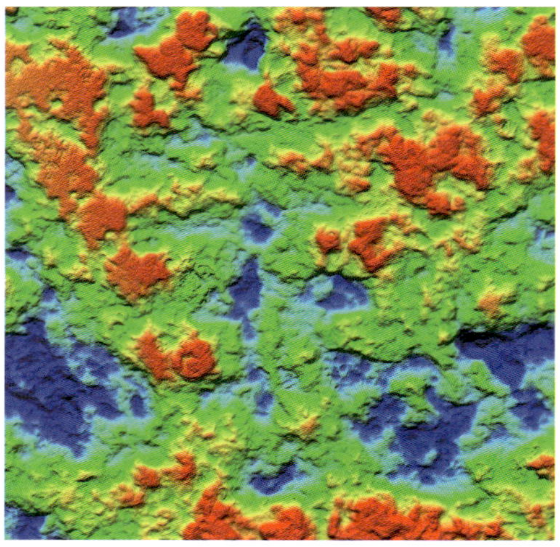

심도맵

AO맵

전면 상단 5자(6행 위)

이 : 四
(6·7행 사이)
이호 : 歲
공 : △?
고광 : 歲

디지털 사진

RTI

부착 탁본

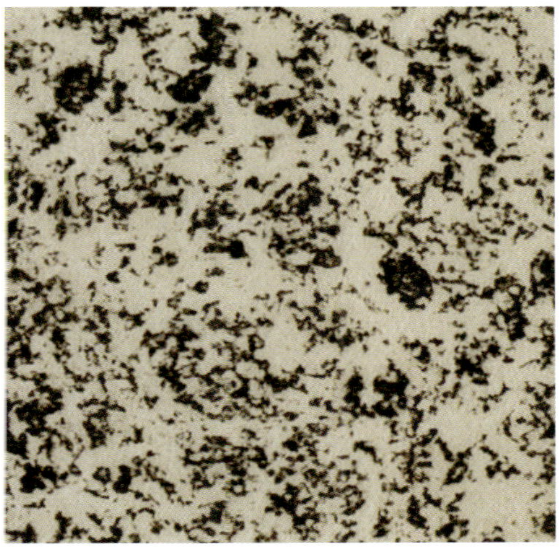

배접 탁본

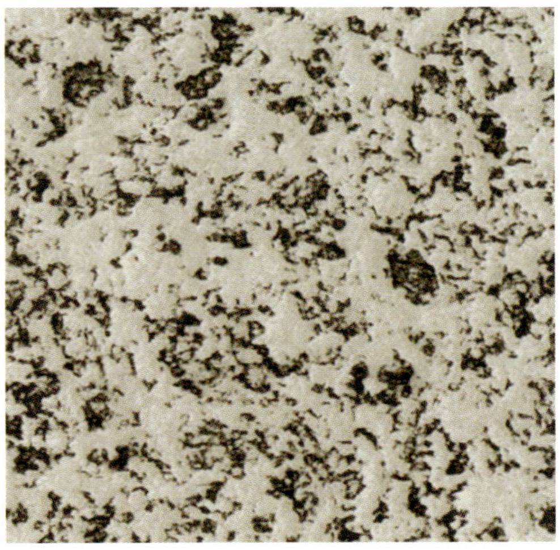

비배접 탁본

폴리곤메시

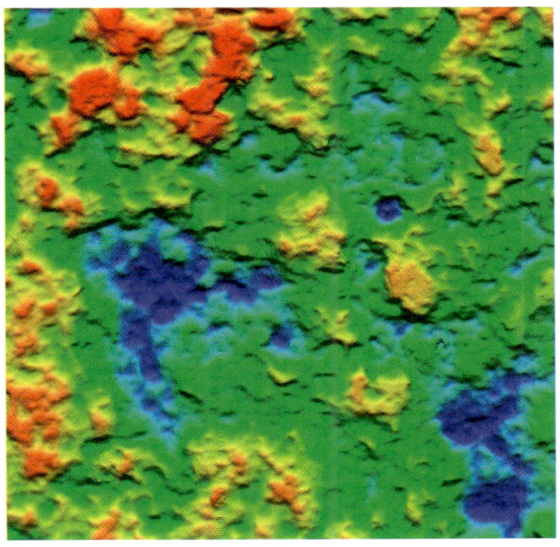

심도맵

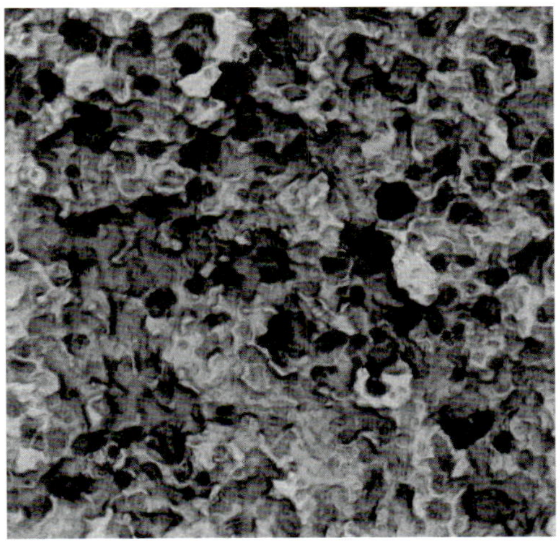

AO맵

전면 상단 6자(7행 위)

정 : 碑?
이호 : 辛
공 : △?
고광 : 在

디지털 사진

RTI

부착 탁본

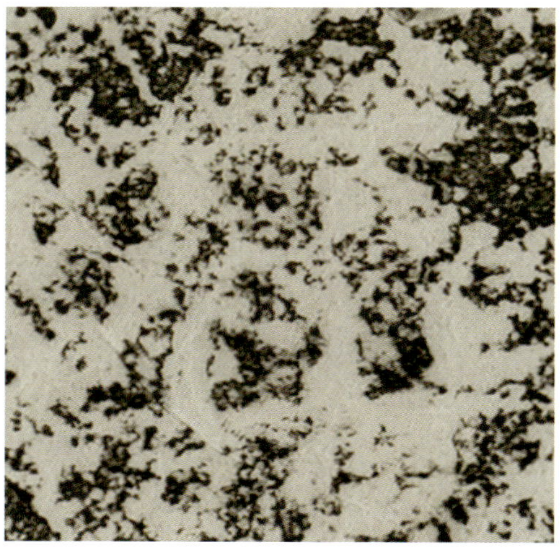

배접 탁본

비배접 탁본

폴리곤메시

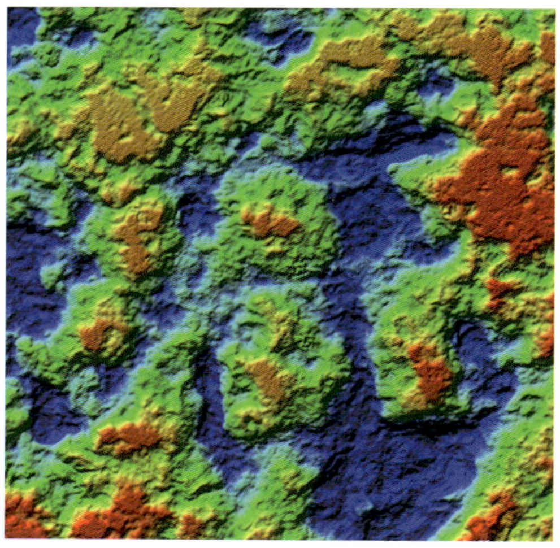

심도맵

AO맵

전면 상단 7·8자(8·9행 위)

정 : 銘?(8행 위)

이 : 年?/□(8행 위)

이호 : △△(8·9행 위)[3]

공 : △?△?(8·9행 위)

고광 : 丁/酉(8행 위)[4]

디지털 사진

RTI

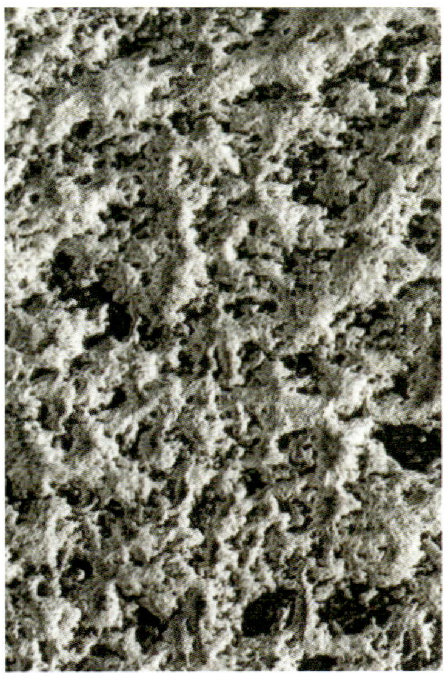

부착 탁본

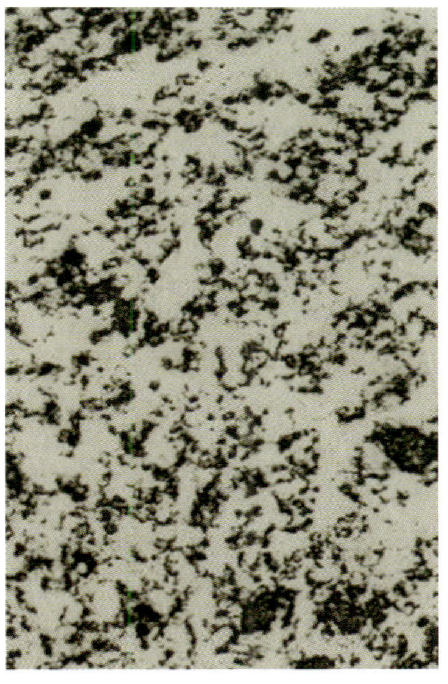

배접 탁본

비배접 탁본

폴리곤메시

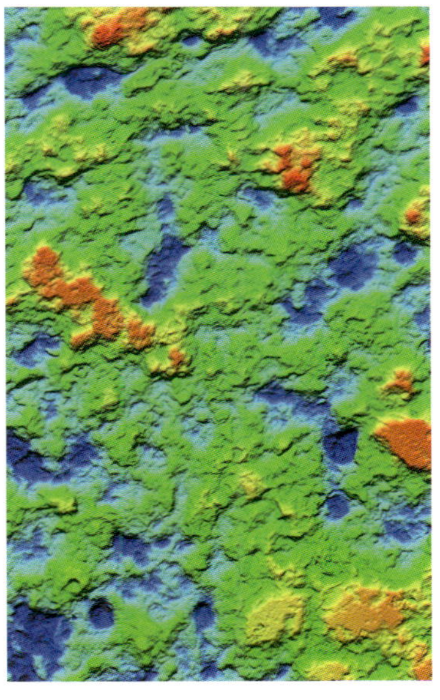

심도맵

AO맵

3 이호영은 7자에 대해서 "「酉」자가 아닐까 추측해 본다"고 하였고, 8자는 "아래로 처진 것 같아 글자가 아닌지도 모른다"는 설명을 덧붙이고 있다.(이호영, 1979, 「中原高句麗碑 題額의 新讀」, 『史學志』 13, 檀國大學校 史學會, 99쪽)

4 이 두 글자는 앞의 글자들이 횡서(橫書)인 데 반해 종서(縱書)로 서사되었으며 크기 또한 약간 작고 각자(刻字) 깊이가 얕다.(고광의, 2020, 「충주고구려비의 판독문 재검토-題額과 干支를 중심으로-」, 『韓國古代史硏究』 98, 한국고대사학회, 70~71쪽 참조)

전면 1행 1자

五

디지털 사진

RTI

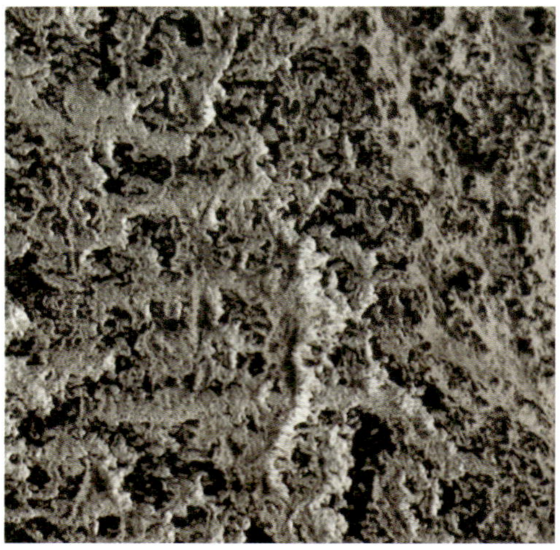

부착 탁본

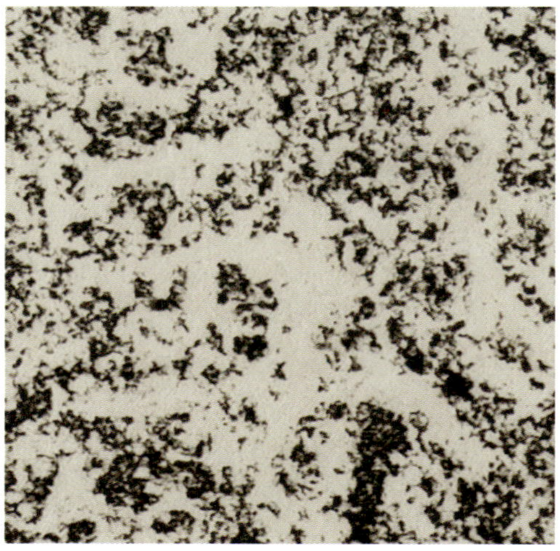

배접 탁본

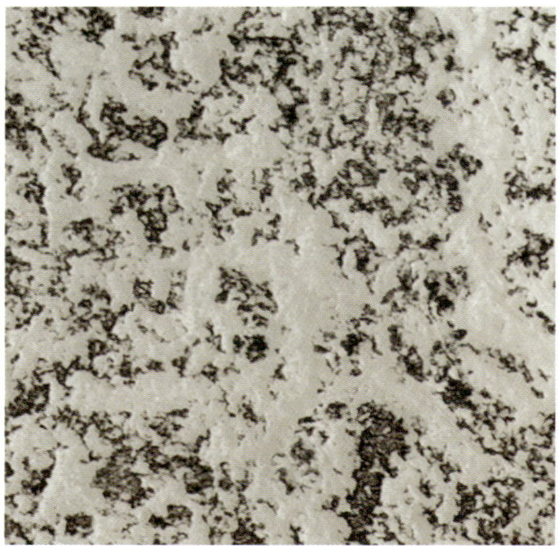

비배접 탁본

폴리곤메시

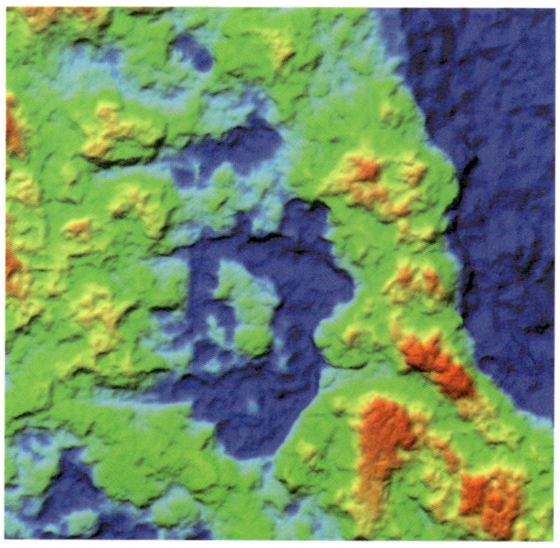

심도맵

AO맵

전면 1행 2자

月

디지털 사진

RTI

부착 탁본

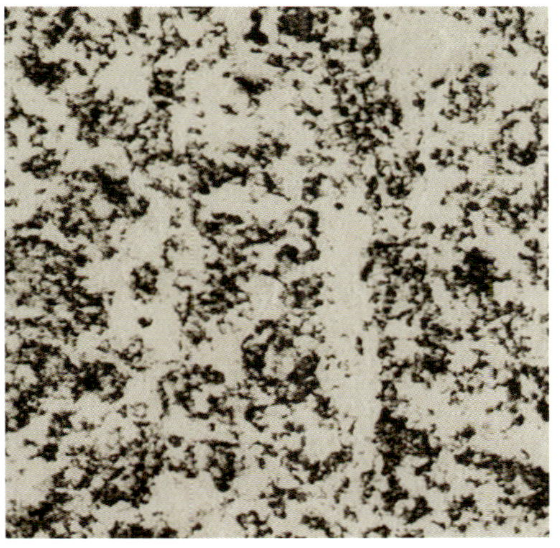

배접 탁본

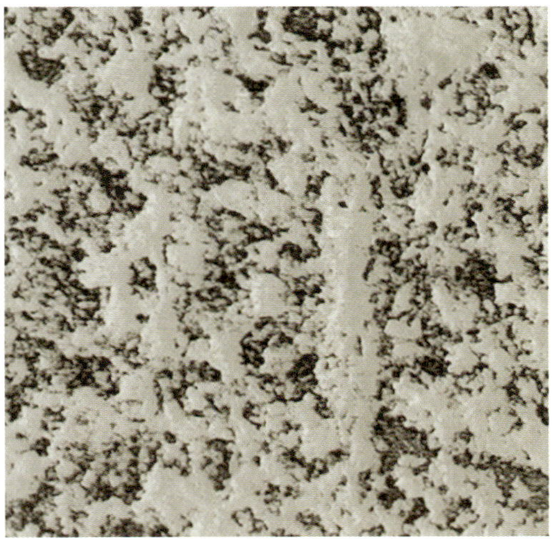

비배접 탁본

폴리곤메시

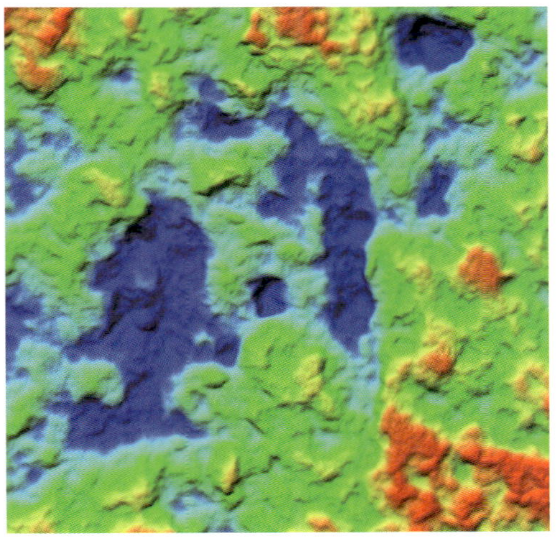

심도맵

AO맵

전면 1행 3자

中

디지털 사진

RTI

부착 탁본

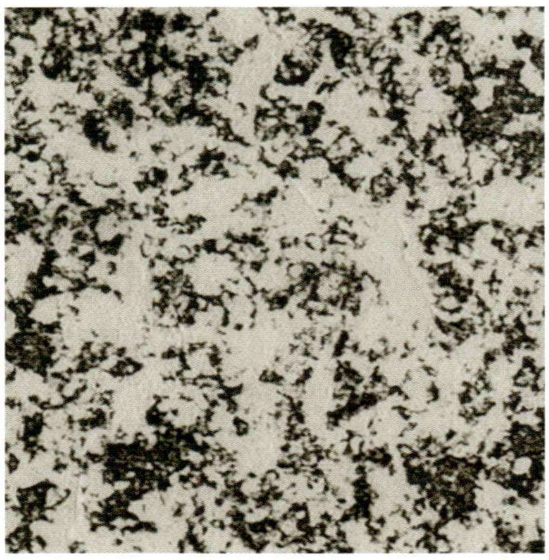

배접 탁본

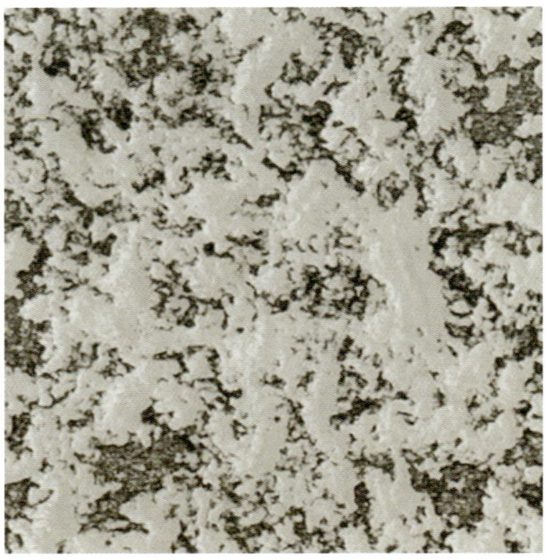

비배접 탁본

폴리곤메시

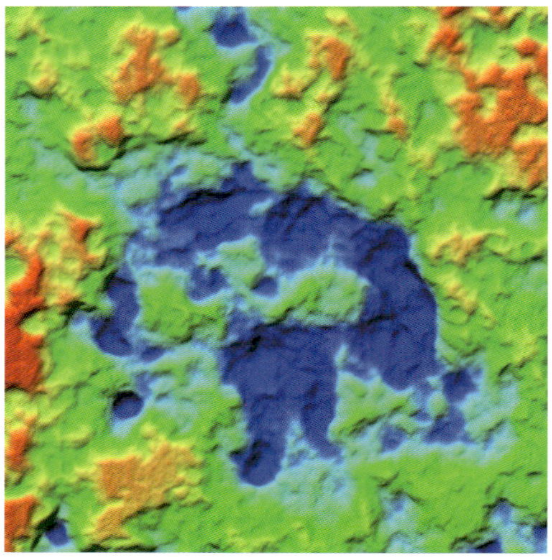

심도맵

AO맵

전면 1행 4자

高

디지털 사진

RTI

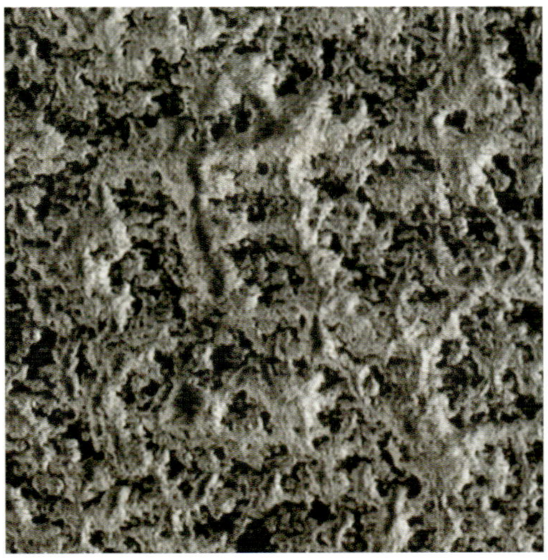

부착 탁본

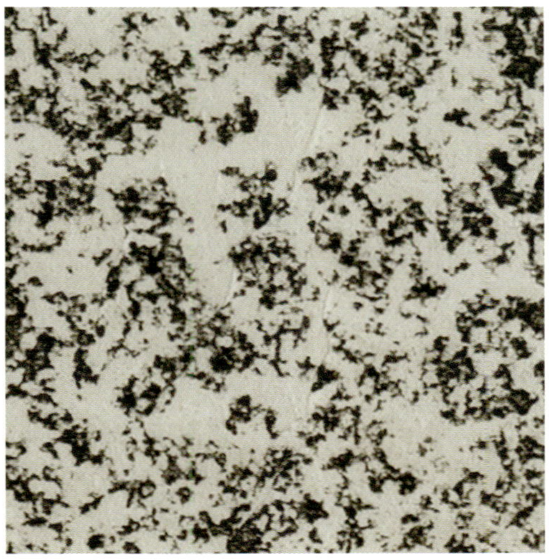

배접 탁본

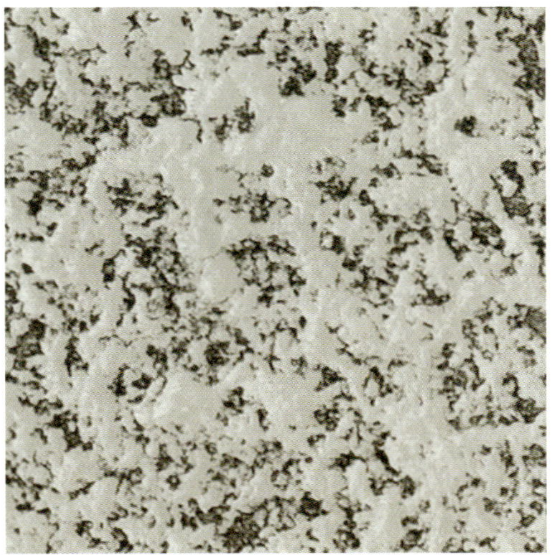

비배접 탁본

폴리곤메시

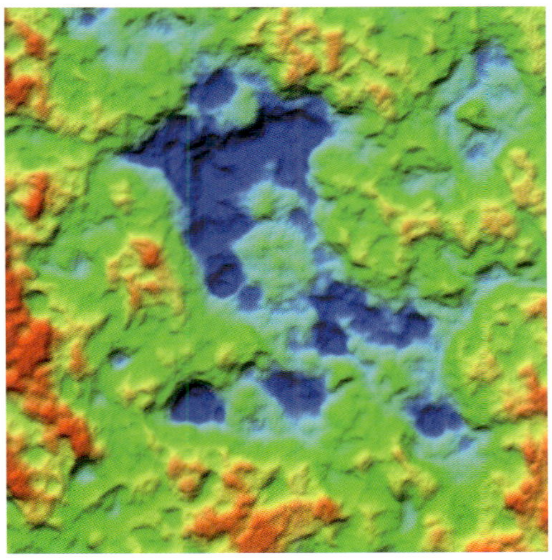

심도맵

AO맵

전면 1행 5자

麗

디지털 사진

RTI

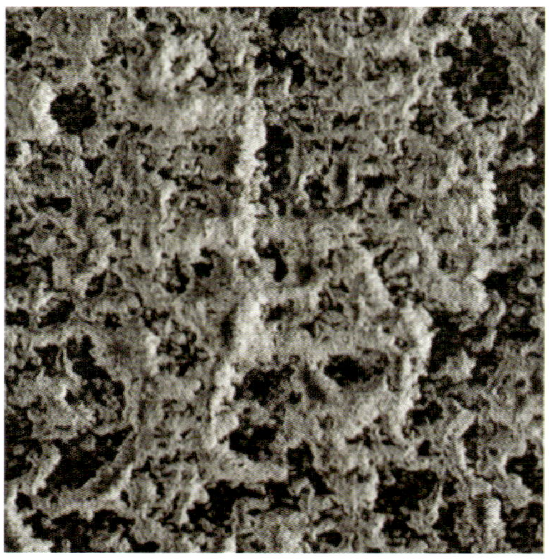

부착 탁본

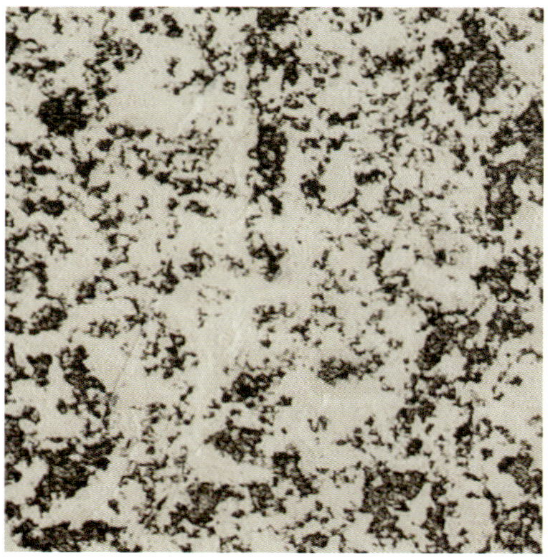

배접 탁본

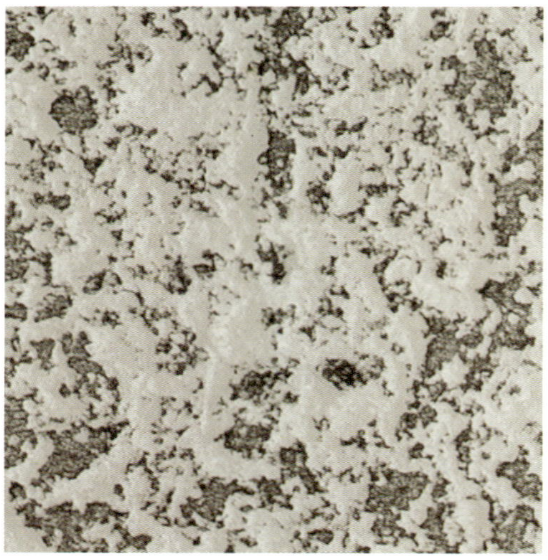

비배접 탁본

폴리곤메시

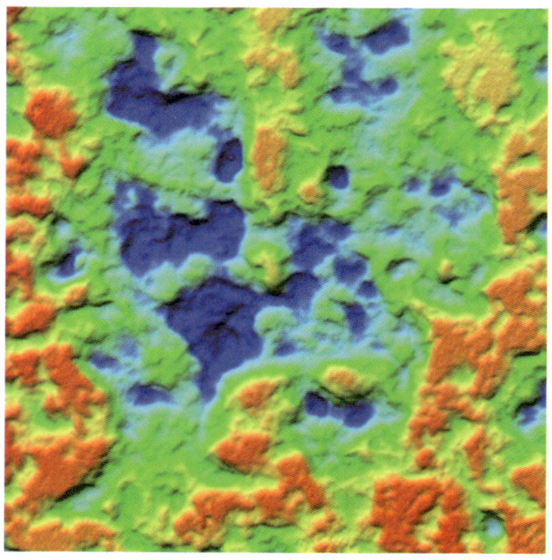

심도맵

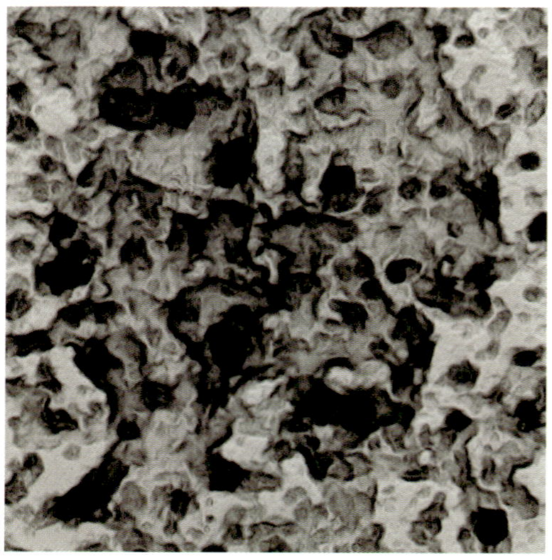

AO맵

전면 1행 6자

정 : 大
이 : 大
임 : 大
서 : 大
고 : 太
공 : 太/大

디지털 사진

RTI

부착 탁본

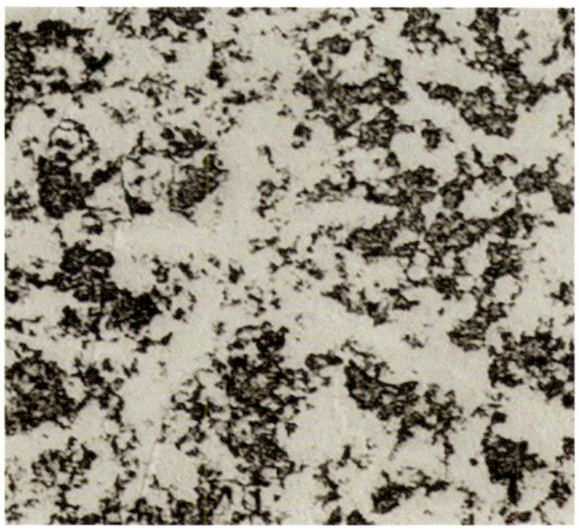

배접 탁본

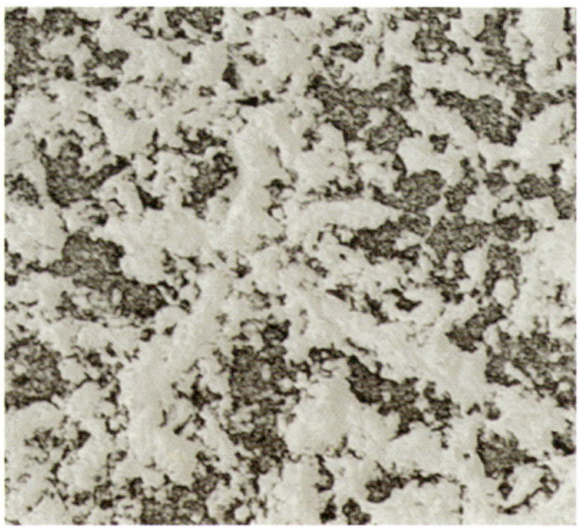

비배접 탁본

폴리곤메시

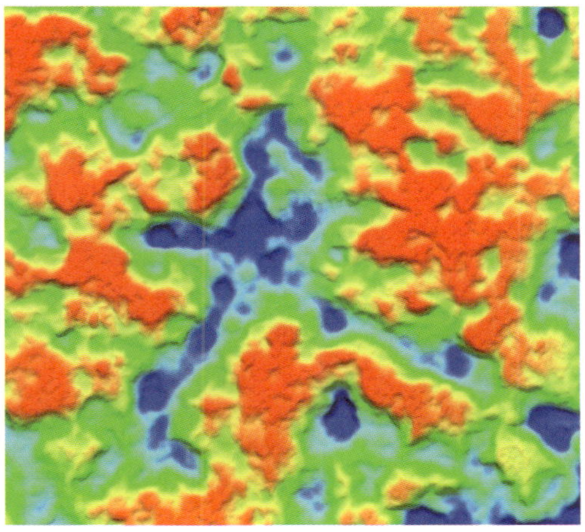

심도맵

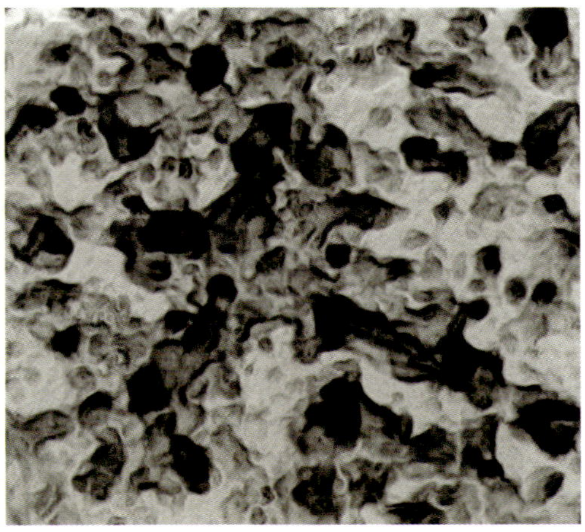

AO맵

전면 1행 7자

王

디지털 사진

RTI

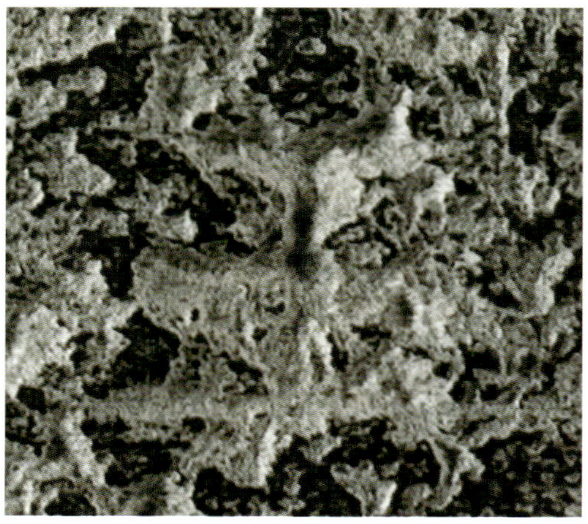

부착 탁본

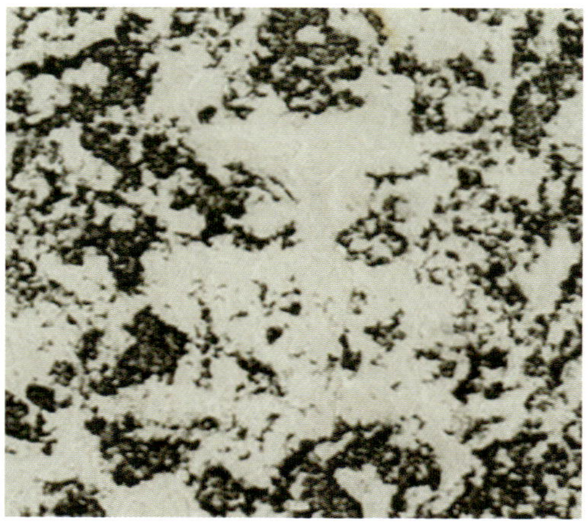

배접 탁본

비배접 탁본

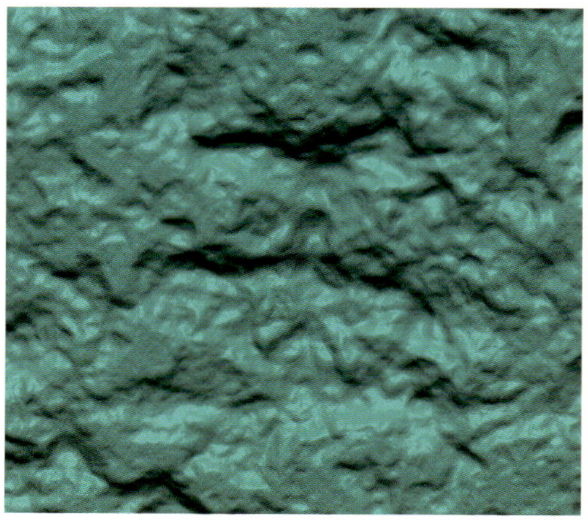

폴리곤메시

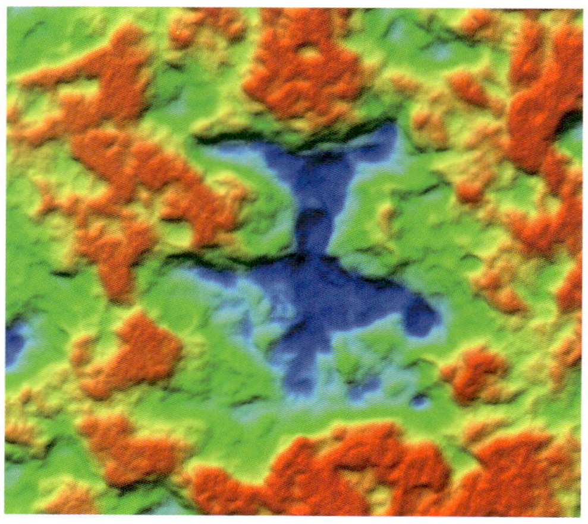

심도맵

AO맵

전면 1행 8자

정 : 祖
이 : 祖
임 : 相
서 : 相
고 : 祖
공 : 祖

디지털 사진

RTI

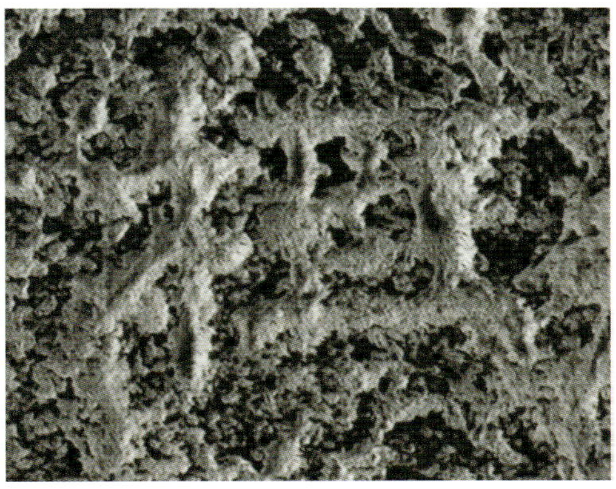

부착 탁본

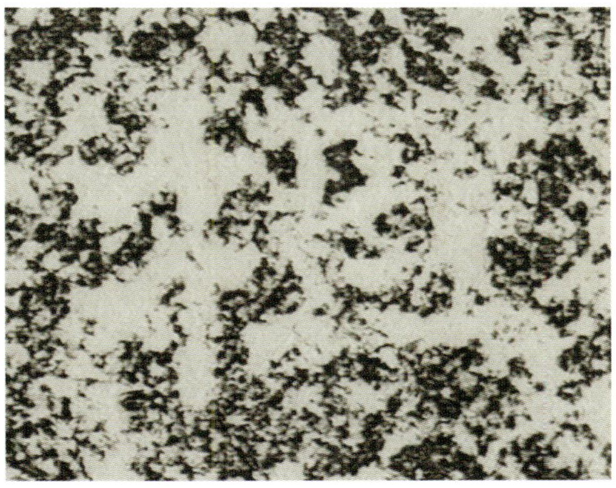

배접 탁본

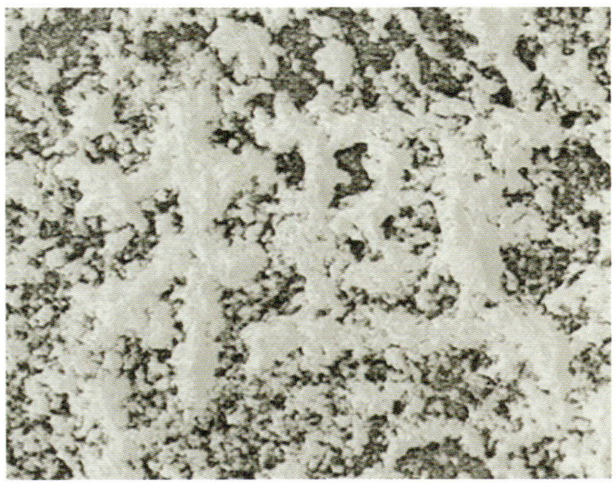

비배접 탁본

폴리곤메시

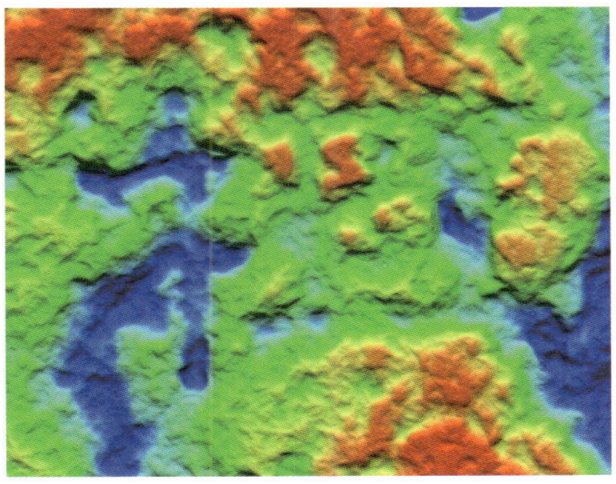

심도맵

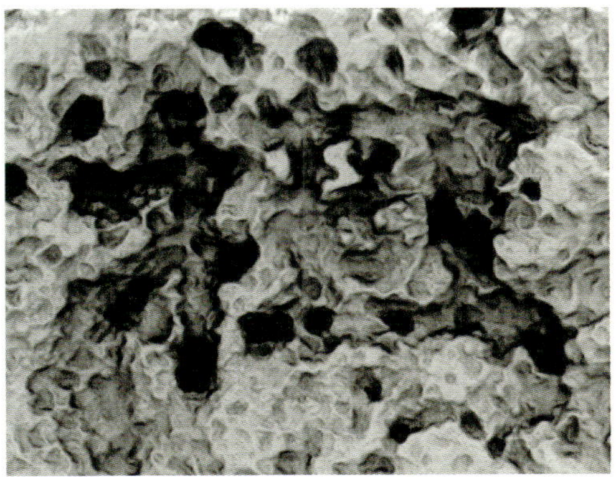

AO맵

전면 1행 9자

정 : 王
이 : 王
임 : △
서 : 王
고 : 王
공 : 王

디지털 사진

RTI

부착 탁본

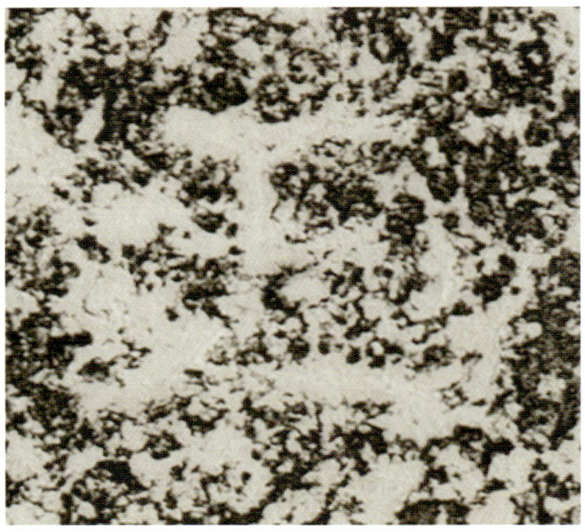

배접 탁본

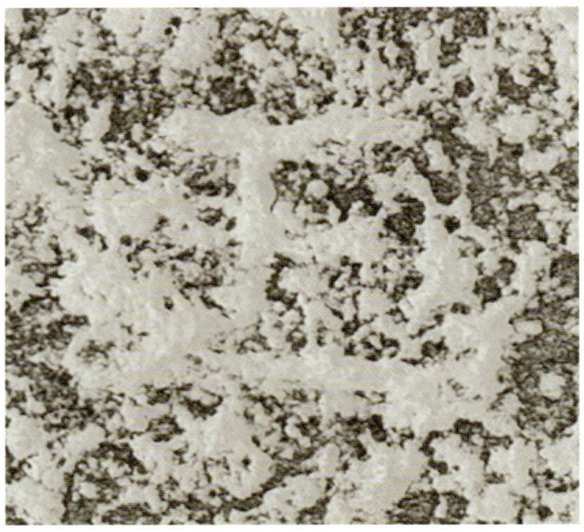

비배접 탁본

폴리곤메시

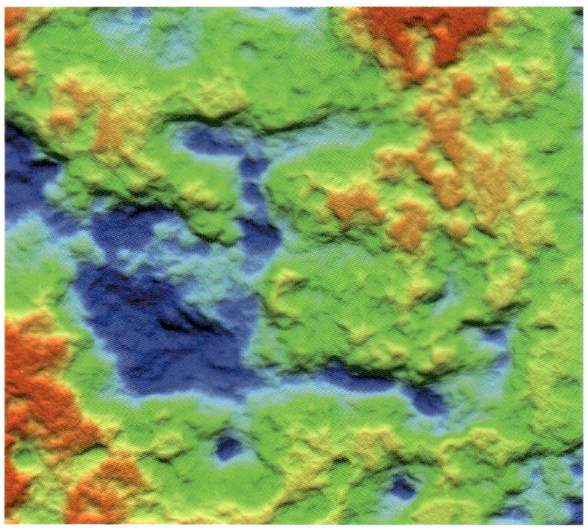

심도맵

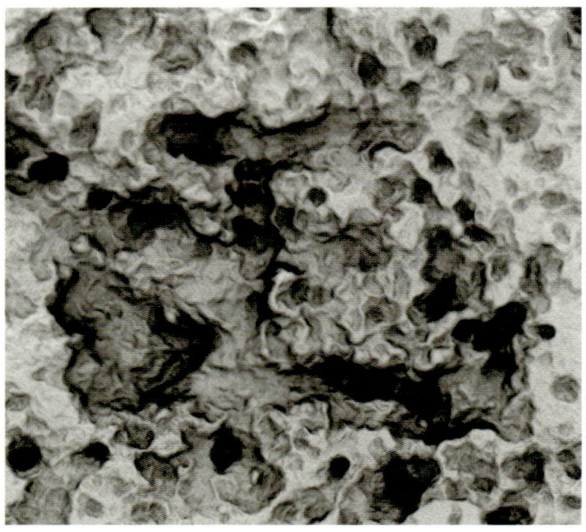

AO맵

전면 1행 10자

정 : 公
이 : 令
임 : △
서 : 公
고 : 令
공 : 公

디지털 사진

RTI

부착 탁본

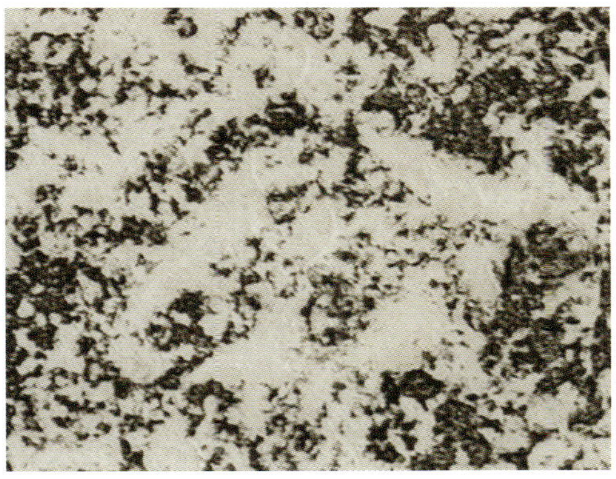

배접 탁본

비배접 탁본

폴리곤메시

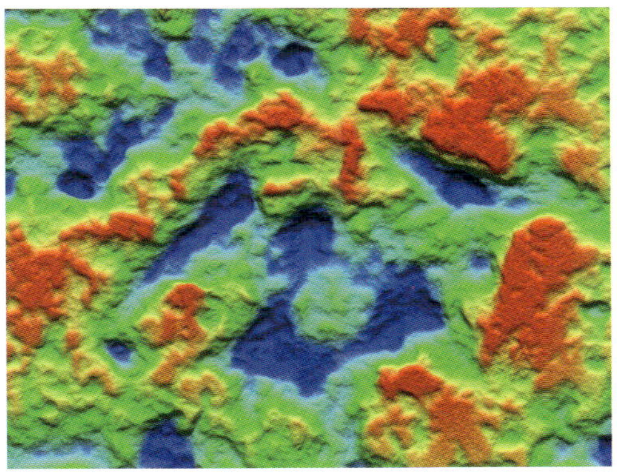

심도맵

AO맵

전면 1행 11자

정 : △
이 : 還
임 : △
서 : △
고 : △
공 : △

디지털 사진

RTI

부착 탁본

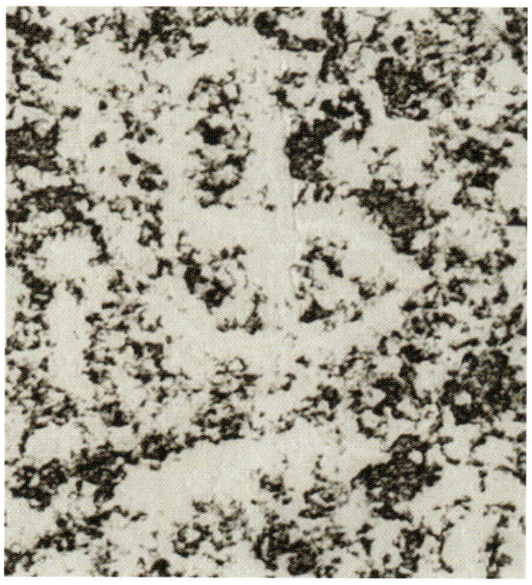

배접 탁본

비배접 탁본

폴리곤메시

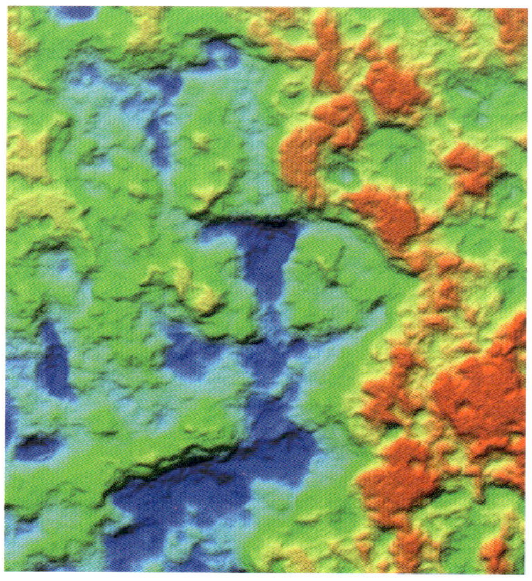

심도맵

AO맵

전면 1행 12자

新

디지털 사진

RTI

부착 탁본

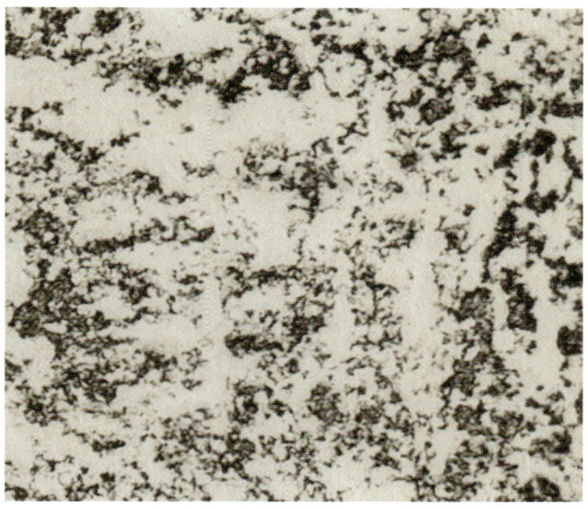

배접 탁본

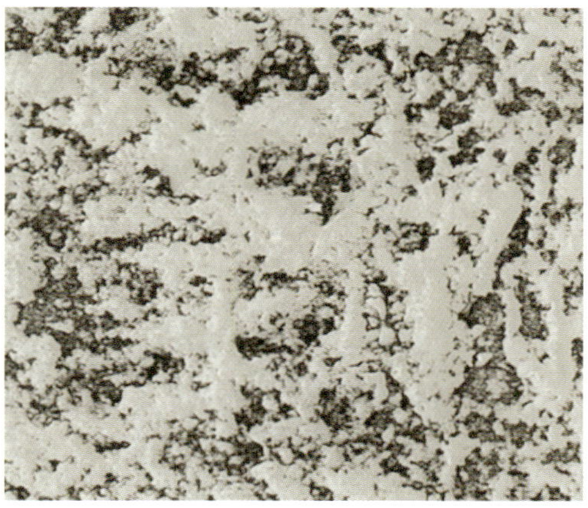

비배접 탁본

폴리곤메시

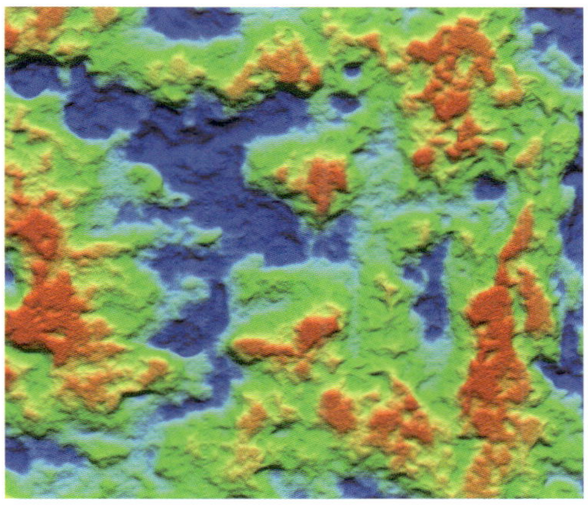

심도맵

AO맵

전면 1행 13자

羅

디지털 사진

RTI

부착 탁본

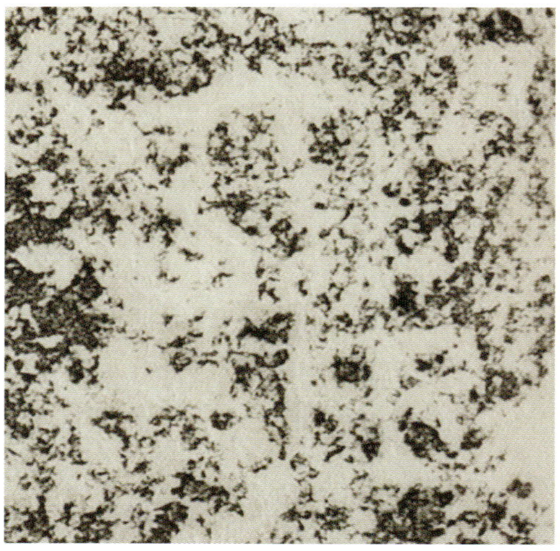

배접 탁본

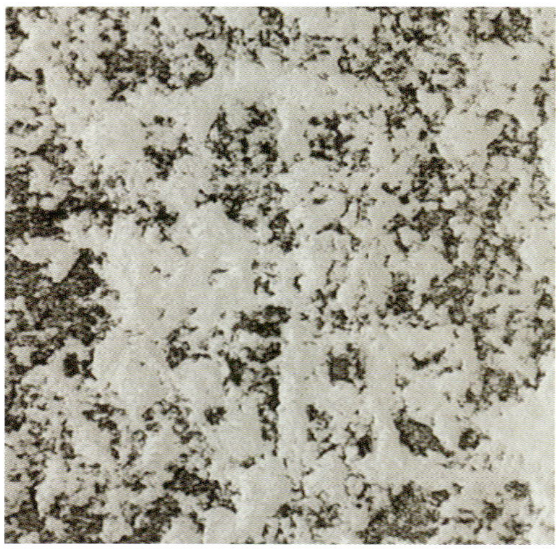

비배접 탁본

폴리곤메시

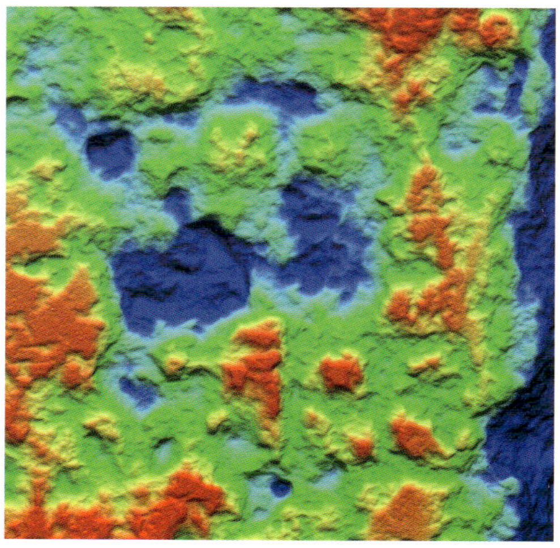

심도맵

AO맵

전면 1행 14자

寐

디지털 사진

RTI

부착 탁본

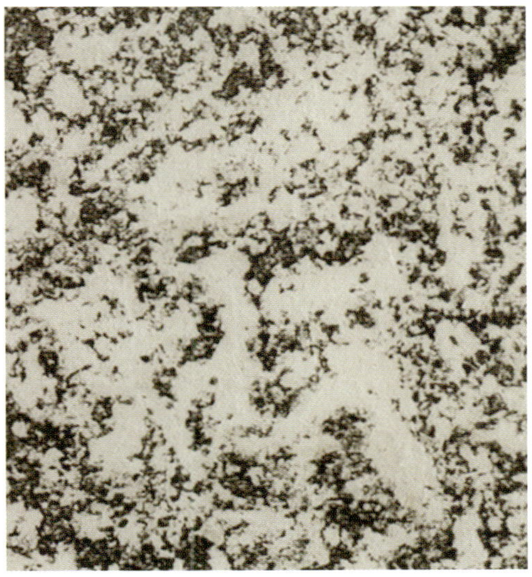

배접 탁본

비배접 탁본

폴리곤메시

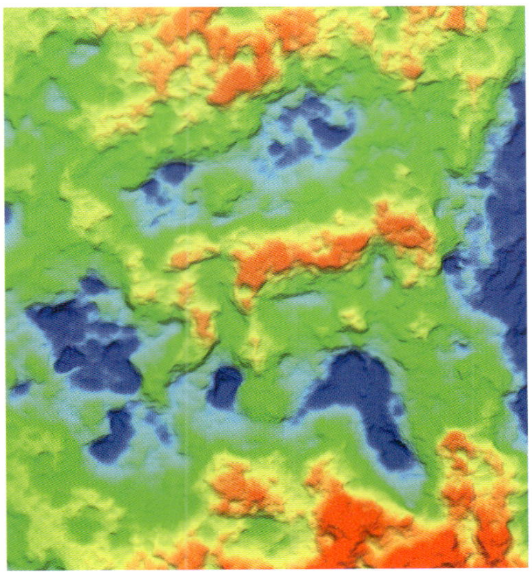

심도맵

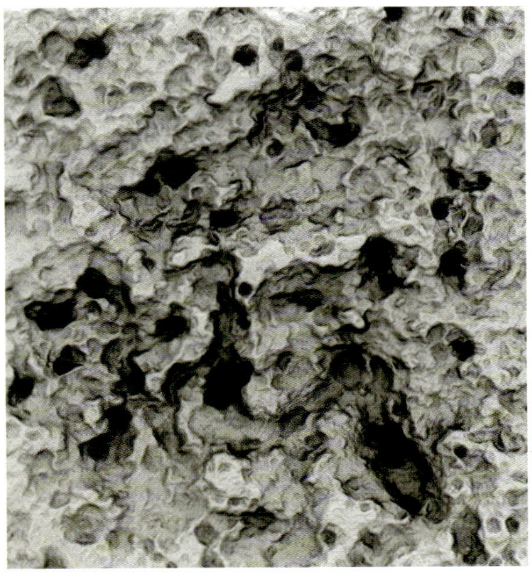

AO맵

전면 1행 15자

錦

디지털 사진

RTI

부착 탁본

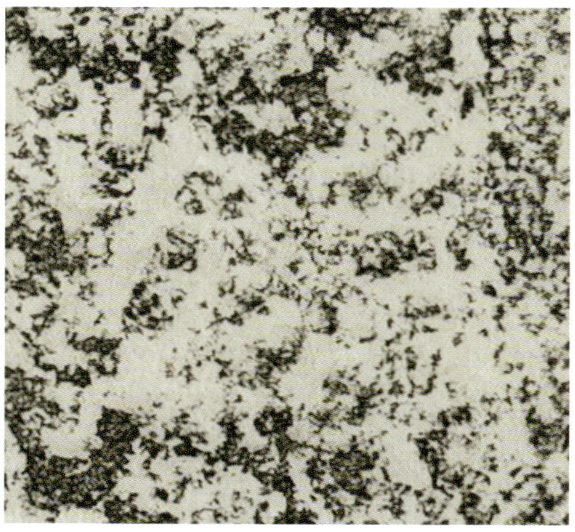

배접 탁본

비배접 탁본

폴리곤메시

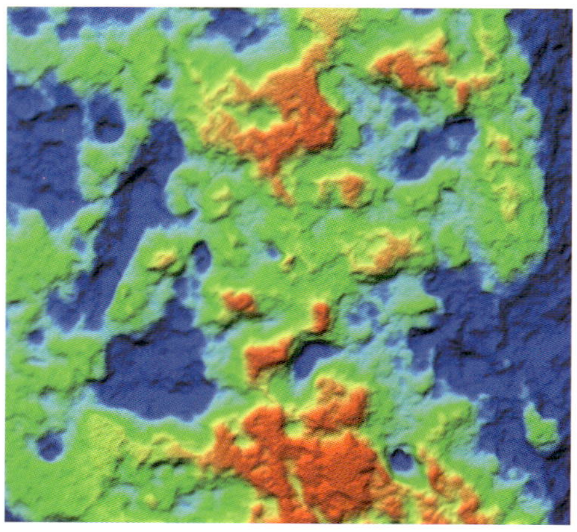

심도맵

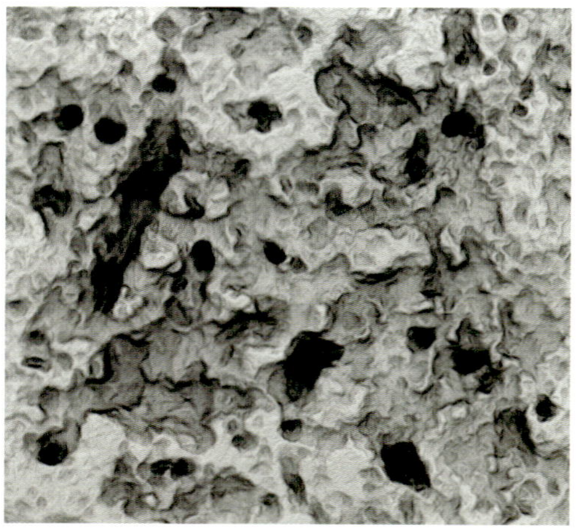

AO맵

전면 1행 16자

世

디지털 사진

RTI

부착 탁본

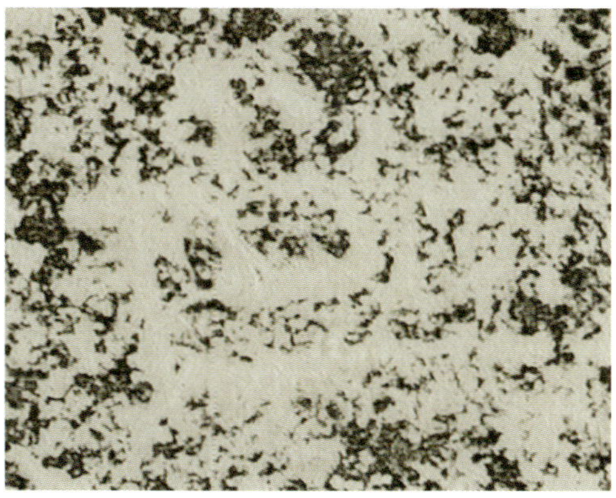

배접 탁본

비배접 탁본

폴리곤메시

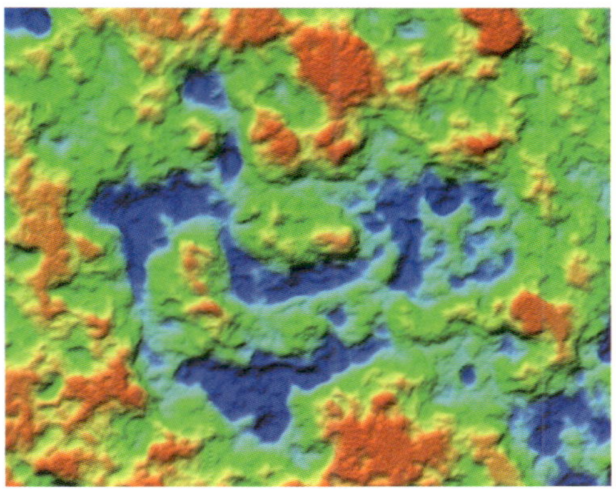

심도맵

AO맵

전면 1행 17자

世

디지털 사진

RTI

부착 탁본

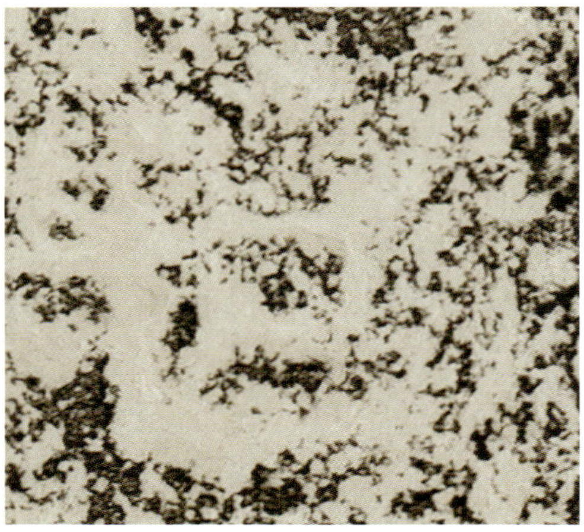

배접 탁본

비배접 탁본

폴리곤메시

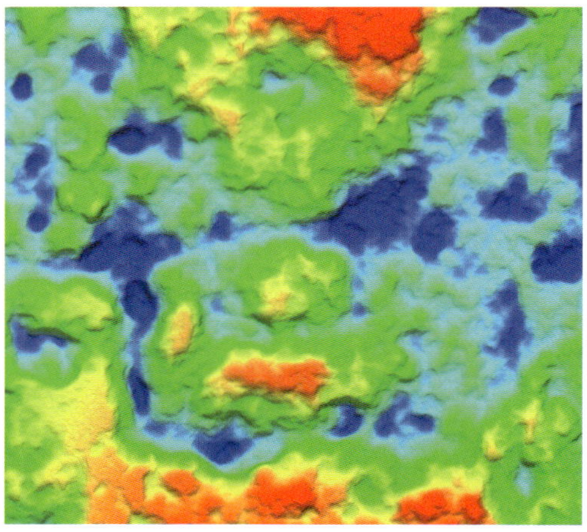

심도맵

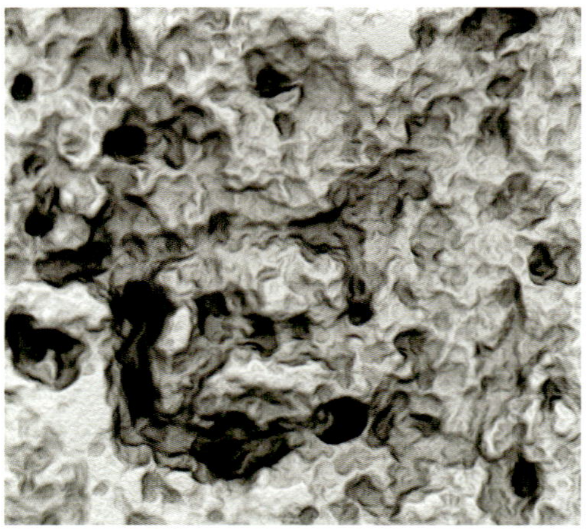

AO맵

전면 1행 18자

정 : 爲?
이 : 爲
임 : 爲
서 : 爲
고 : 爲
공 : 爲

디지털 사진

RTI

부착 탁본

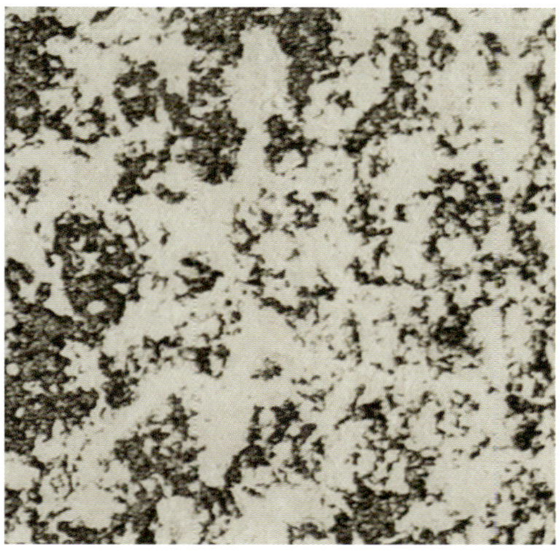

배접 탁본

비배접 탁본

폴리곤메시

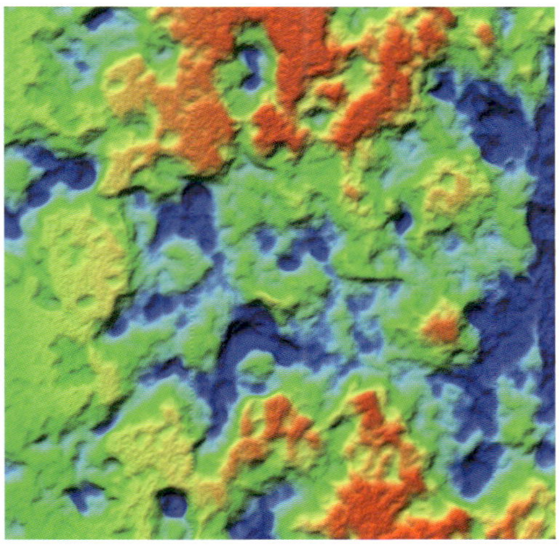

심도맵

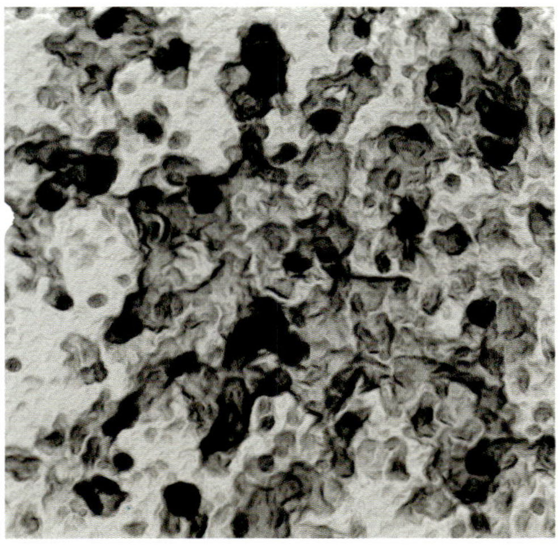

AO맵

전면 1행 19자

願

디지털 사진

RTI

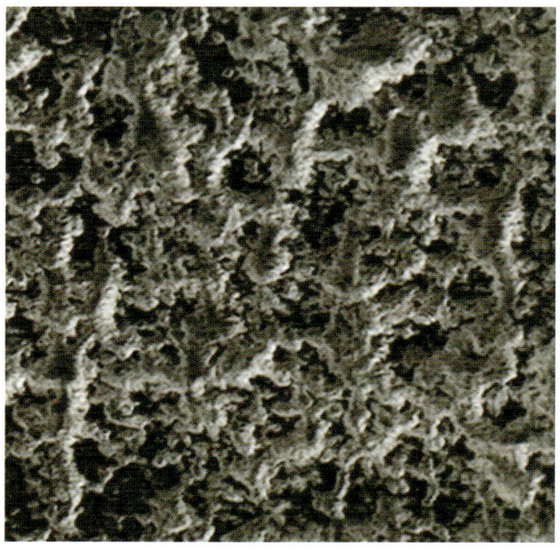

부착 탁본

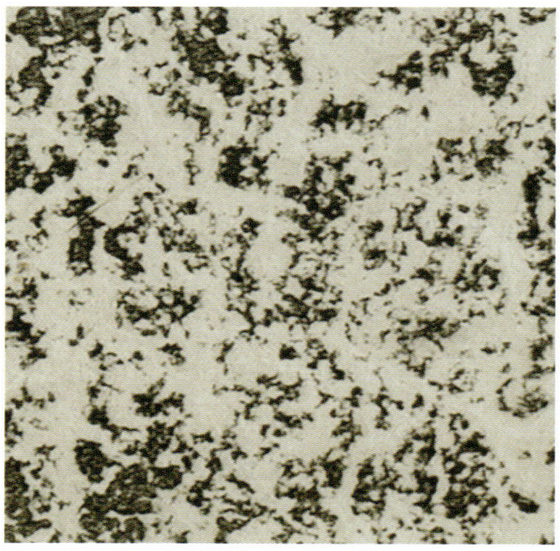

배접 탁본

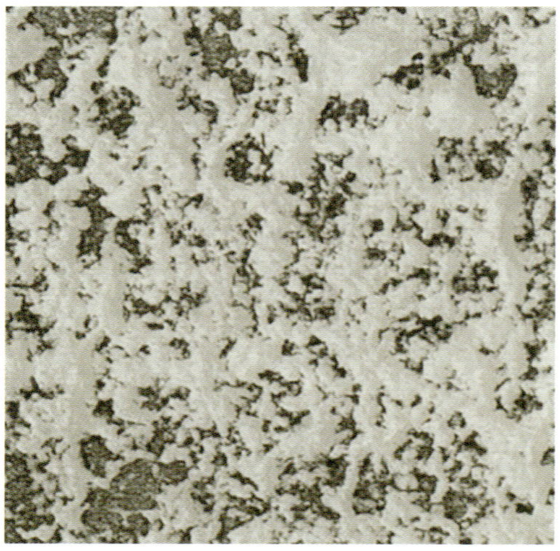

비배접 탁본

폴리곤메시

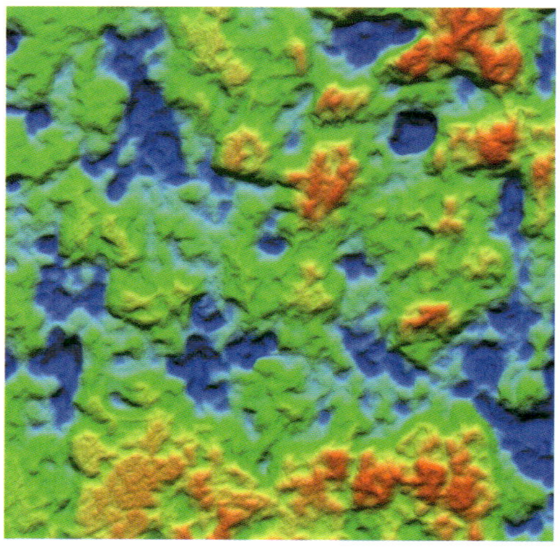

심도맵

AO맵

전면 1행 20자

如

디지털 사진

RTI

부착 탁본

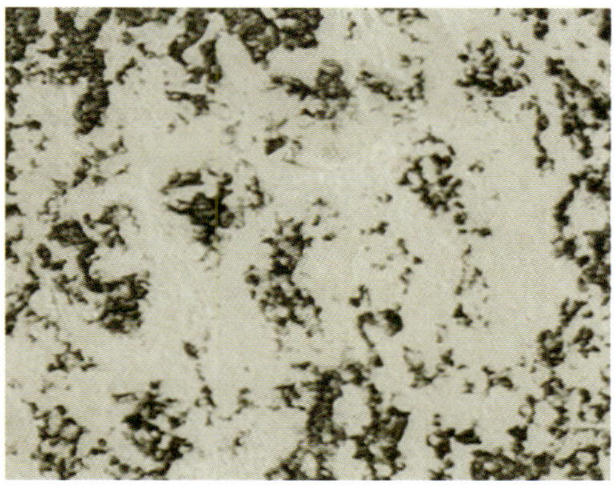

배접 탁본

비배접 탁본

폴리곤메시

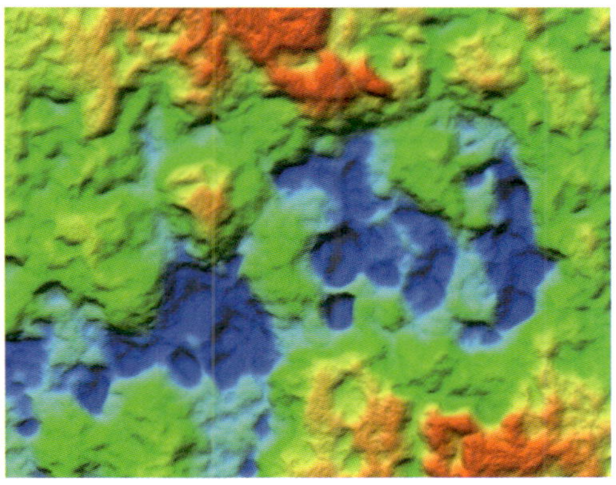

심도맵

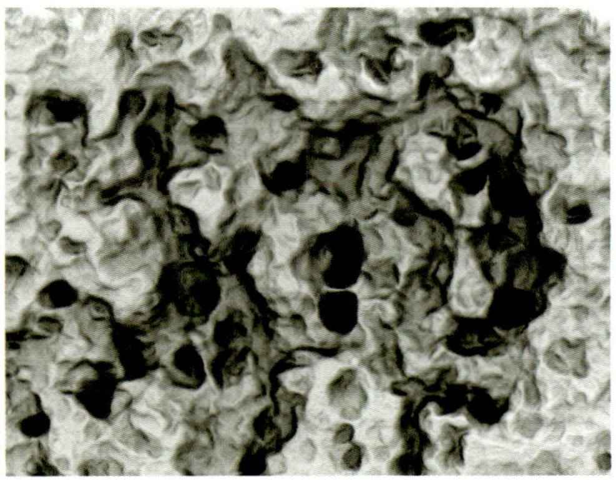

AO맵

전면 1행 21자

冗

디지털 사진

RTI

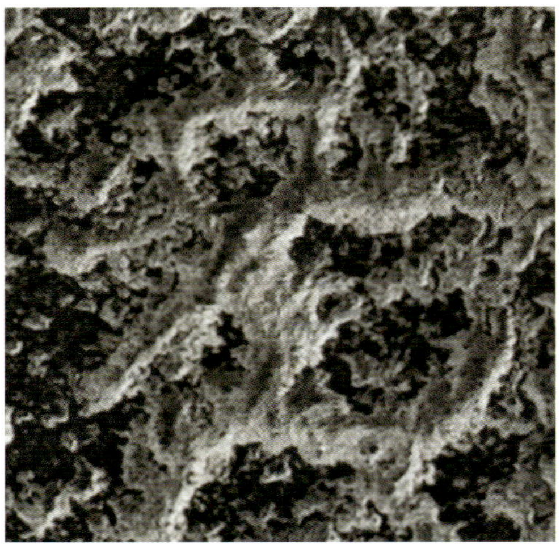

부착 탁본

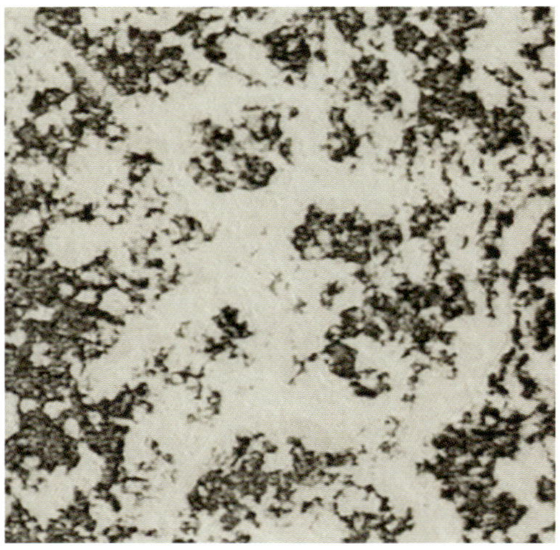

배접 탁본

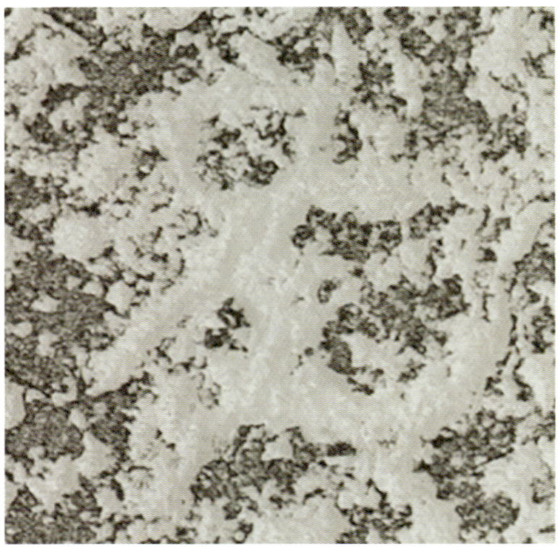

비배접 탁본

폴리곤메시

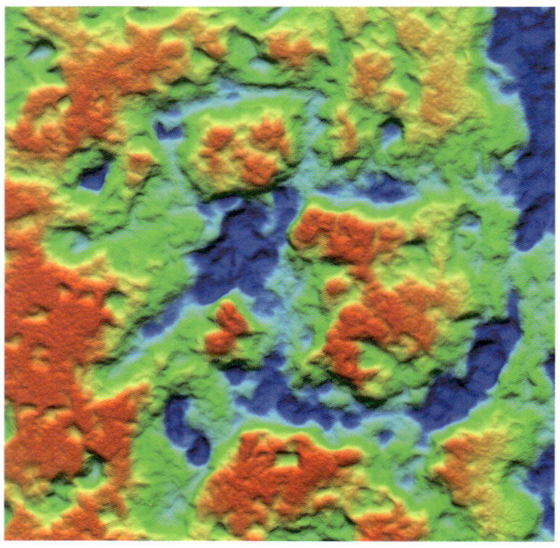

심도맵

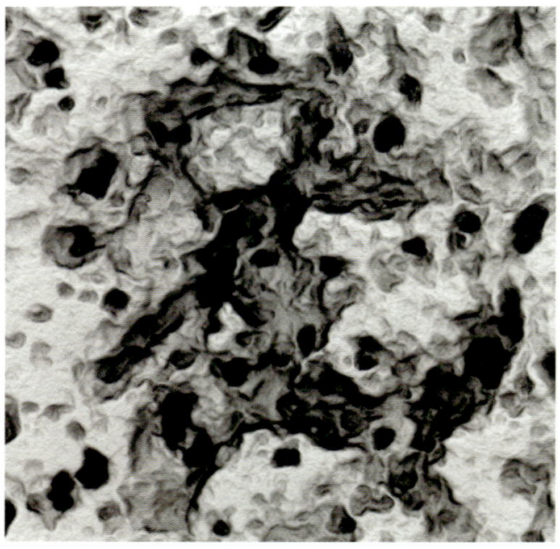

AO맵

전면 1행 22자

如

디지털 사진

RTI

부착 탁본

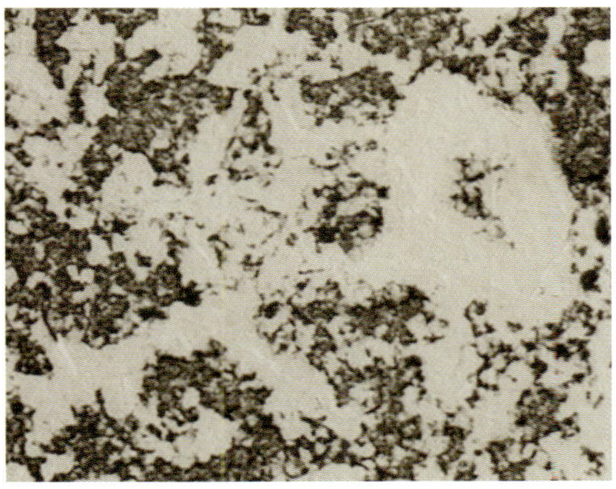

배접 탁본

비배접 탁본

폴리곤메시

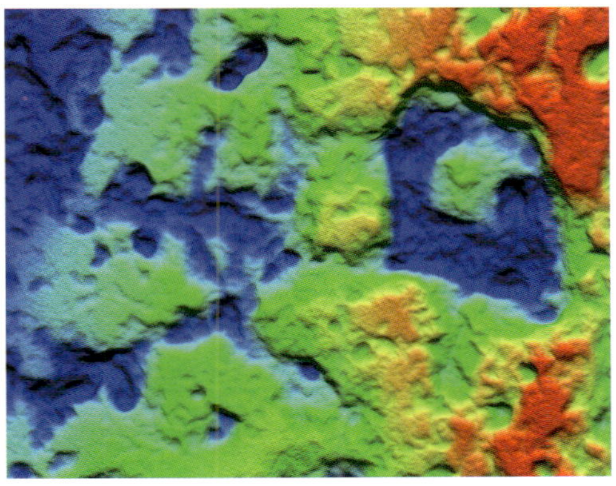

심도맵

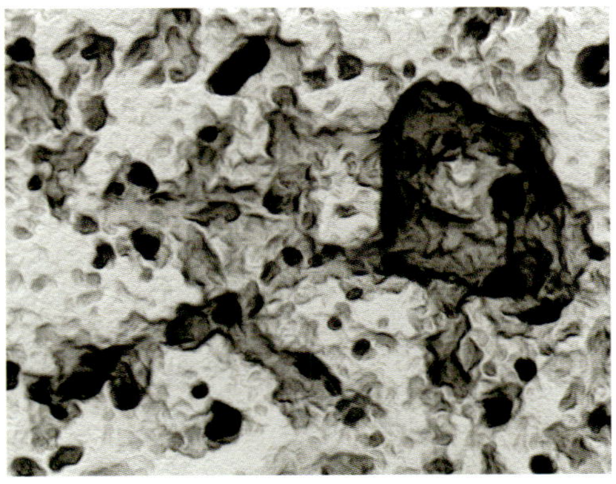

AO맵

전면 1행 23자

弟

디지털 사진

RTI

부착 탁본

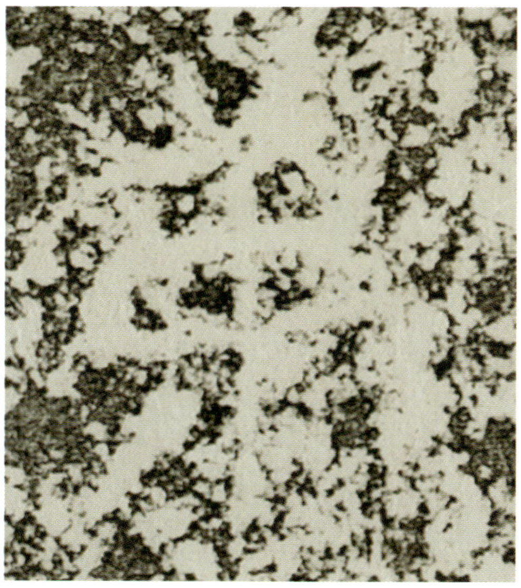

배접 탁본

비배접 탁본

폴리곤메시

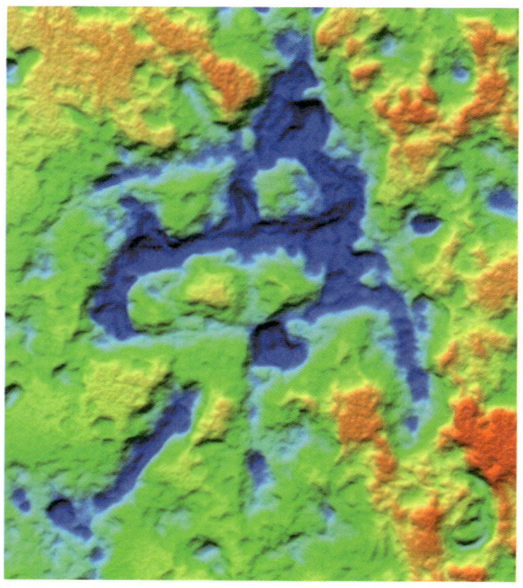

심도맵

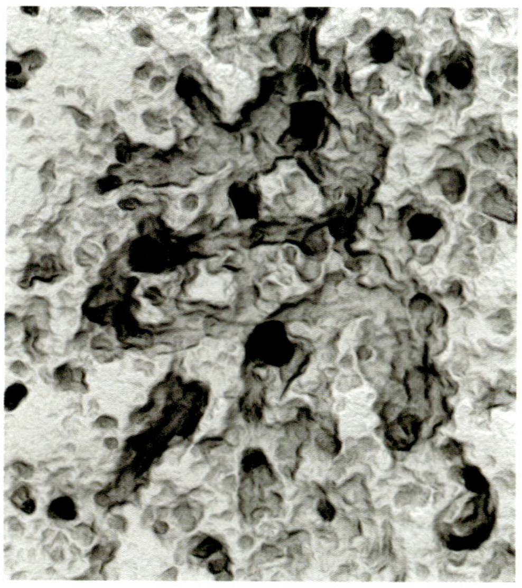

AO맵

전면 2행 1자

上

디지털 사진

RTI

부착 탁본

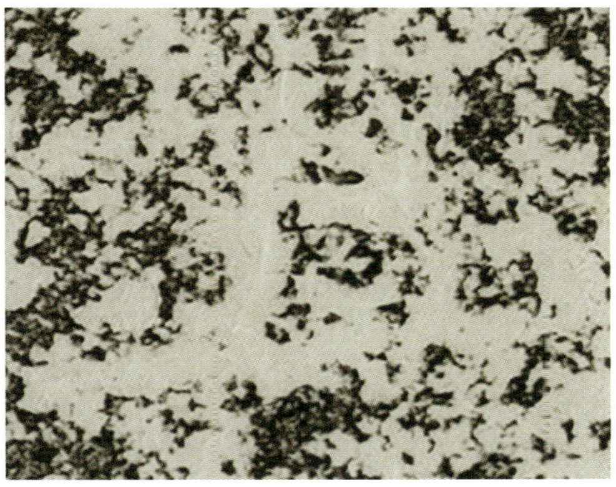

배접 탁본

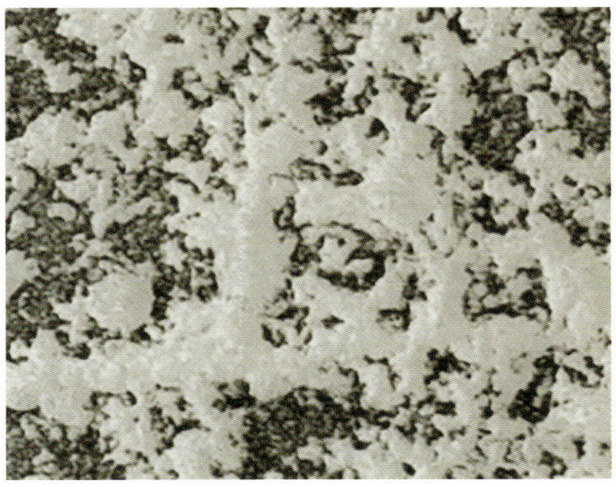

비배접 탁본

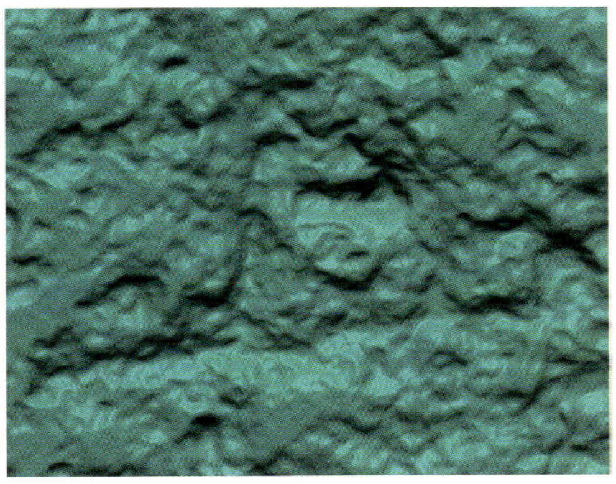

폴리곤메시

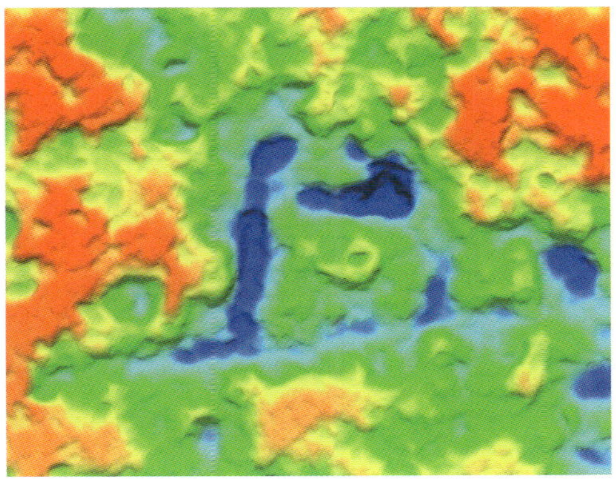

심도맵

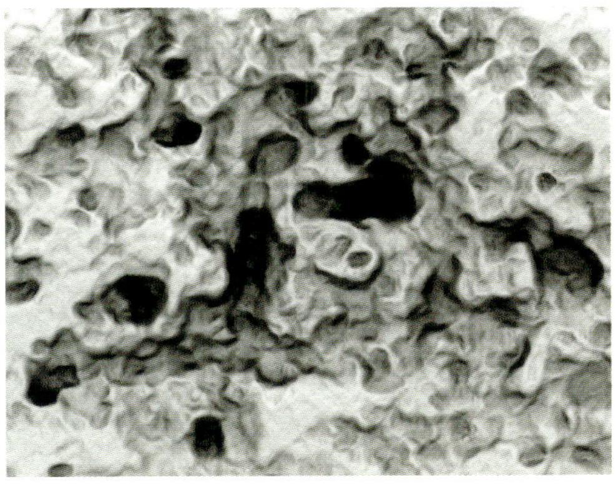

AO맵

전면 2행 2자

下

디지털 사진

RTI

부착 탁본

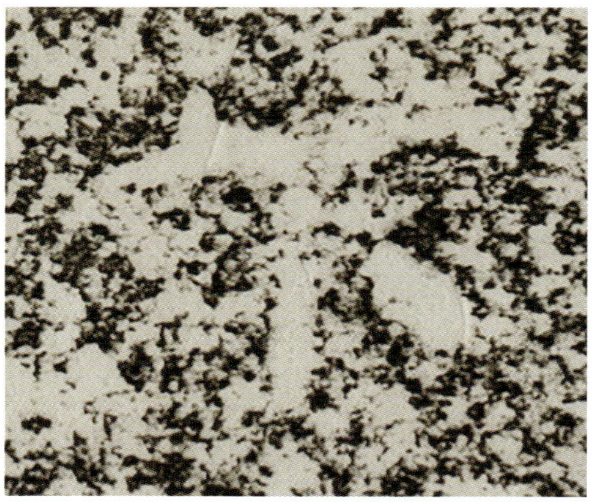

배접 탁본

비배접 탁본

폴리곤메시

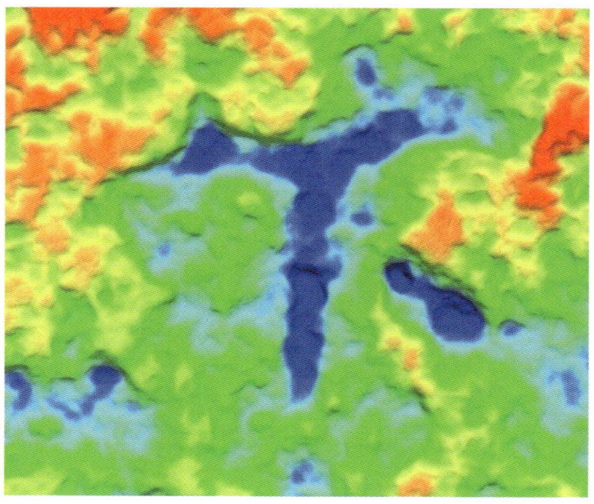

심도맵

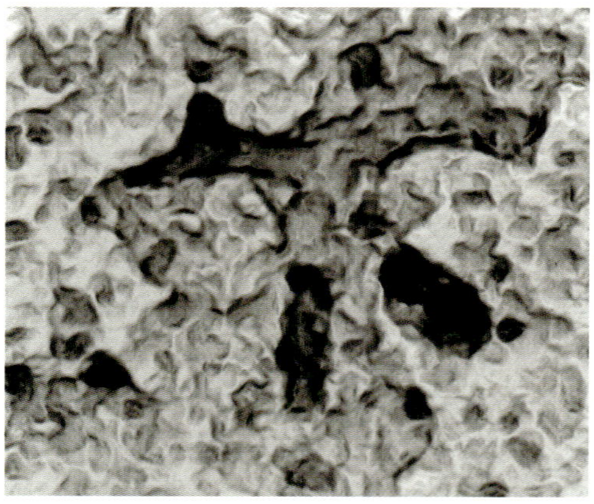

AO맵

전면 2행 3자

相

디지털 사진

RTI

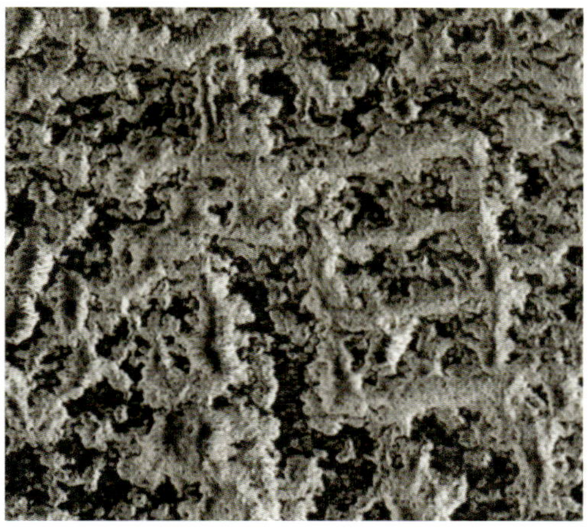

부착 탁본

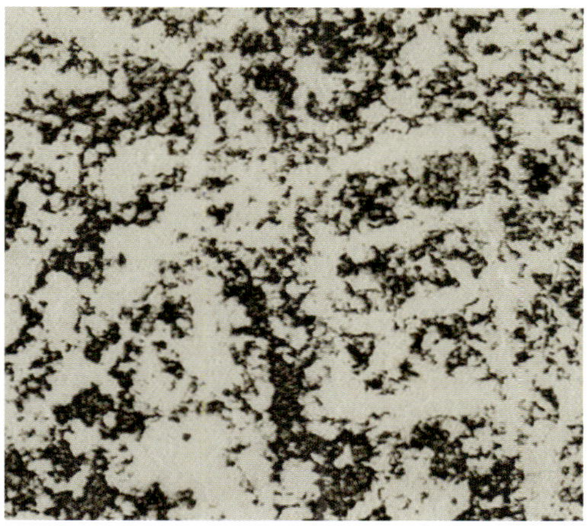

배접 탁본

비배접 탁본

폴리곤메시

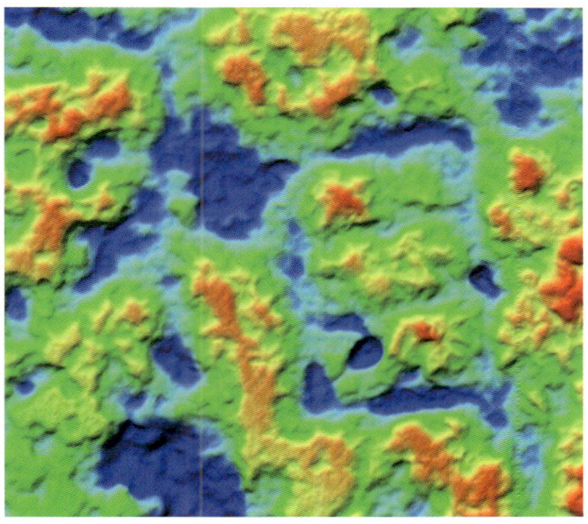

심도맵

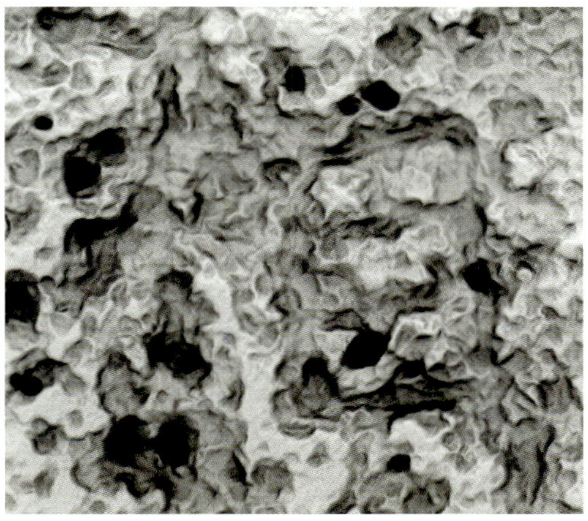

AO맵

전면 2행 4자

정 : 知
이 : 知
임 : 和?
서 : 和
고 : 和
공 : 〈知〉

디지털 사진

RTI

부착 탁본

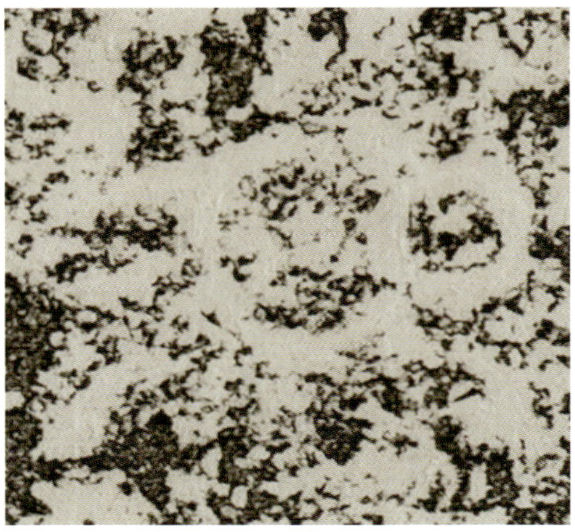

배접 탁본

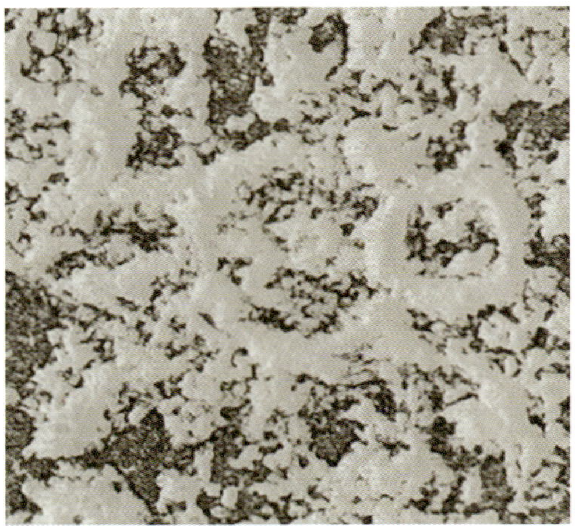

비배접 탁본

폴리곤메시

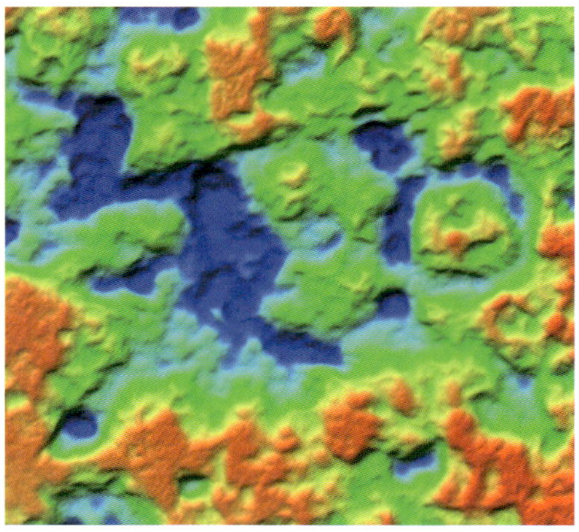

심도맵

AO맵

전면 2행 5자

守

디지털 사진

RTI

부착 탁본

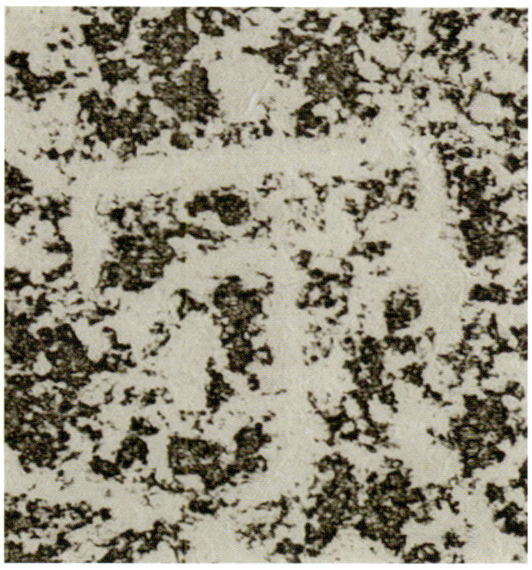

배접 탁본

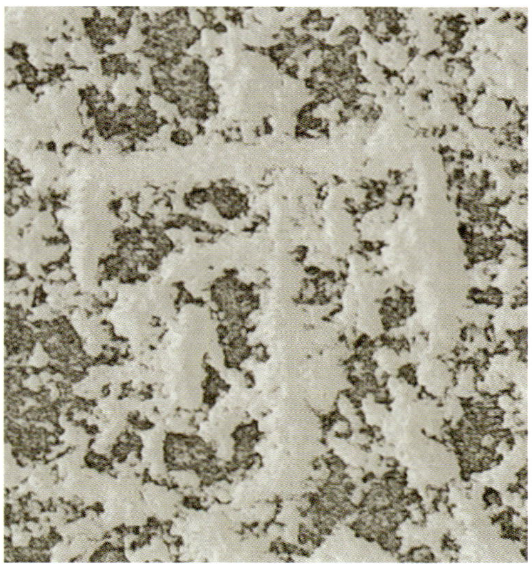

비배접 탁본

폴리곤메시

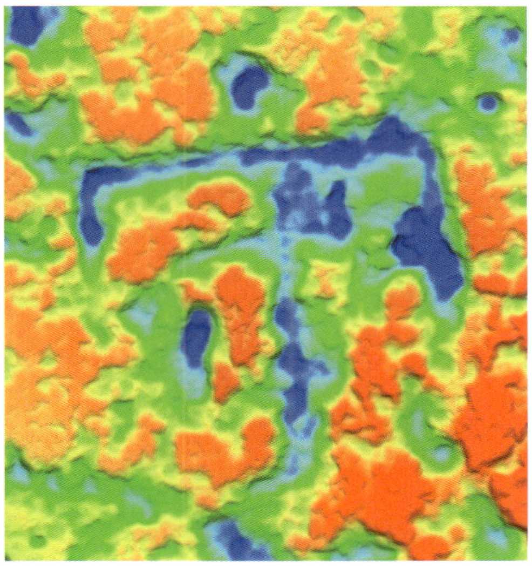

심도맵

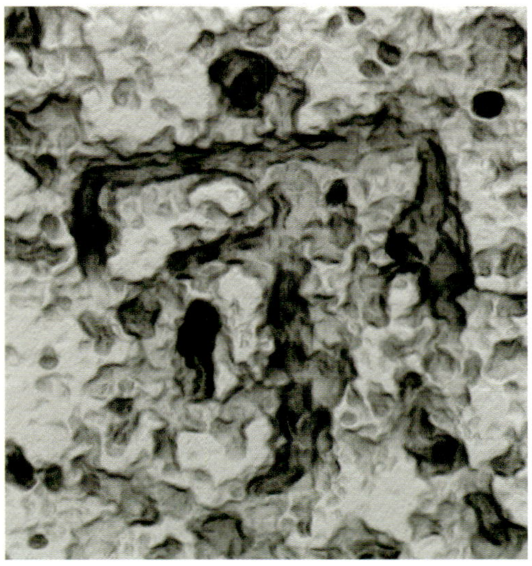

AO맵

전면 2행 6자

天

디지털 사진

RTI

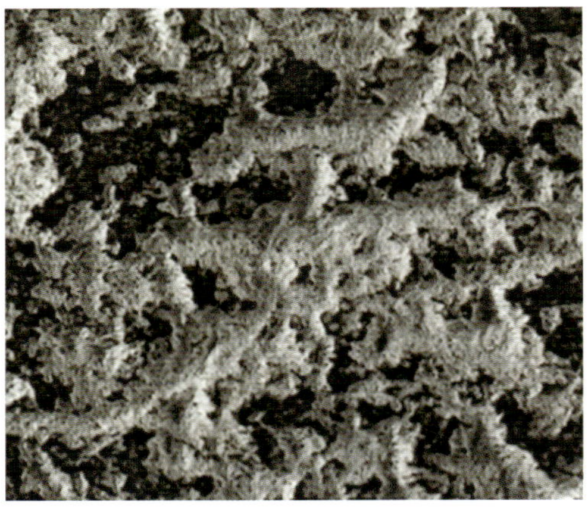

부착 탁본

배접 탁본

비배접 탁본

폴리곤메시

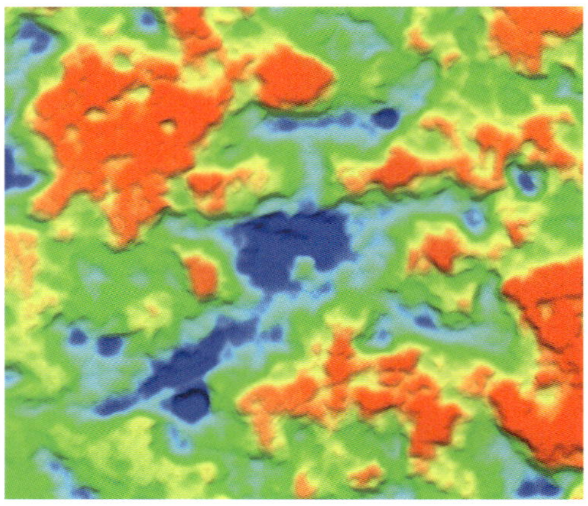

심도맵

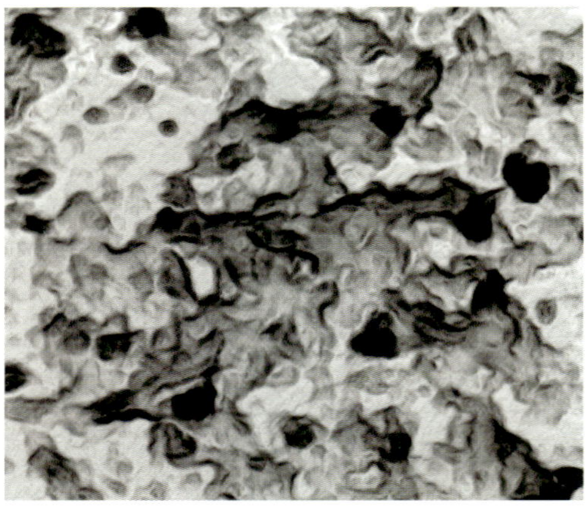

AO맵

전면 2행 7자

정 : △
이 : 東
임 : 東?
서 : 東
고 : 東
공 : 東

디지털 사진

RTI

부착 탁본

배접 탁본

비배접 탁본

폴리곤메시

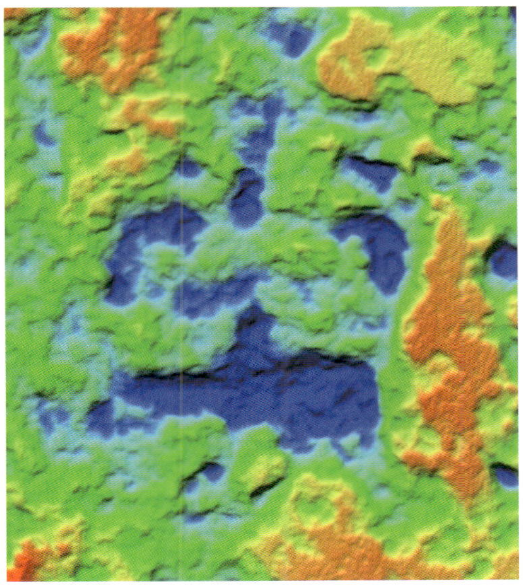

심도맵

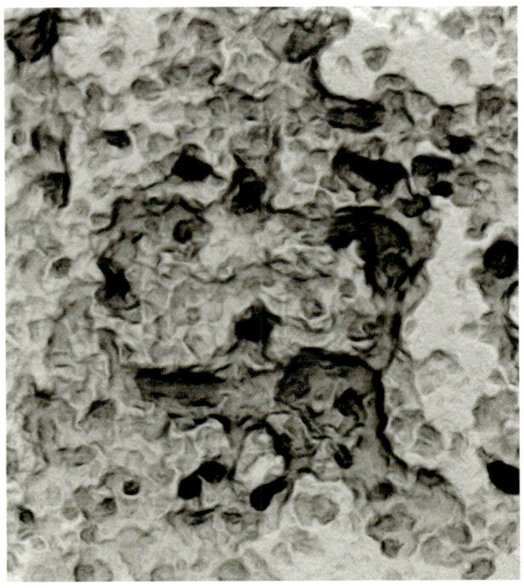

AO맵

전면 2행 8자

정 : 來?
이 : 來
임 : 來
서 : 來
고 : 來
공 : 來

디지털 사진

RTI

부착 탁본

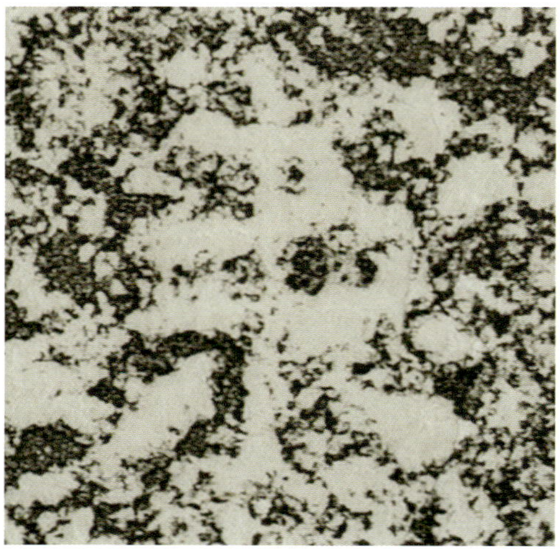

배접 탁본

비배접 탁본

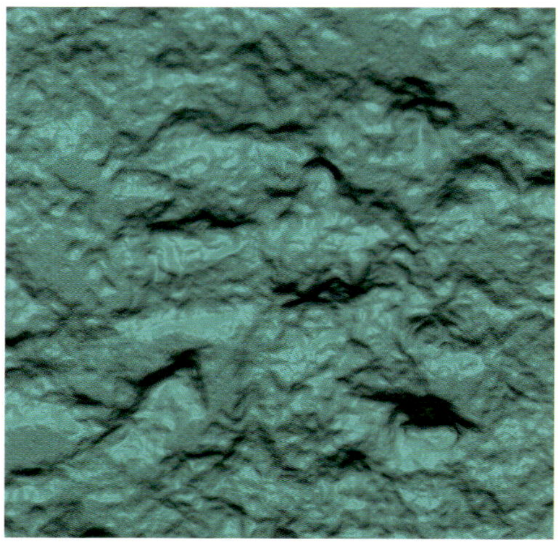

폴리곤메시

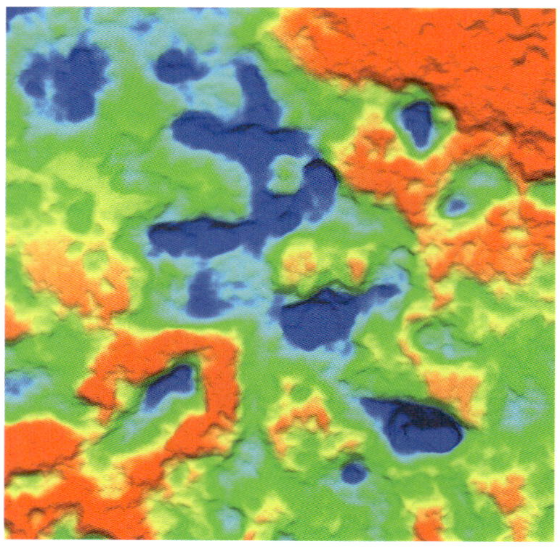

심도맵

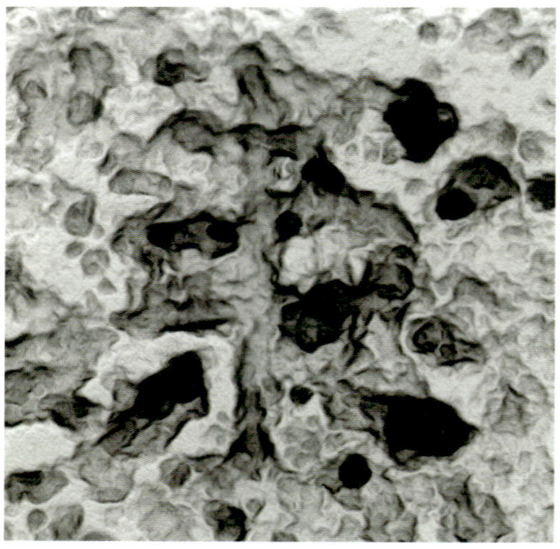

AO맵

전면 2행 9자

之

디지털 사진

RTI

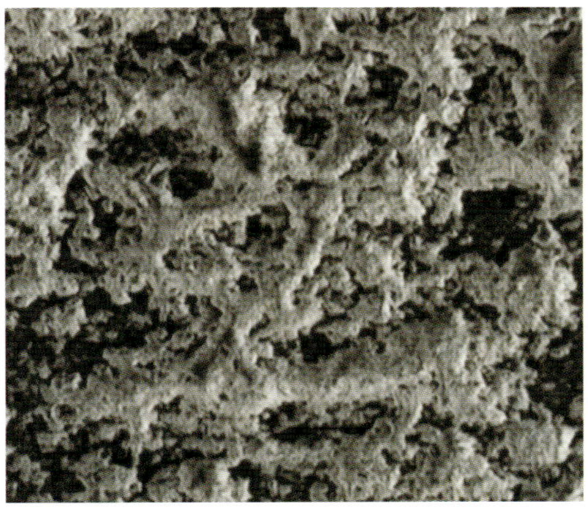

부착 탁본

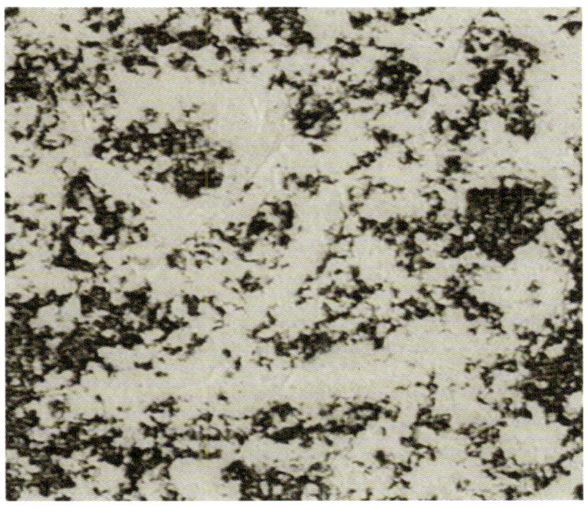

배접 탁본

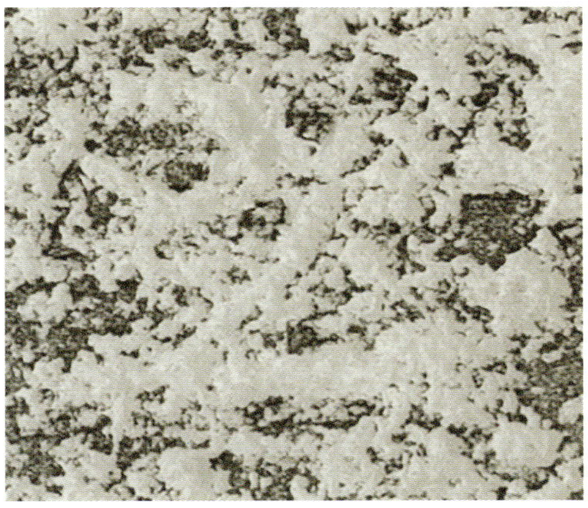

비배접 탁본

폴리곤메시

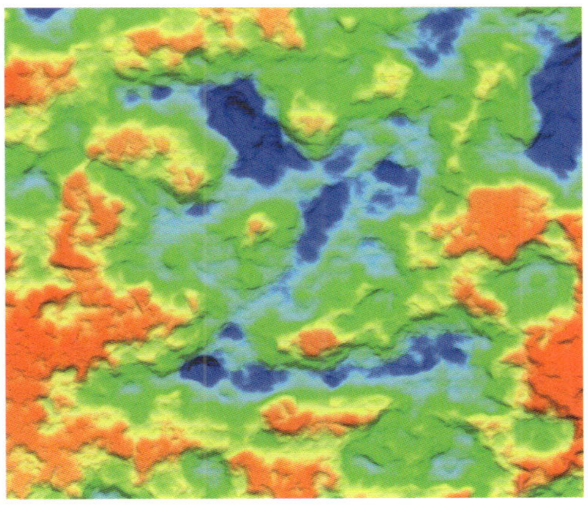

심도맵

AO맵

전면 2행 10자

정 : 寐
이 : 寐
임 : 寐?
서 : 寐
고 : 寐
공 : 寐

디지털 사진

RTI

부착 탁본

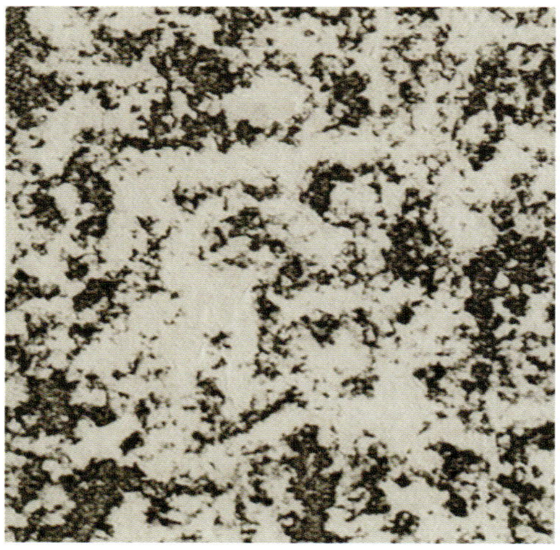

배접 탁본

비배접 탁본

폴리곤메시

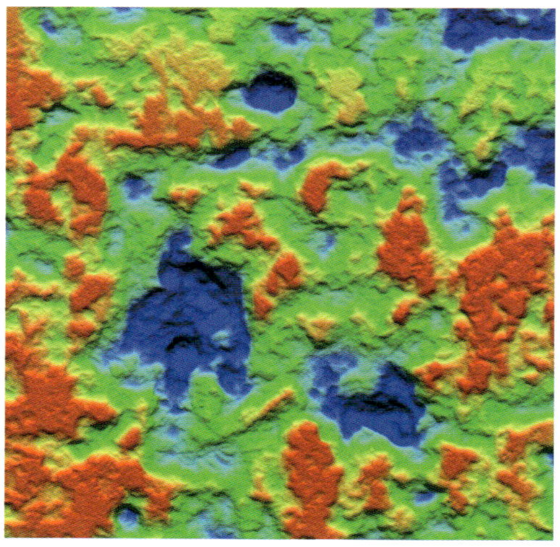

심도맵

AO맵

전면 2행 11자

정 : 錦
이 : 錦
임 : 錦?
서 : 錦
고 : 錦
공 : 錦

디지털 사진

RTI

부착 탁본

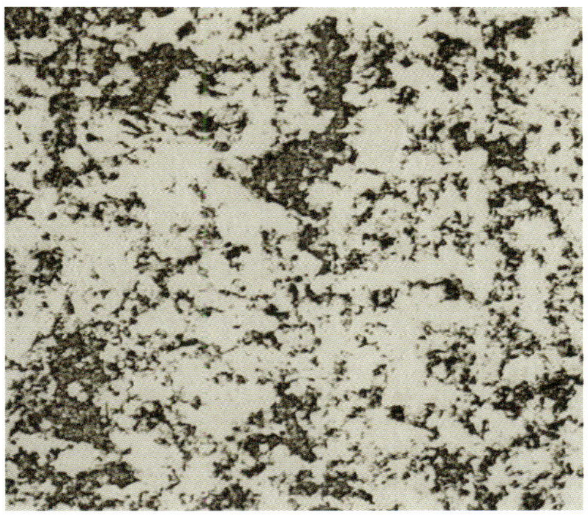

배접 탁본

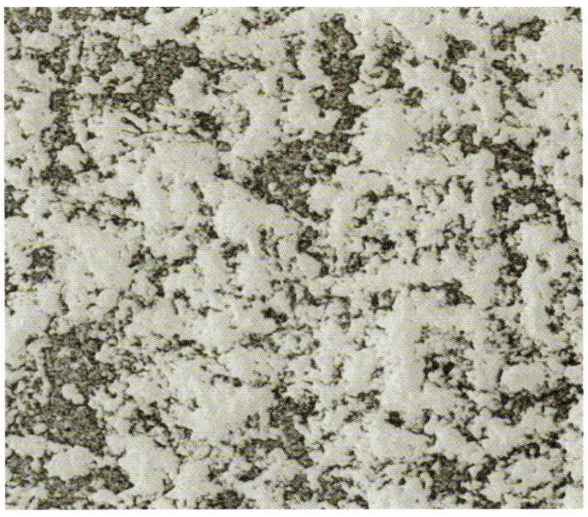

비배접 탁본

폴리곤메시

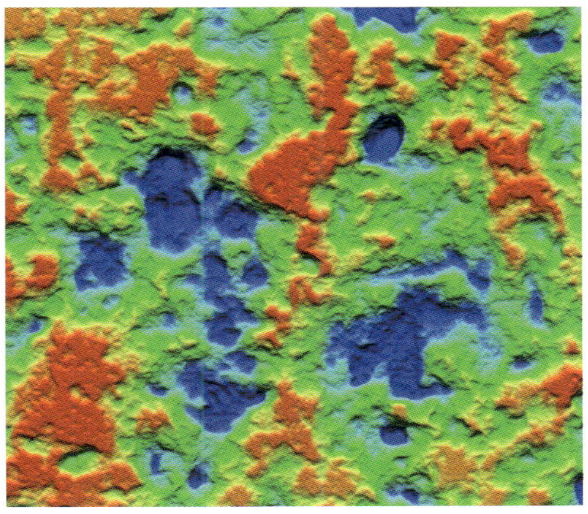

심도맵

AO맵

전면 2행 12자

정 : 忌?
이 : 忌
임 : 忌?
서 : 忌
고 : 忌?
공 : 忌

디지털 사진

RTI

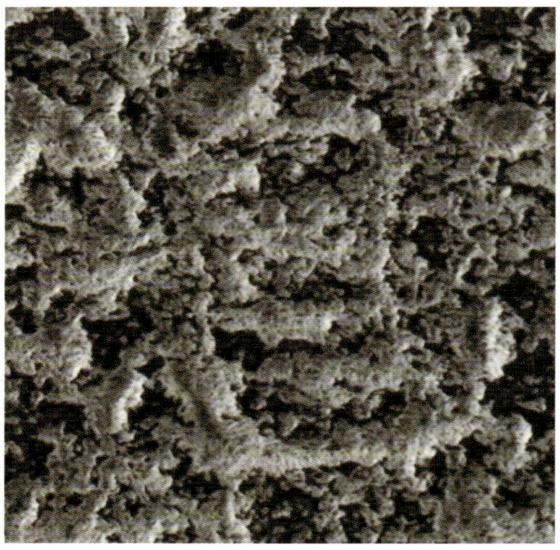

부착 탁본

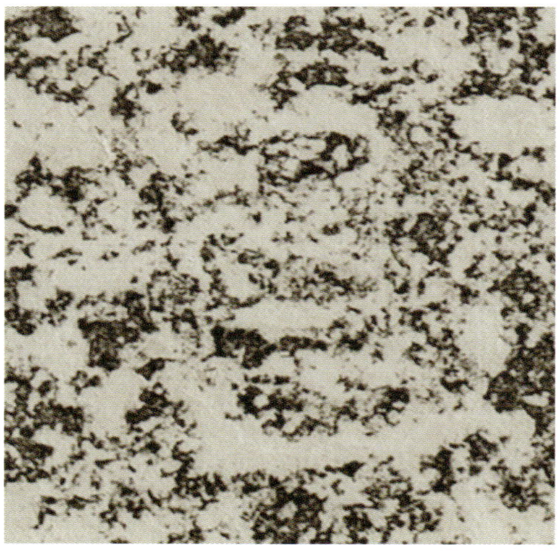

배접 탁본

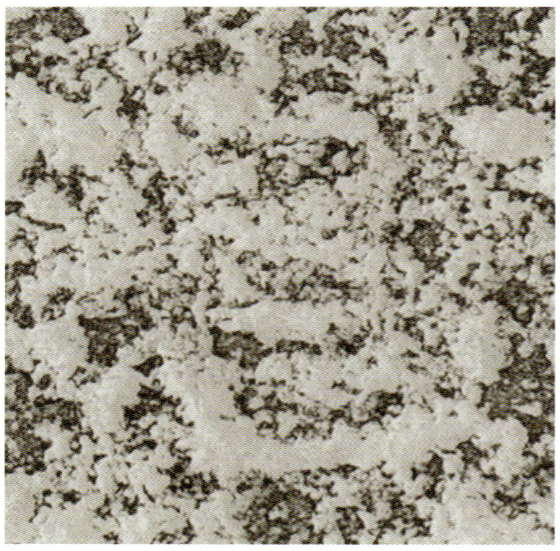

비배접 탁본

폴리곤메시

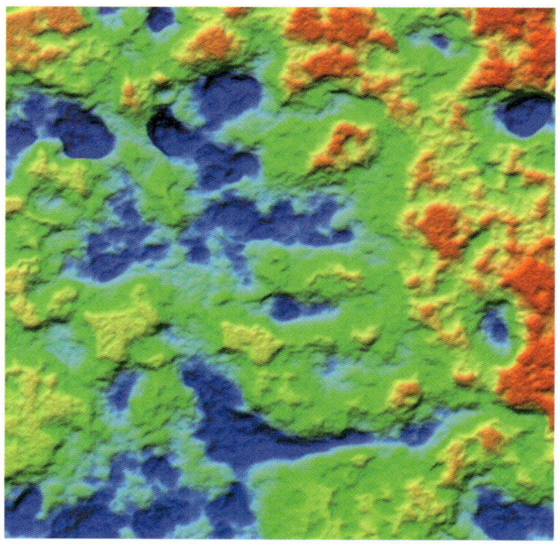

심도맵

AO맵

전면 2행 13자

정 : 太
이 : 太
임 : 太
서 : 太
고 : 太
공 : 太/大

디지털 사진

RTI

부착 탁본

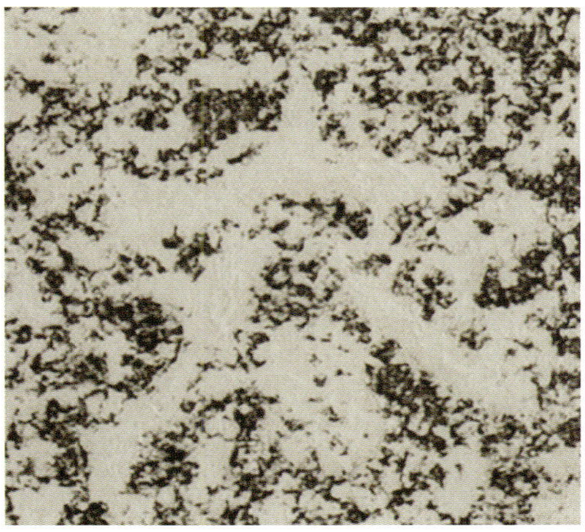

배접 탁본

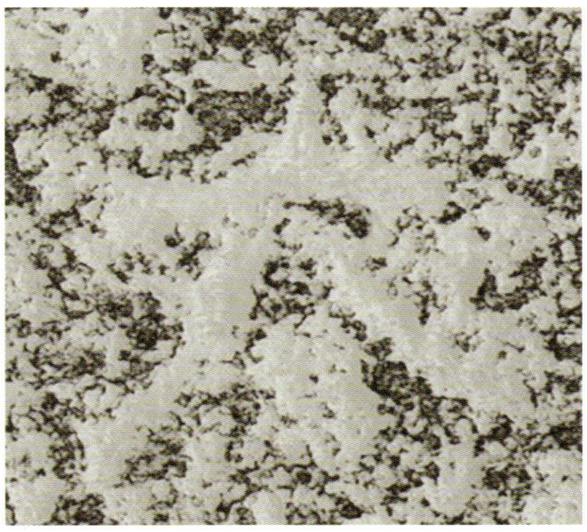

비배접 탁본

폴리곤메시

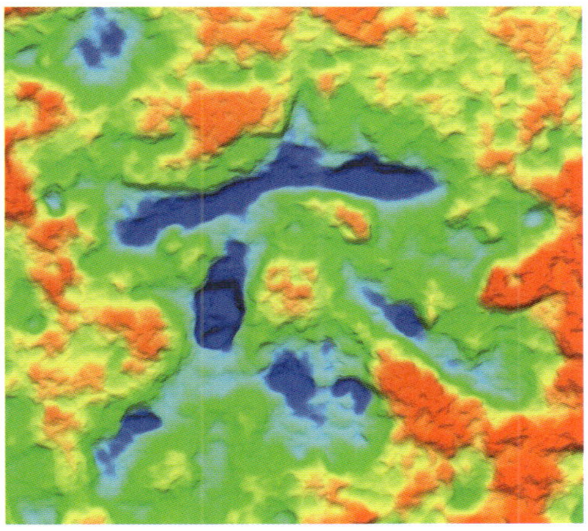

심도맵

AO맵

전면 2행 14자

子

디지털 사진

RTI

부착 탁본

배접 탁본

비배접 탁본

폴리곤메시

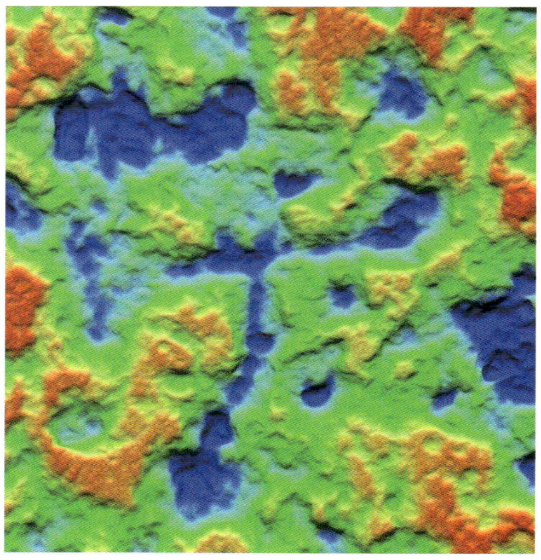

심도맵

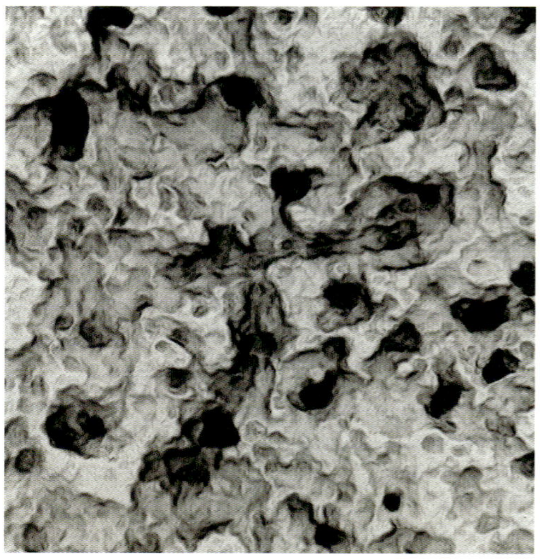

AO맵

전면 2행 15자

共

디지털 사진

RTI

부착 탁본

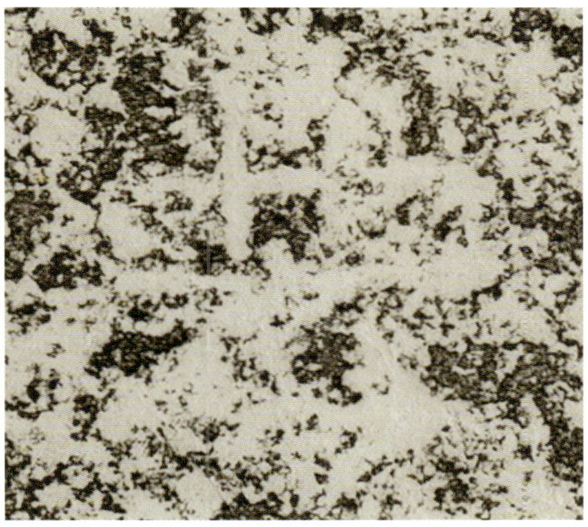

배접 탁본

비배접 탁본

폴리곤메시

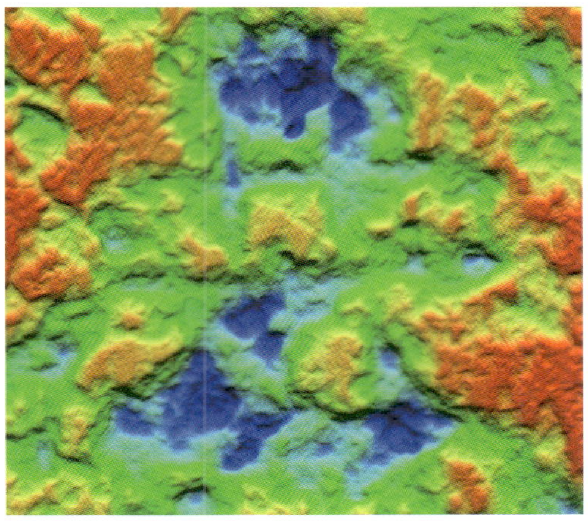

심도맵

AO맵

전면 2행 16자

前

디지털 사진

RTI

부착 탁본

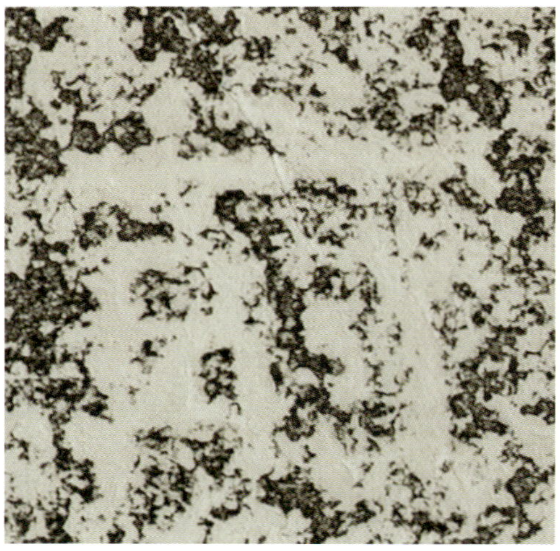

배접 탁본

비배접 탁본

폴리곤메시

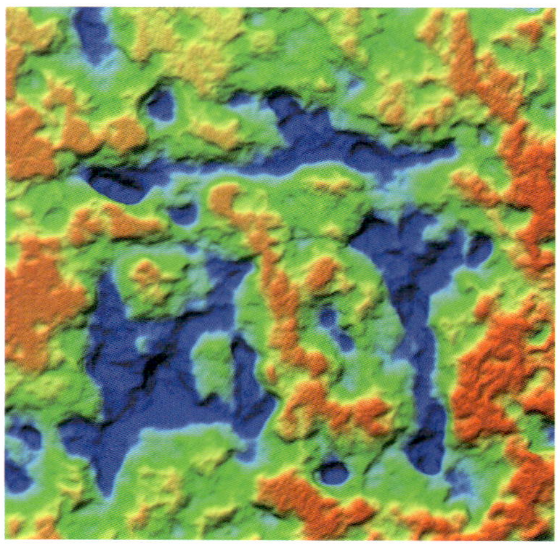

심도맵

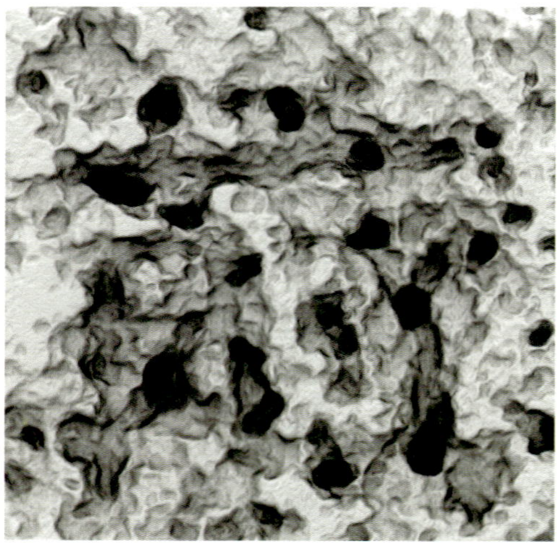

AO맵

전면 2행 17자

部

디지털 사진

RTI

부착 탁본

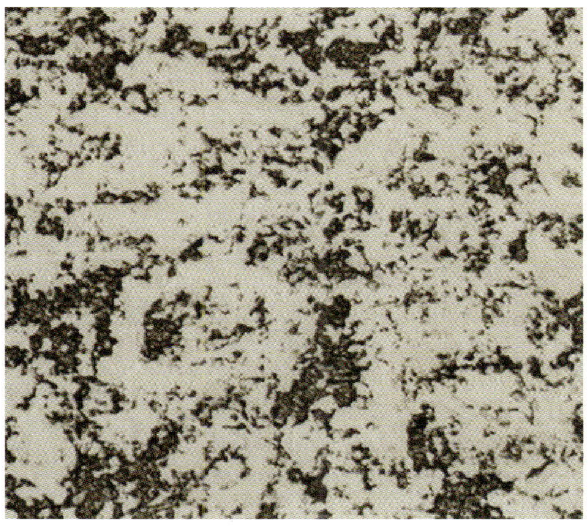

배접 탁본

비배접 탁본

폴리곤메시

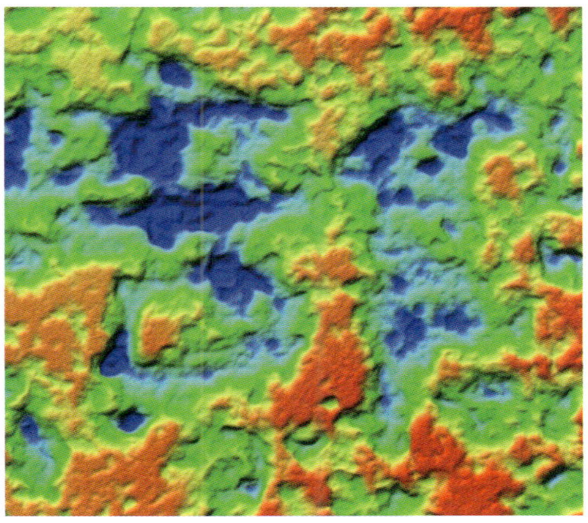

심도맵

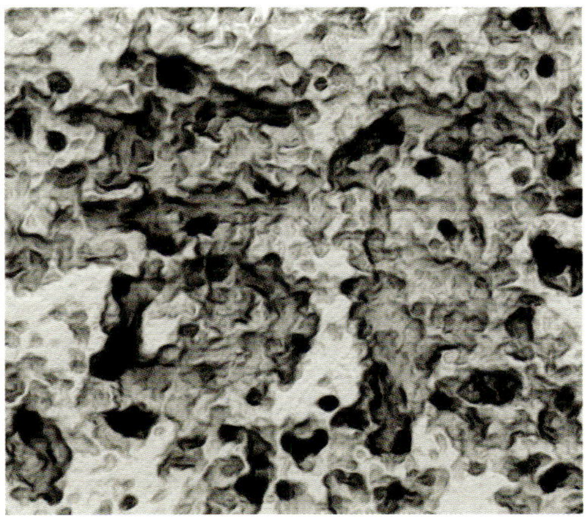

AO맵

전면 2행 18자

정 : 大
이 : 大
임 : 大
서 : 大
고 : 太
공 : 太/大

디지털 사진

RTI

부착 탁본

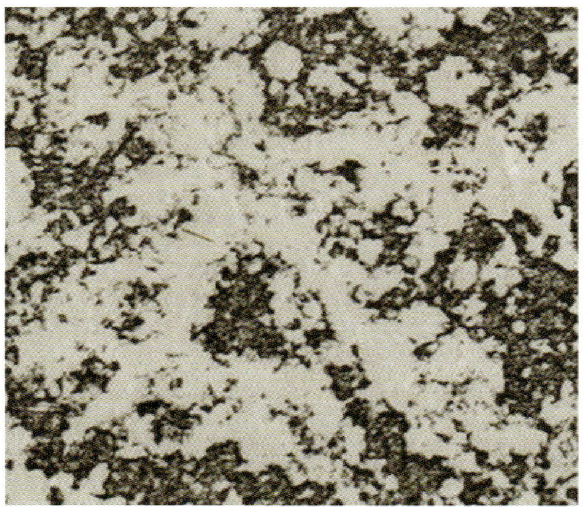

배접 탁본

비배접 탁본

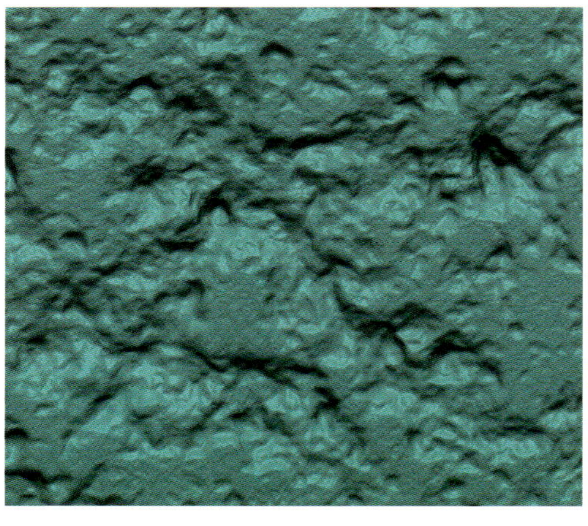

폴리곤메시

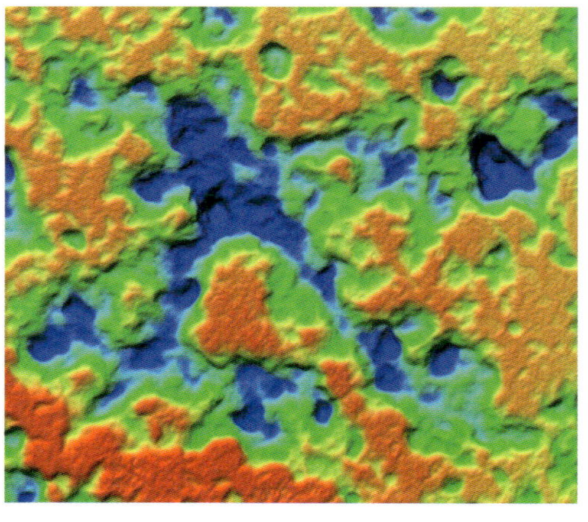

심도맵

AO맵

전면 2행 19자

使

디지털 사진

RTI

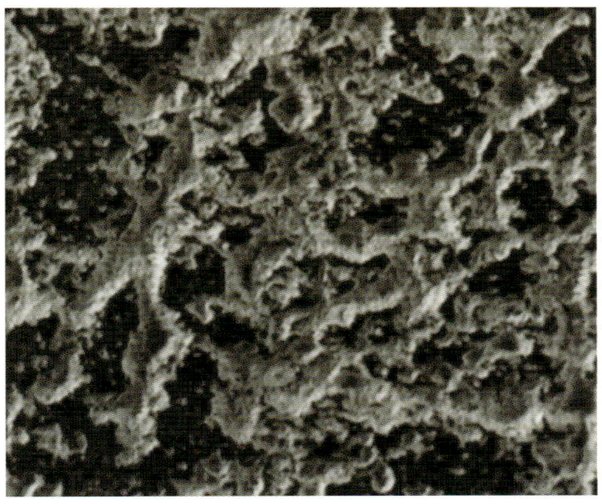

부착 탁본

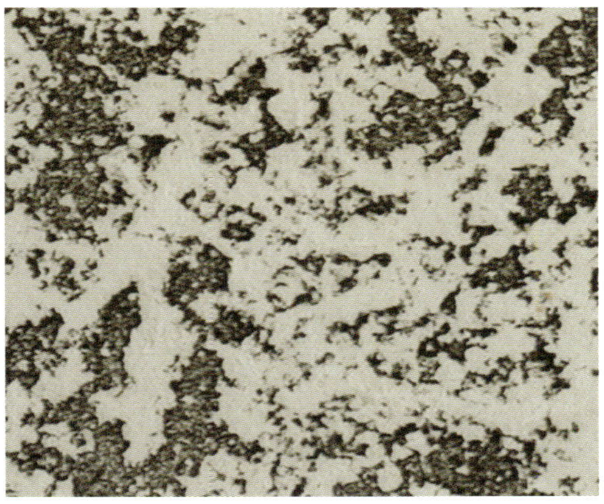

배접 탁본

비배접 탁본

폴리곤메시

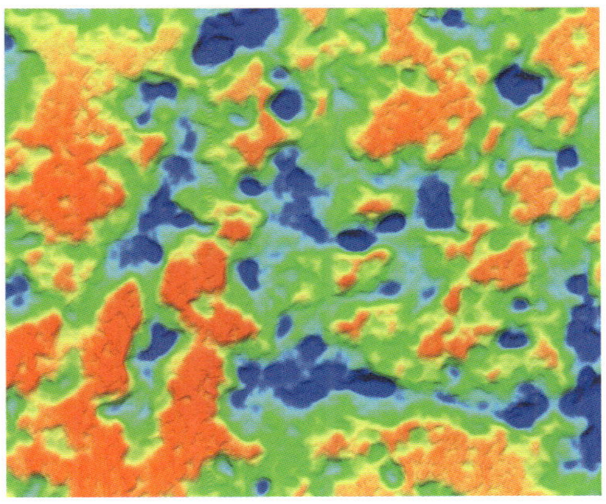

심도맵

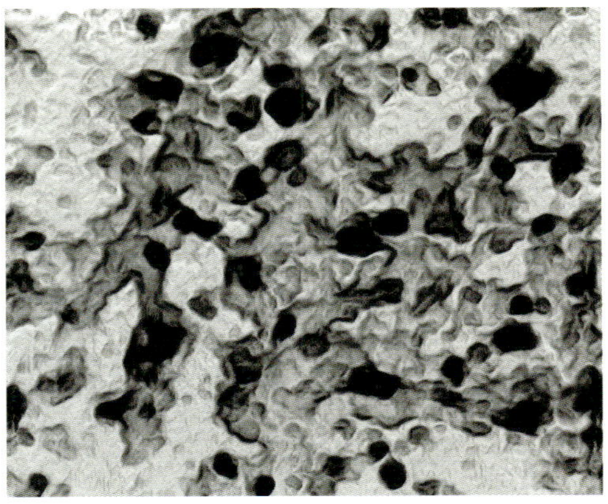

AO맵

전면 2행 20자

者

디지털 사진

RTI

부착 탁본

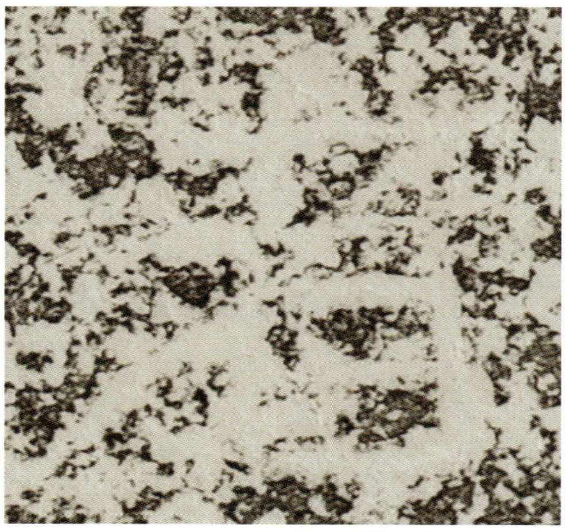

배접 탁본

비배접 탁본

폴리곤메시

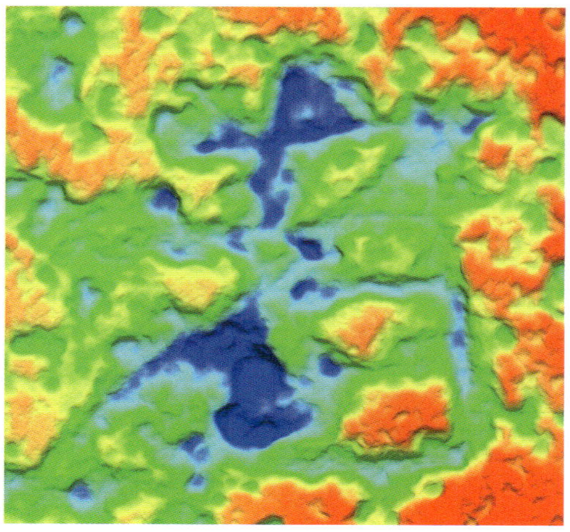

심도맵

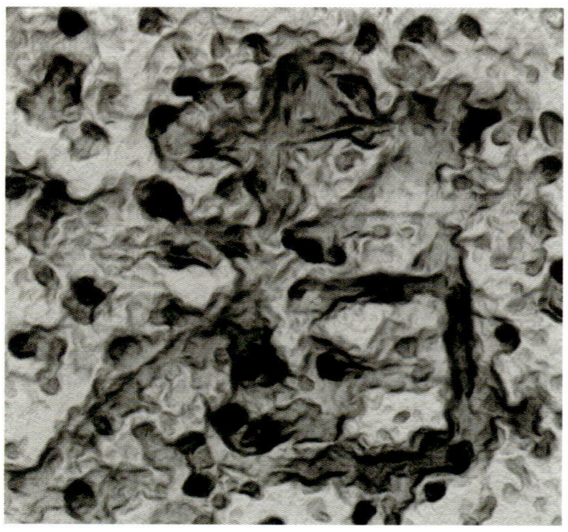

AO맵

전면 2행 21자

多

디지털 사진

RTI

부착 탁본

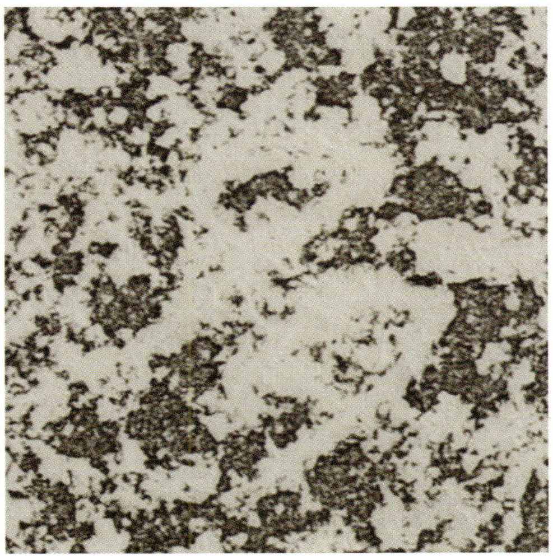

배접 탁본

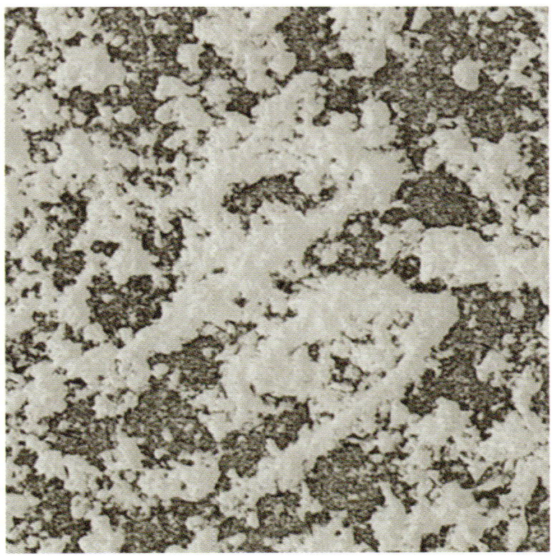

비배접 탁본

폴리곤메시

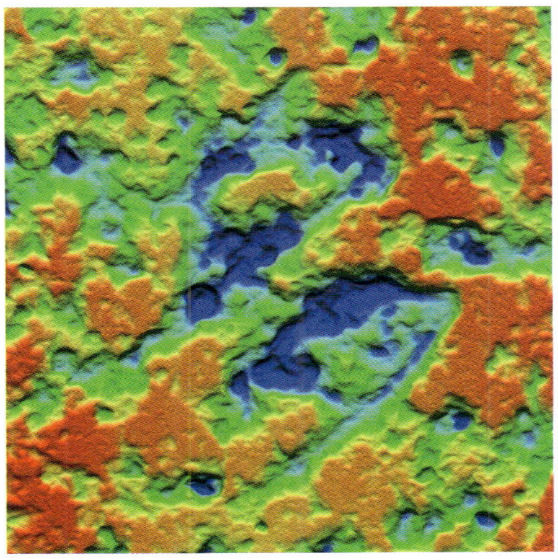

심도맵

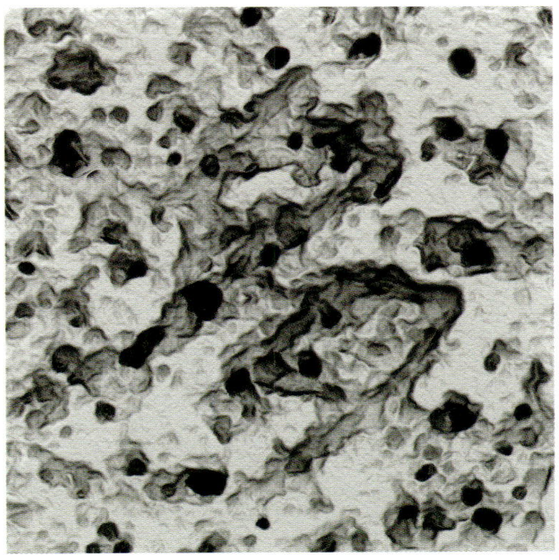

AO맵

전면 2행 22자

정 : 亐?
이 : 兮
임 : 于
서 : 亐
고 : 亐
공 : 于/兮/亐

디지털 사진

RTI

부착 탁본

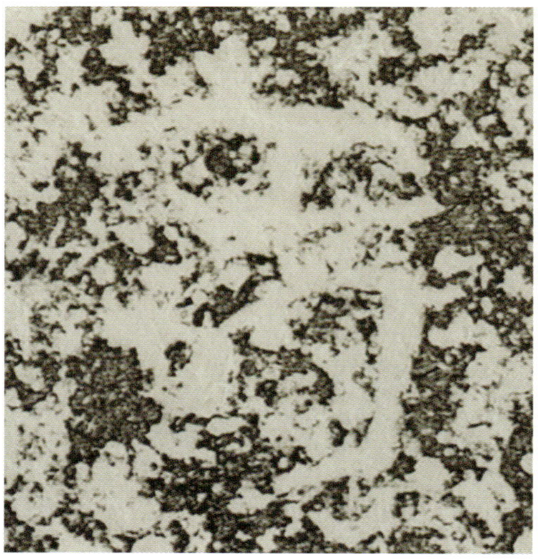

배접 탁본

비배접 탁본

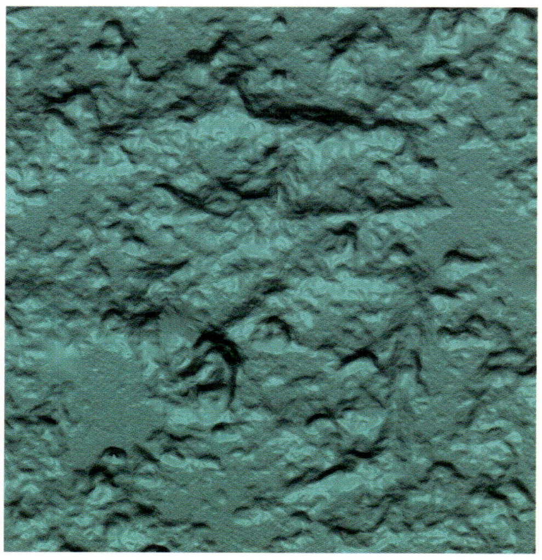

폴리곤메시

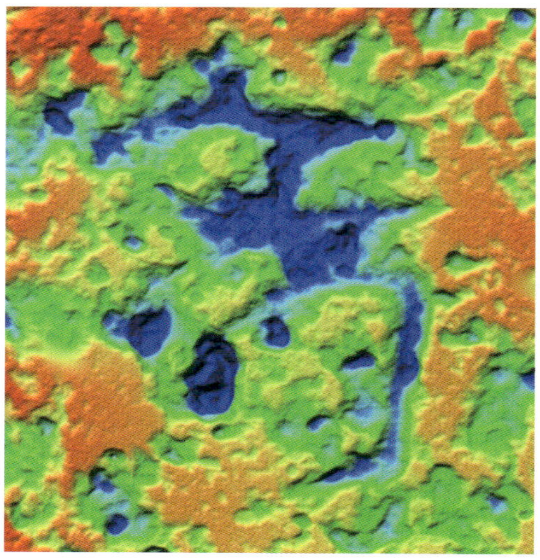

심도맵

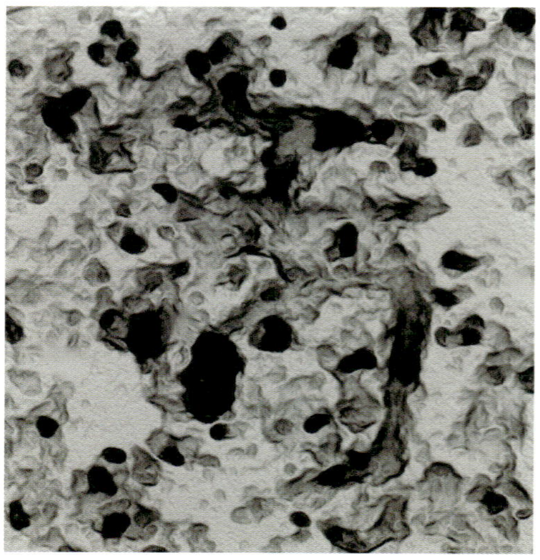

AO맵

전면 2행 23자

桓

디지털 사진

RTI

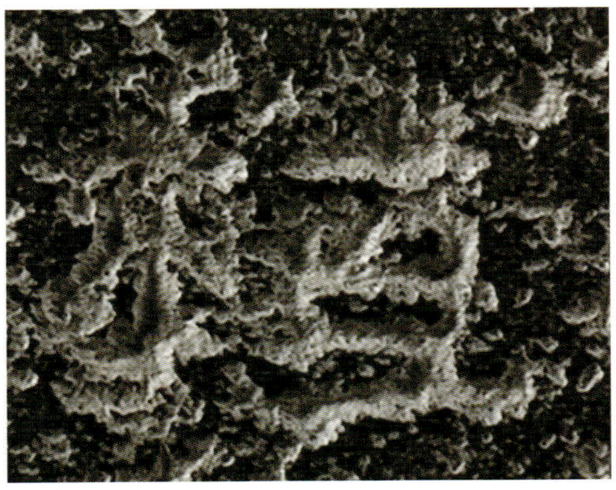

부착 탁본

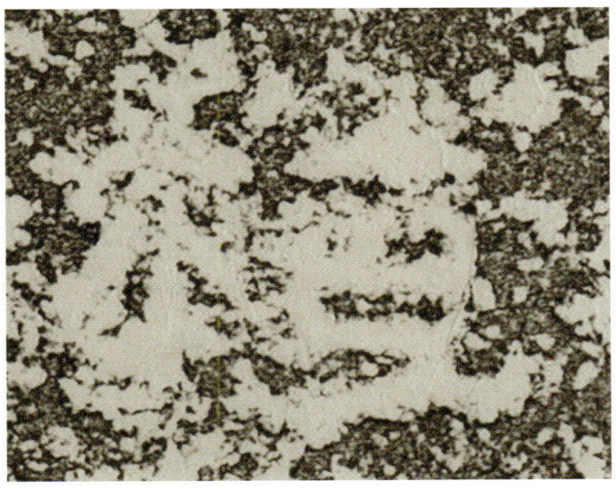

배접 탁본

비배접 탁본

폴리곤메시

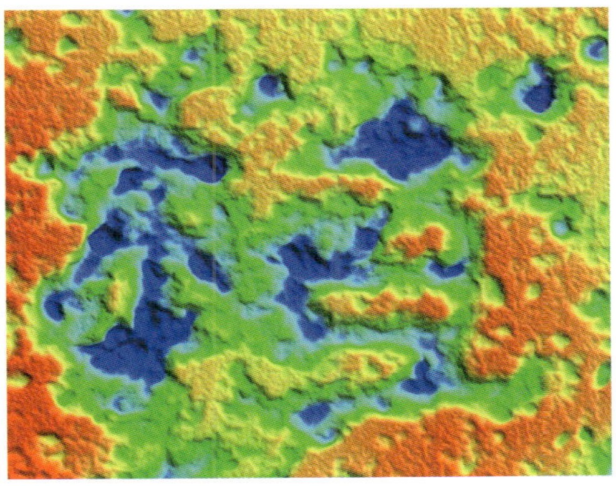

심도맵

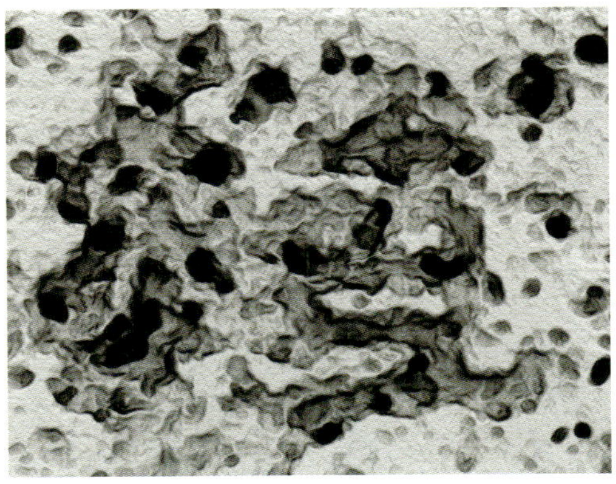

AO맵

전면 3행 1자

奴

디지털 사진

RTI

부착 탁본

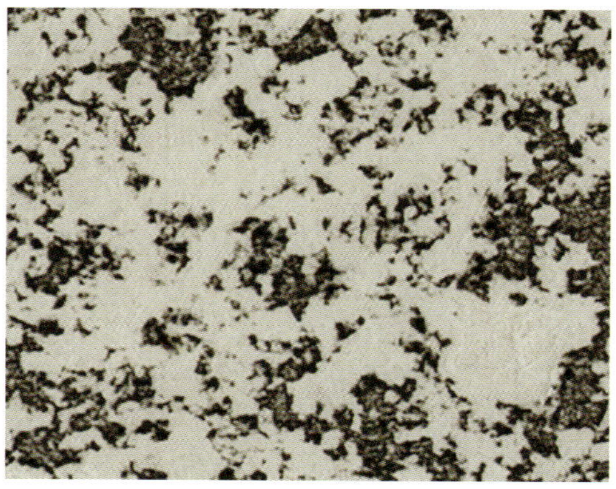

배접 탁본

비배접 탁본

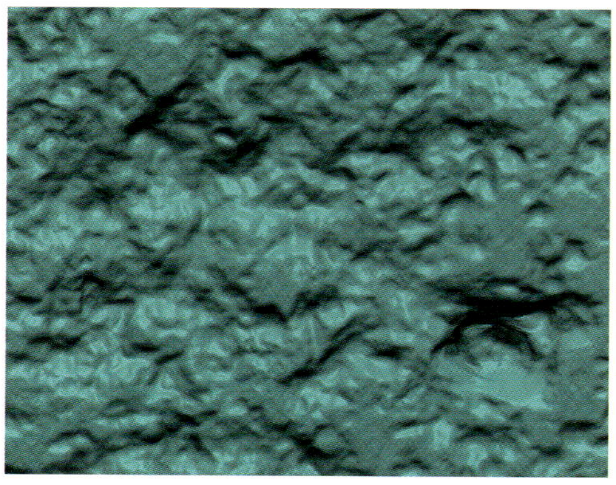

폴리곤메시

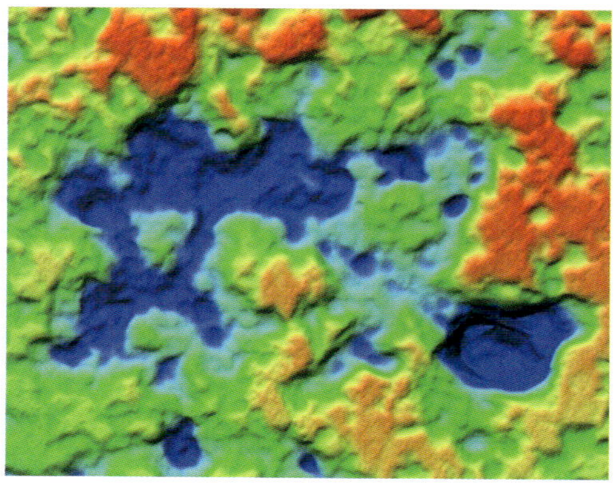

심도맵

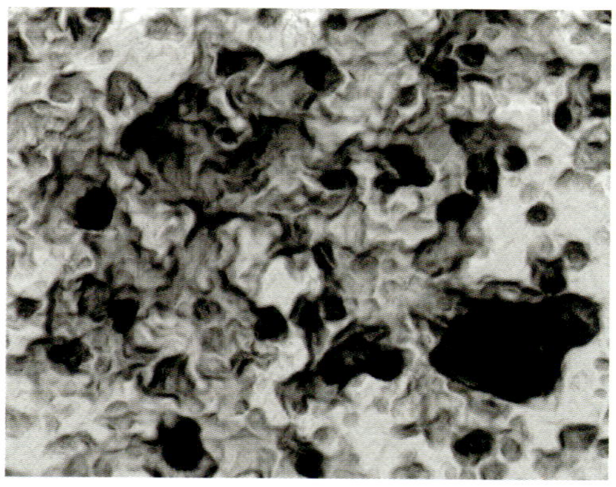

AO맵

전면 3행 2자

主

디지털 사진

RTI

부착 탁본

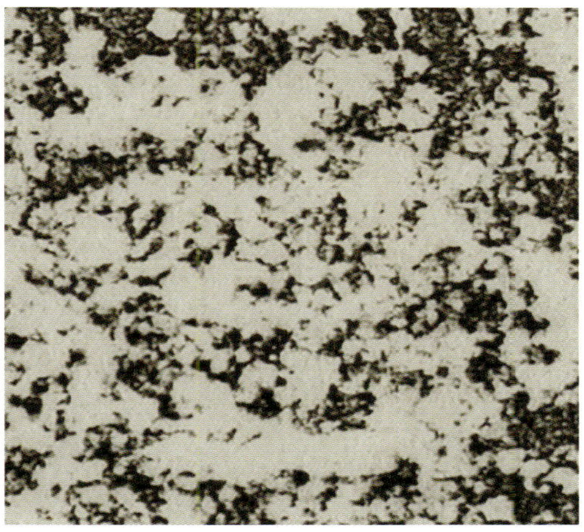

배접 탁본

비배접 탁본

폴리곤메시

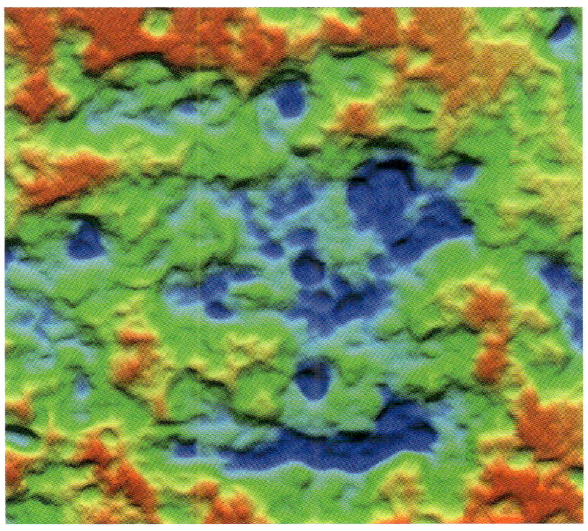

심도맵

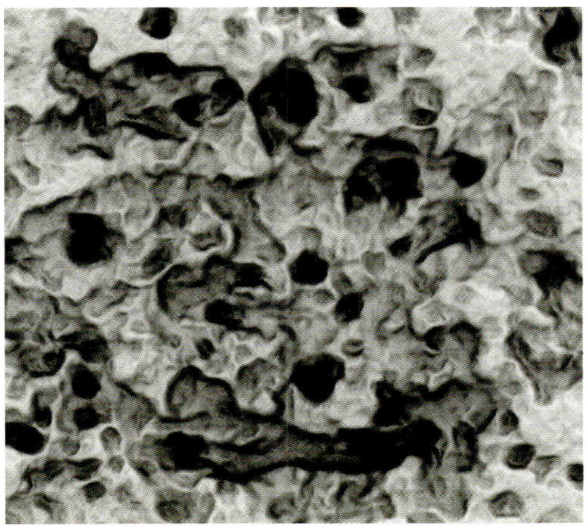

AO맵

전면 3행 3자

簿

디지털 사진

RTI

부착 탁본

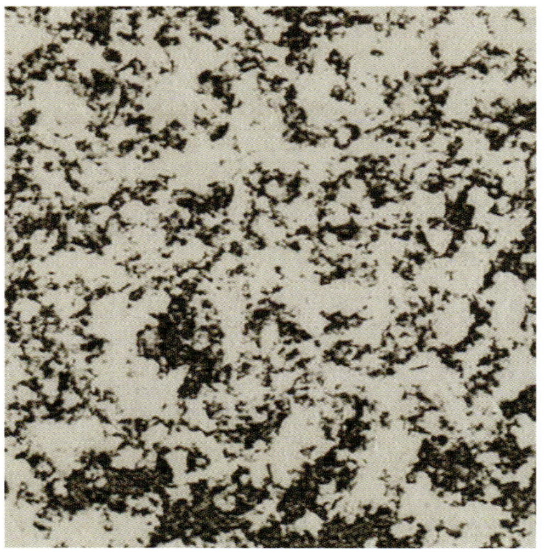

배접 탁본

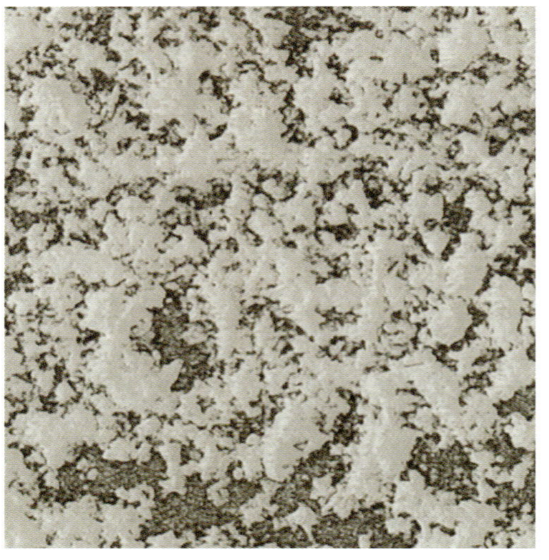

비배접 탁본

폴리곤메시

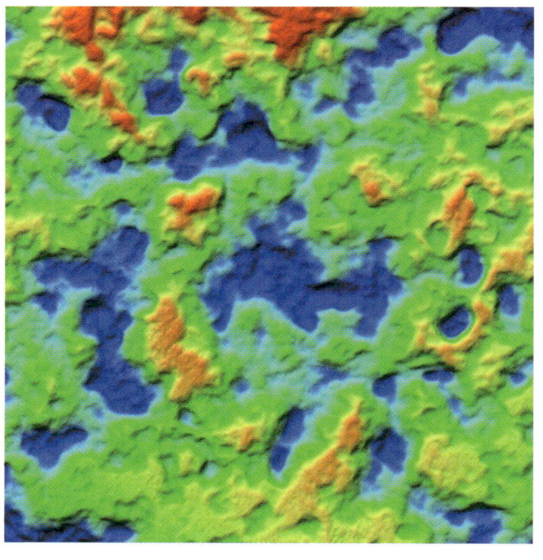

심도맵

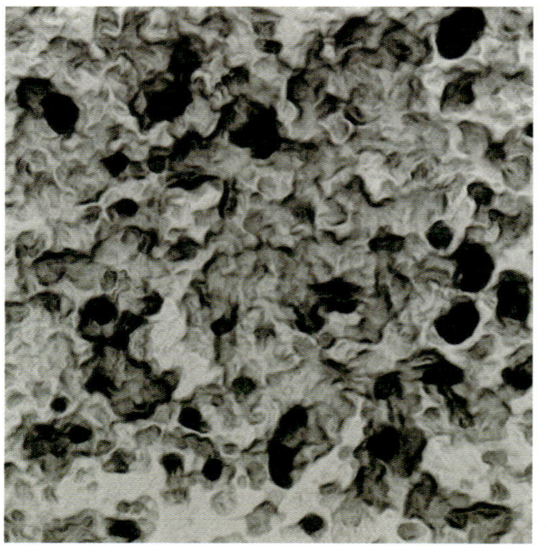

AO맵

전면 3행 4자

정 : 道
이 : 道
임 : △
서 : 道
고 : 貴
공 : 貴

디지털 사진

RTI

부착 탁본

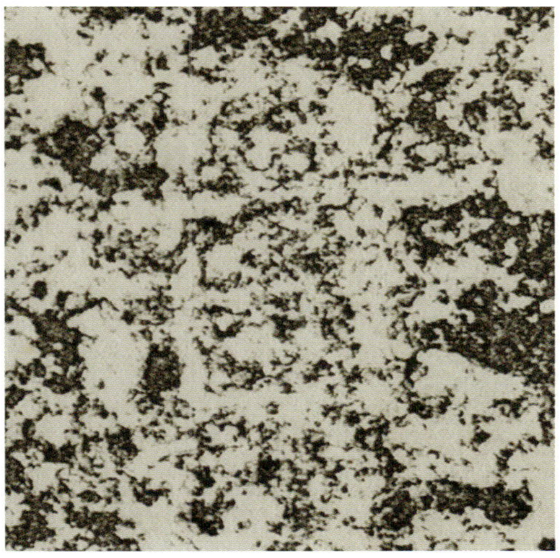

배접 탁본

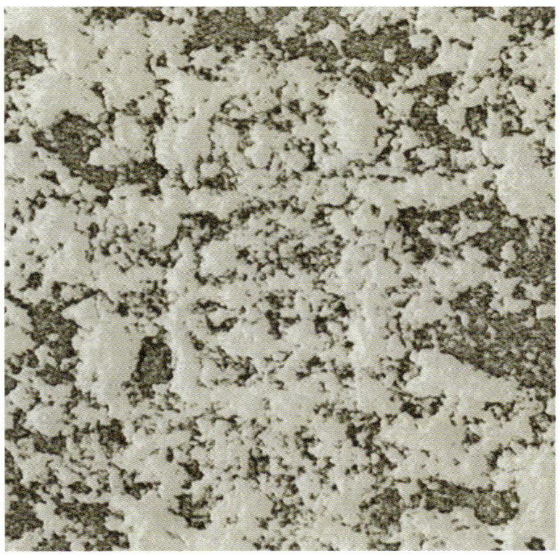

비배접 탁본

폴리곤메시

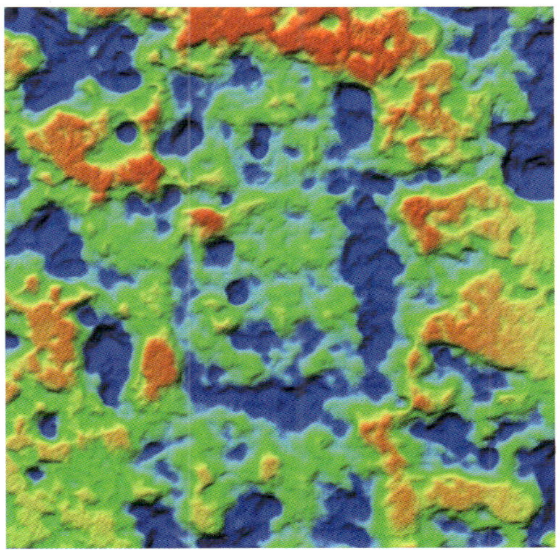

심도맵

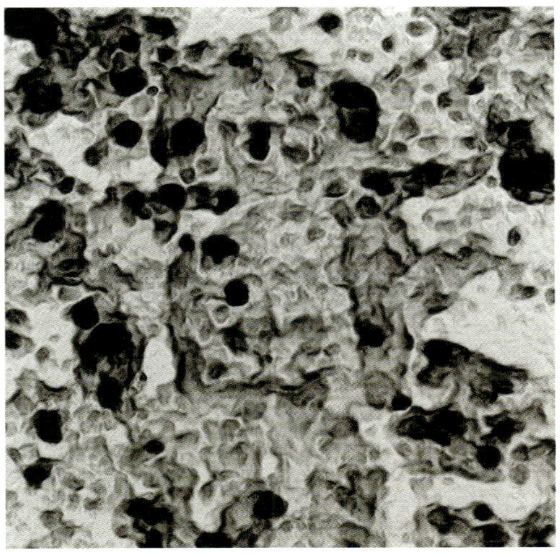

AO맵

전면 3행 5자

정 : 使
이 : 使
임 : △
서 : 德
고 : 德?
공 : 〈德〉

디지털 사진

RTI

부착 탁본

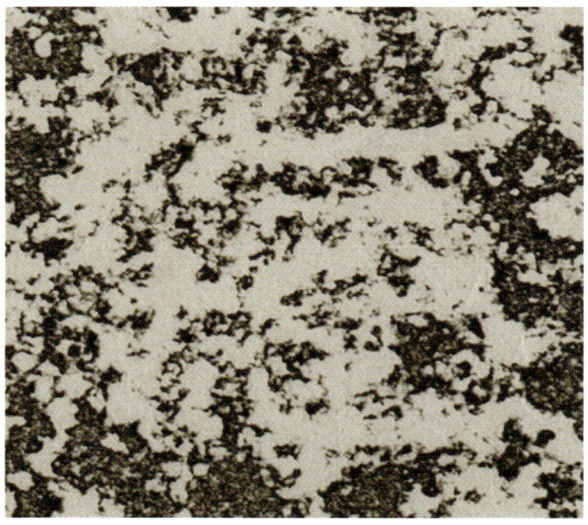

배접 탁본

비배접 탁본

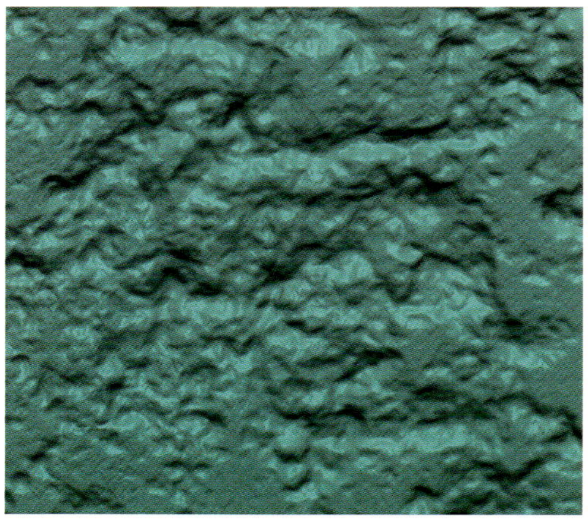

폴리곤메시

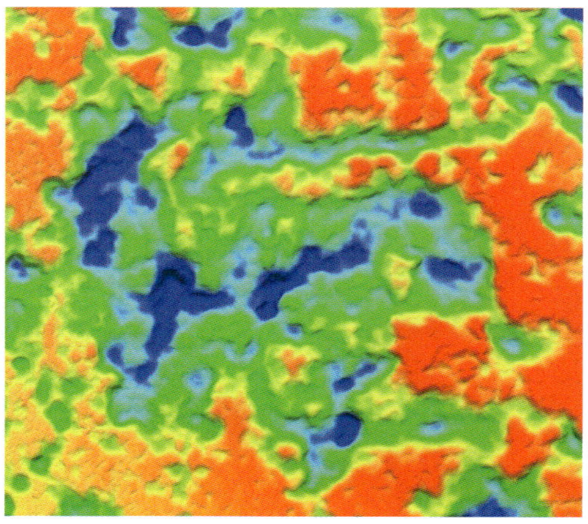

심도맵

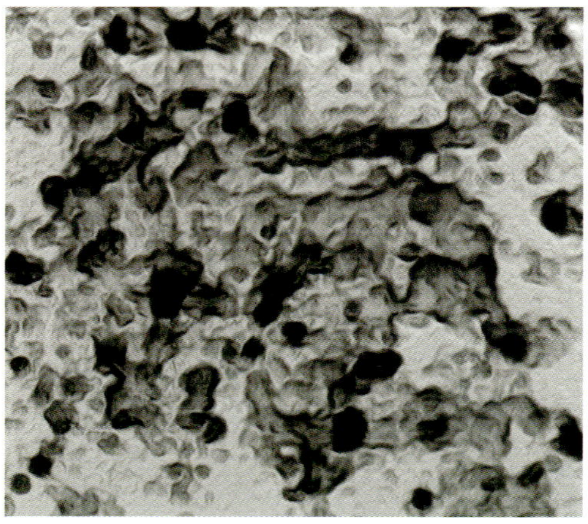

AO맵

전면 3행 6자

정 : 鄕?
이 : 鄕
임 : △
서 : △
고 : ? +田
공 : 〈句〉

디지털 사진

RTI

부착 탁본

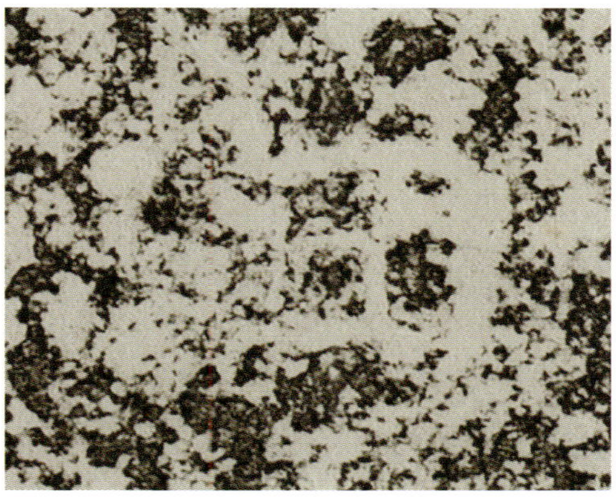

배접 탁본

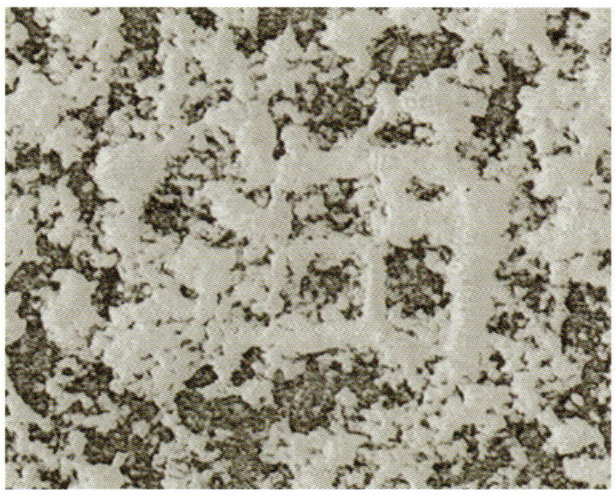

비배접 탁본

폴리곤메시

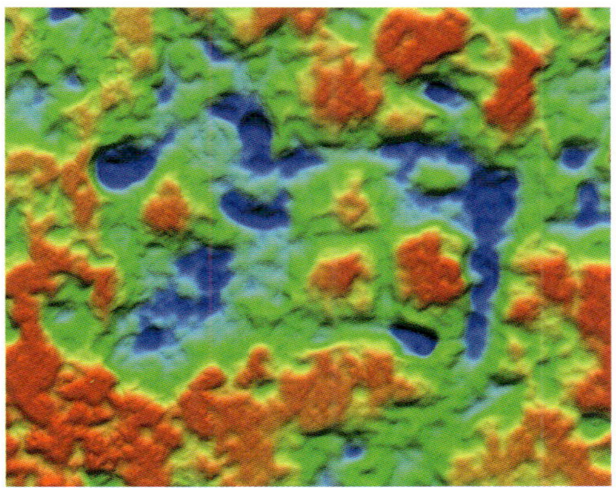

심도맵

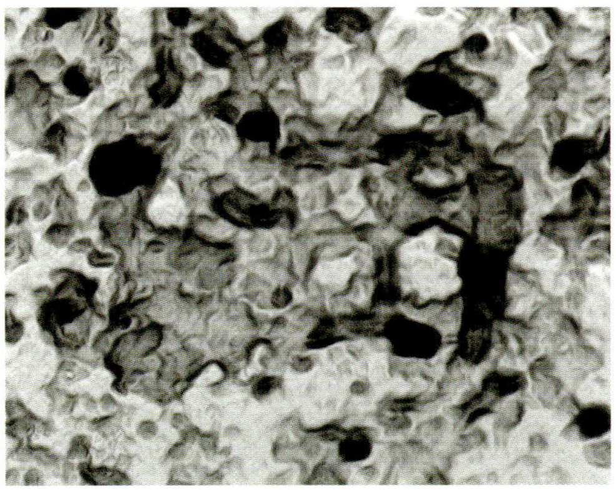

AO맵

전면 3행 7자

정 : △
이 : 類
임 : △
서 : △
고 : 類?
공 : 〈方+△〉

디지털 사진

RTI

부착 탁본

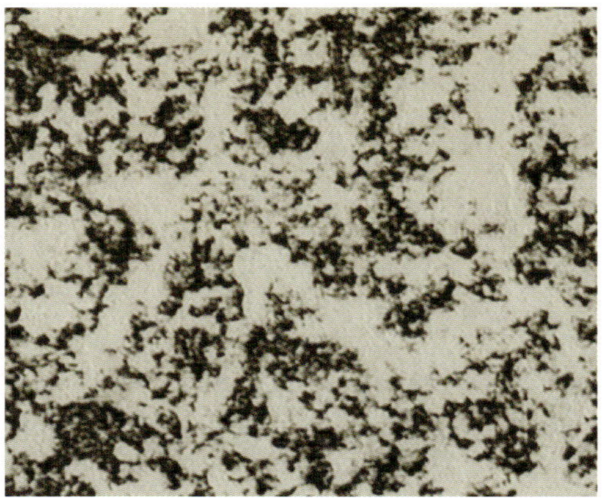

배접 탁본

비배접 탁본

폴리곤메시

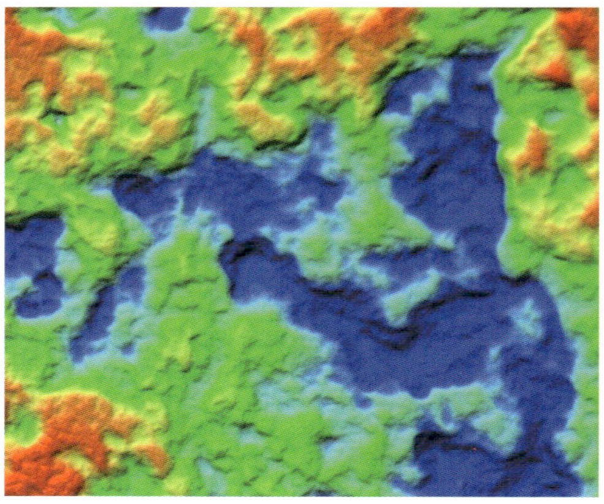

심도맵

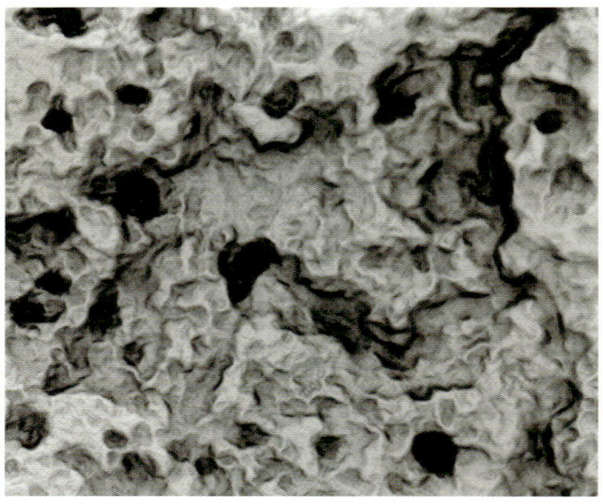

AO맵

전면 3행 8자

정 : 王?
이 : 出
임 : △
서 : △
고 : 王?
공 : 〈王〉

디지털 사진

RTI

부착 탁본

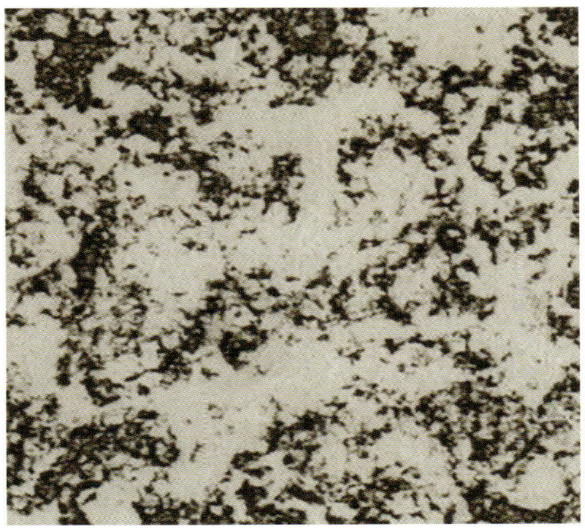

배접 탁본

비배접 탁본

폴리곤메시

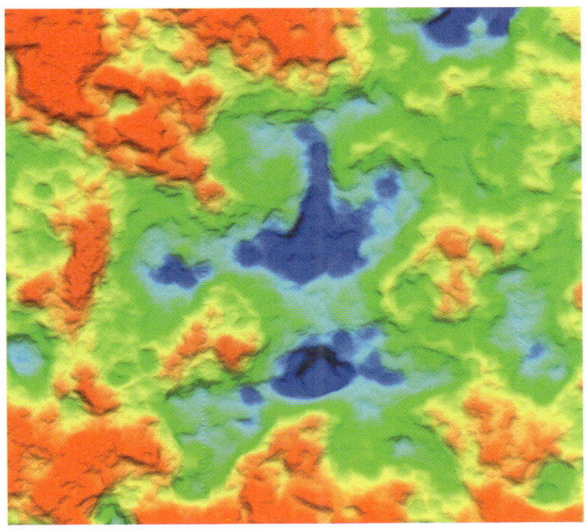

심도맵

AO맵

전면 3행 9자

정 : 安?
이 : 牛
임 : △
서 : 安
고 : 安?
공 : 〈不〉

디지털 사진

RTI

부착 탁본

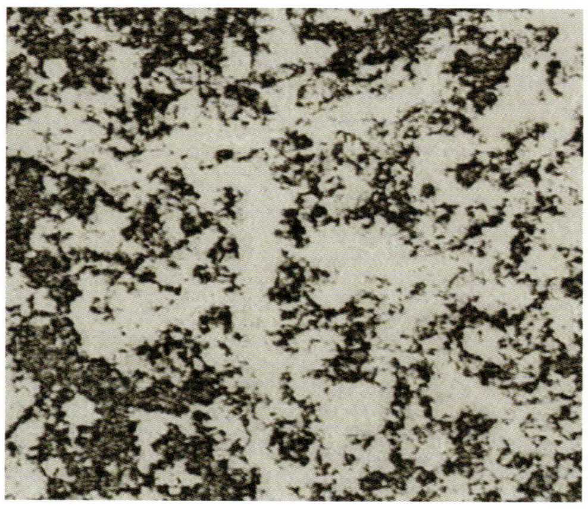

배접 탁본

비배접 탁본

폴리곤메시

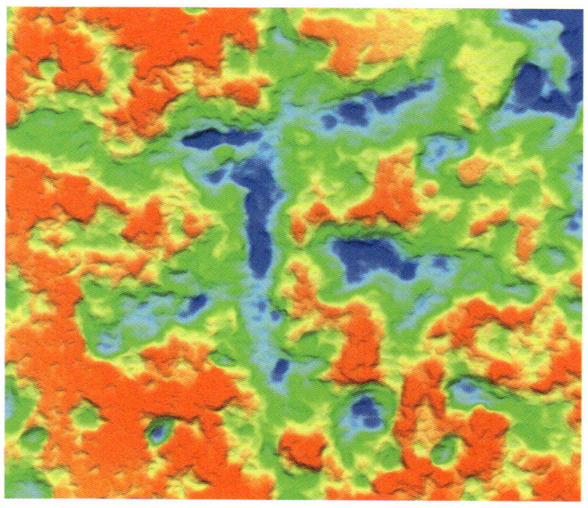

심도맵

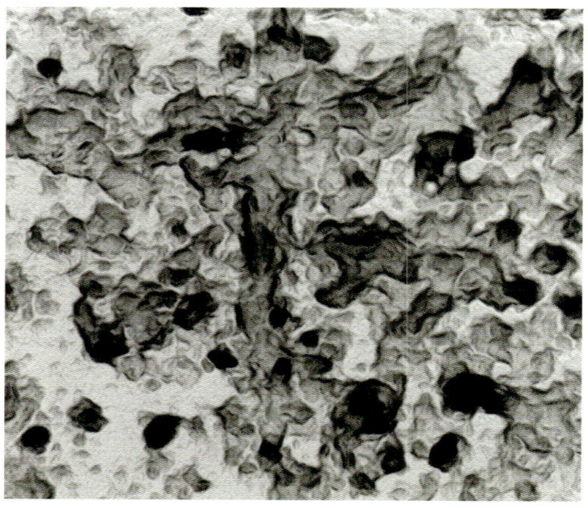

AO맵

전면 3행 10자

정 : 貽?
이 : 貽
임 : △
서 : △
고 : 聉?
공 : 〈聆〉

디지털 사진

RTI

부착 탁본

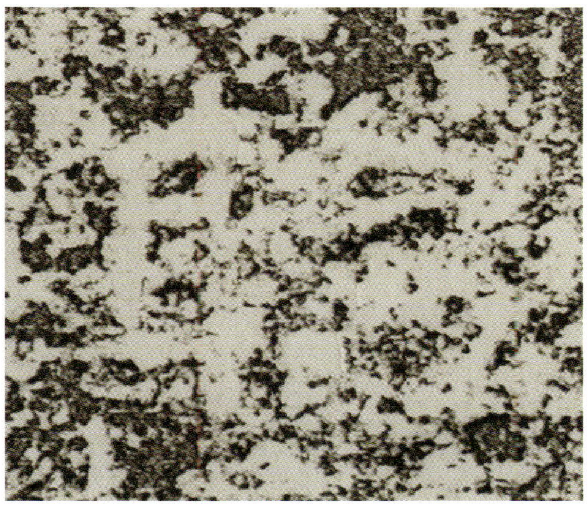

배접 탁본

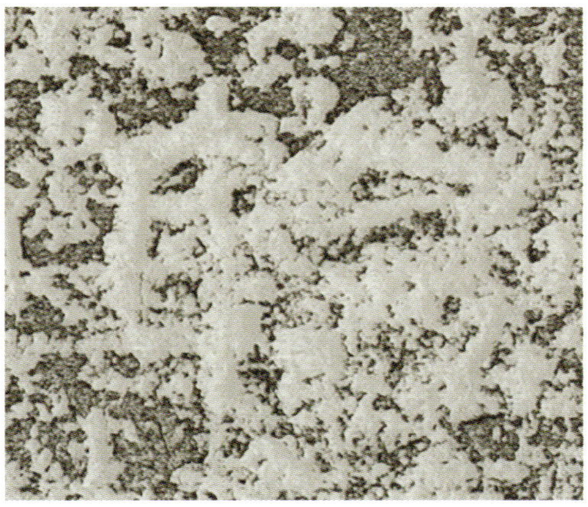

비배접 탁본

폴리곤메시

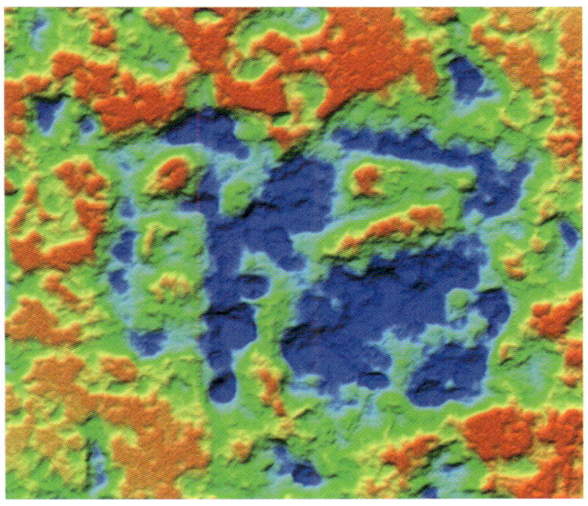

심도맵

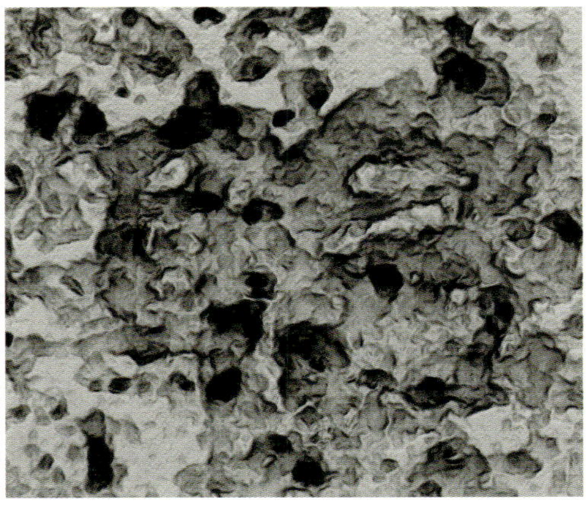

AO맵

전면 3행 11자

정 : 之?
이 : 之
임 : △
서 : △
고 : △
공 : △

디지털 사진

RTI

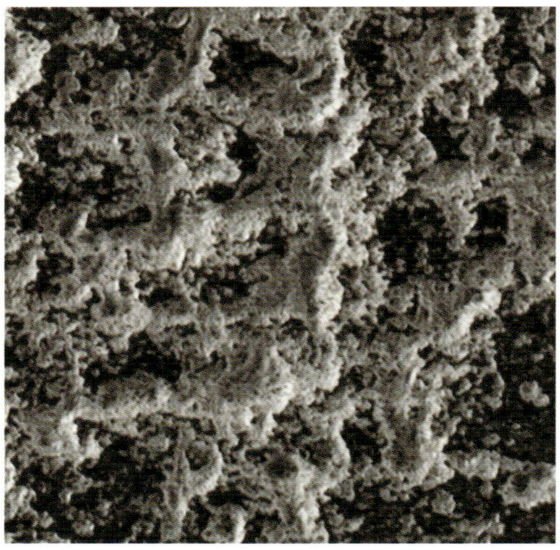

부착 탁본

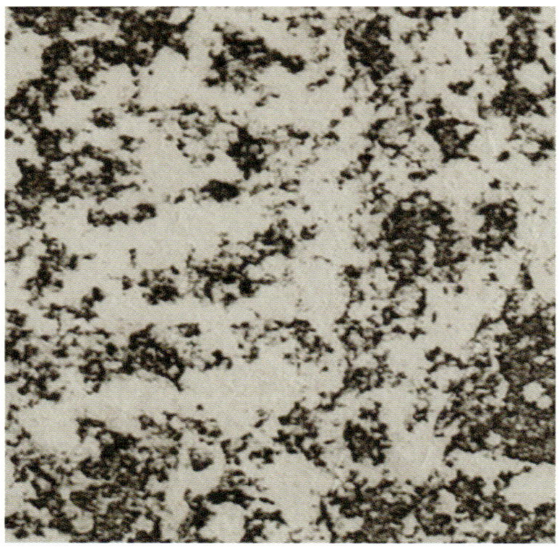

배접 탁본

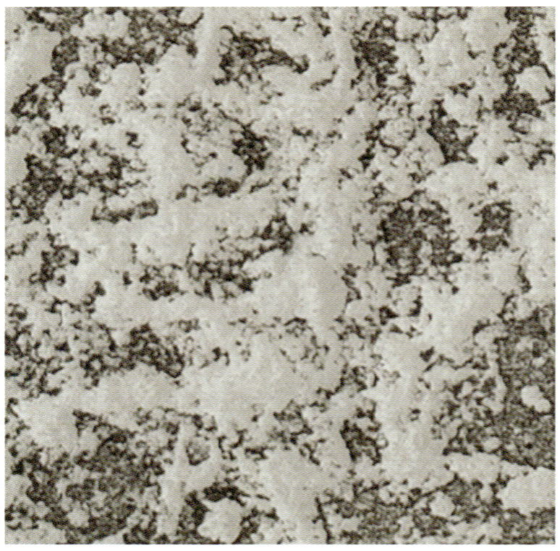

비배접 탁본

폴리곤메시

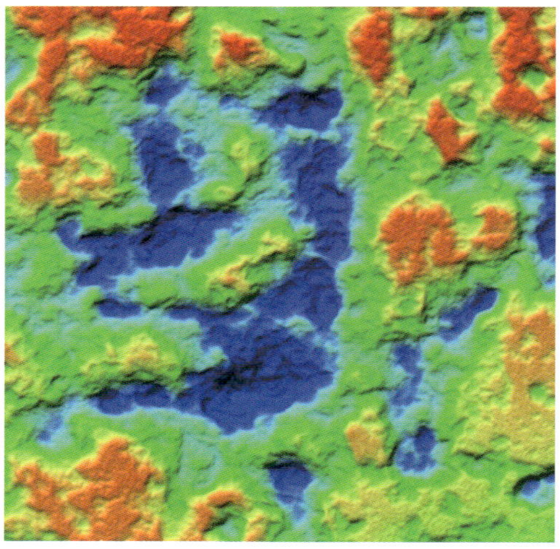

심도맵

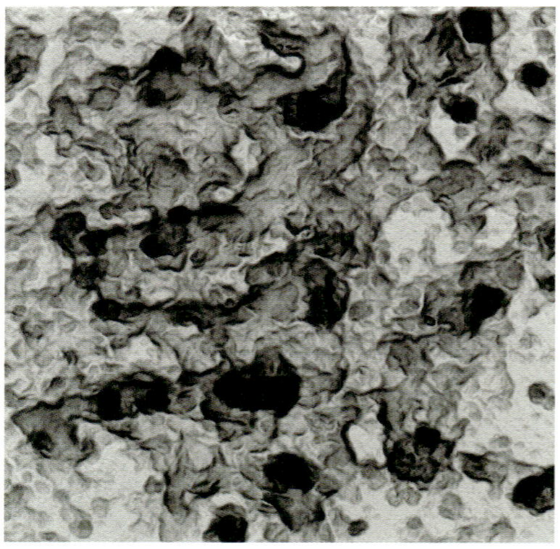

AO맵

전면 3행 12자

정 : 法?
이 : 去
임 : △
서 : 去
고 : 去?
공 : 去?/古?

디지털 사진

RTI

부착 탁본

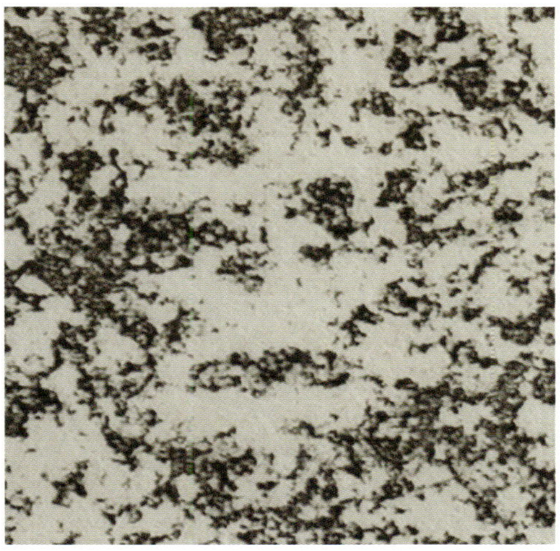

배접 탁본

비배접 탁본

폴리곤메시

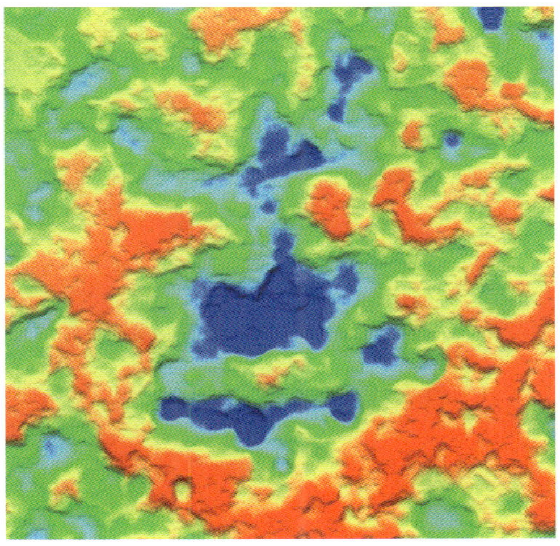

심도맵

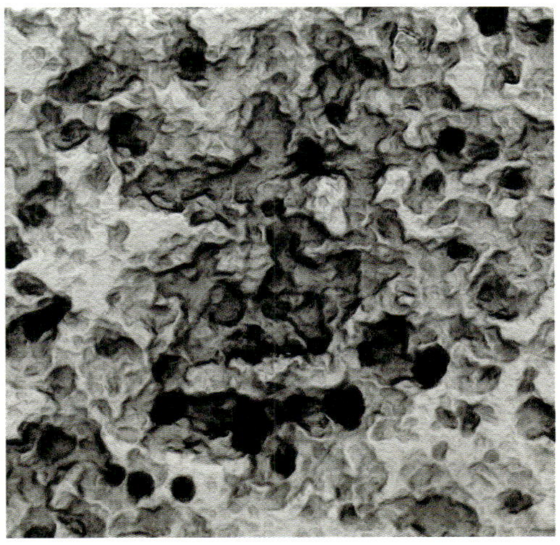

AO맵

전면 3행 13자

△

디지털 사진

RTI

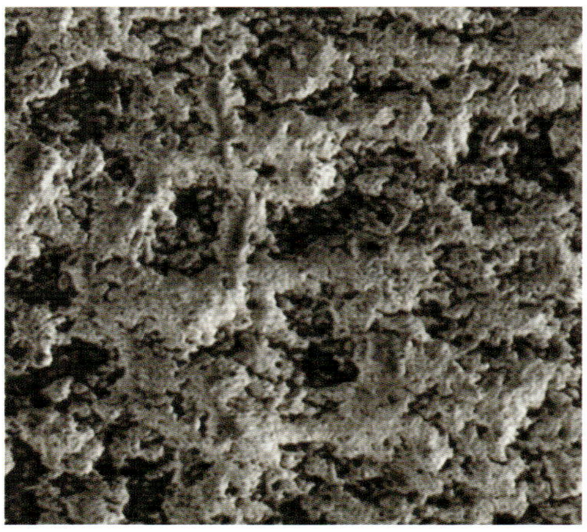

부착 탁본

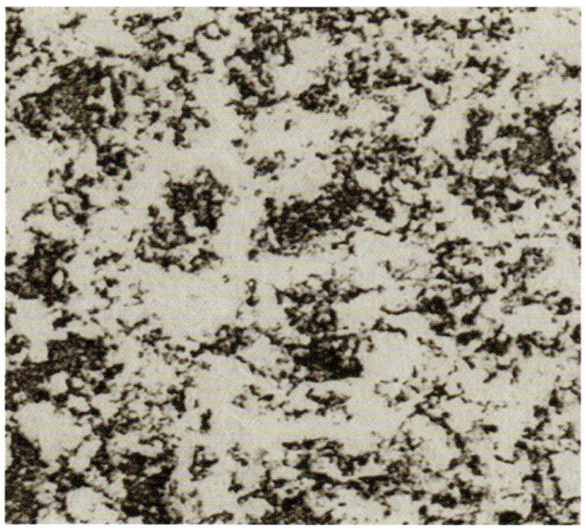

배접 탁본

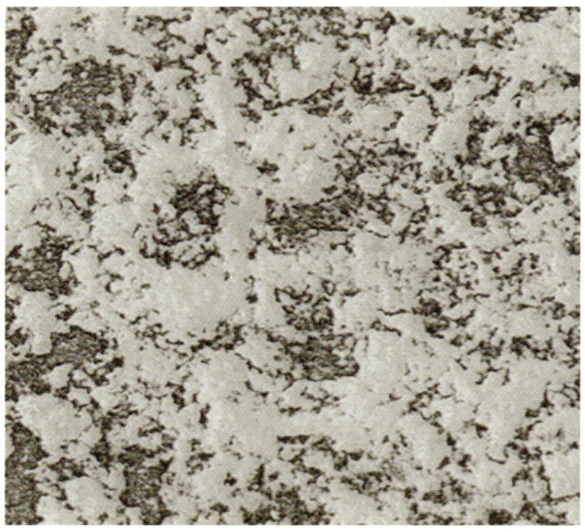

비배접 탁본

폴리곤메시

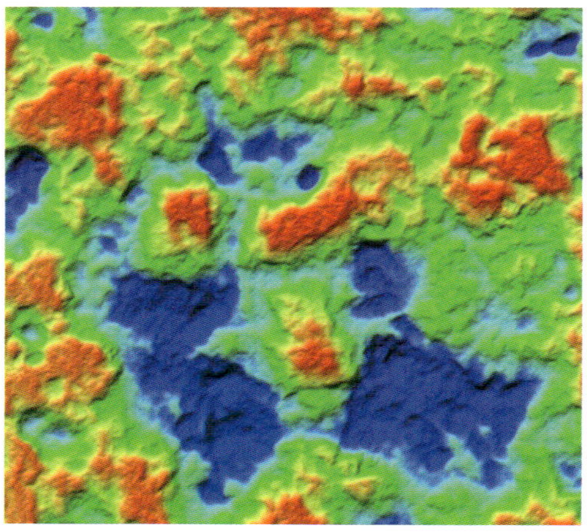

심도맵

AO맵

전면 3행 14자

△

디지털 사진

RTI

부착 탁본

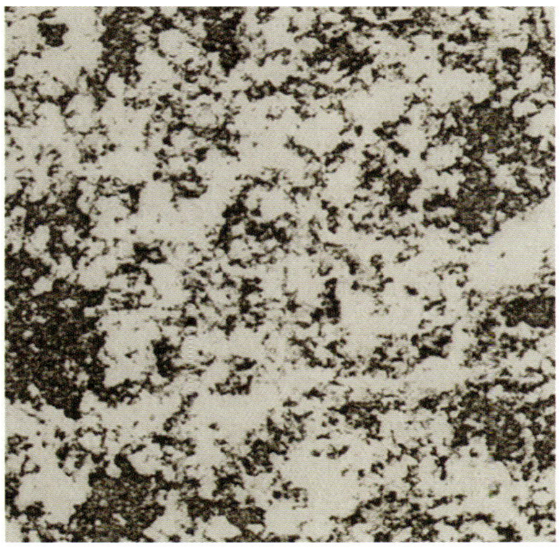

배접 탁본

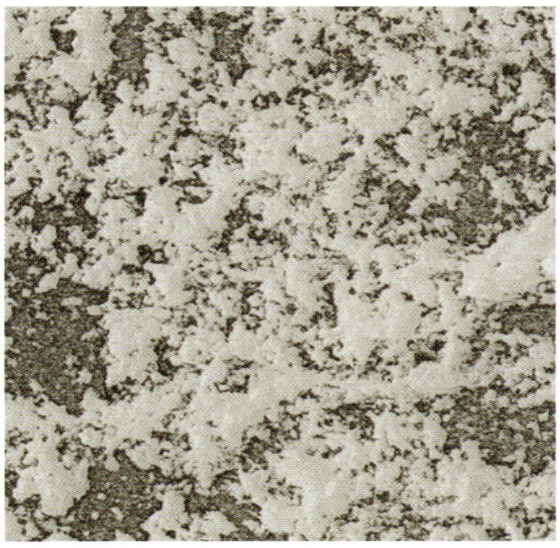

비배접 탁본

폴리곤메시

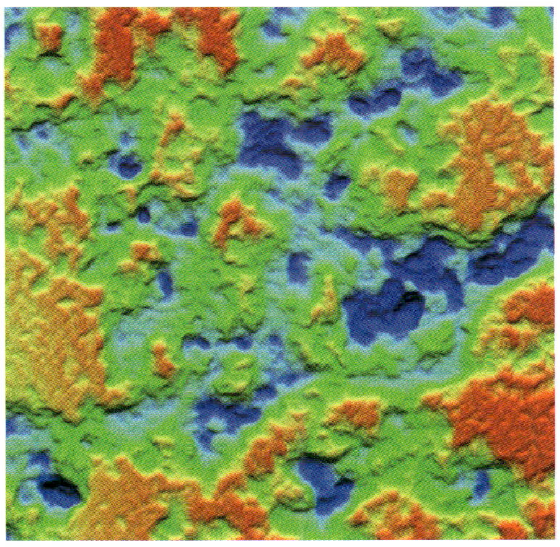

심도맵

AO맵

전면 3행 15자

정 : 到?
이 : △
임 : 到?
서 : 到
고 : 到
공 : 到

디지털 사진

RTI

부착 탁본

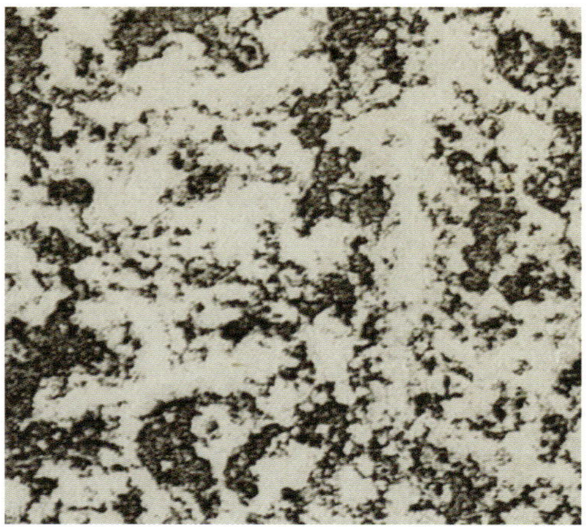

배접 탁본

비배접 탁본

폴리곤메시

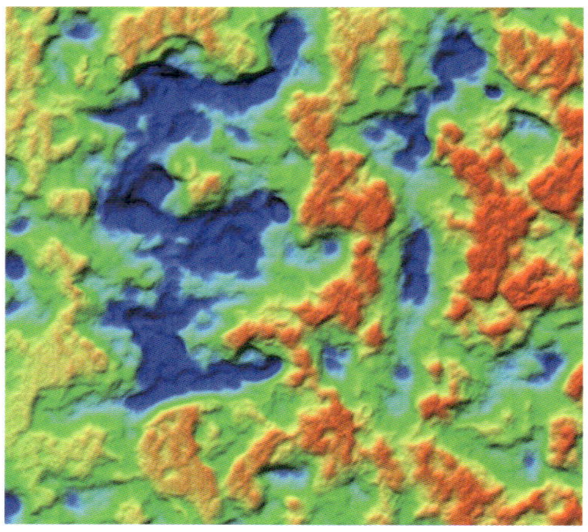

심도맵

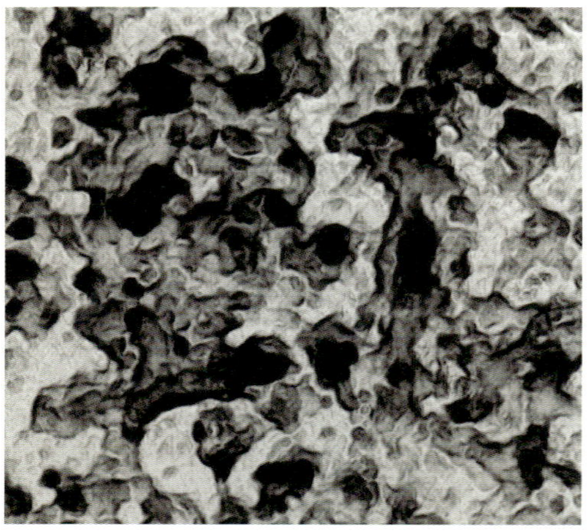

AO맵

전면 3행 16자

정 : 至?
이 : △
임 : 至
서 : 至
고 : 至
공 : 至

디지털 사진

RTI

부착 탁본

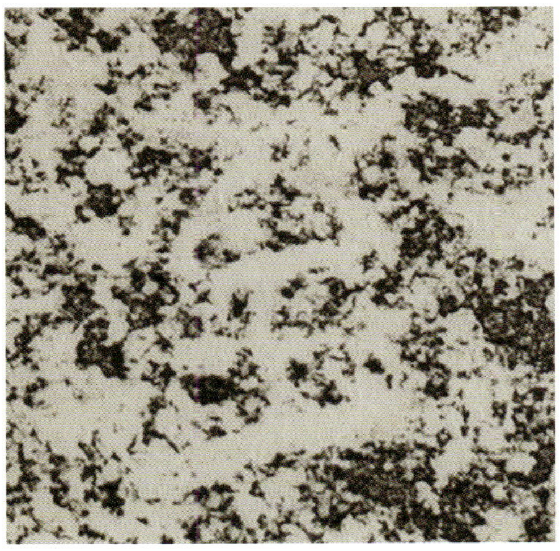

배접 탁본

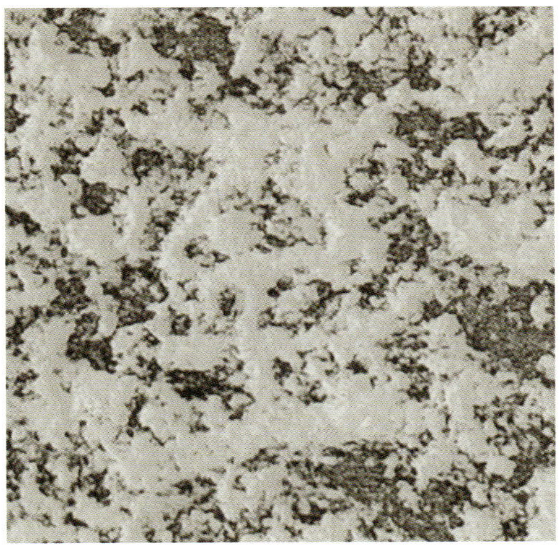

비배접 탁본

폴리곤메시

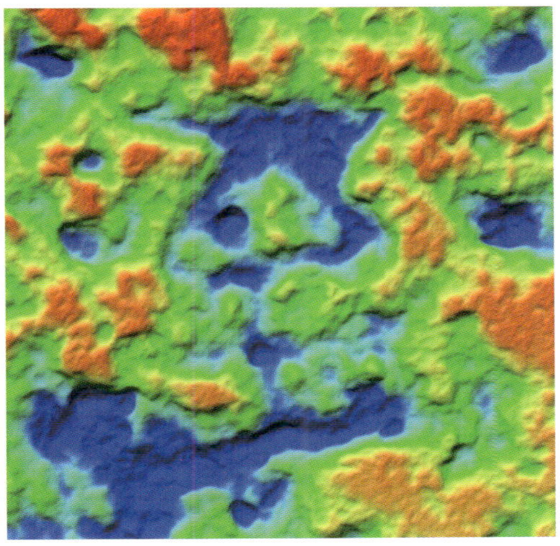

심도맵

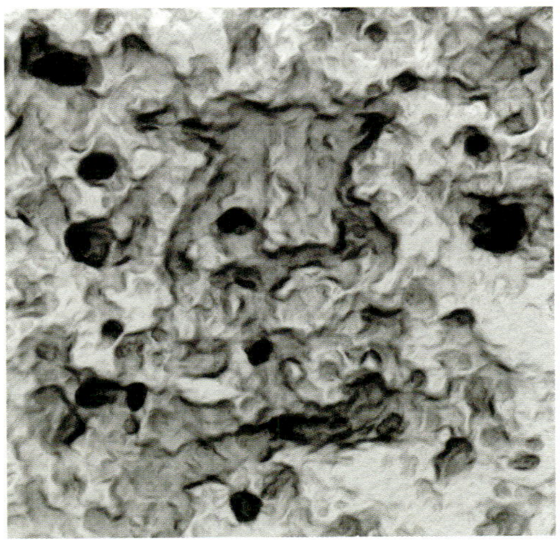

AO맵

전면 3행 17자

跪

디지털 사진

RTI

부착 탁본

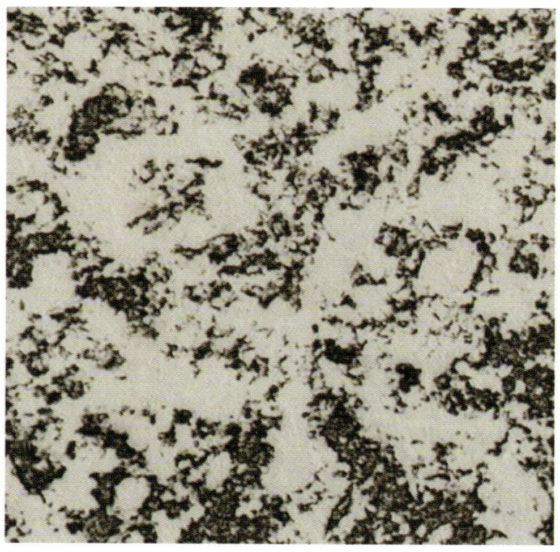

배접 탁본

비배접 탁본

폴리곤메시

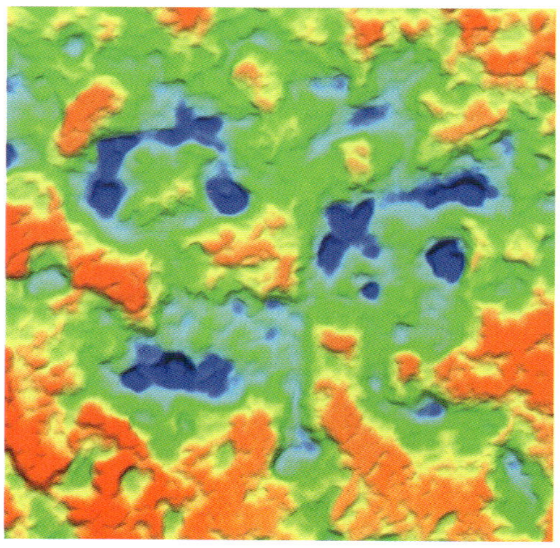

심도맵

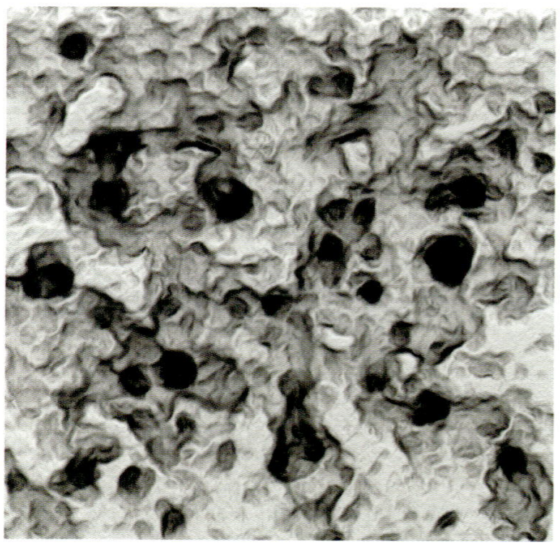

AO맵

전면 3행 18자

정 : 營
이 : 管?
임 : 官?
서 : 營
고 : 營
공 : 營

디지털 사진

RTI

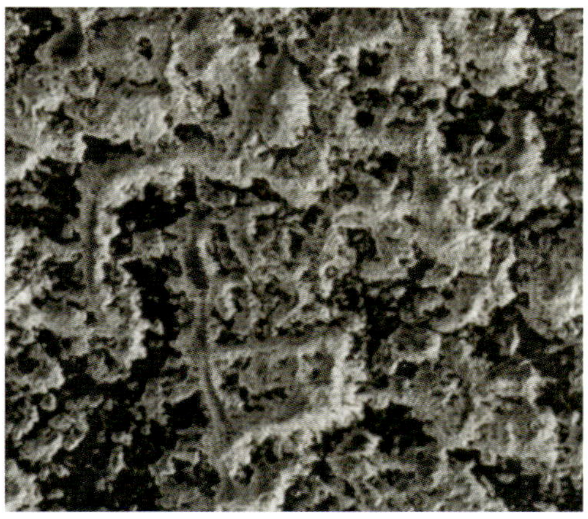

부착 탁본

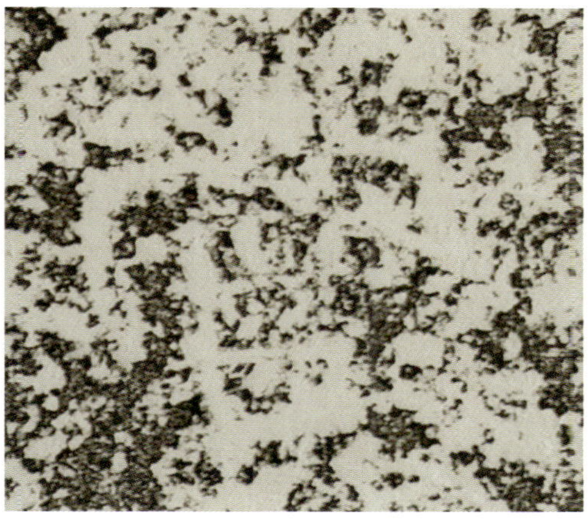

배접 탁본

비배접 탁본

폴리곤메시

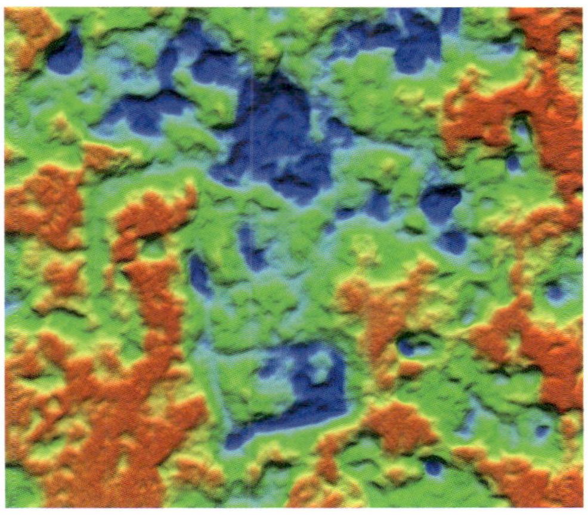

심도맵

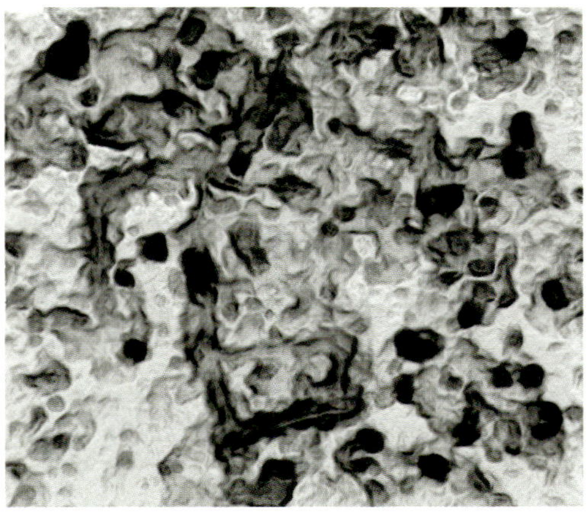

AO맵

전면 3행 19자

정 : 大?
이 : 大
임 : 大?
서 : △
고 : 天, 大, 夭
공 : 〈大〉

디지털 사진

RTI

부착 탁본

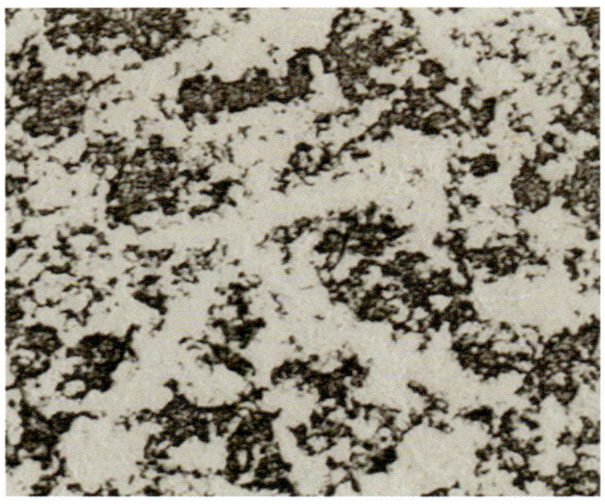

배접 탁본

비배접 탁본

폴리곤메시

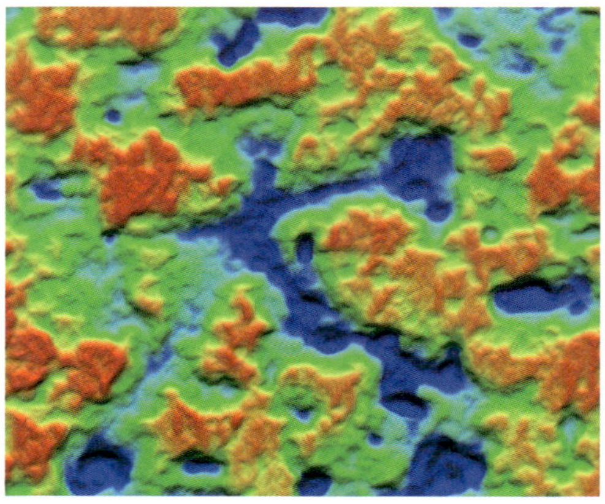

심도맵

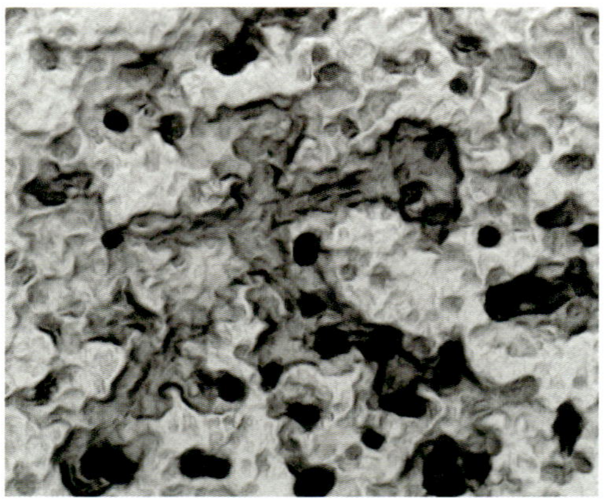

AO맵

전면 3행 20자

太

디지털 사진

RTI

부착 탁본

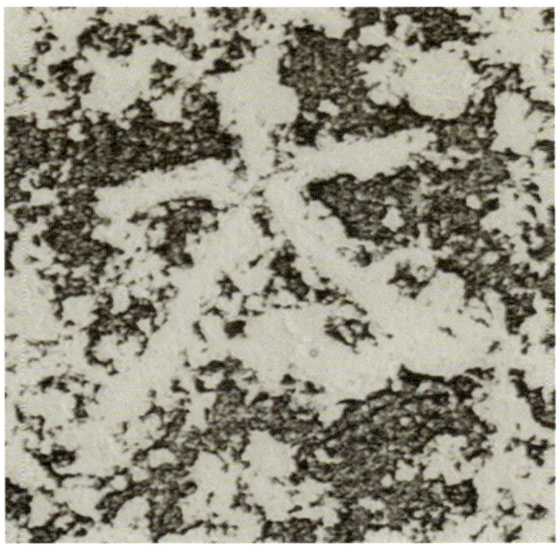

배접 탁본

비배접 탁본

폴리곤메시

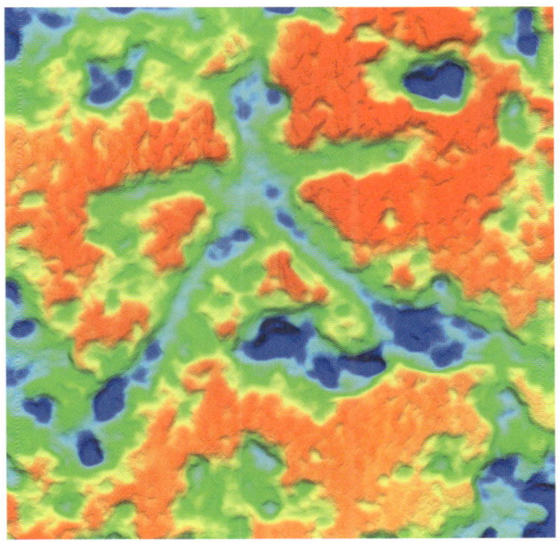

심도맵

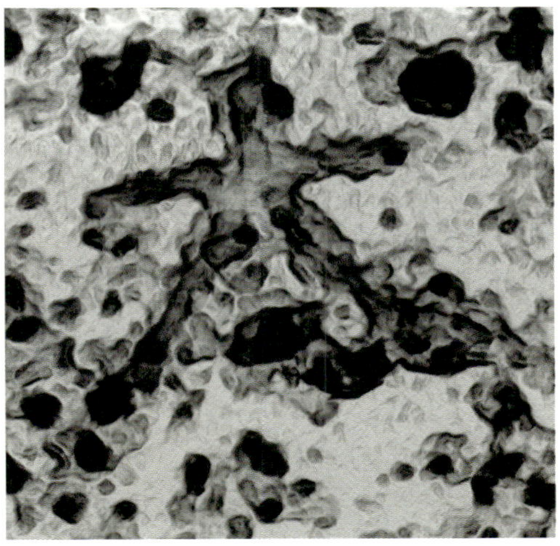

AO맵

전면 3행 21자

子

디지털 사진

RTI

부착 탁본

배접 탁본

비배접 탁본

폴리곤메시

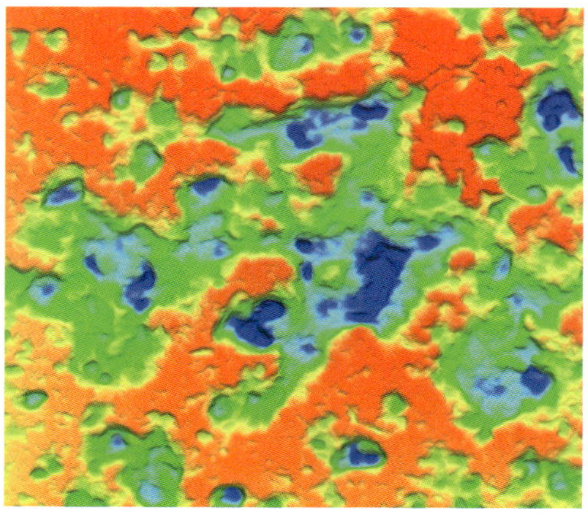

심도맵

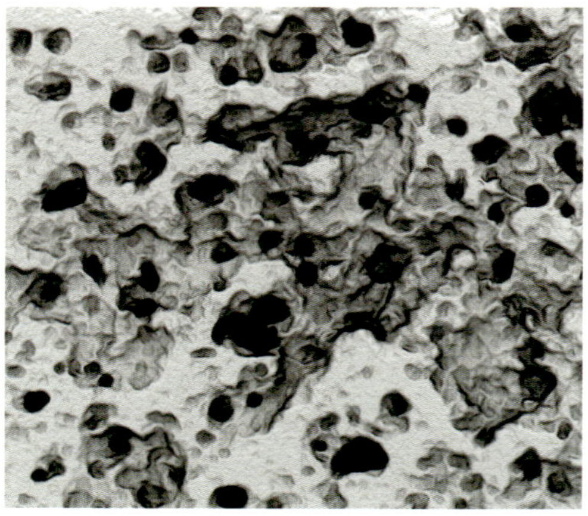

AO맵

전면 3행 22자

共

디지털 사진

RTI

부착 탁본

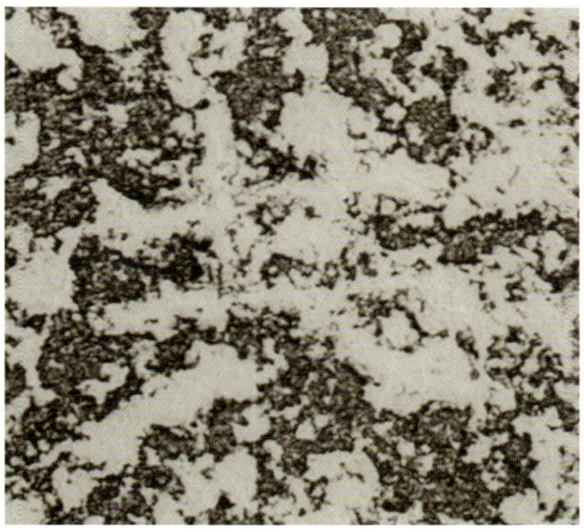

배접 탁본

비배접 탁본

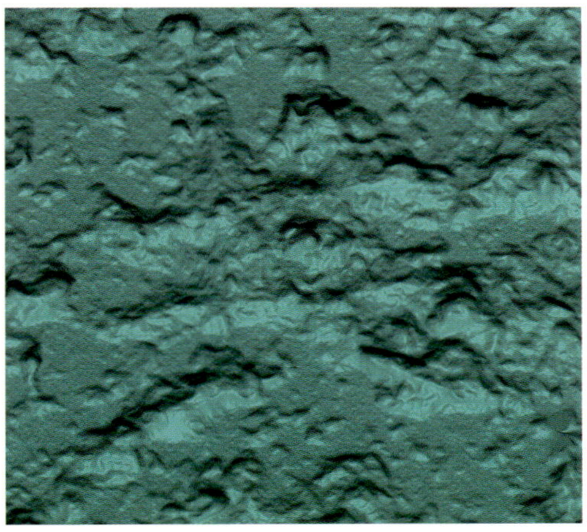

폴리곤메시

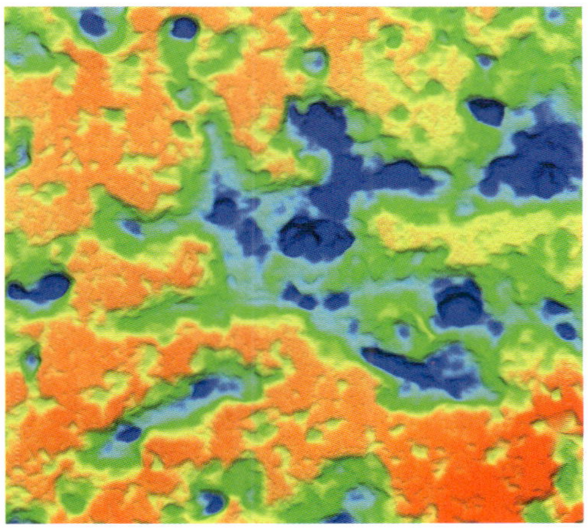

심도맵

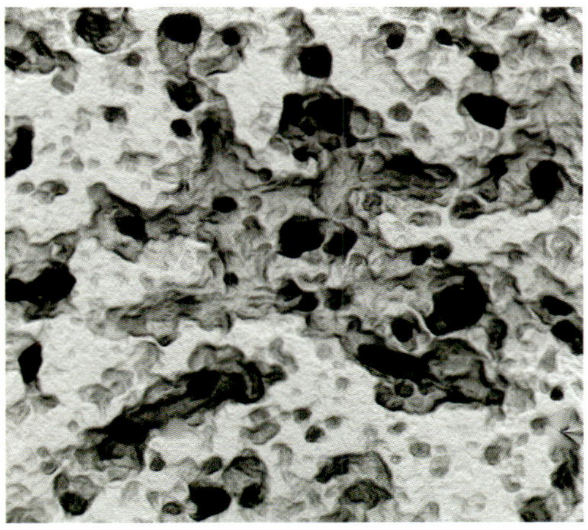

AO맵

전면 3행 23자

정 : 節?
이 : △
임 : 言△
서 : △
고 : 言+?
공 : 語?/諸?

디지털 사진

RTI

부착 탁본

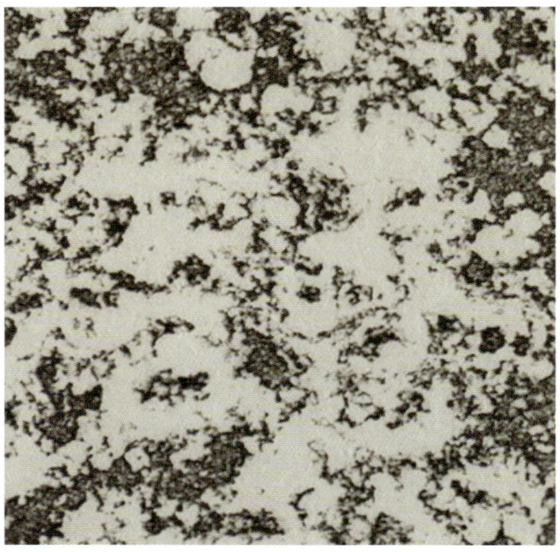

배접 탁본

비배접 탁본

폴리곤메시

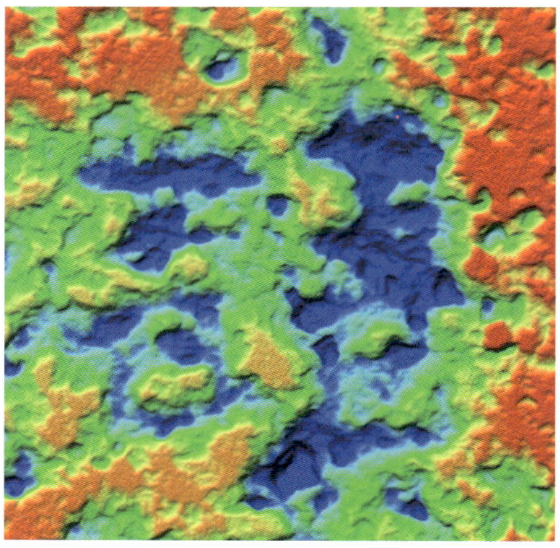

심도맵

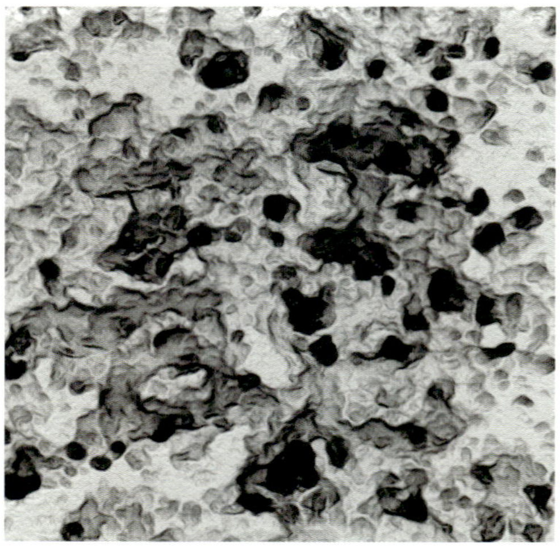

AO맵

전면 4행 1자

정 : 尙
이 : 尙
임 : 向
서 : 尙
고 : 向
공 : 向

디지털 사진

RTI

부착 탁본

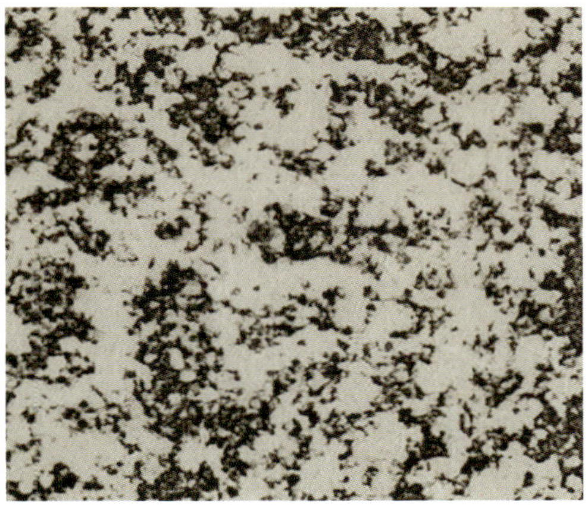

배접 탁본

비배접 탁본

폴리곤메시

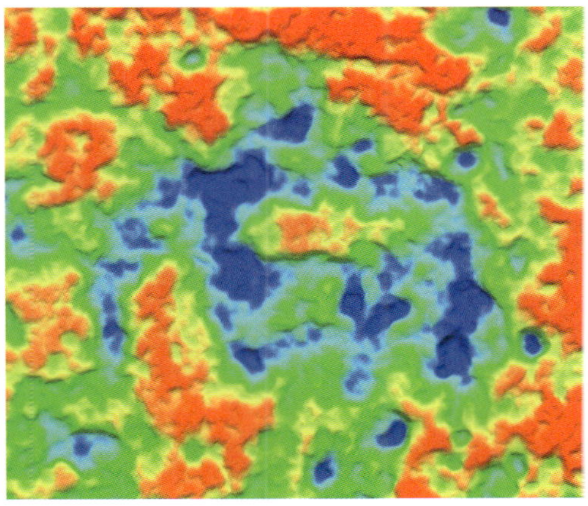

심도맵

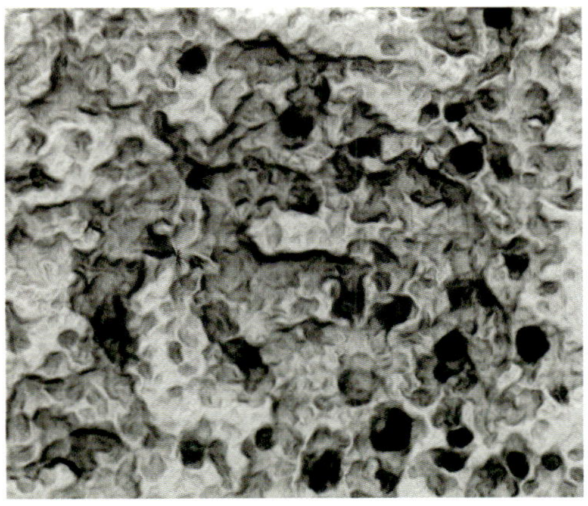

AO맵

전면 4행 2자

정 : 敎
이 : 敎
임 : 壓
서 : △
고 : 壓?, 望?
공 : 壓

디지털 사진

RTI

부착 탁본

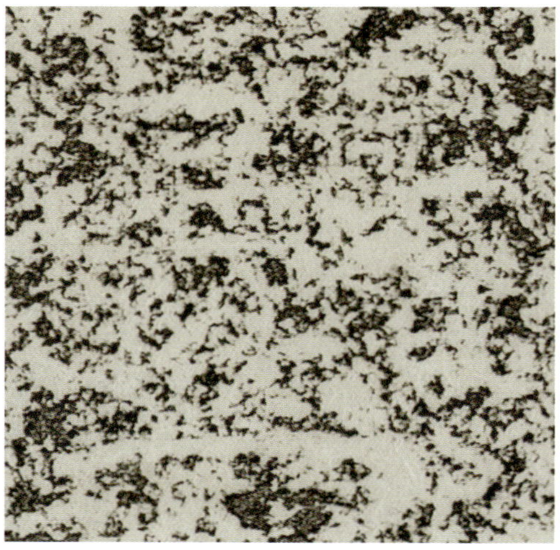

배접 탁본

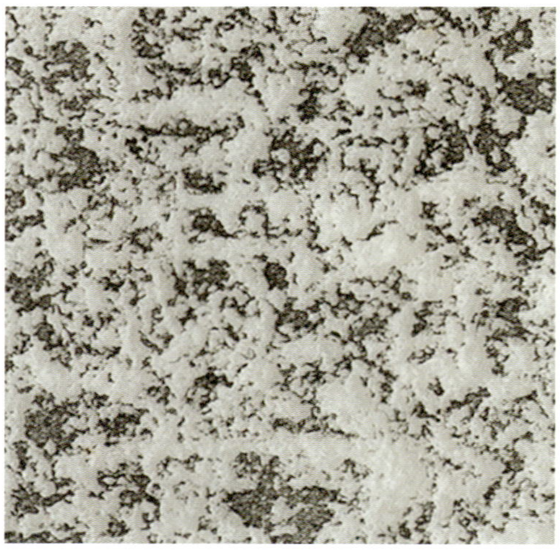

비배접 탁본

폴리곤메시

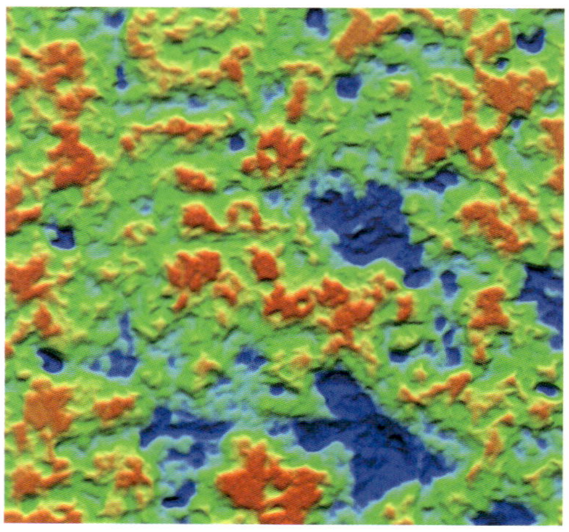

심도맵

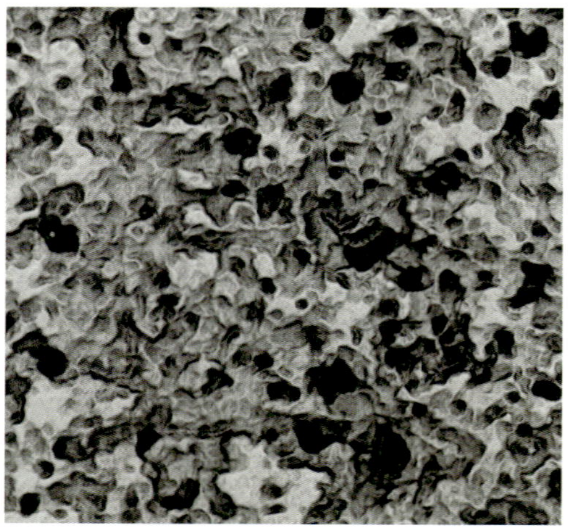

AO맵

전면 4행 3자

上

디지털 사진

RTI

부착 탁본

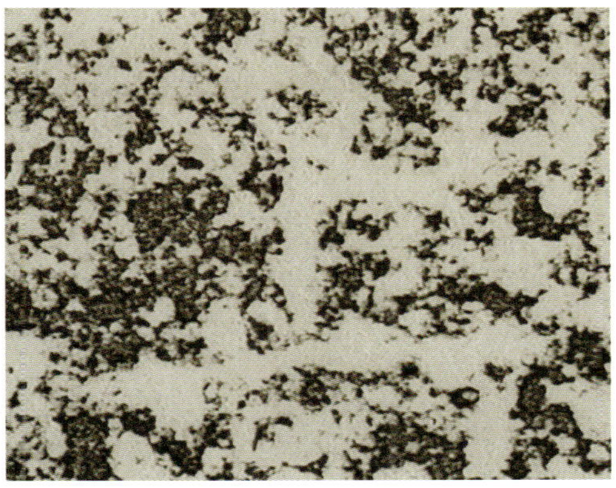

배접 탁본

비배접 탁본

폴리곤메시

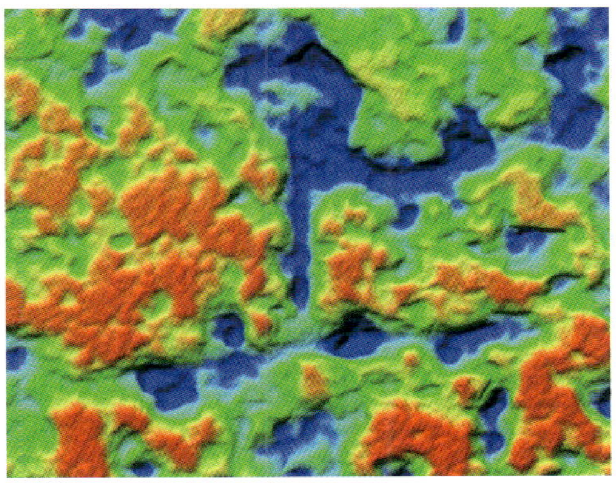

심도맵

AO맵

전면 4행 4자

共

디지털 사진

RTI

부착 탁본

배접 탁본

비배접 탁본

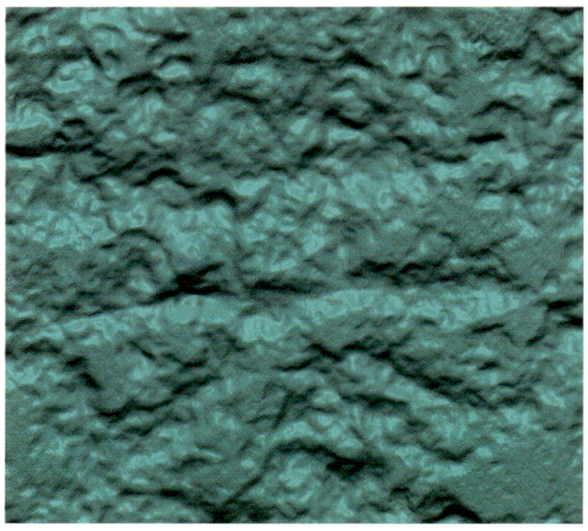

폴리곤메시

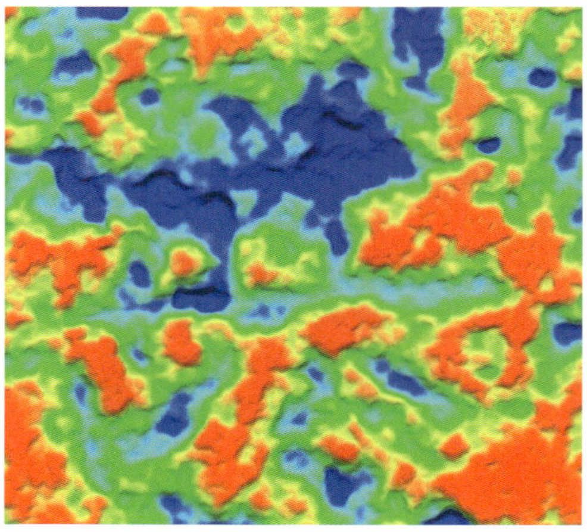

심도맵

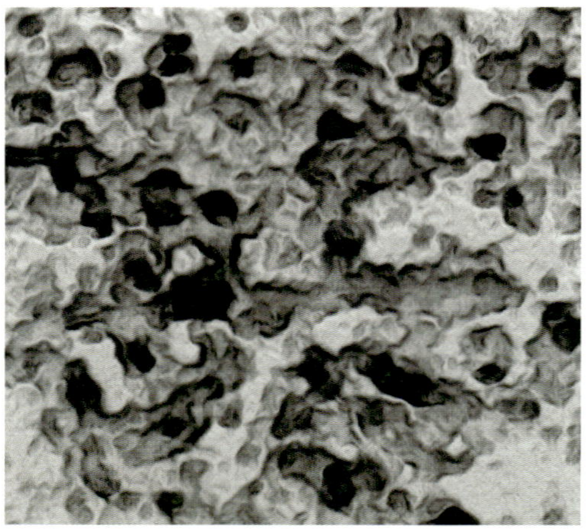

AO맵

전면 4행 5자

看

디지털 사진

RTI

부착 탁본

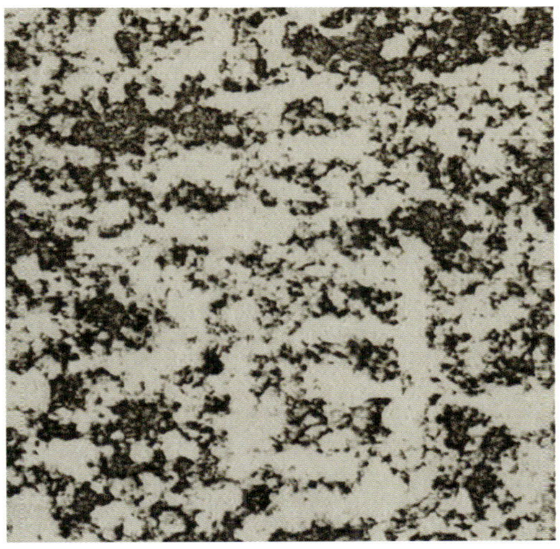

배접 탁본

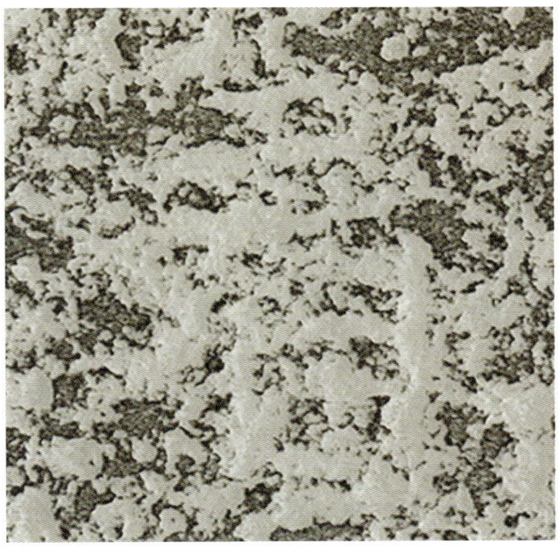

비배접 탁본

폴리곤메시

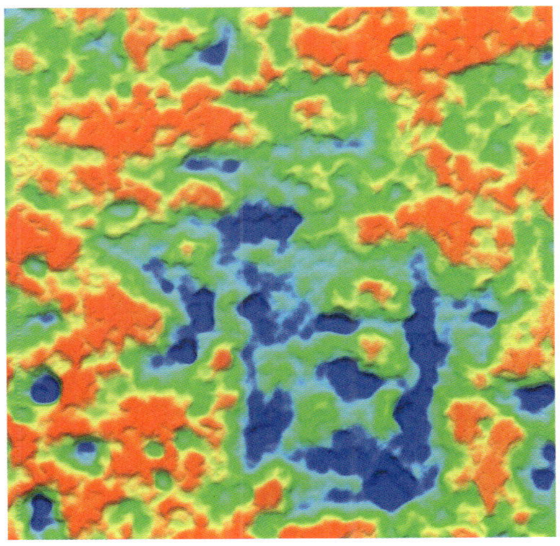

심도맵

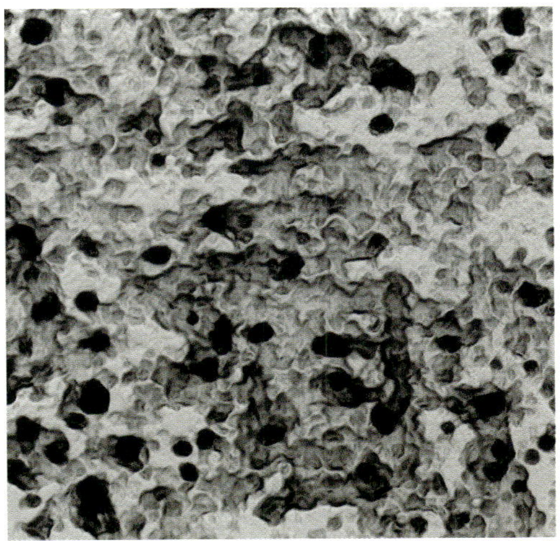

AO맵

전면 4행 6자

節

디지털 사진

RTI

부착 탁본

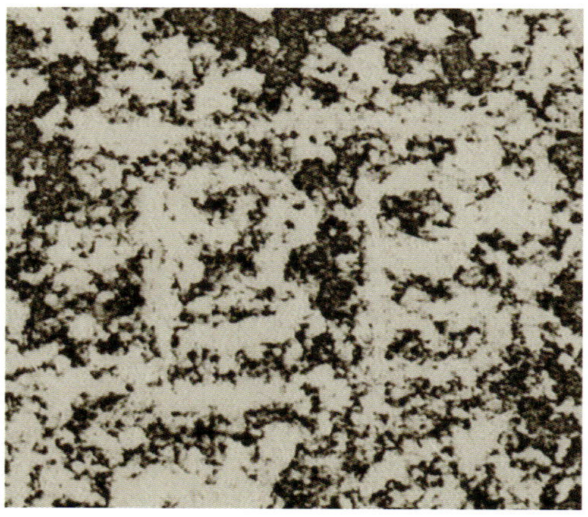

배접 탁본

비배접 탁본

폴리곤메시

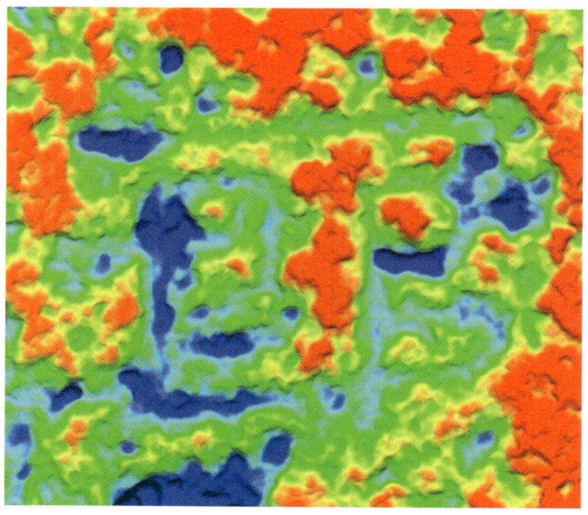

심도맵

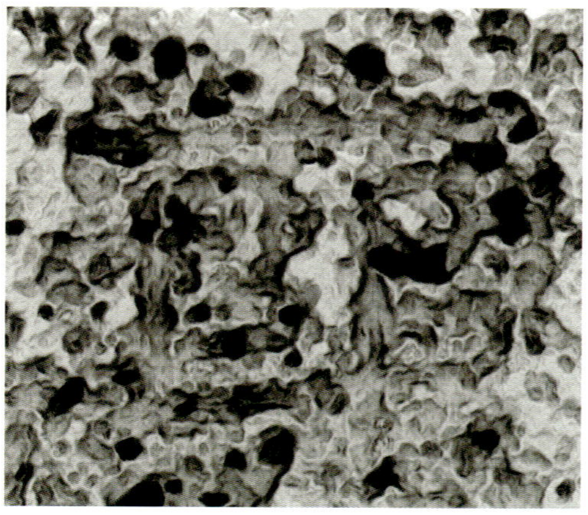

AO맵

전면 4행 7자

賜

디지털 사진

RTI

부착 탁본

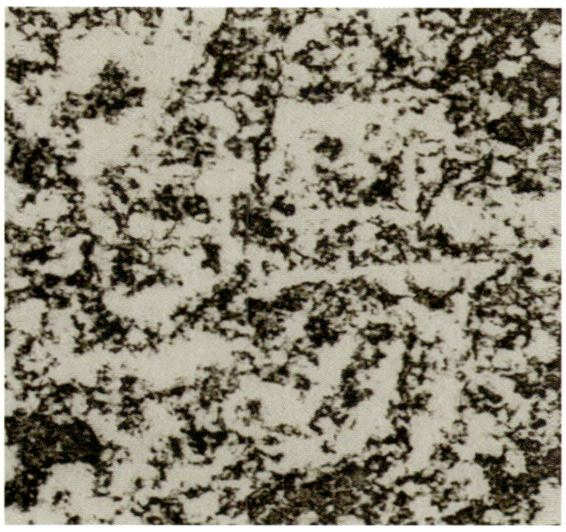

배접 탁본

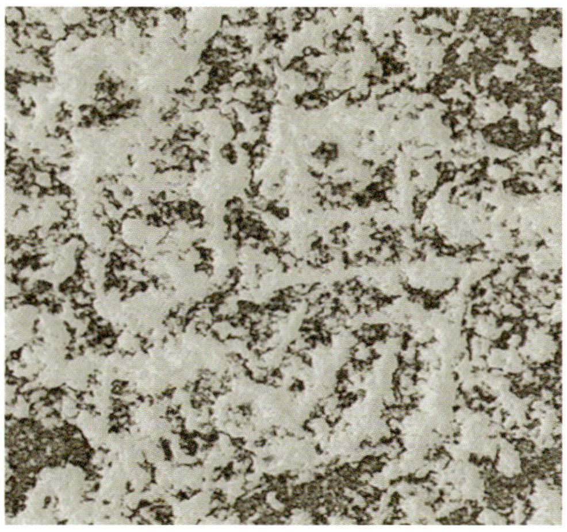

비배접 탁본

폴리곤메시

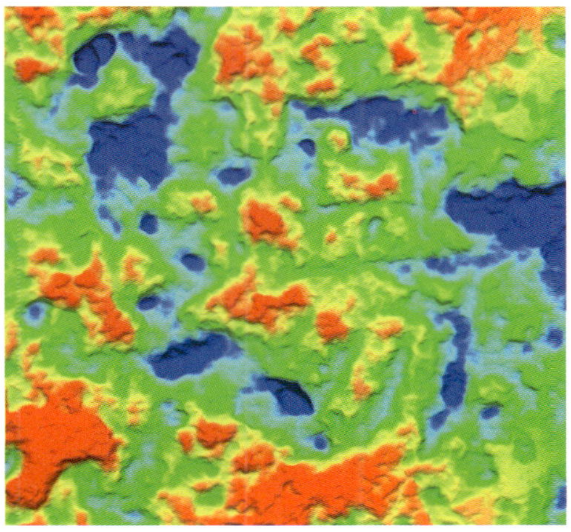

심도맵

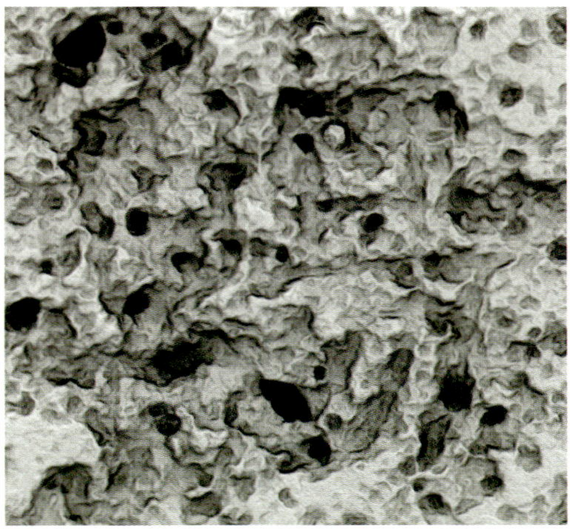

AO맵

전면 4행 8자

정 : 大?
이 : 大
임 : 太
서 : 太
고 : 太
공 : 九?/太?

디지털 사진

RTI

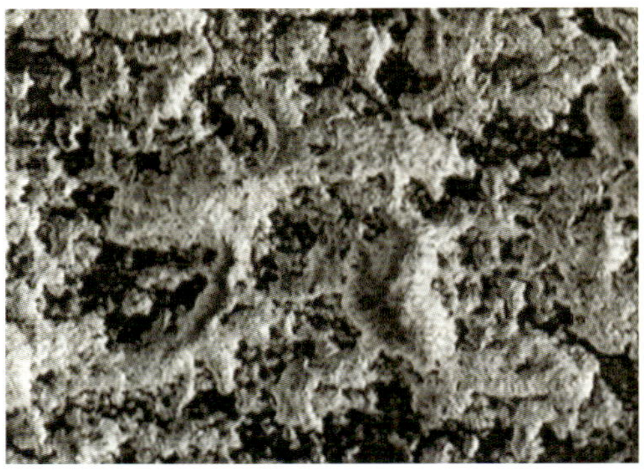

부착 탁본

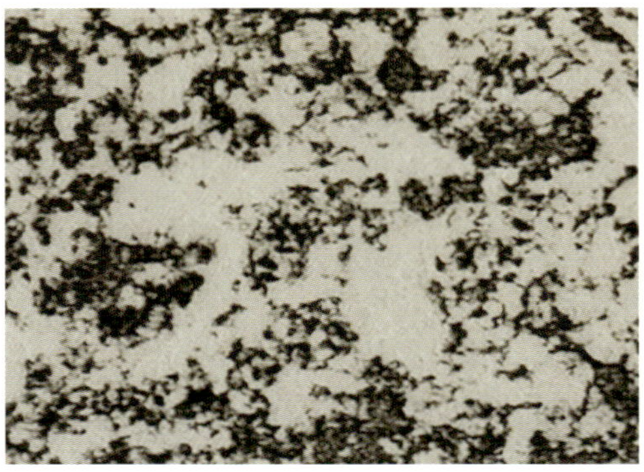

배접 탁본

비배접 탁본

폴리곤메시

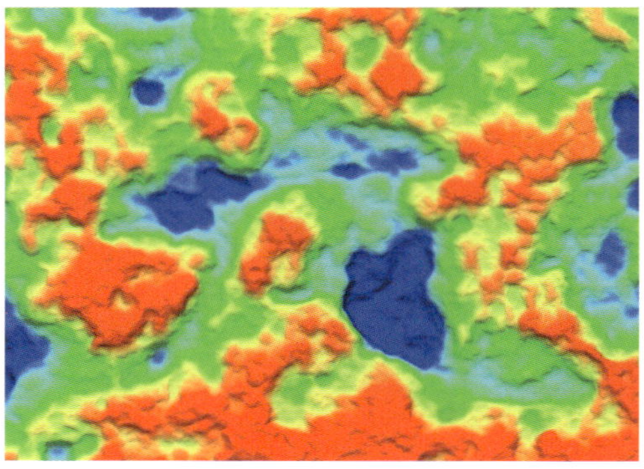

심도맵

AO맵

전면 4행 9자

정 : 霍?
이 : 藿
임 : 霍?
서 : 翟
고 : 霍
공 : 〈霍〉

디지털 사진

RTI

부착 탁본

배접 탁본

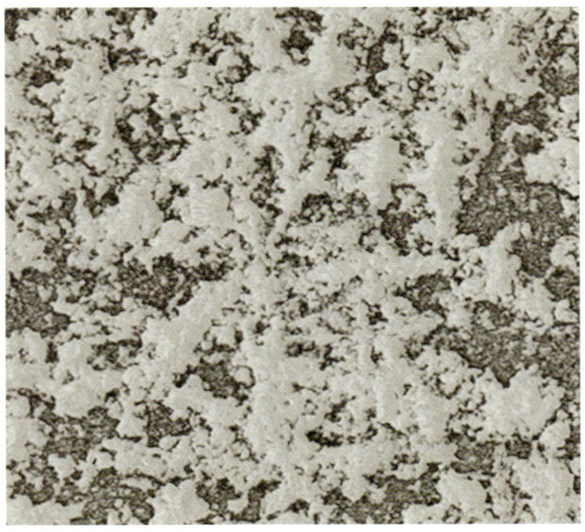

비배접 탁본

폴리곤메시

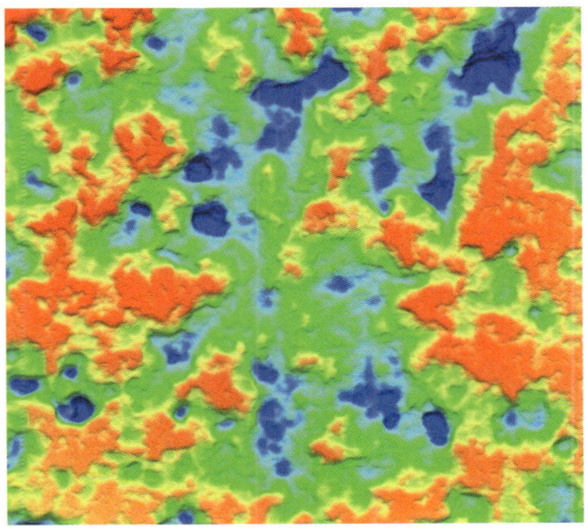

심도맵

AO맵

전면 4행 10자

정 : 鄒
이 : △
임 : 鄒?
서 : 鄒
고 : 鄒
공 : 鄒

디지털 사진

RTI

부착 탁본

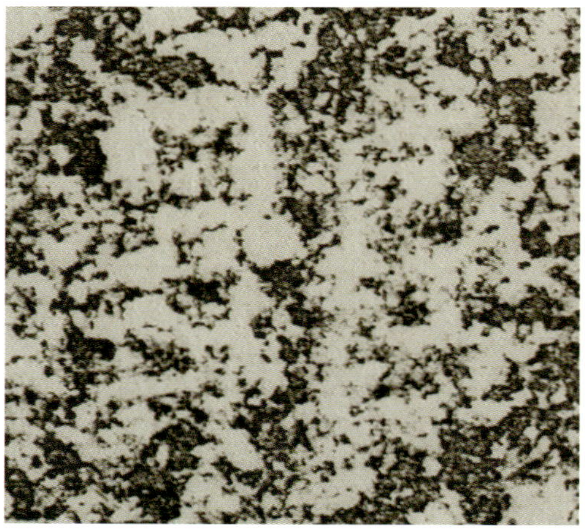

배접 탁본

비배접 탁본

폴리곤메시

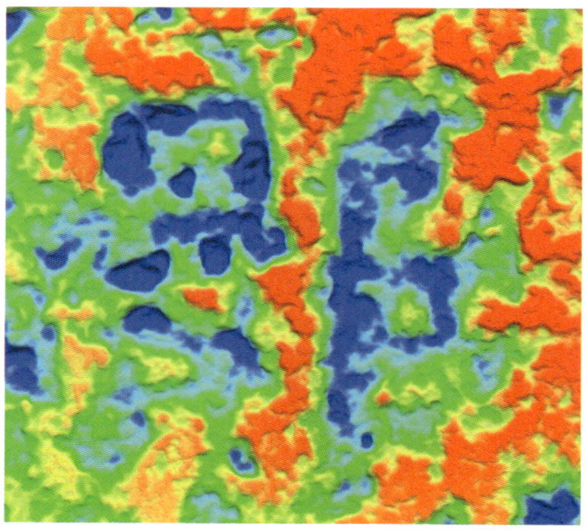

심도맵

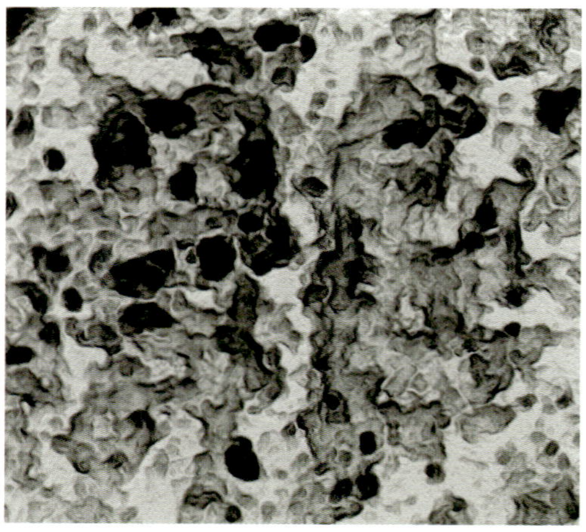

AO맵

전면 4행 11자

정 : △
이 : △
임 : 教
서 : △
고 : 教?, 授?
공 : 教

디지털 사진

RTI

부착 탁본

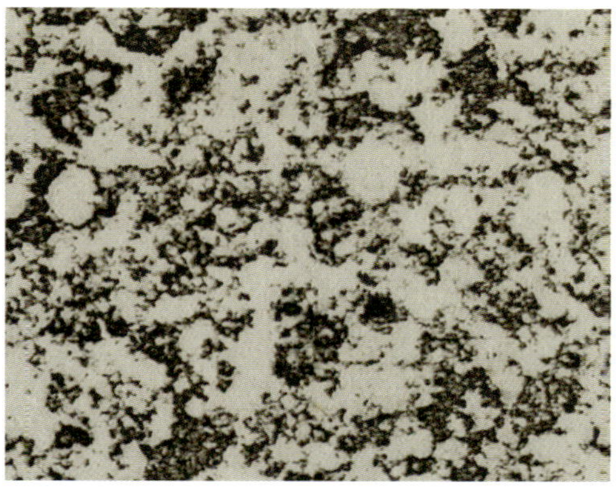

배접 탁본

비배접 탁본

폴리곤메시

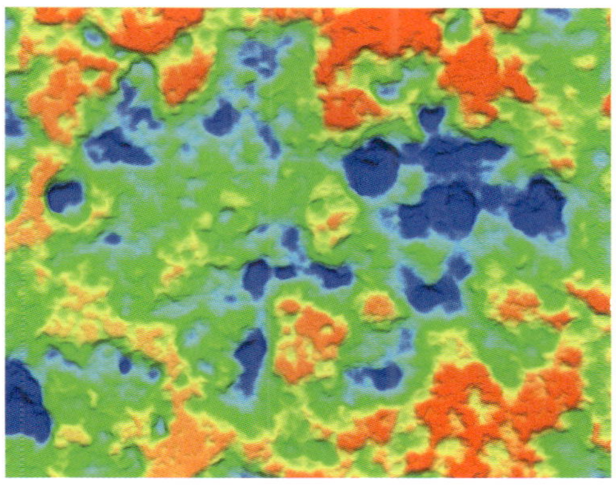

심도맵

AO맵

전면 4행 12자

정 : 食
이 : 食
임 : 食+?
서 : 食
고 : 食
공 : 食

디지털 사진

RTI

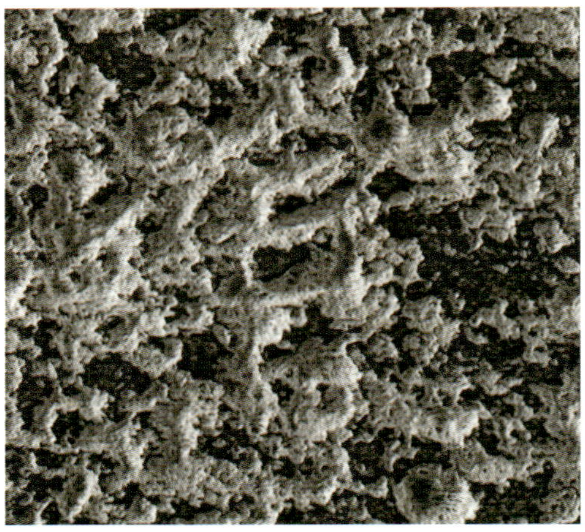

부착 탁본

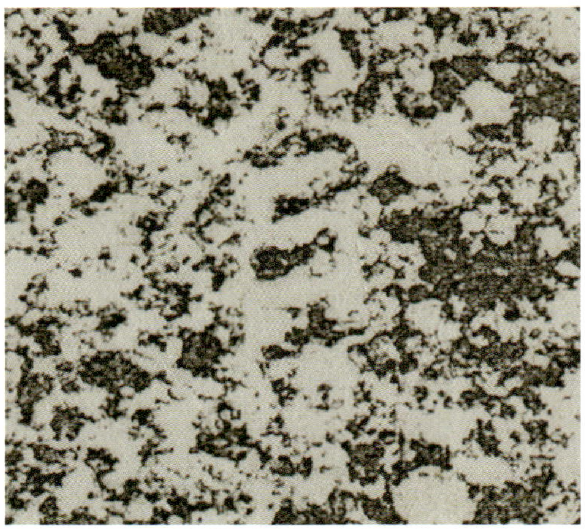

배접 탁본

비배접 탁본

폴리곤메시

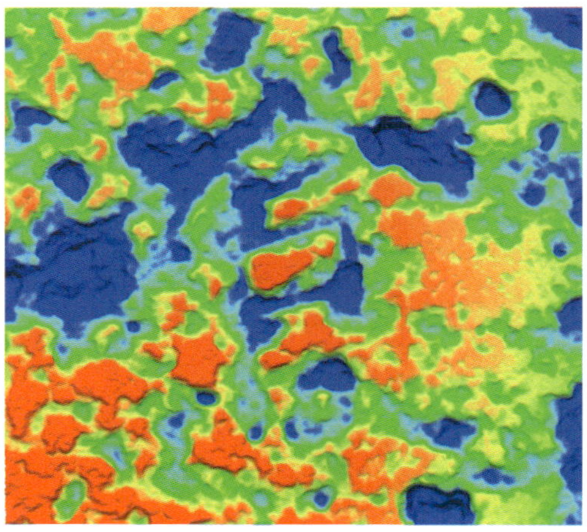

심도맵

AO맵

전면 4행 13자

정 : 丐?
이 : △
임 : 丐?
서 : △
고 : 在?
공 : 在?/于?

디지털 사진

RTI

부착 탁본

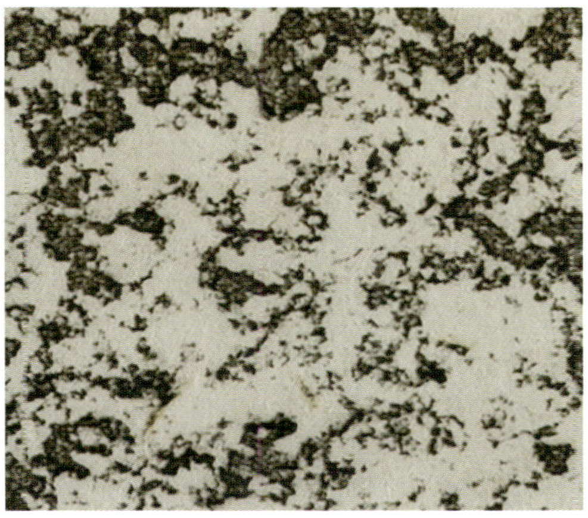

배접 탁본

비배접 탁본

폴리곤메시

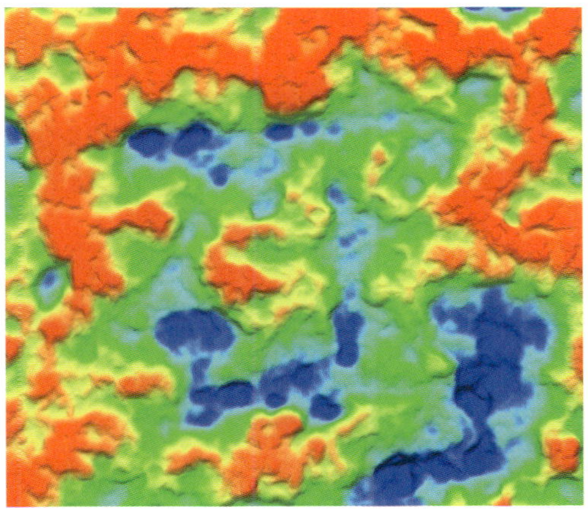

심도맵

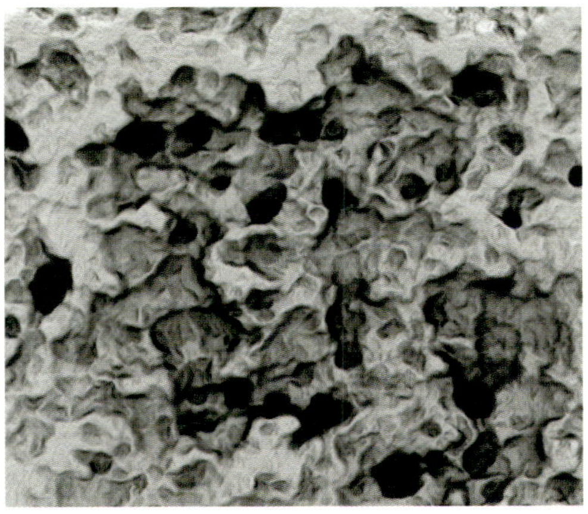

AO맵

전면 4행 14자

정 : △
이 : 東?
임 : △
서 : △
고 : 東
공 : 東

디지털 사진

RTI

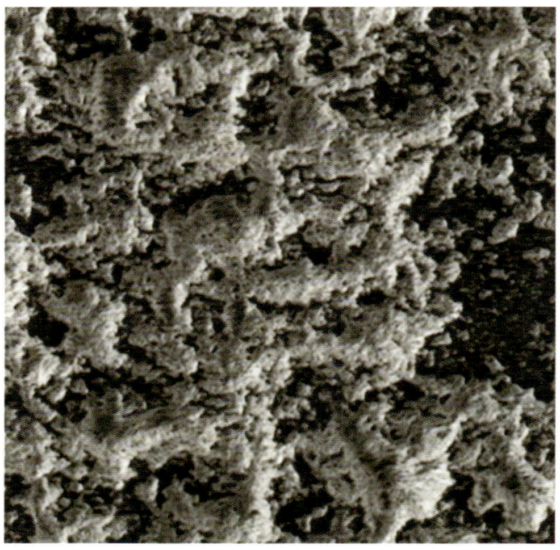

부착 탁본

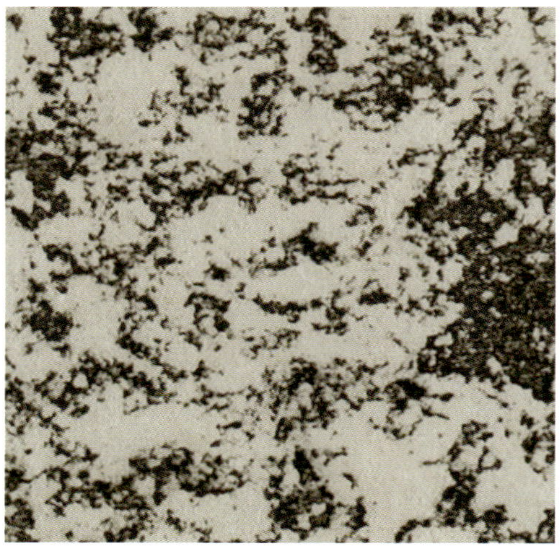

배접 탁본

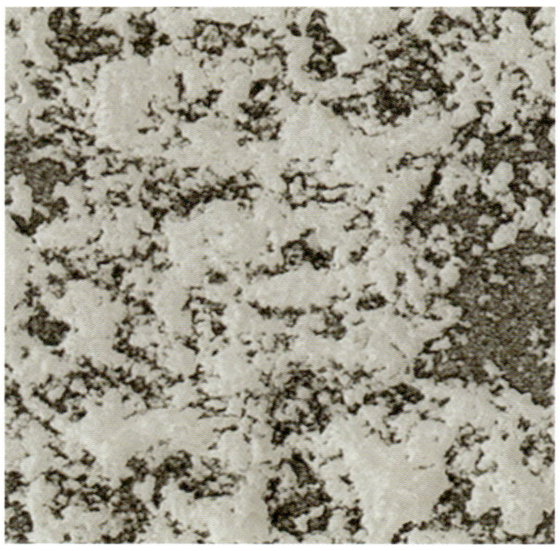

비배접 탁본

폴리곤메시

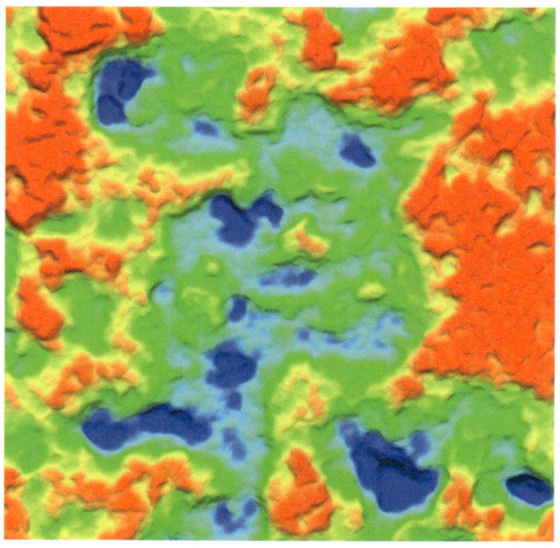

심도맵

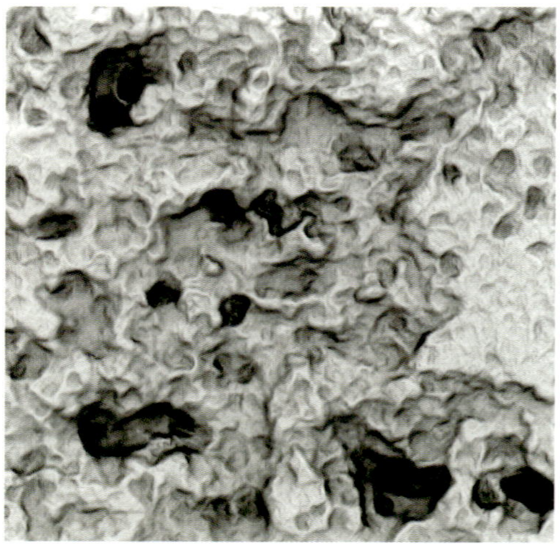

AO맵

전면 4행 15자

정 : 賜?
이 : 賜
임 : 賜
서 : 賜
고 : 夷
공 : 夷

디지털 사진

RTI

부착 탁본

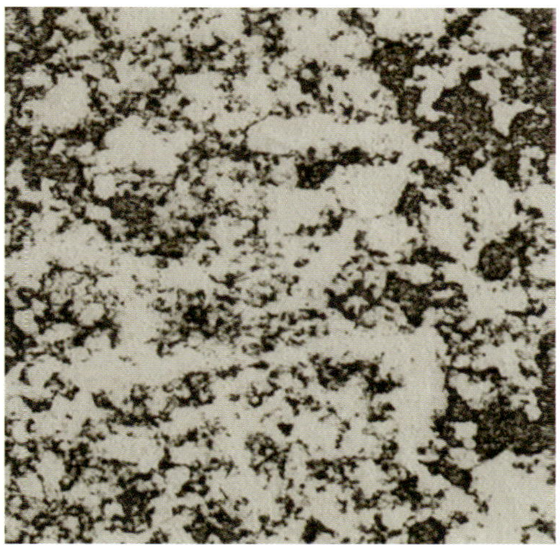

배접 탁본

비배접 탁본

폴리곤메시

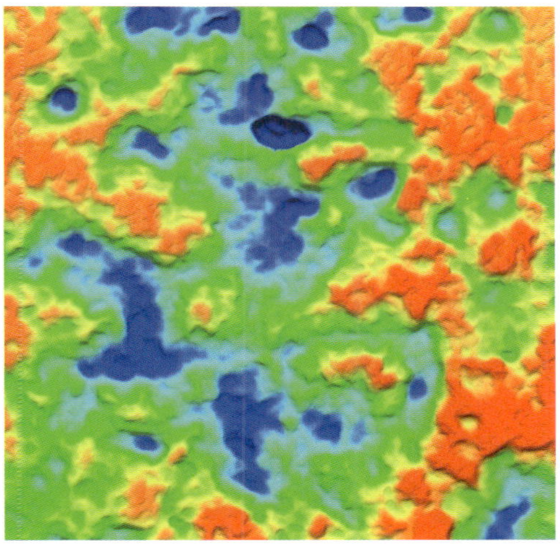

심도맵

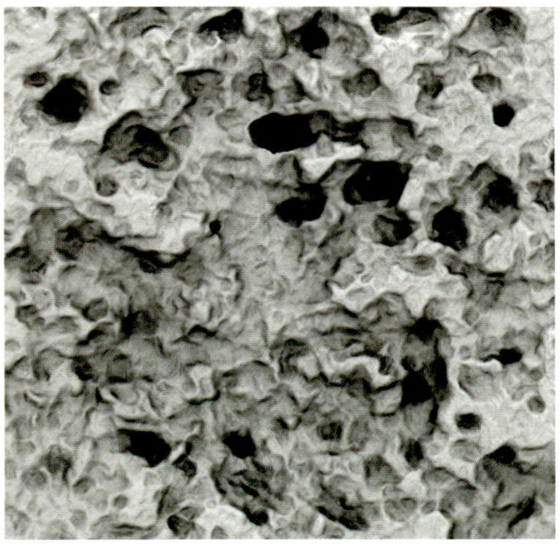

AO맵

전면 4행 16자

寐

디지털 사진

RTI

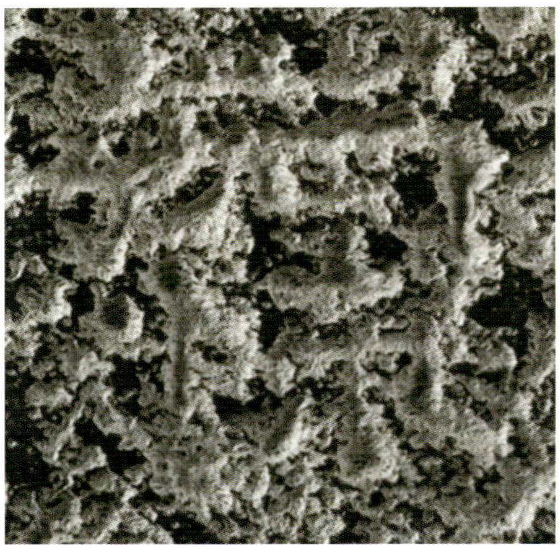

부착 탁본

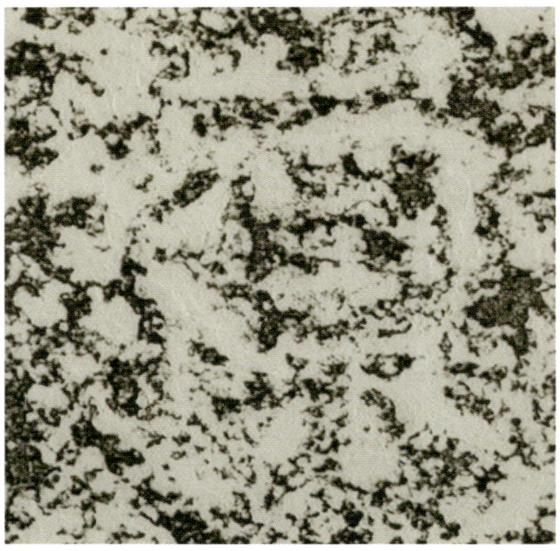

배접 탁본

비배접 탁본

폴리곤메시

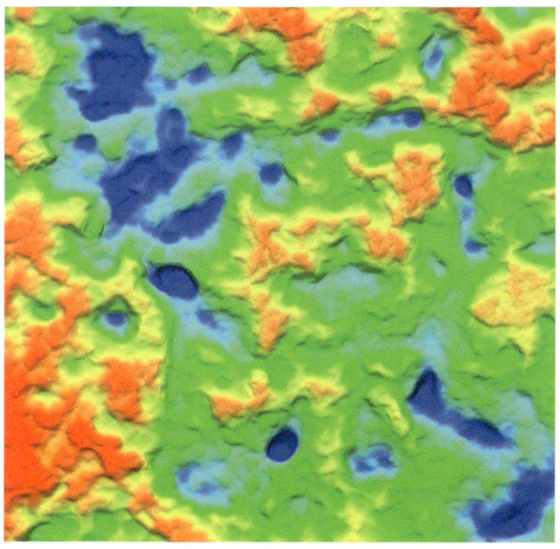

심도맵

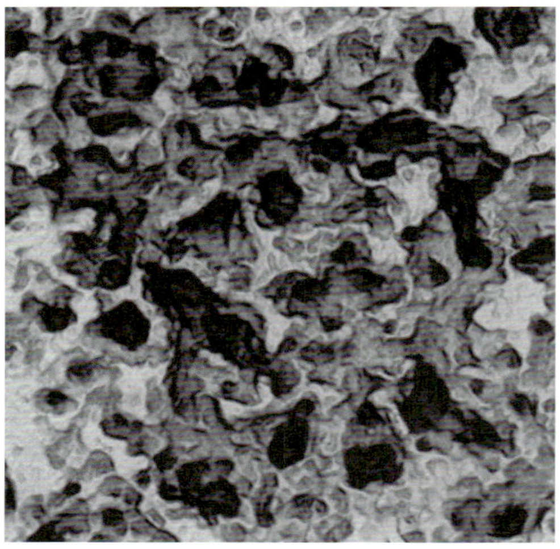

AO맵

전면 4행 17자

錦

디지털 사진

RTI

부착 탁본

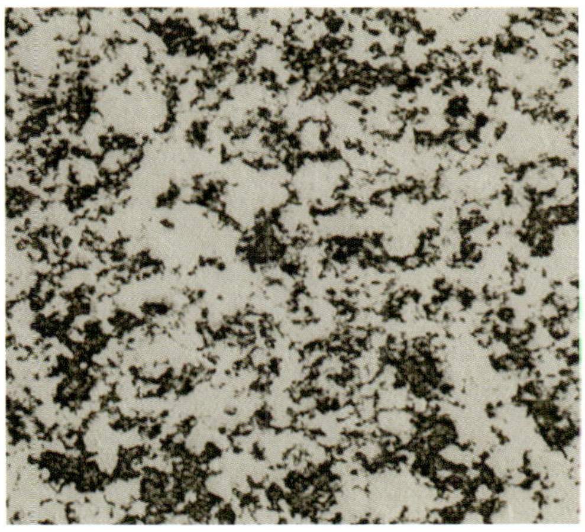

배접 탁본

비배접 탁본

폴리곤메시

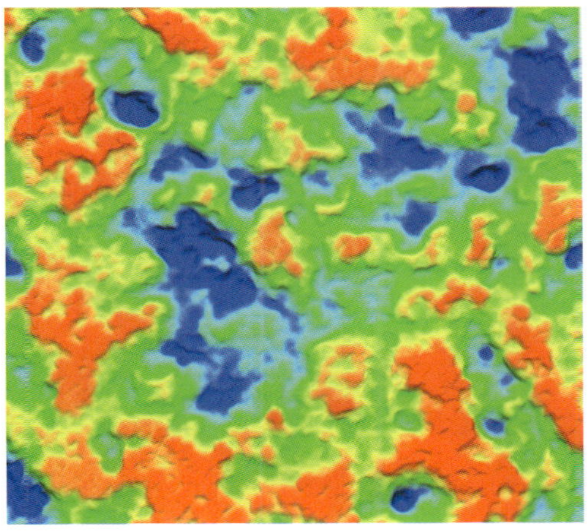

심도맵

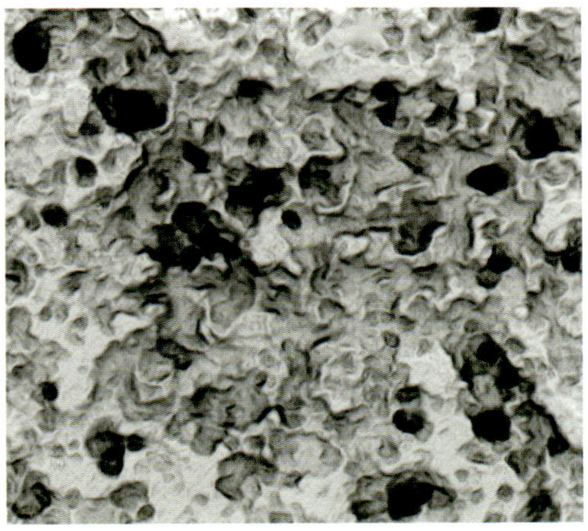

AO맵

전면 4행 18자

之

디지털 사진

RTI

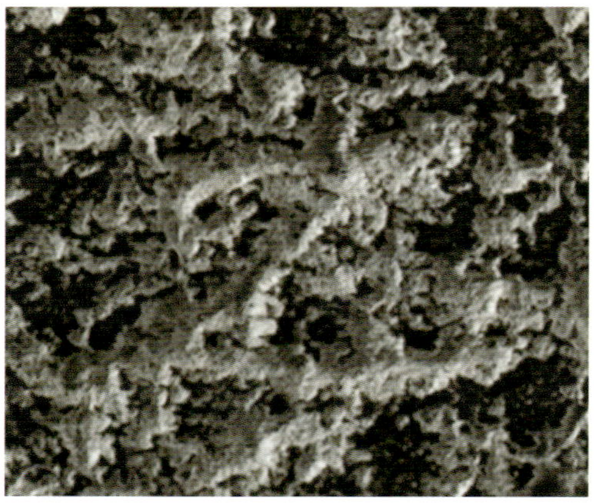

부착 탁본

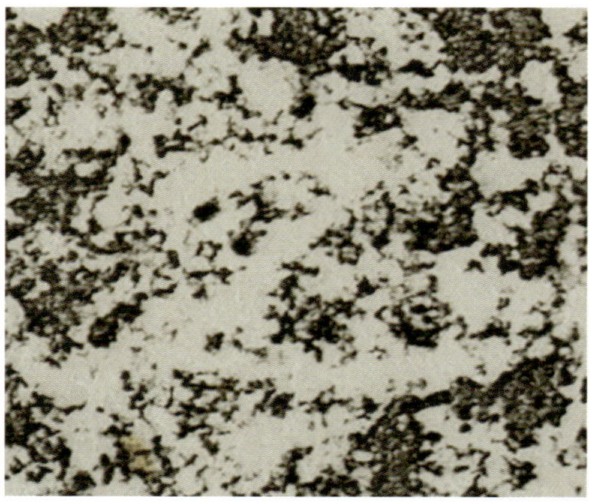

배접 탁본

비배접 탁본

폴리곤메시

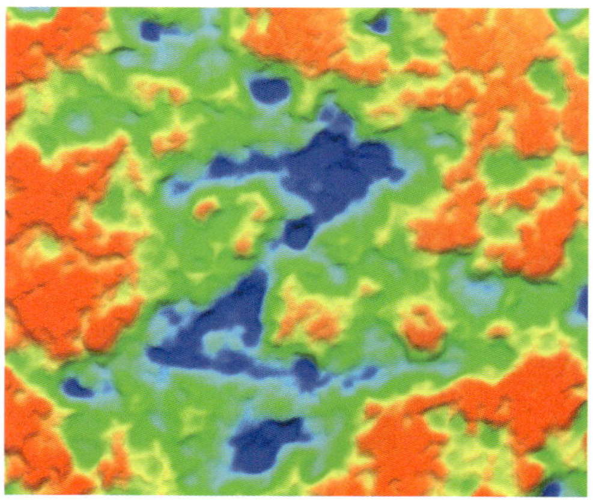

심도맵

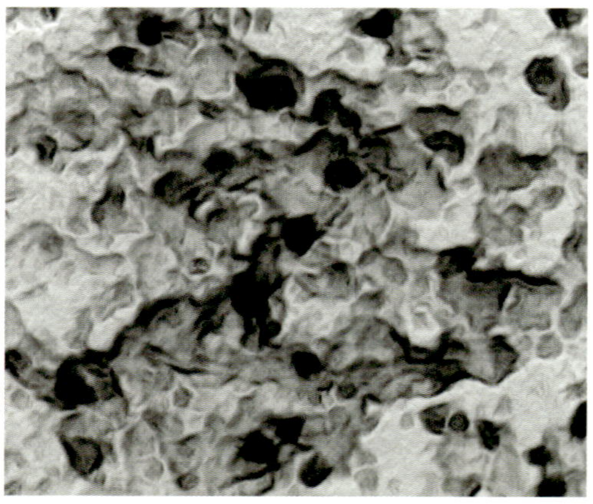

AO맵

전면 4행 19자

衣

디지털 사진

RTI

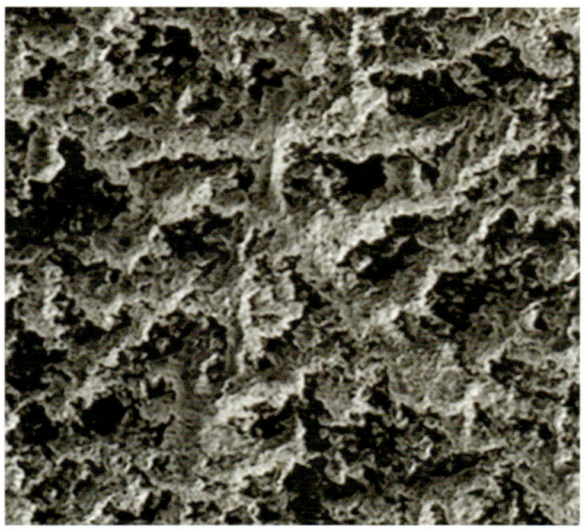

부착 탁본

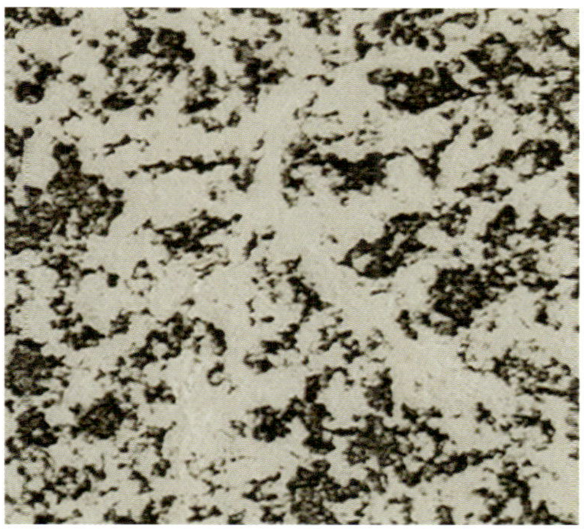

배접 탁본

비배접 탁본

폴리곤메시

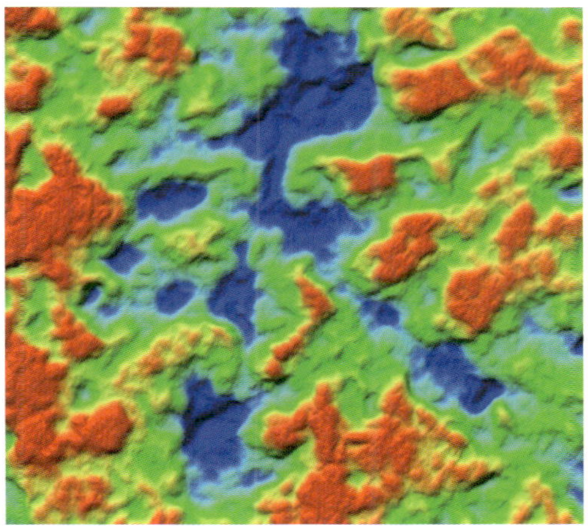

심도맵

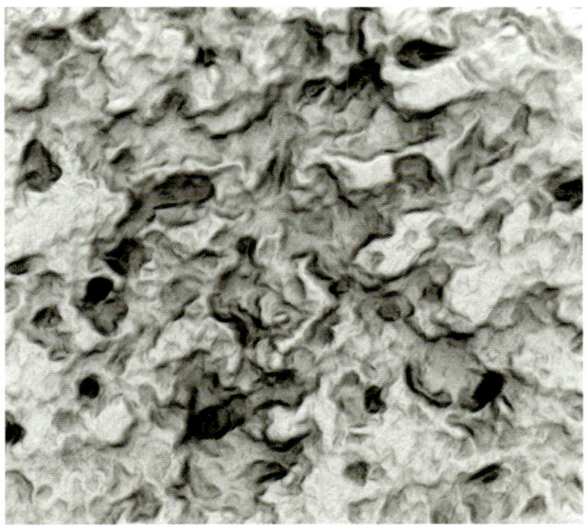

AO맵

전면 4행 20자

服

디지털 사진

RTI

부착 탁본

배접 탁본

비배접 탁본

폴리곤메시

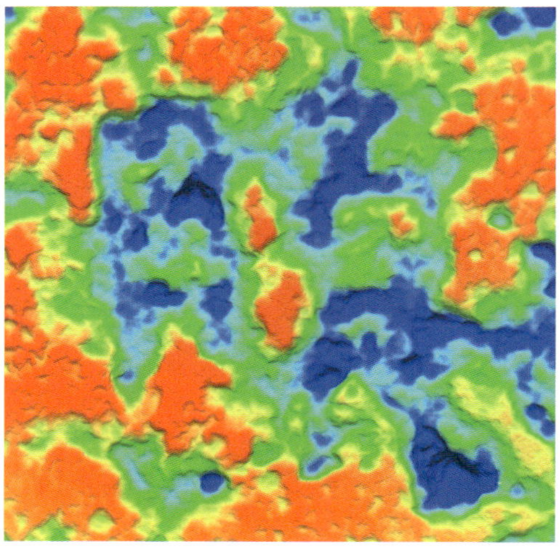

심도맵

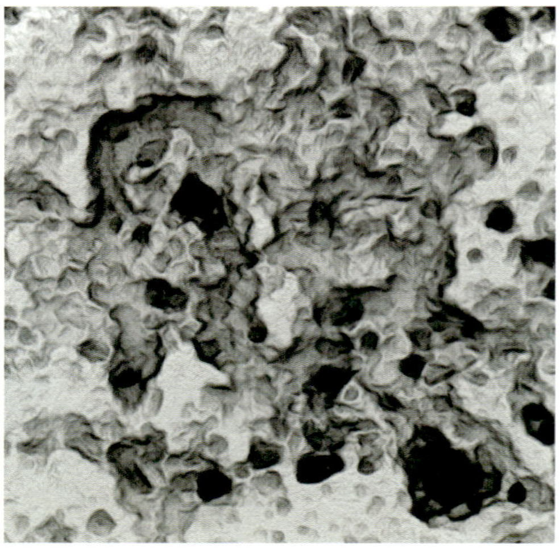

AO맵

전면 4행 21자

建

디지털 사진

RTI

부착 탁본

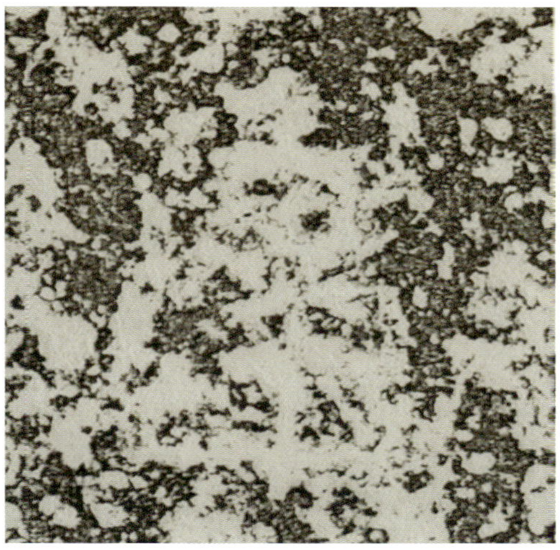

배접 탁본

비배접 탁본

폴리곤메시

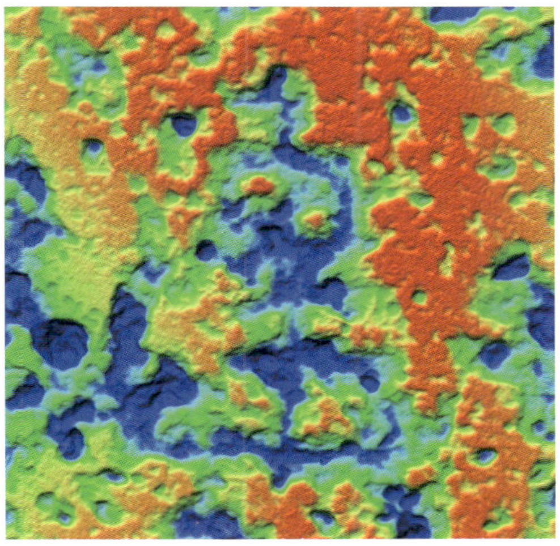

심도맵

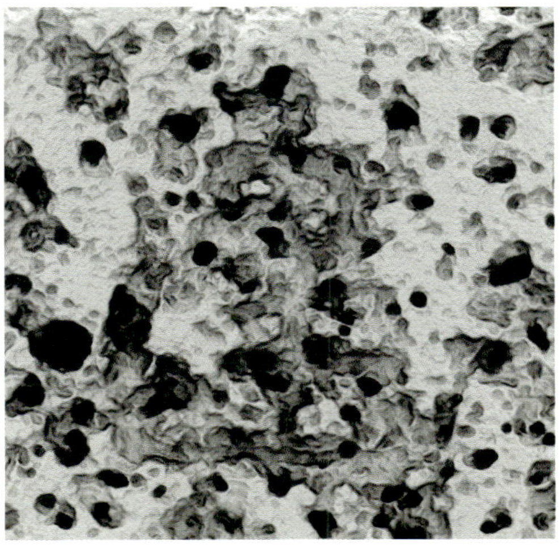

AO맵

전면 4행 22자

立

디지털 사진

RTI

부착 탁본

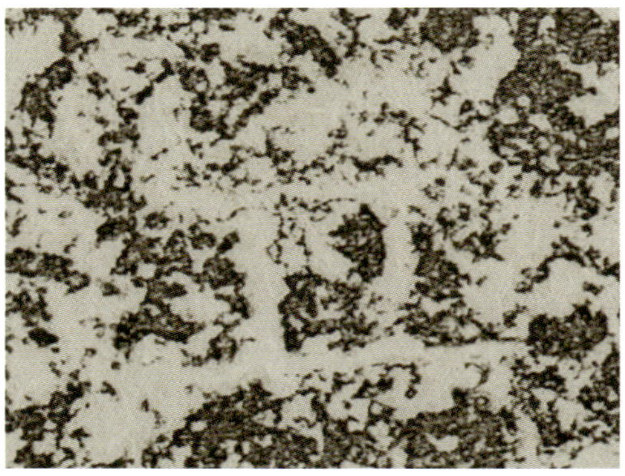

배접 탁본

비배접 탁본

폴리곤메시

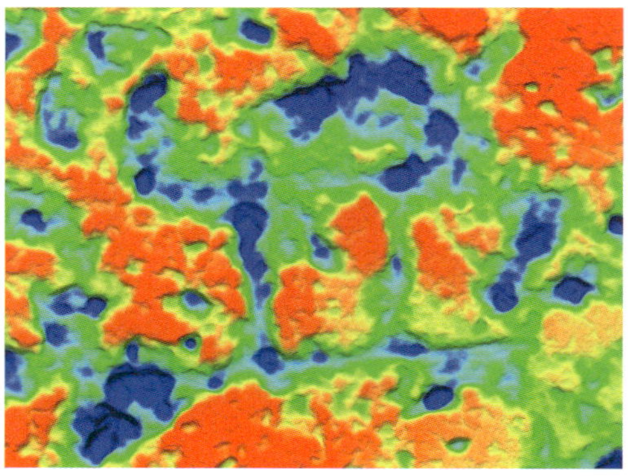

심도맵

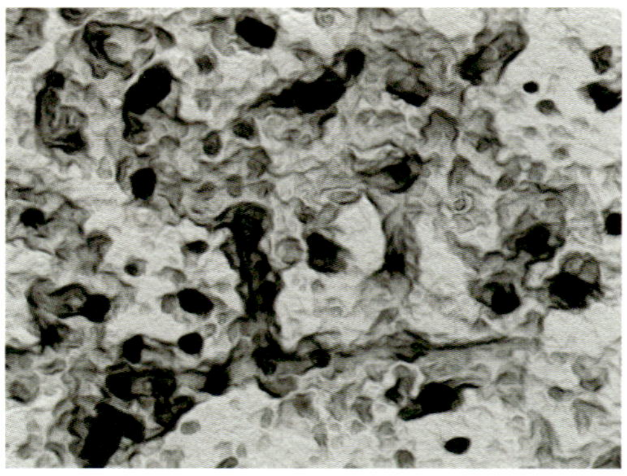

AO맵

전면 4행 23자

정 : 處?
이 : 楼?
임 : 處
서 : 處
고 : 處
공 : 處

디지털 사진

RTI

부착 탁본

배접 탁본

비배접 탁본

폴리곤메시

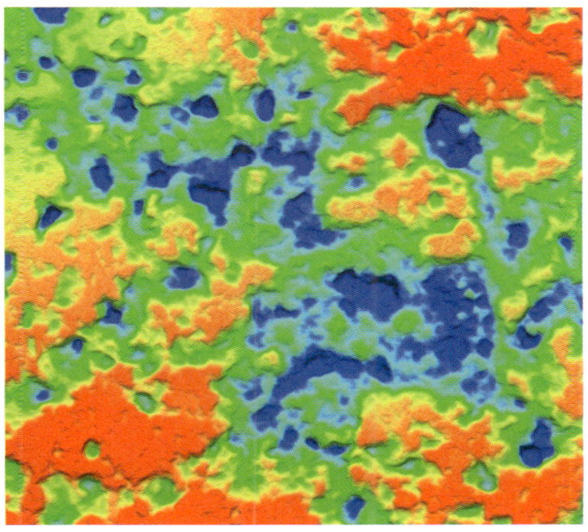

심도맵

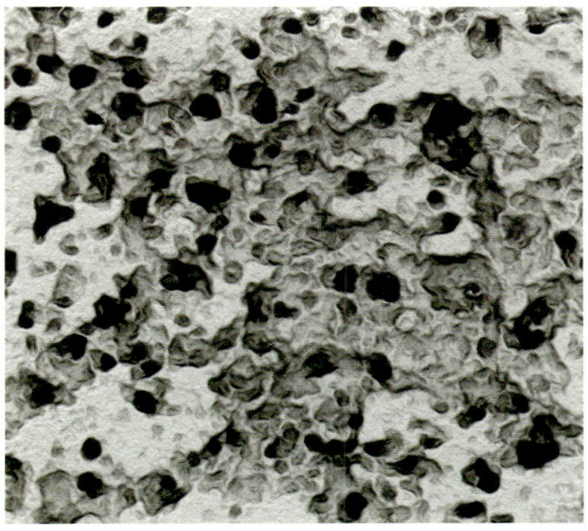

AO맵

전면 5행 1자

정 : 伊
이 : 伊
임 : 用
서 : 用
고 : 用
공 : 伊?/用?

디지털 사진

RTI

부착 탁본

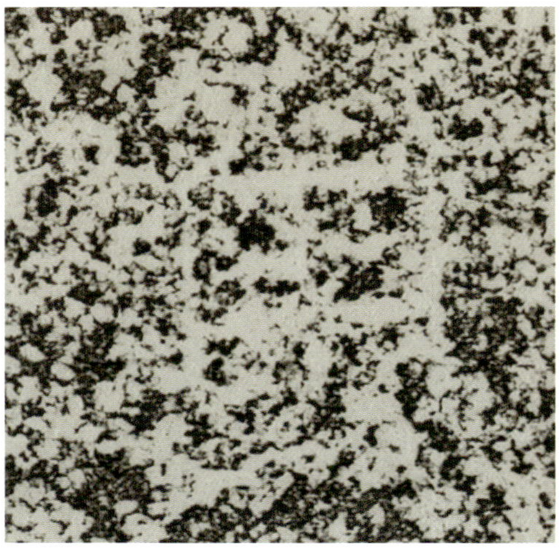

배접 탁본

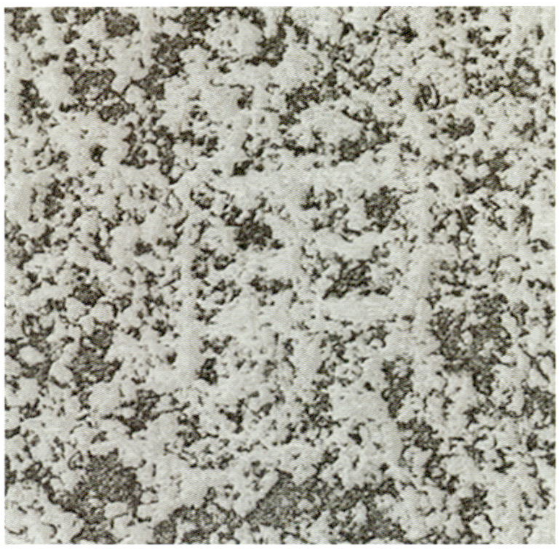

비배접 탁본

폴리곤메시

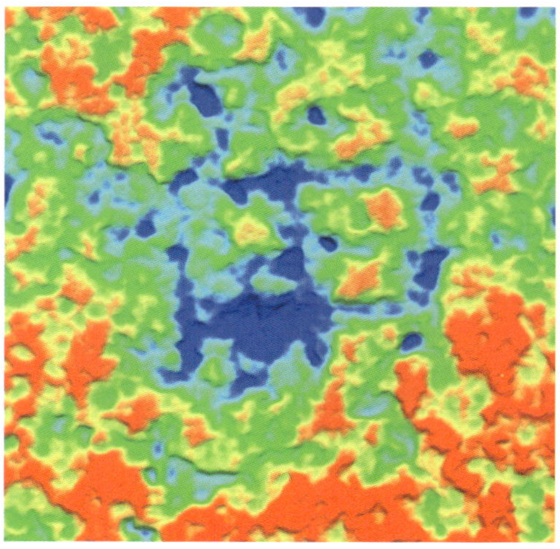

심도맵

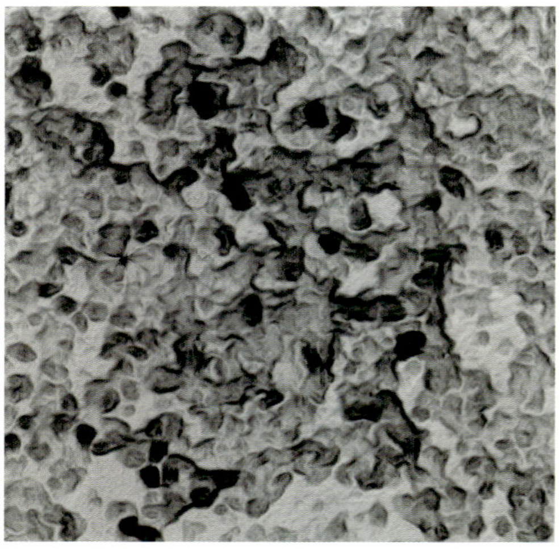

AO맵

전면 5행 2자

정 : 者
이 : 者
임 : 者
서 : 者
고 : 者
공 : 者/有?

디지털 사진

RTI

부착 탁본

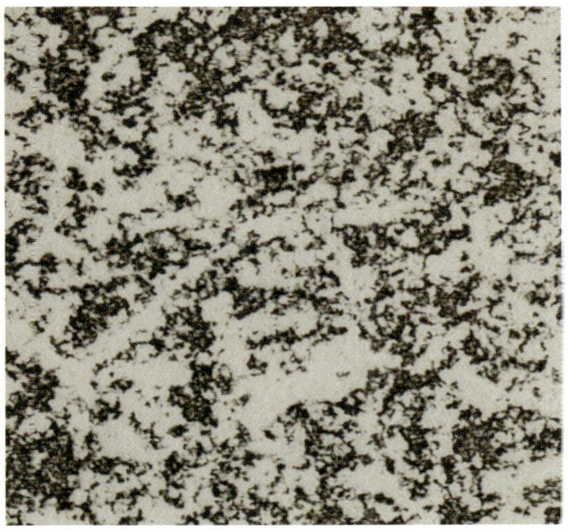

배접 탁본

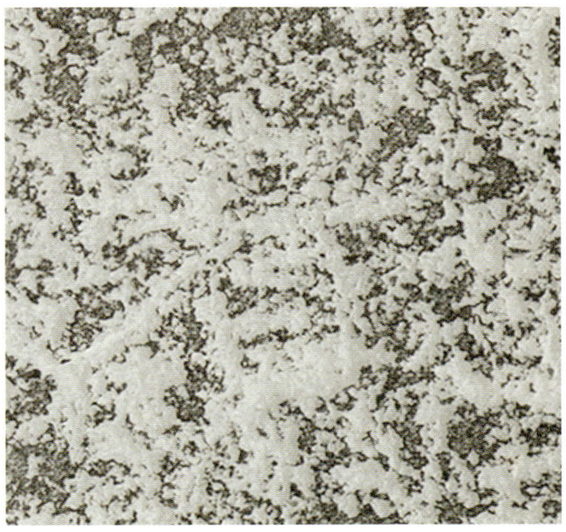

비배접 탁본

폴리곤메시

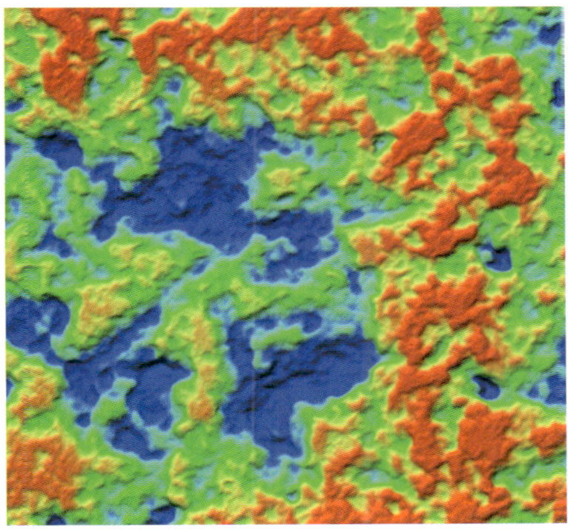

심도맵

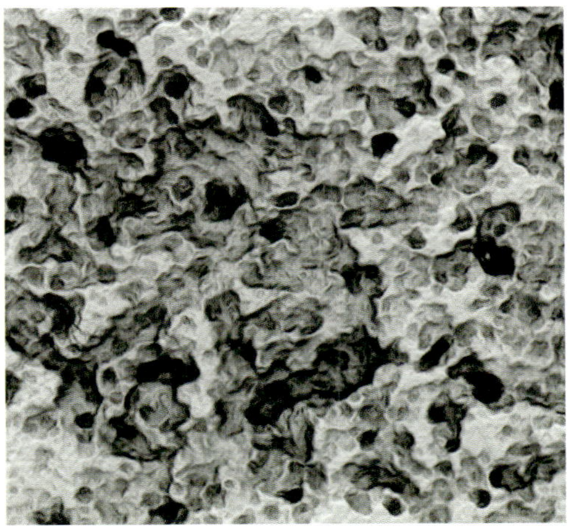

AO맵

전면 5행 3자

賜

디지털 사진

RTI

부착 탁본

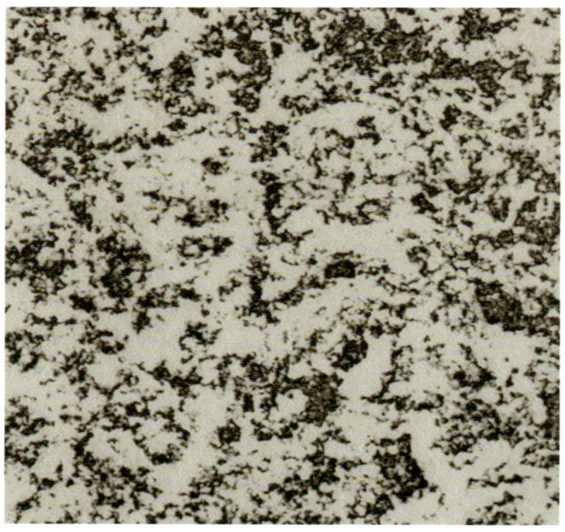

배접 탁본

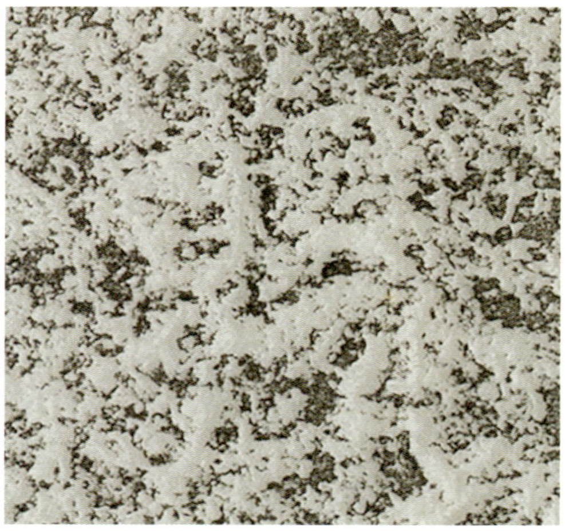

비배접 탁본

폴리곤메시

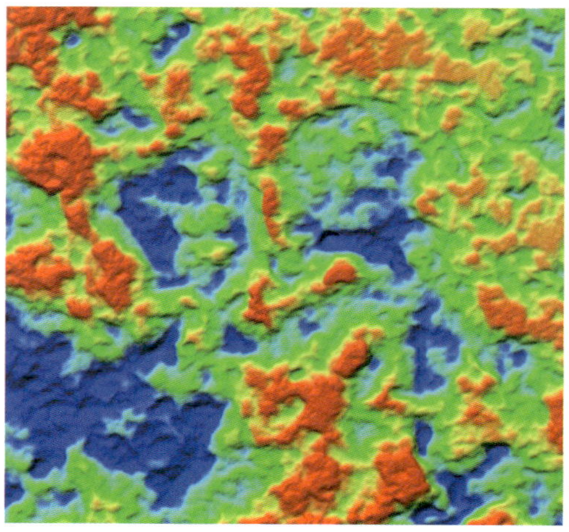

심도맵

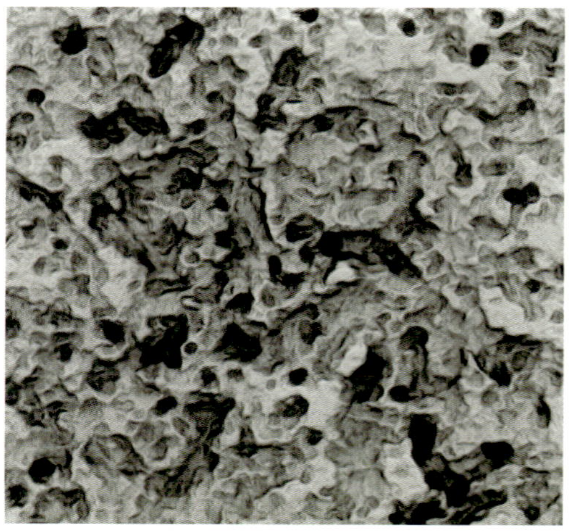

AO맵

전면 5행 4자

之

디지털 사진

RTI

부착 탁본

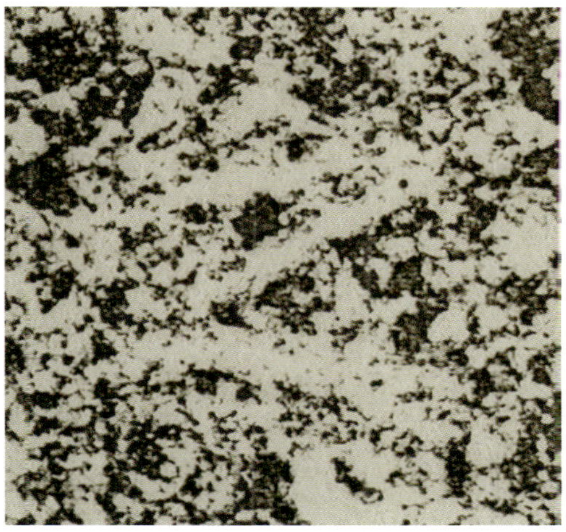

배접 탁본

비배접 탁본

폴리곤메시

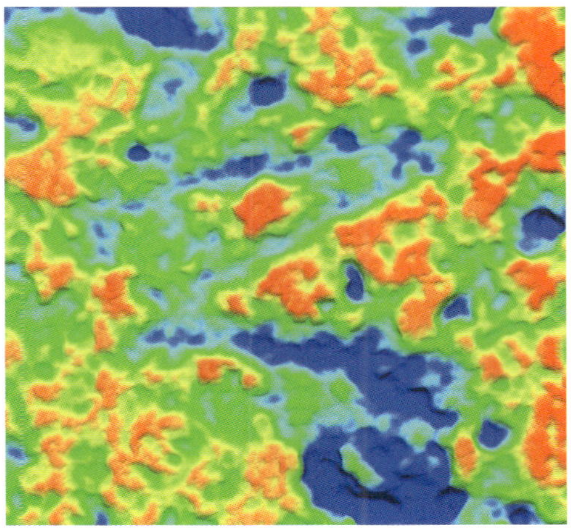

심도맵

AO맵

전면 5행 5자

정 : 隨
이 : 隨
임 : △
서 : 隨
고 : 隨
공 : 隨

디지털 사진

RTI

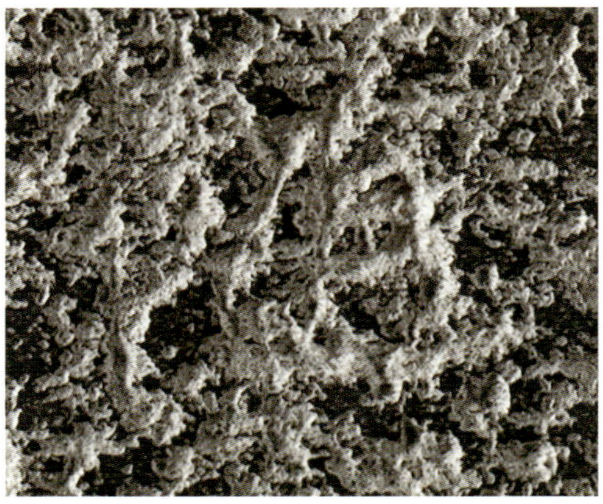

부착 탁본

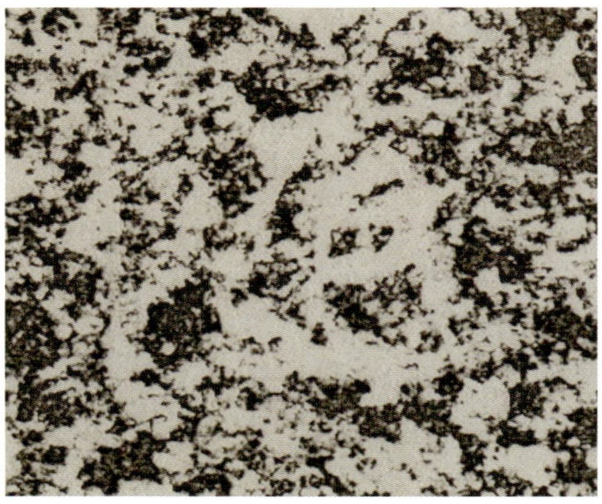

배접 탁본

비배접 탁본

폴리곤메시

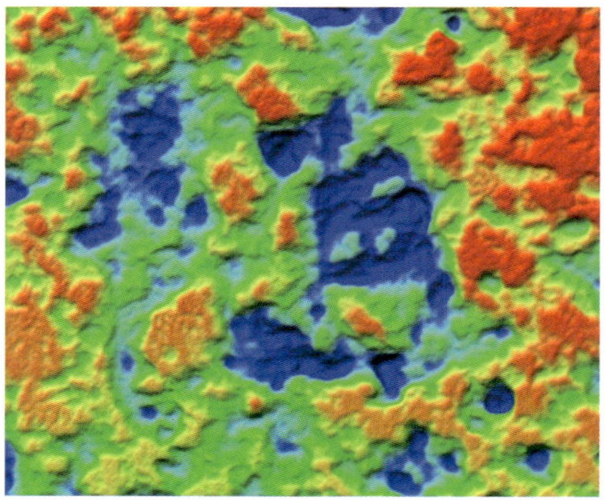

심도맵

AO맵

전면 5행 6자

정 : 者?
이 : 者
임 : △
서 : 者
고 : △
공 : 恭?/去?

디지털 사진

RTI

부착 탁본

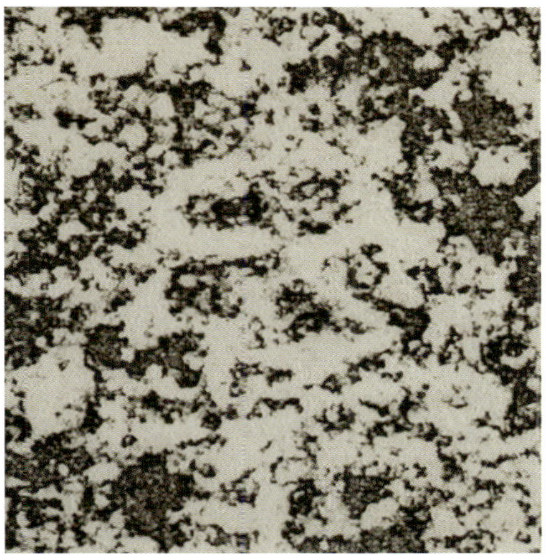

배접 탁본

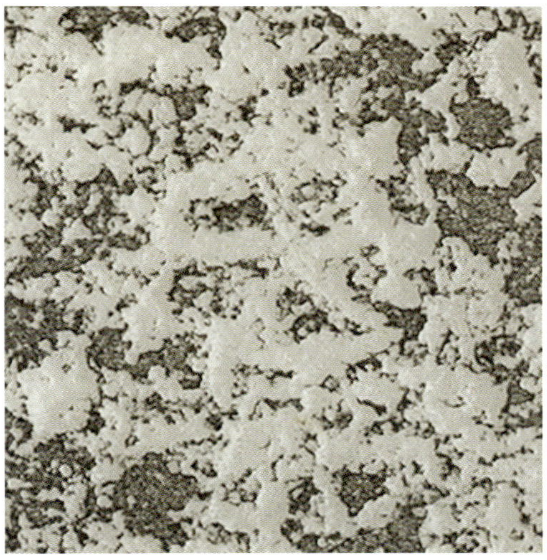

비배접 탁본

폴리곤메시

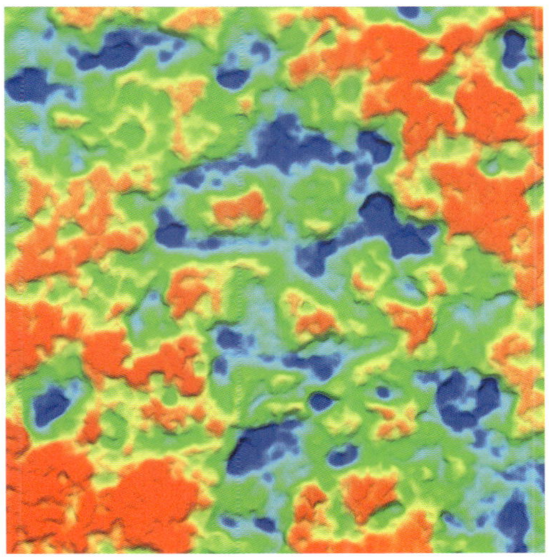

심도맵

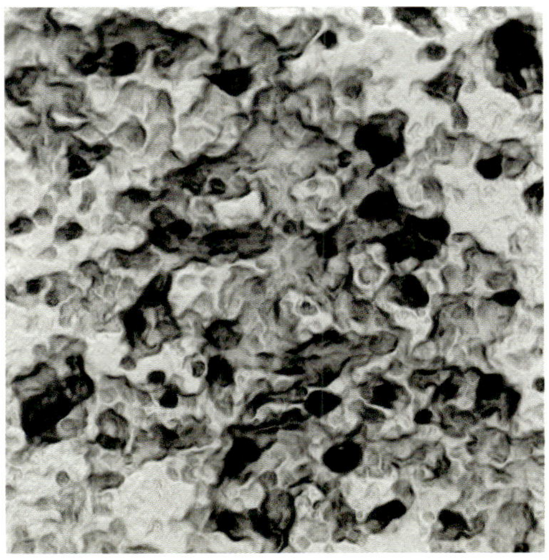

AO맵

전면 5행 7자

정 : 節
이 : 節
임 : △
서 : 節
고 : 節
공 : 諸

디지털 사진

RTI

부착 탁본

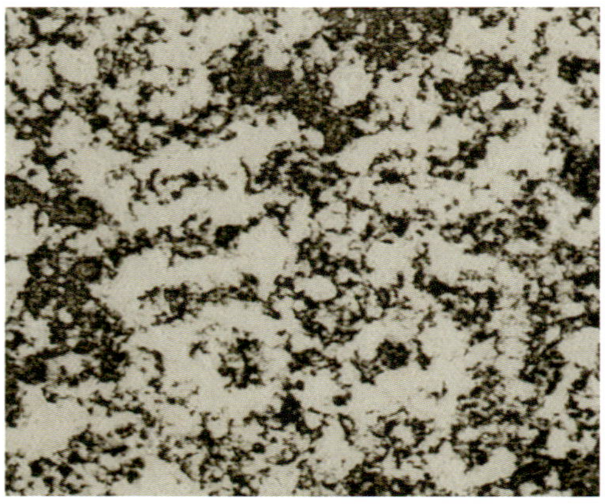

배접 탁본

비배접 탁본

폴리곤메시

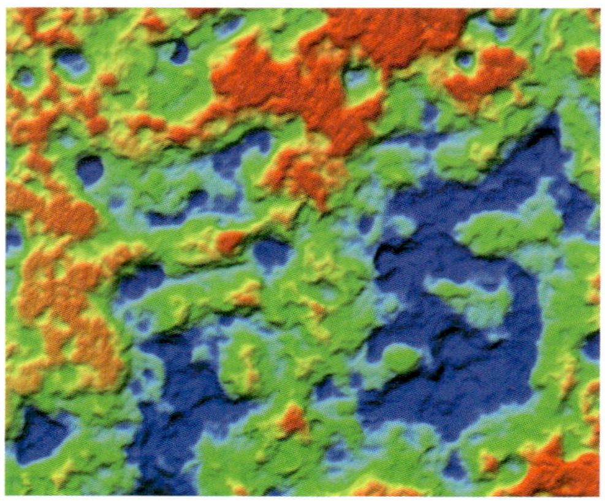

심도맵

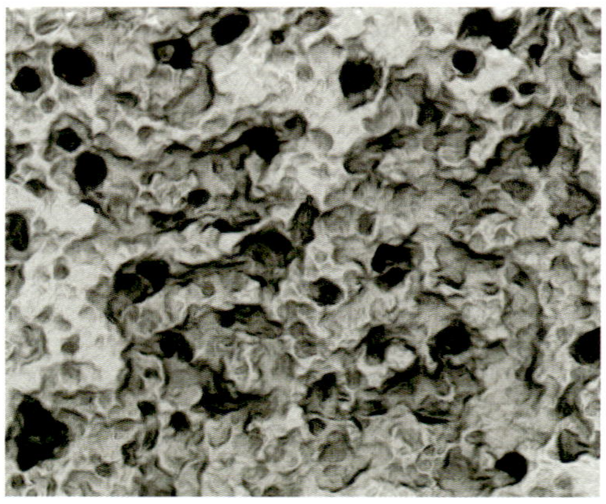

AO맵

전면 5행 8자

정 : 敎
이 : 敎
임 : △
서 : △
고 : △
공 : △

디지털 사진

RTI

부착 탁본

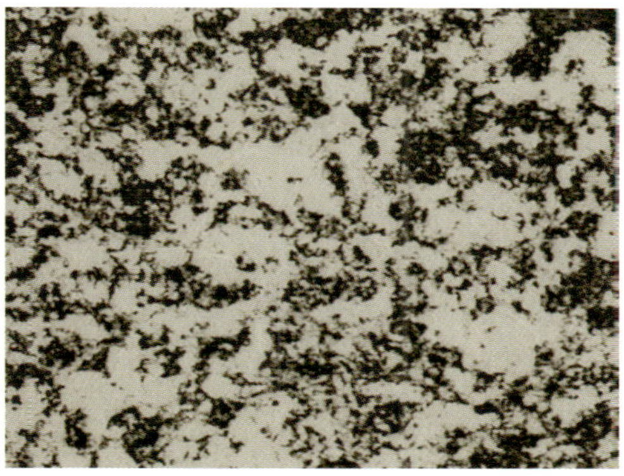

배접 탁본

비배접 탁본

폴리곤메시

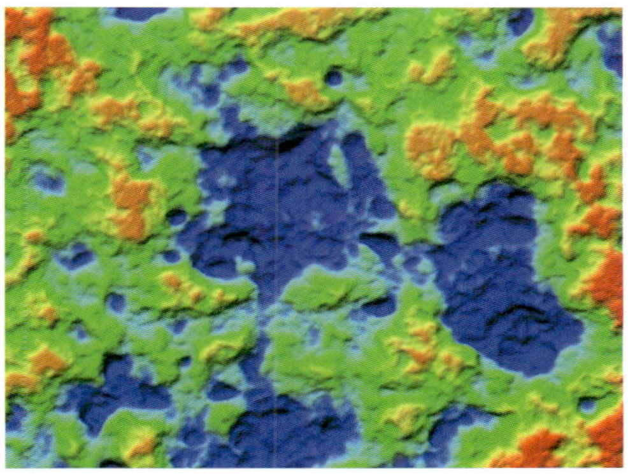

심도맵

AO맵

전면 5행 9자

정 : 使?
이 : 賜
임 : △
서 : △
고 : △
공 : △

디지털 사진

RTI

부착 탁본

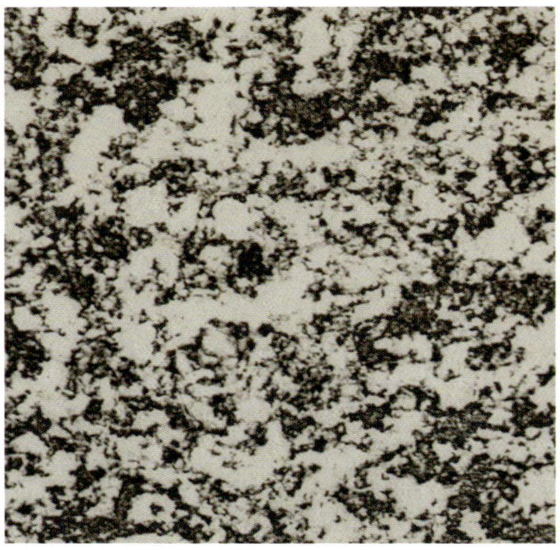

배접 탁본

비배접 탁본

폴리곤메시

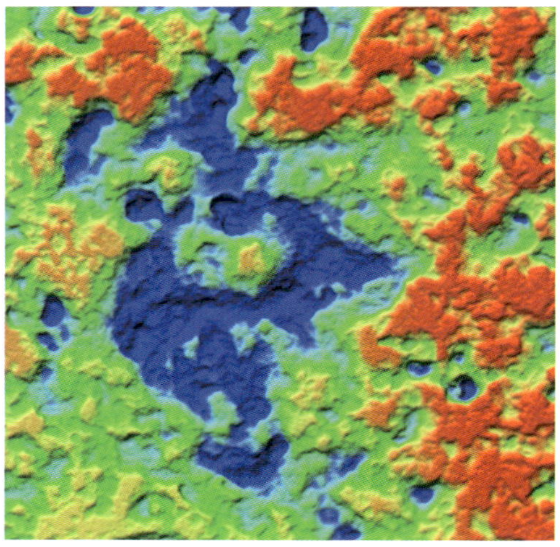

심도맵

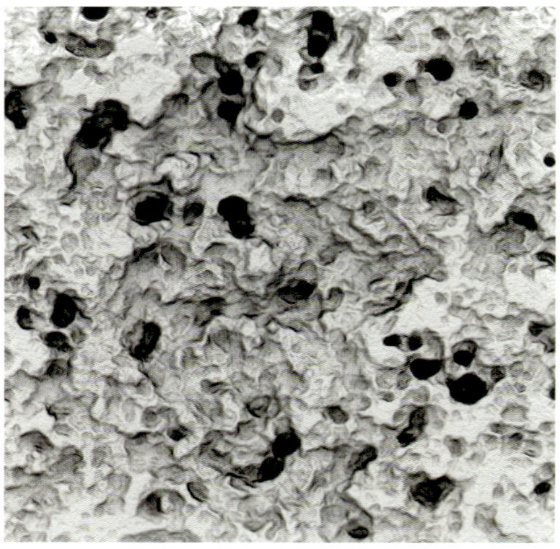

AO맵

전면 5행 10자

奴

디지털 사진

RTI

부착 탁본

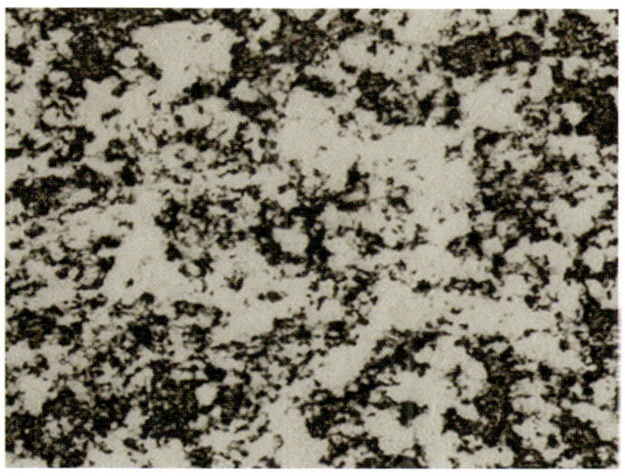

배접 탁본

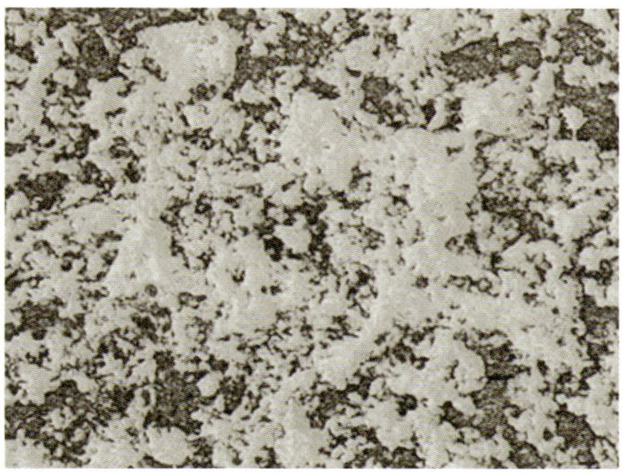

비배접 탁본

폴리곤메시

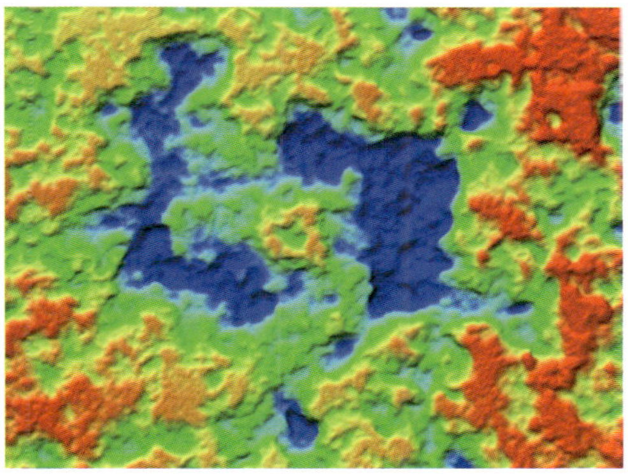

심도맵

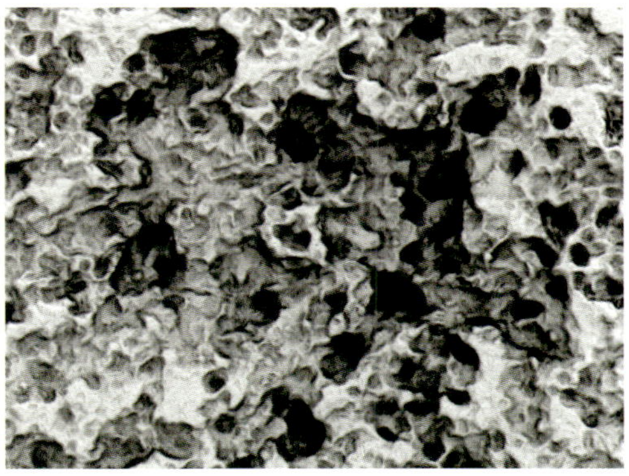

AO맵

전면 5행 11자

정 : 衆
이 : 衆
임 : 客
서 : 客
고 : 客
공 : 客

디지털 사진

RTI

부착 탁본

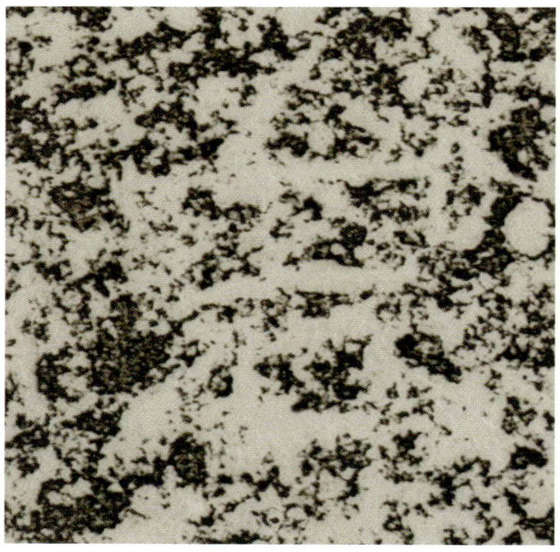

배접 탁본

비배접 탁본

폴리곤메시

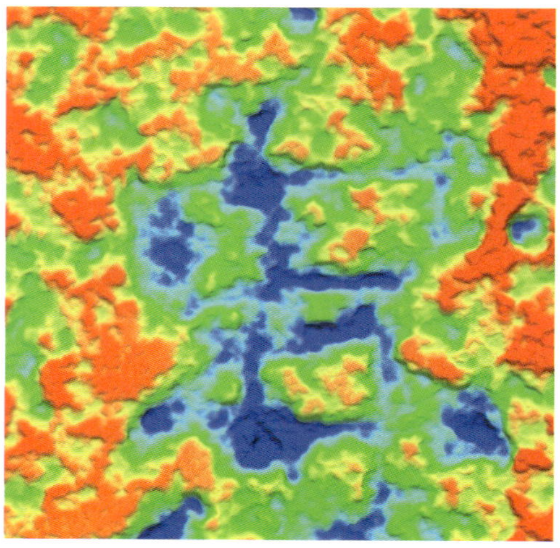

심도맵

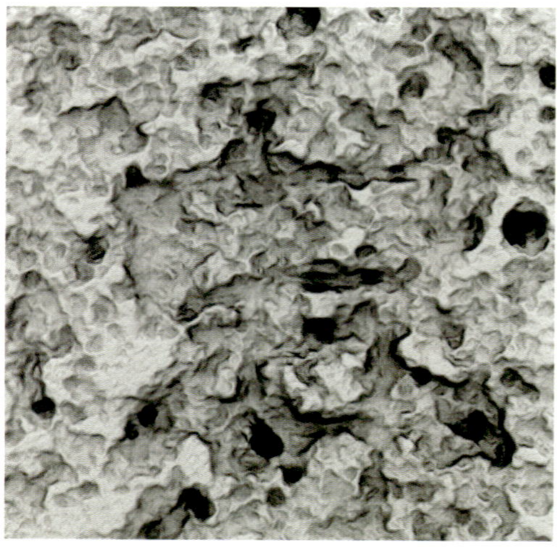

AO맵

전면 5행 12자

정 : 人
이 : 人
임 : △
서 : 人
고 : 人
공 : 人

디지털 사진

RTI

부착 탁본

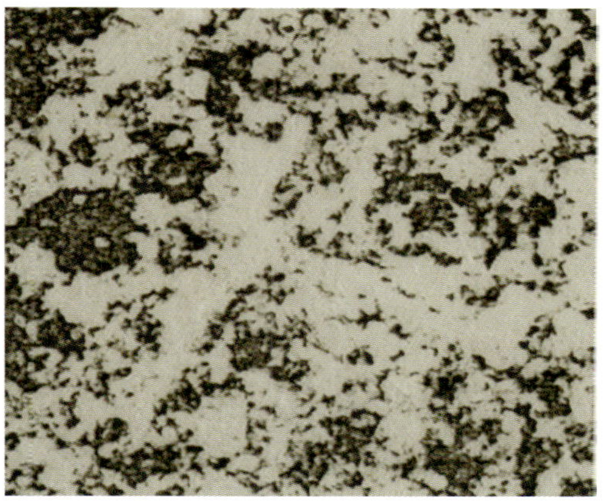

배접 탁본

비배접 탁본

폴리곤메시

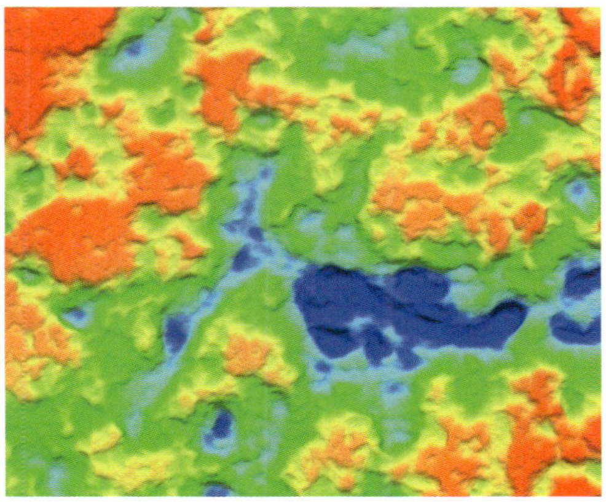

심도맵

AO맵

전면 5행 13자

정 : 者
이 : 革
임 : △
서 : △
고 : △
공 : △

디지털 사진

RTI

부착 탁본

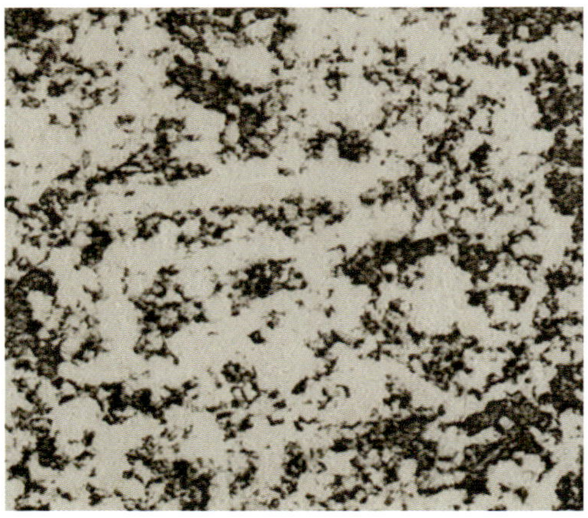

배접 탁본

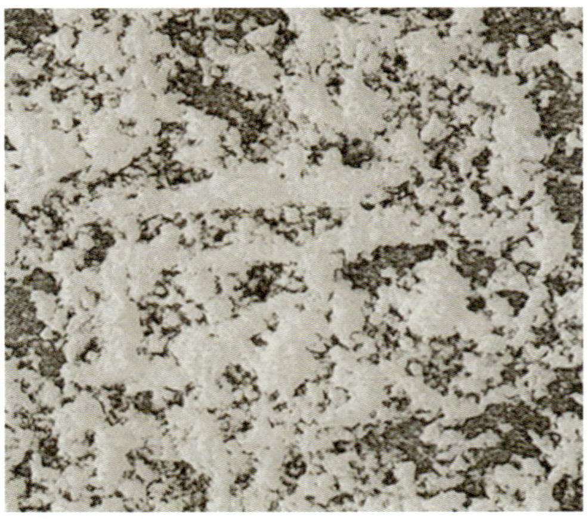

비배접 탁본

폴리곤메시

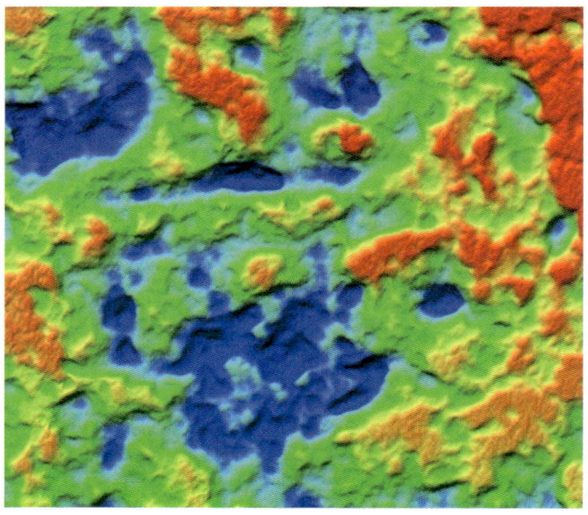

심도맵

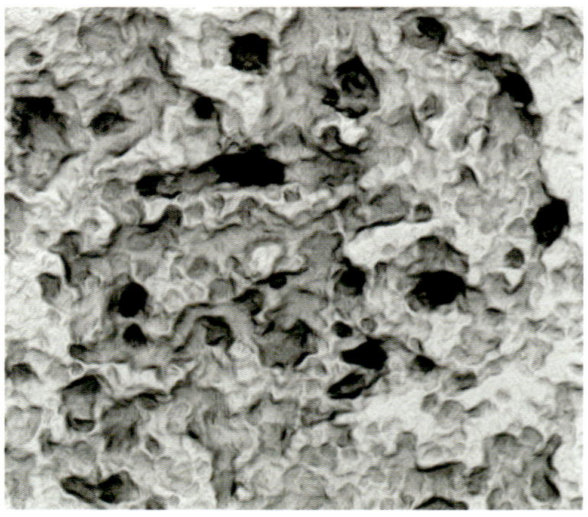

AO맵

전면 5행 14자

정 : 敎
이 : 鞋
임 : 勲
서 : 敎
고 : 敎
공 : 敎

디지털 사진

RTI

부착 탁본

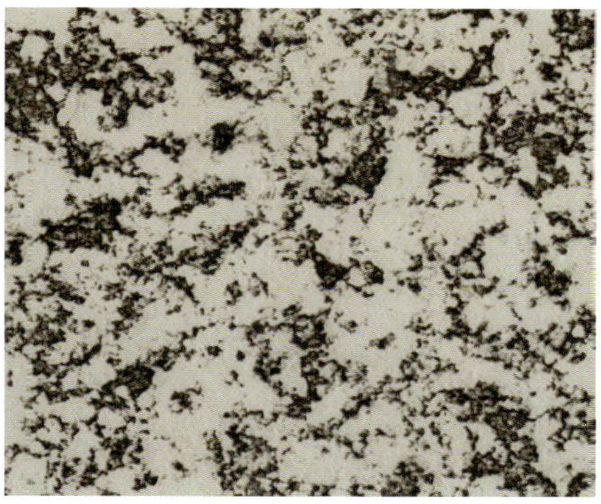

배접 탁본

비배접 탁본

폴리곤메시

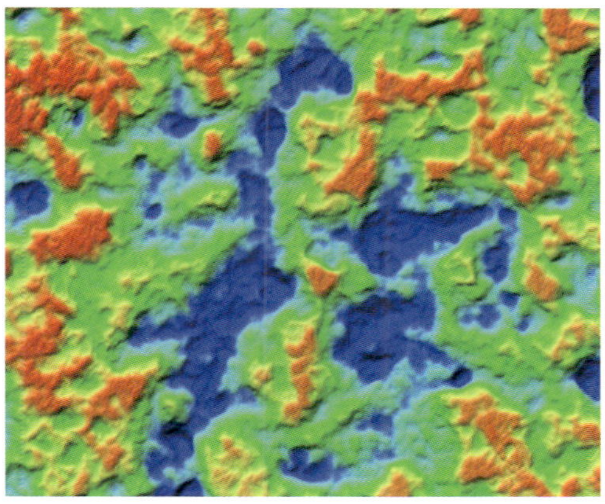

심도맵

AO맵

전면 5행 15자

정 : 諸?
이 : 諸
임 : △
서 : 諸
고 : 諸
공 : 諸

디지털 사진

RTI

부착 탁본

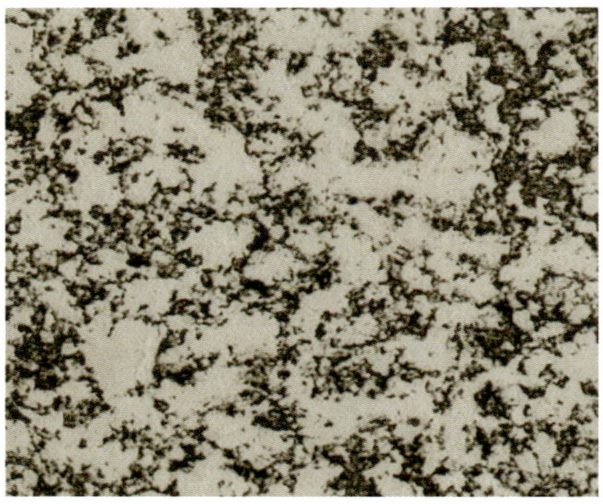

배접 탁본

비배접 탁본

폴리곤메시

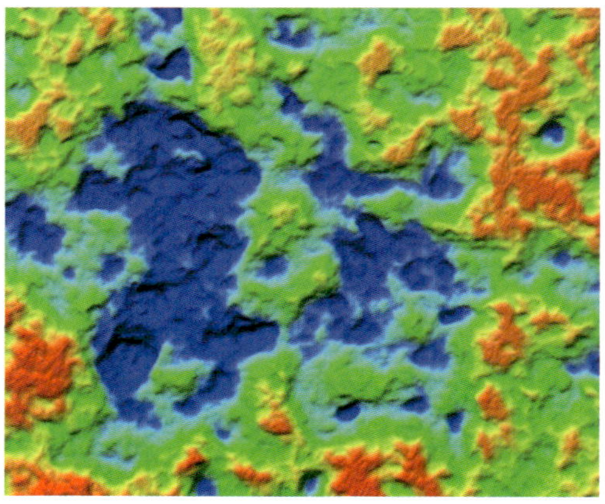

심도맵

AO맵

전면 5행 16자

位

디지털 사진

RTI

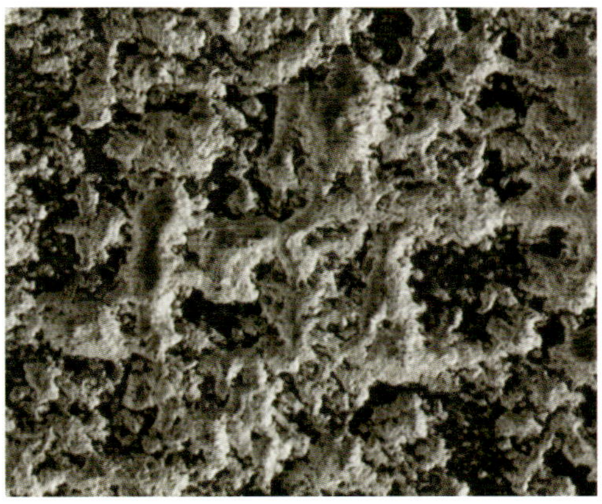

부착 탁본

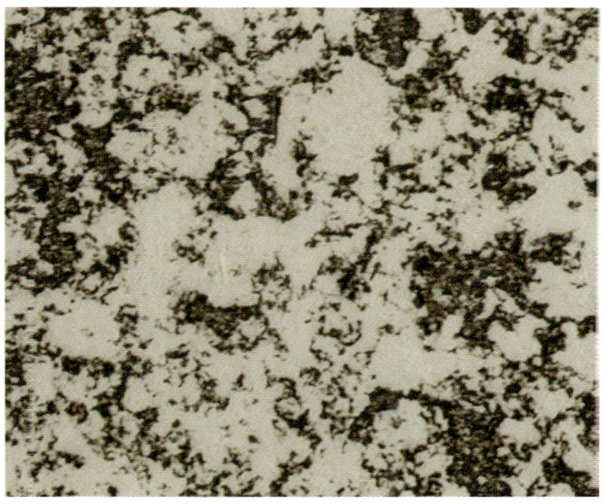

배접 탁본

비배접 탁본

폴리곤메시

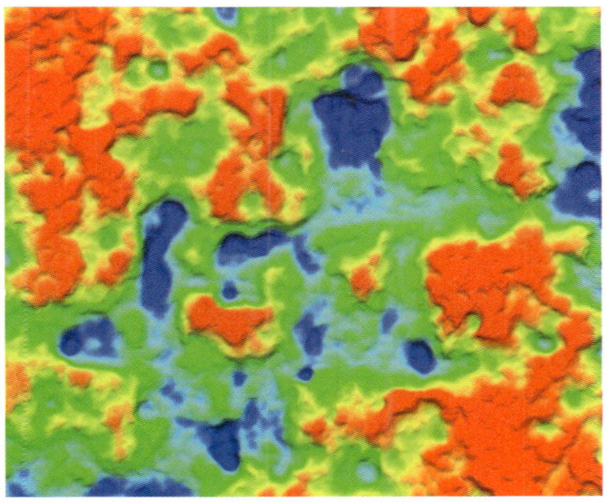

심도맵

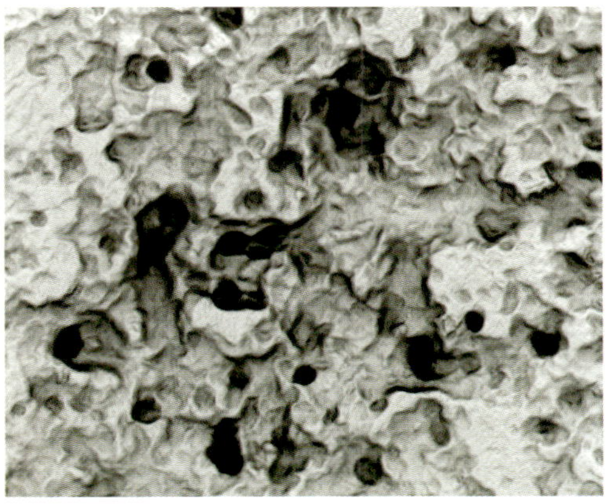

AO맵

전면 5행 17자

賜

디지털 사진

RTI

부착 탁본

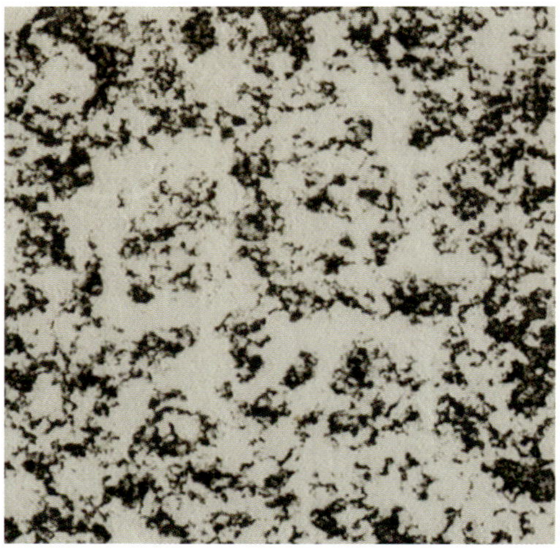

배접 탁본

비배접 탁본

폴리곤메시

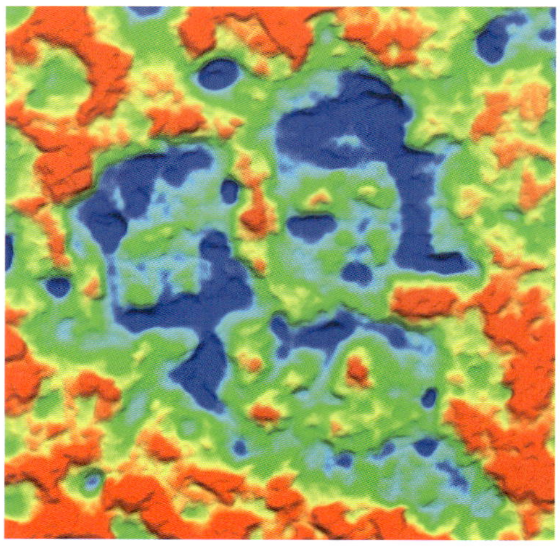

심도맵

AO맵

전면 5행 18자

정 : 土
이 : 上
임 : 上
서 : 上
고 : 上
공 : 上

디지털 사진

RTI

부착 탁본

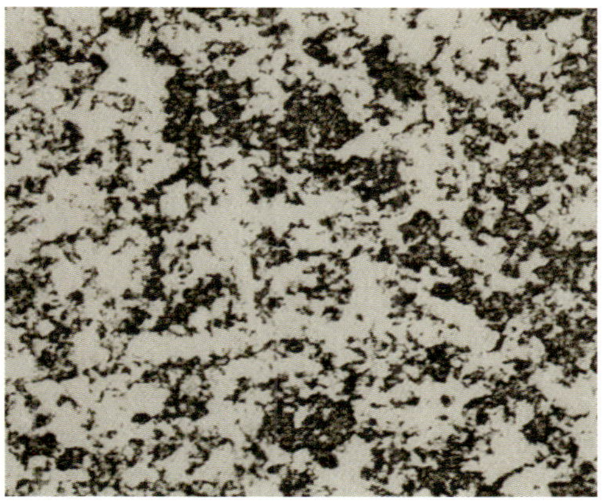

배접 탁본

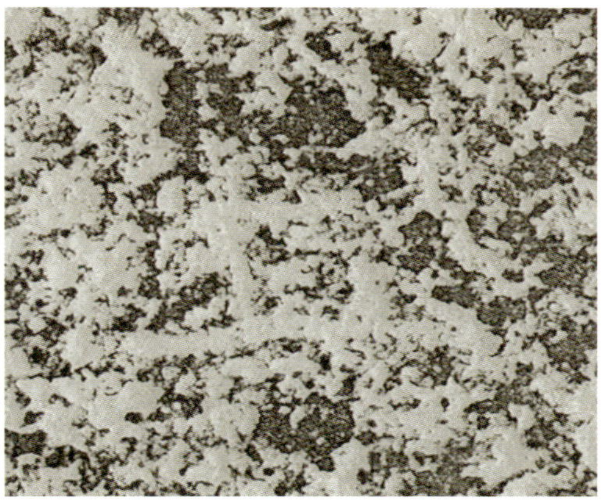

비배접 탁본

폴리곤메시

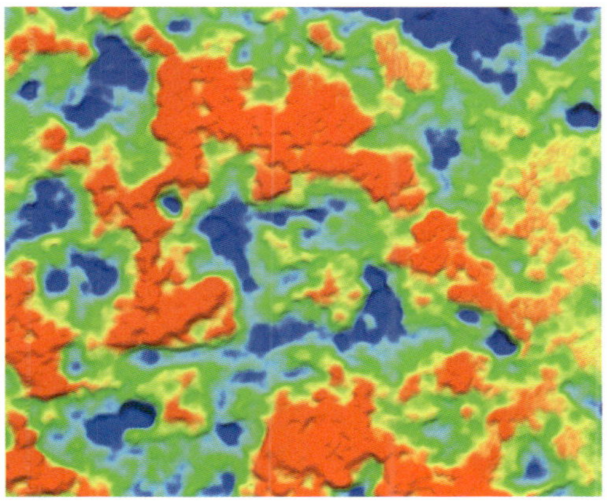

심도맵

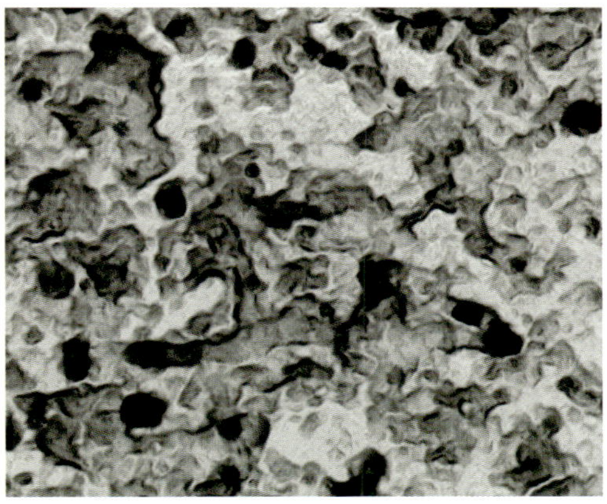

AO맵

전면 5행 19자

정 : 內
이 : 下
임 : 下
서 : 下
고 : 下
공 : 下

디지털 사진

RTI

부착 탁본

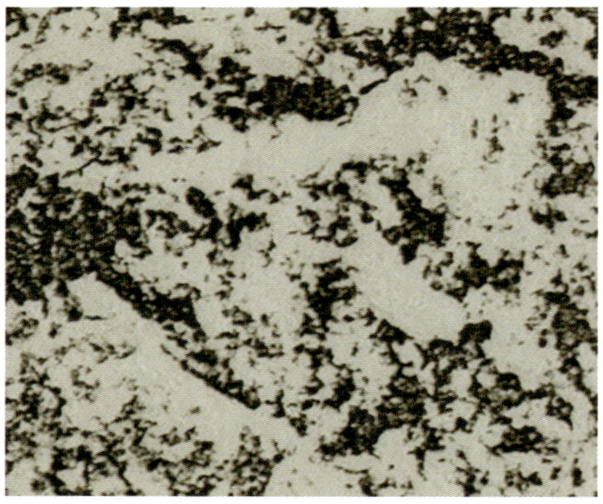

배접 탁본

비배접 탁본

폴리곤메시

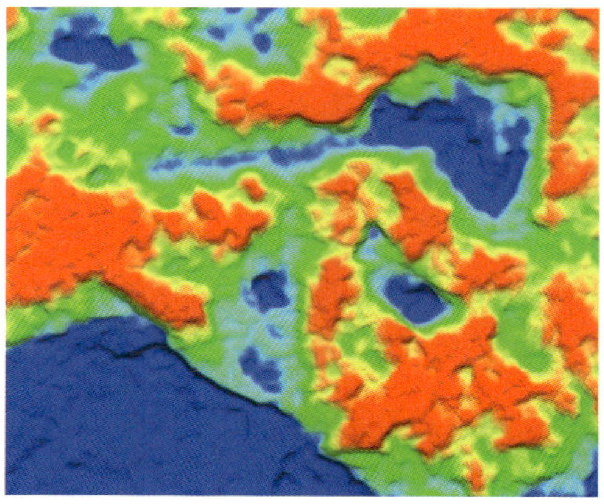

심도맵

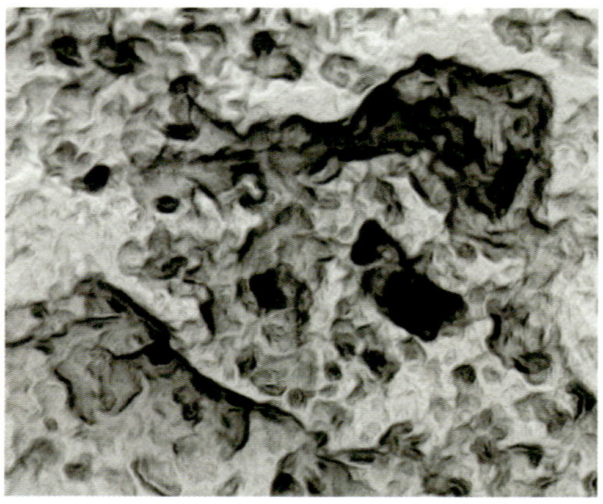

AO맵

전면 5행 20자

정 : △
이 : 衣
임 : △
서 : 衣
고 : 衣?
공 : 〈衣〉

디지털 사진

RTI

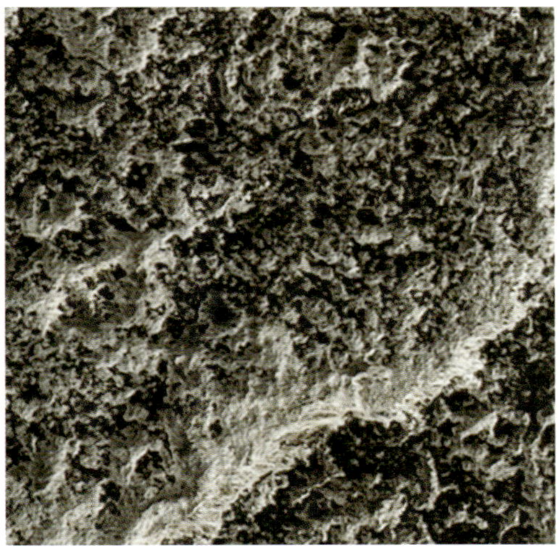

부착 탁본

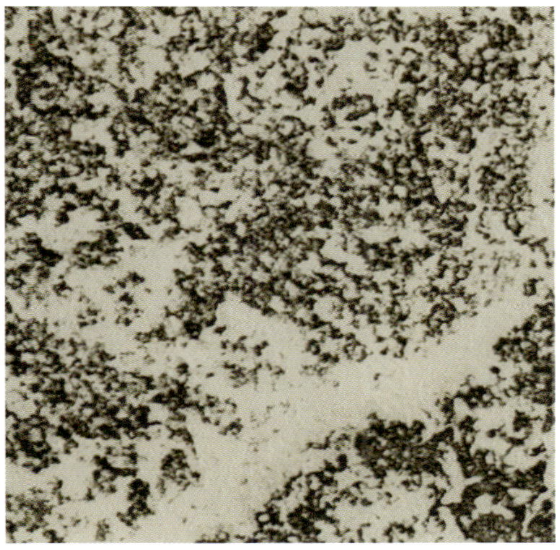

배접 탁본

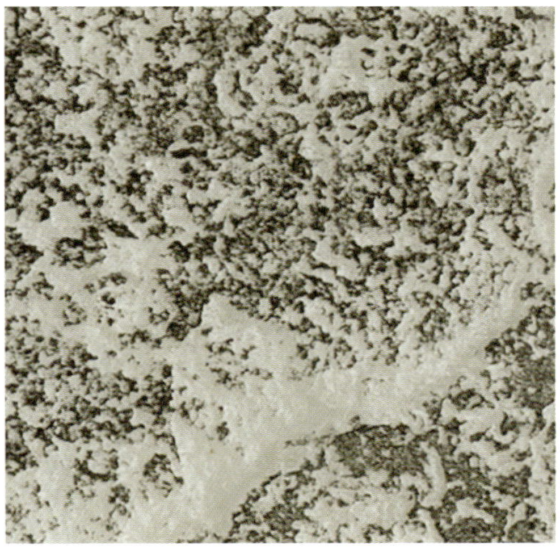

비배접 탁본

폴리곤메시

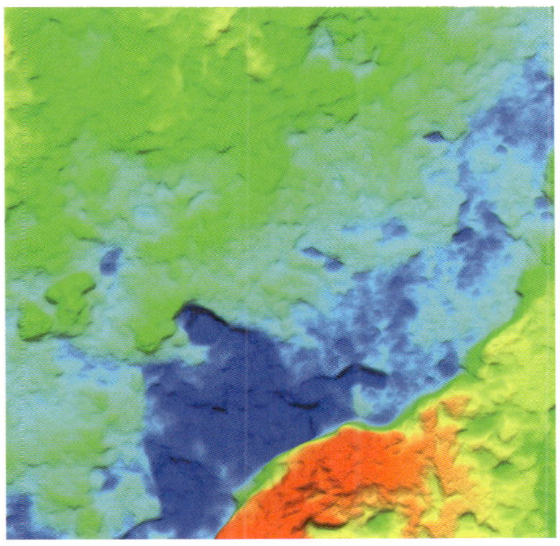

심도맵

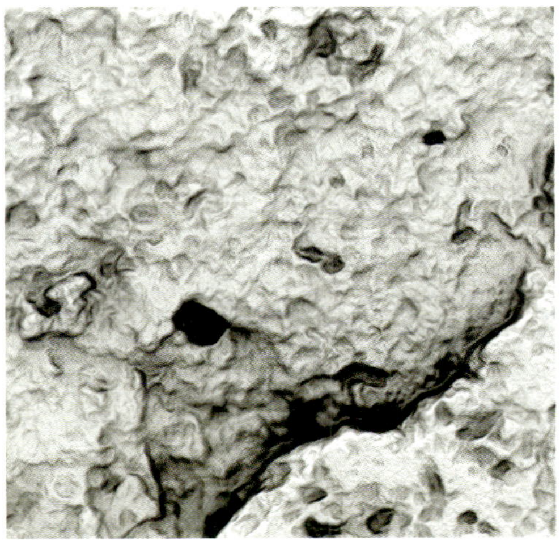

AO맵

전면 5행 21자

정 : △
이 : 服
임 : 服
서 : 服
고 : 服
공 : 服

디지털 사진

RTI

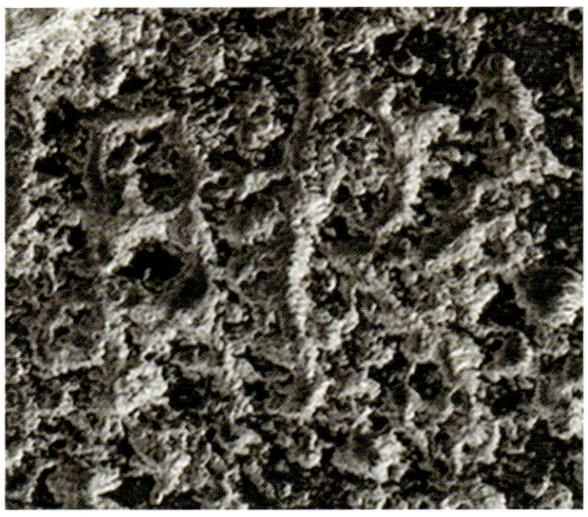

부착 탁본

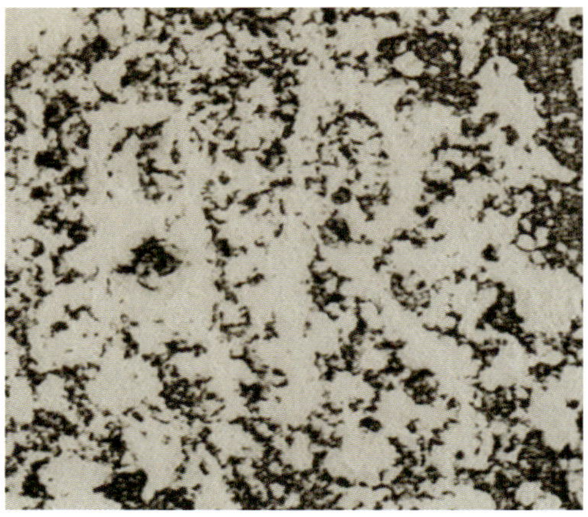

배접 탁본

비배접 탁본

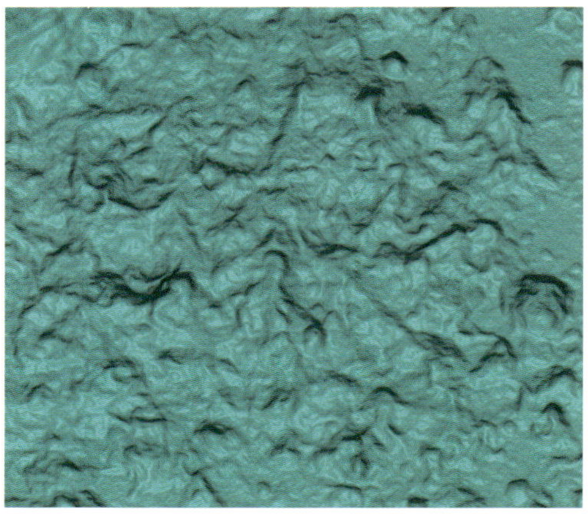

폴리곤메시

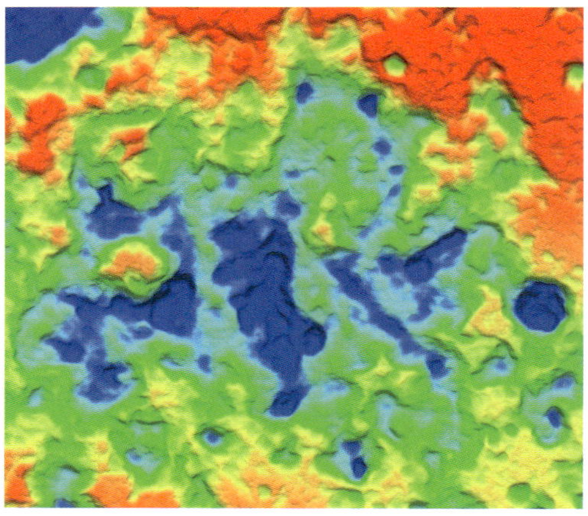

심도맵

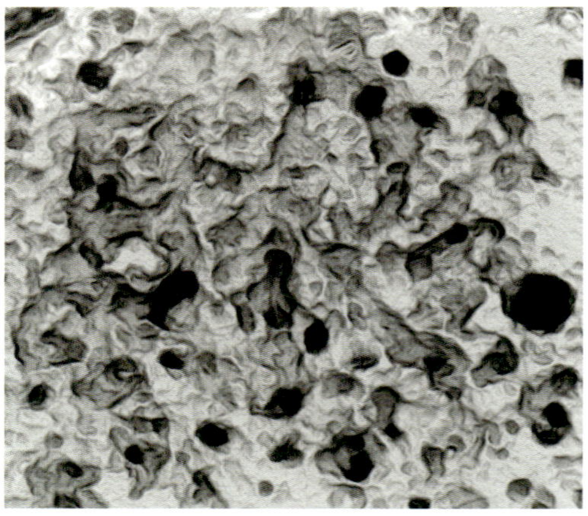

AO맵

전면 5행 22자

敎

디지털 사진

RTI

부착 탁본

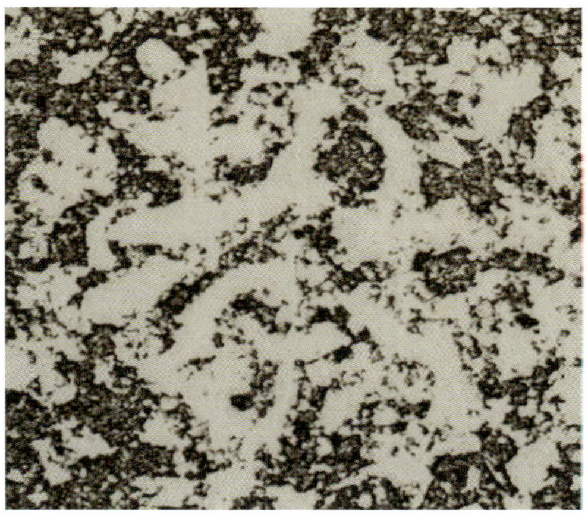

배접 탁본

비배접 탁본

폴리곤메시

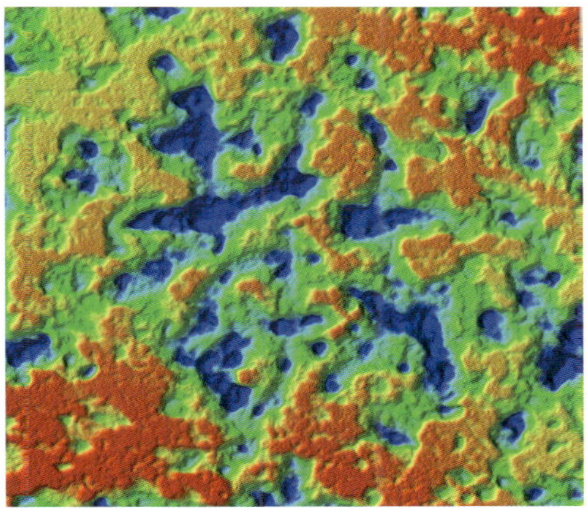

심도맵

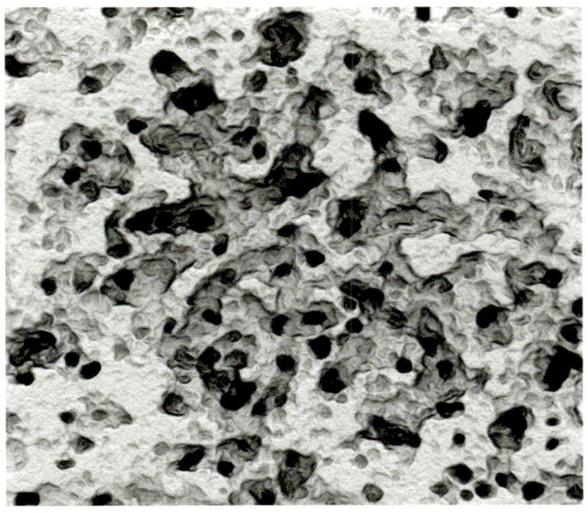

AO맵

전면 5행 23자

東

디지털 사진

RTI

부착 탁본

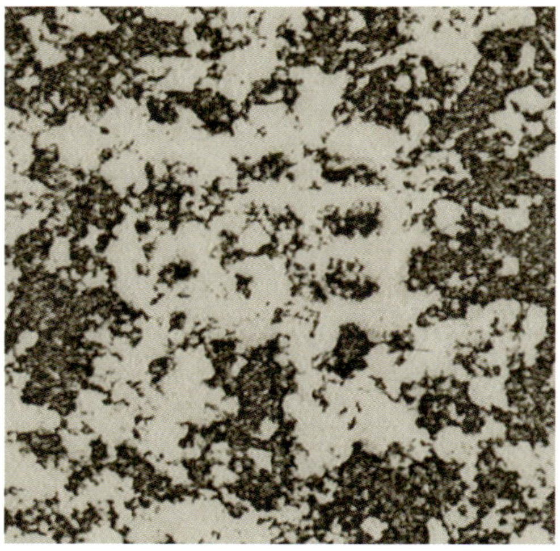

배접 탁본

비배접 탁본

폴리곤메시

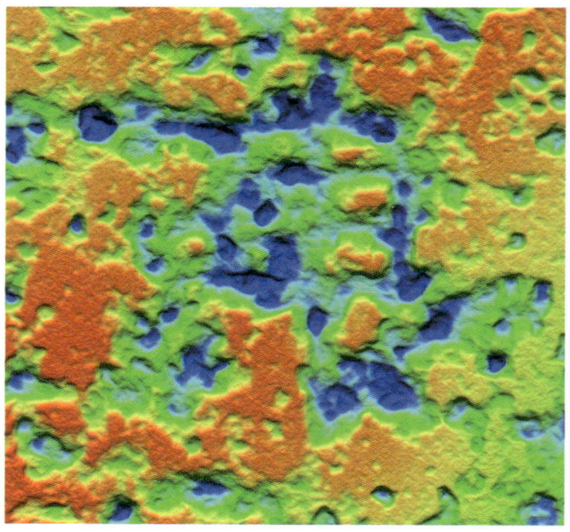

심도맵

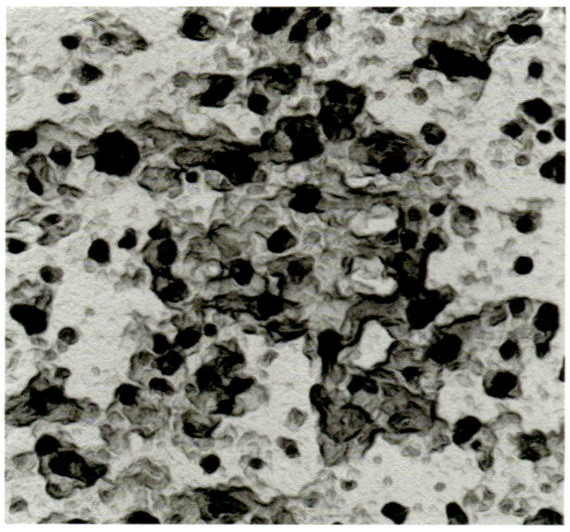

AO맵

전면 6행 1자

정 : 夷
이 : 夷
임 : 夷
서 : 夷
고 : 夷?
공 : 夷

디지털 사진

RTI

부착 탁본

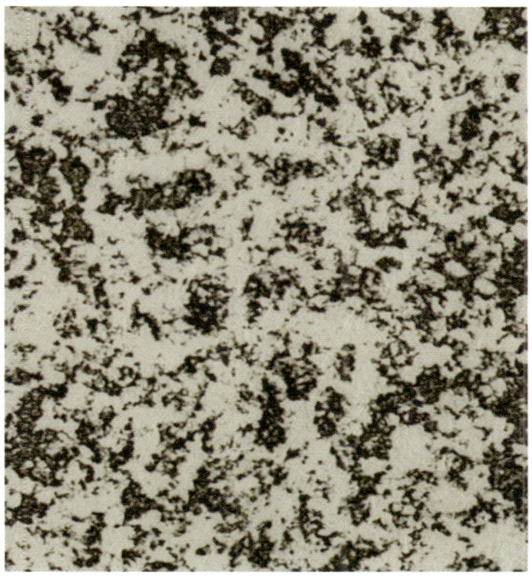

배접 탁본

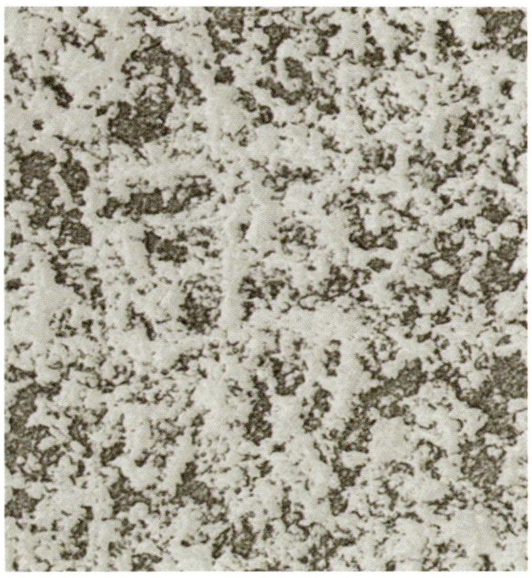

비배접 탁본

폴리곤메시

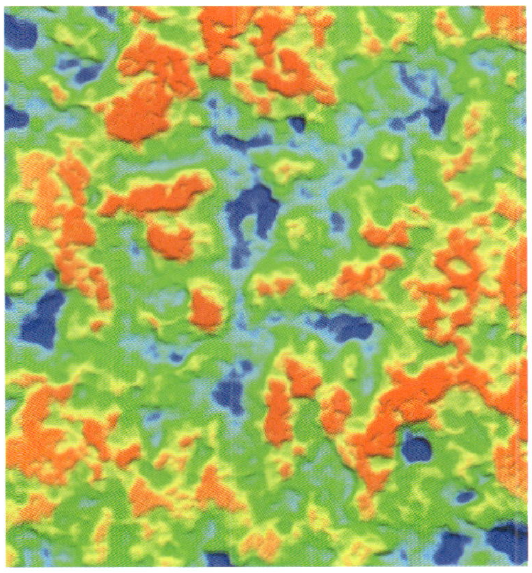

심도맵

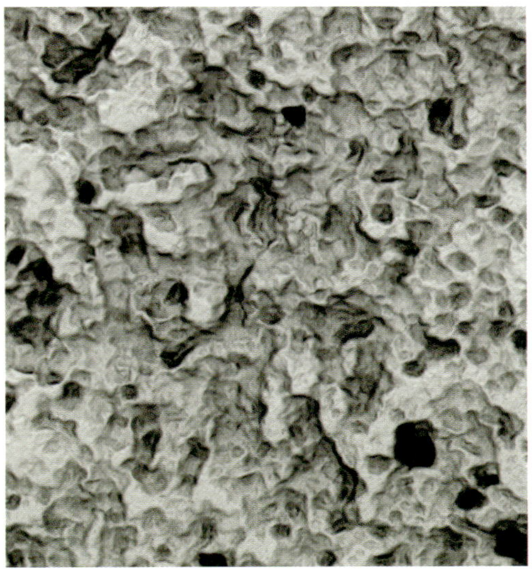

AO맵

전면 6행 2자

寐

디지털 사진

RTI

부착 탁본

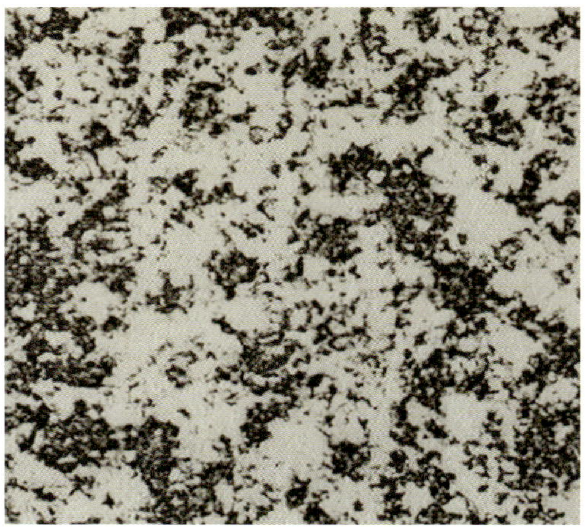

배접 탁본

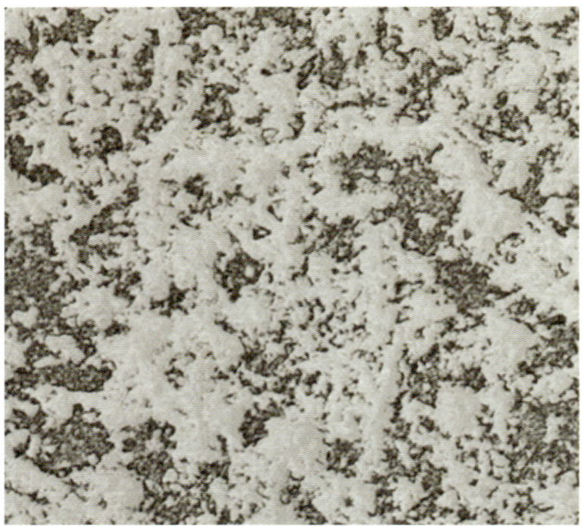

비배접 탁본

폴리곤메시

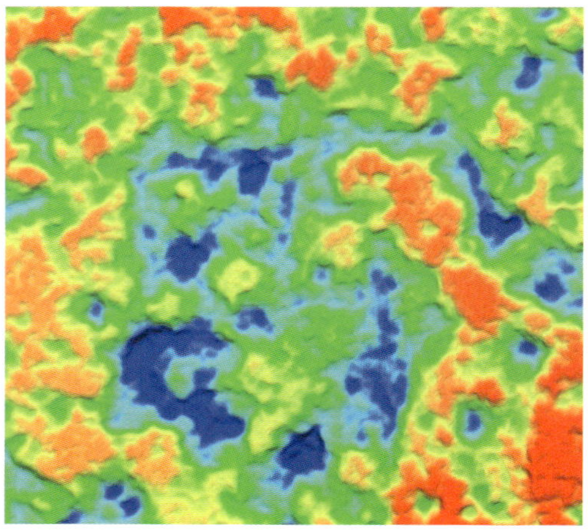

심도맵

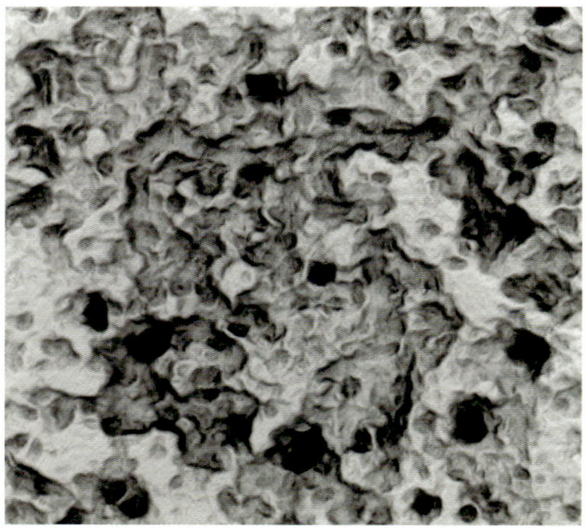

AO맵

전면 6행 3자

錦

디지털 사진

RTI

부착 탁본

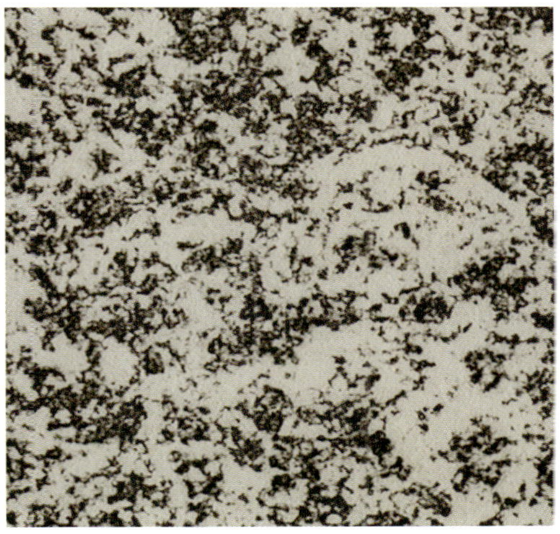

배접 탁본

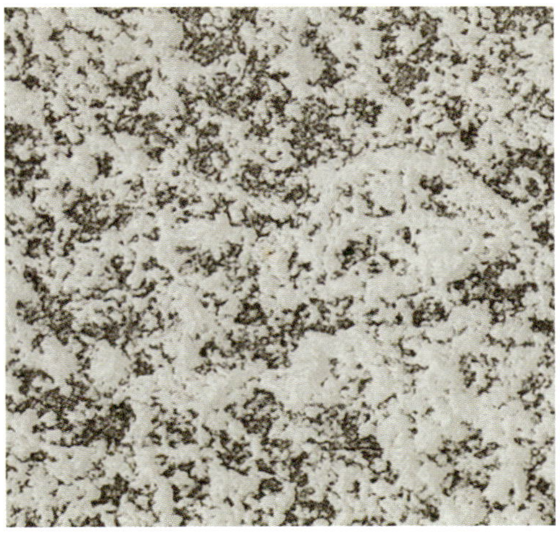

비배접 탁본

폴리곤메시

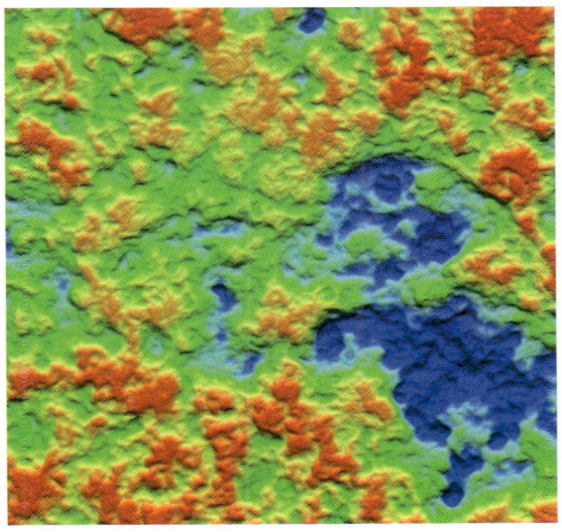

심도맵

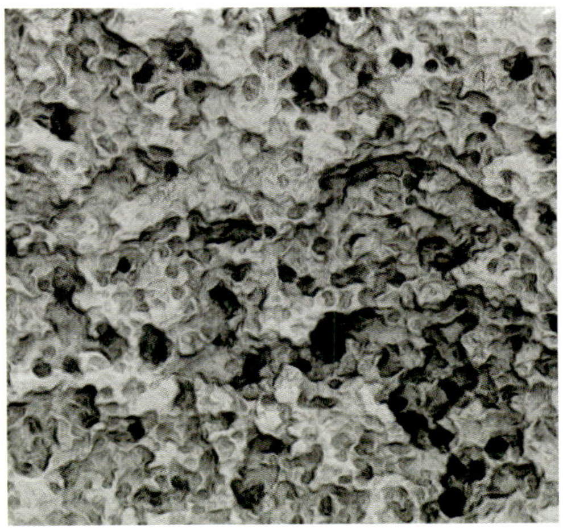

AO맵

전면 6행 4자

정 : 逕
이 : 逮
임 : △
서 : 逕
고 : 逕
공 : 逕

디지털 사진

RTI

부착 탁본

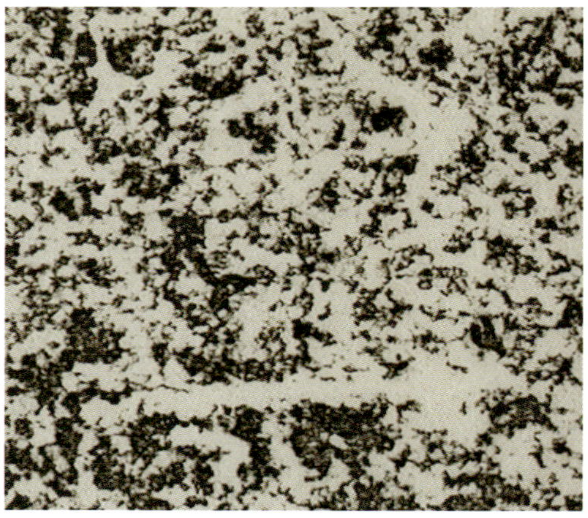

배접 탁본

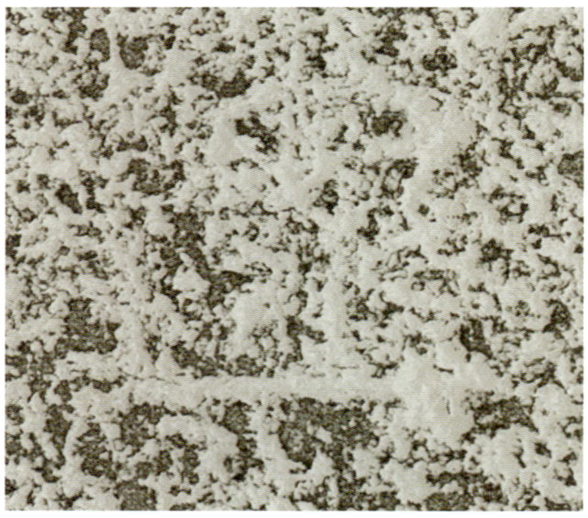

비배접 탁본

폴리곤메시

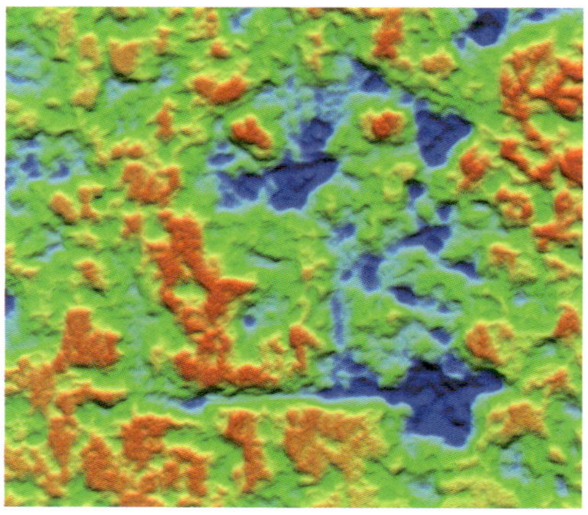

심도맵

AO맵

전면 6행 5자

還[5]

디지털 사진

RTI

부착 탁본

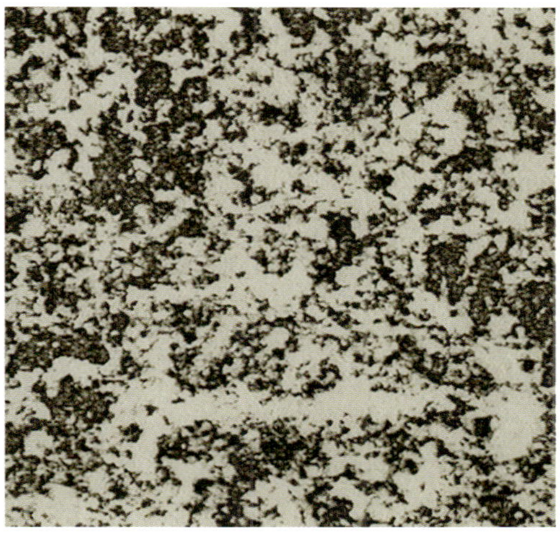

배접 탁본

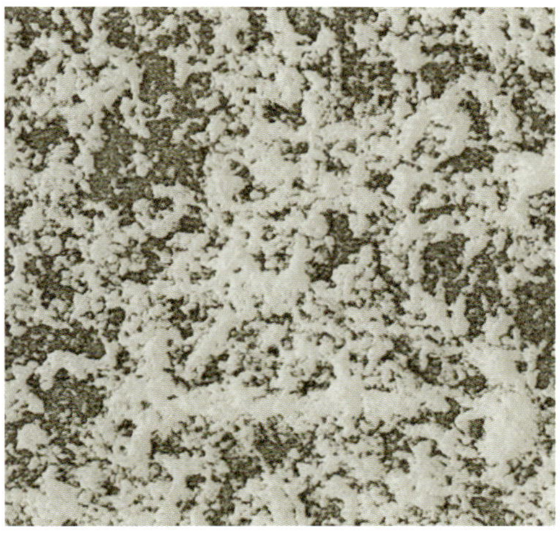

비배접 탁본

폴리곤메시

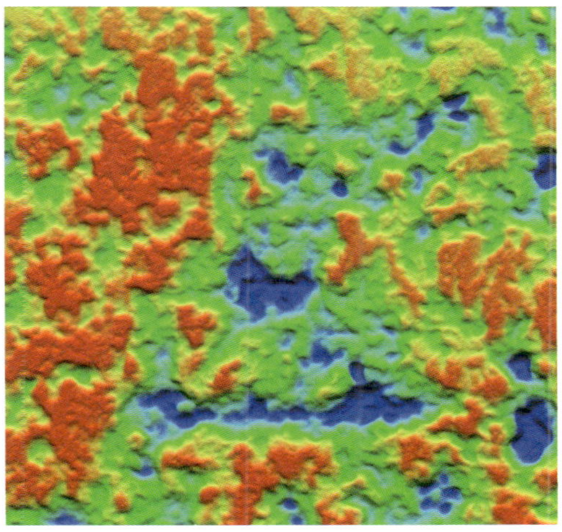

심도맵

AO맵

5 임창순 판독표에서는 이 글자가 전면 6행 6자 칸에 표기되어 있으나 그 다음 글자들이 "來△敎賜"로 판독되고 있어 한 칸씩 밀린 듯하다. 여기서는 임창순 판독표에서 "還來△敎賜"자의 위치를 6행 5자부터 6행 9자로 정정하였다.

전면 6행 6자

來

디지털 사진

RTI

부착 탁본

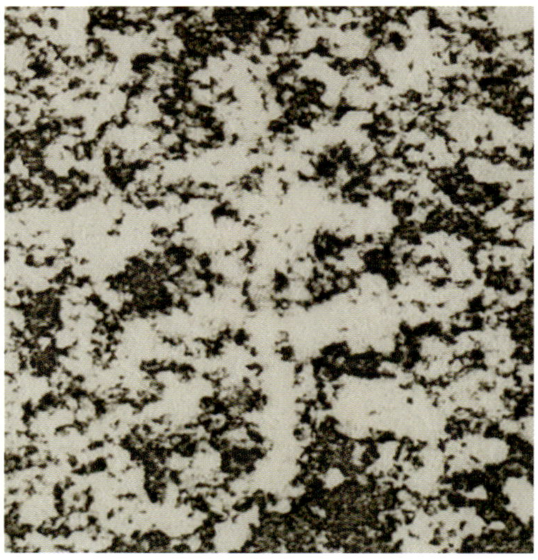

배접 탁본

비배접 탁본

폴리곤메시

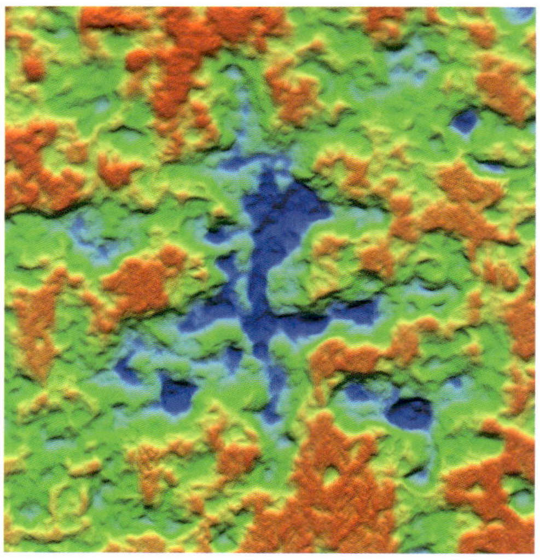

심도맵

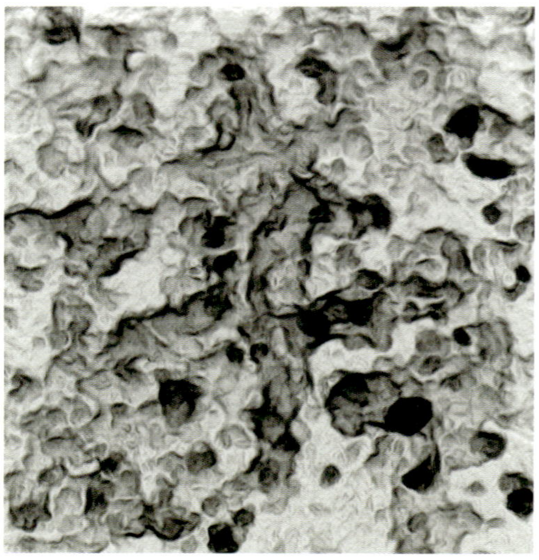

AO맵

전면 6행 7자

정 : 節
이 : 節
임 : △
서 : 節
고 : 節
공 : 節

디지털 사진

RTI

부착 탁본

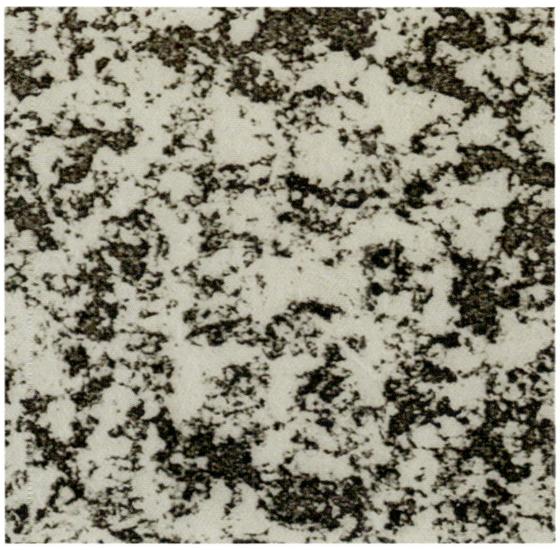

배접 탁본

비배접 탁본

폴리곤메시

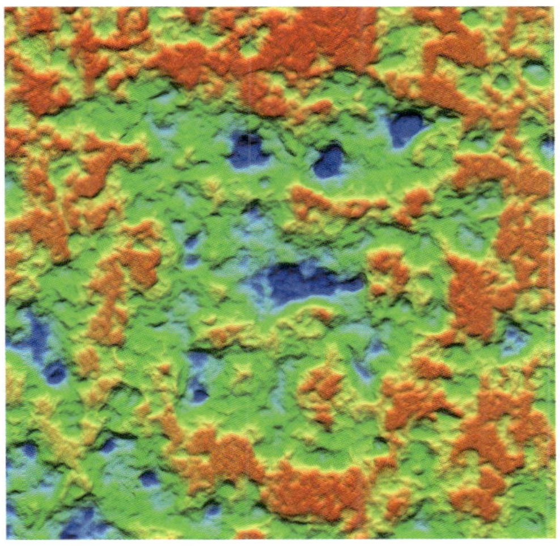

심도맵

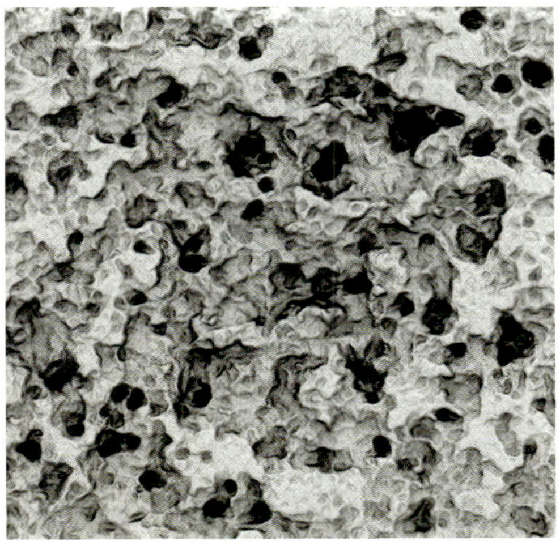

AO맵

전면 6행 8자

敎

디지털 사진

RTI

부착 탁본

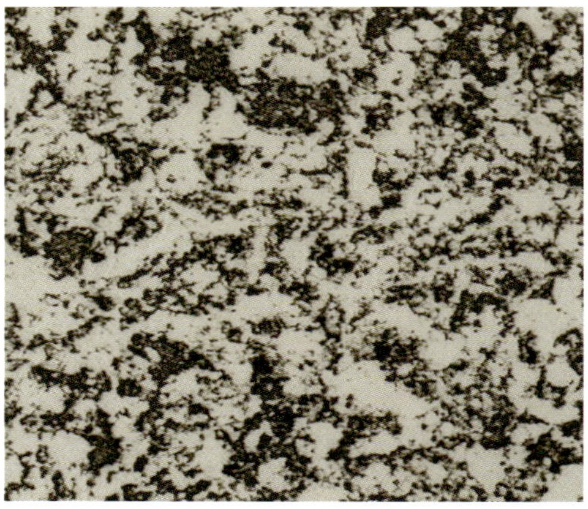

배접 탁본

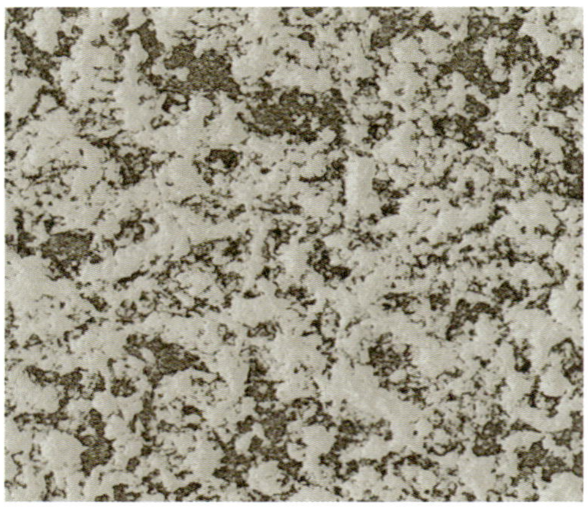

비배접 탁본

폴리곤메시

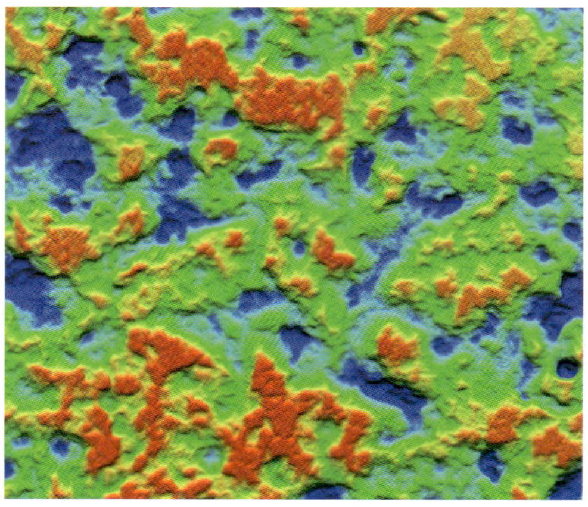

심도맵

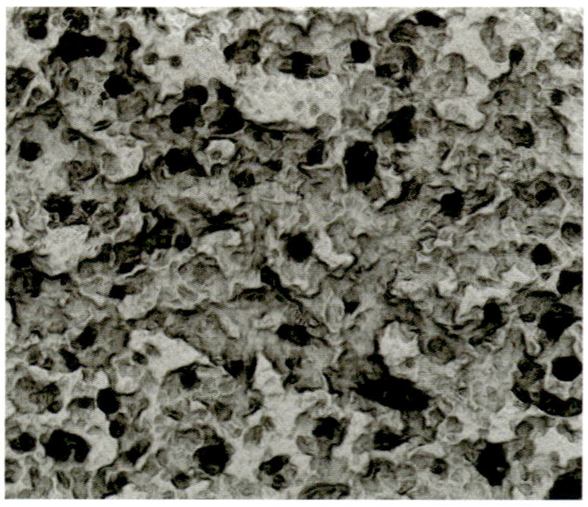

AO맵

전면 6행 9자

賜

디지털 사진

RTI

부착 탁본

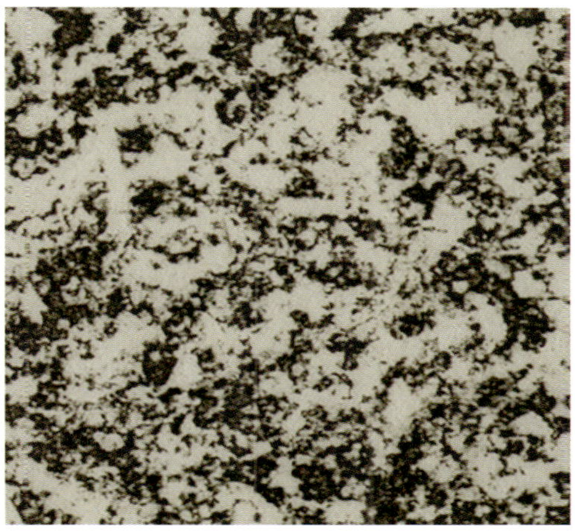

배접 탁본

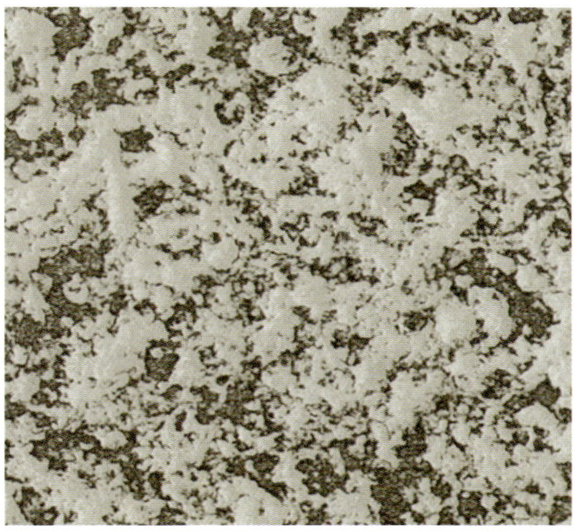

비배접 탁본

폴리곤메시

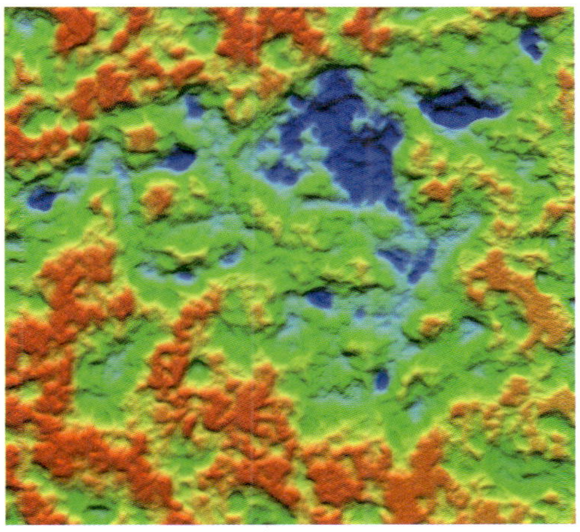

심도맵

AO맵

전면 6행 10자

정 : 寐
이 : 寐
임 : △
서 : 寐
고 : 寐
공 : 寐

디지털 사진

RTI

부착 탁본

배접 탁본

비배접 탁본

폴리곤메시

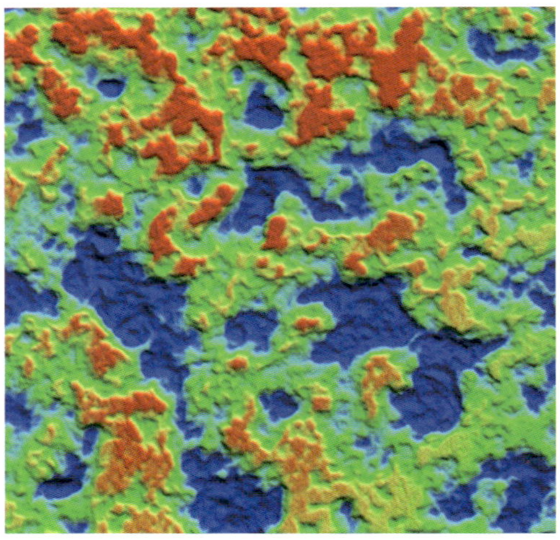

심도맵

AO맵

전면 6행 11자

정 : 錦
이 : 錦
임 : △
서 : 錦
고 : 錦
공 : 錦

디지털 사진

RTI

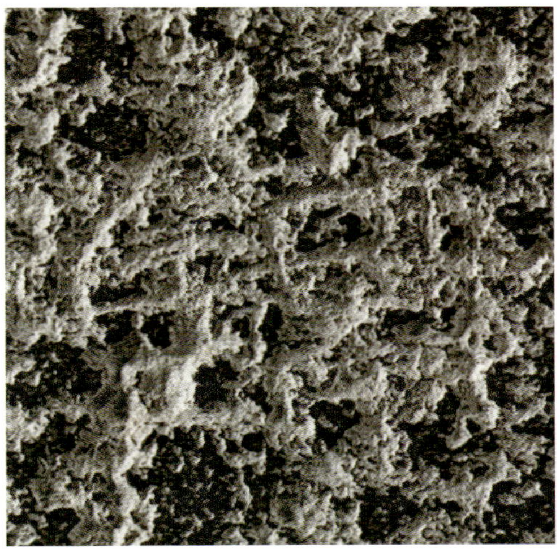

부착 탁본

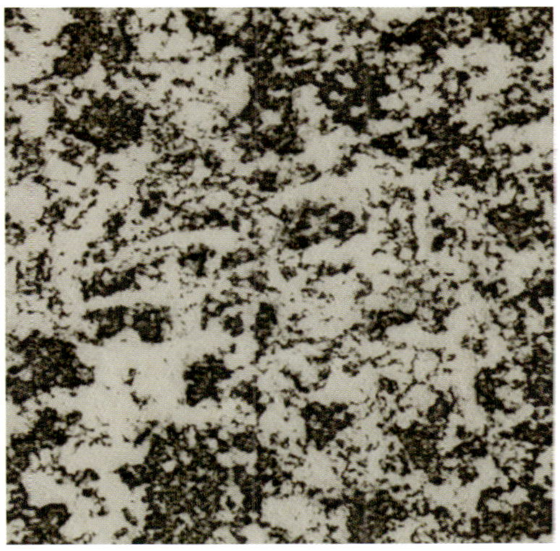

배접 탁본

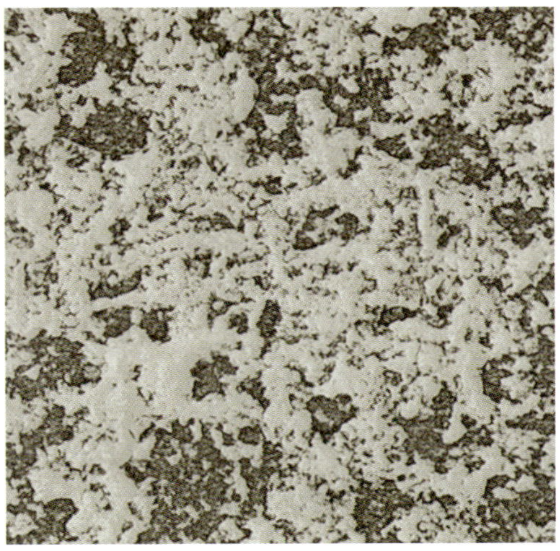

비배접 탁본

폴리곤메시

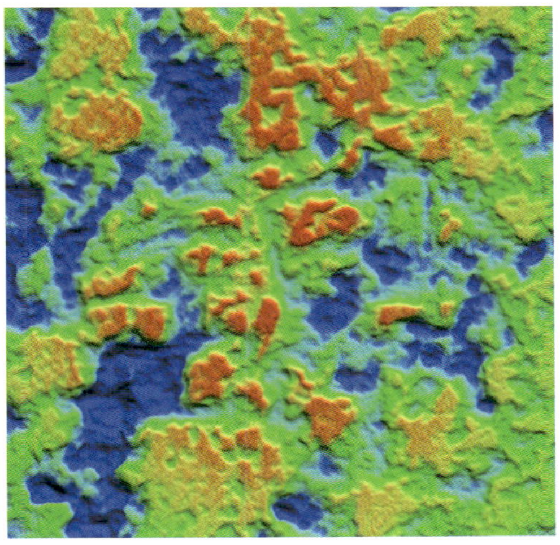

심도맵

AO맵

전면 6행 12자

정 : 土
이 : 土
임 : △
서 : 土
고 : 土
공 : 土

디지털 사진

RTI

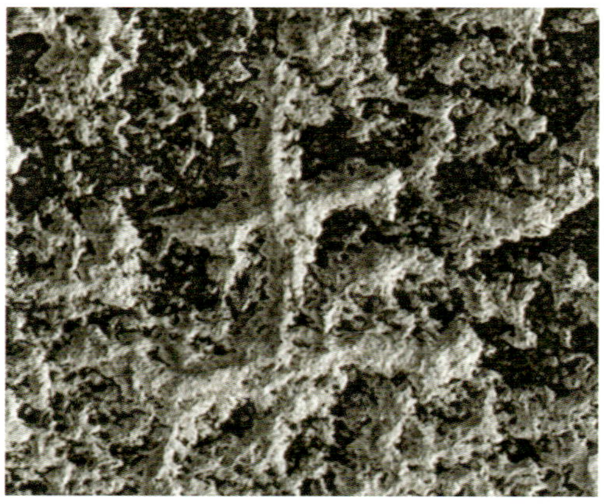

부착 탁본

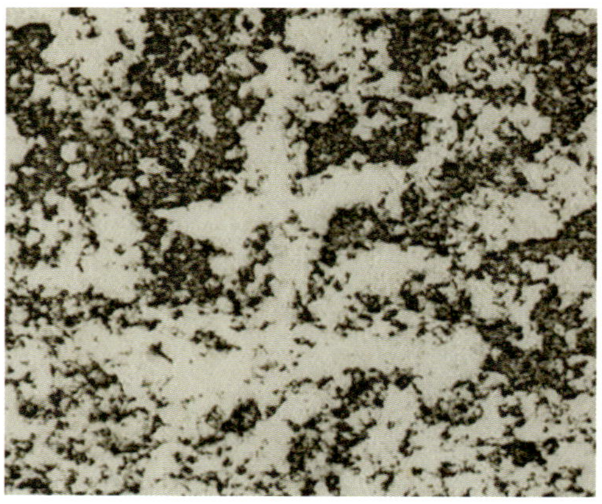

배접 탁본

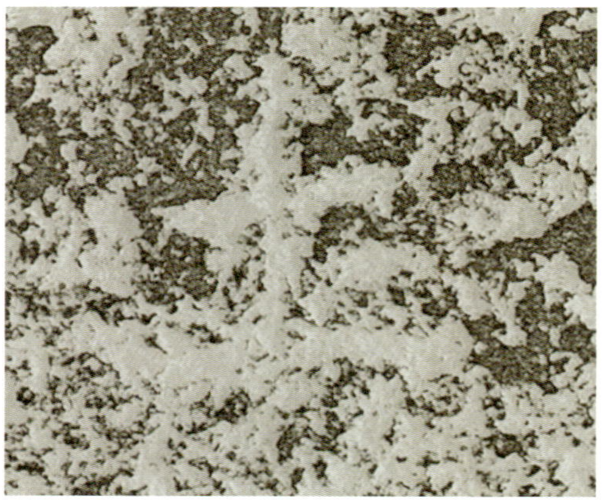

비배접 탁본

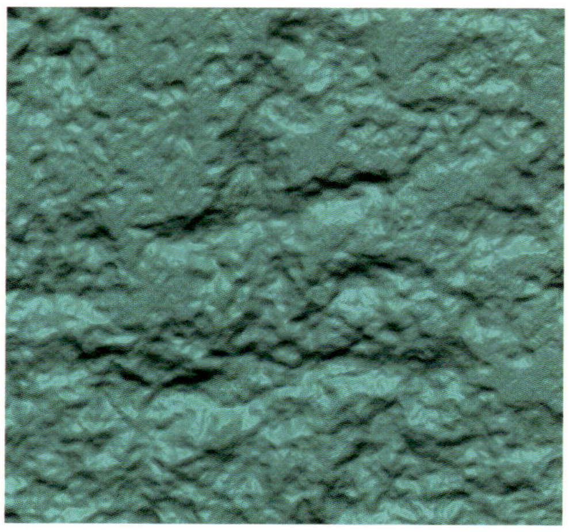

폴리곤메시

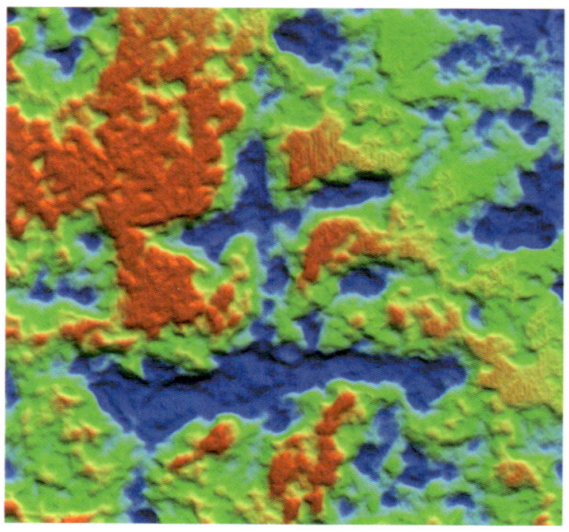

심도맵

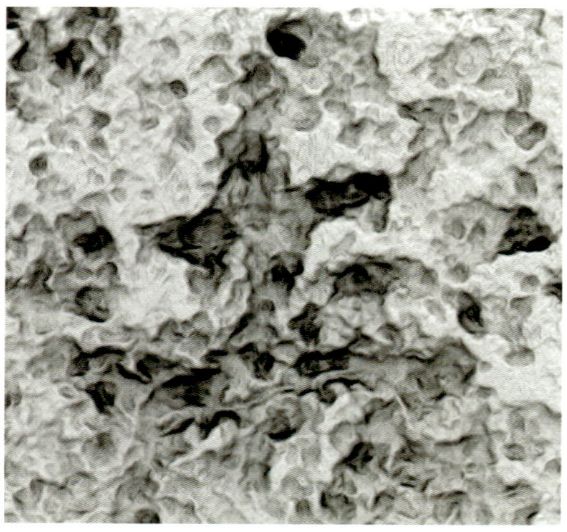

AO맵

전면 6행 13자

정 : 內
이 : 內
임 : △
서 : 內
고 : 內
공 : 內

디지털 사진

RTI

부착 탁본

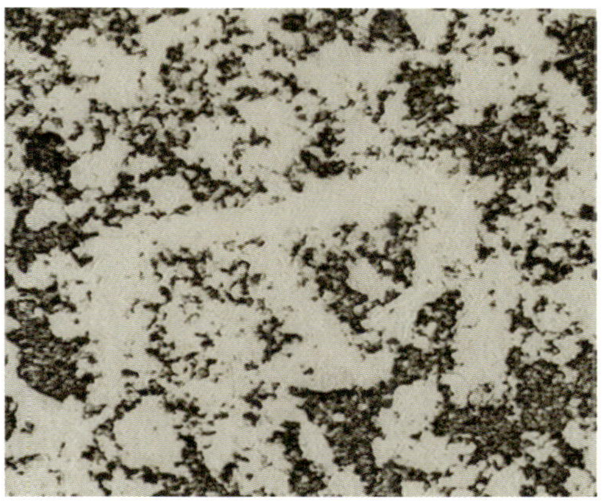

배접 탁본

비배접 탁본

폴리곤메시

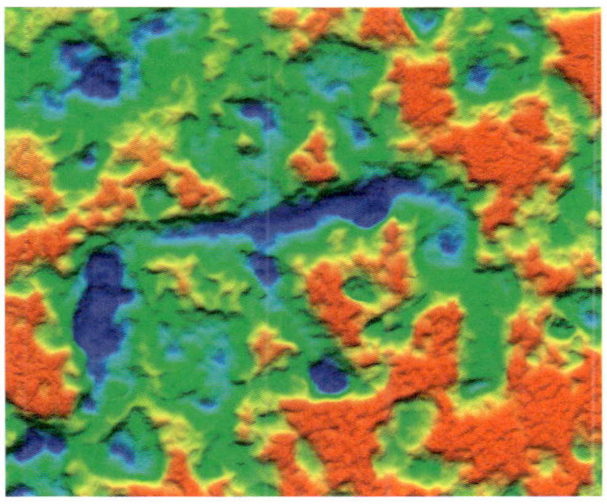

심도맵

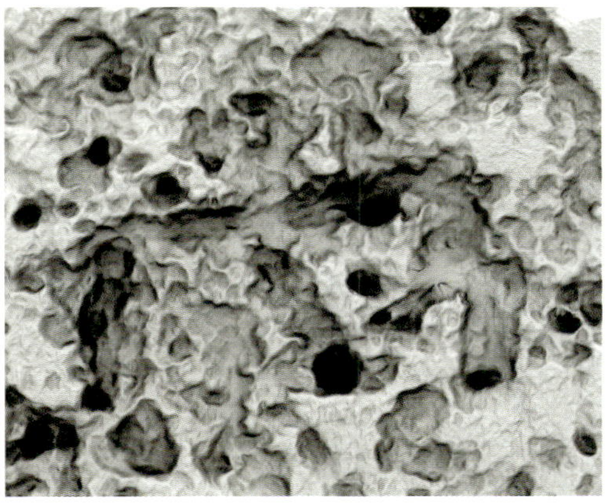

AO맵

전면 6행 14자

정 : 諸
이 : 諸
임 : △
서 : 諸
고 : 諸
공 : 諸

디지털 사진

RTI

부착 탁본

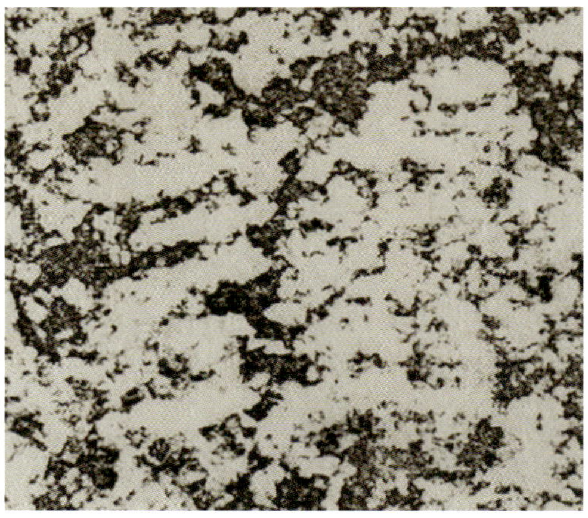

배접 탁본

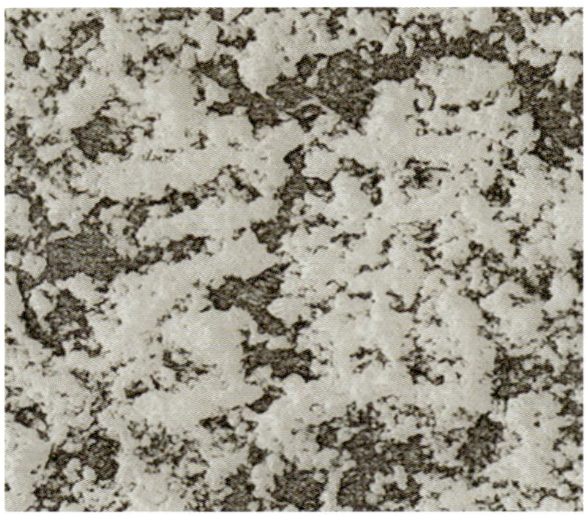

비배접 탁본

폴리곤메시

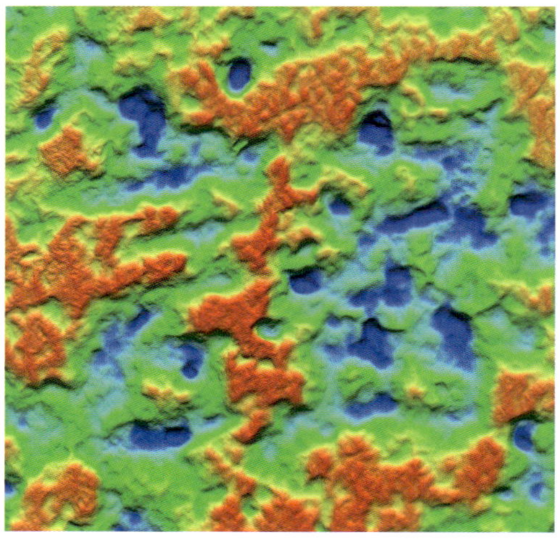

심도맵

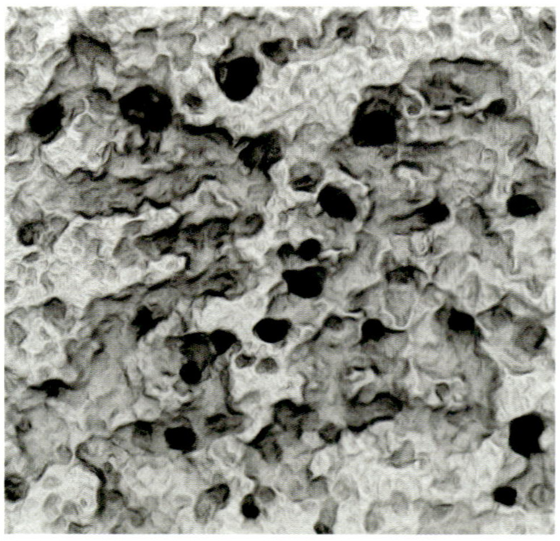

AO맵

전면 6행 15자

정 : 衆
이 : 衆
임 : △
서 : 衆
고 : 衆
공 : 衆

디지털 사진

RTI

부착 탁본

배접 탁본

비배접 탁본

폴리곤메시

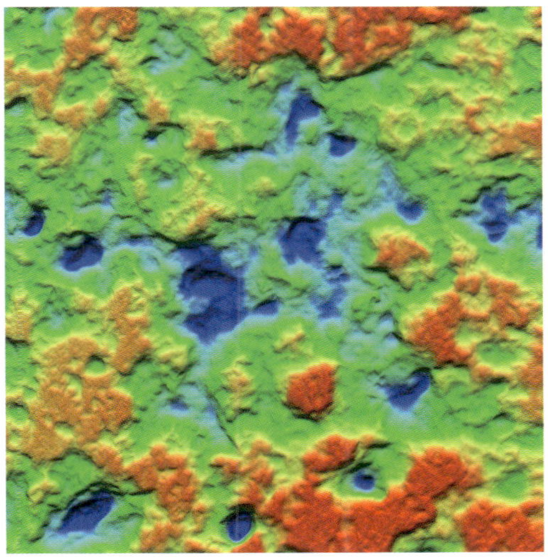

심도맵

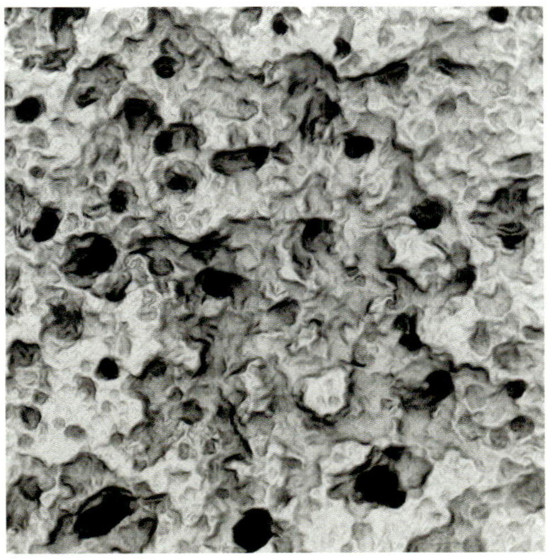

AO맵

전면 6행 16자

정 : 人
이 : 人
임 : △
서 : 人
고 : 人
공 : 本?/人?

디지털 사진

RTI

부착 탁본

배접 탁본

비배접 탁본

폴리곤메시

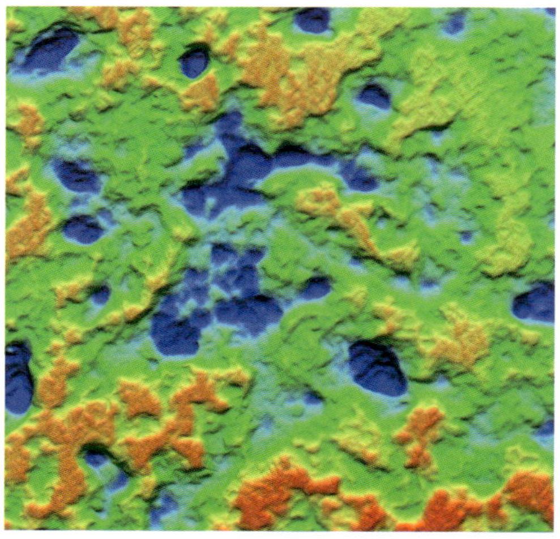

심도맵

AO맵

전면 6행 17자

정 : △
이 : △衣
임 : △
서 : △
고 : △
공 : △

디지털 사진

RTI

부착 탁본

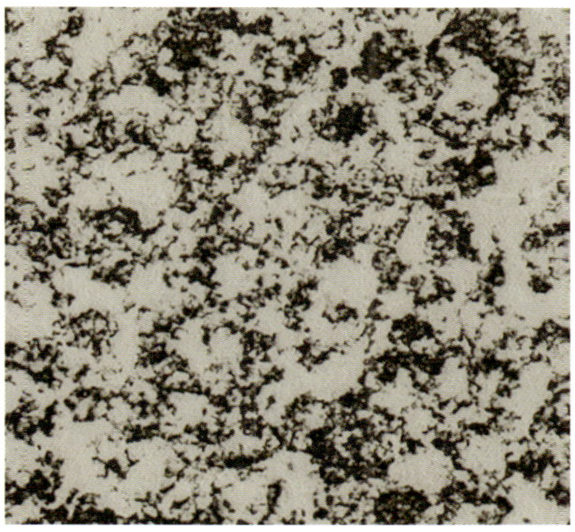

배접 탁본

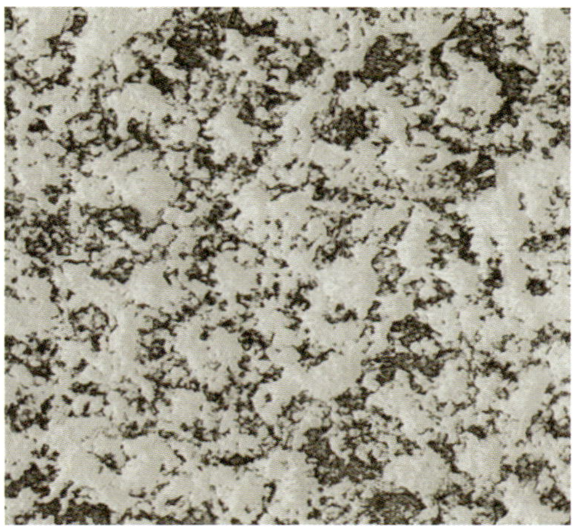

비배접 탁본

폴리곤메시

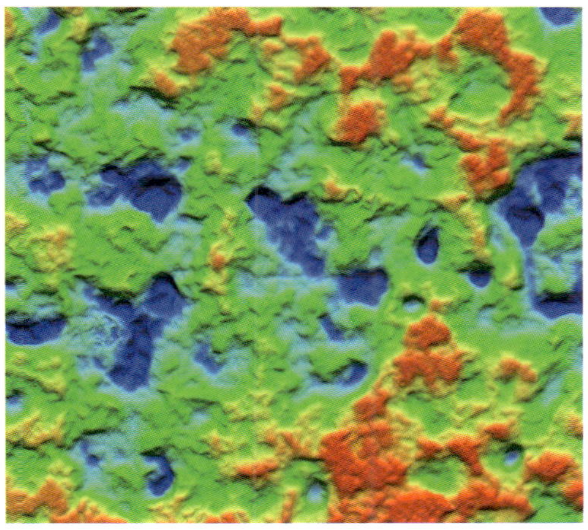

심도맵

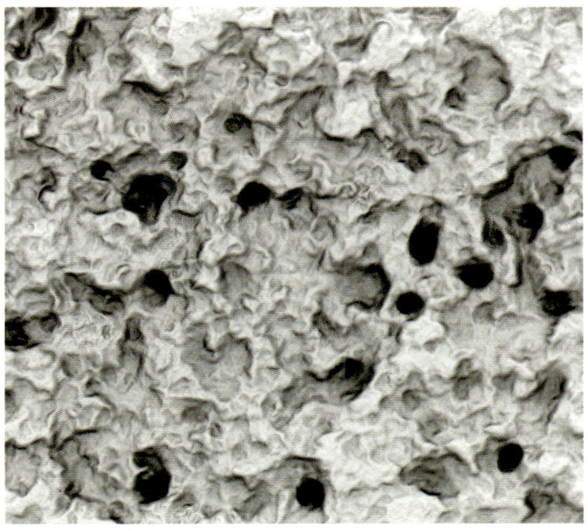

AO맵

전면 6행 18자

정 : △
이 : △服
임 : △
서 : △
고 : △
공 : 支

디지털 사진

RTI

부착 탁본

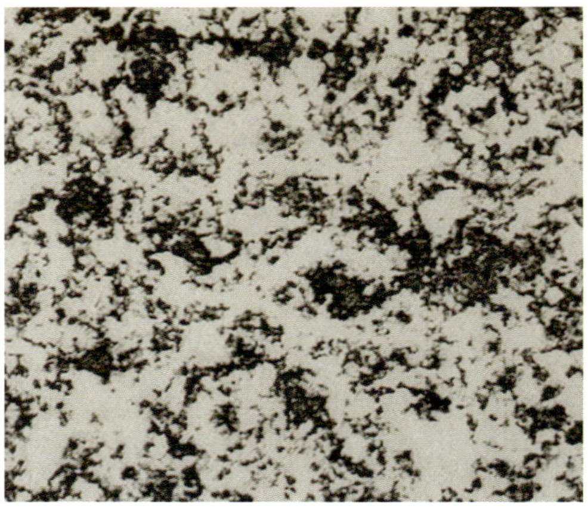

배접 탁본

비배접 탁본

폴리곤메시

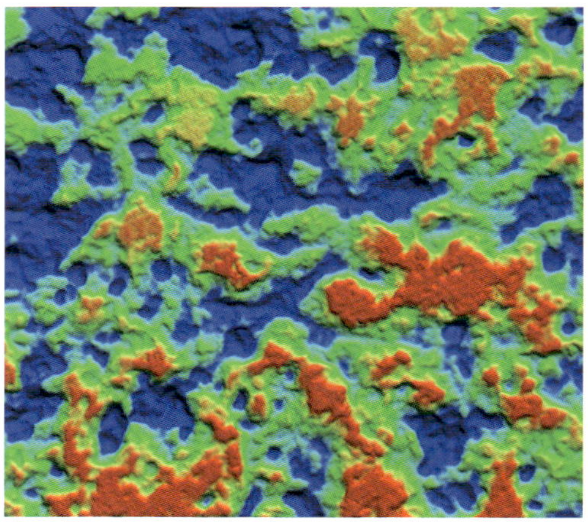

심도맵

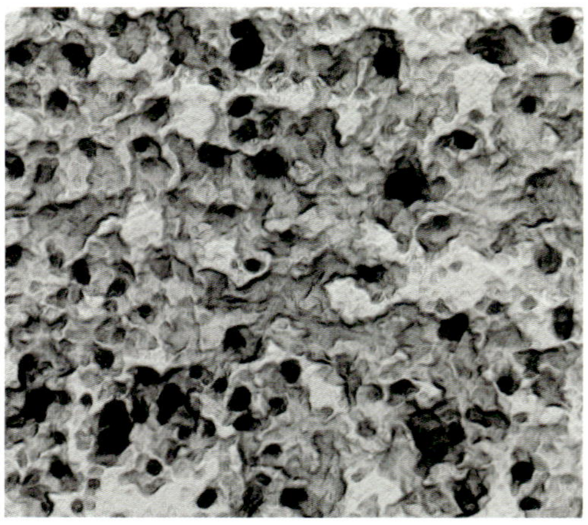

AO맵

전면 6행 19자

정 : △
이 : △
임 : △
서 : △
고 : △
공 : 〈告〉

디지털 사진

RTI

부착 탁본

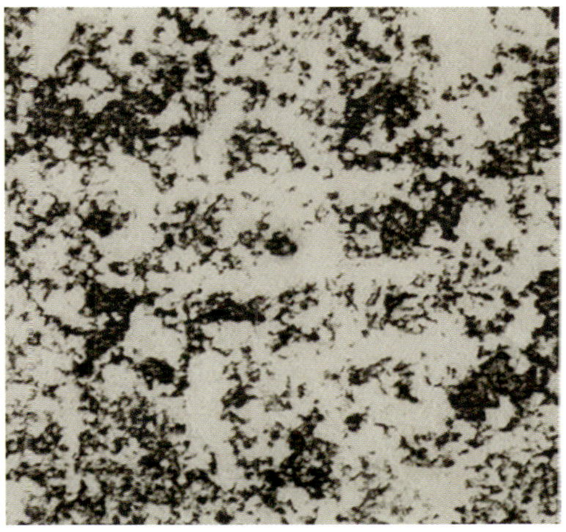

배접 탁본

비배접 탁본

폴리곤메시

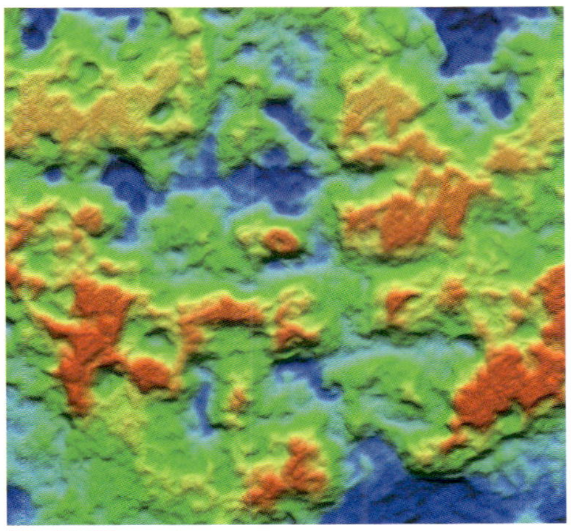

심도맵

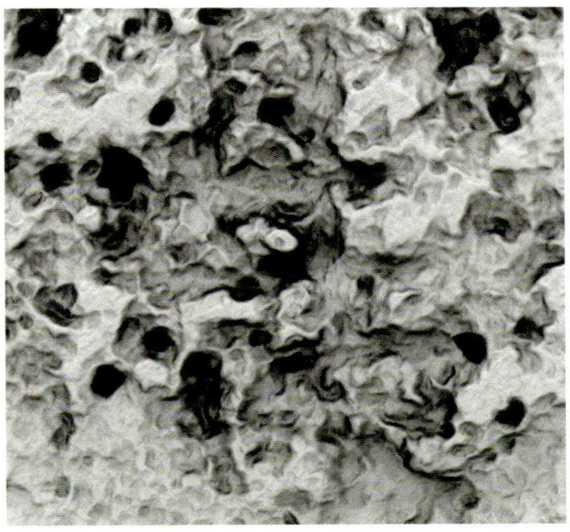

AO맵

전면 6행 20자

정 : △
이 : △大
임 : △
서 : △
고 : △
공 : 〈大〉

디지털 사진

RTI

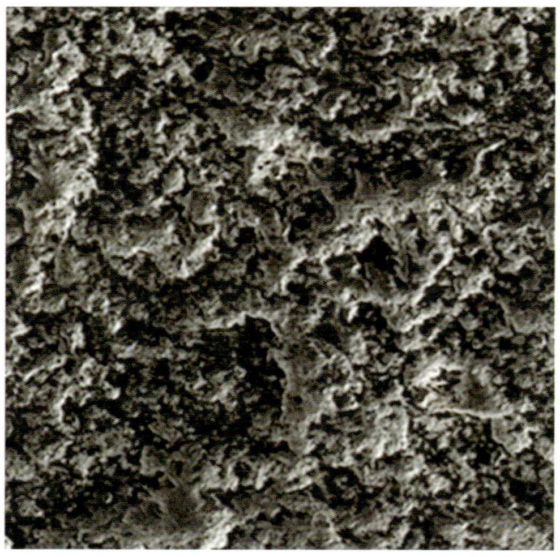

부착 탁본

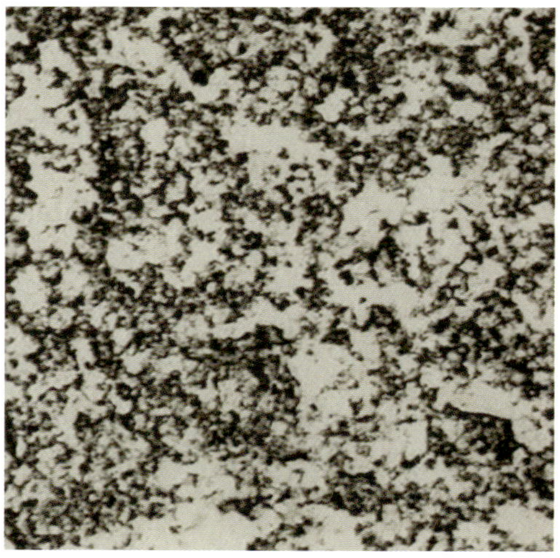

배접 탁본

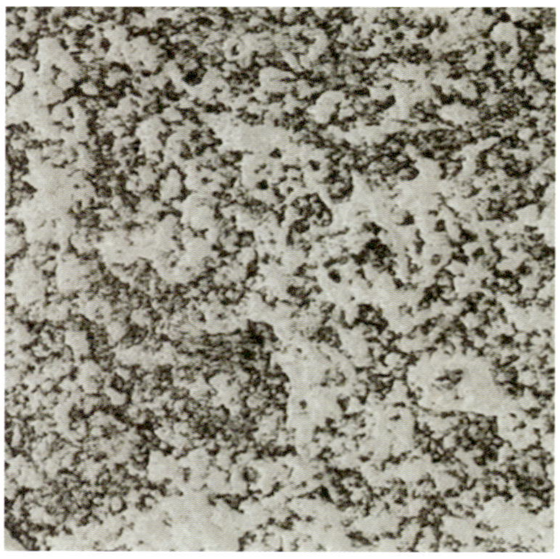

비배접 탁본

폴리곤메시

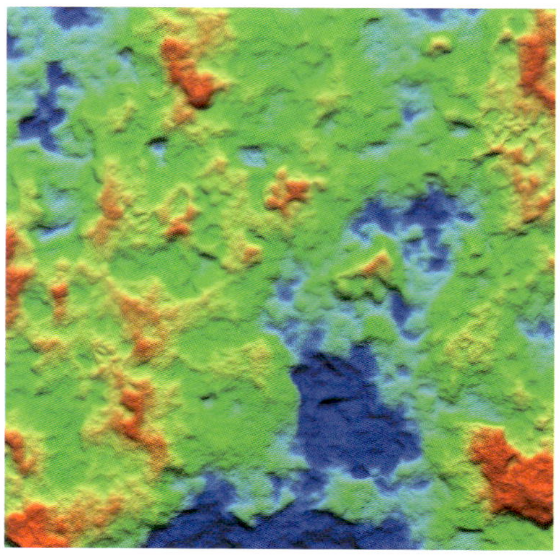

심도맵

AO맵

전면 6행 21자

정 : △
이 : 王
임 : △
서 : 王
고 : 王?
공 : 王

디지털 사진

RTI

부착 탁본

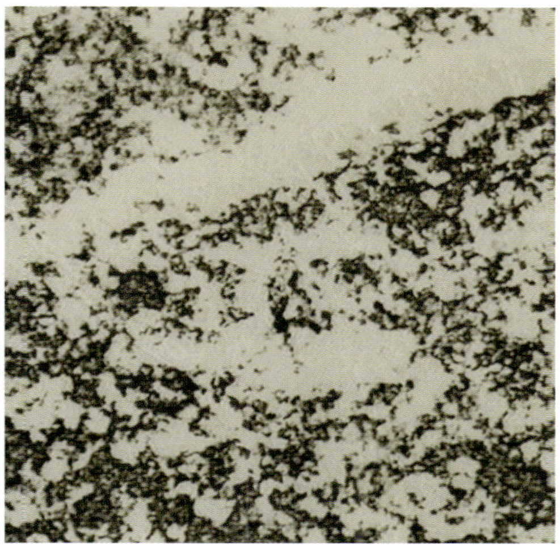

배접 탁본

비배접 탁본

폴리곤메시

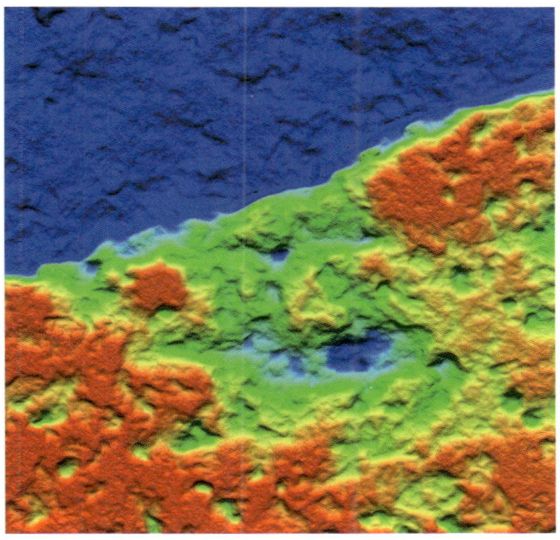

심도맵

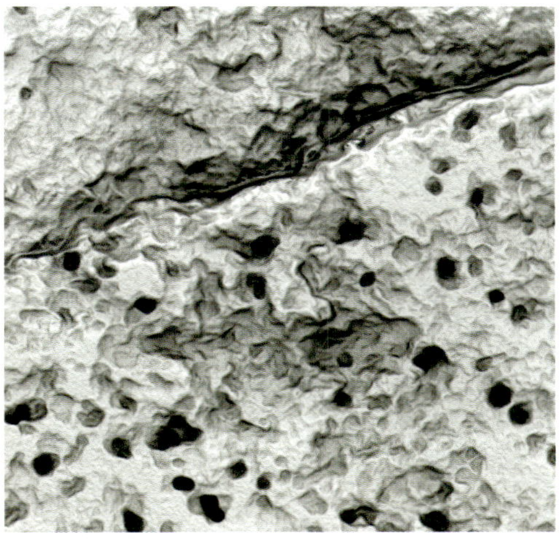

AO맵

전면 6행 22자

國

디지털 사진

RTI

부착 탁본

배접 탁본

비배접 탁본

폴리곤메시

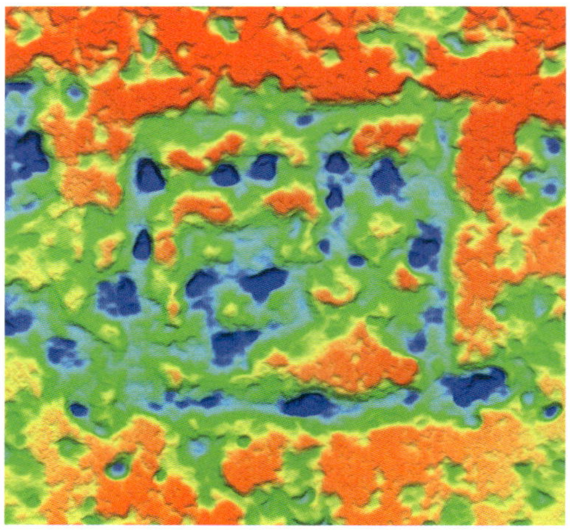

심도맵

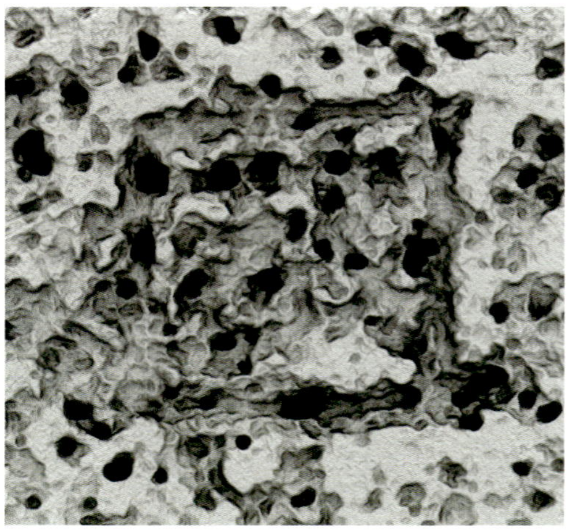

AO맵

전면 6행 23자

土

디지털 사진

RTI

부착 탁본

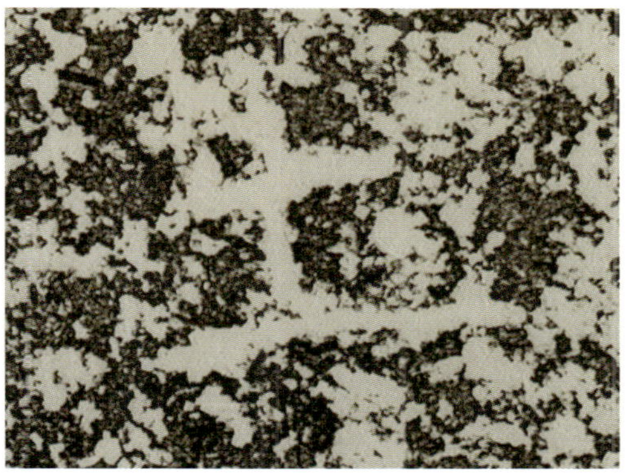

배접 탁본

비배접 탁본

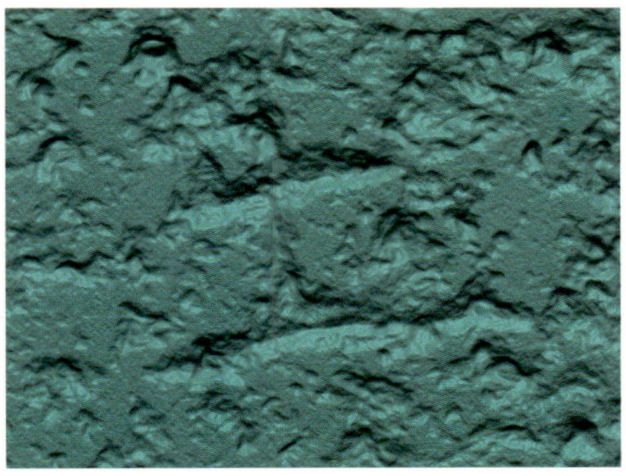

폴리곤메시

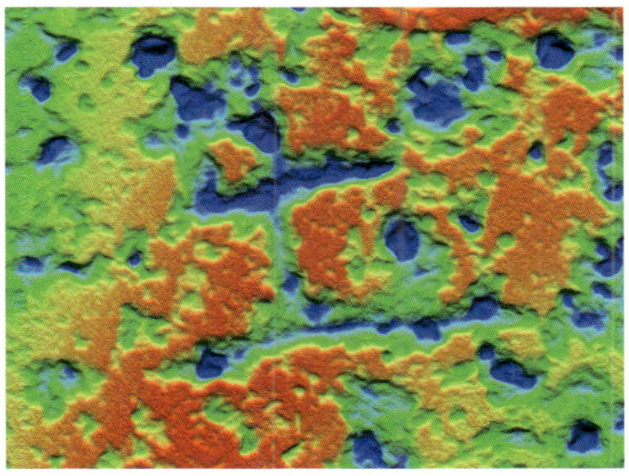

심도맵

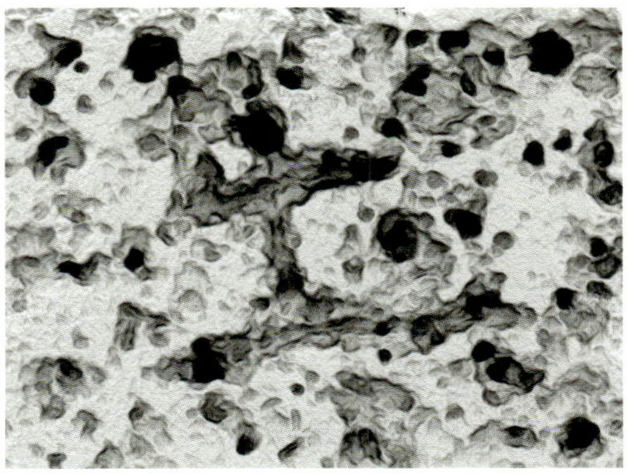

AO맵

전면 7행 1자

정 : 大
이 : 大
임 : △
서 : 大
고 : 大
공 : 大

디지털 사진

RTI

부착 탁본

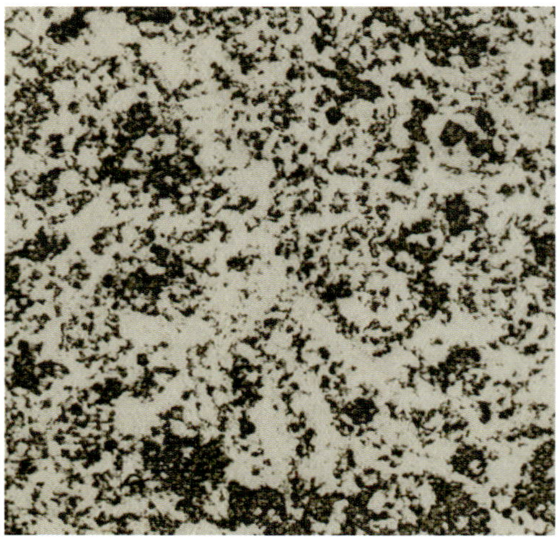

배접 탁본

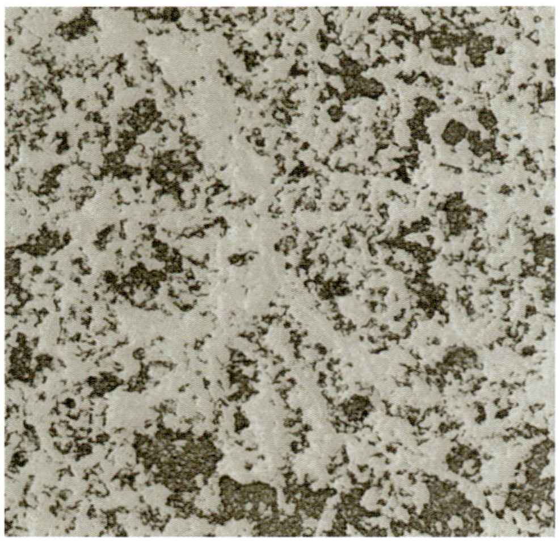

비배접 탁본

폴리곤메시

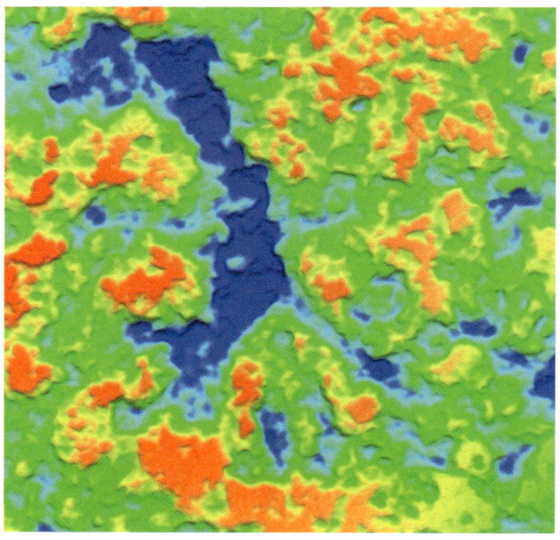

심도맵

AO맵

전면 7행 2자

位

디지털 사진

RTI

부착 탁본

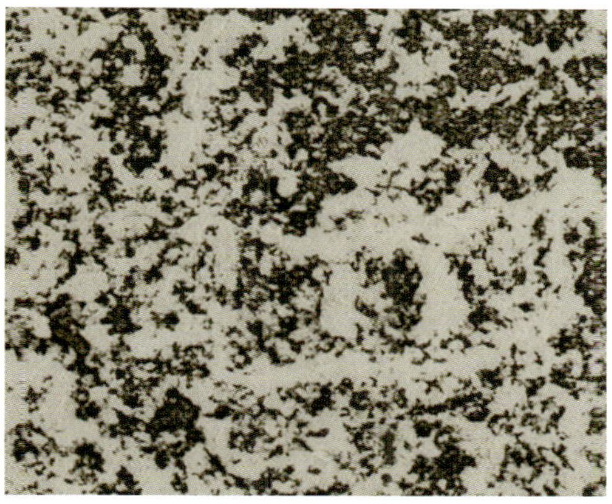

배접 탁본

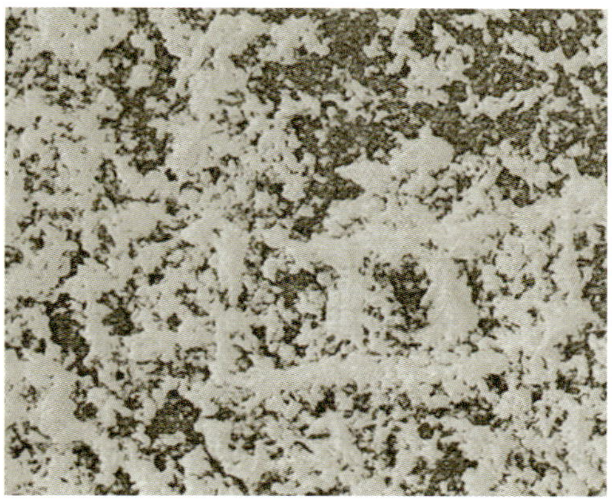

비배접 탁본

폴리곤메시

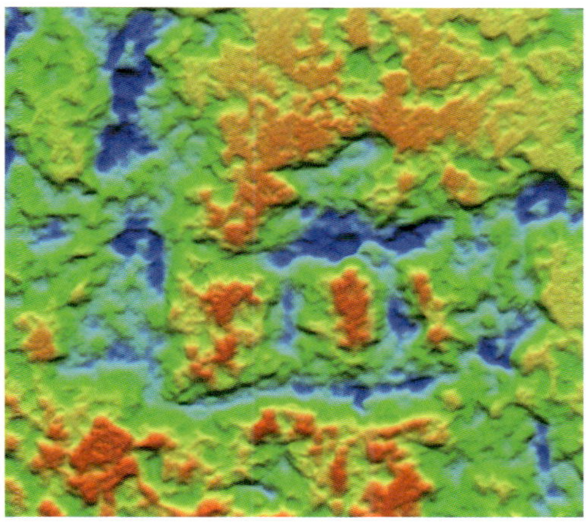

심도맵

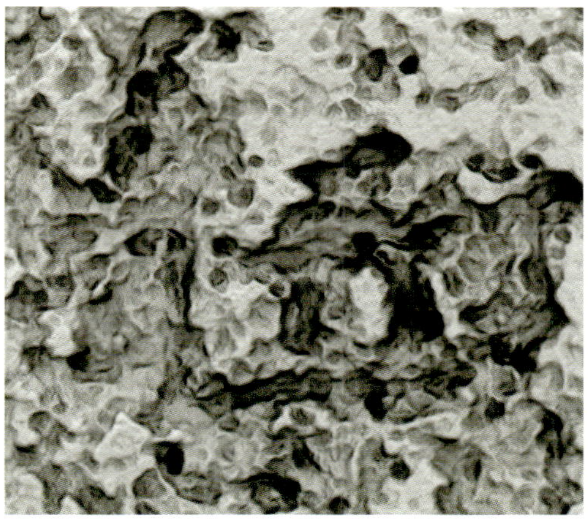

AO맵

전면 7행 3자

정 : 諸
이 : 諸
임 : △
서 : 諸
고 : 諸
공 : 諸

디지털 사진

RTI

부착 탁본

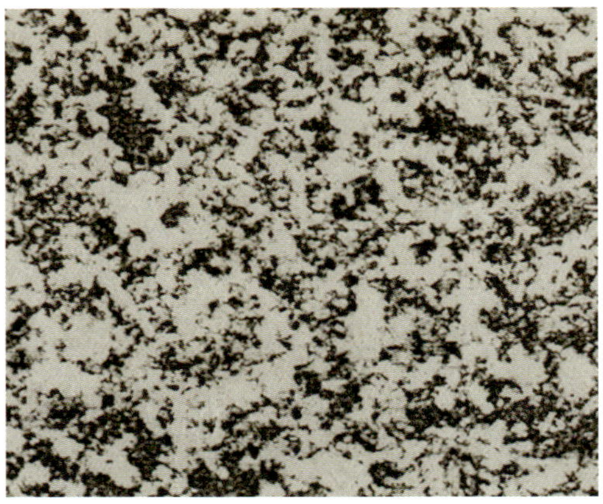

배접 탁본

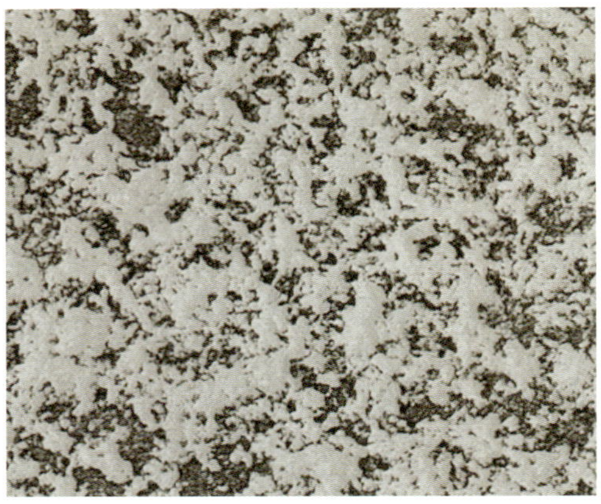

비배접 탁본

폴리곤메시

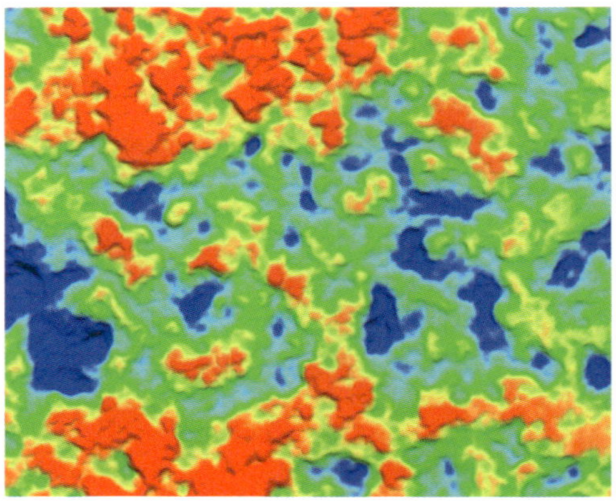

심도맵

AO맵

전면 7행 4자

位

디지털 사진

RTI

부착 탁본

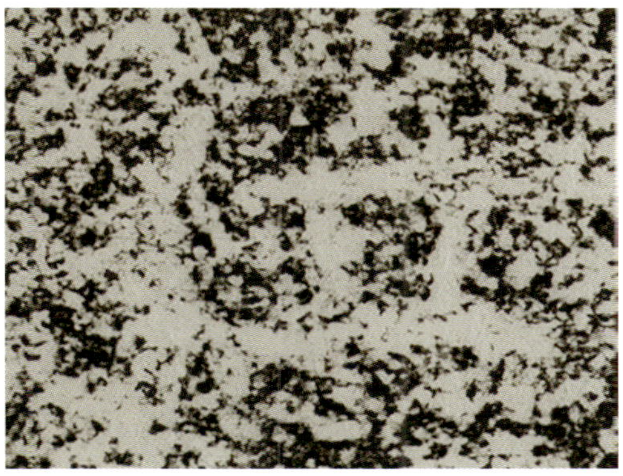

배접 탁본

비배접 탁본

폴리곤메시

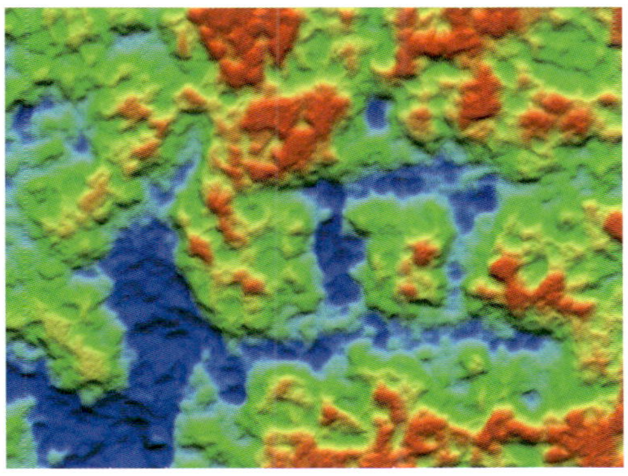

심도맵

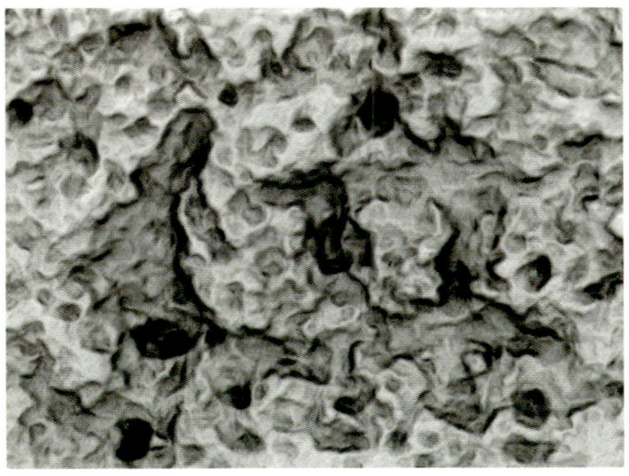

AO맵

전면 7행 5자

上

디지털 사진

RTI

부착 탁본

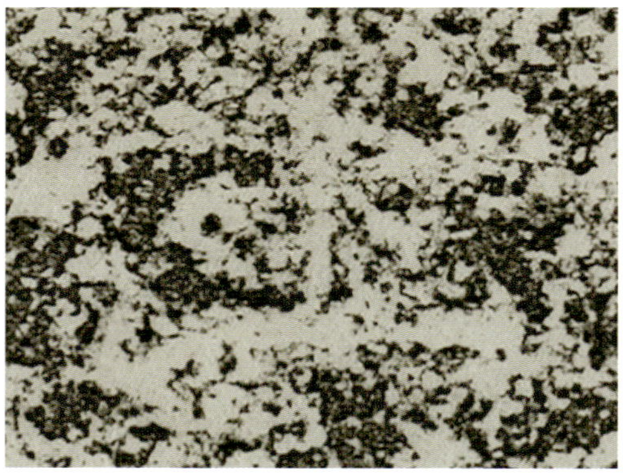

배접 탁본

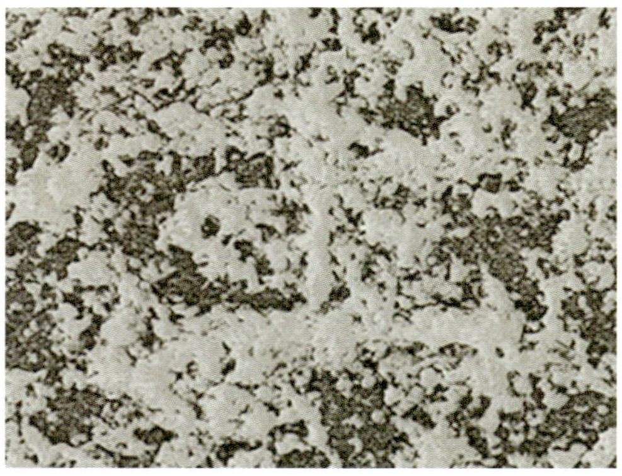

비배접 탁본

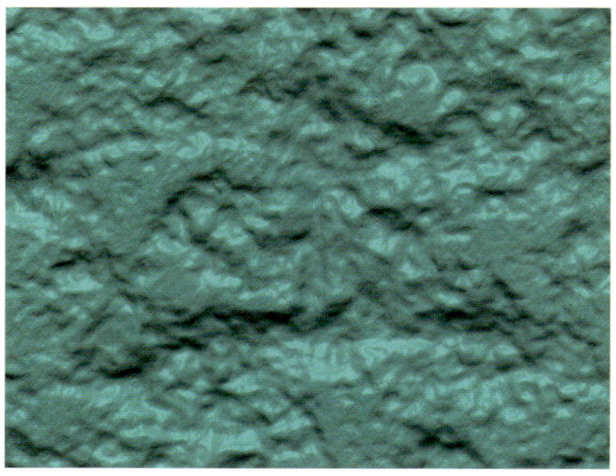

폴리곤메시

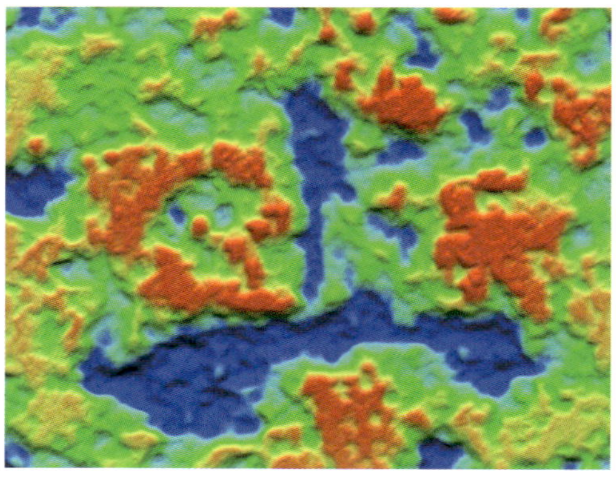

심도맵

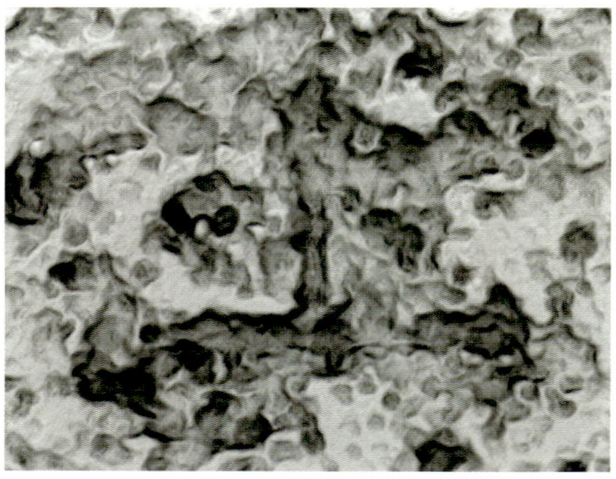

AO맵

전면 7행 6자

下

디지털 사진

RTI

부착 탁본

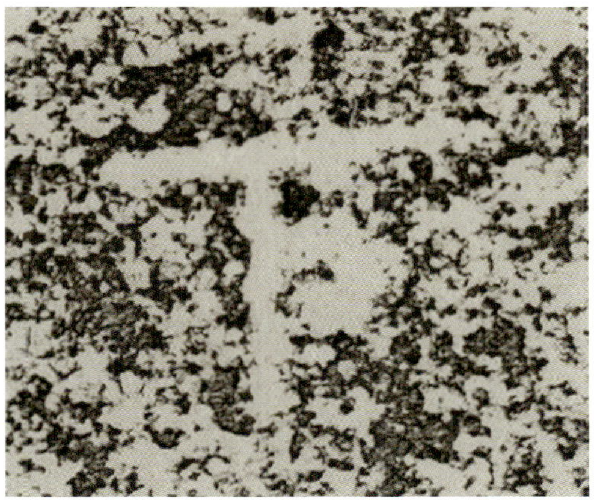

배접 탁본

비배접 탁본

폴리곤메시

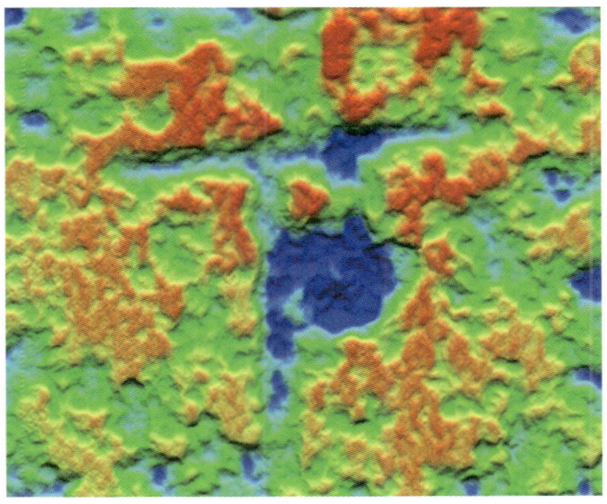

심도맵

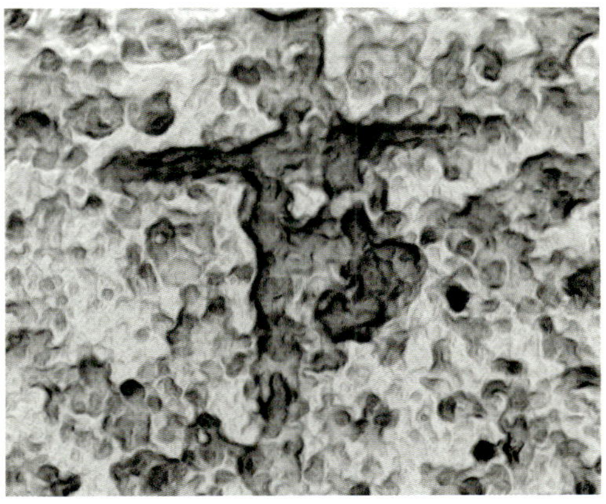

AO맵

전면 7행 7자

衣

디지털 사진

RTI

부착 탁본

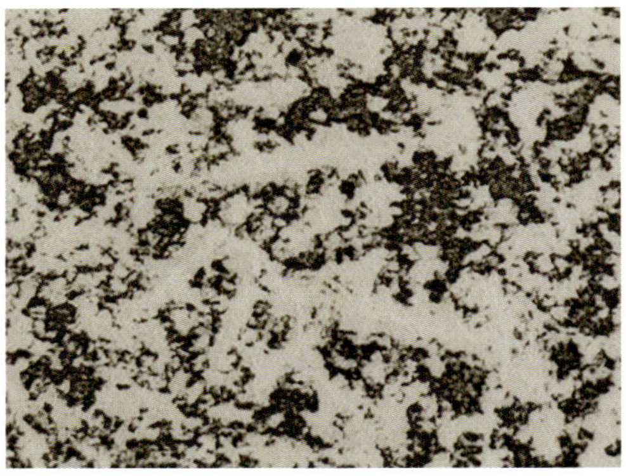

배접 탁본

비배접 탁본

폴리곤메시

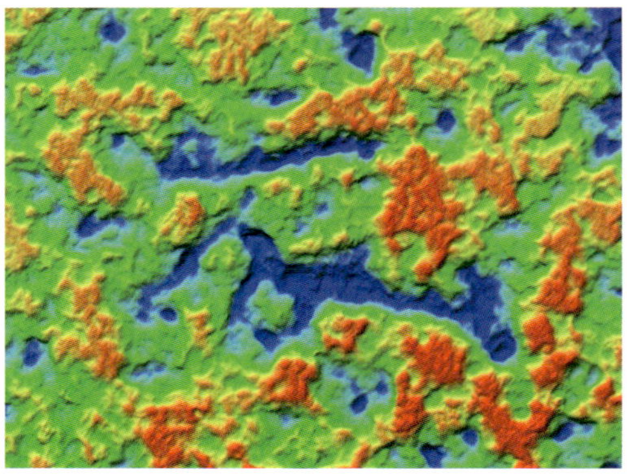

심도맵

AO맵

전면 7행 8자

服

디지털 사진

RTI

부착 탁본

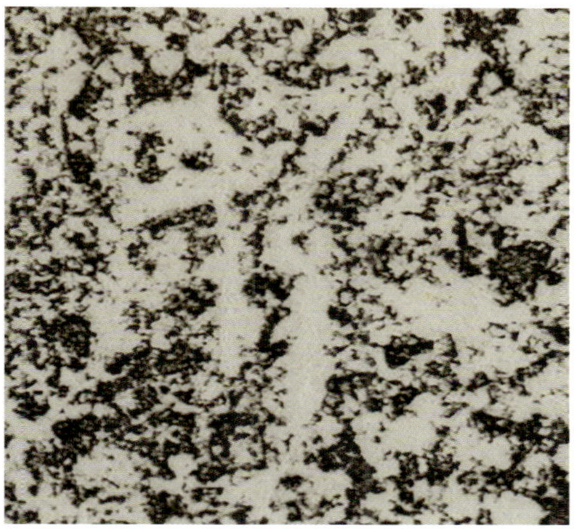

배접 탁본

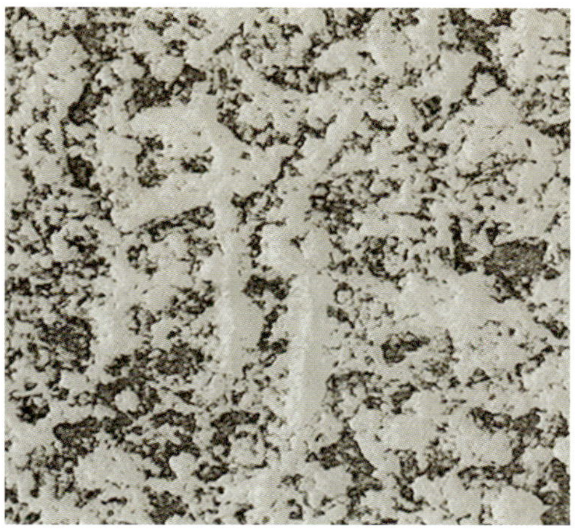

비배접 탁본

폴리곤메시

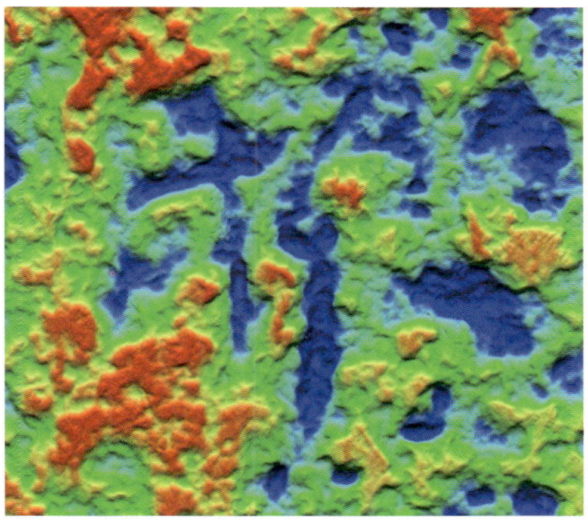

심도맵

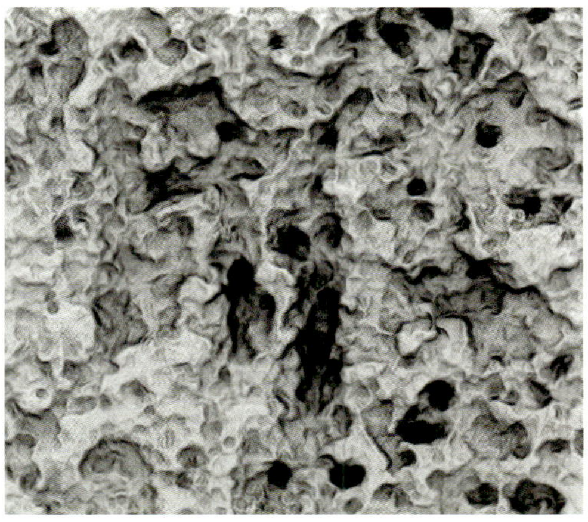

AO맵

전면 7행 9자

정 : 來?
이 : 柬?
임 : △
서 : 兼
고 : 柬?, 來?
공 : 〈兼〉

디지털 사진

RTI

부착 탁본

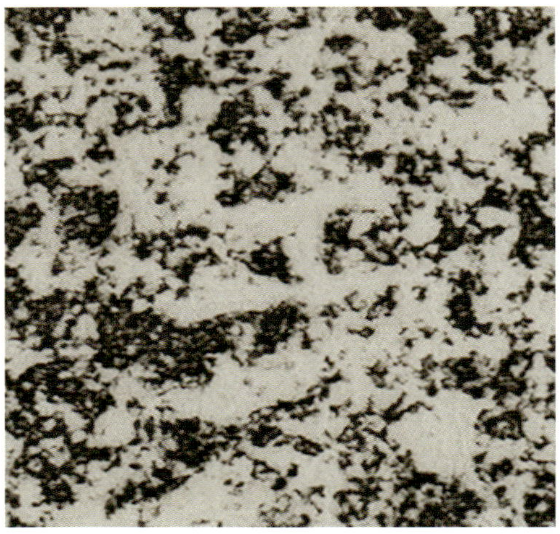

배접 탁본

비배접 탁본

폴리곤메시

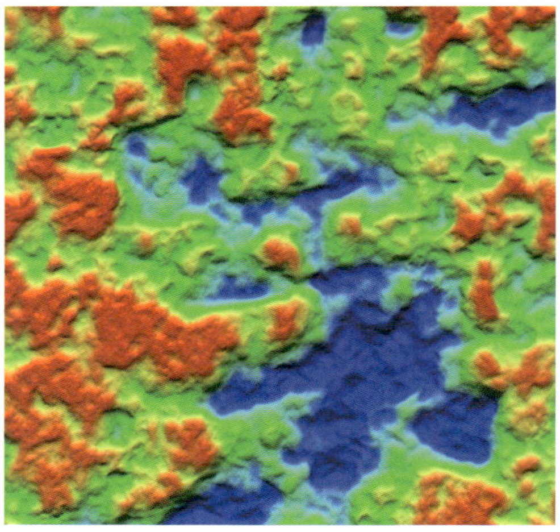

심도맵

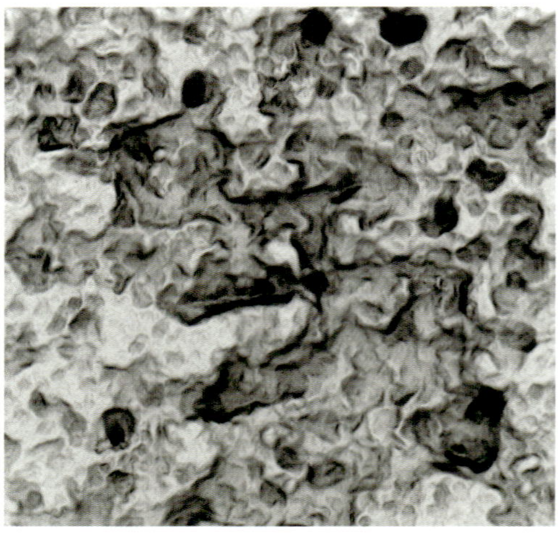

AO맵

전면 7행 10자

受

디지털 사진

RTI

부착 탁본

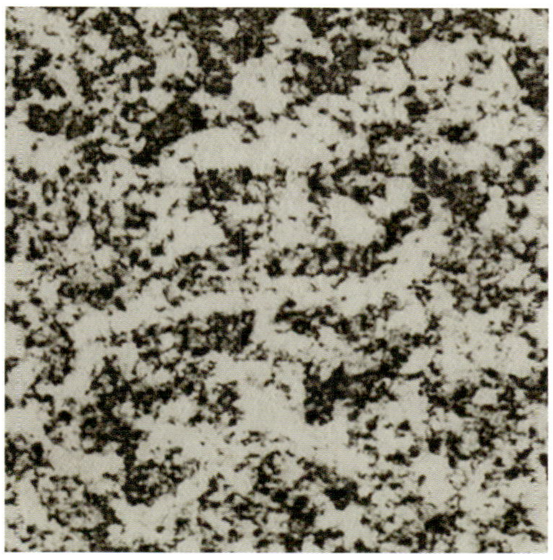

배접 탁본

비배접 탁본

폴리곤메시

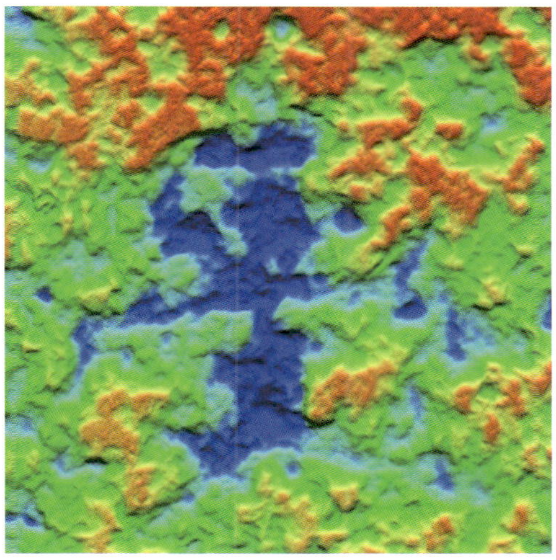

심도맵

AO맵

전면 7행 11자

教

디지털 사진

RTI

부착 탁본

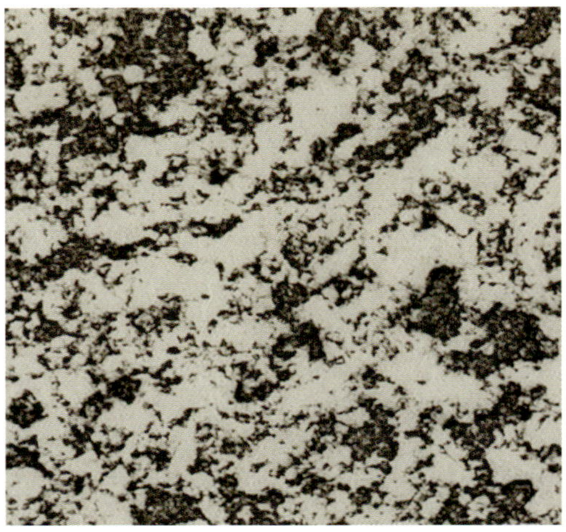

배접 탁본

비배접 탁본

폴리곤메시

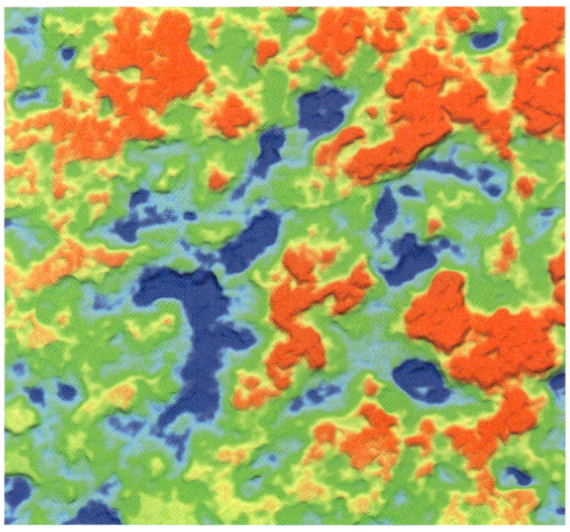

심도맵

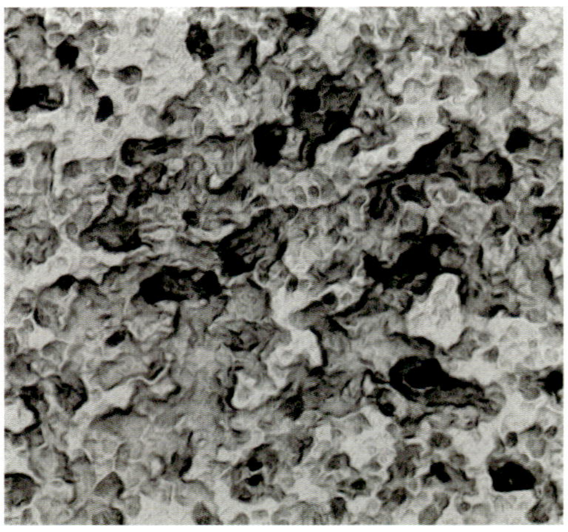

AO맵

전면 7행 12자

跪

디지털 사진

RTI

부착 탁본

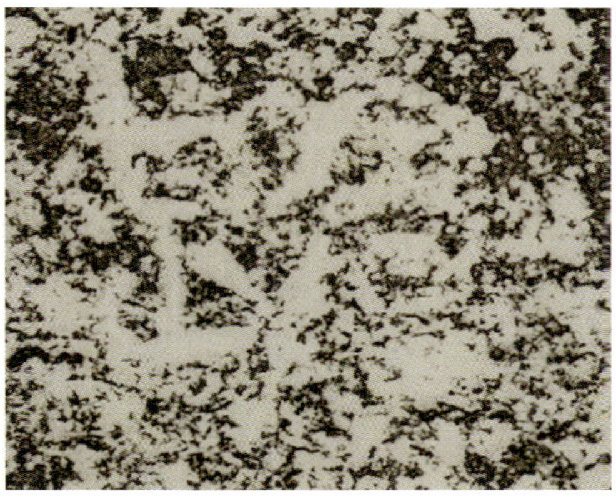

배접 탁본

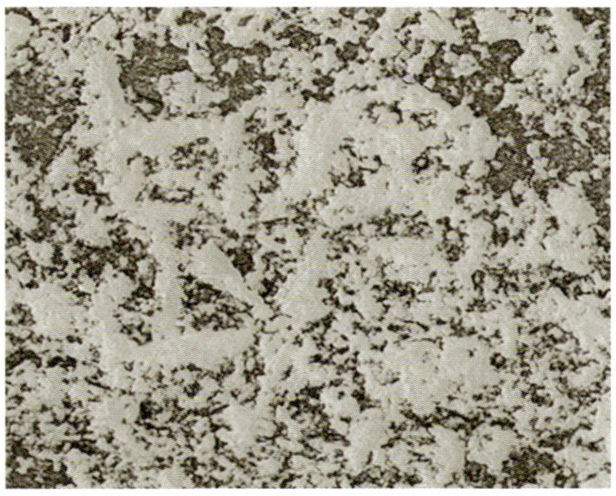

비배접 탁본

폴리곤메시

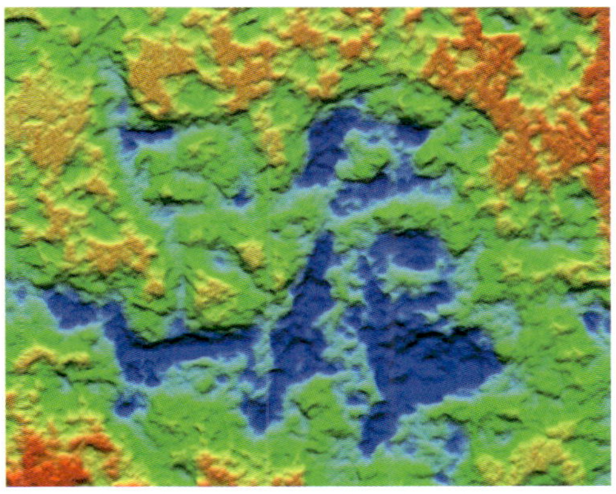

심도맵

AO맵

전면 7행 13자

정 : 營
이 : 營
임 : 官?
서 : 營
고 : 營
공 : 營

디지털 사진

RTI

부착 탁본

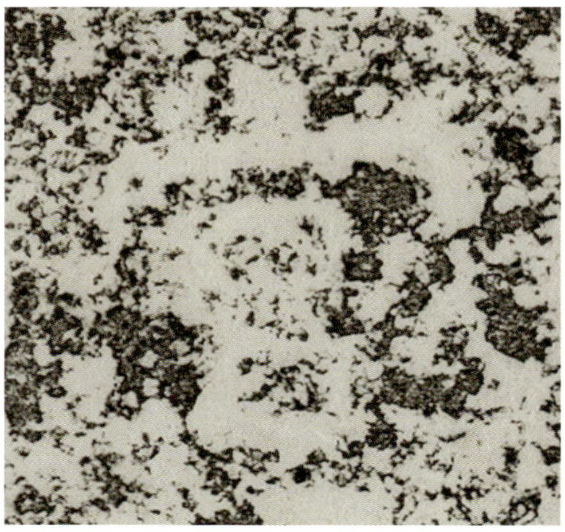

배접 탁본

비배접 탁본

폴리곤메시

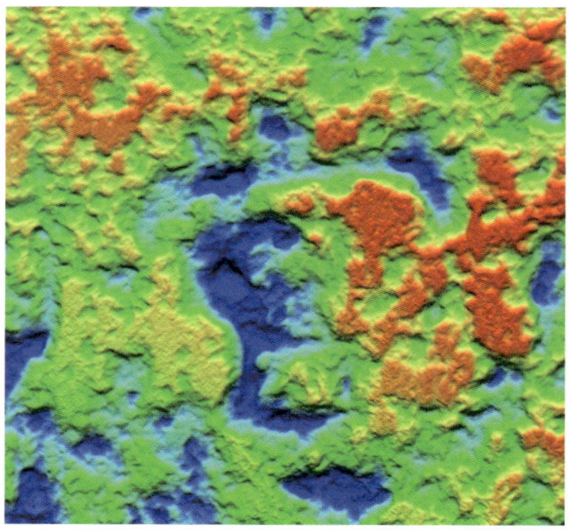

심도맵

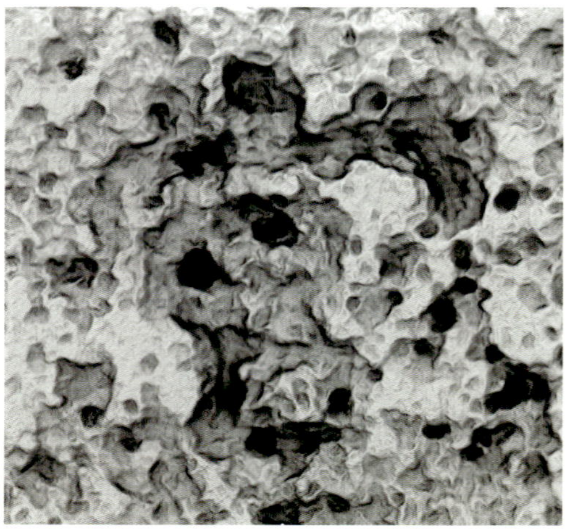

AO맵

전면 7행 14자

정 : 之?
이 : △
임 : △
서 : 之
고 : 之
공 : 之

디지털 사진

RTI

부착 탁본

배접 탁본

비배접 탁본

폴리곤메시

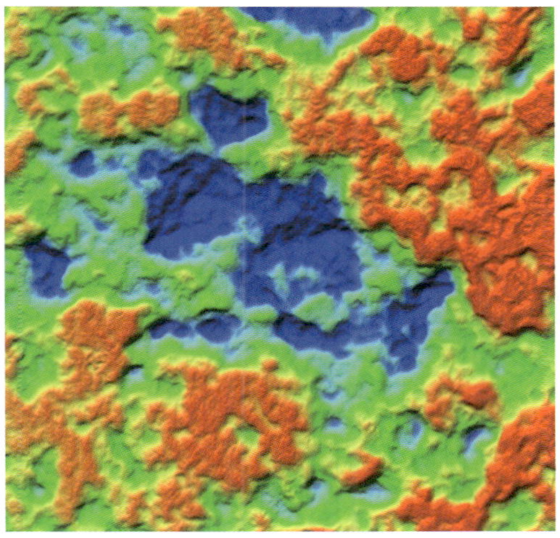

심도맵

AO맵

전면 7행 15자

十

디지털 사진

RTI

부착 탁본

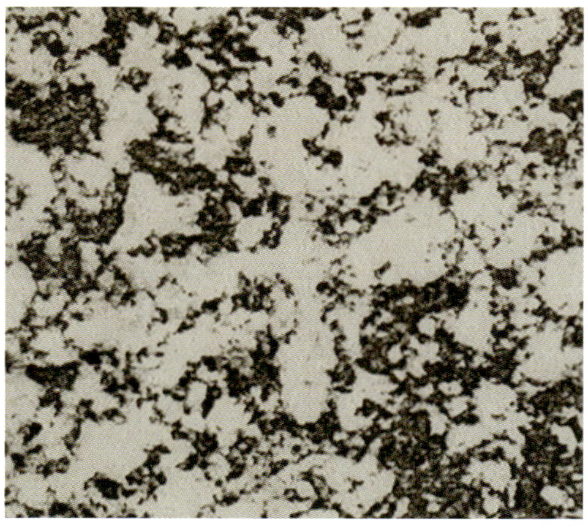

배접 탁본

비배접 탁본

폴리곤메시

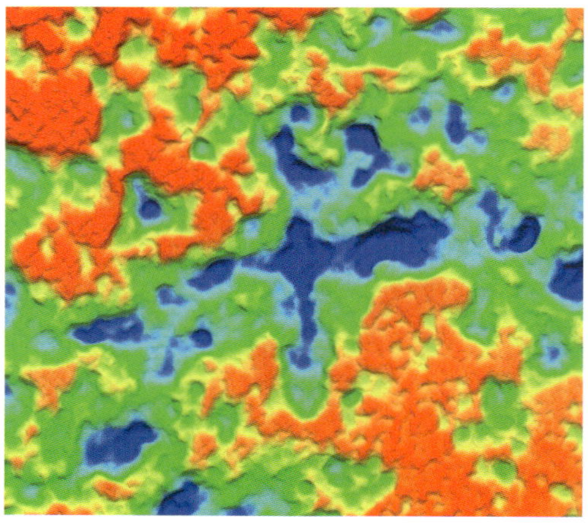

심도맵

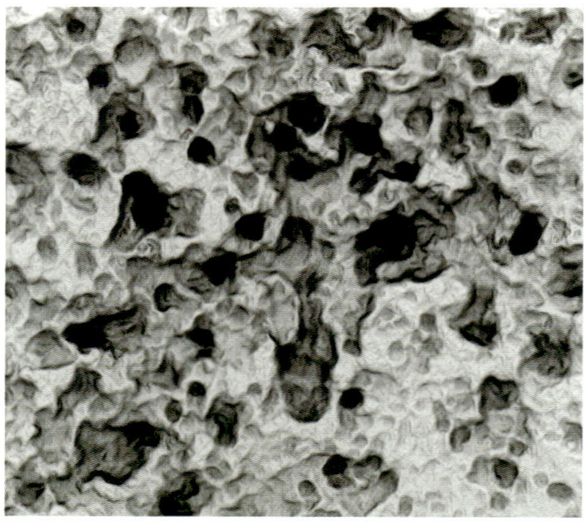

AO맵

전면 7행 16자

정 : 二
이 : 二?
임 : 二
서 : 二
고 : 二
공 : 二

디지털 사진

RTI

부착 탁본

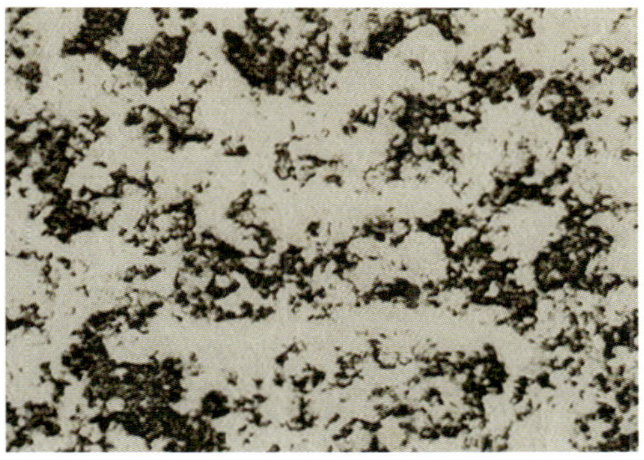

배접 탁본

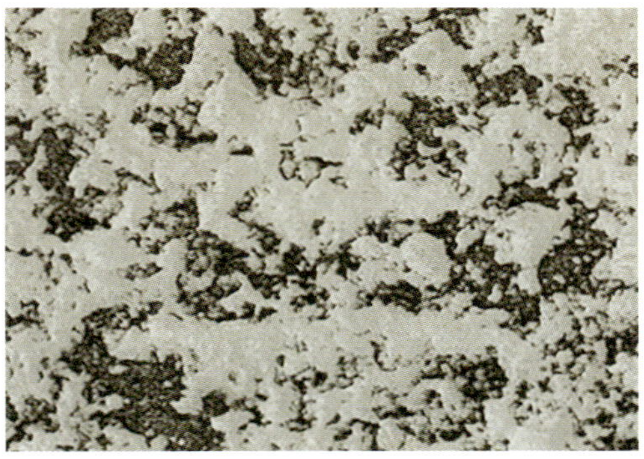

비배접 탁본

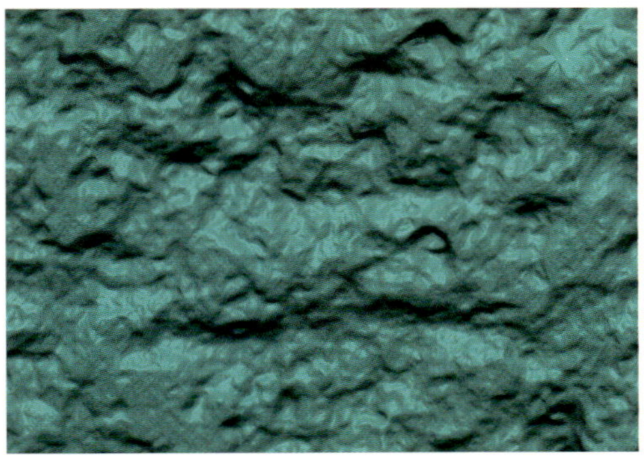

폴리곤메시

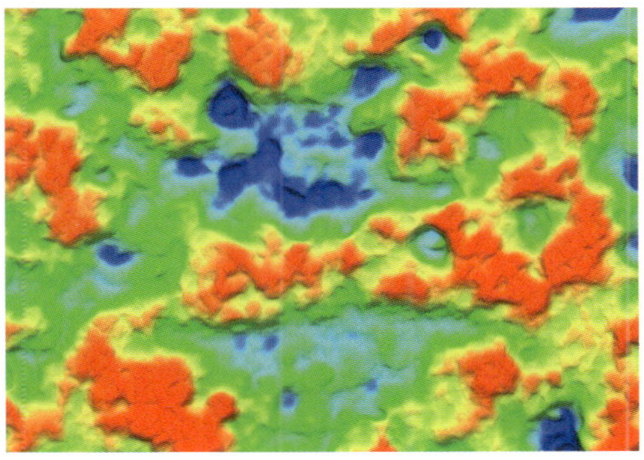

심도맵

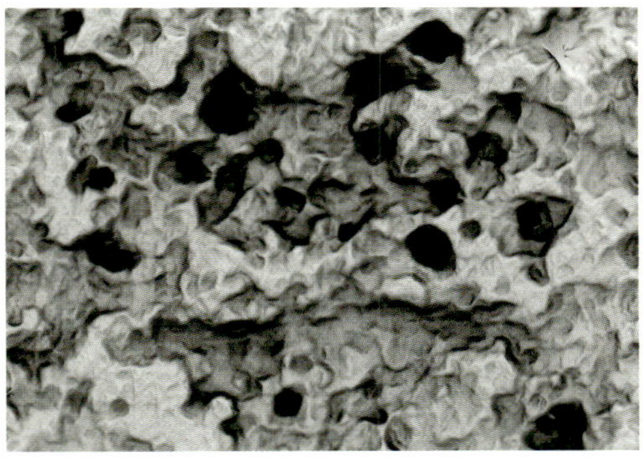

AO맵

전면 7행 17자

月

디지털 사진

RTI

부착 탁본

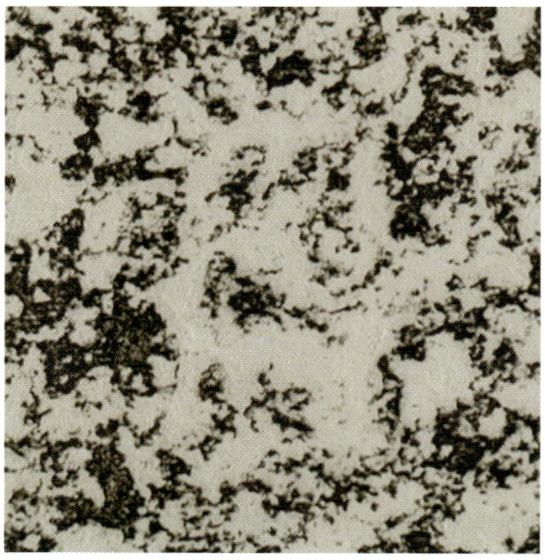

배접 탁본

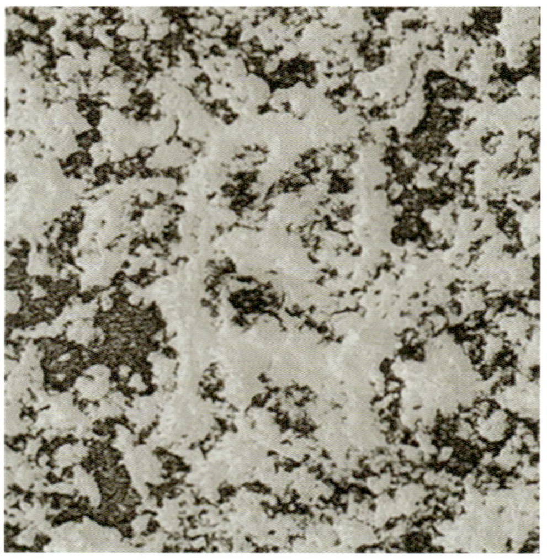

비배접 탁본

폴리곤메시

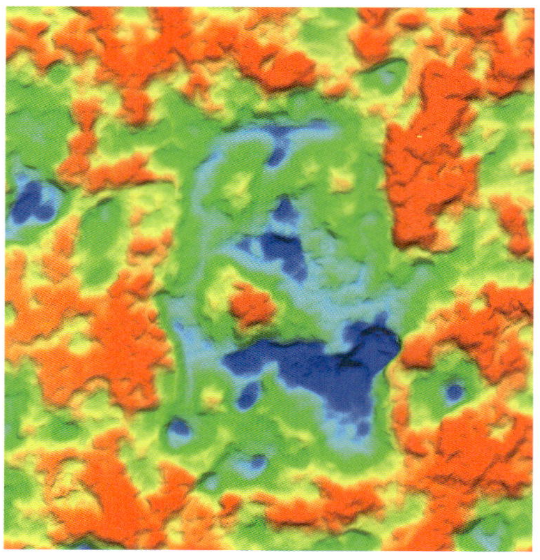

심도맵

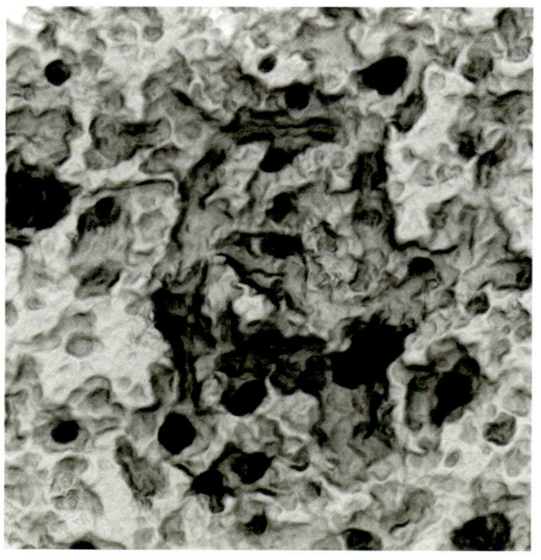

AO맵

전면 7행 18자

廿

디지털 사진

RTI

부착 탁본

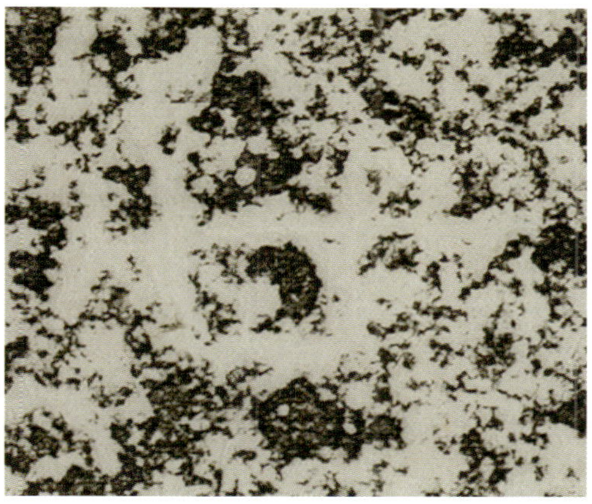

배접 탁본

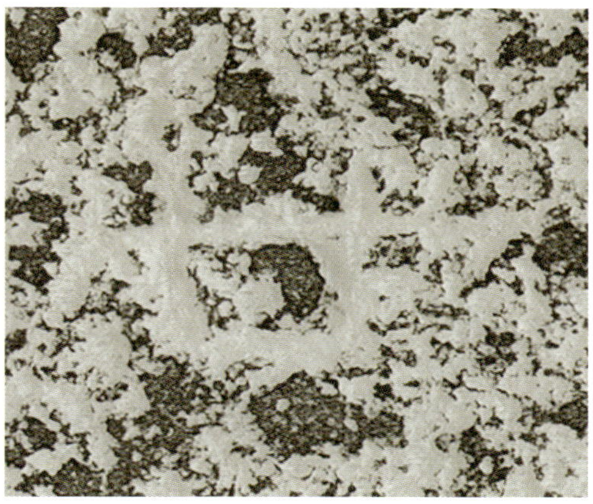

비배접 탁본

폴리곤메시

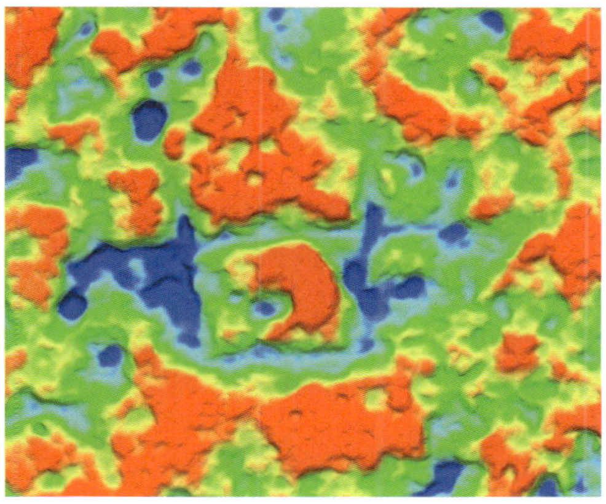

심도맵

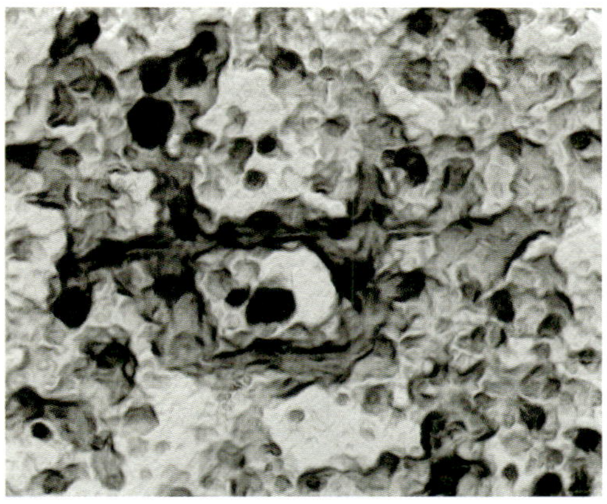

AO맵

전면 7행 19자

정 : 三?
이 : 三
임 : 三
서 : 三
고 : 三
공 : 三?/七?

디지털 사진

RTI

부착 탁본

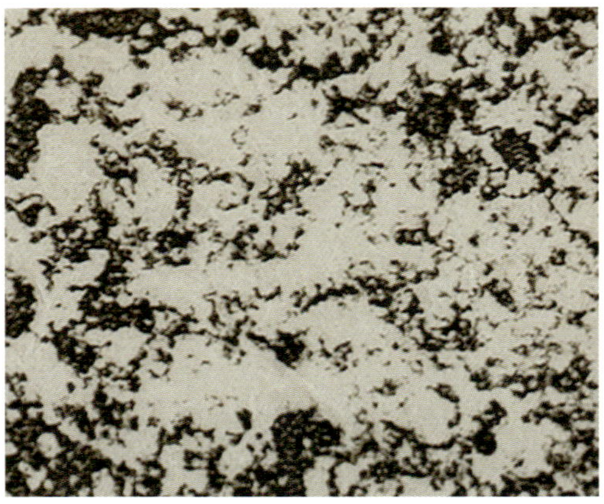

배접 탁본

비배접 탁본

폴리곤메시

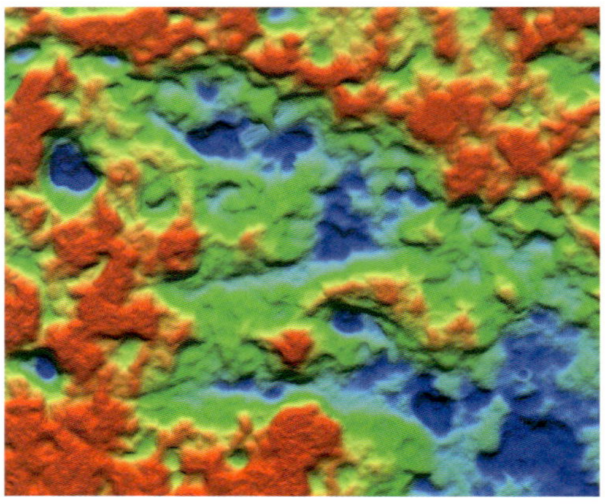

심도맵

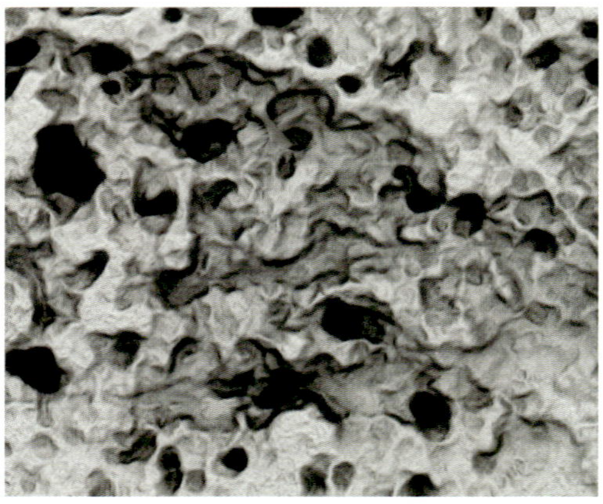

AO맵

전면 7행 20자

정 : 日
이 : 日
임 : △
서 : 日
고 : 日?
공 : 〈日〉

디지털 사진

RTI

부착 탁본

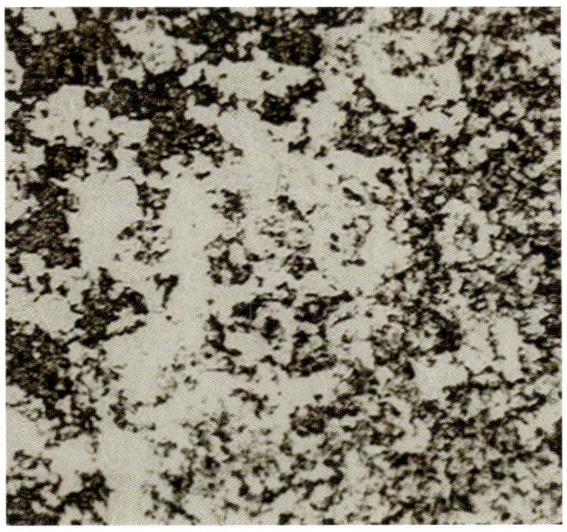

배접 탁본

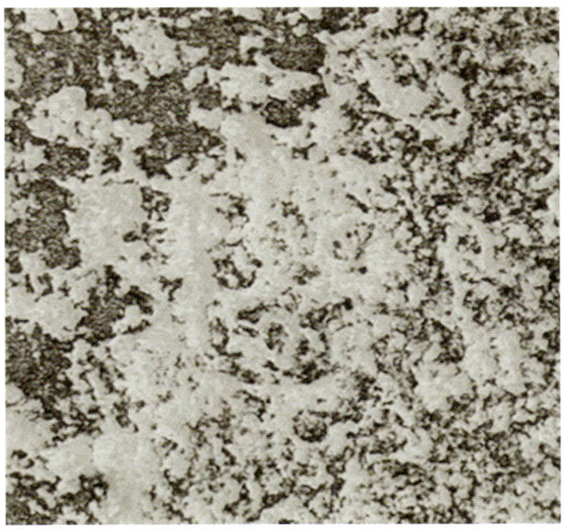

비배접 탁본

폴리곤메시

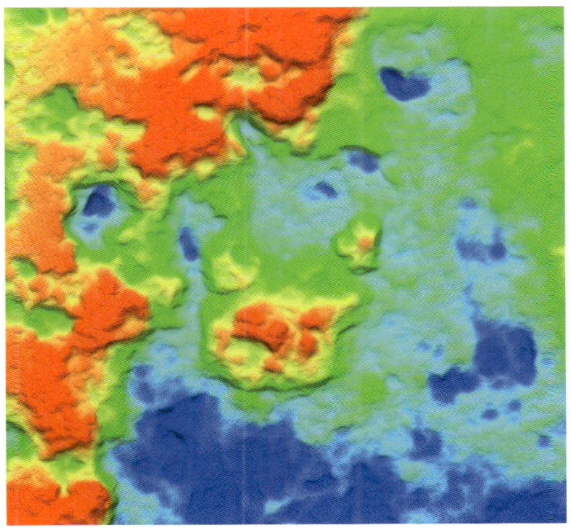

심도맵

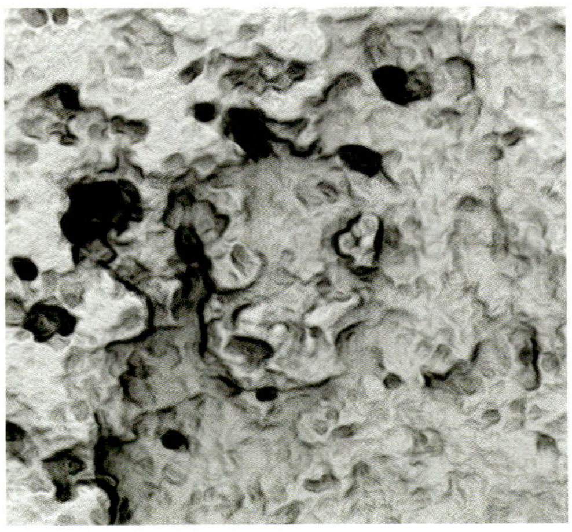

AO맵

전면 7행 21자

정 : 甲
이 : 甲
임 : 甲
서 : 甲
고 : 甲
공 : 〈甲〉

디지털 사진

RTI

부착 탁본

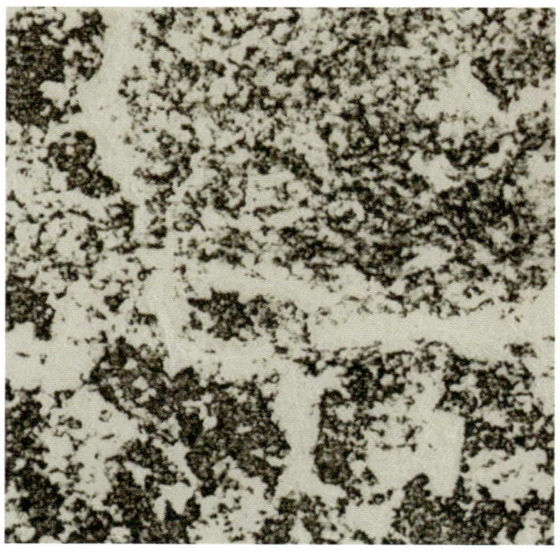

배접 탁본

비배접 탁본

폴리곤메시

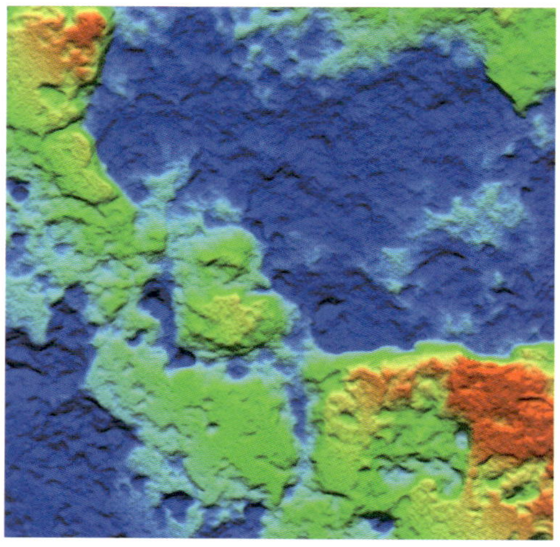

심도맵

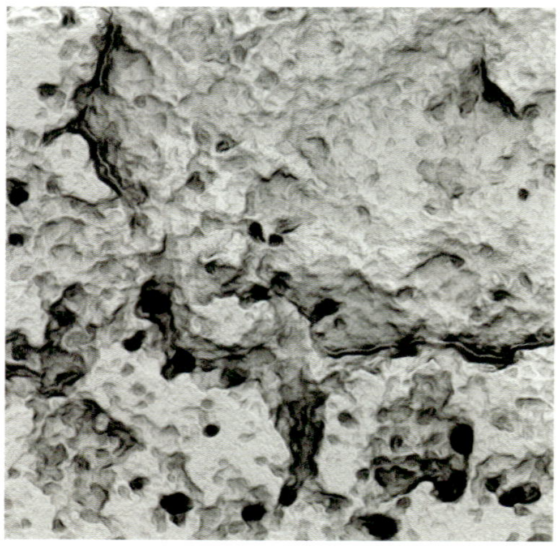

AO맵

전면 7행 22자

寅

디지털 사진

RTI

부착 탁본

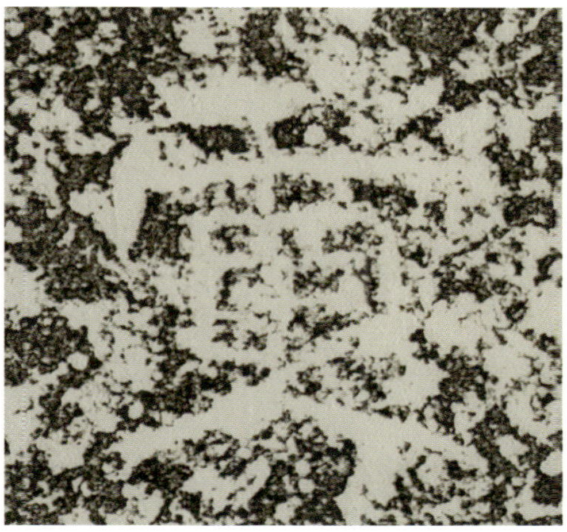

배접 탁본

비배접 탁본

폴리곤메시

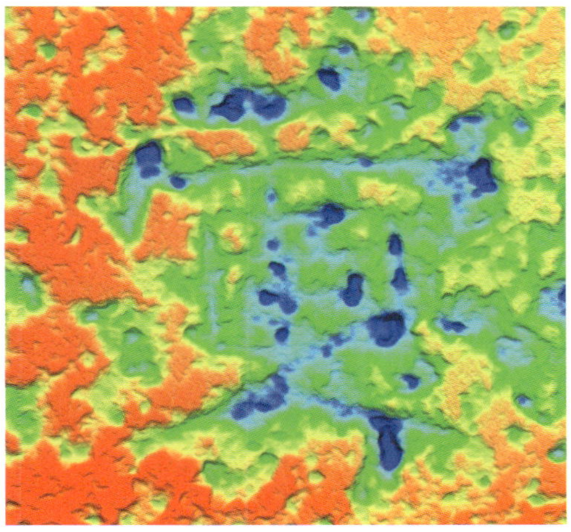

심도맵

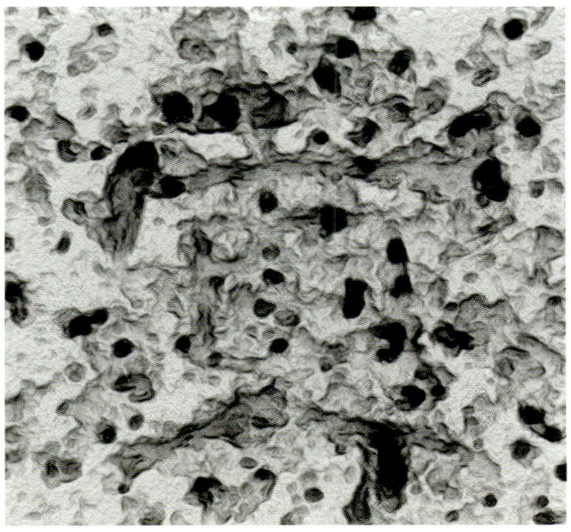

AO맵

전면 7행 23자

東

디지털 사진

RTI

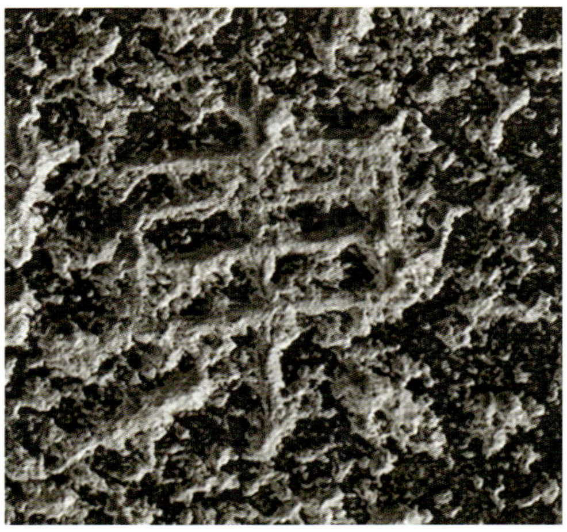

부착 탁본

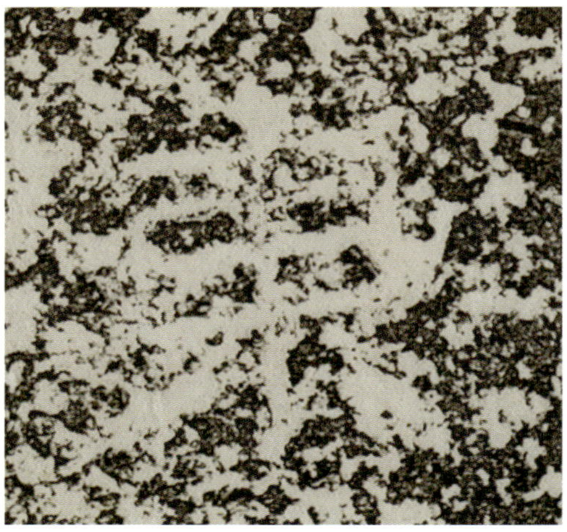

배접 탁본

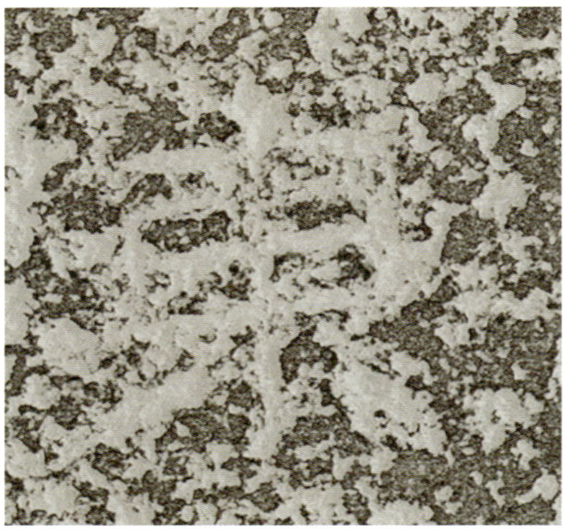

비배접 탁본

폴리곤메시

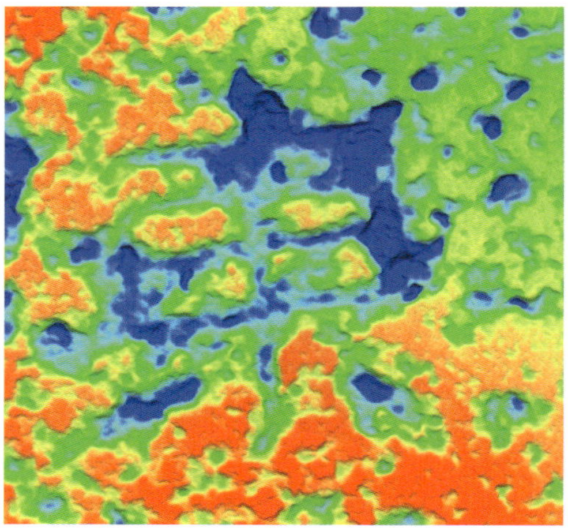

심도맵

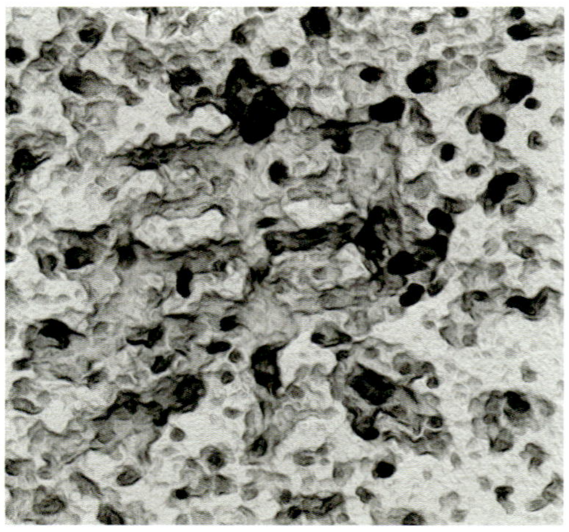

AO맵

전면 8행 1자

夷

디지털 사진

RTI

부착 탁본

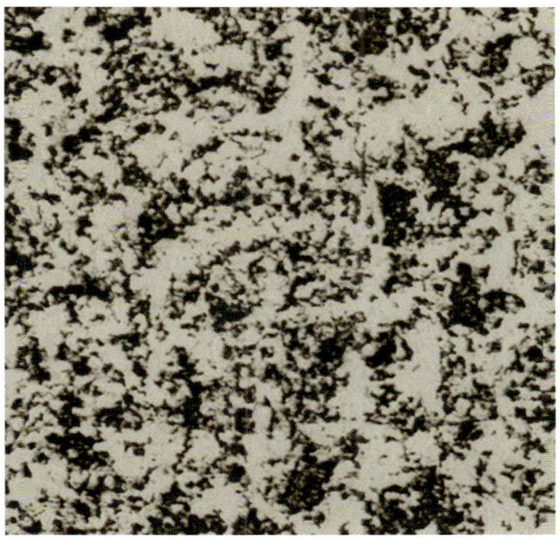

배접 탁본

비배접 탁본

폴리곤메시

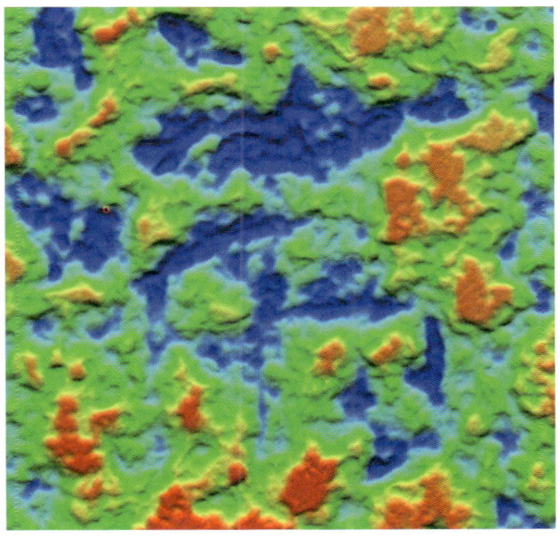

심도맵

AO맵

전면 8행 2자

寐

디지털 사진

RTI

부착 탁본

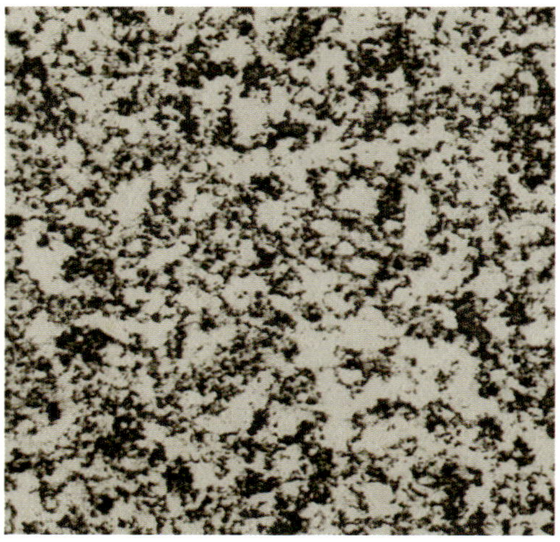

배접 탁본

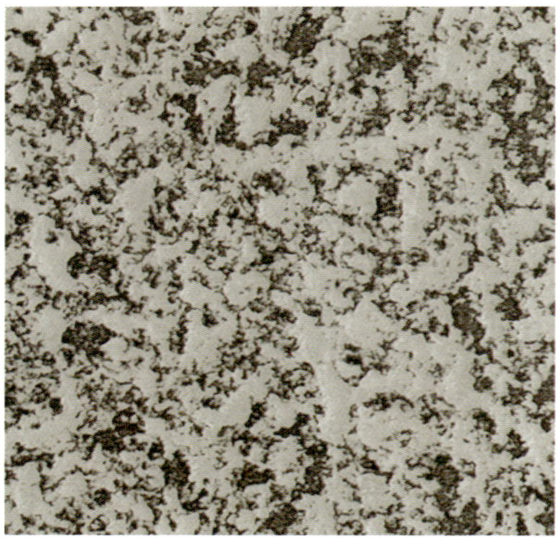

비배접 탁본

폴리곤메시

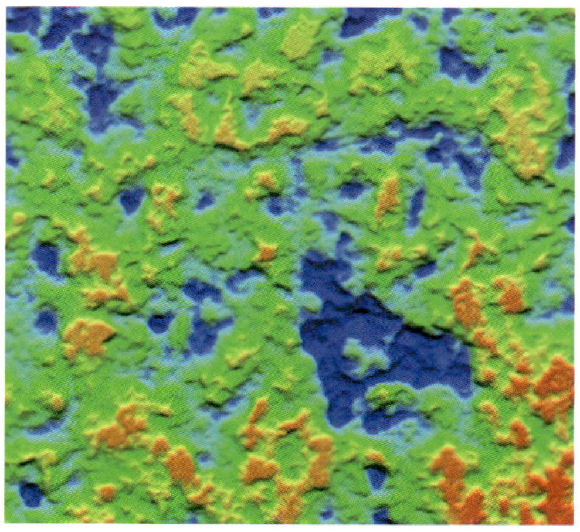

심도맵

AO맵

전면 8행 3자

錦

디지털 사진

RTI

부착 탁본

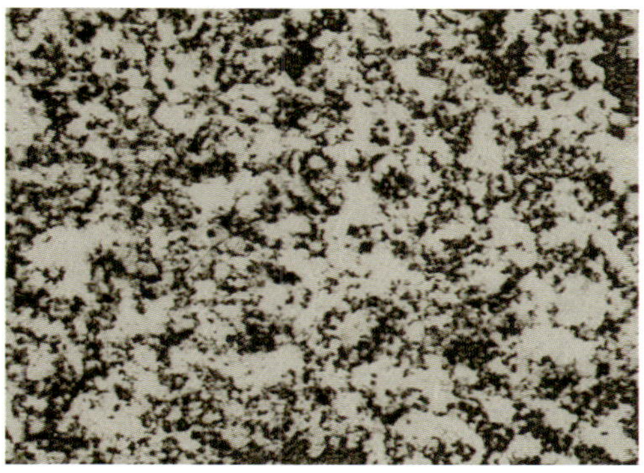

배접 탁본

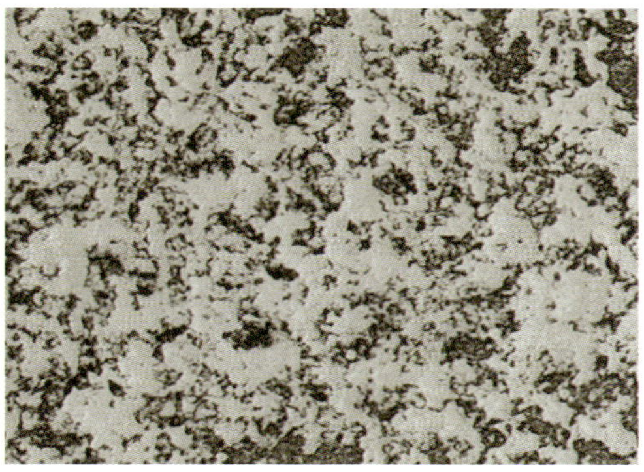

비배접 탁본

폴리곤메시

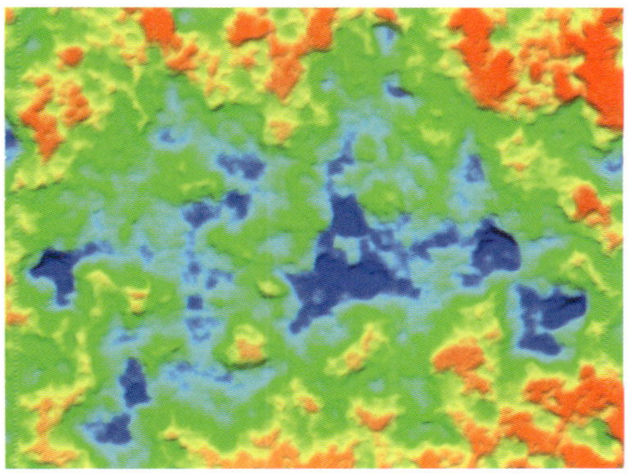

심도맵

AO맵

전면 8행 4자

정 : 上
이 : 去?
임 : 上?
서 : 上
고 : 上
공 : 上

디지털 사진

RTI

부착 탁본

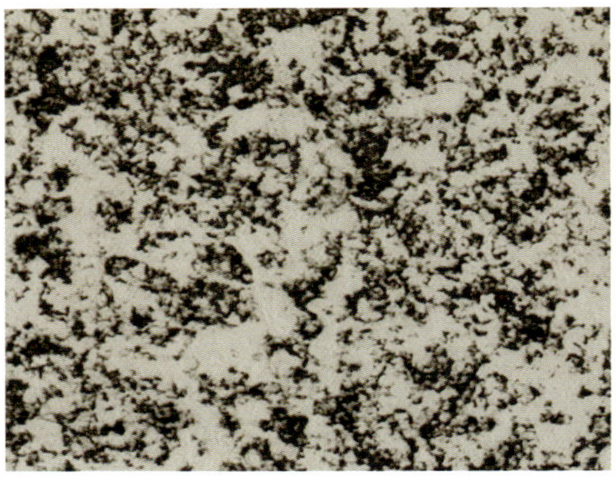

배접 탁본

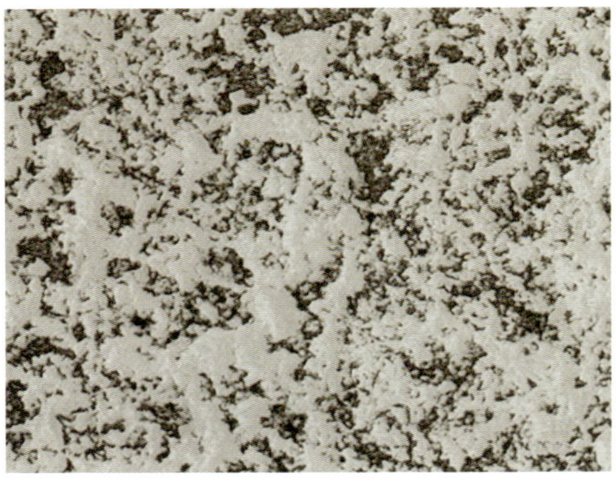

비배접 탁본

폴리곤메시

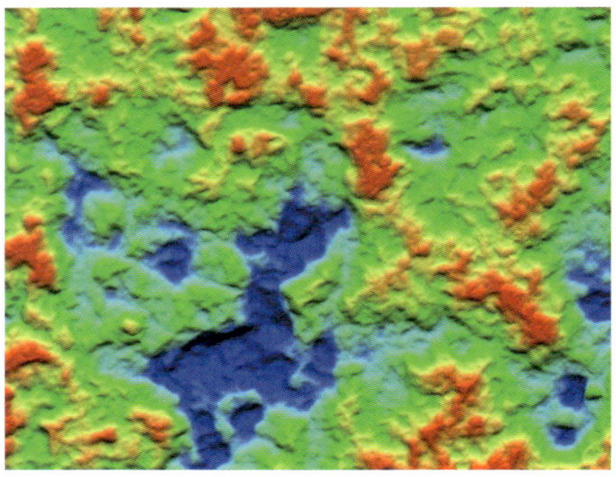

심도맵

AO맵

전면 8행 5자

下

디지털 사진

RTI

부착 탁본

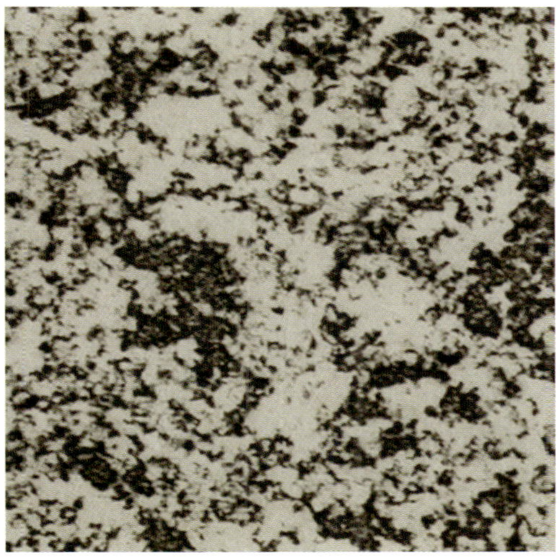

배접 탁본

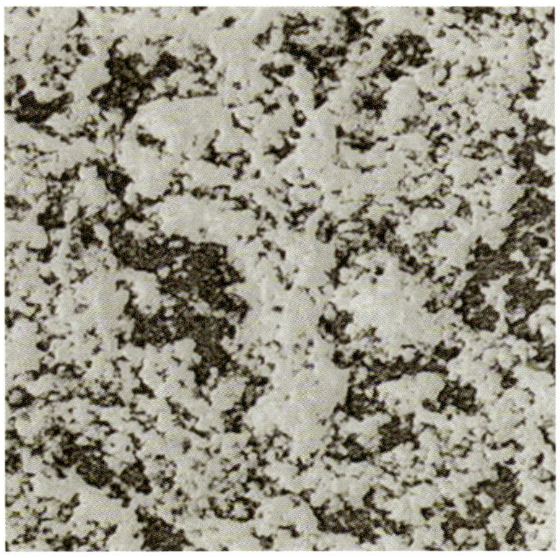

비배접 탁본

폴리곤메시

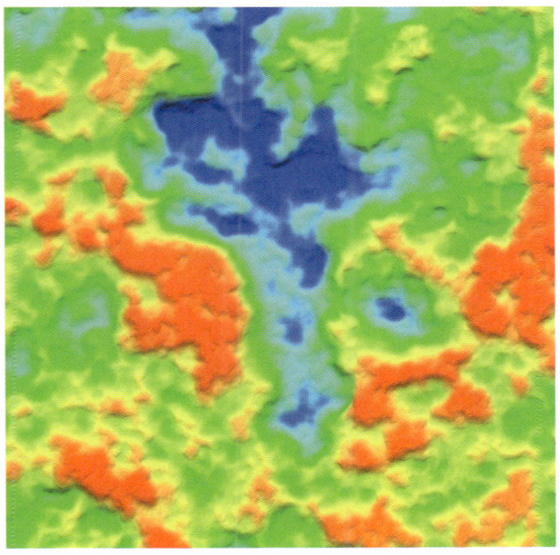

심도맵

AO맵

전면 8행 6자

至

디지털 사진

RTI

부착 탁본

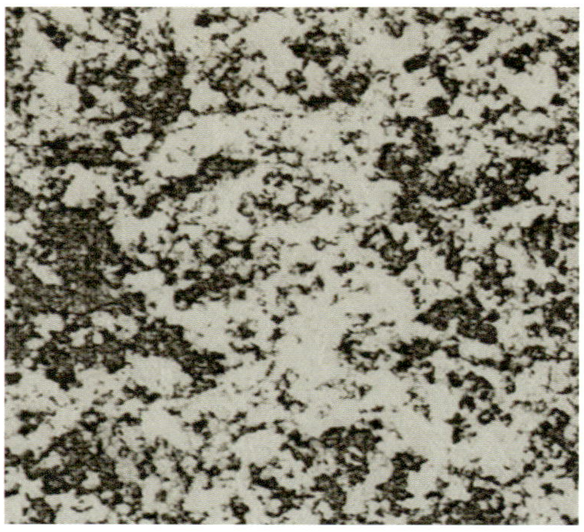

배접 탁본

비배접 탁본

폴리곤메시

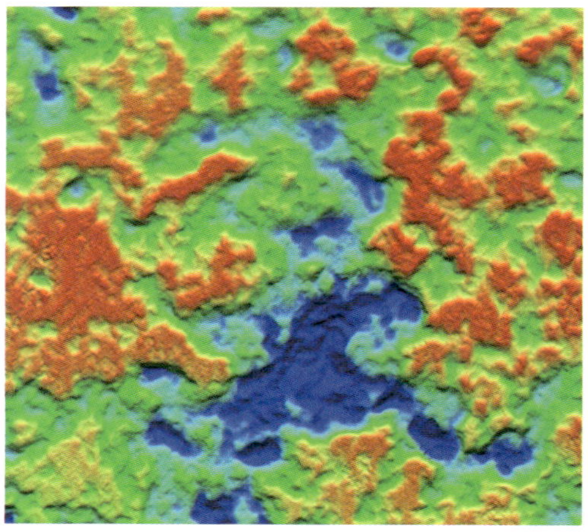

심도맵

AO맵

전면 8행 7자

于

디지털 사진

RTI

부착 탁본

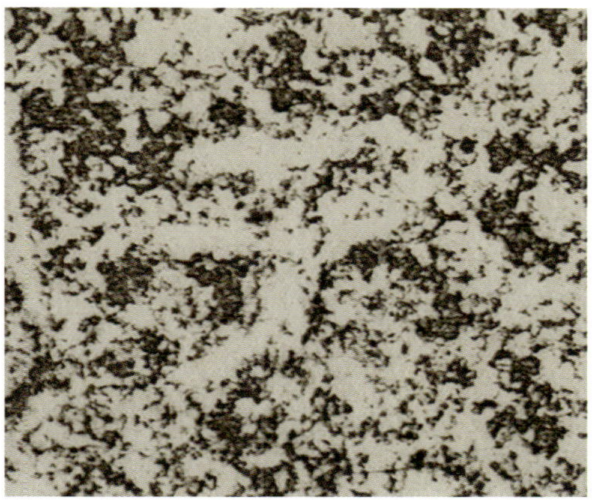

배접 탁본

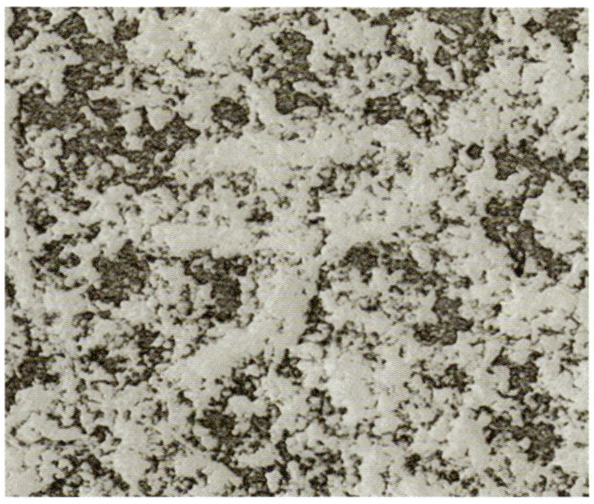

비배접 탁본

폴리곤메시

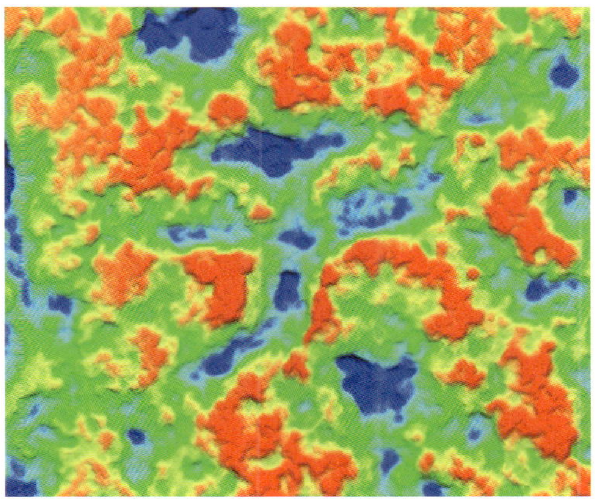

심도맵

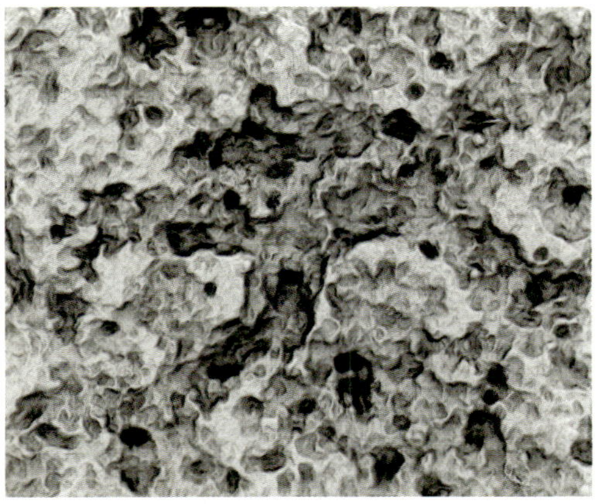

AO맵

전면 8행 8자

伐

디지털 사진

RTI

부착 탁본

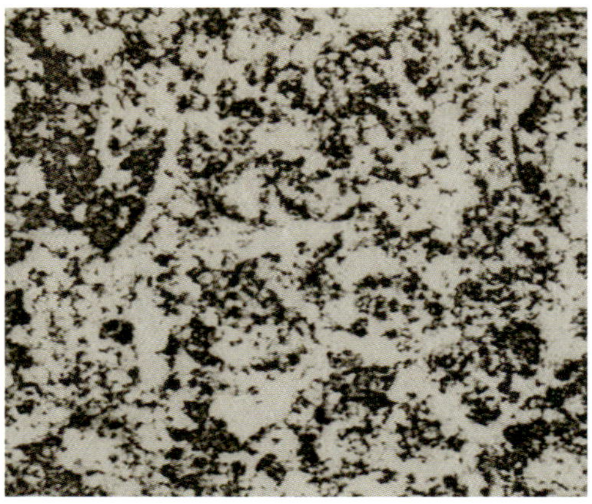

배접 탁본

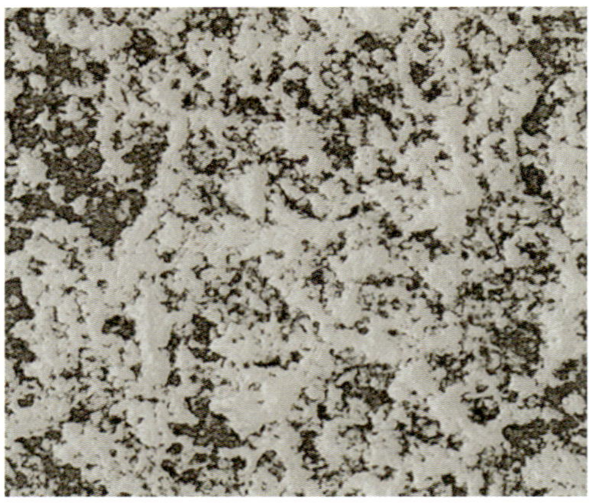

비배접 탁본

폴리곤메시

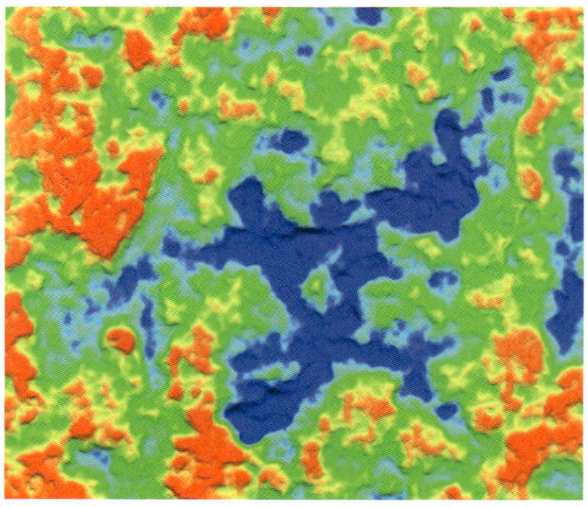

심도맵

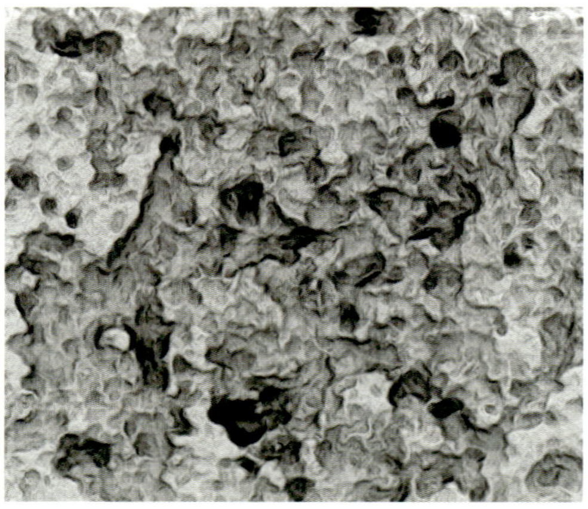

AO맵

전면 8행 9자

城

디지털 사진

RTI

부착 탁본

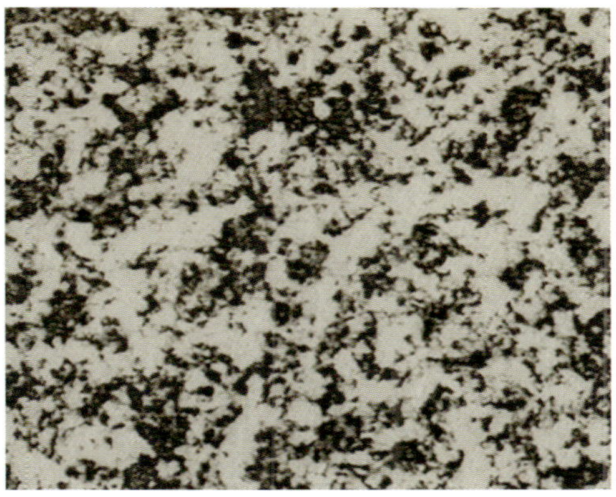

배접 탁본

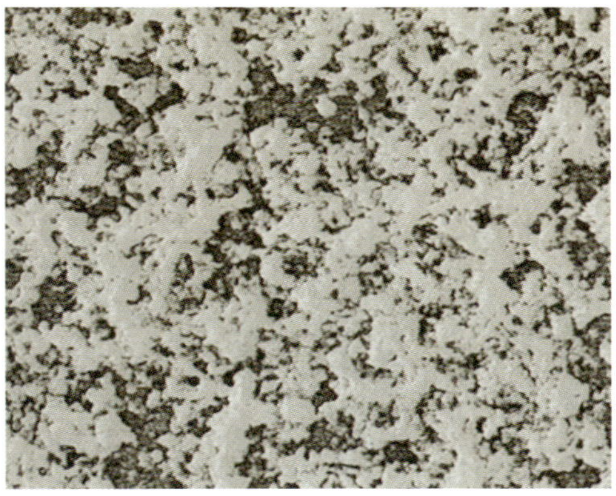

비배접 탁본

폴리곤메시

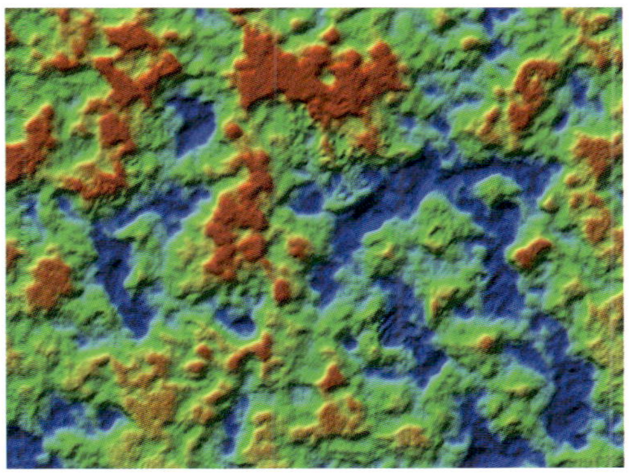

심도맵

AO맵

전면 8행 10자

敎

디지털 사진

RTI

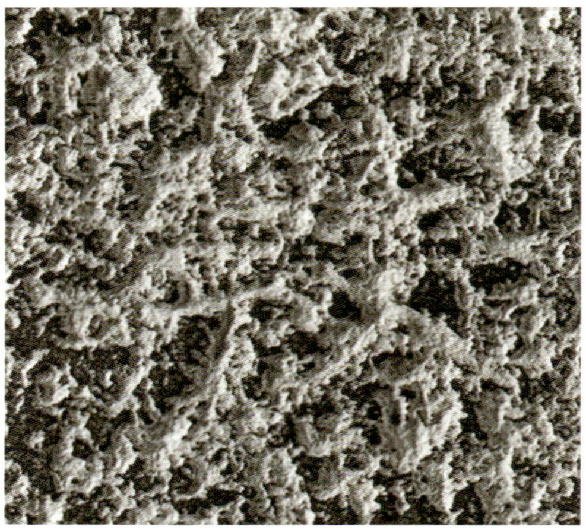

부착 탁본

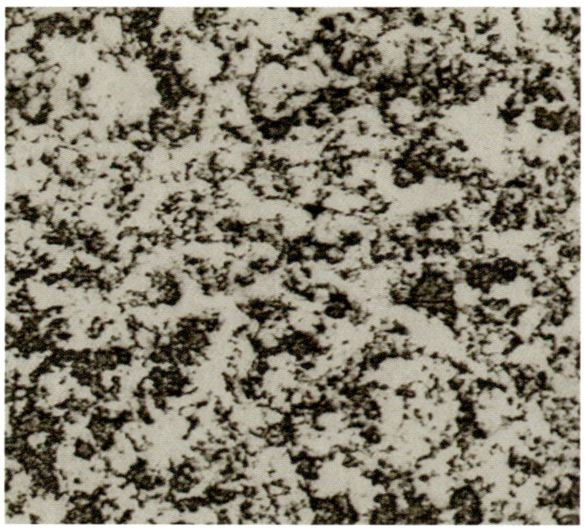

배접 탁본

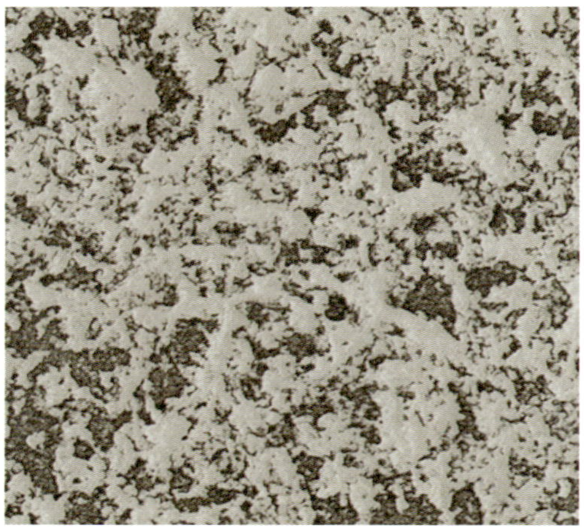

비배접 탁본

폴리곤메시

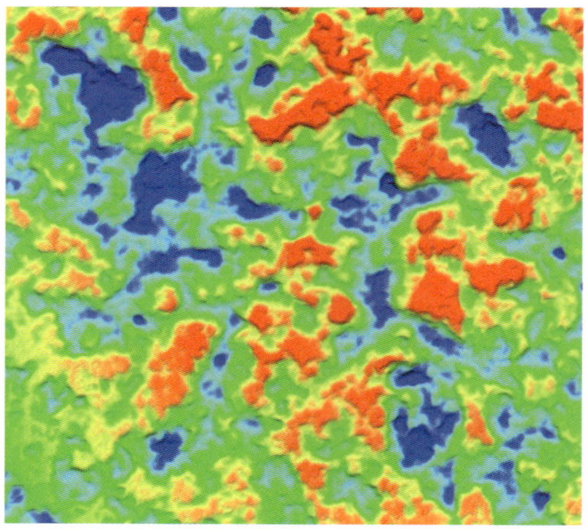

심도맵

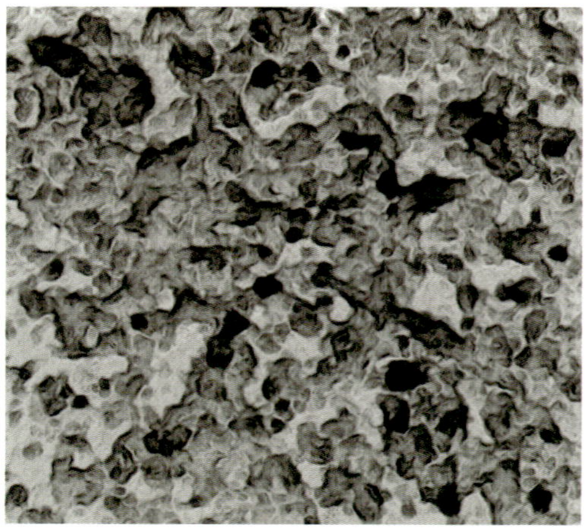

AO맵

전면 8행 11자

정 : 來?
이 : 勅?
임 : 來
서 : 來
고 : 來
공 : 來

디지털 사진

RTI

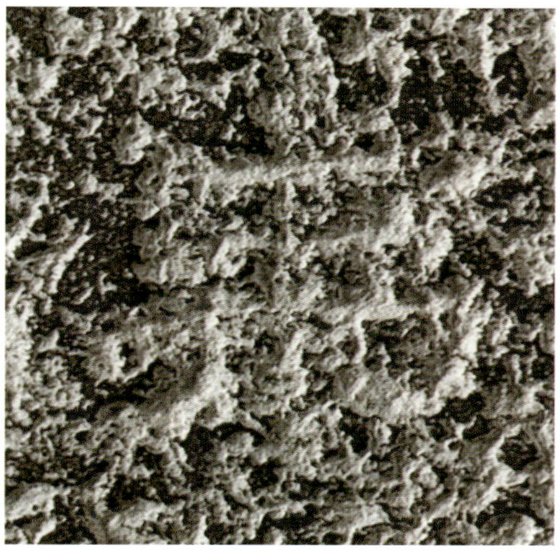

부착 탁본

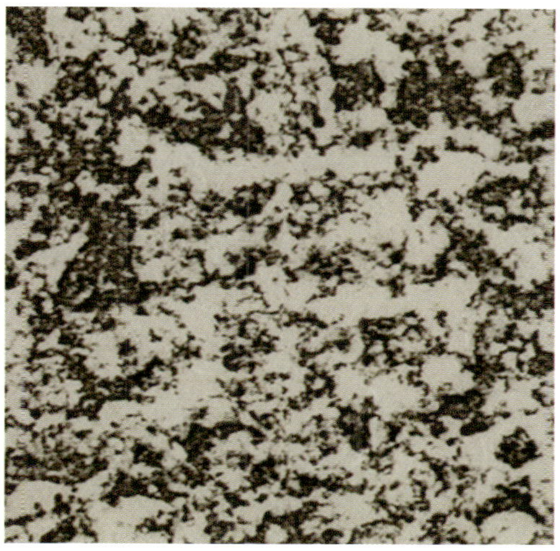

배접 탁본

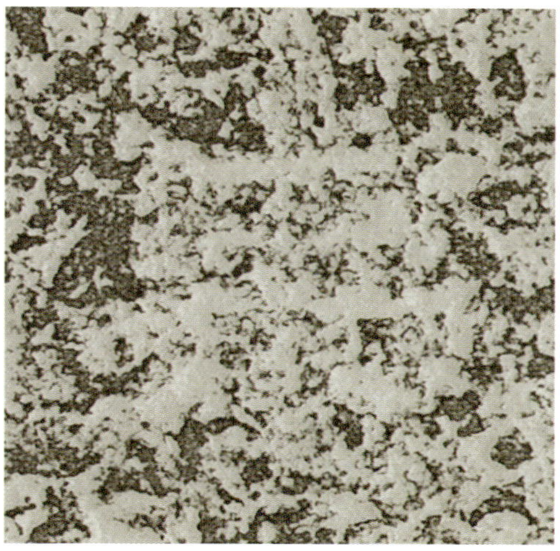

비배접 탁본

폴리곤메시

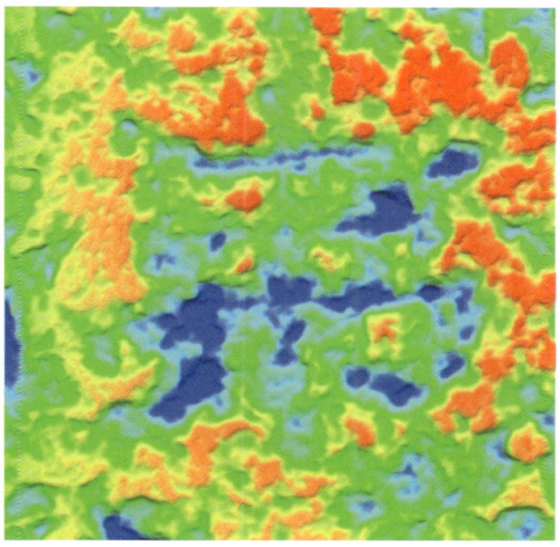

심도맵

AO맵

전면 8행 12자

前

디지털 사진

RTI

부착 탁본

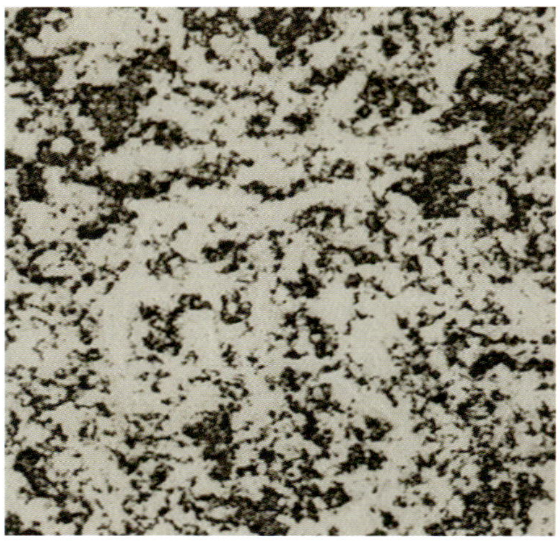

배접 탁본

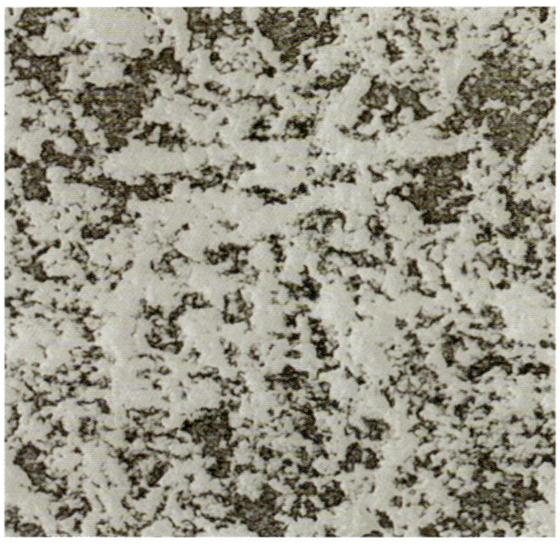

비배접 탁본

폴리곤메시

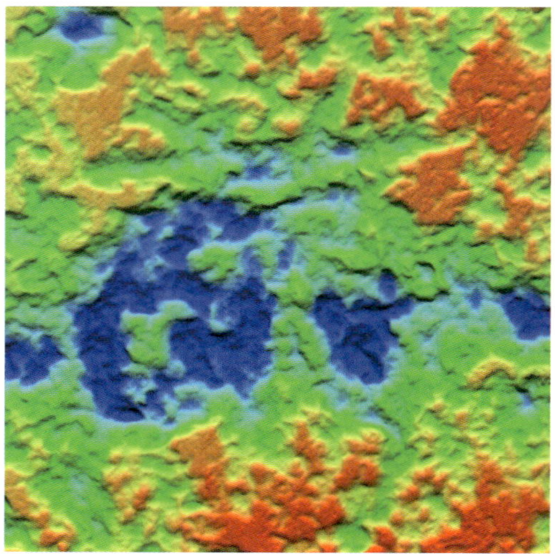

심도맵

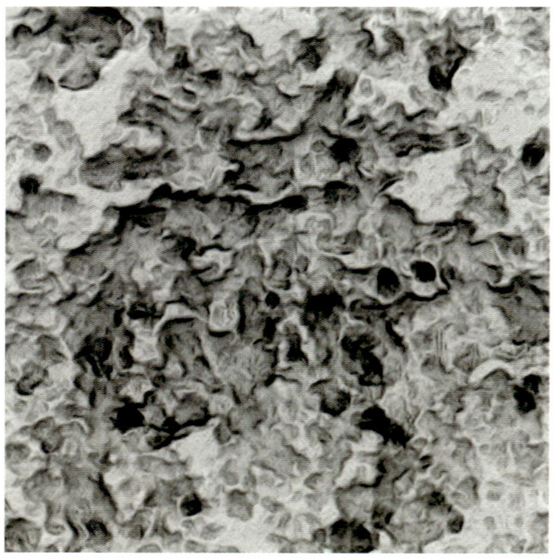

AO맵

전면 8행 13자

部

디지털 사진

RTI

부착 탁본

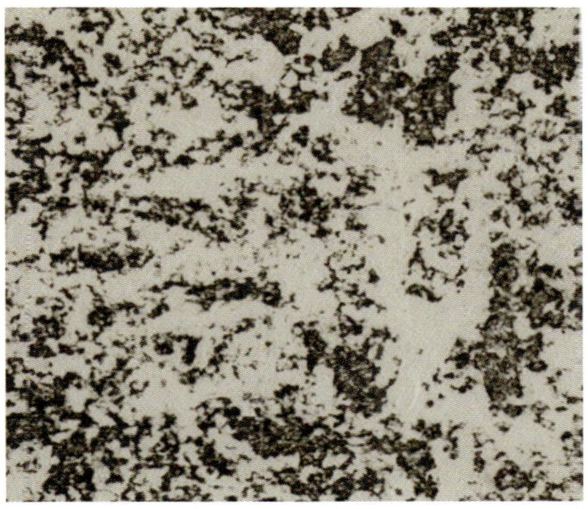

배접 탁본

비배접 탁본

폴리곤메시

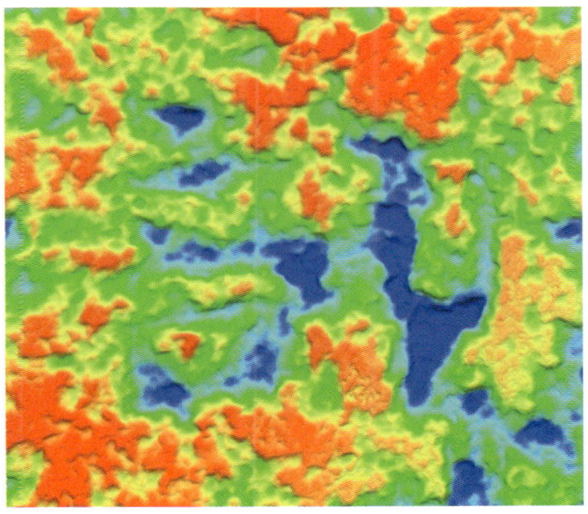

심도맵

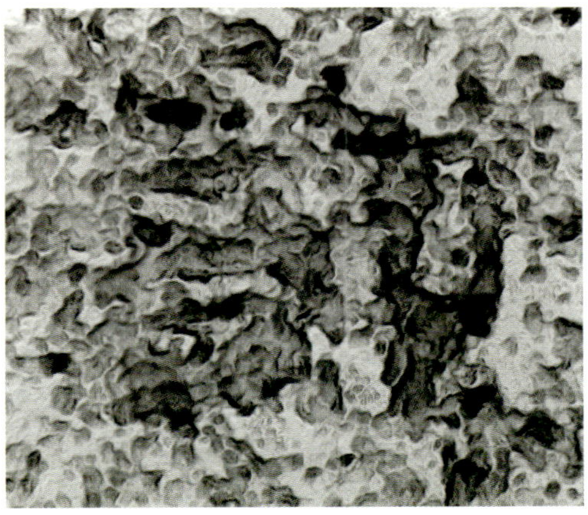

AO맵

전면 8행 14자

정 : 大
이 : 大
임 : 大
서 : 大
고 : 太
공 : 大/太

디지털 사진

RTI

부착 탁본

배접 탁본

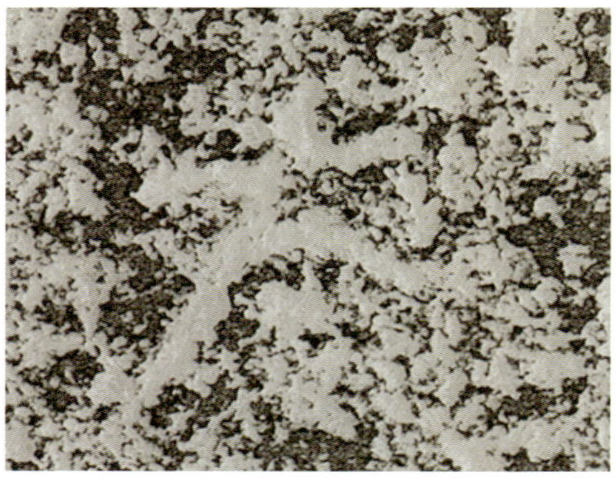

비배접 탁본

폴리곤메시

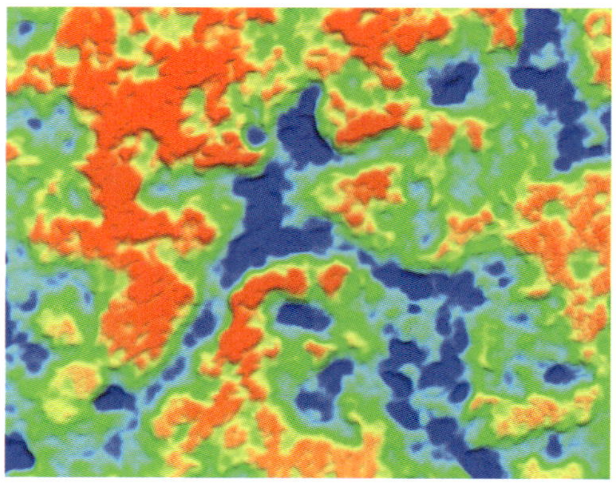

심도맵

AO맵

전면 8행 15자

使

디지털 사진

RTI

부착 탁본

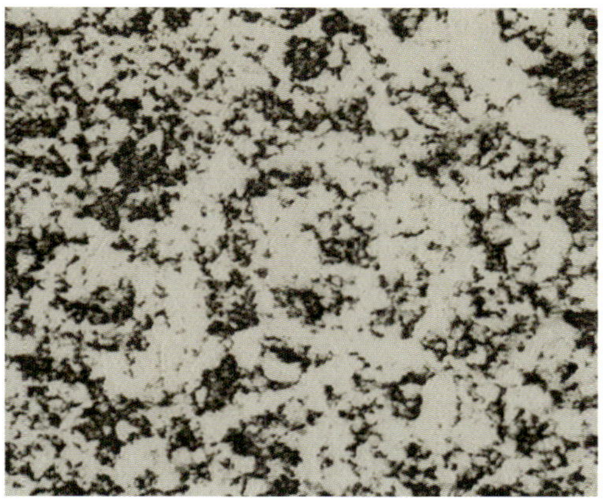

배접 탁본

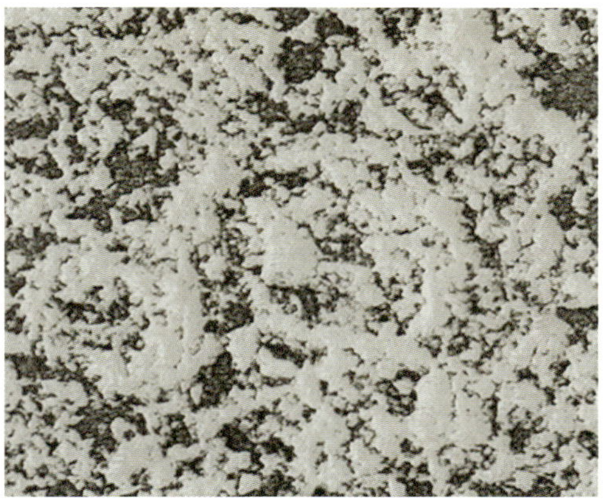

비배접 탁본

폴리곤메시

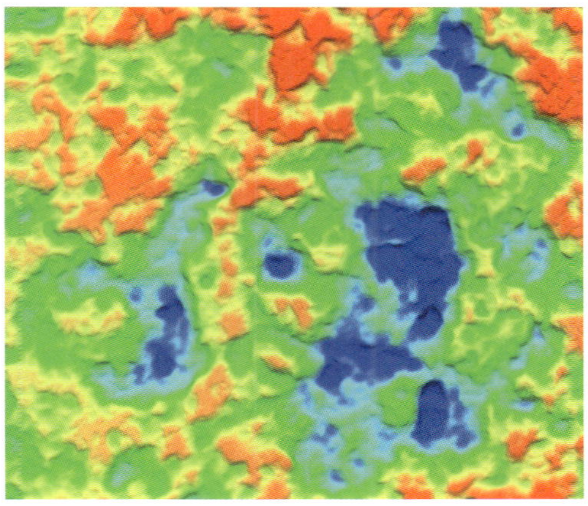

심도맵

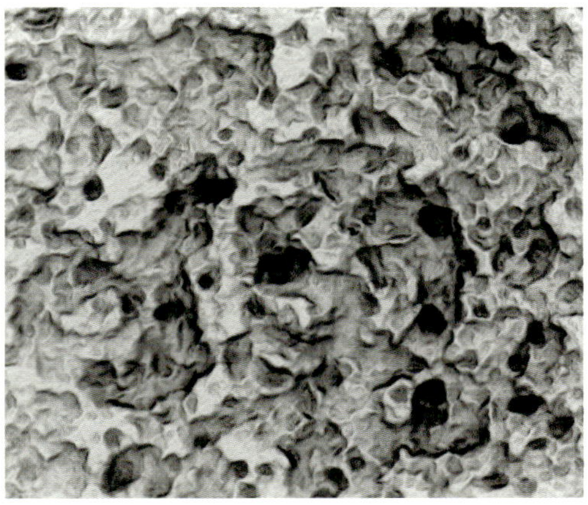

AO맵

전면 8행 16자

者

디지털 사진

RTI

부착 탁본

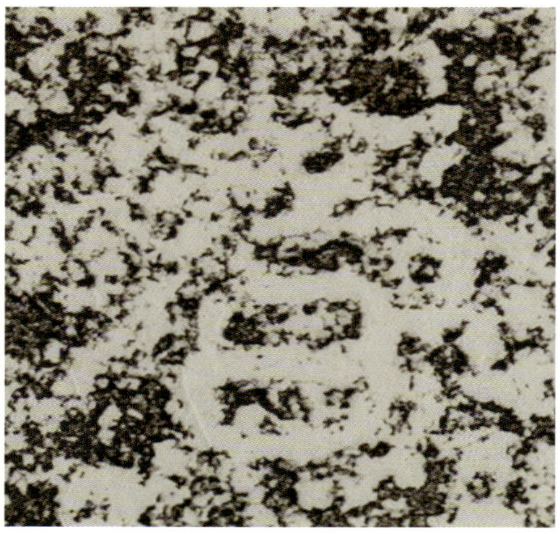

배접 탁본

비배접 탁본

폴리곤메시

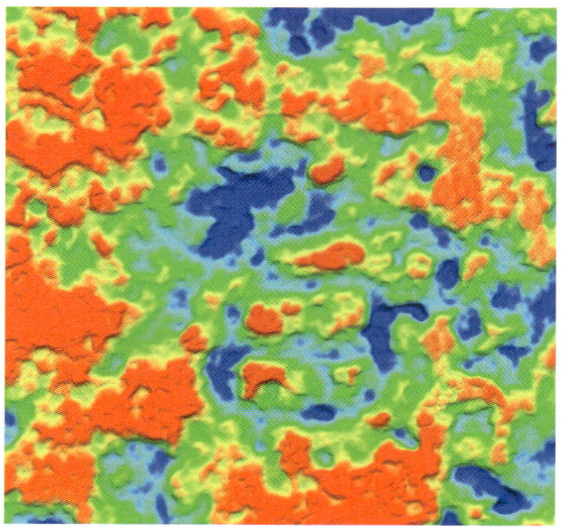

심도맵

AO맵

전면 8행 17자

多

디지털 사진

RTI

부착 탁본

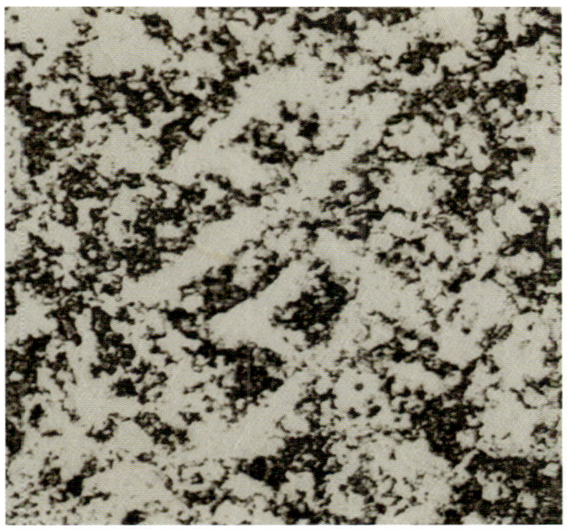

배접 탁본

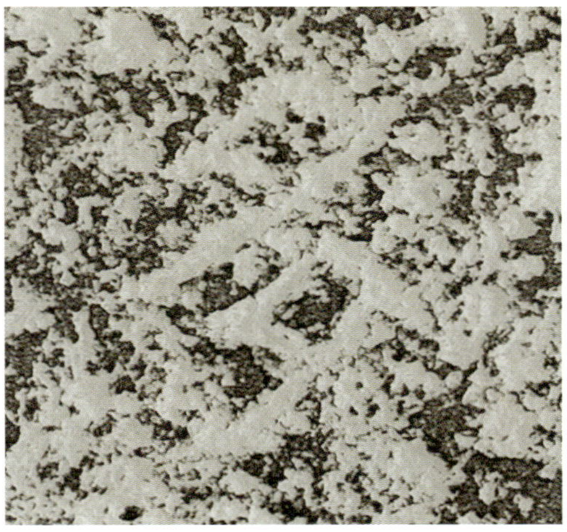

비배접 탁본

폴리곤메시

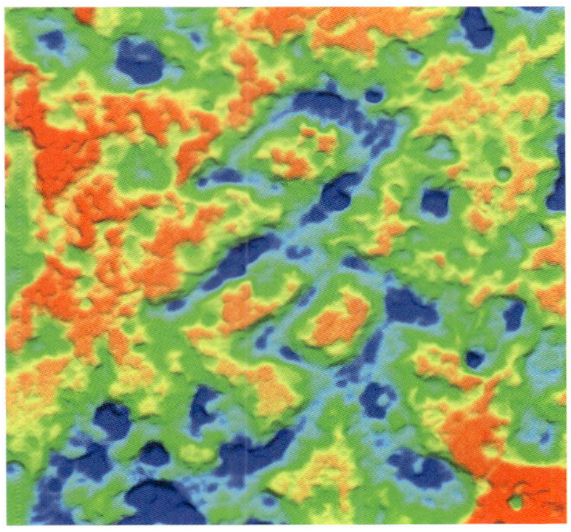

심도맵

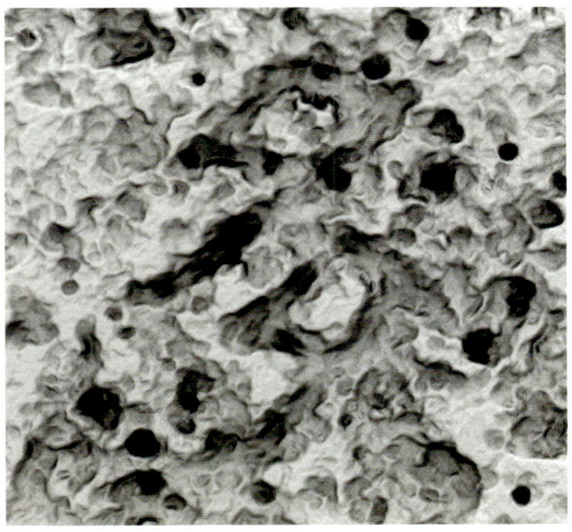

AO맵

전면 8행 18자

정 : 亐?
이 : 兮
임 : 干
서 : 亐
고 : 于
공 : 于

디지털 사진

RTI

부착 탁본

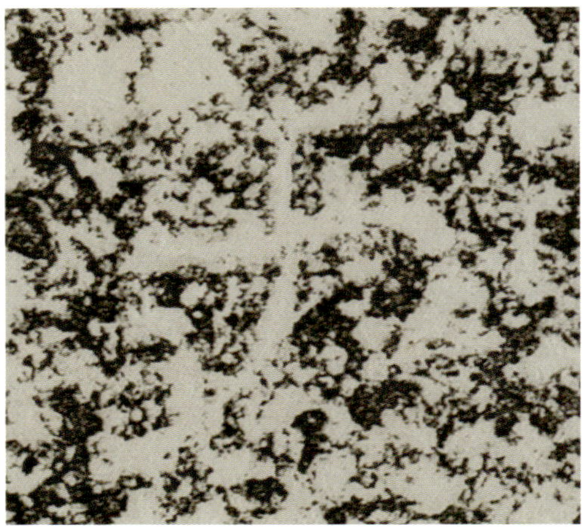

배접 탁본

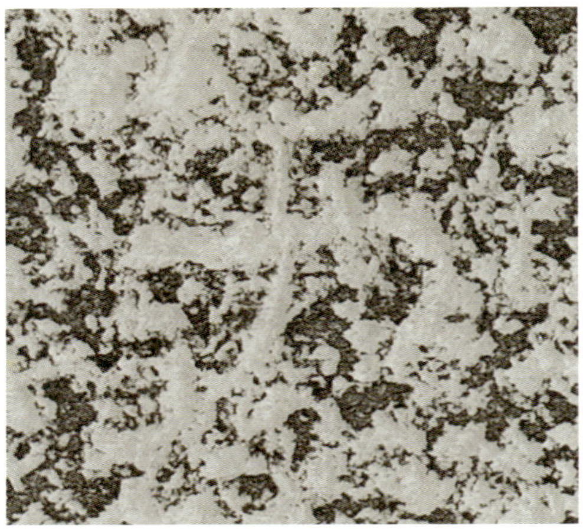

비배접 탁본

폴리곤메시

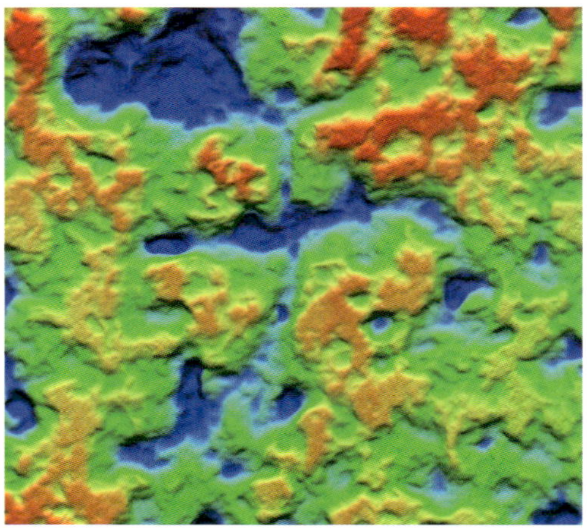

심도맵

AO맵

전면 8행 19자

桓

디지털 사진

RTI

부착 탁본

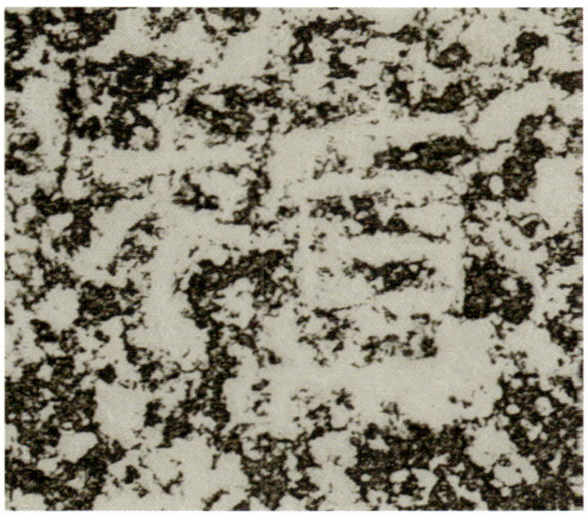

배접 탁본

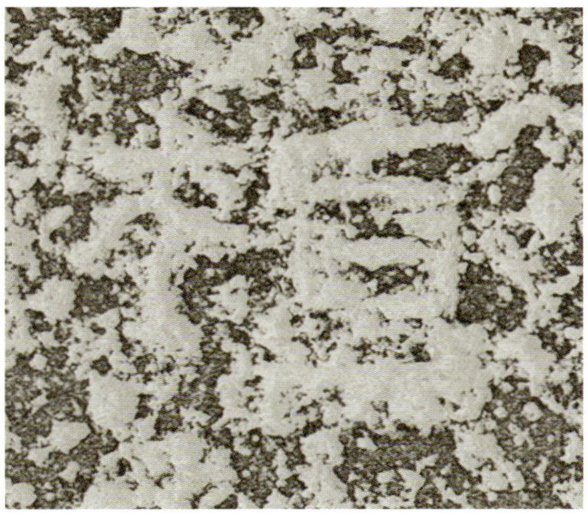

비배접 탁본

폴리곤메시

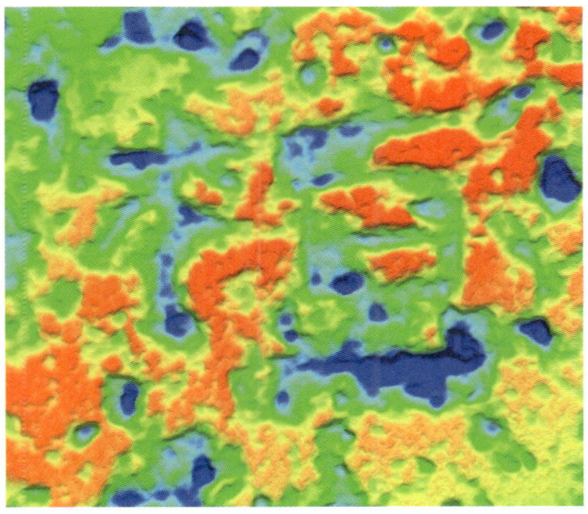

심도맵

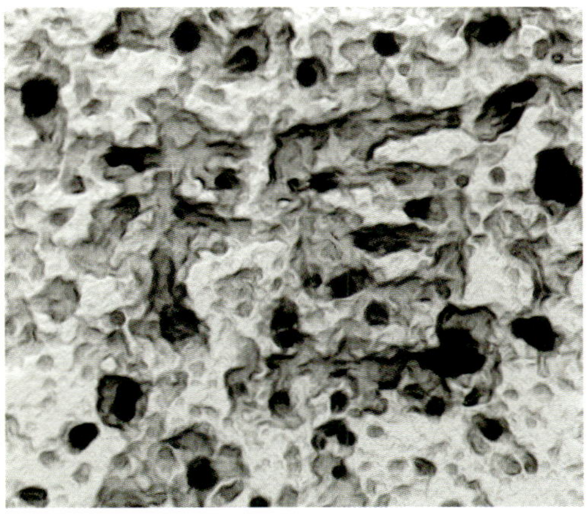

AO맵

전면 8행 20자

奴

디지털 사진

RTI

부착 탁본

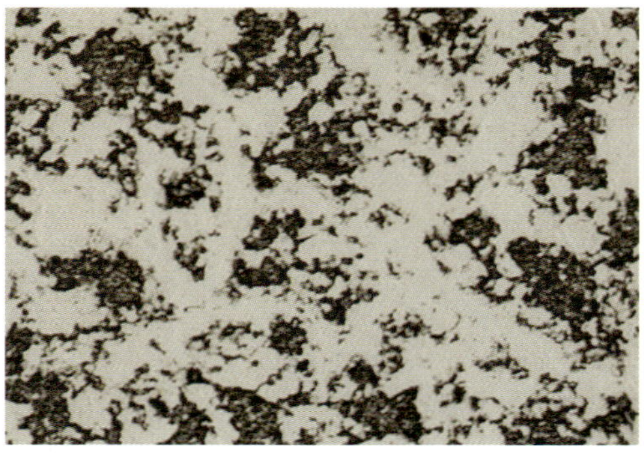

배접 탁본

비배접 탁본

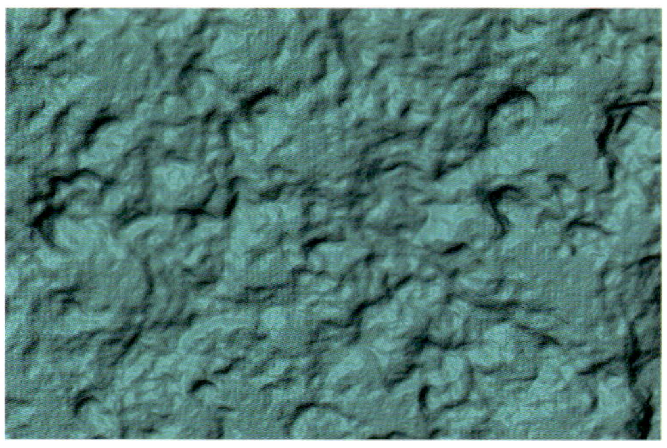

폴리곤메시

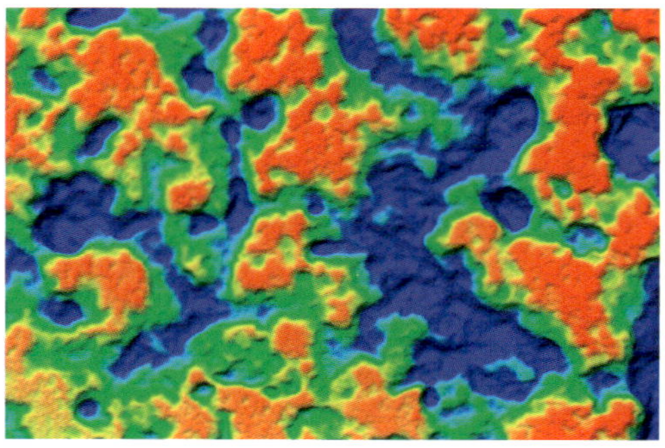

심도맵

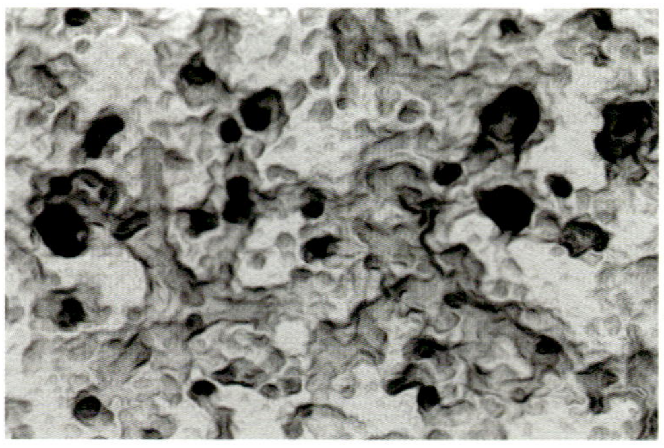

AO맵

전면 8행 21자

主

디지털 사진

RTI

부착 탁본

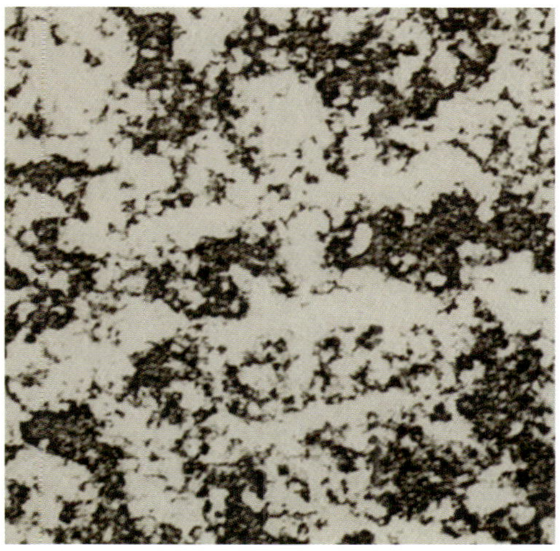

배접 탁본

비배접 탁본

폴리곤메시

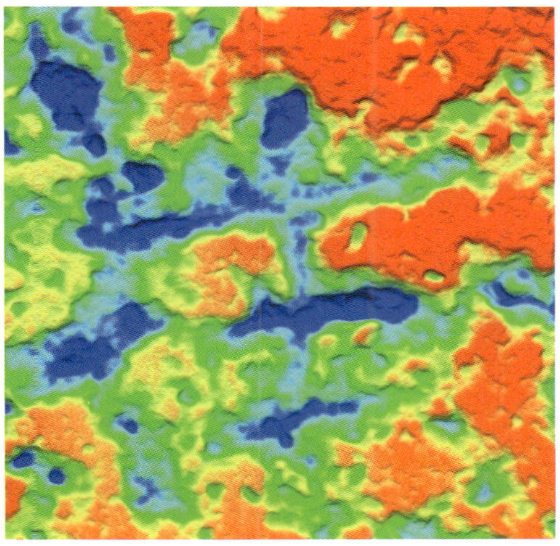

심도맵

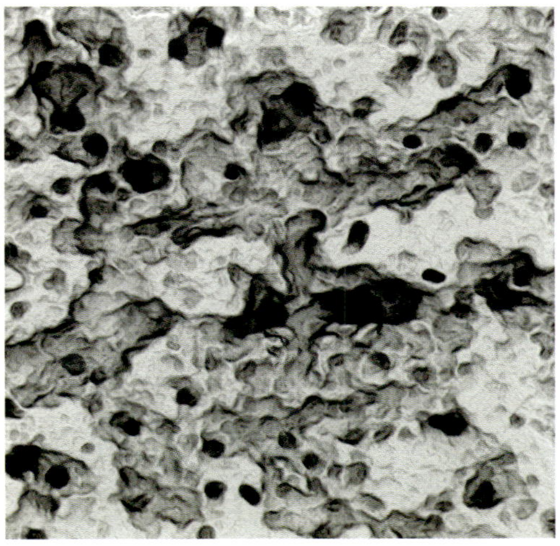

AO맵

전면 8행 22자

簿

디지털 사진

RTI

부착 탁본

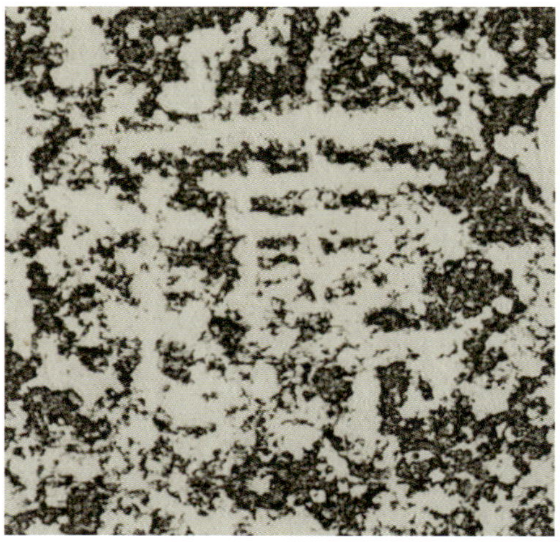

배접 탁본

비배접 탁본

폴리곤메시

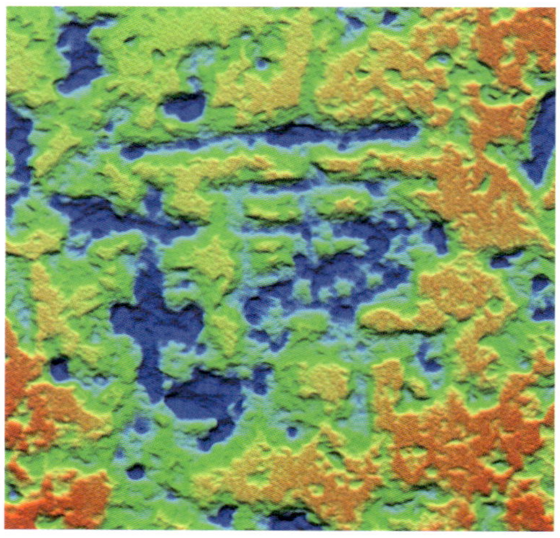

심도맵

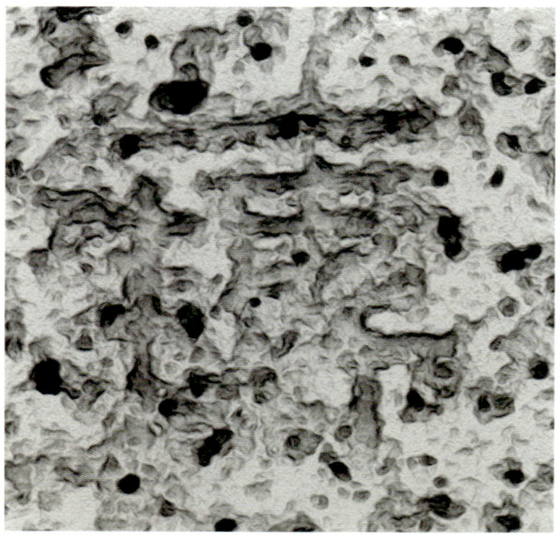

AO맵

전면 8행 23자

정 : 首?
이 : 者?
임 : 看?
서 : △
고 : 貴
공 : 貴

디지털 사진

RTI

부착 탁본

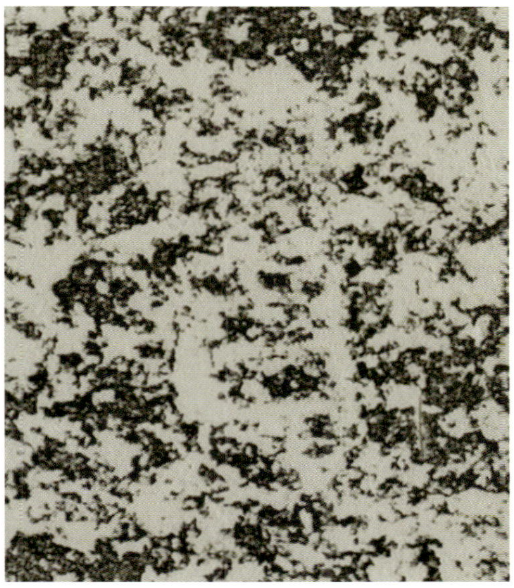

배접 탁본

비배접 탁본

폴리곤메시

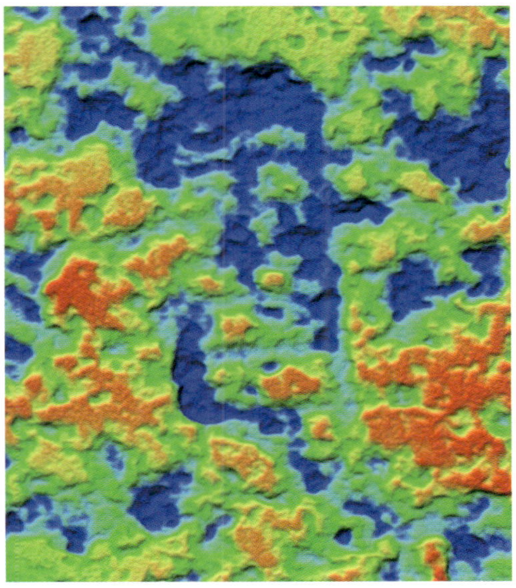

심도맵

AO맵

전면 9행 1자

정 : △
이 : △
임 : △
서 : △
고 : △
공 : 〈德〉

디지털 사진

RTI

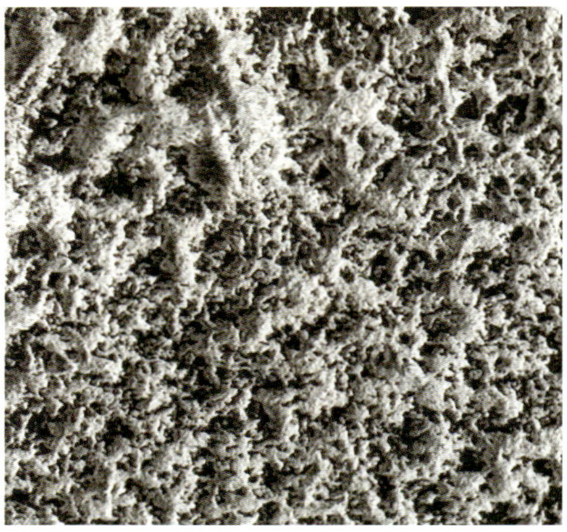

부착 탁본

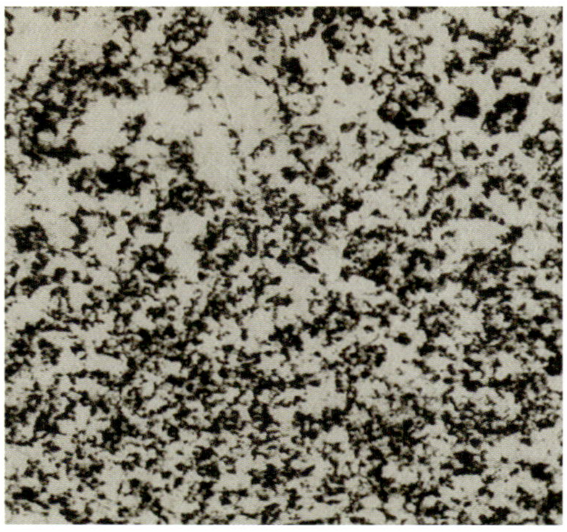

배접 탁본

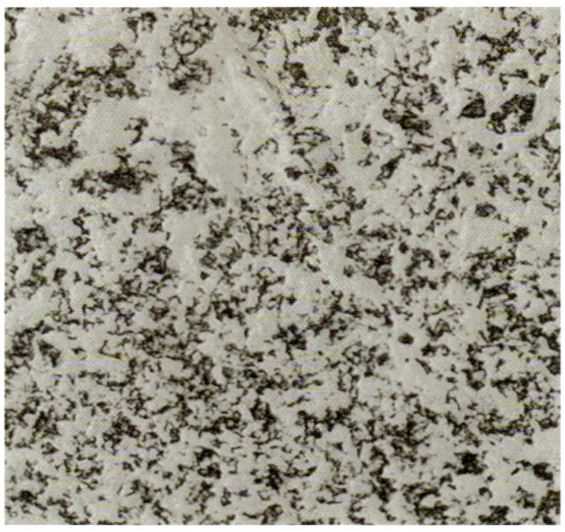

비배접 탁본

폴리곤메시

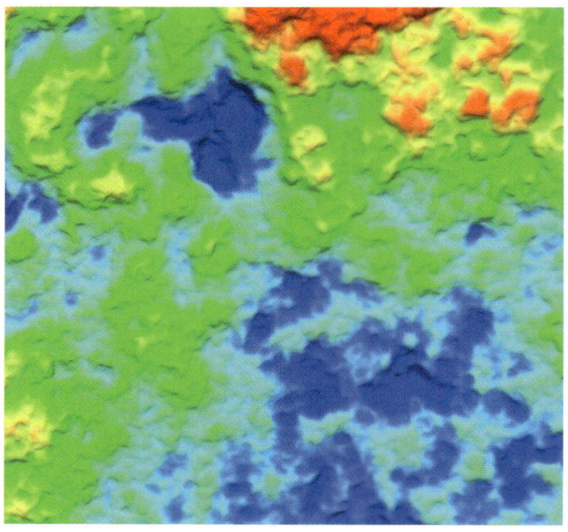

심도맵

AO맵

전면 9행 2자

△

디지털 사진

RTI

부착 탁본

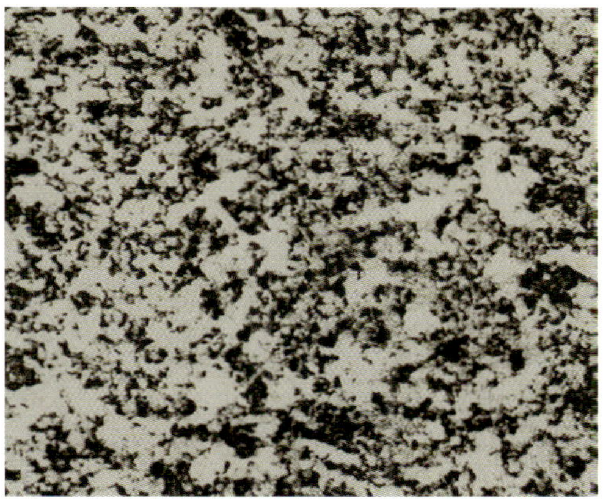

배접 탁본

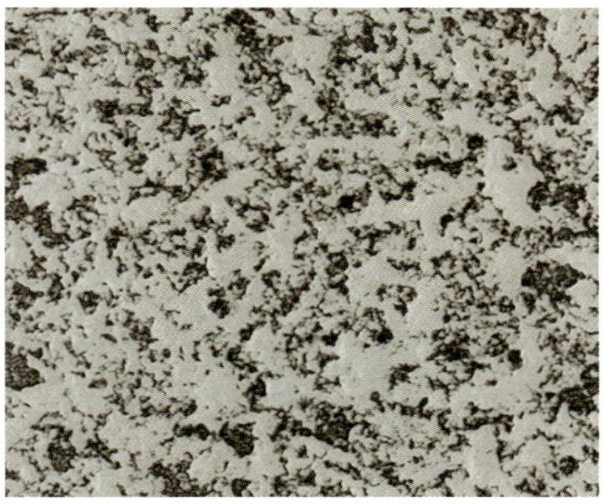

비배접 탁본

폴리곤메시

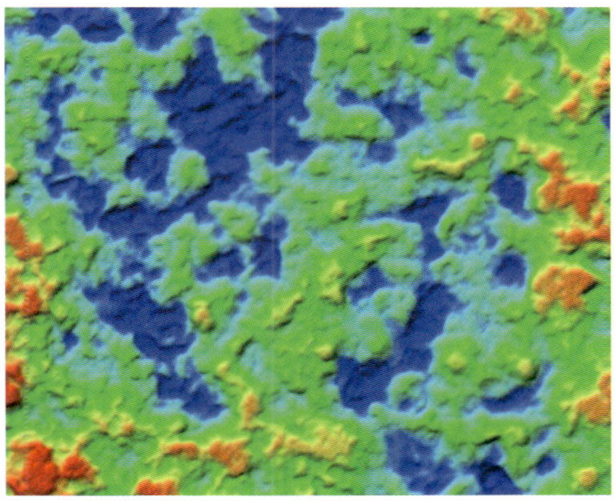

심도맵

AO맵

전면 9행 3자

정 : △
이 : △
임 : △
서 : △
고 : △
공 : 土?/△

디지털 사진

RTI

부착 탁본

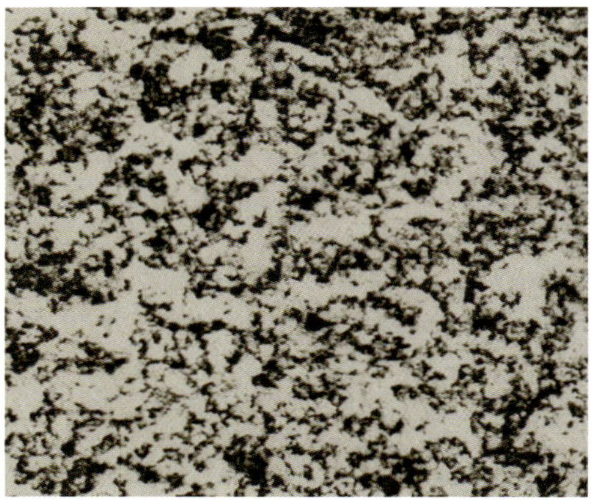

배접 탁본

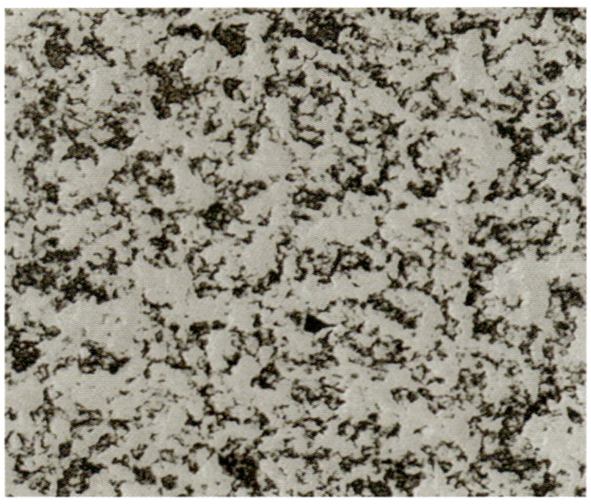

비배접 탁본

폴리곤메시

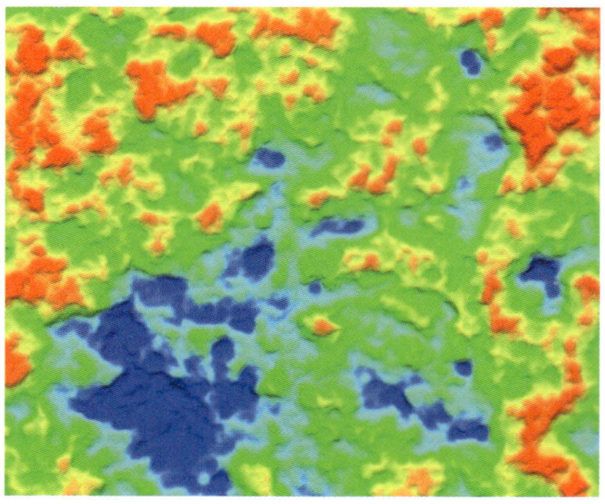

심도맵

AO맵

전면 9행 4자

정 : 境?
이 : 境
임 : 境
서 : 境
고 : 境?
공 : 境?/△

디지털 사진

RTI

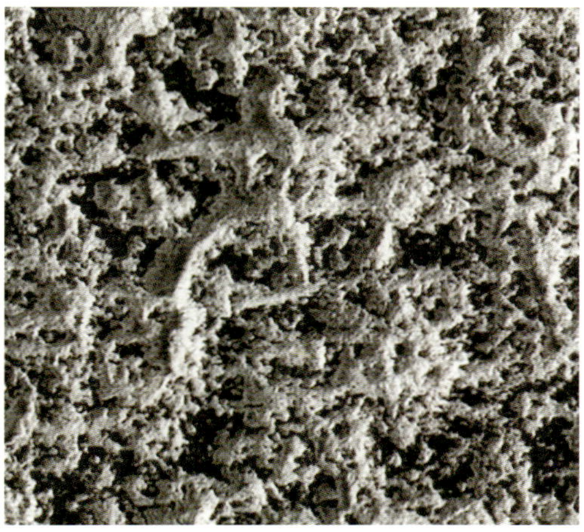

부착 탁본

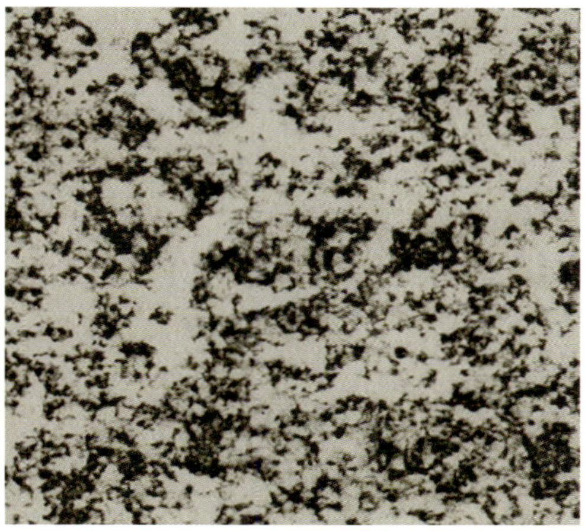

배접 탁본

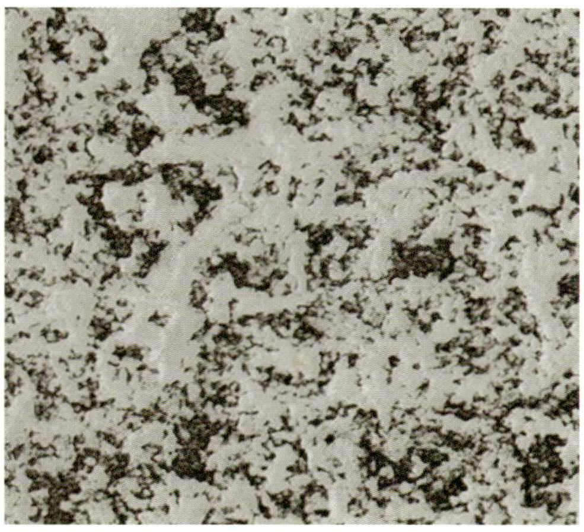

비배접 탁본

폴리곤메시

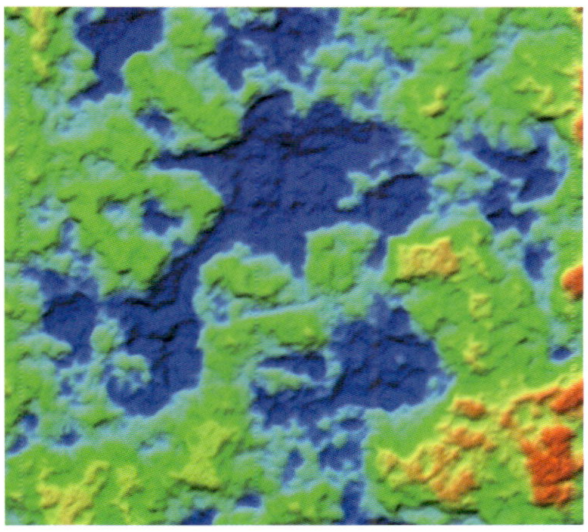

심도맵

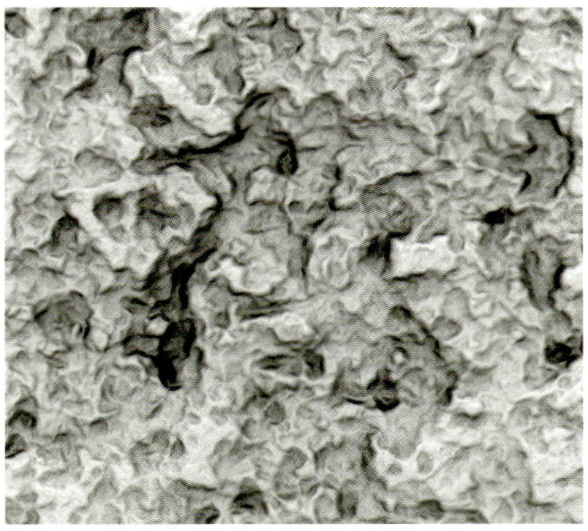

AO맵

전면 9행 5자

디지털 사진

RTI

부착 탁본

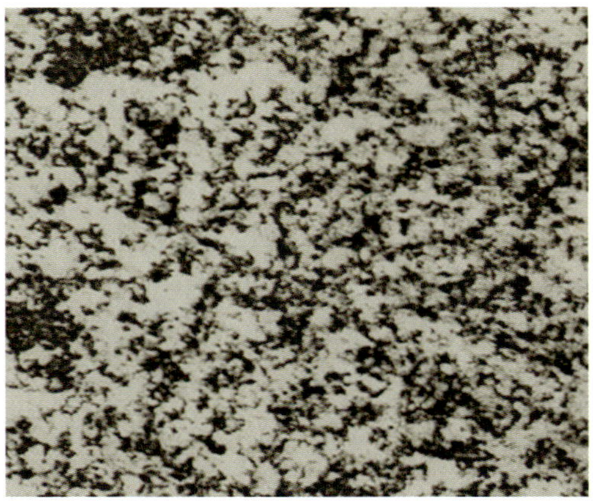

배접 탁본

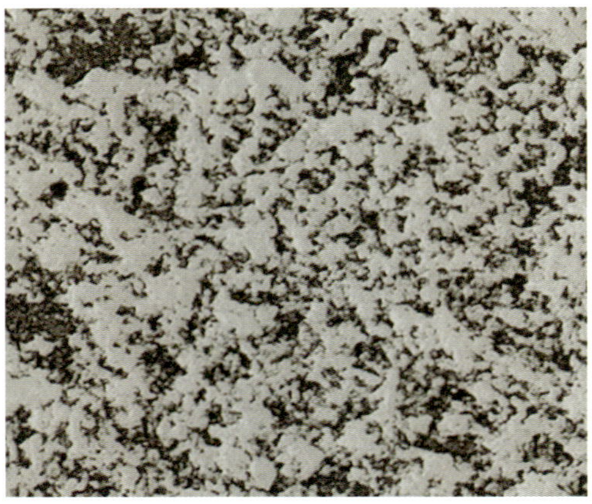

비배접 탁본

폴리곤메시

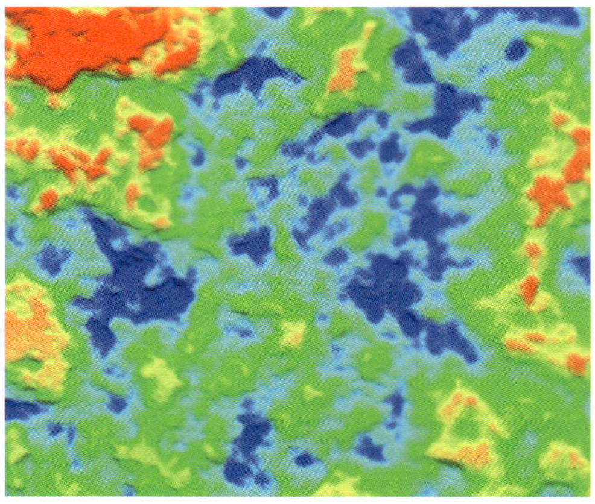

심도맵

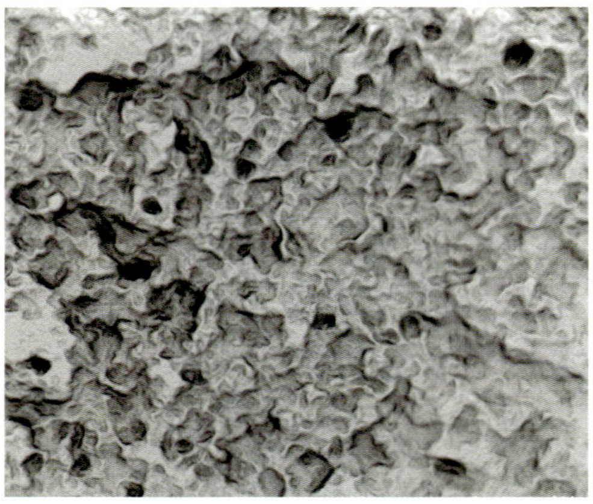

AO맵

전면 9행 6자

募

디지털 사진

RTI

부착 탁본

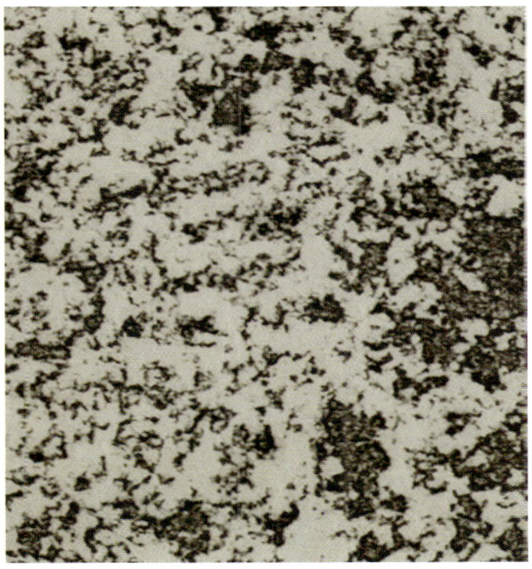

배접 탁본

비배접 탁본

폴리곤메시

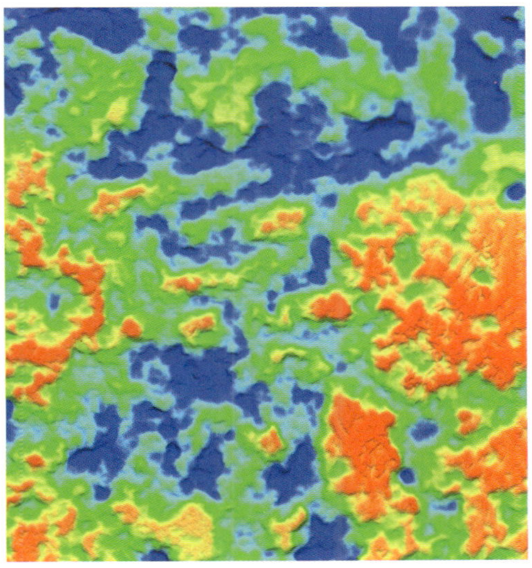

심도맵

AO맵

전면 9행 7자

人

디지털 사진

RTI

부착 탁본

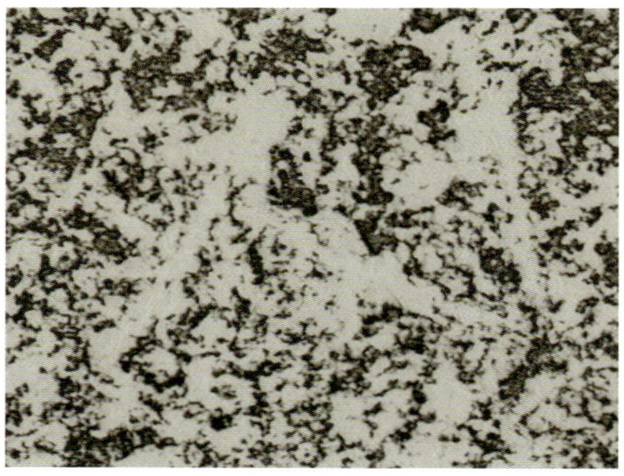
배접 탁본

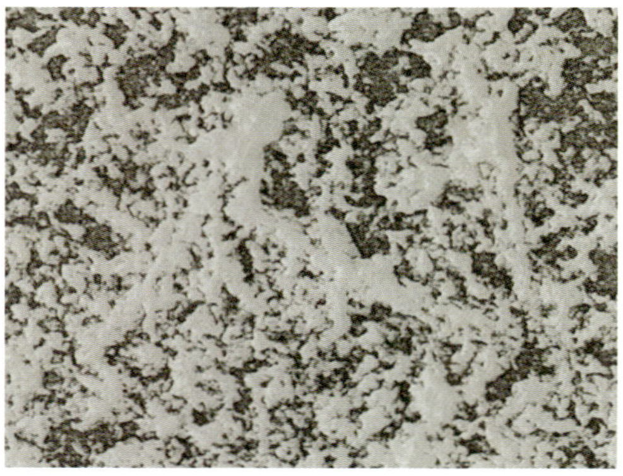
비배접 탁본

폴리곤메시

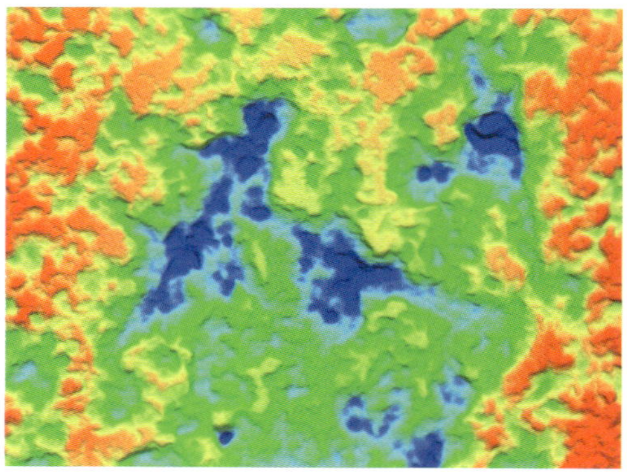
심도맵

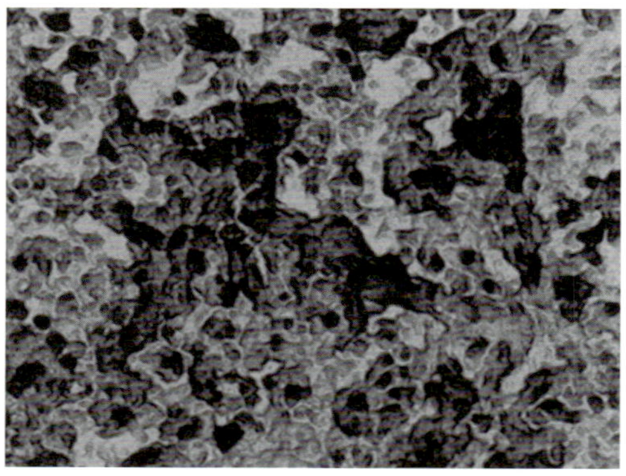
AO맵

전면 9행 8자

三

디지털 사진

RTI

부착 탁본

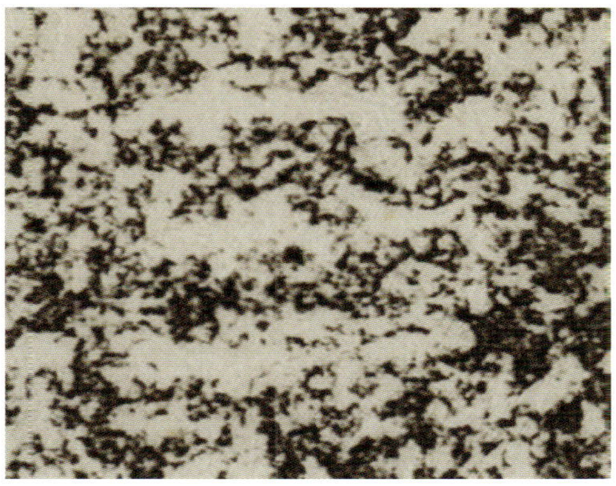

배접 탁본

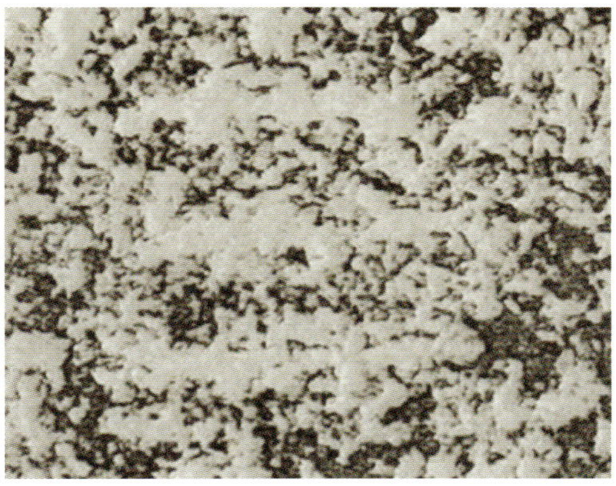

비배접 탁본

폴리곤메시

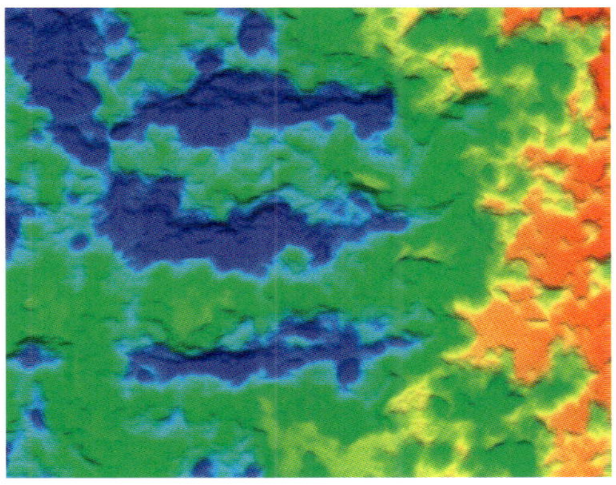

심도맵

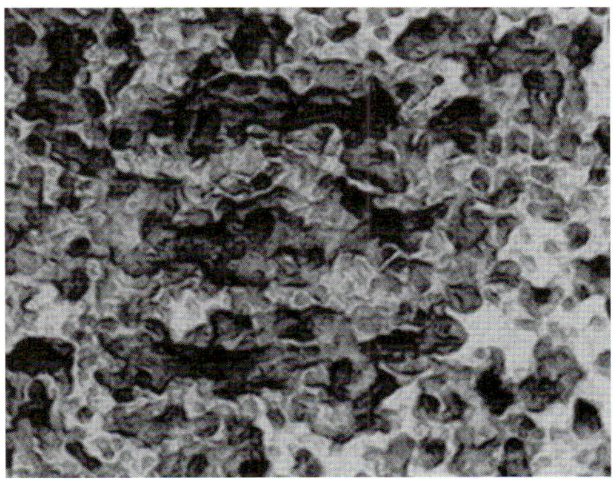

AO맵

전면 9행 9자

百

디지털 사진

RTI

부착 탁본

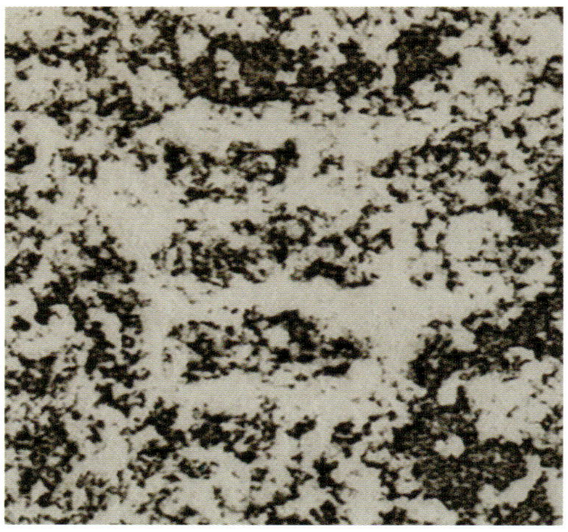

배접 탁본

비배접 탁본

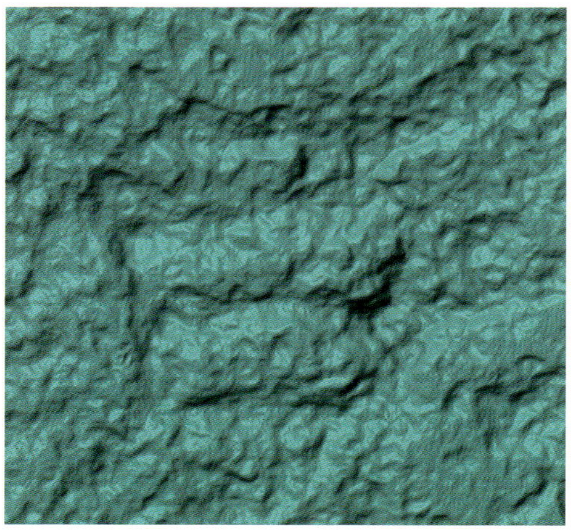

폴리곤메시

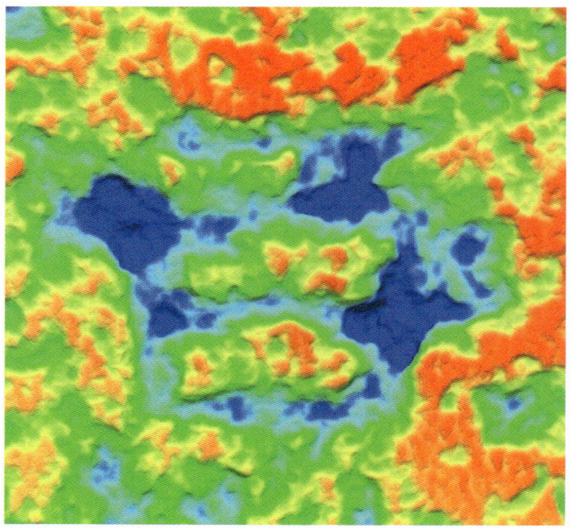

심도맵

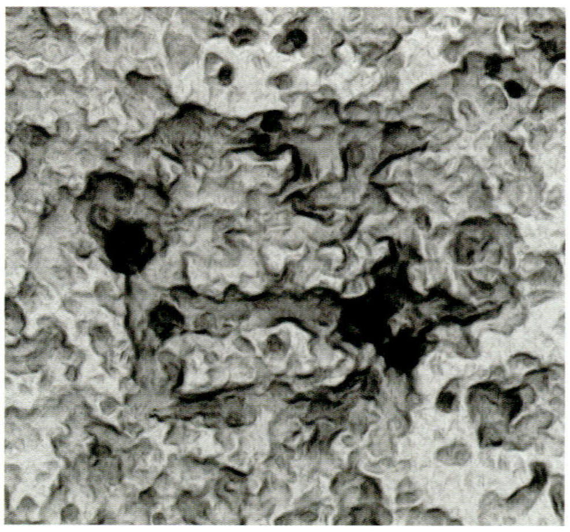

AO맵

전면 9행 10자

新

디지털 사진

RTI

부착 탁본

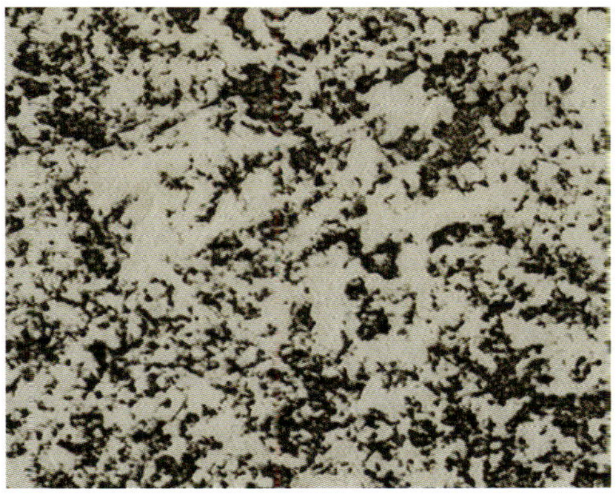

배접 탁본

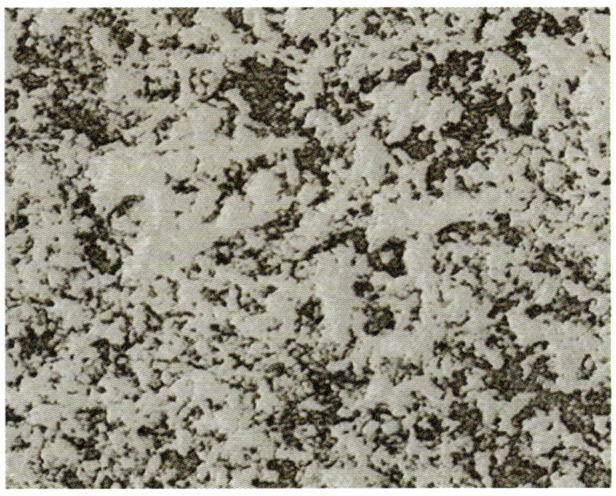

비배접 탁본

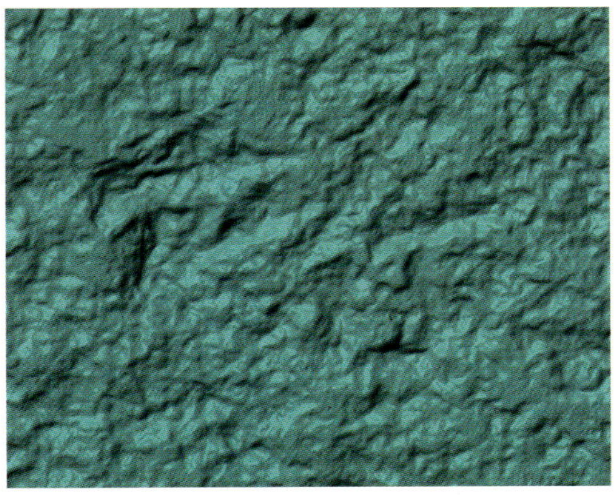

폴리곤메시

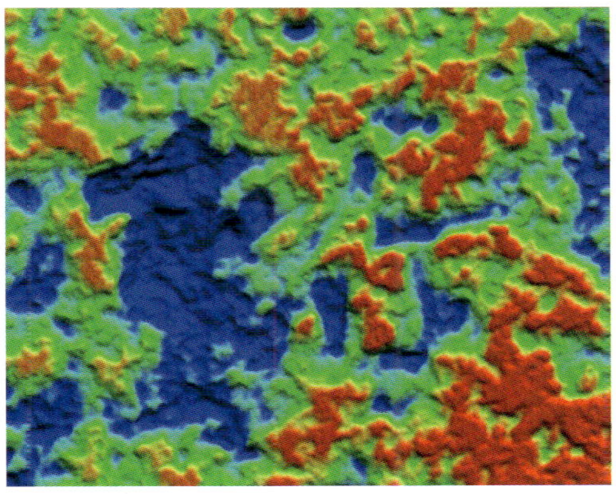

심도맵

AO맵

전면 9행 11자

羅

디지털 사진

RTI

부착 탁본

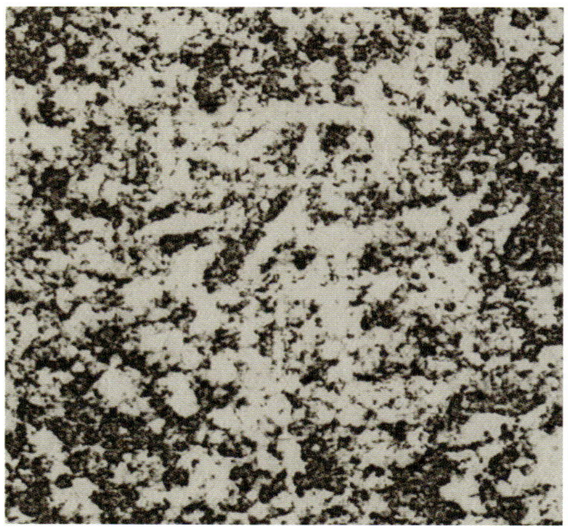

배접 탁본

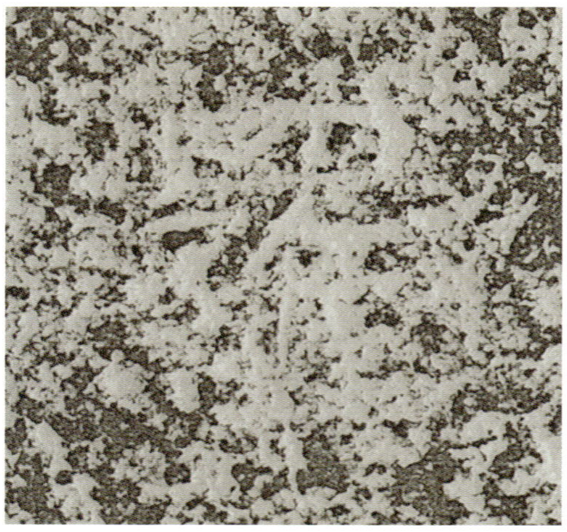

비배접 탁본

폴리곤메시

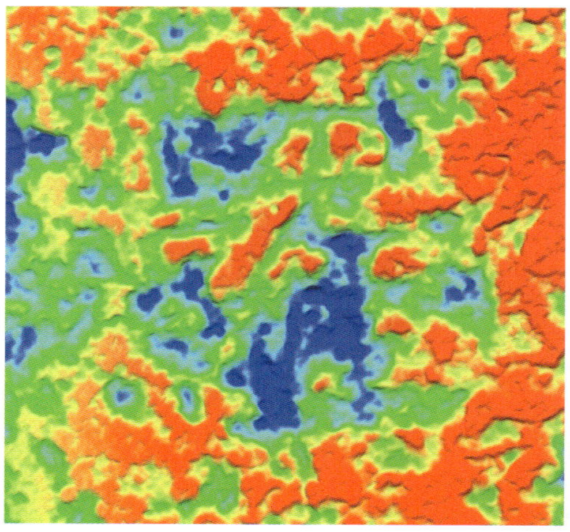

심도맵

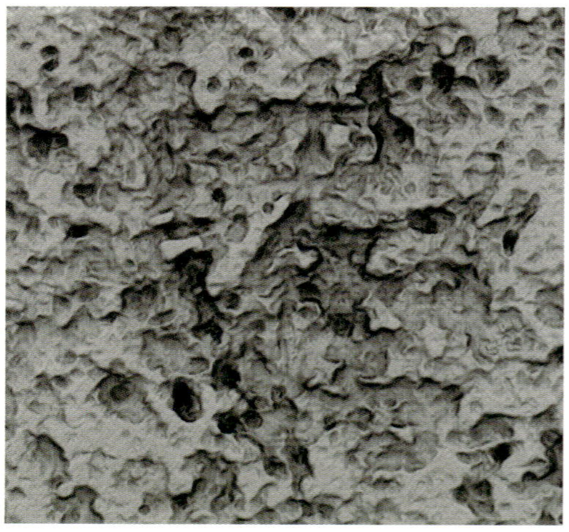

AO맵

전면 9행 12자

土

디지털 사진

RTI

부착 탁본

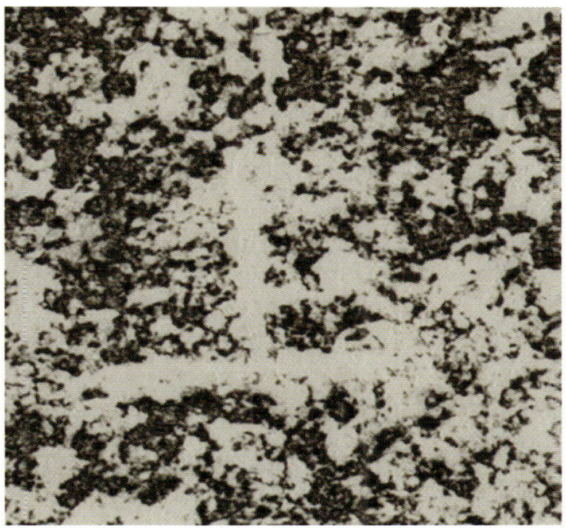

배접 탁본

비배접 탁본

폴리곤메시

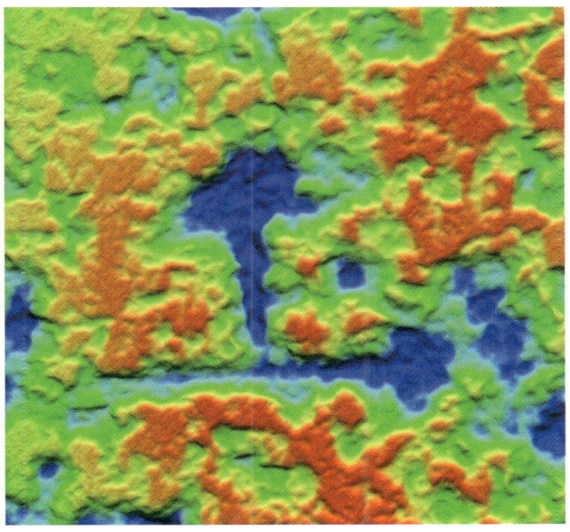

심도맵

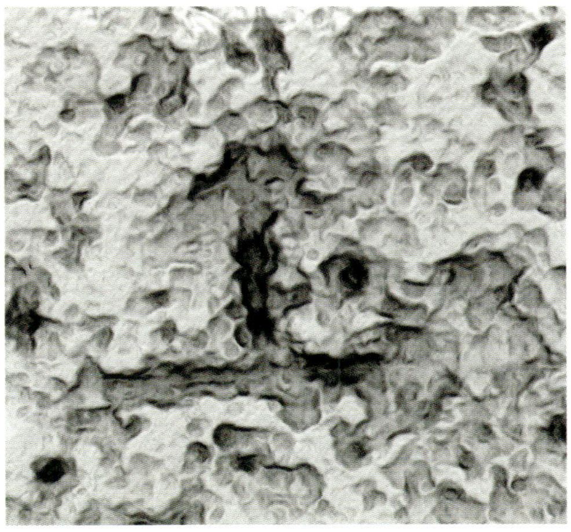

AO맵

전면 9행 13자

內

디지털 사진

RTI

부착 탁본

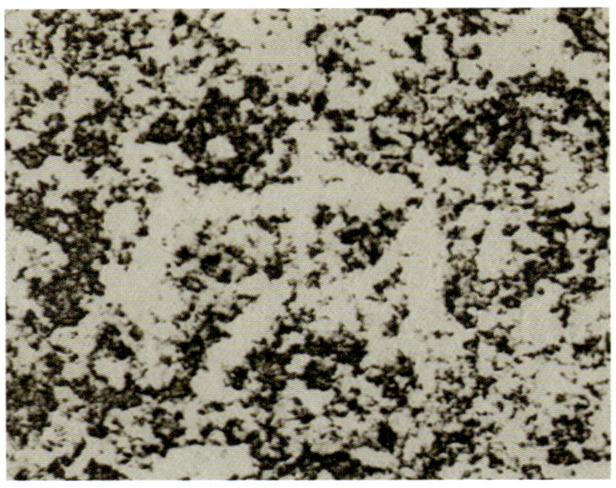

배접 탁본

비배접 탁본

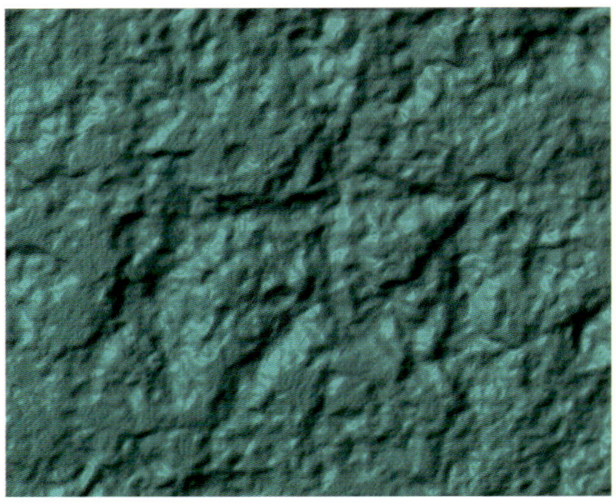

폴리곤메시

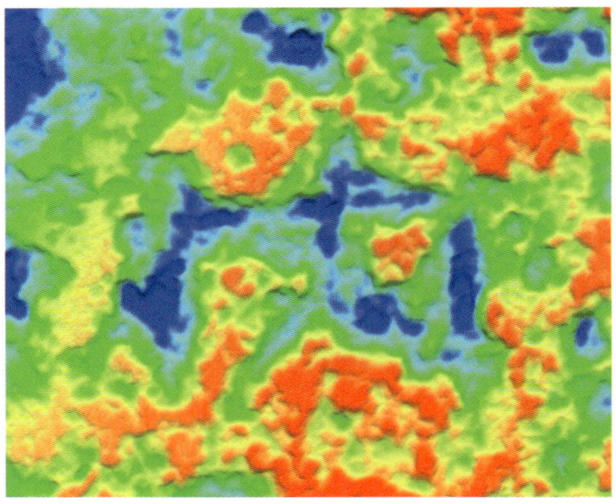

심도맵

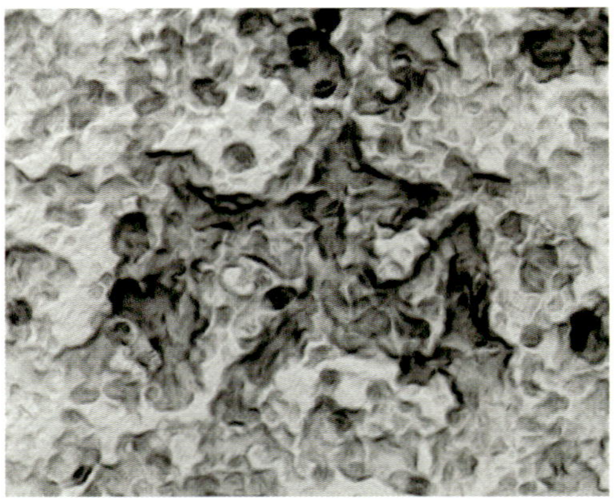

AO맵

전면 9행 14자

幢

디지털 사진

RTI

부착 탁본

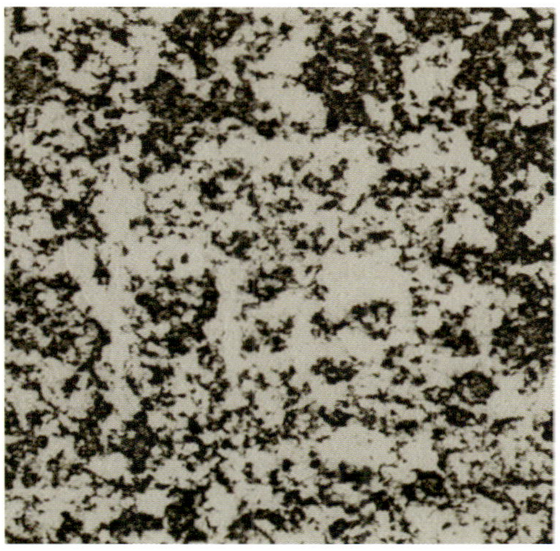

배접 탁본

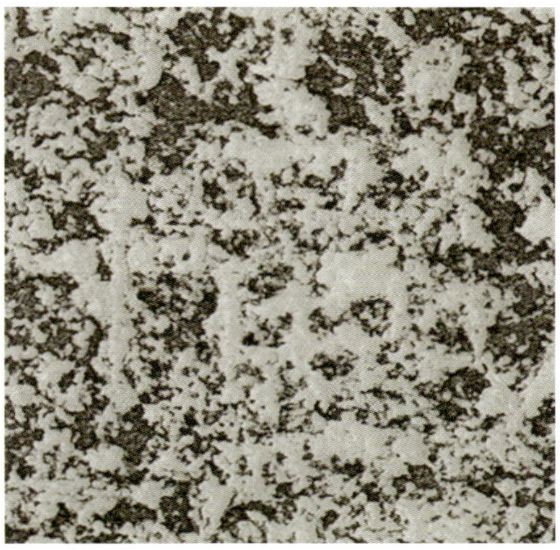

비배접 탁본

폴리곤메시

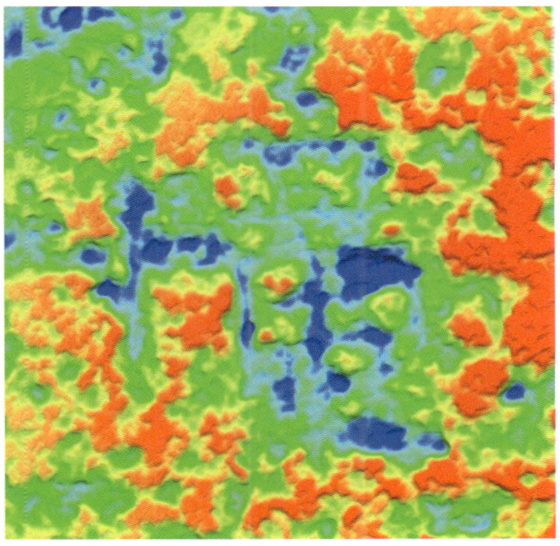

심도맵

AO맵

전면 9행 15자

主

디지털 사진

RTI

부착 탁본

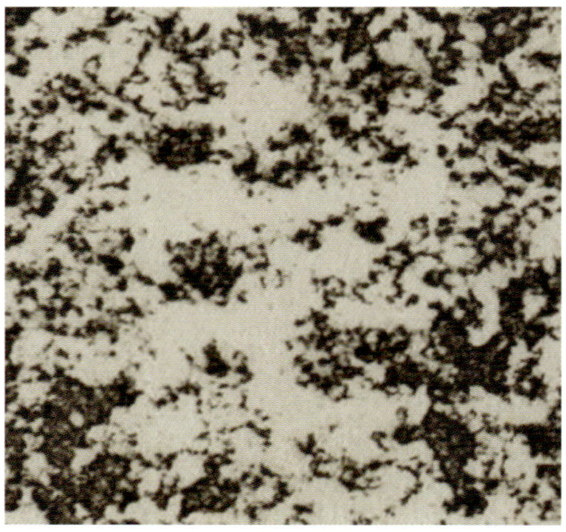

배접 탁본

비배접 탁본

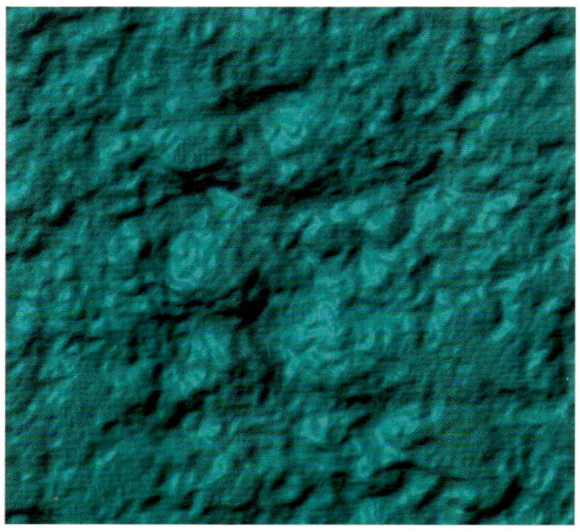

폴리곤메시

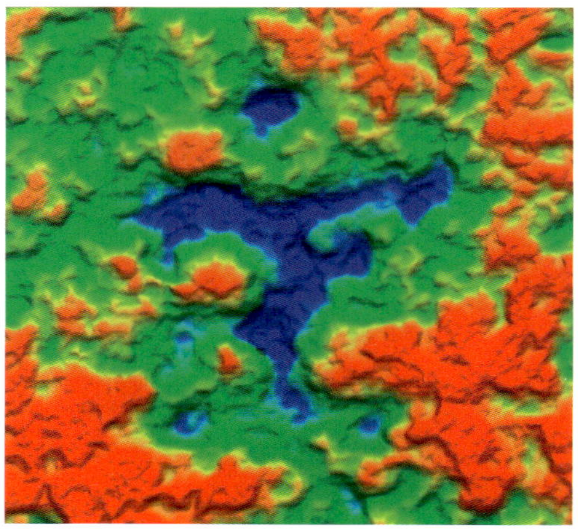

심도맵

AO맵

전면 9행 16자

下

디지털 사진

RTI

부착 탁본

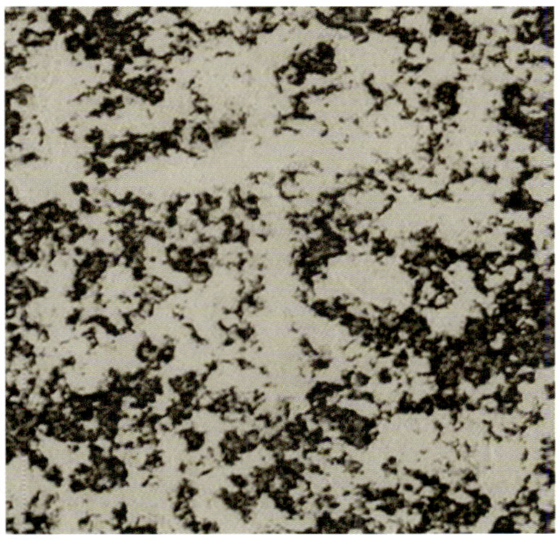

배접 탁본

비배접 탁본

폴리곤메시

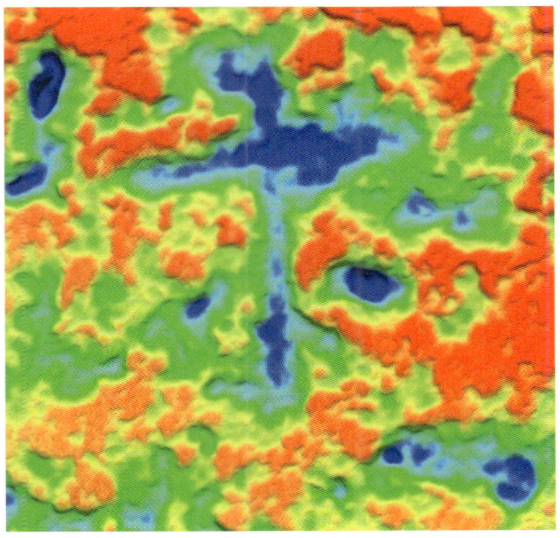

심도맵

AO맵

전면 9행 17자

部

디지털 사진

RTI

부착 탁본

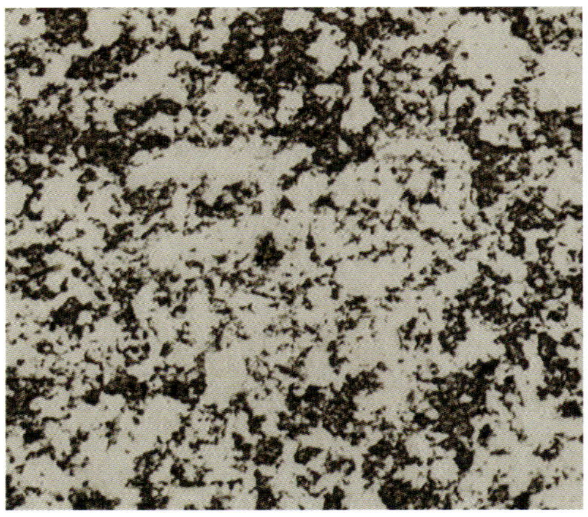

배접 탁본

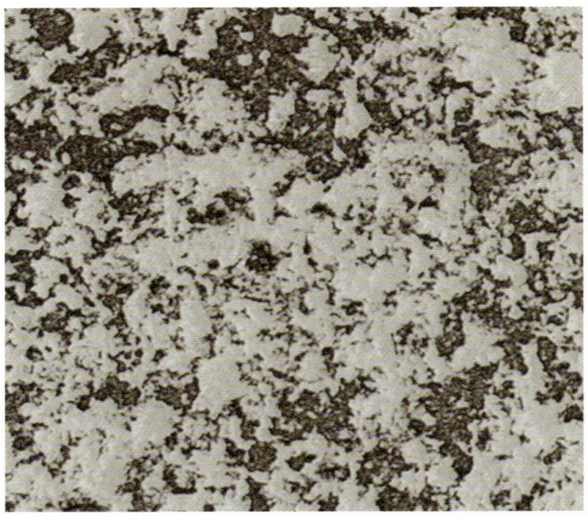

비배접 탁본

폴리곤메시

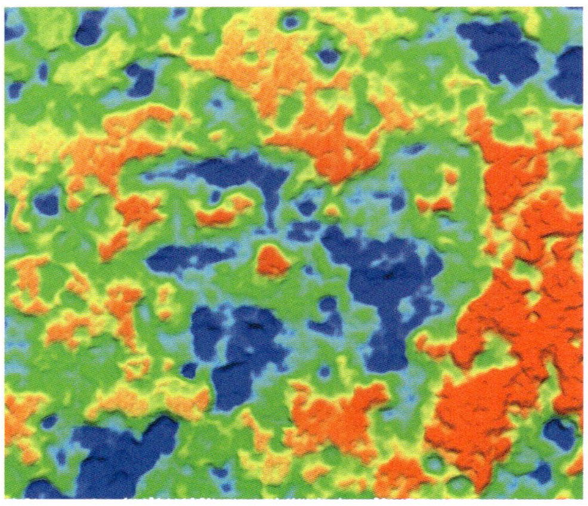

심도맵

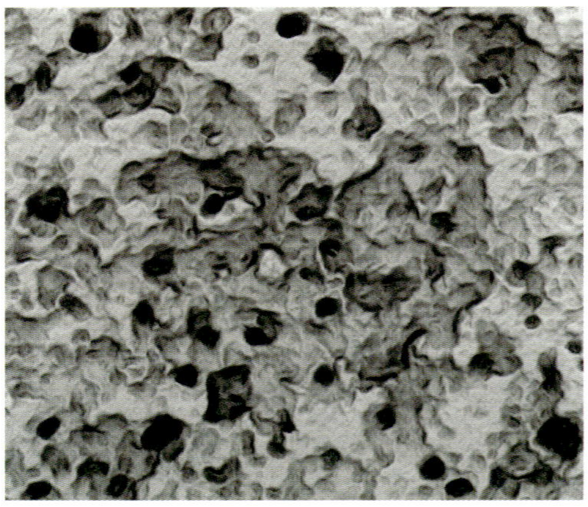

AO맵

전면 9행 18자

정 : 拔?
이 : 拔
임 : △
서 : 拔
고 : 拔?
공 : 拔

디지털 사진

RTI

부착 탁본

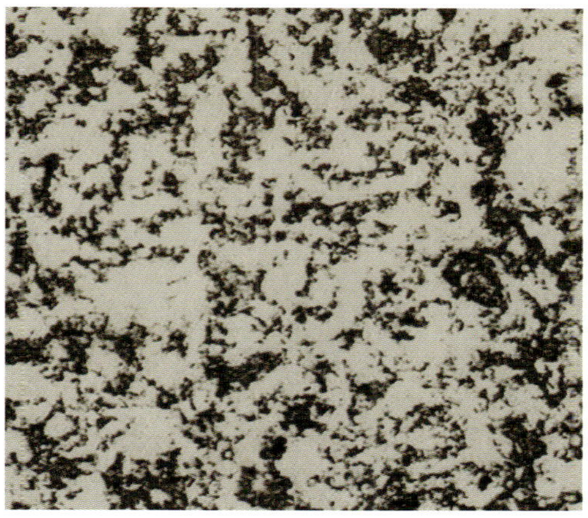

배접 탁본

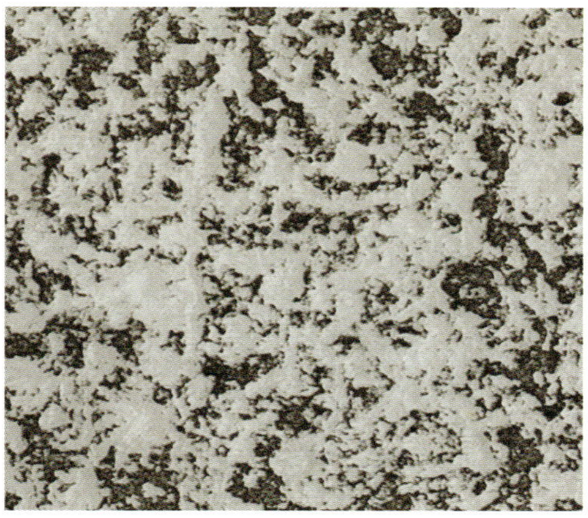

비배접 탁본

폴리곤메시

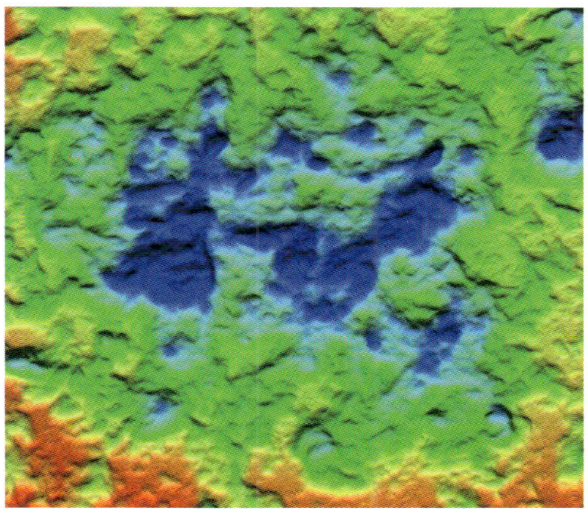

심도맵

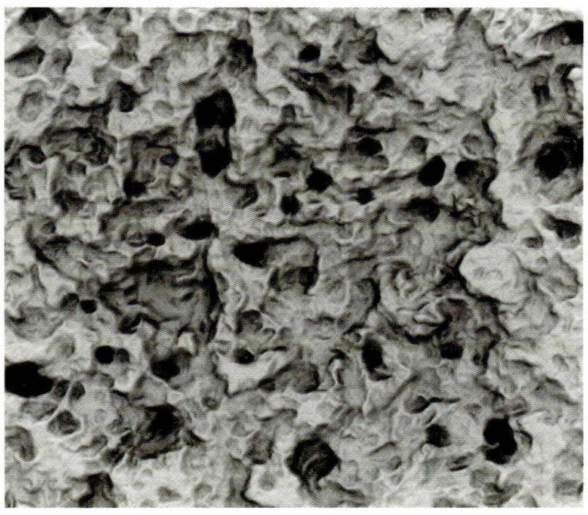

AO맵

전면 9행 19자

位

디지털 사진

RTI

부착 탁본

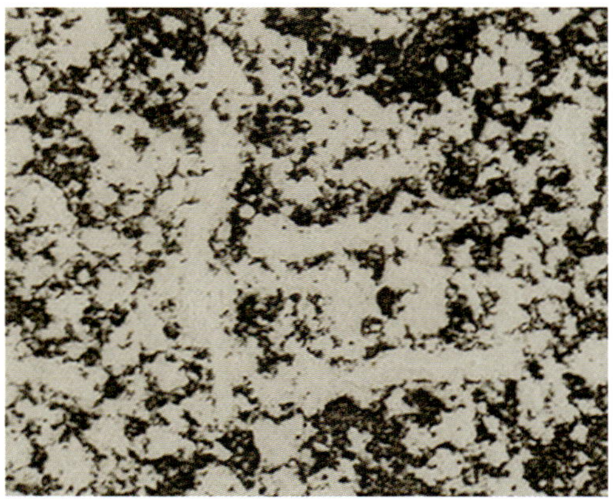

배접 탁본

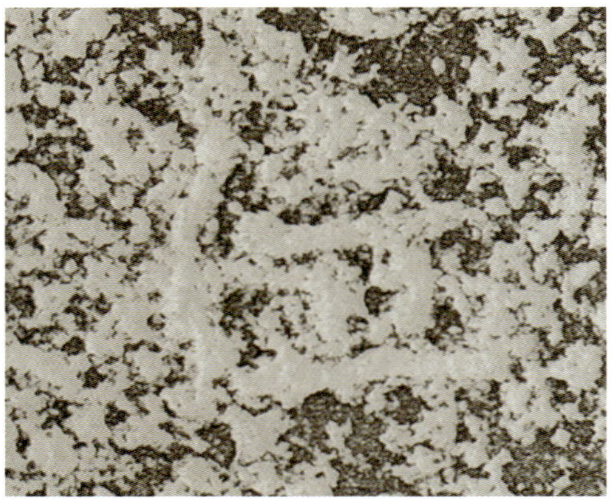

비배접 탁본

폴리곤메시

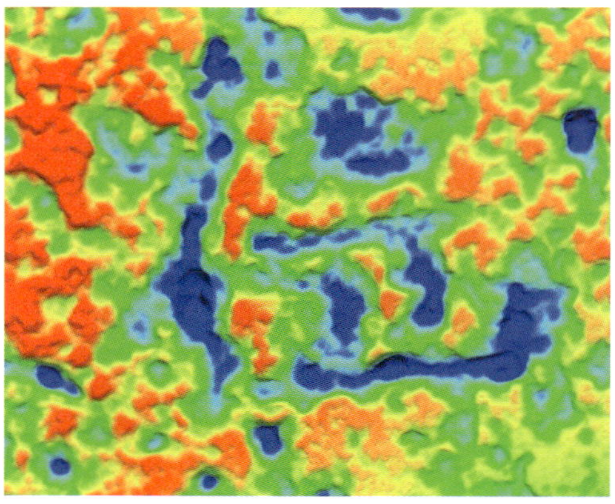

심도맵

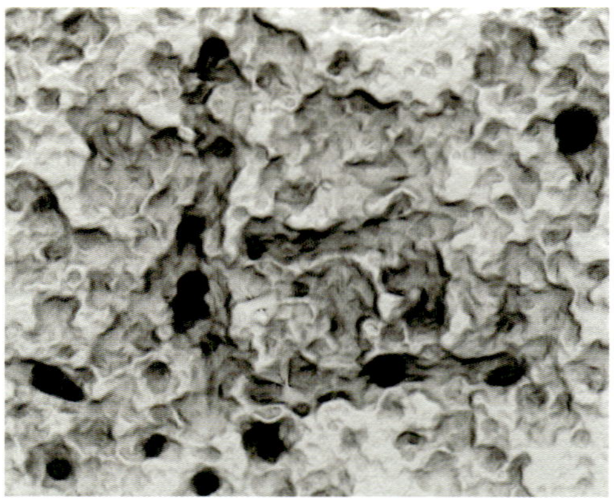

AO맵

전면 9행 20자

使

디지털 사진

RTI

부착 탁본

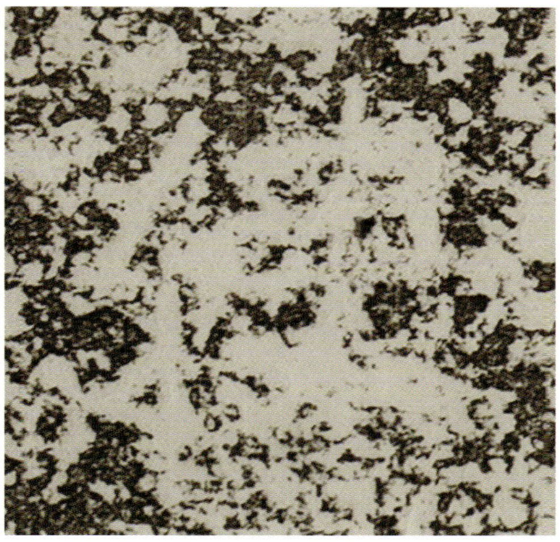

배접 탁본

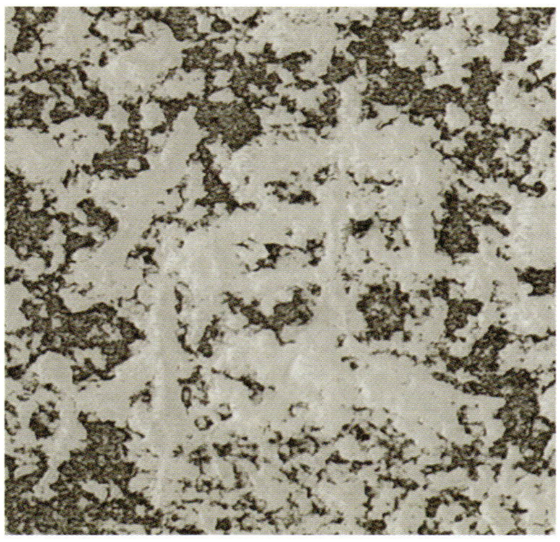

비배접 탁본

폴리곤메시

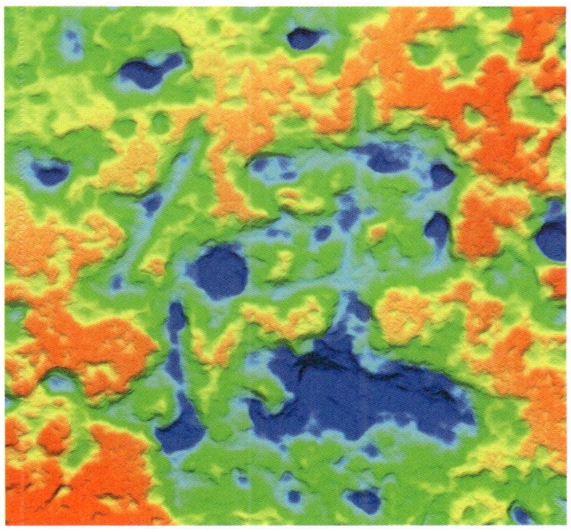

심도맵

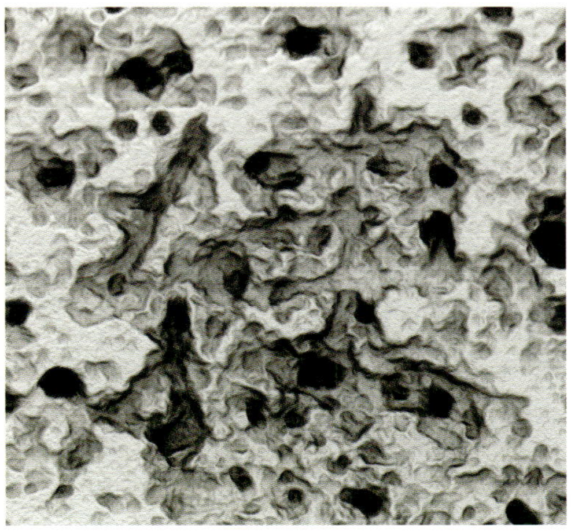

AO맵

전면 9행 21자

者

디지털 사진

RTI

부착 탁본

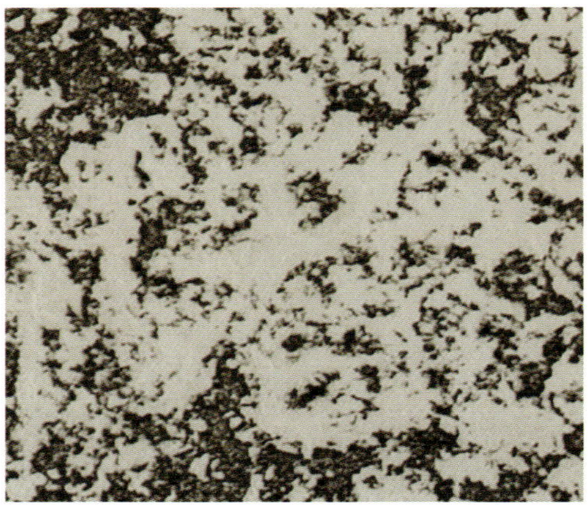

배접 탁본

비배접 탁본

폴리곤메시

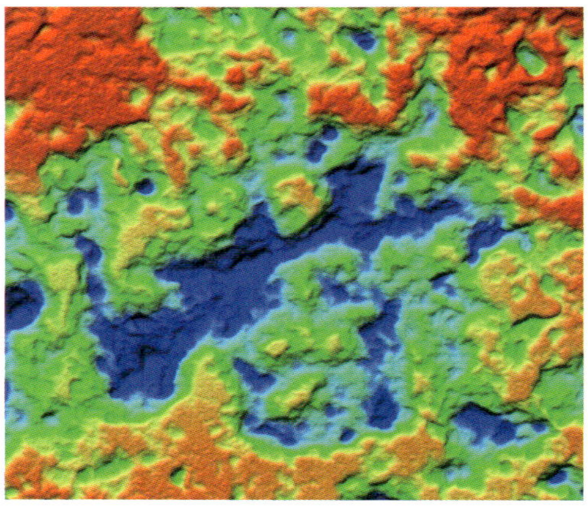

심도맵

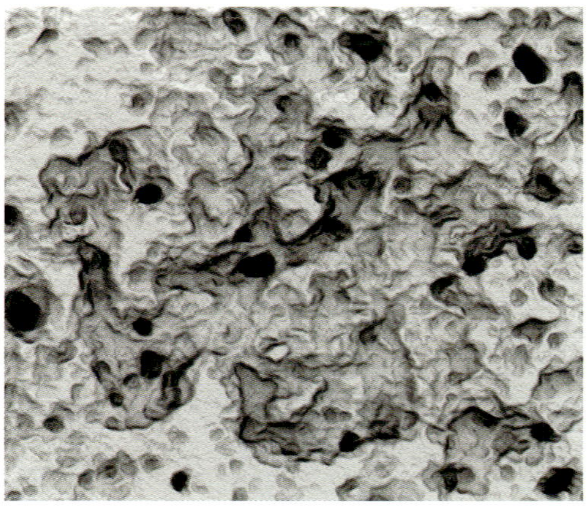

AO맵

전면 9행 22자

정 : 錦
이 : 補?
임 : 端
서 : 補
고 : 補
공 : 補

디지털 사진

RTI

부착 탁본

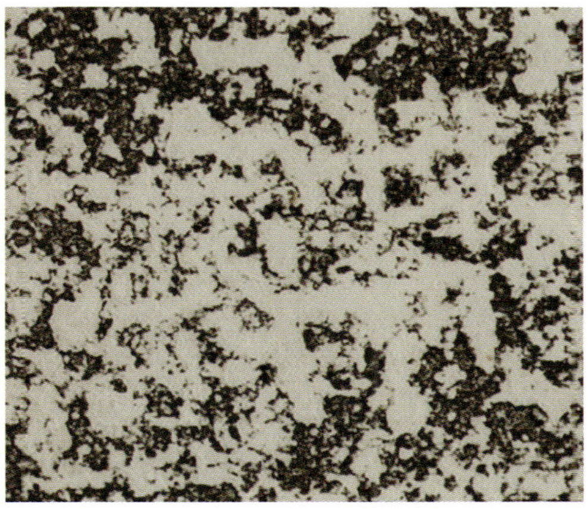

배접 탁본

비배접 탁본

폴리곤메시

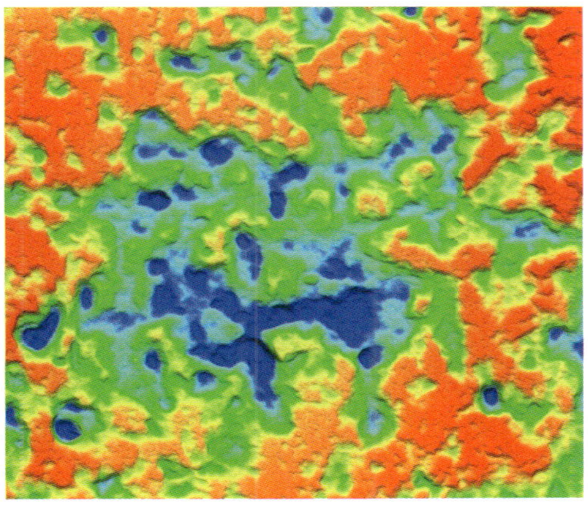

심도맵

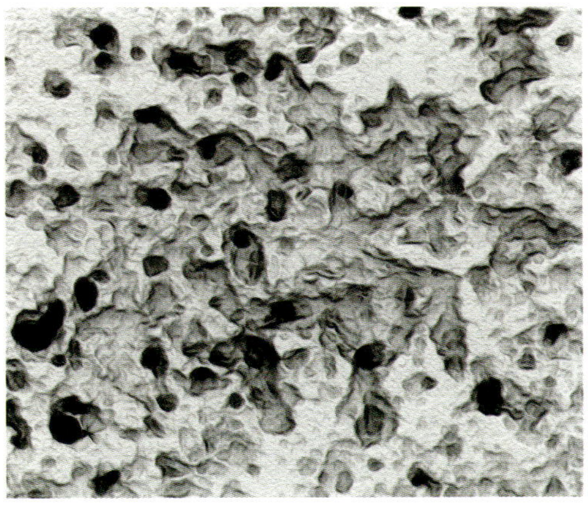

AO맵

전면 9행 23자

奴

디지털 사진

RTI

부착 탁본

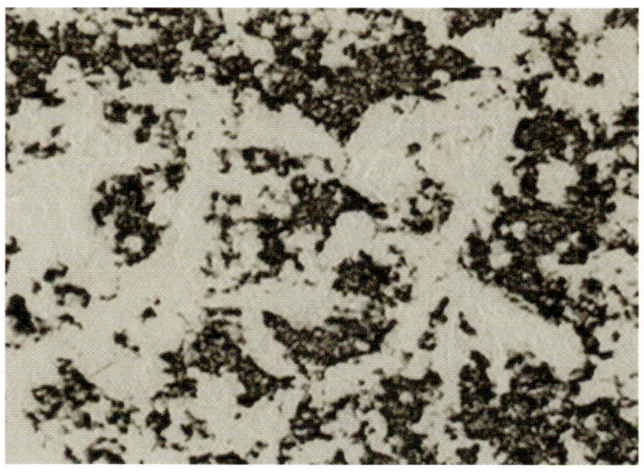

배접 탁본

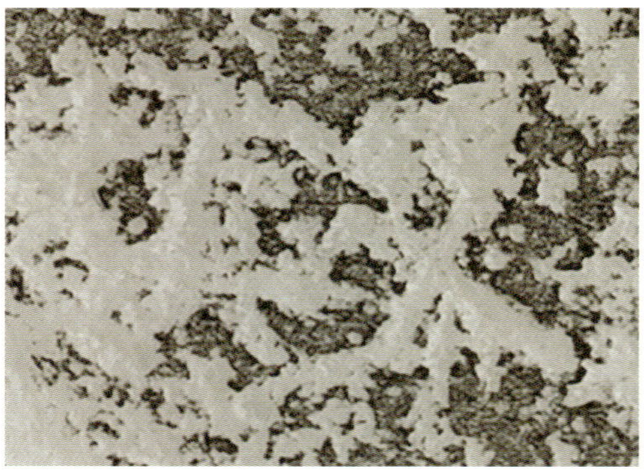

비배접 탁본

폴리곤메시

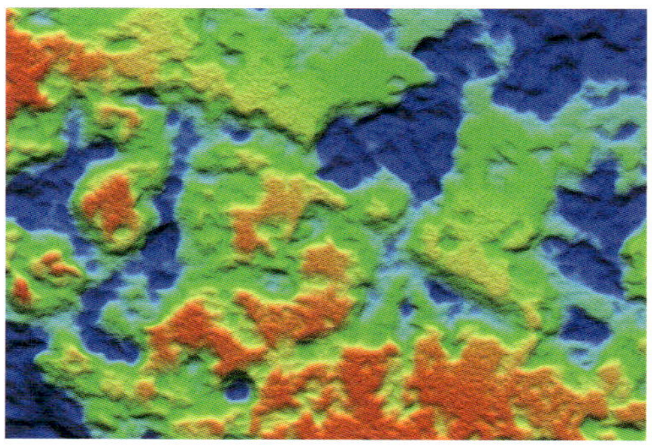

심도맵

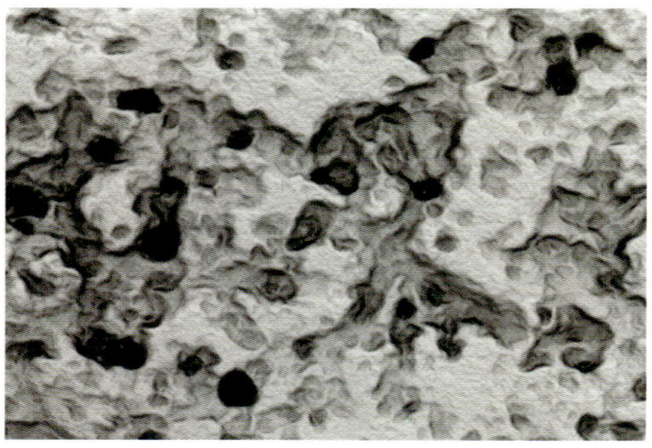

AO맵

전면 10행 1자

△

디지털 사진

RTI

부착 탁본

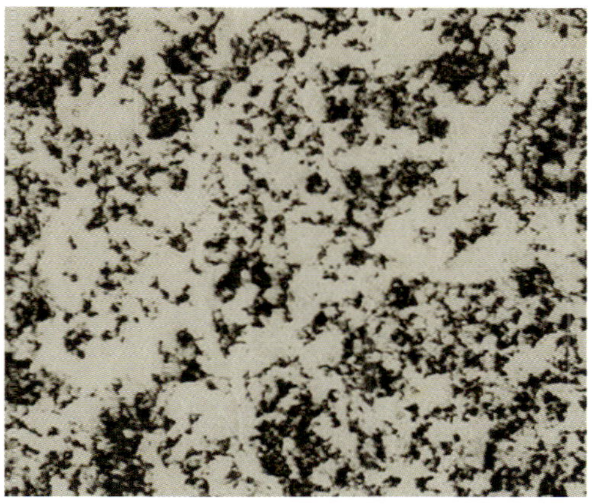

배접 탁본

비배접 탁본

폴리곤메시

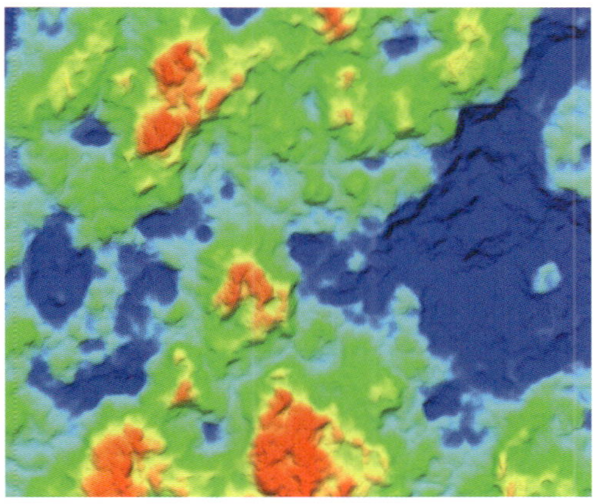

심도맵

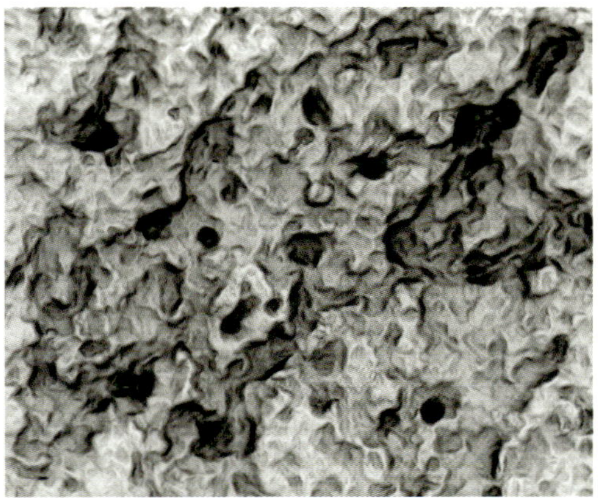

AO맵

전면 10행 2자

정 : △
이 : △
임 : △
서 : △
고 : 疏?
공 : 〈流〉

디지털 사진

RTI

부착 탁본

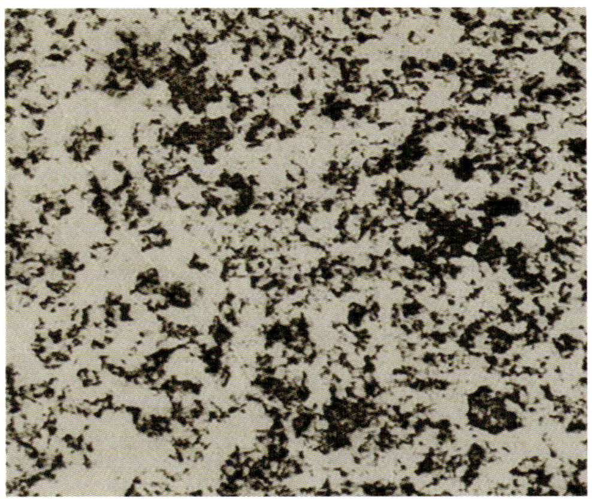

배접 탁본

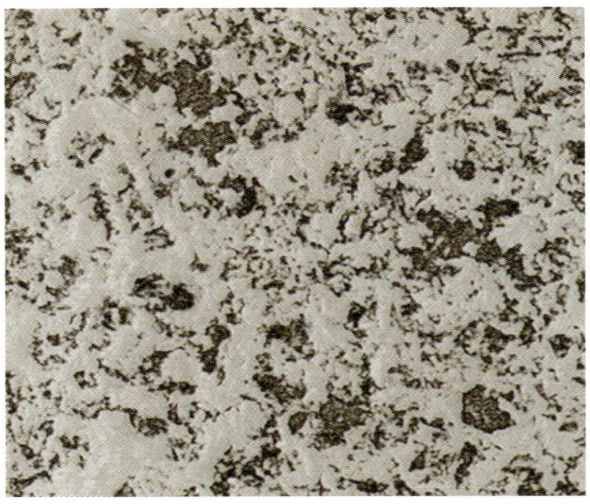

비배접 탁본

폴리곤메시

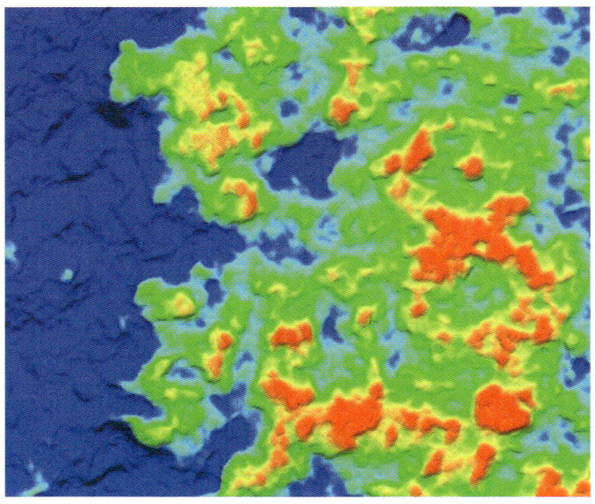

심도맵

AO맵

전면 10행 3자

정 : 奴
이 : 奴
임 : △
서 : 奴
고 : 奴
공 : 奴

디지털 사진

RTI

부착 탁본

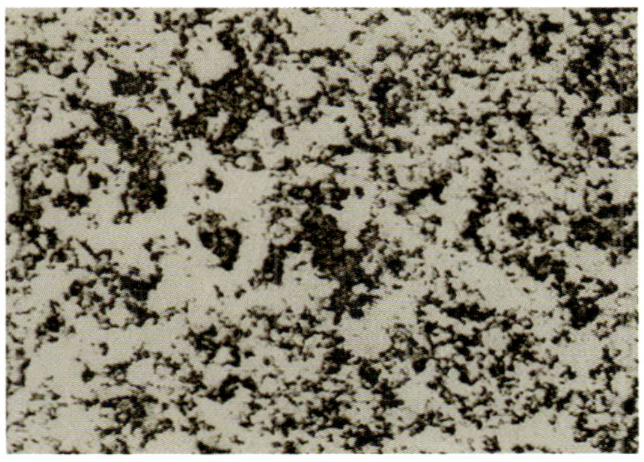

배접 탁본

비배접 탁본

폴리곤메시

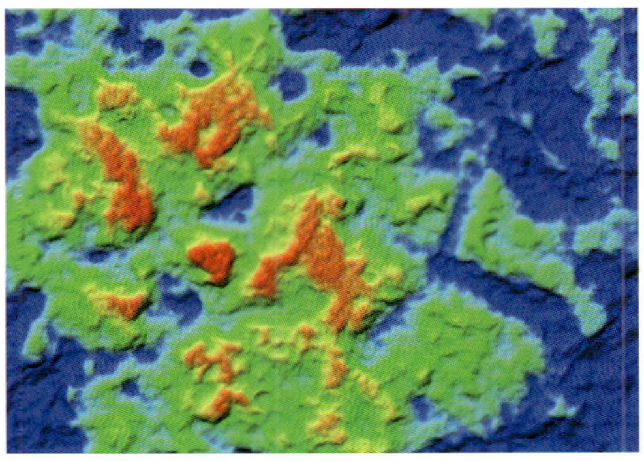

심도맵

AO맵

전면 10행 4자

정 : 故 ?
이 : 趨 ?
임 : △
서 : △
고 : 扌+?
공 : 扶?/抹?

디지털 사진

RTI

부착 탁본

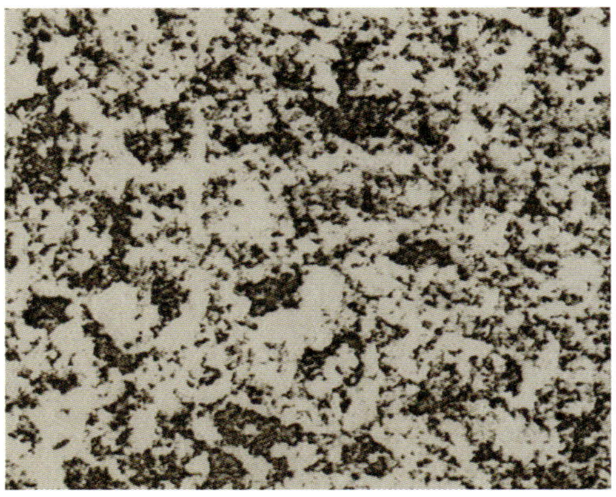

배접 탁본

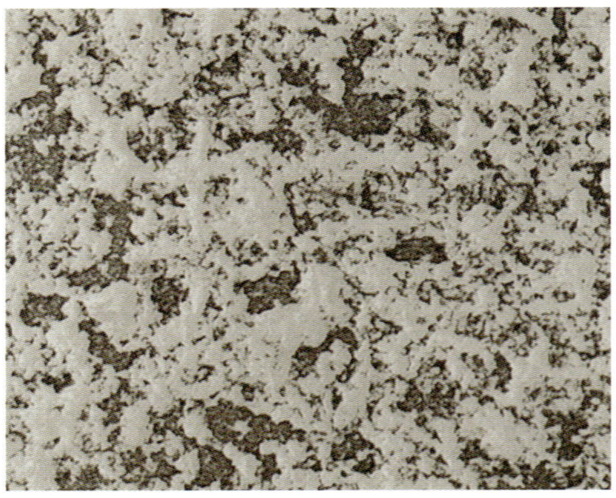

비배접 탁본

폴리곤메시

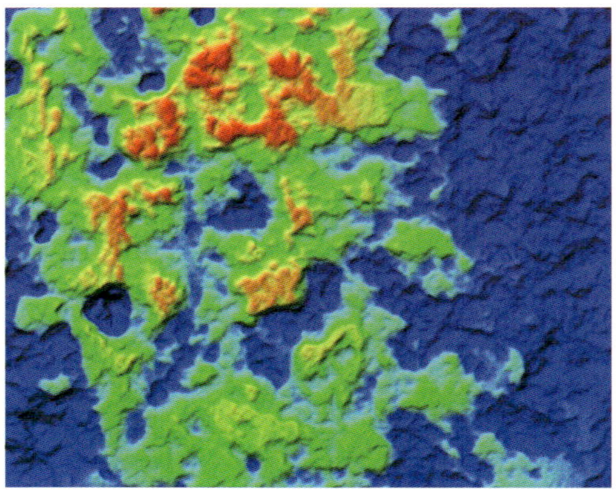

심도맵

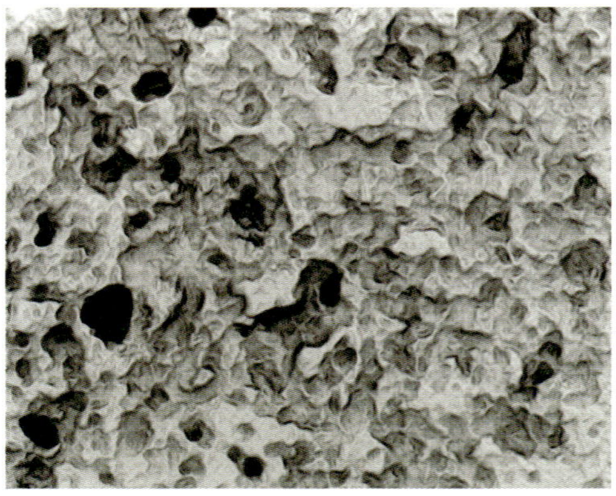

AO맵

전면 10행 5자

정 : 狛 ?
이 : 狛
임 : △
서 : △
고 : △
공 : 亻+△

디지털 사진

RTI

부착 탁본

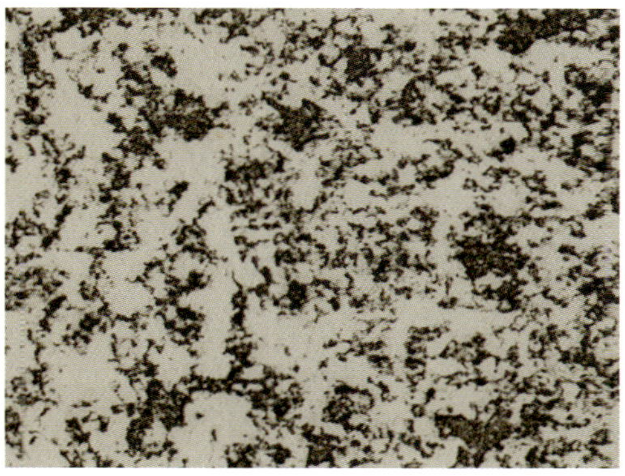

배접 탁본

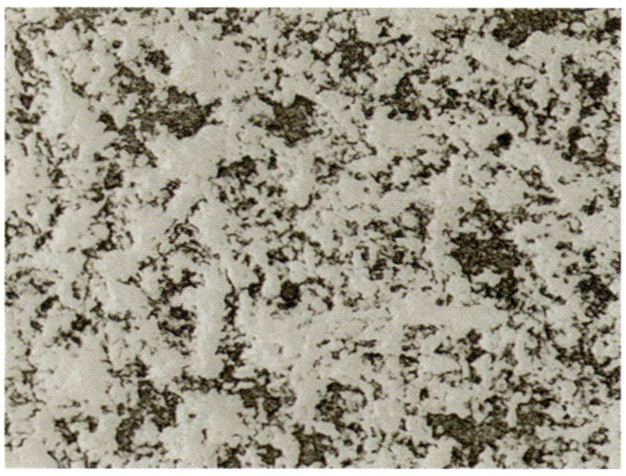

비배접 탁본

폴리곤메시

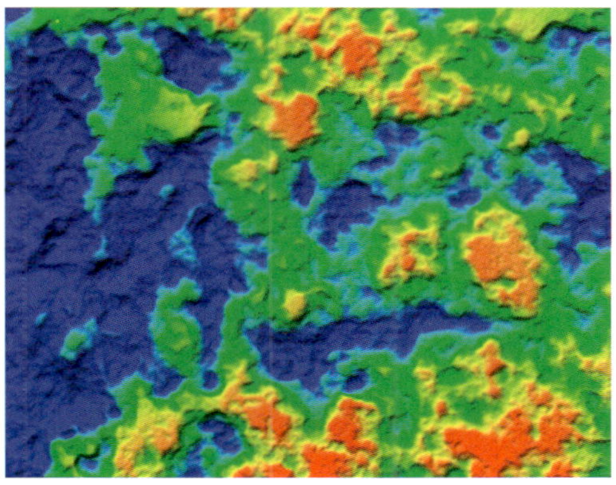

심도맵

AO맵

전면 10행 6자

정 : 凶?
이 : 殘?
임 : △
서 : △
고 : 凶?
공 : △

디지털 사진

RTI

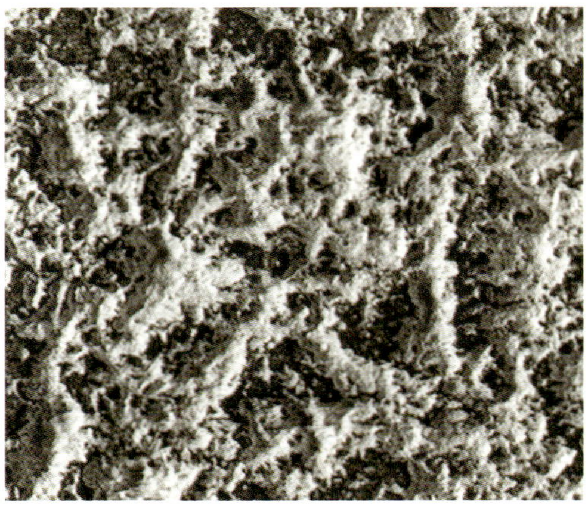

부착 탁본

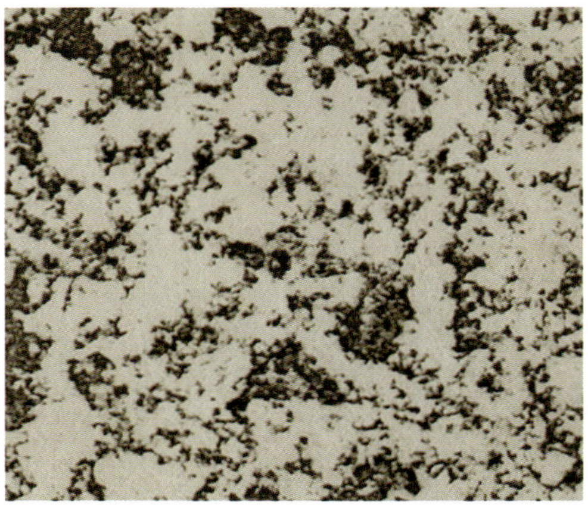

배접 탁본

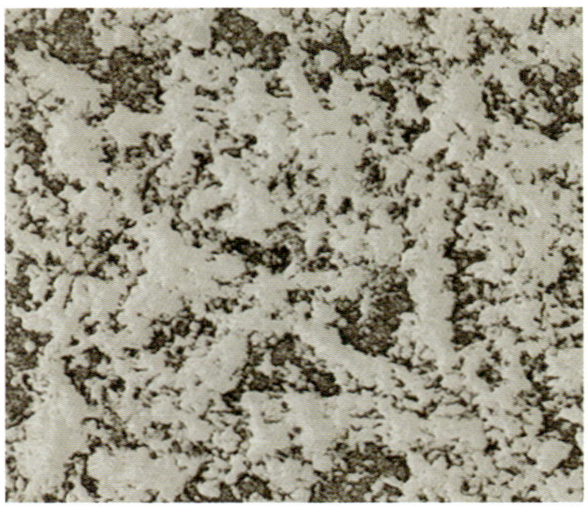

비배접 탁본

폴리곤메시

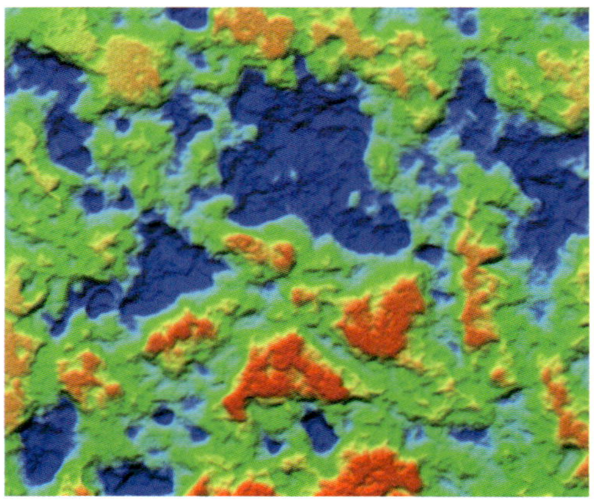

심도맵

AO맵

전면 10행 7자

정 : 鬼?
이 : 王
임 : △
서 : △
고 : 鬼
공 : △

디지털 사진

RTI

부착 탁본

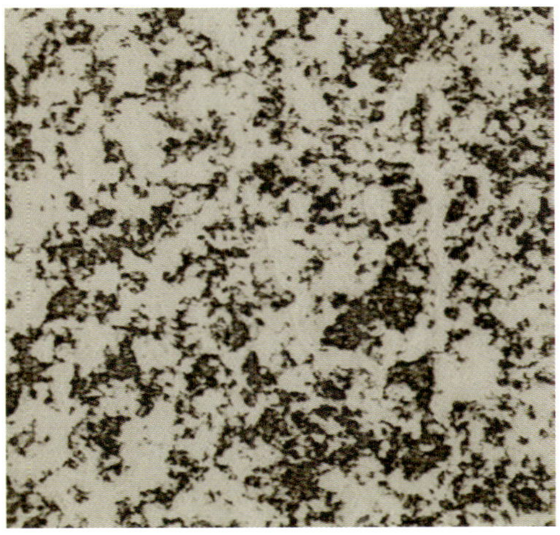
배접 탁본

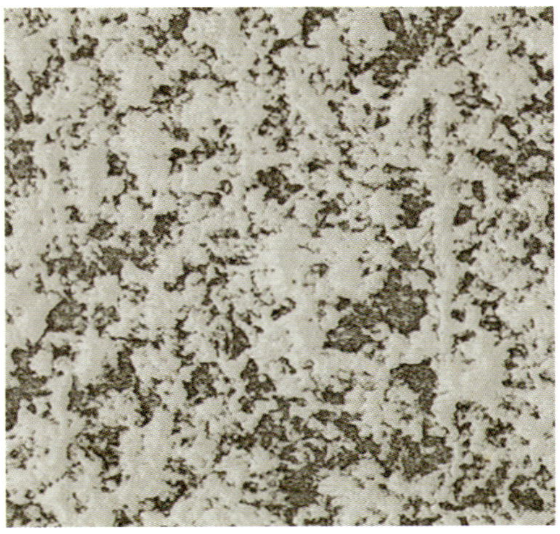
비배접 탁본

폴리곤메시

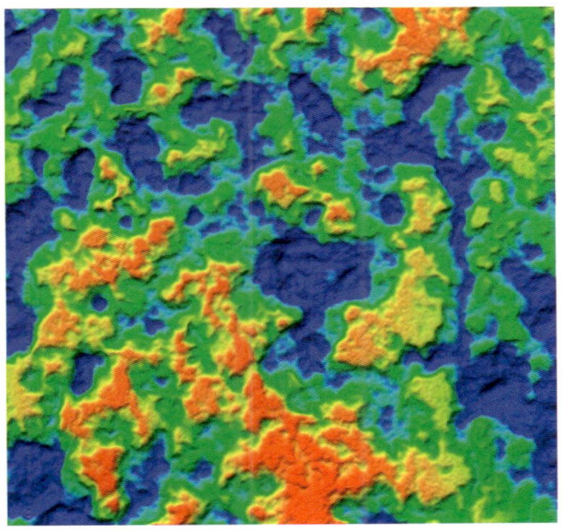
심도맵

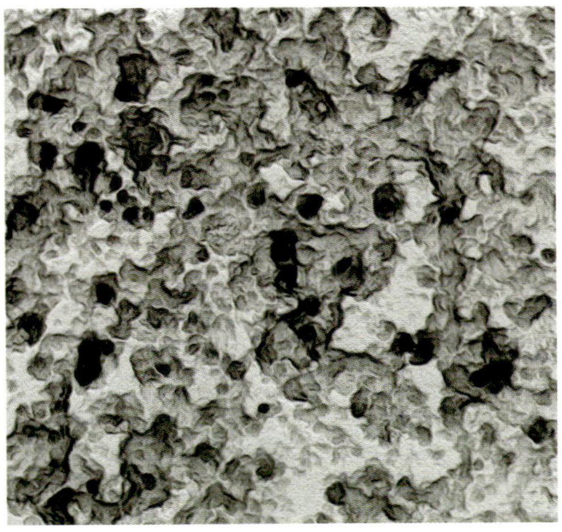
AO맵

전면 10행 8자

盖

디지털 사진

RTI

부착 탁본

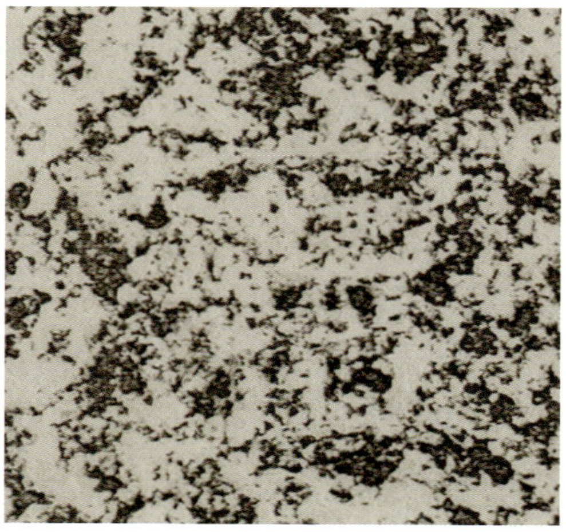

배접 탁본

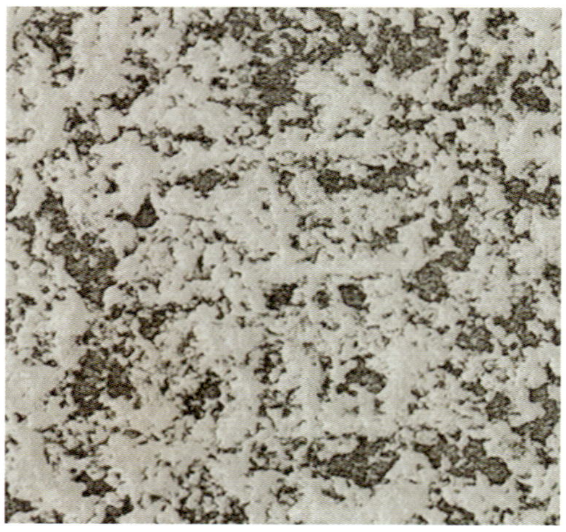

비배접 탁본

폴리곤메시

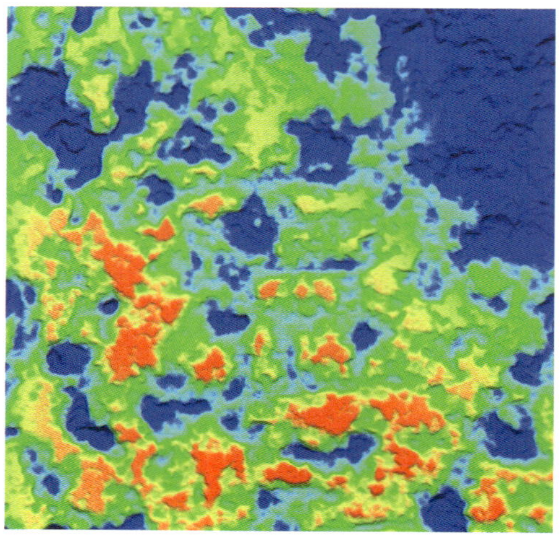

심도맵

AO맵

전면 10행 9자

盧

디지털 사진

RTI

부착 탁본

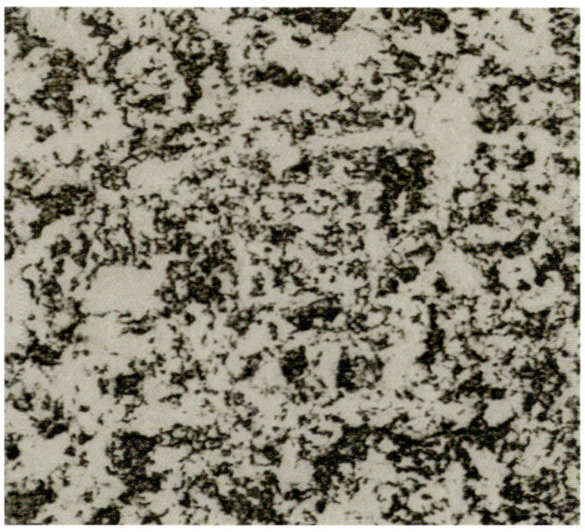

배접 탁본

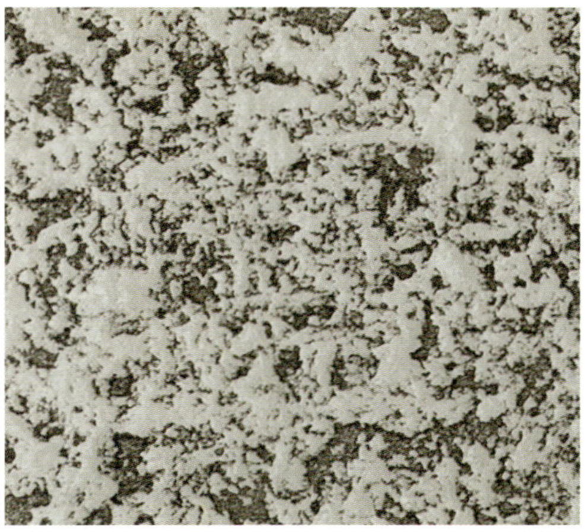

비배접 탁본

폴리곤메시

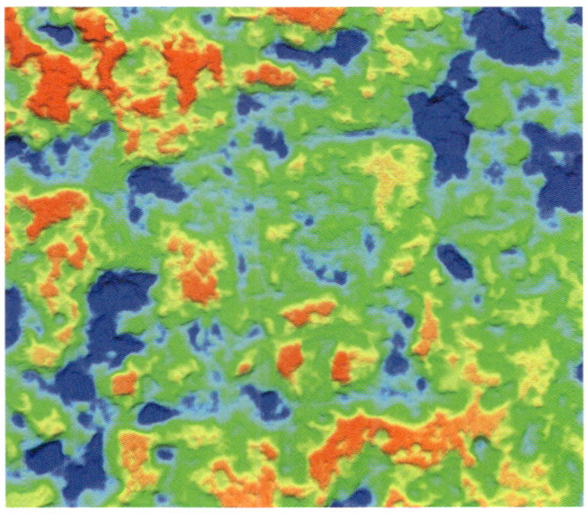

심도맵

AO맵

전면 10행 10자

정 : 共
이 : 供
임 : 共
서 : 共
고 : 共
공 : 共

디지털 사진

RTI

부착 탁본

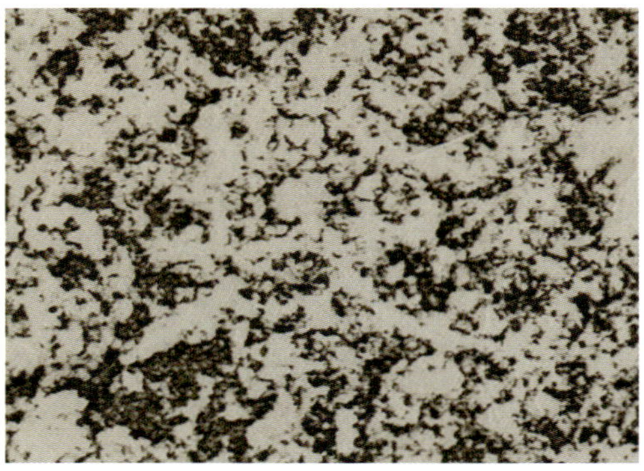

배접 탁본

비배접 탁본

폴리곤메시

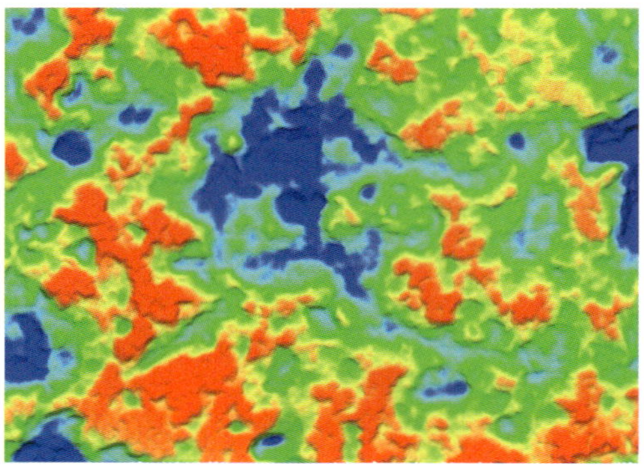

심도맵

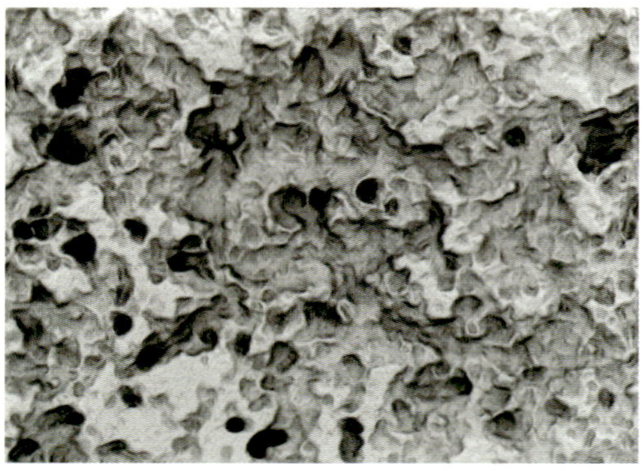

AO맵

전면 10행 11자

정 : 謀 ?
이 : 謨
임 : △
서 : △
고 : ?+甚
공 : △+衣

디지털 사진

RTI

부착 탁본

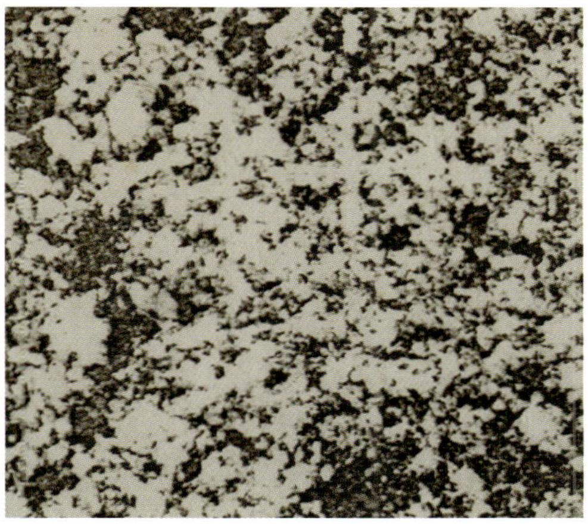

배접 탁본

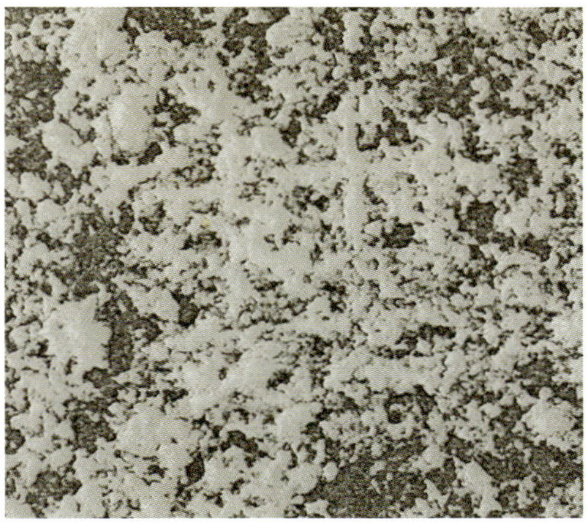

비배접 탁본

폴리곤메시

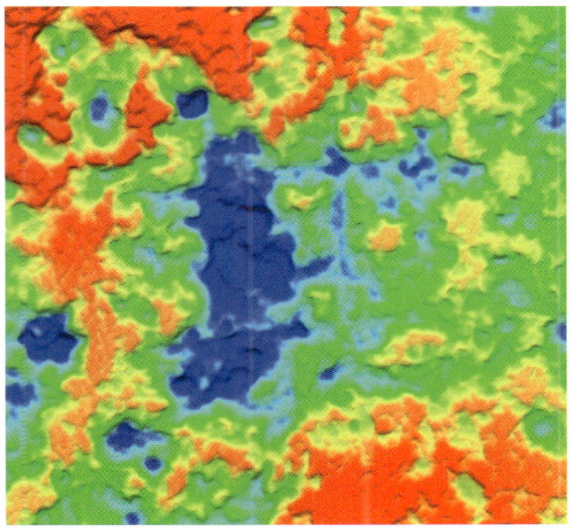

심도맵

AO맵

전면 10행 12자

募

디지털 사진

RTI

부착 탁본

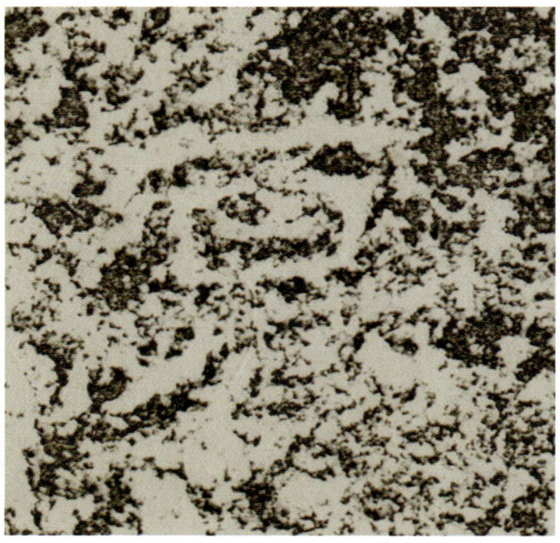

배접 탁본

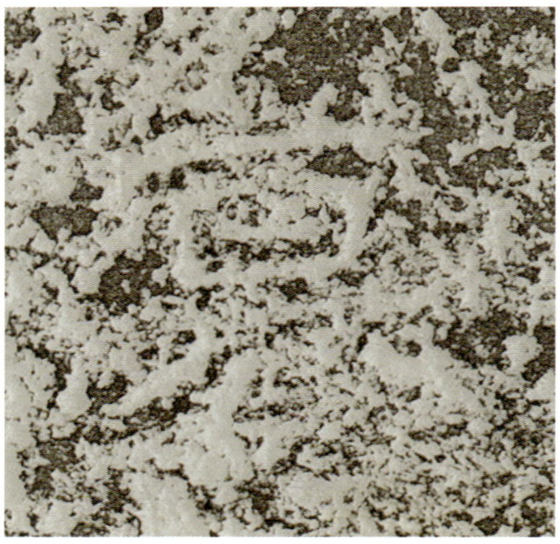

비배접 탁본

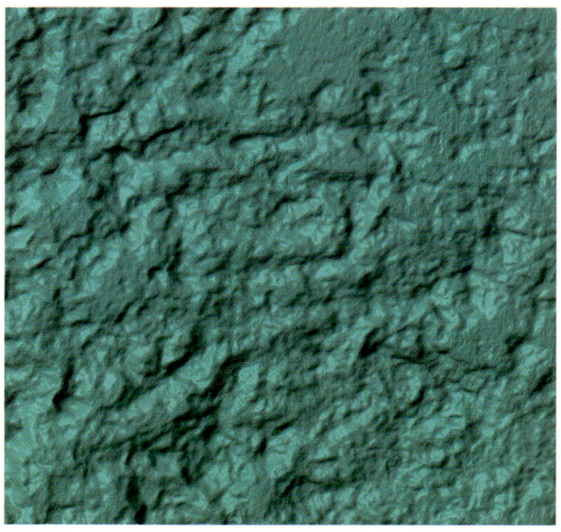

폴리곤메시

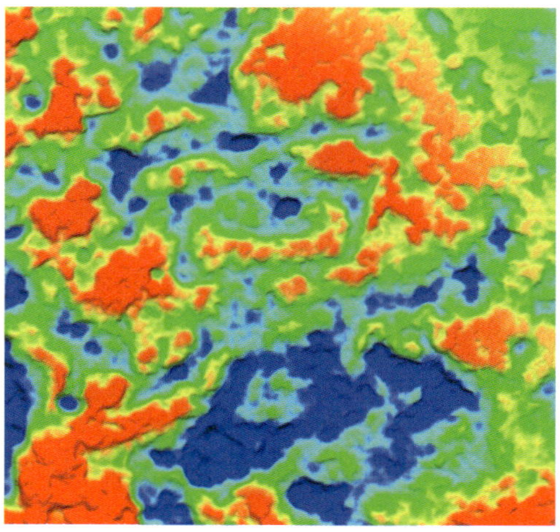

심도맵

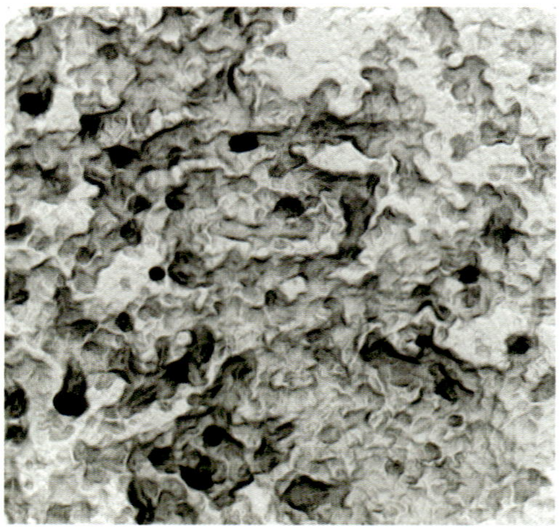

AO맵

전면 10행 13자

人

디지털 사진

RTI

부착 탁본

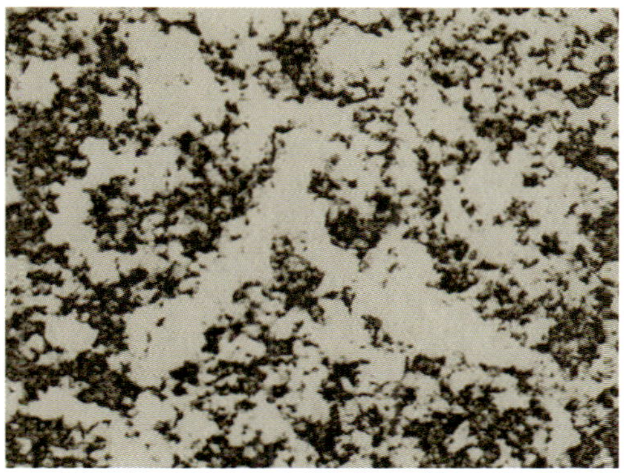

배접 탁본

비배접 탁본

폴리곤메시

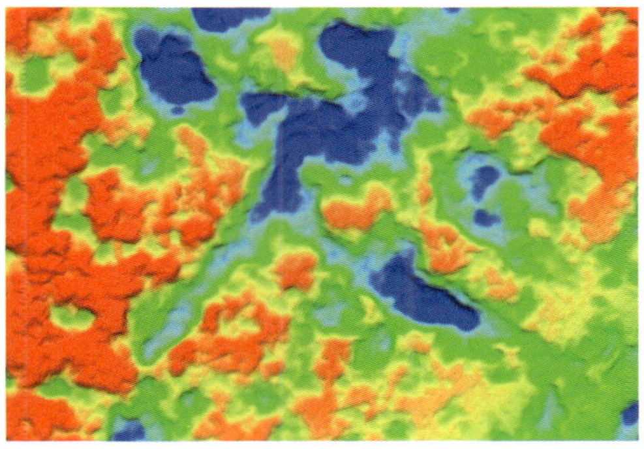

심도맵

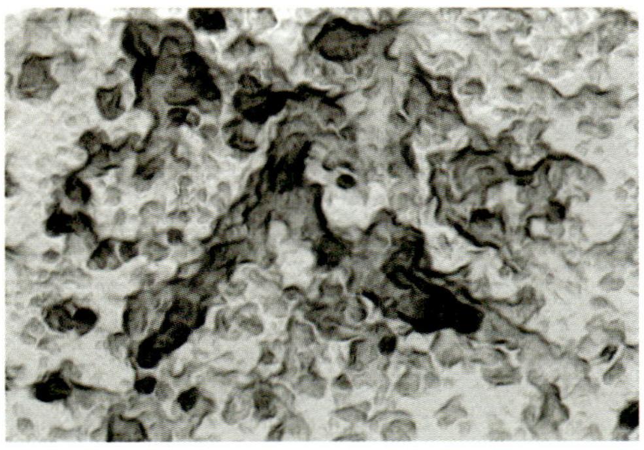

AO맵

전면 10행 14자

新

디지털 사진

RTI

부착 탁본

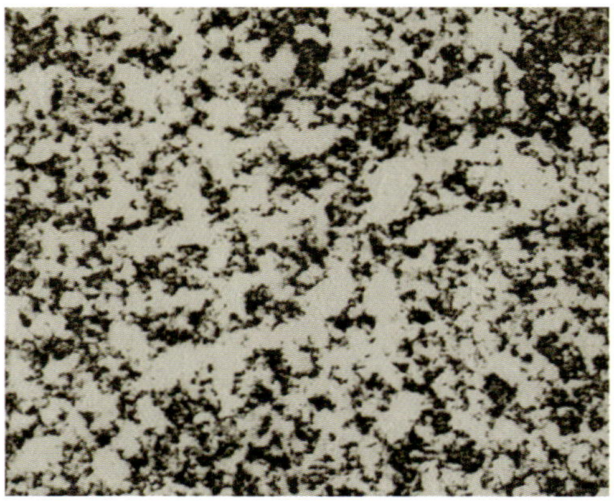

배접 탁본

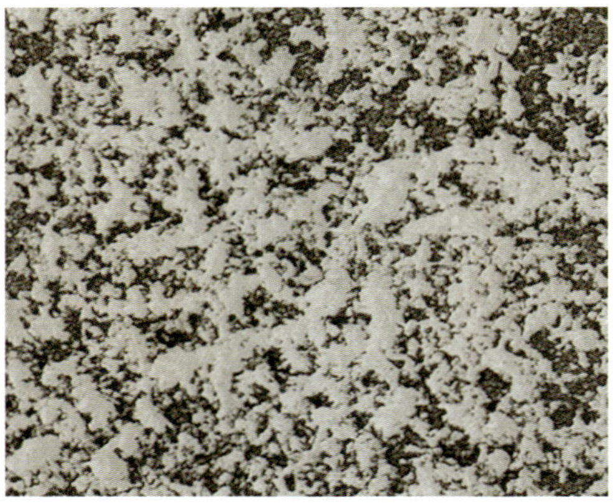

비배접 탁본

폴리곤메시

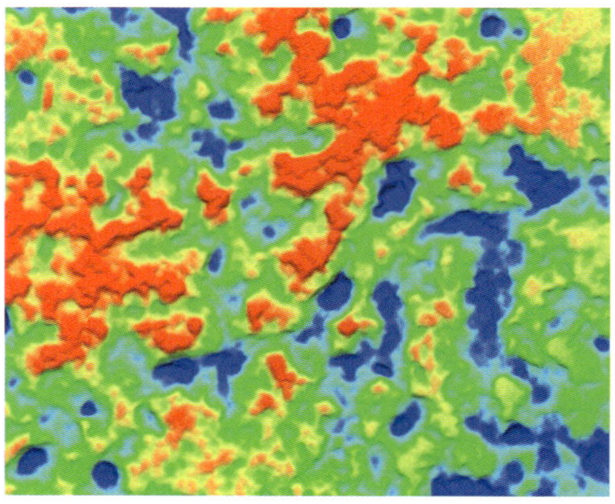

심도맵

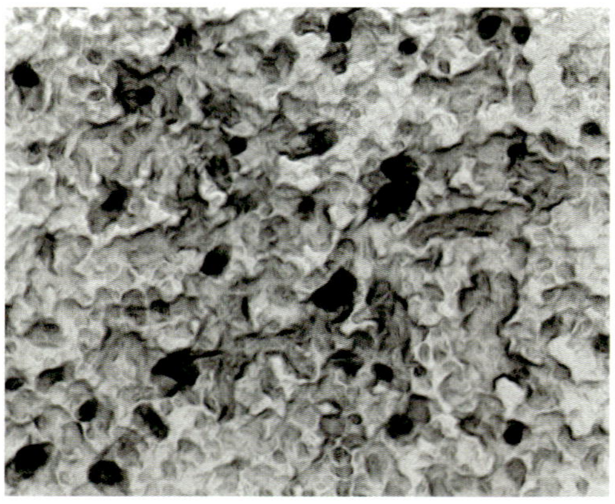

AO맵

전면 10행 15자

羅

디지털 사진

RTI

부착 탁본

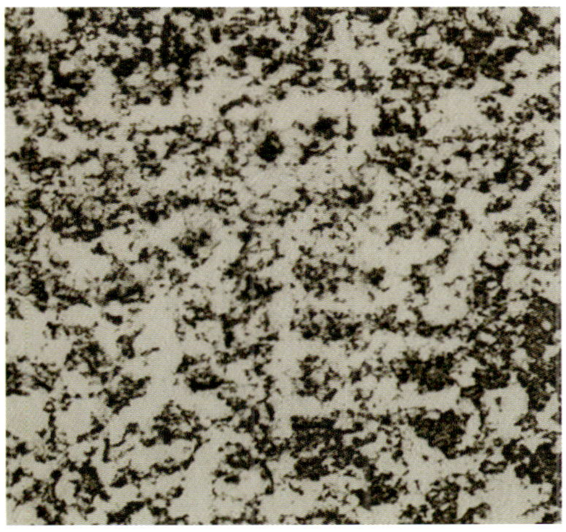

배접 탁본

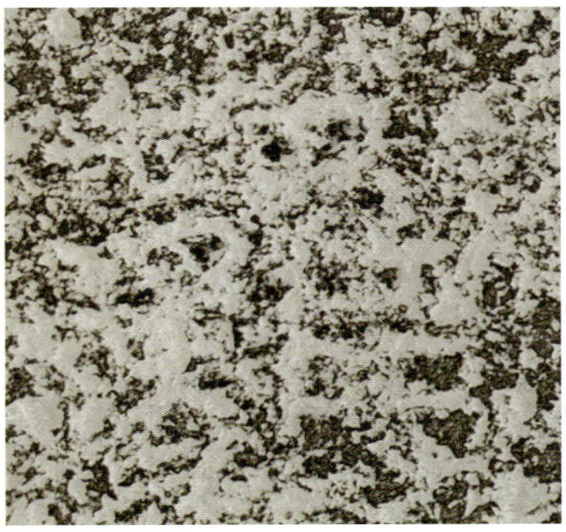

비배접 탁본

폴리곤메시

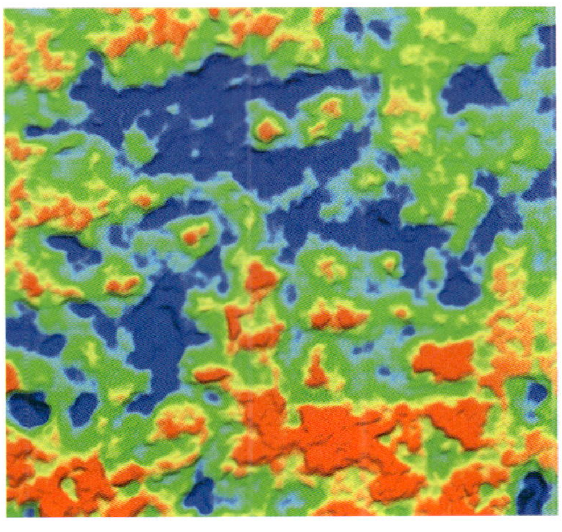

심도맵

AO맵

전면 10행 16자

土

디지털 사진

RTI

부착 탁본

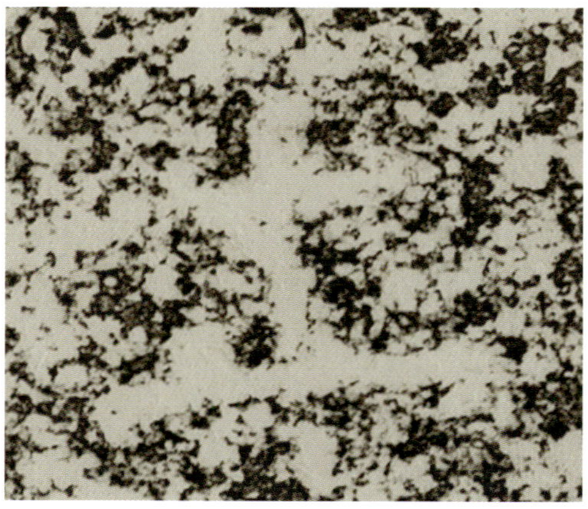

배접 탁본

비배접 탁본

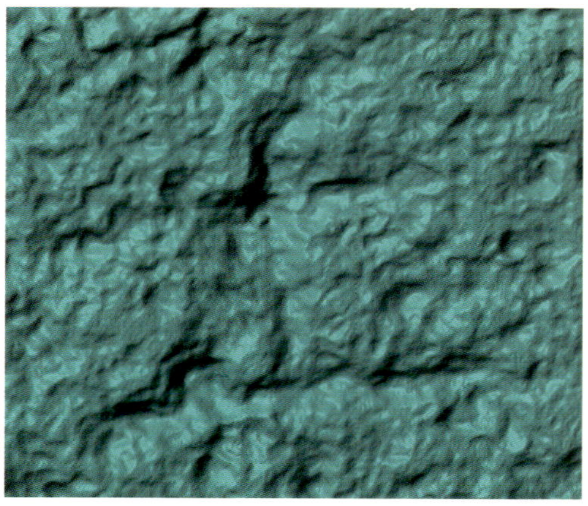

폴리곤메시

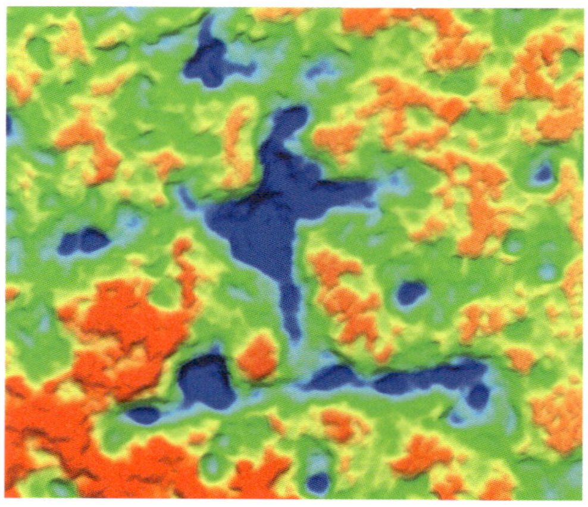

심도맵

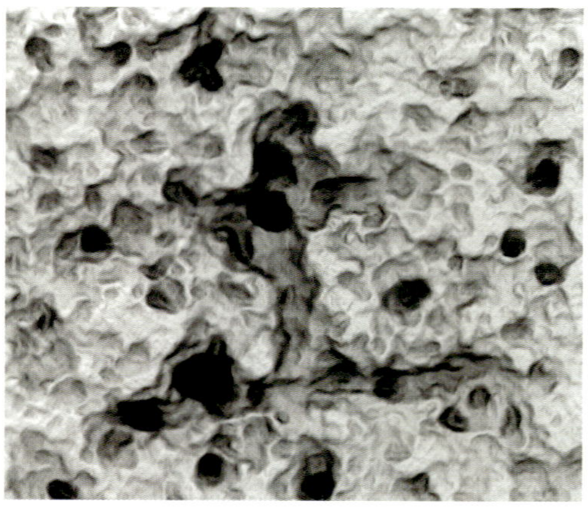

AO맵

전면 10행 17자

內

디지털 사진

RTI

부착 탁본

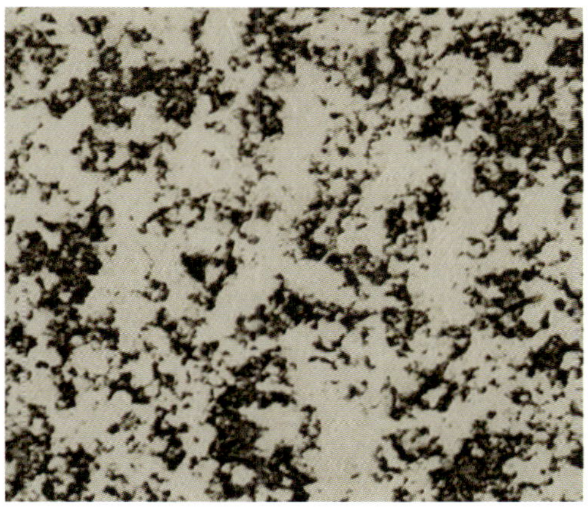

배접 탁본

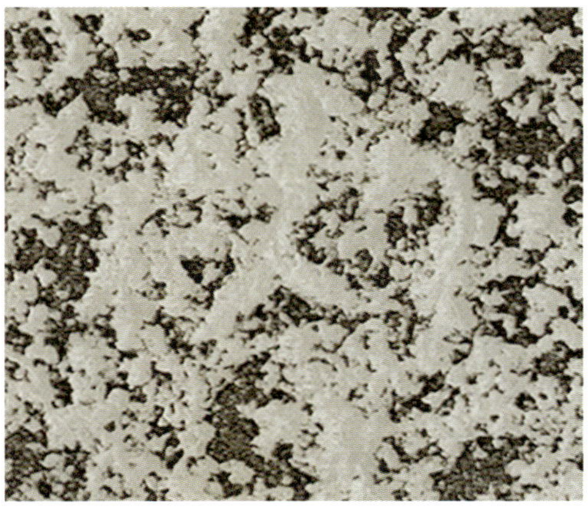

비배접 탁본

폴리곤메시

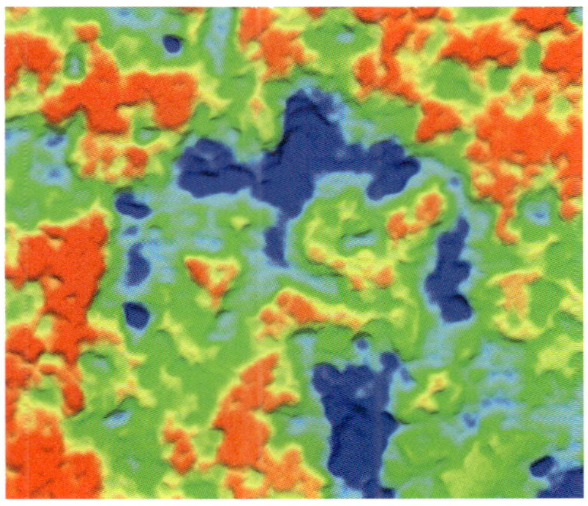

심도맵

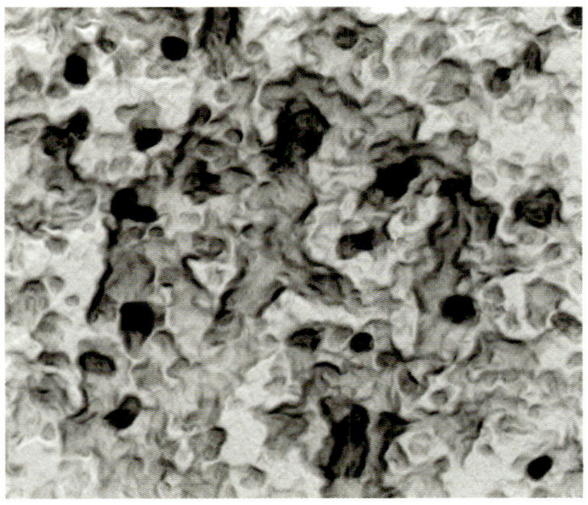

AO맵

전면 10행 18자

衆

디지털 사진

RTI

부착 탁본

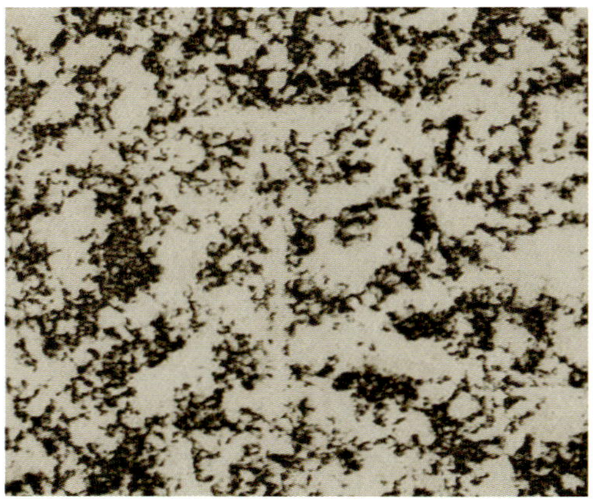

배접 탁본

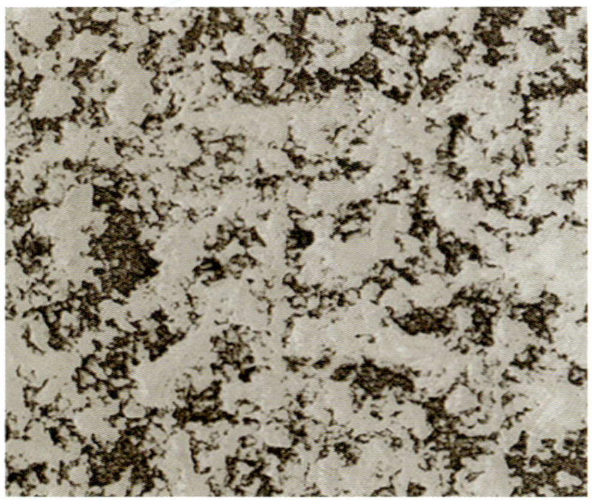

비배접 탁본

폴리곤메시

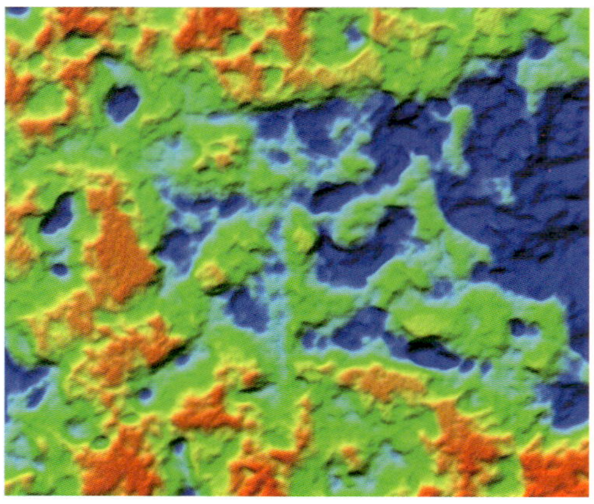

심도맵

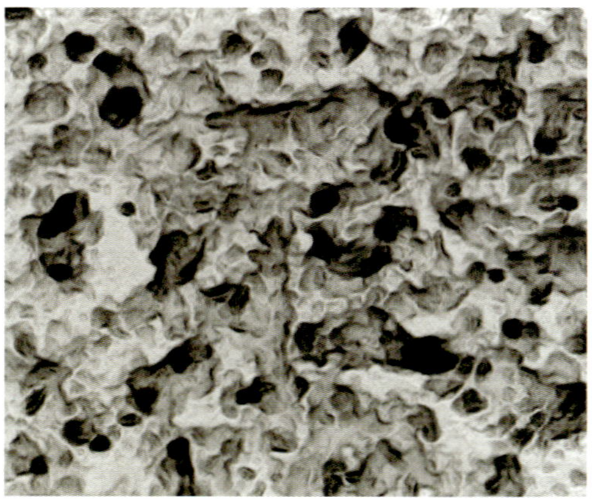

AO맵

전면 10행 19자

人

디지털 사진

RTI

부착 탁본

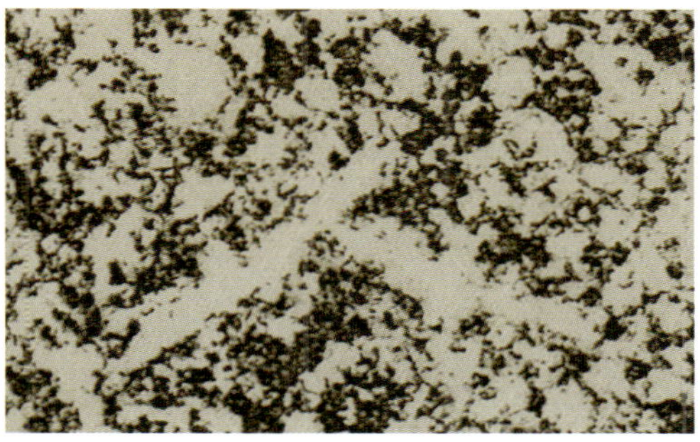

배접 탁본

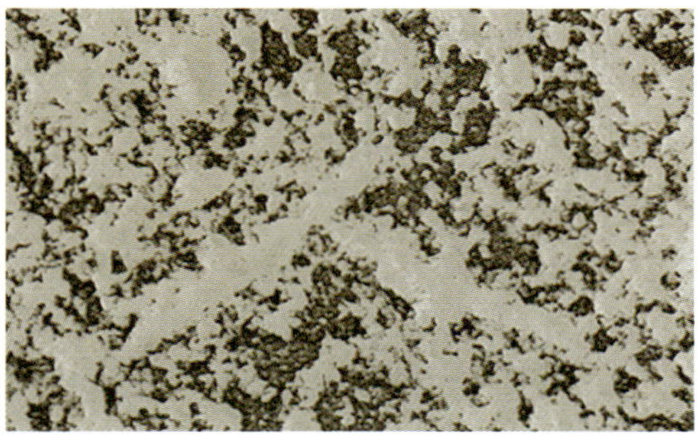

비배접 탁본

폴리곤메시

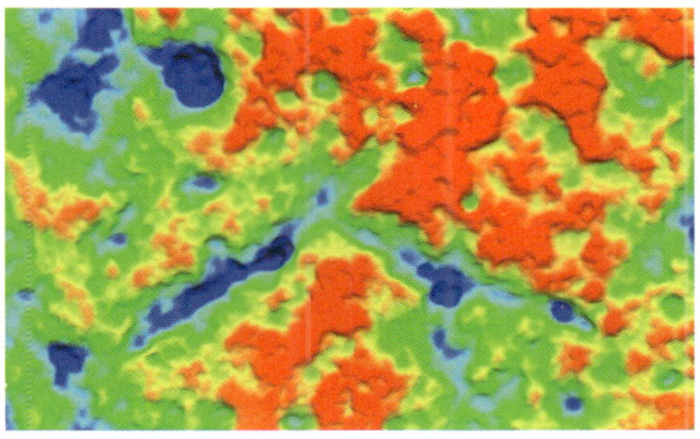

심도맵

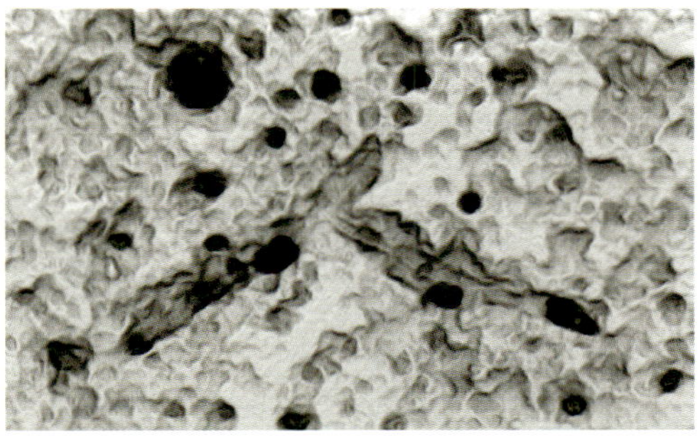

AO맵

전면 10행 20자

정 : 供?
이 : △
임 : 拜?
서 : 拜
고 : 跓
공 : 兵?/先?

디지털 사진

RTI

부착 탁본

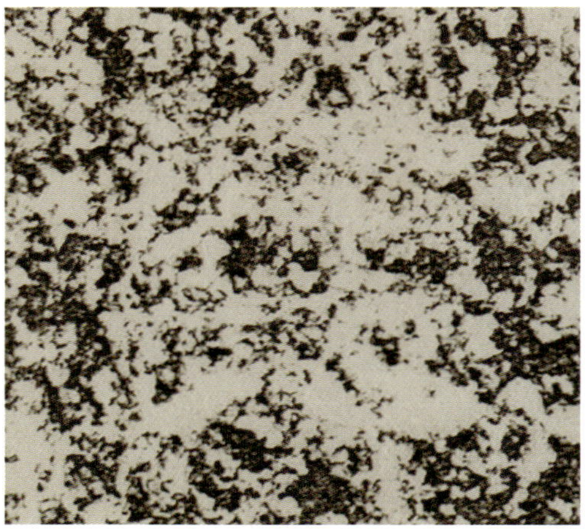

배접 탁본

비배접 탁본

폴리곤메시

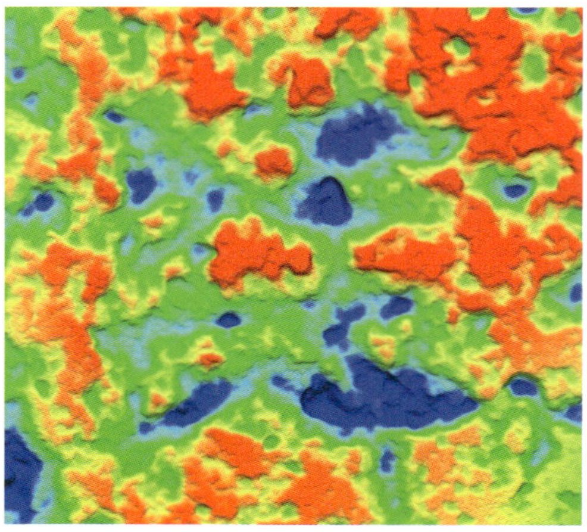

심도맵

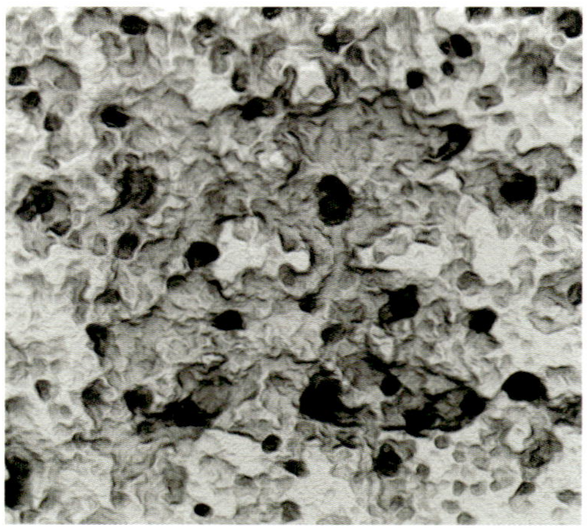

AO맵

전면 10행 21자

정 : 動?
이 : 動
임 : 勲?
서 : 動
고 : 動?
공 : 動

디지털 사진

RTI

부착 탁본

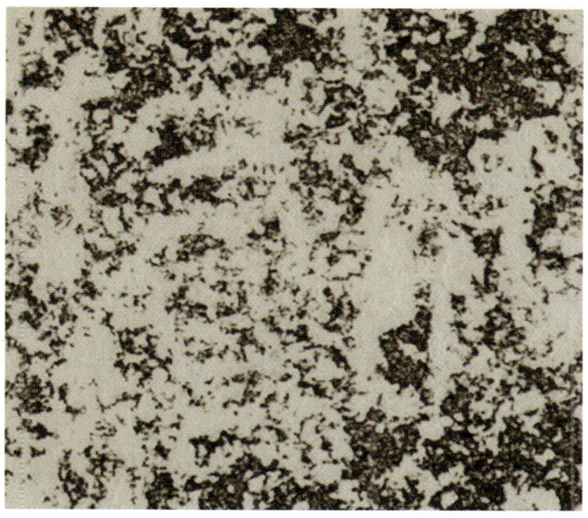

배접 탁본

비배접 탁본

폴리곤메시

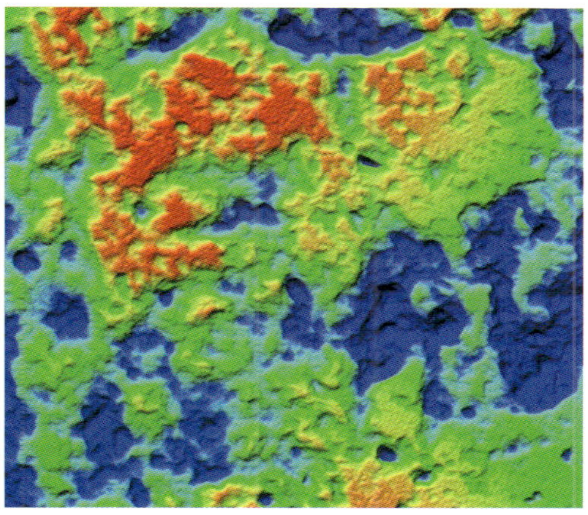

심도맵

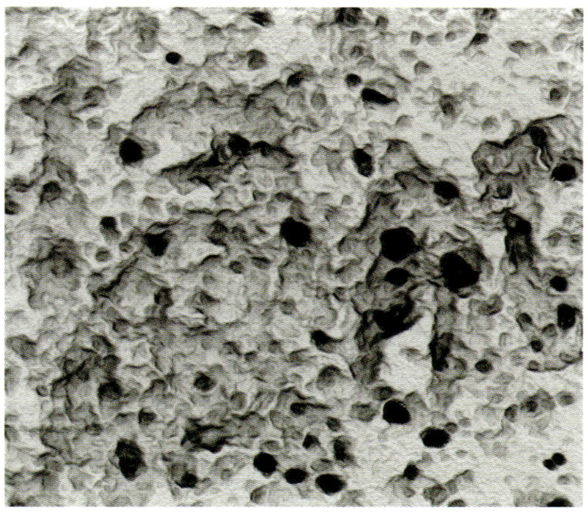

AO맵

전면 10행 22자

정 : △
이 : △
임 : 罒△
서 : △
고 : △
공 : 奪?

디지털 사진

RTI

부착 탁본

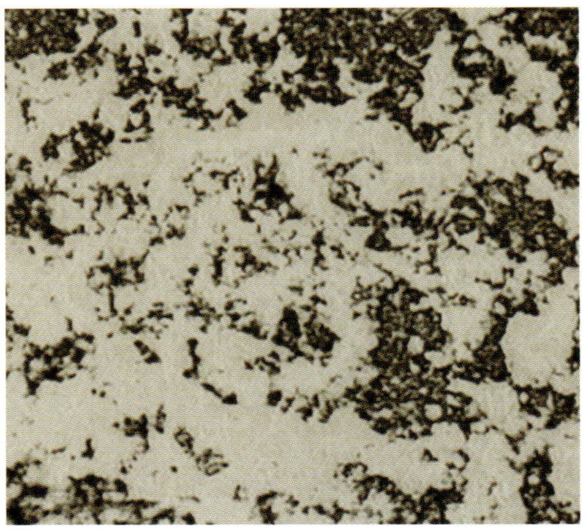

배접 탁본

비배접 탁본

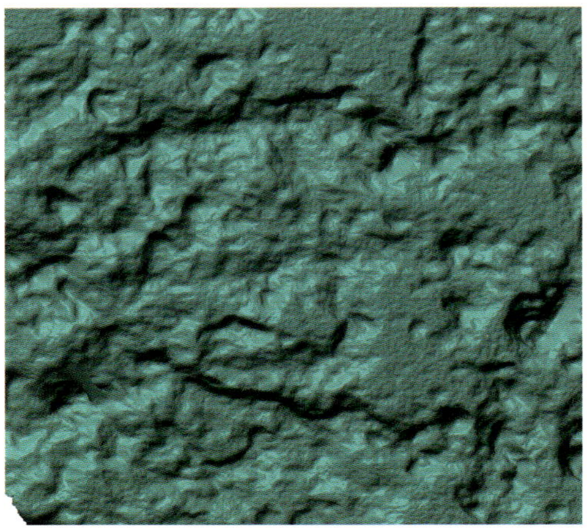

폴리곤메시

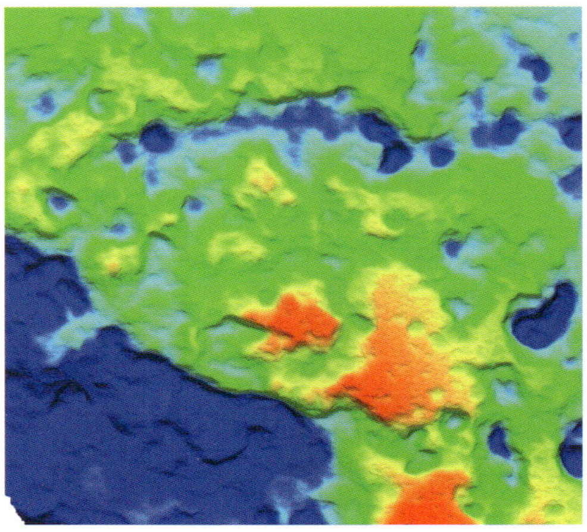

심도맵

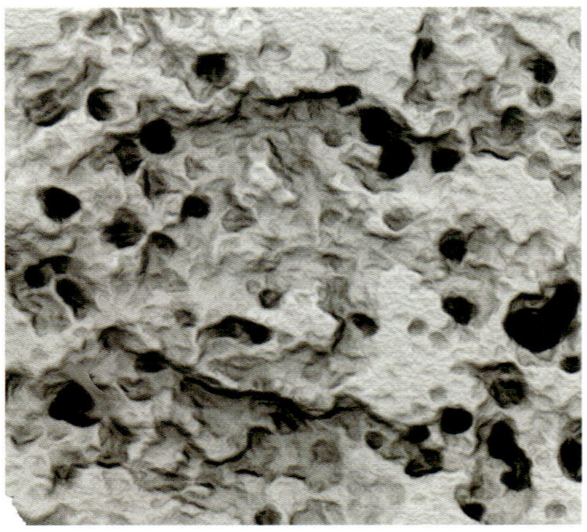

AO맵

좌측면 1행 1자

△

디지털 사진

RTI

부착 탁본

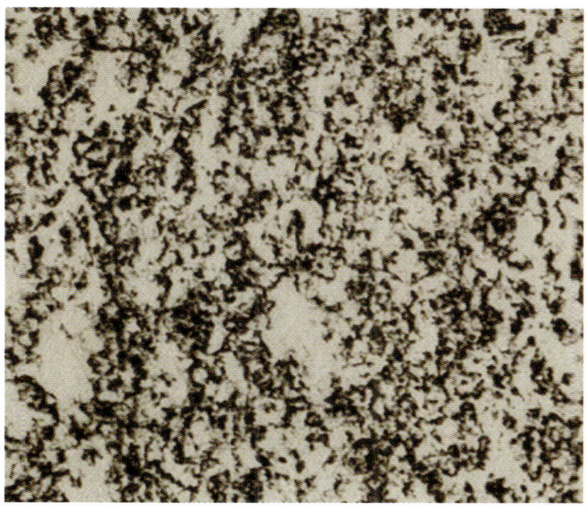

배접 탁본

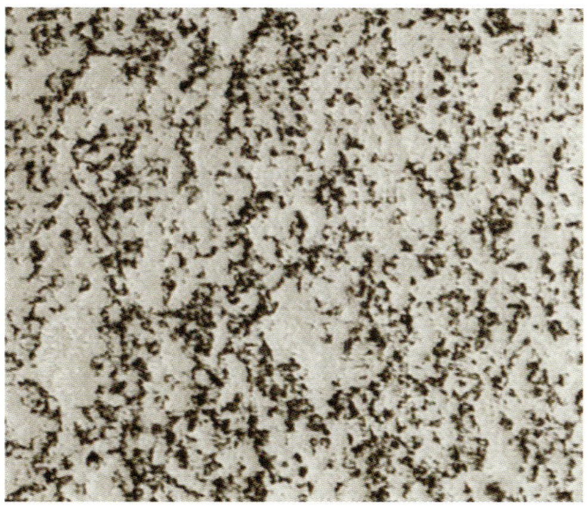

비배접 탁본

폴리곤메시

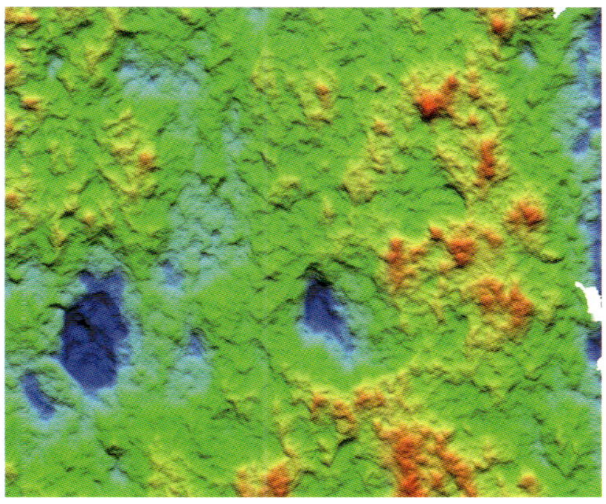

심도맵

AO맵

좌측면 1행 2자

△

디지털 사진

RTI

부착 탁본

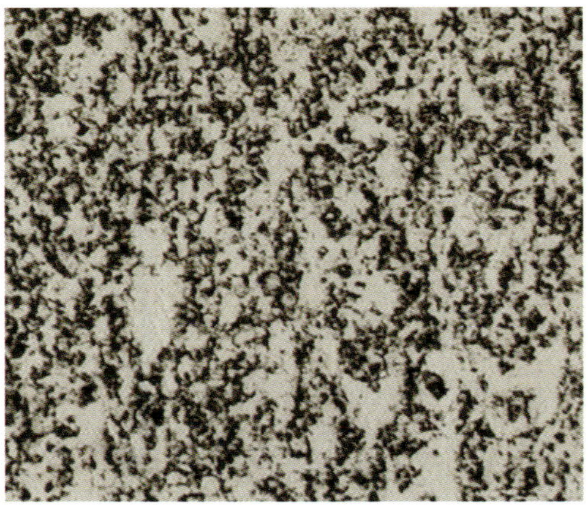

배접 탁본

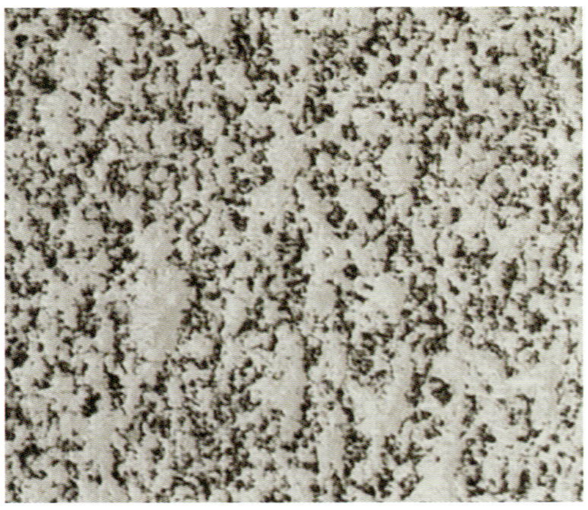

비배접 탁본

폴리곤메시

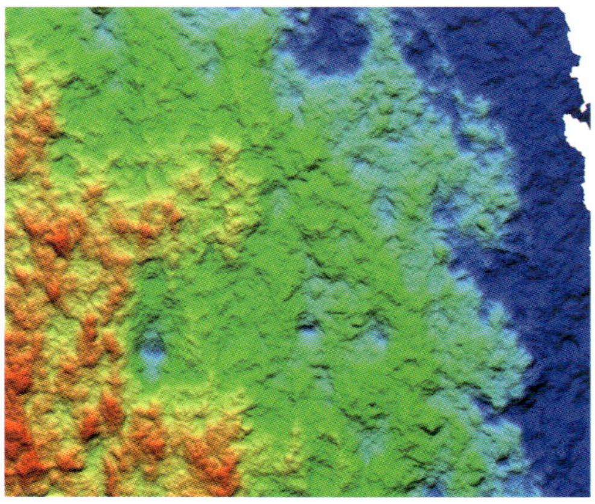

심도맵

AO맵

좌측면 1행 3자

△

디지털 사진

RTI

부착 탁본

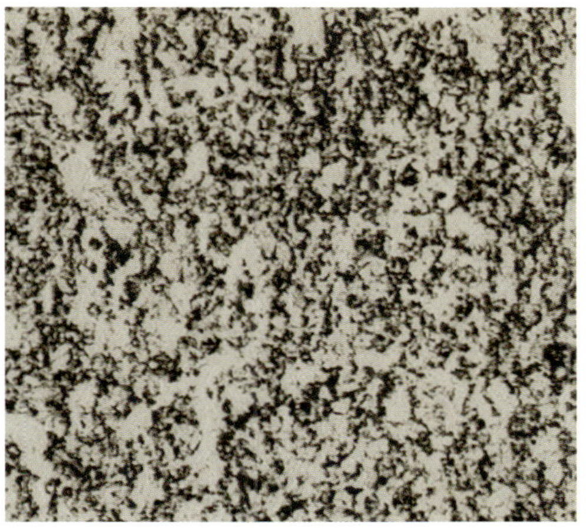

배접 탁본

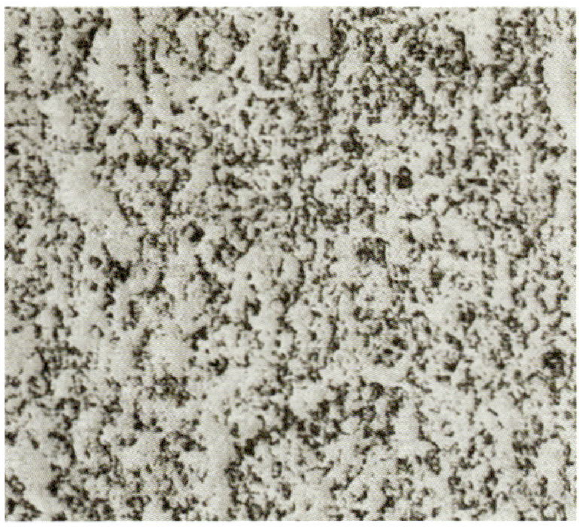

비배접 탁본

폴리곤메시

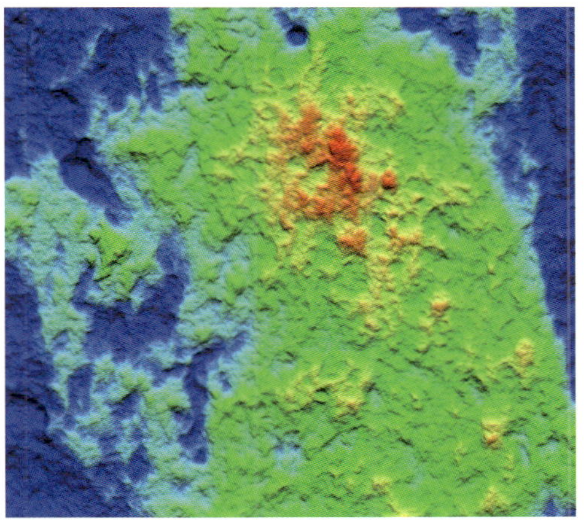

심도맵

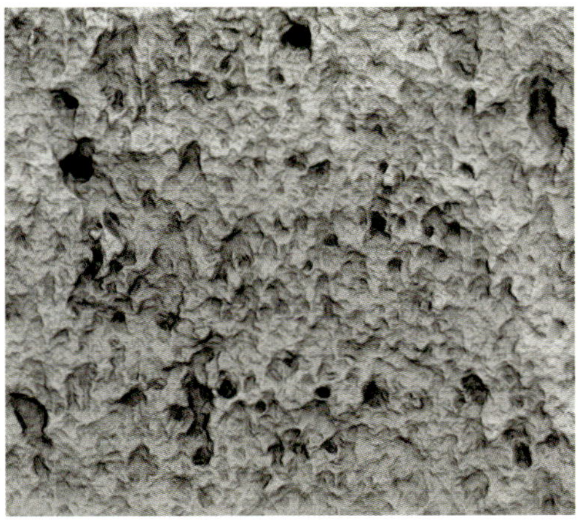

AO맵

좌측면 1행 4자

정 : 中
이 : 中?
임 : △
서 : 中
고 : 忠?
공 : 〈中〉

디지털 사진

RTI

부착 탁본

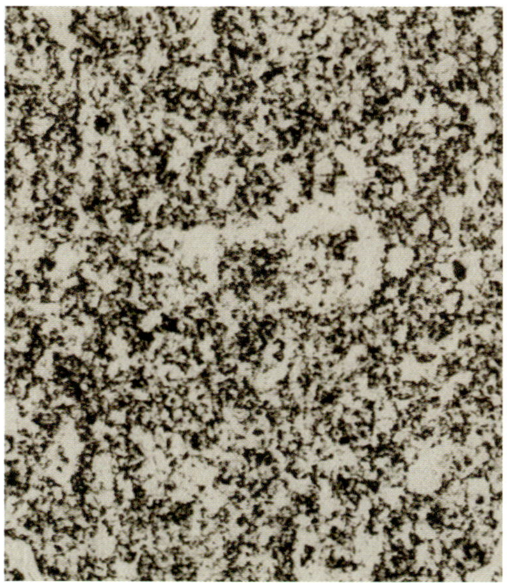

배접 탁본

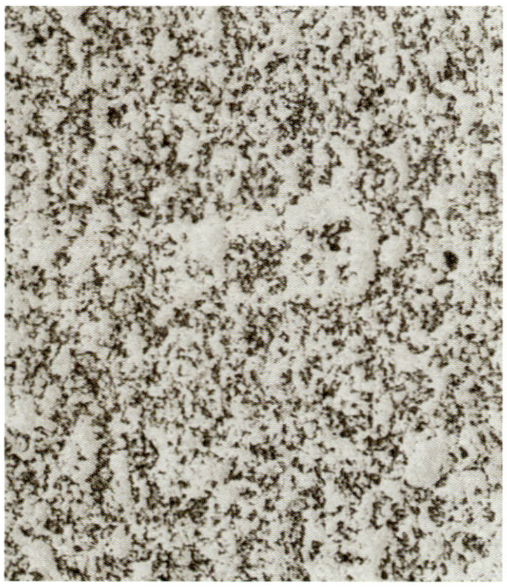

비배접 탁본

폴리곤메시

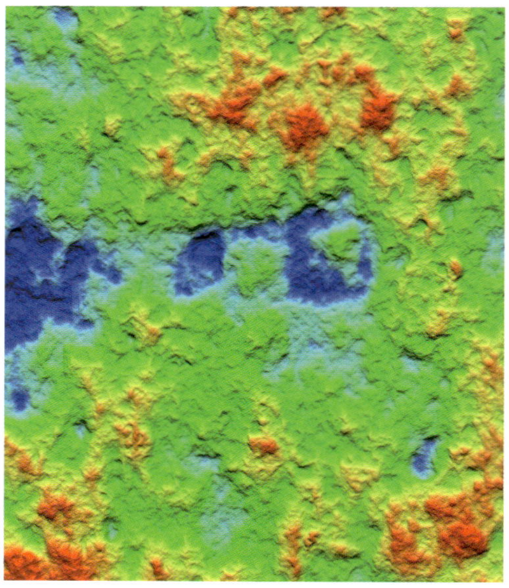

심도맵

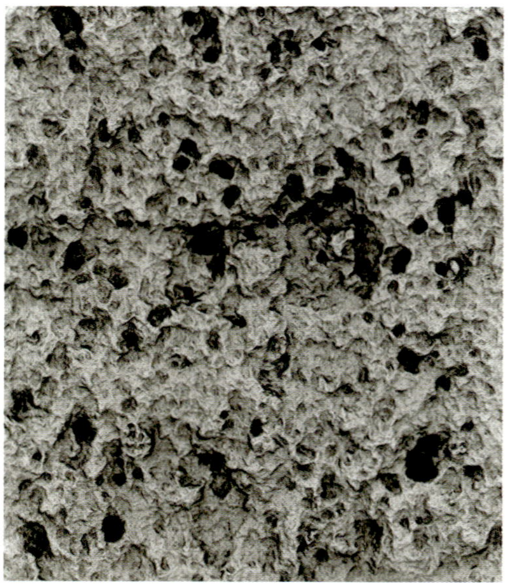

AO맵

좌측면 1행 5자

△

디지털 사진

RTI

부착 탁본

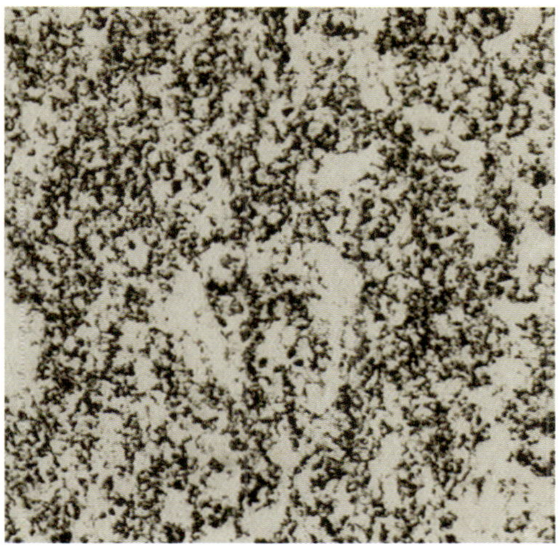

배접 탁본

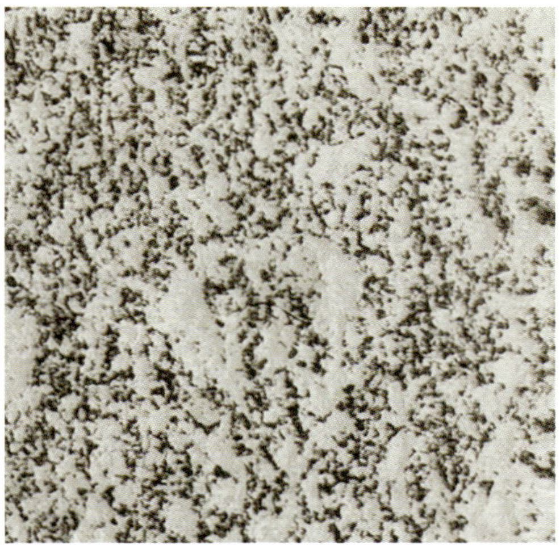

비배접 탁본

폴리곤메시

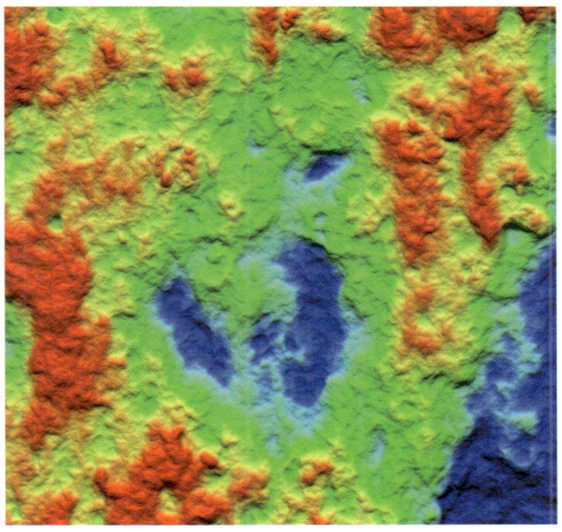

심도맵

AO맵

좌측면 1행 6자

△

디지털 사진

RTI

부착 탁본

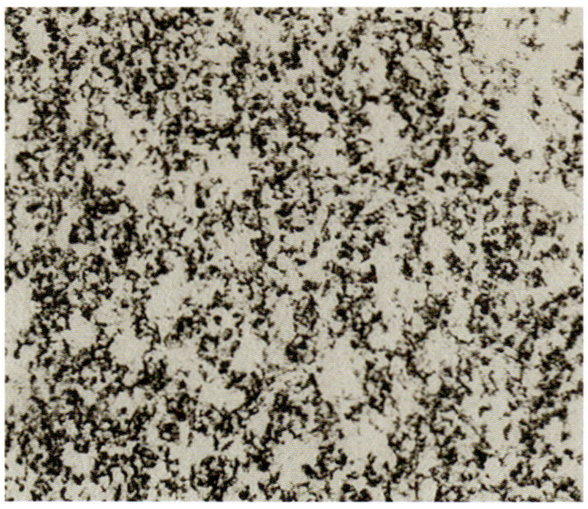

배접 탁본

비배접 탁본

폴리곤메시

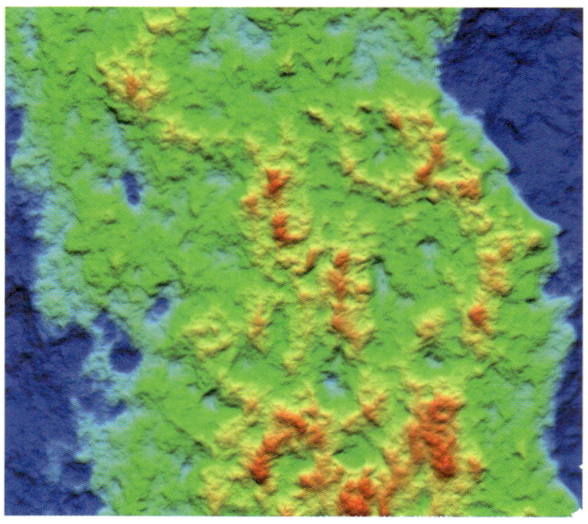

심도맵

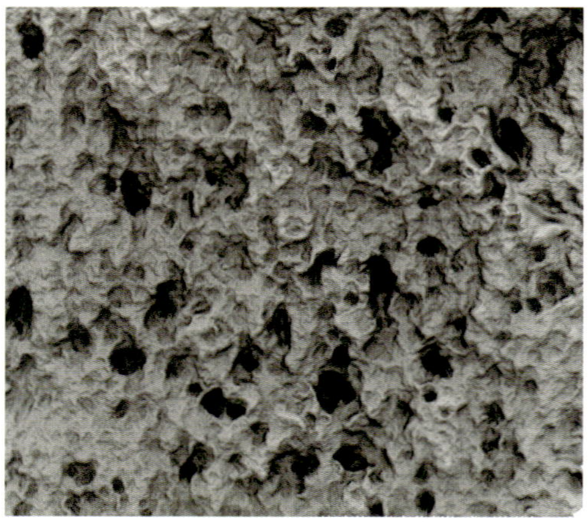

AO맵

좌측면 1행 7자

정 : △
이 : △
임 : △
서 : △
고 : 于?
공 : △

디지털 사진

RTI

부착 탁본

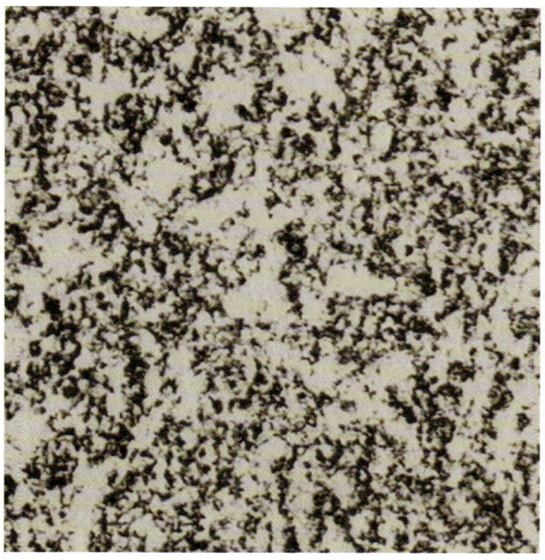

배접 탁본

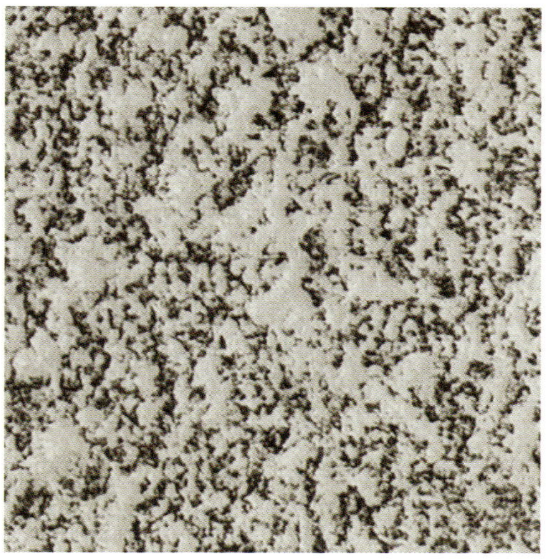

비배접 탁본

폴리곤메시

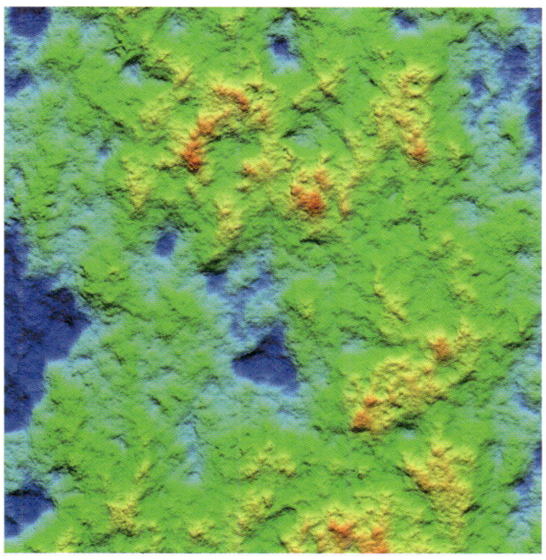

심도맵

AO맵

좌측면 1행 8자

정 : 伐
이 : 滅?
임 : △
서 : △
고 : 伐
공 : △

디지털 사진

RTI

부착 탁본

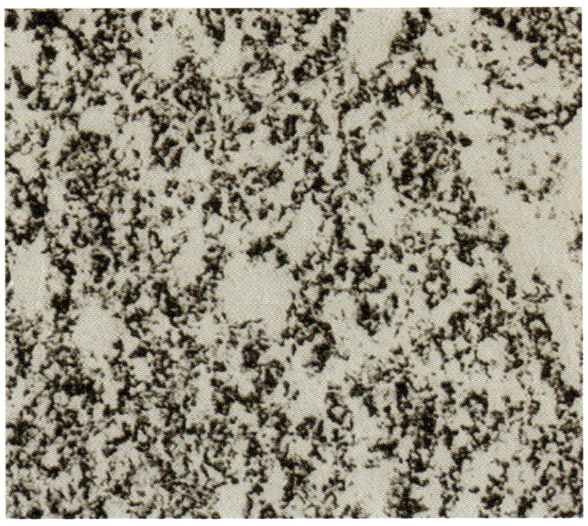

배접 탁본

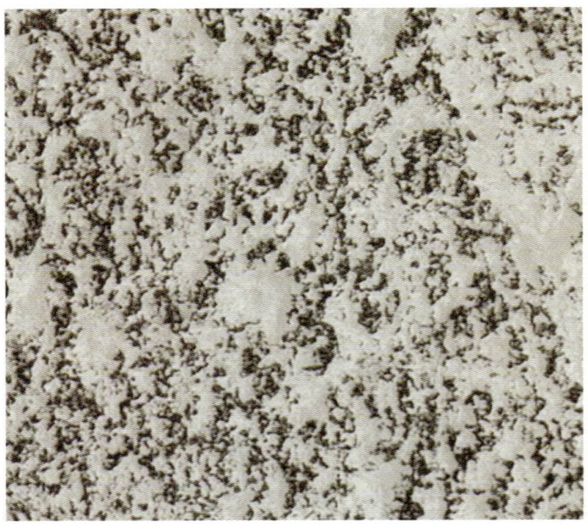

비배접 탁본

폴리곤메시

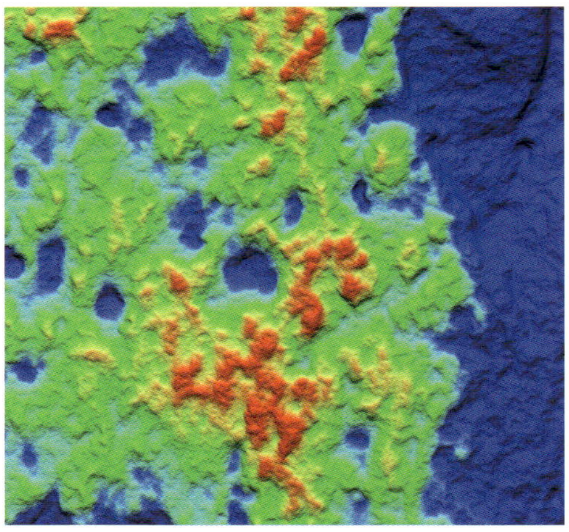

심도맵

AO맵

좌측면 1행 9자

정 : 城
이 : 城
임 : △
서 : 城
고 : 城
공 : △

디지털 사진

RTI

부착 탁본

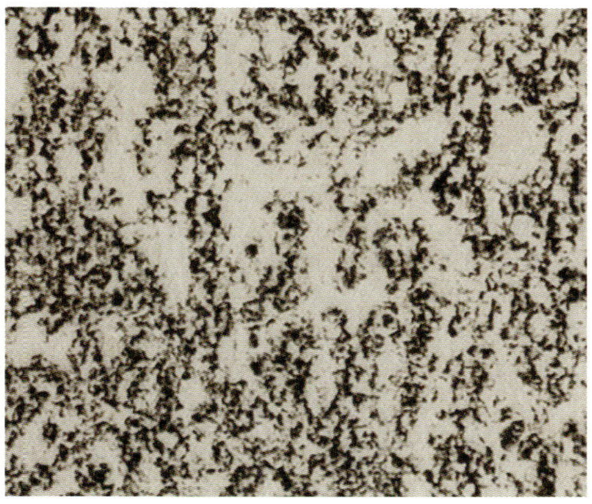

배접 탁본

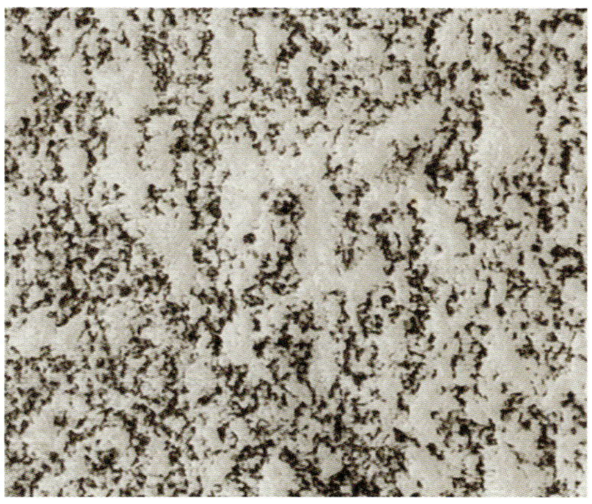

비배접 탁본

폴리곤메시

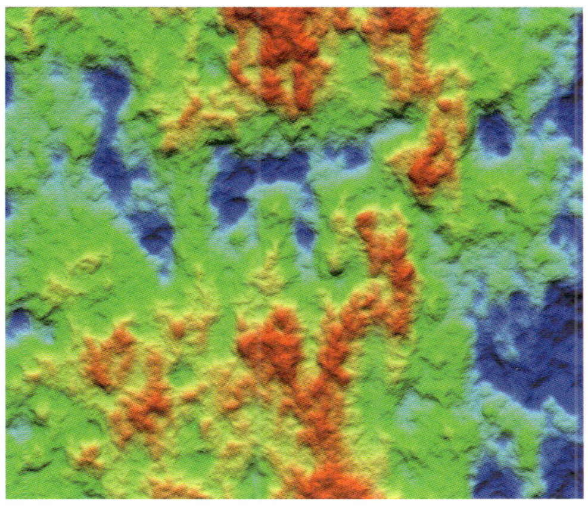

심도맵

AO맵

좌측면 1행 10자

정 : 不
이 : 不?
임 : 不
서 : 不
고 : 不
공 : 不/求

디지털 사진

RTI

부착 탁본

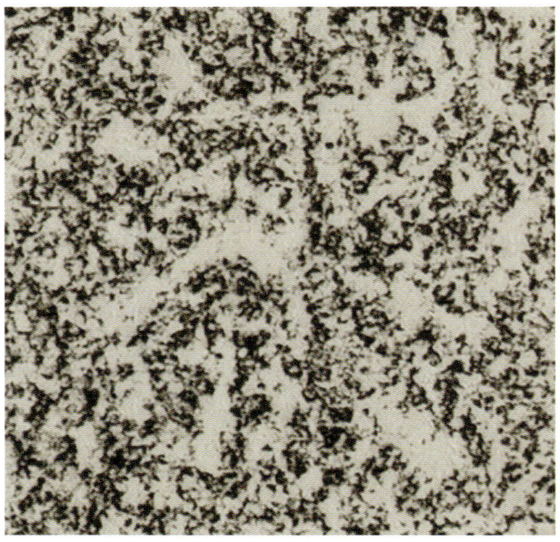

배접 탁본

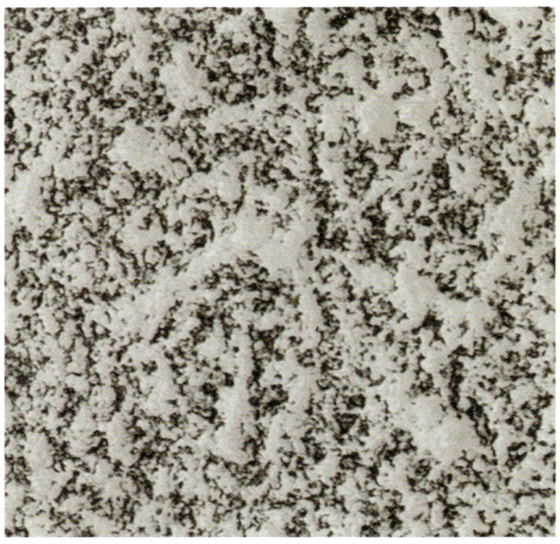

비배접 탁본

폴리곤메시

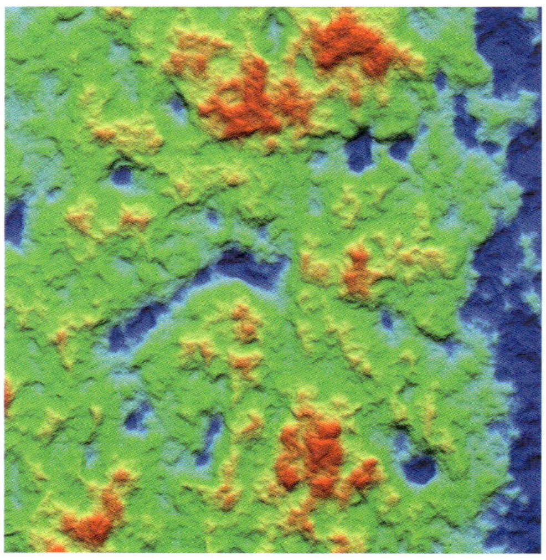

심도맵

AO맵

좌측면 1행 11자

정 : 得
이 : △?
임 : △
서 : △
고 : 犭+?
공 : △

디지털 사진

RTI

부착 탁본

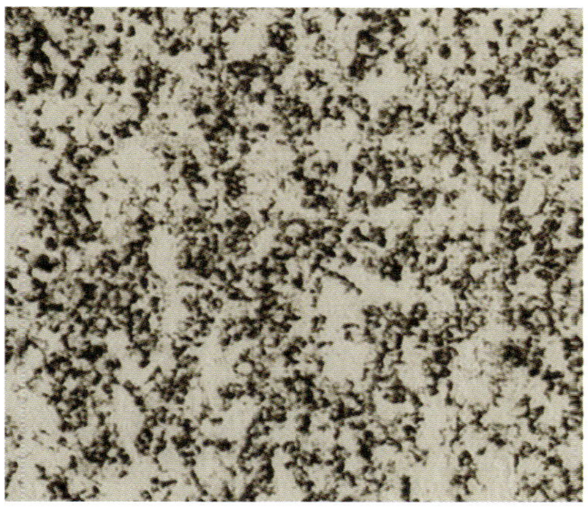

배접 탁본

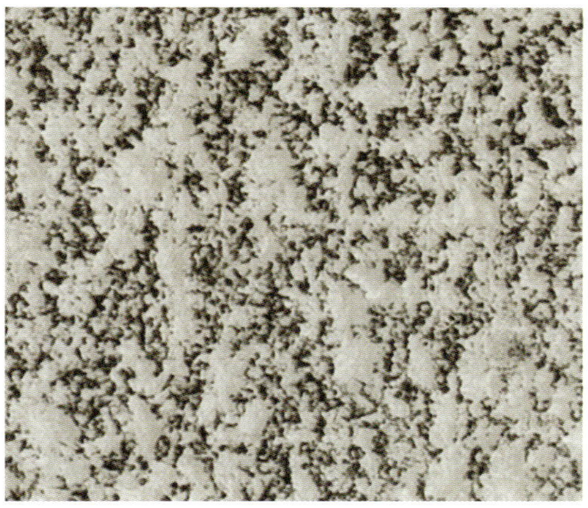

비배접 탁본

폴리곤메시

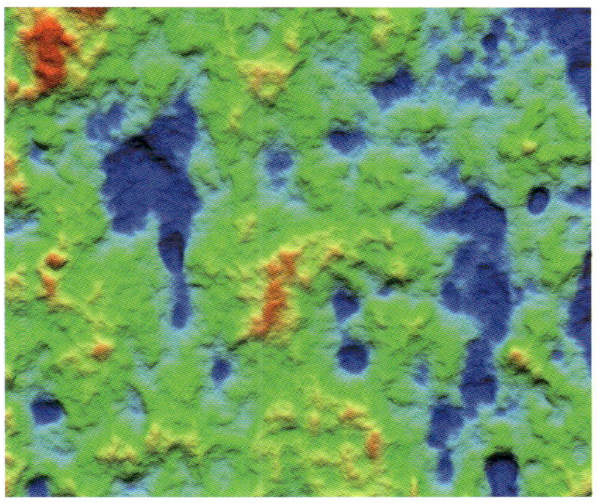

심도맵

AO맵

좌측면 1행 12자

정 : 發?
이 : △
임 : △
서 : △
고 : △
공 : △

디지털 사진

RTI

부착 탁본

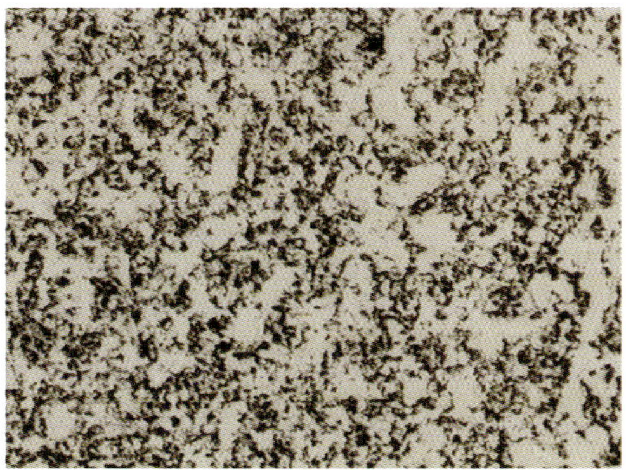

배접 탁본

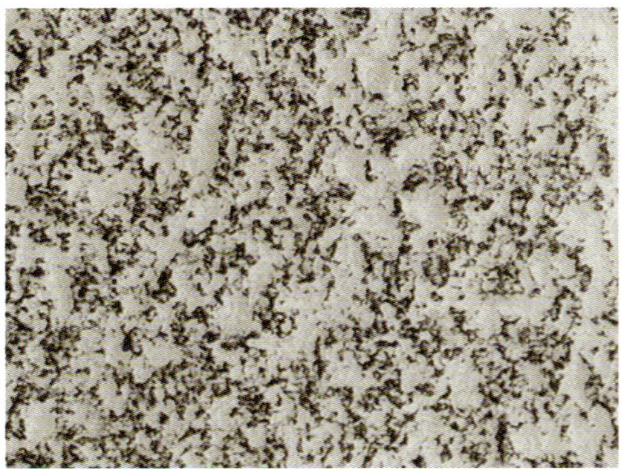

비배접 탁본

폴리곤메시

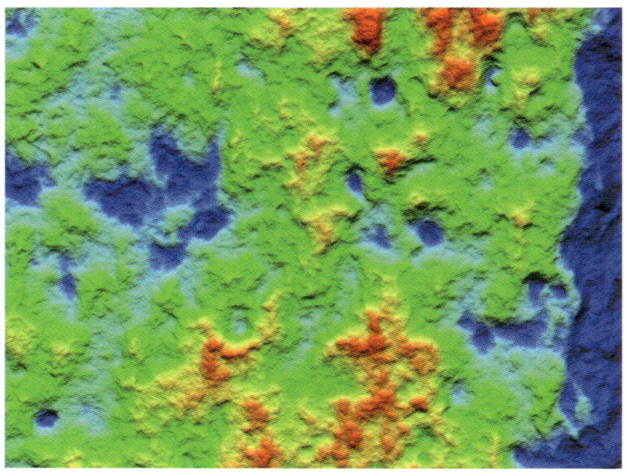

심도맵

AO맵

좌측면 1행 13자

村

디지털 사진

RTI

부착 탁본

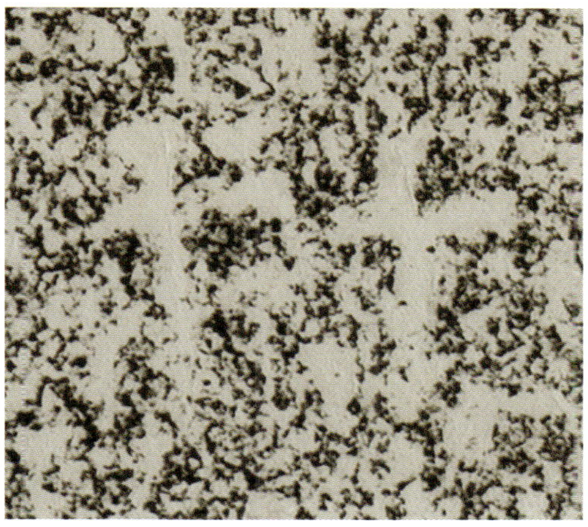

배접 탁본

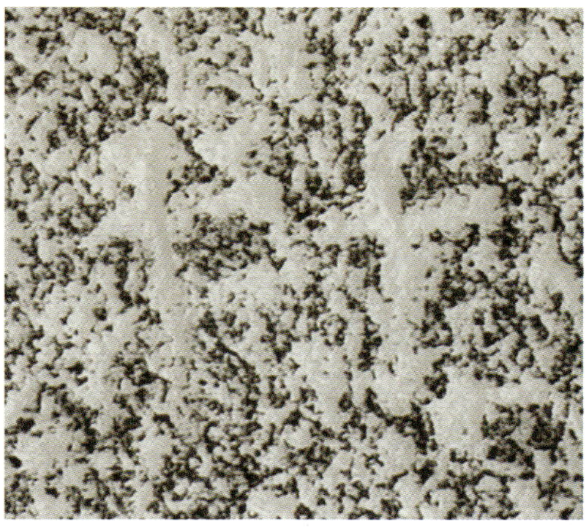

비배접 탁본

폴리곤메시

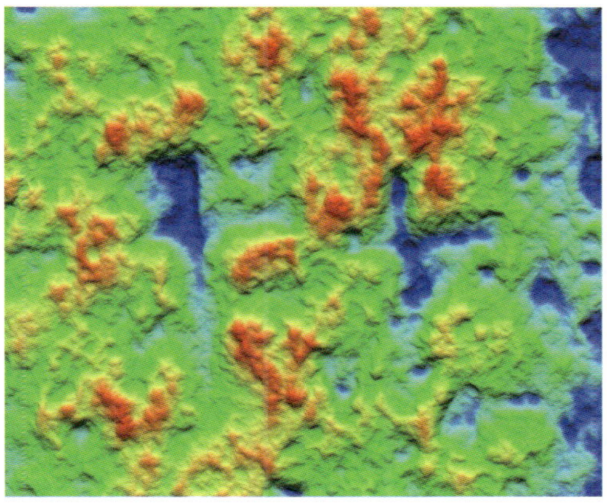

심도맵

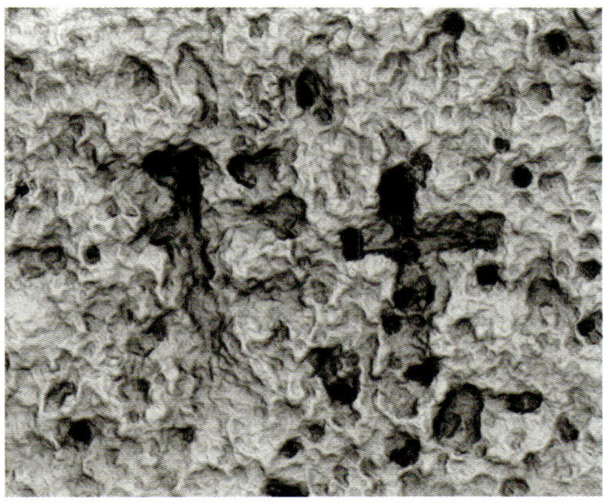

AO맵

좌측면 1행 14자

숨

디지털 사진

RTI

부착 탁본

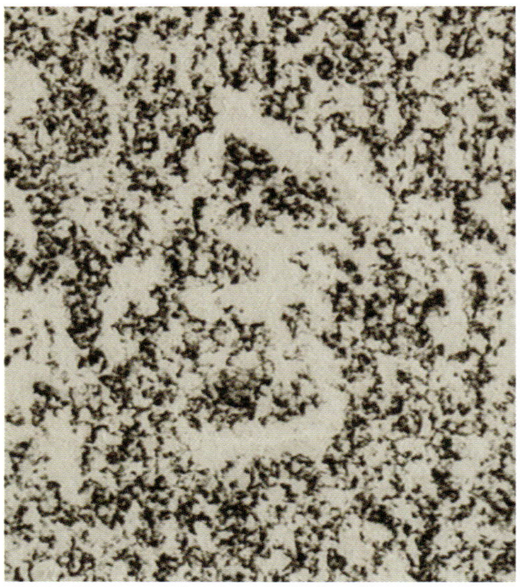

배접 탁본

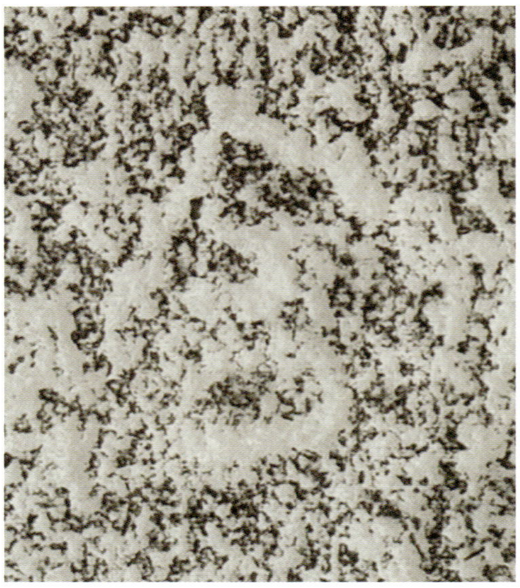

비배접 탁본

폴리곤메시

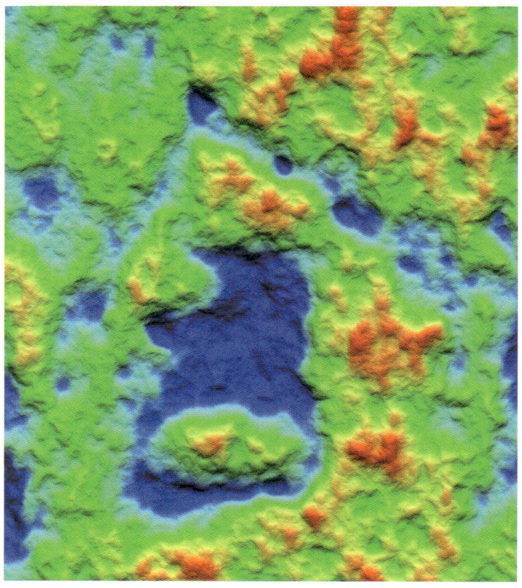

심도맵

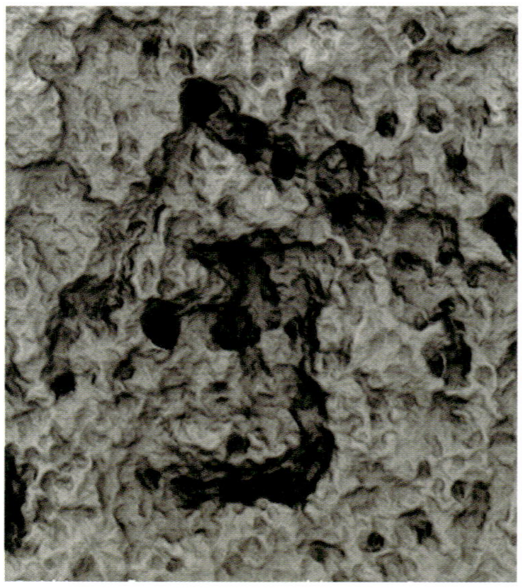

AO맵

좌측면 1행 15자

△

디지털 사진

RTI

부착 탁본

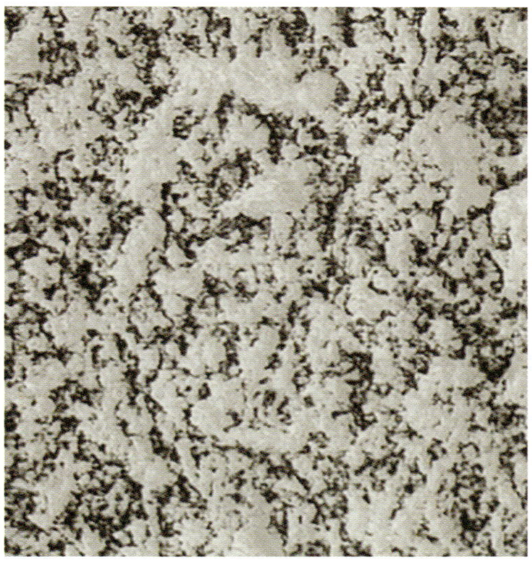

배접 탁본

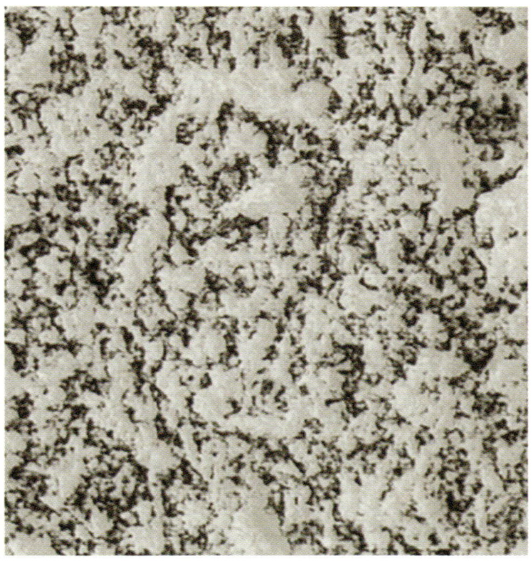

비배접 탁본

폴리곤메시

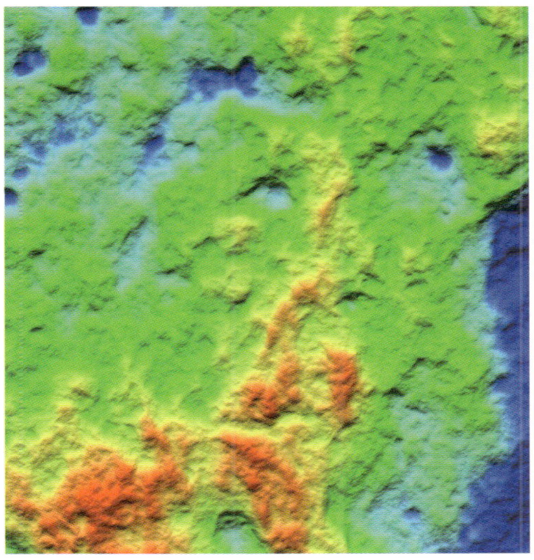

심도맵

AO맵

좌측면 1행 16자

△

디지털 사진

RTI

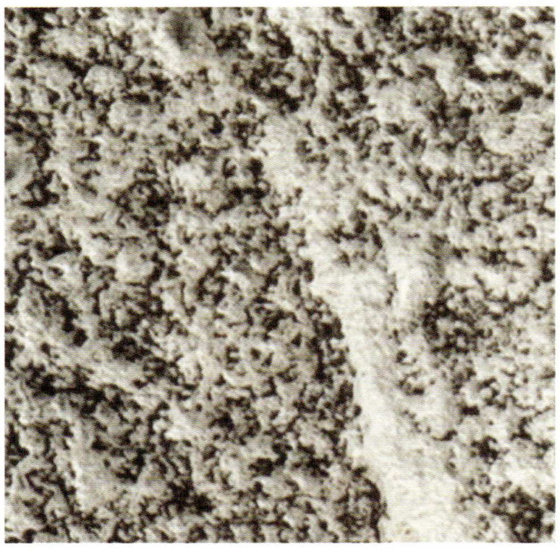

부착 탁본

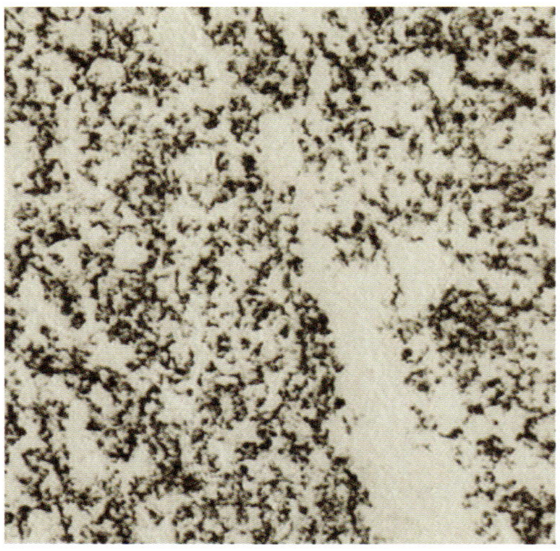

배접 탁본

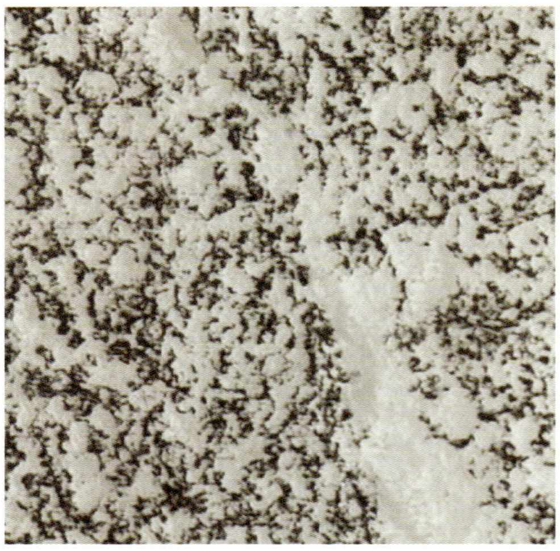

비배접 탁본

폴리곤메시

심도맵

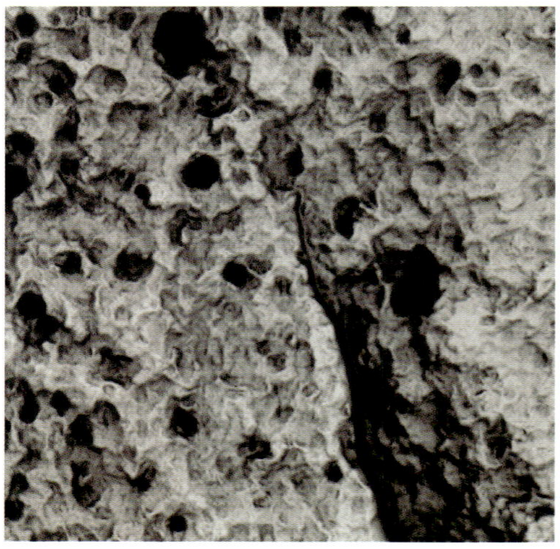

AO맵

좌측면 1행 17자

△

디지털 사진

RTI

부착 탁본

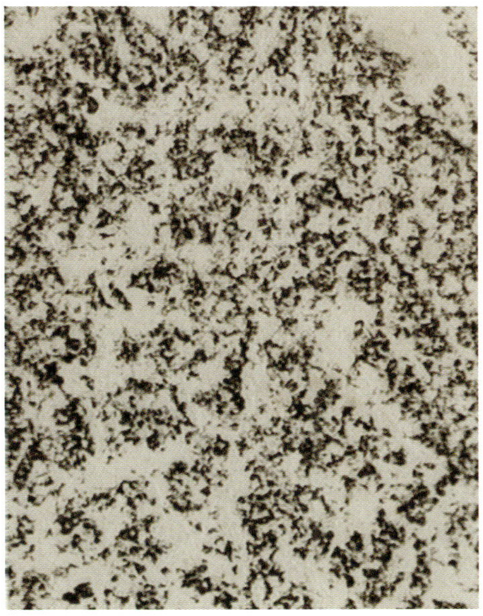

배접 탁본

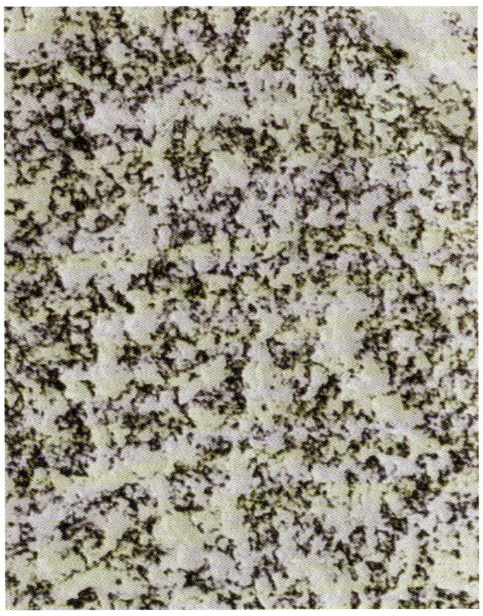

비배접 탁본

폴리곤메시

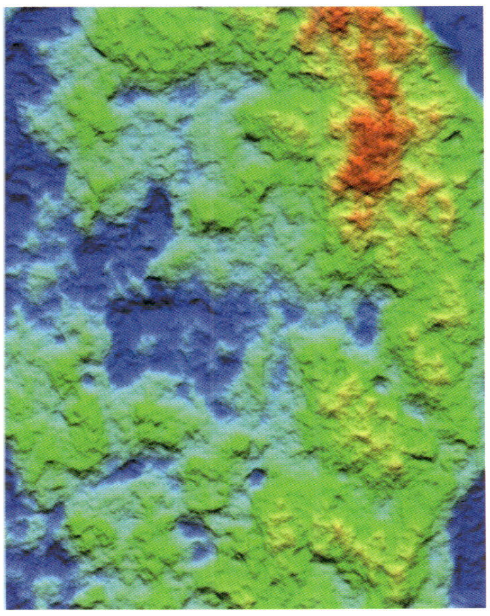

심도맵

AO맵

좌측면 1행 18자

정 : △
이 : 昖
임 : △
서 : △
고 : 月+?
공 : 月+△?
/日+△?

디지털 사진

RTI

부착 탁본

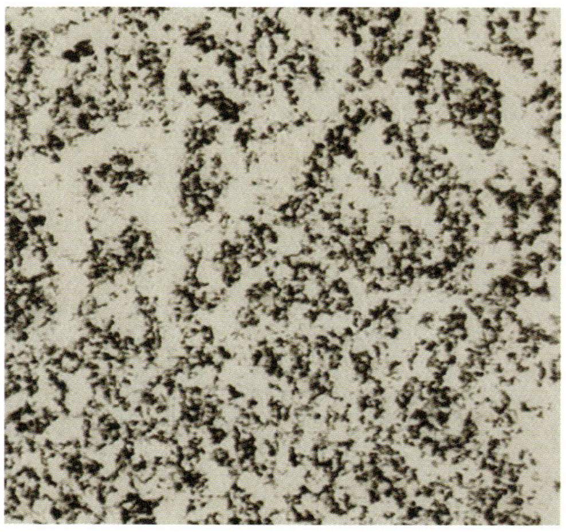

배접 탁본

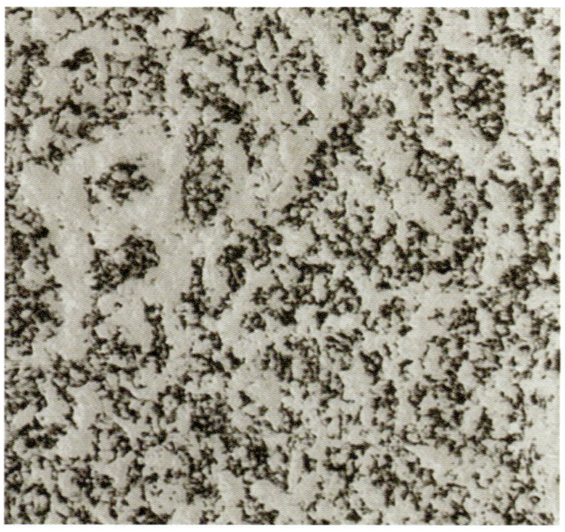

비배접 탁본

폴리곤메시

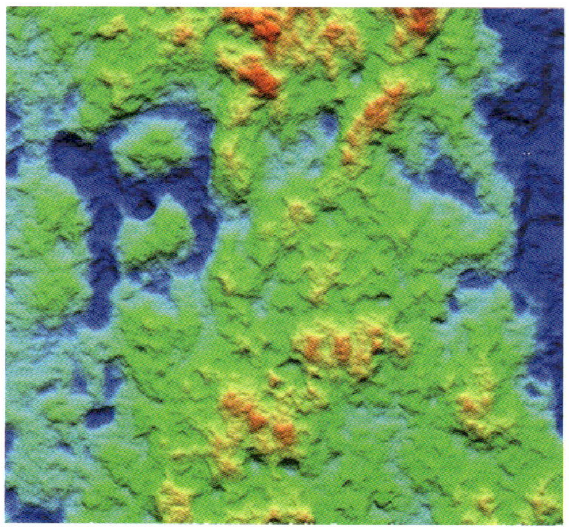

심도맵

AO맵

좌측면 1행 19자

정 : △
이 : △
임 : △
서 : △
고 : 胜
공 : △

디지털 사진

RTI

부착 탁본

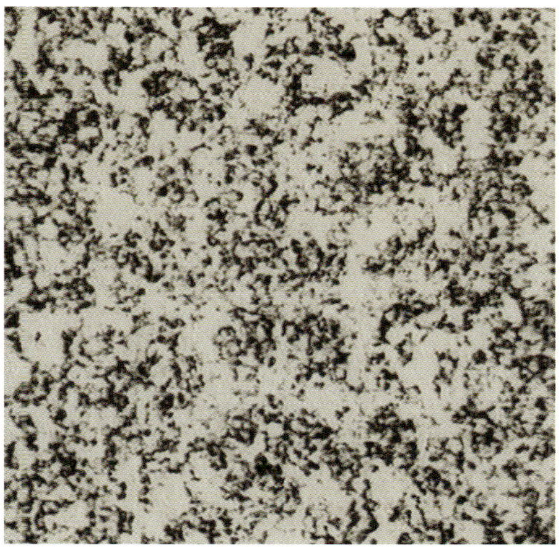

배접 탁본

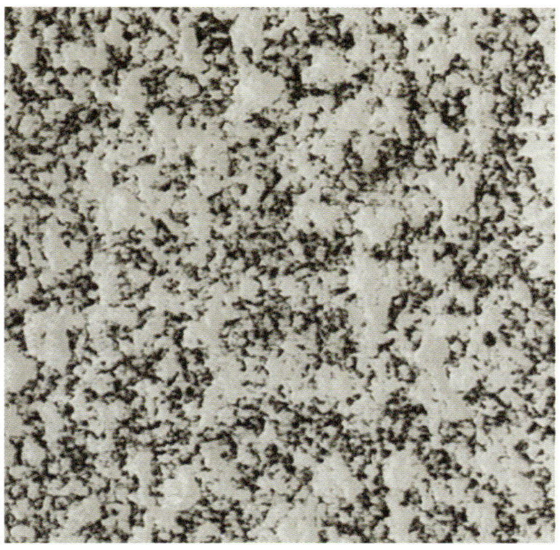

비배접 탁본

폴리곤메시

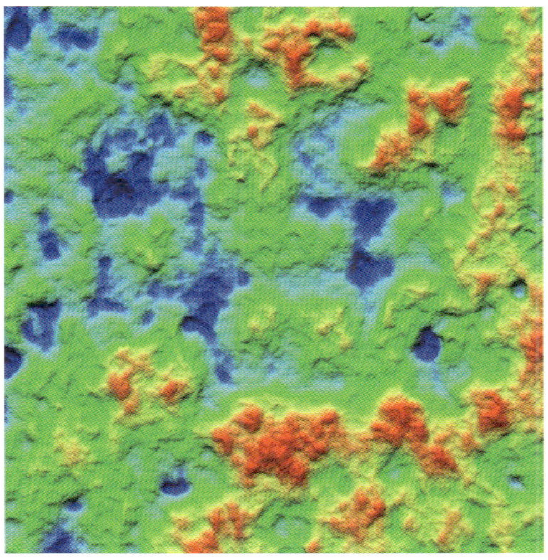

심도맵

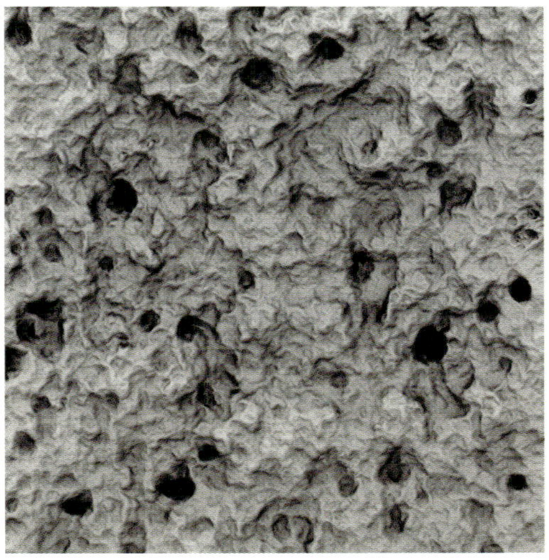

AO맵

좌측면 1행 20자

정 : △
이 : △
임 : △
서 : △
고 : △
공 : 優

디지털 사진

RTI

부착 탁본

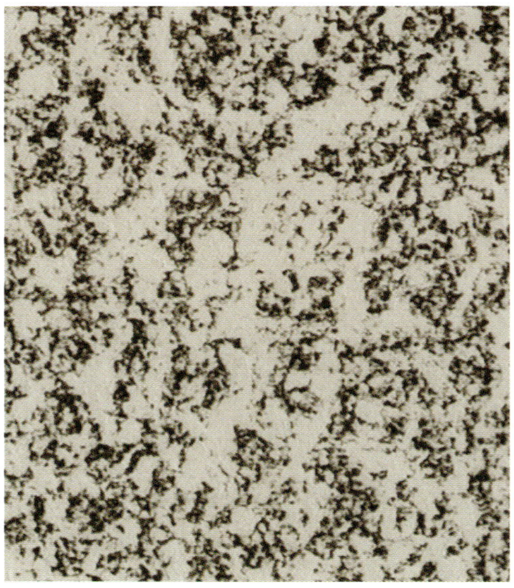
배접 탁본

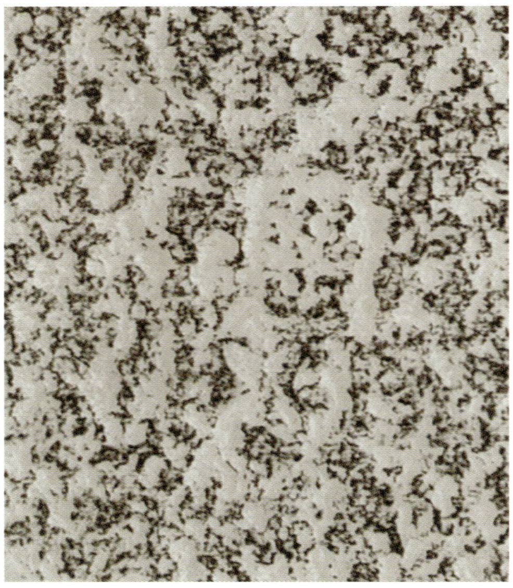
비배접 탁본

폴리곤메시

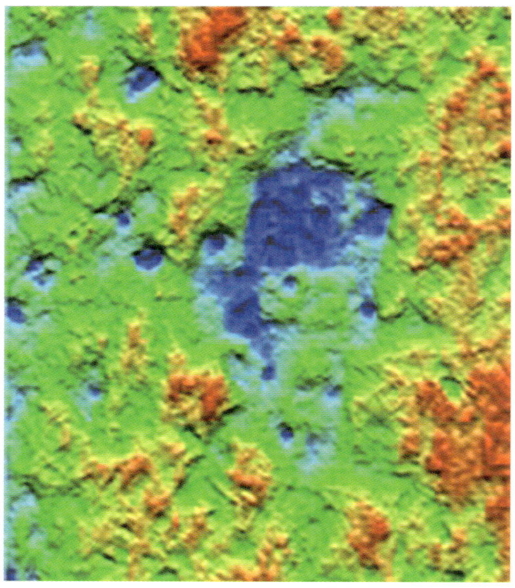
심도맵

AO맵

좌측면 1행 21자

정 : △
이 : △
임 : △
서 : △
고 : 沙?
공 : 沙

디지털 사진

RTI

부착 탁본

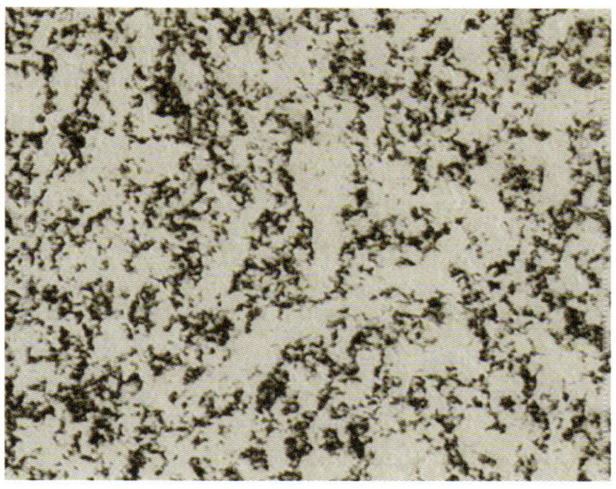

배접 탁본

비배접 탁본

폴리곤메시

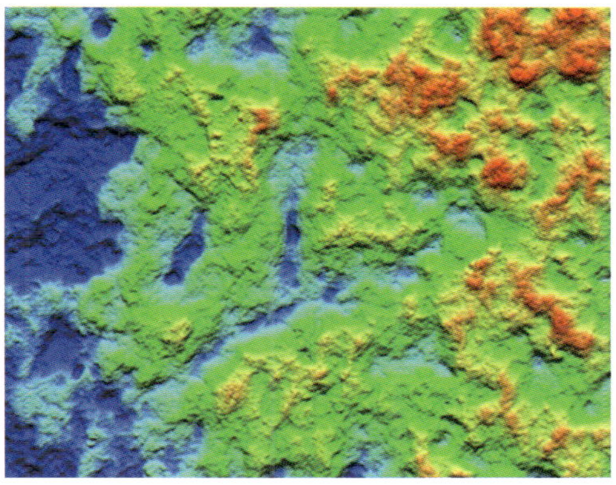

심도맵

AO맵

좌측면 1행 22자

정 : 沙?
이 : 沙
임 : △
서 : 沙
고 : △
공 : △(하부 깨짐)

디지털 사진

RTI

부착 탁본

배접 탁본

비배접 탁본

폴리곤메시

심도맵

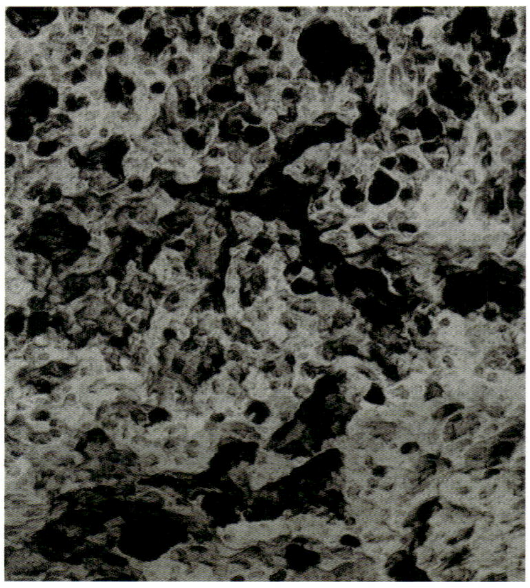

AO맵

좌측면 2행 1자

△

디지털 사진

RTI

부착 탁본

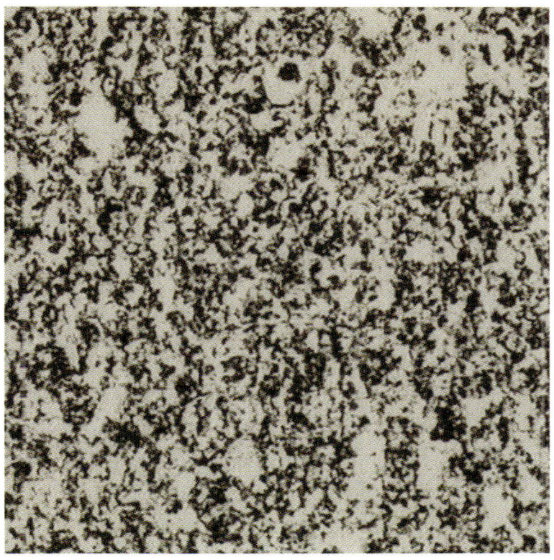

배접 탁본

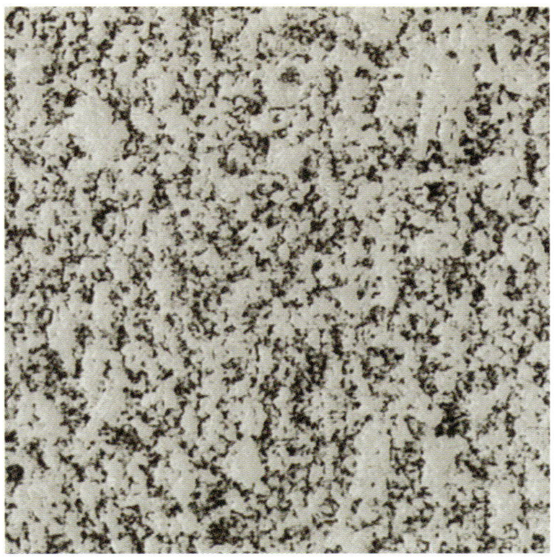

비배접 탁본

폴리곤메시

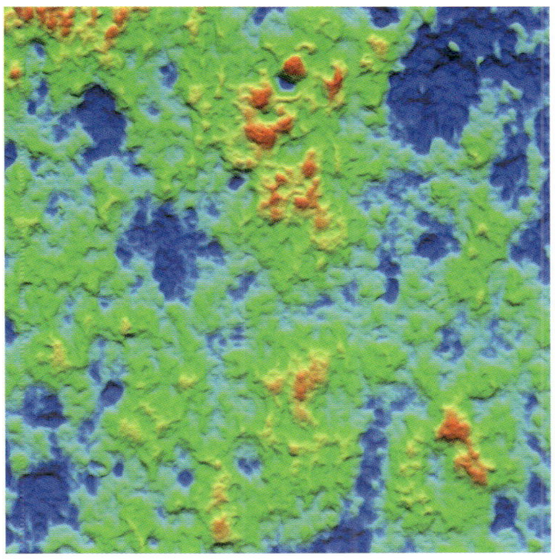

심도맵

AO맵

좌측면 2행 2자

△

디지털 사진

RTI

부착 탁본

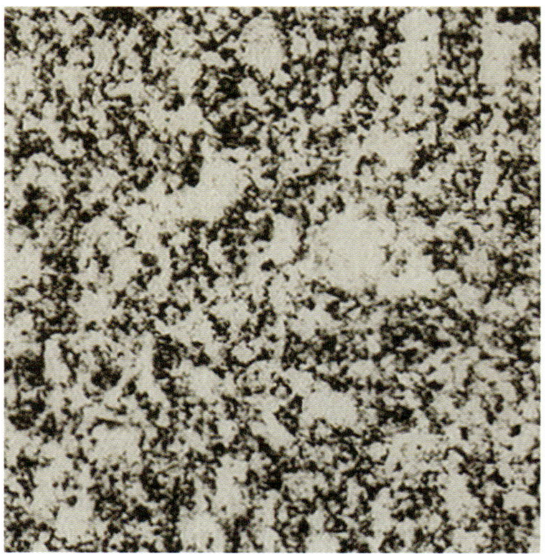

배접 탁본

비배접 탁본

폴리곤메시

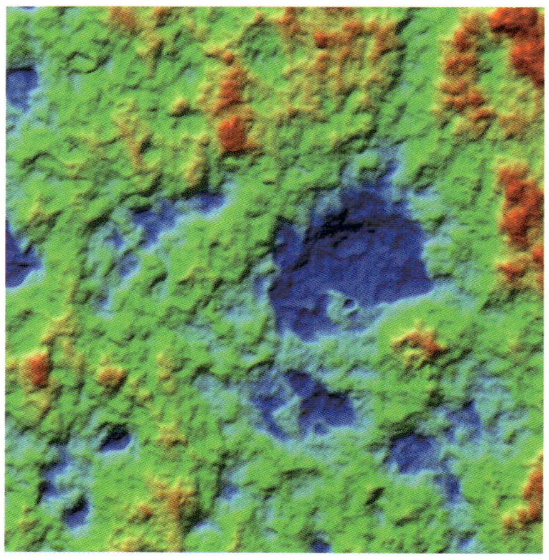

심도맵

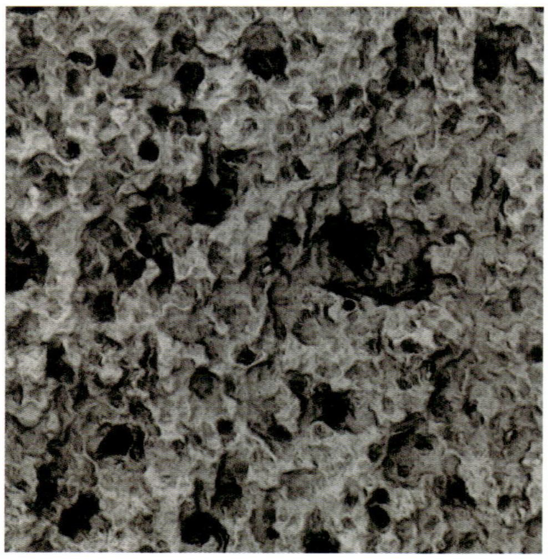

AO맵

좌측면 2행 3자

△

디지털 사진

RTI

부착 탁본

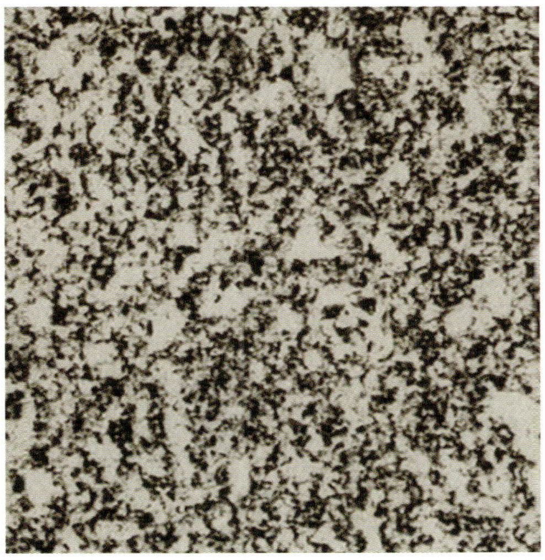

배접 탁본

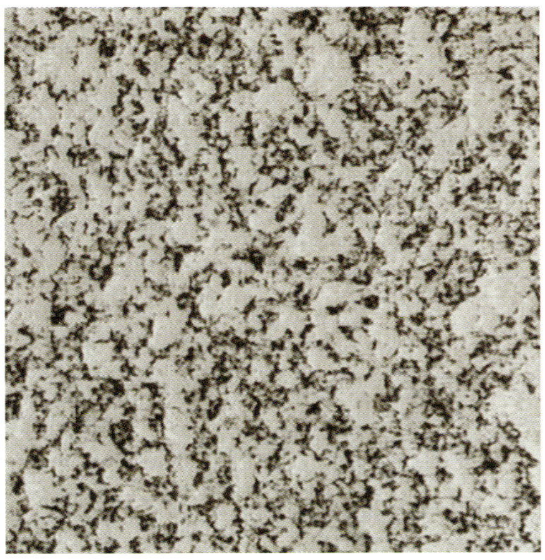

비배접 탁본

폴리곤메시

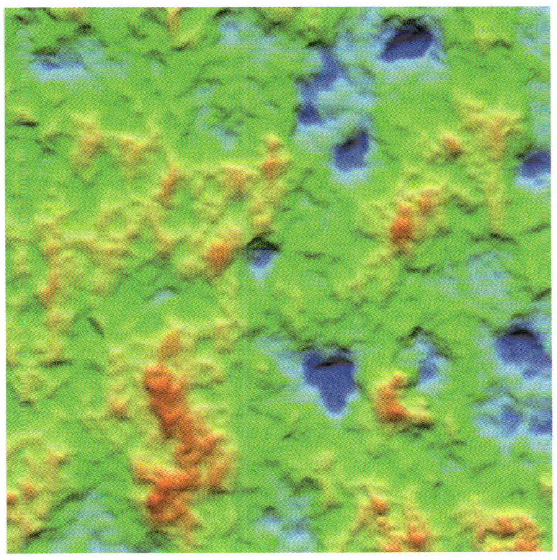

심도맵

AO맵

좌측면 2행 4자

△

디지털 사진

RTI

부착 탁본

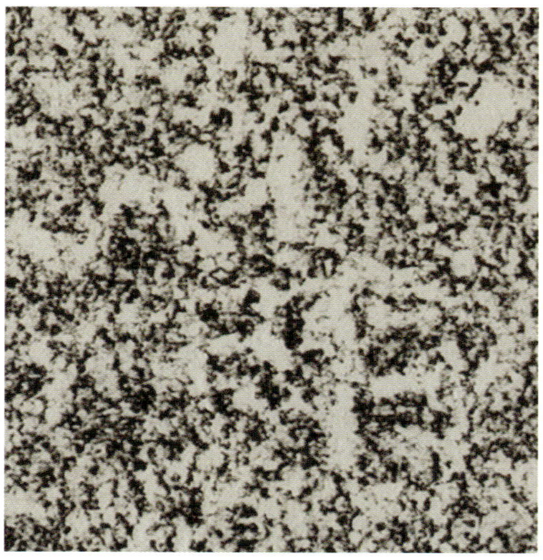

배접 탁본

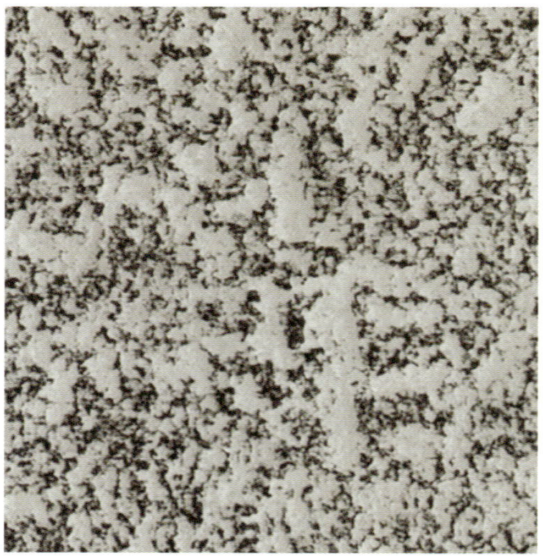

비배접 탁본

폴리곤메시

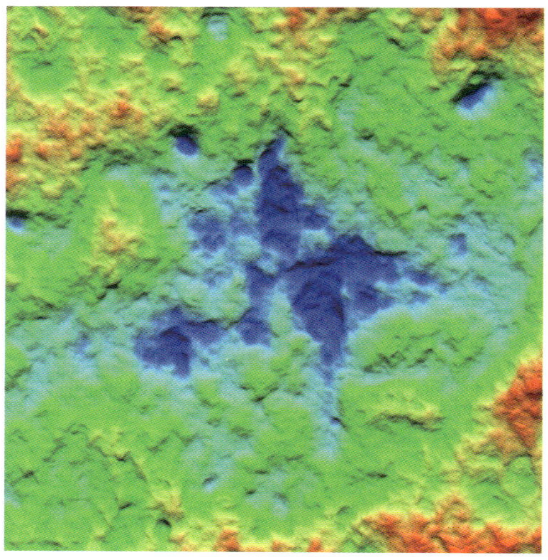

심도맵

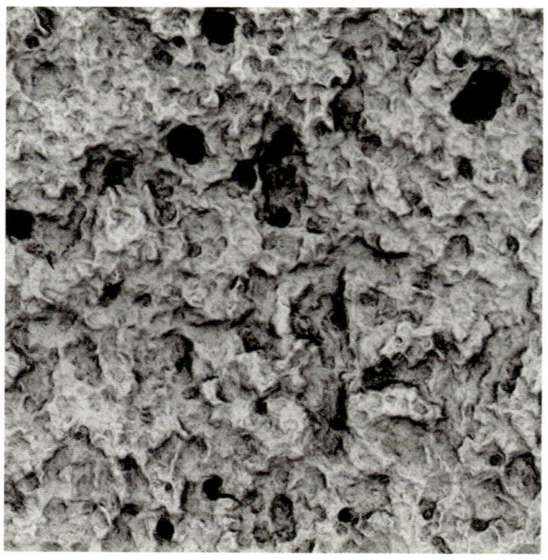

AO맵

좌측면 2행 5자

△

디지털 사진

RTI

부착 탁본

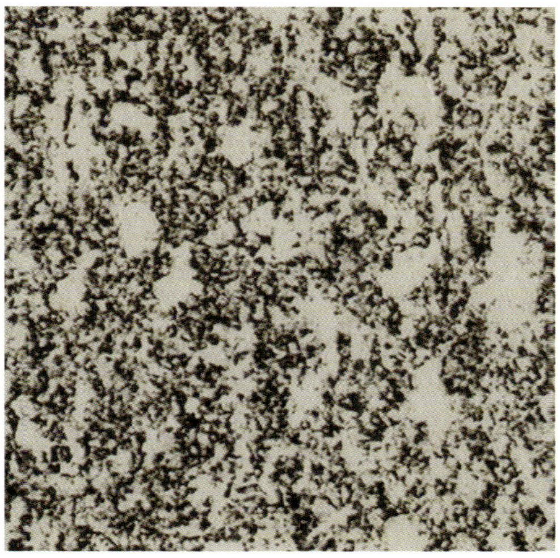

배접 탁본

비배접 탁본

폴리곤메시

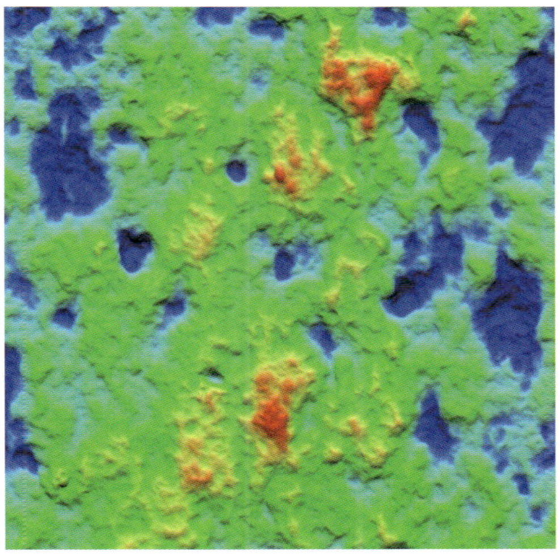

심도맵

AO맵

좌측면 2행 6자

△

디지털 사진

RTI

부착 탁본

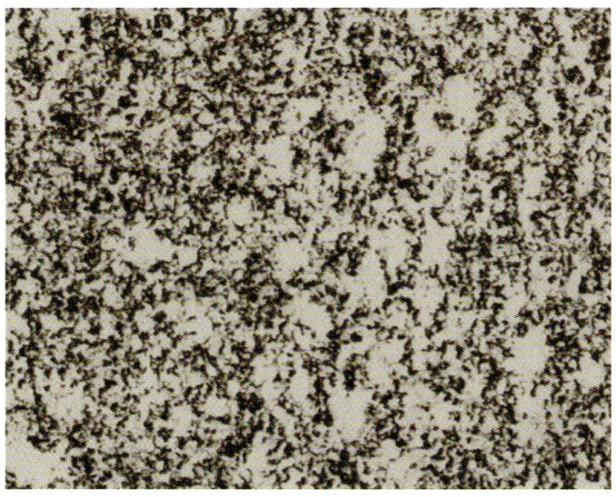

배접 탁본

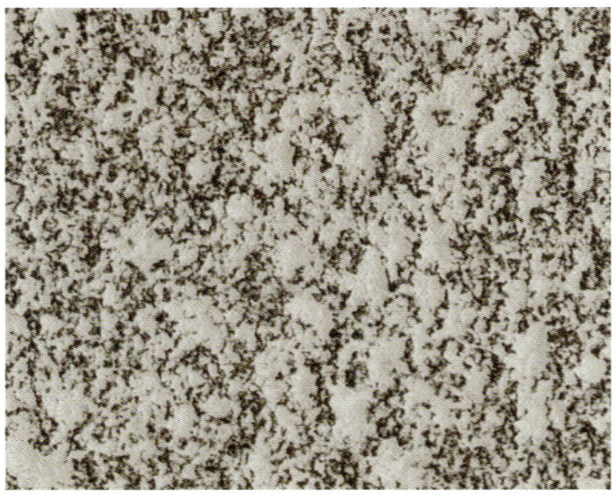

비배접 탁본

폴리곤메시

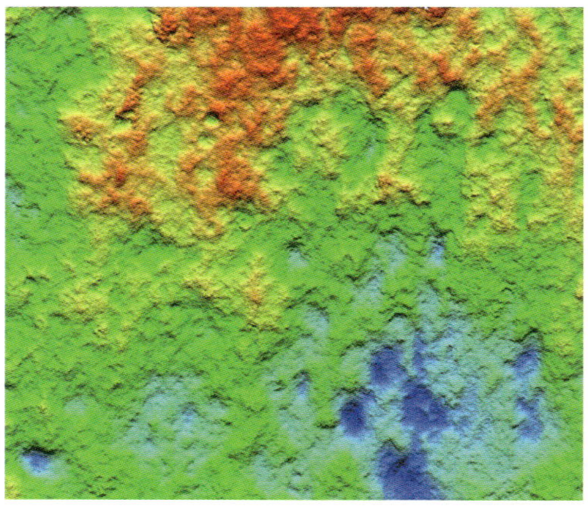

심도맵

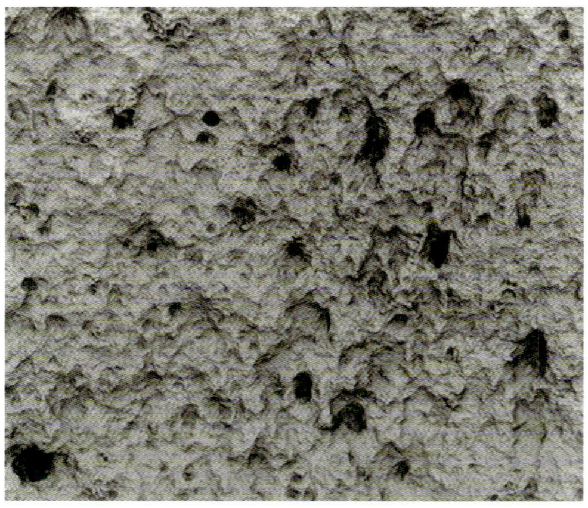

AO맵

좌측면 2행 7자

△

디지털 사진

RTI

부착 탁본

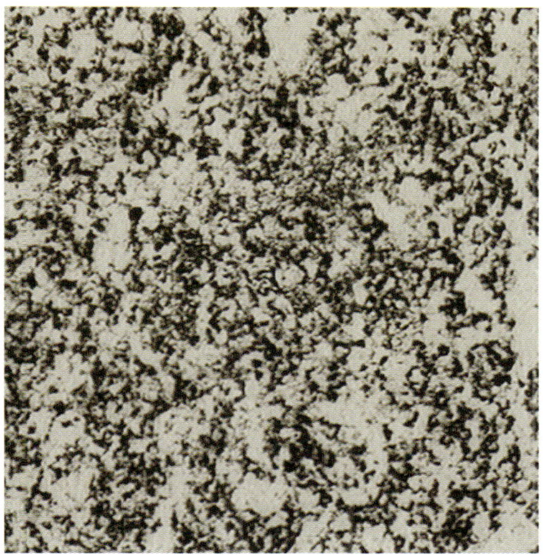

배접 탁본

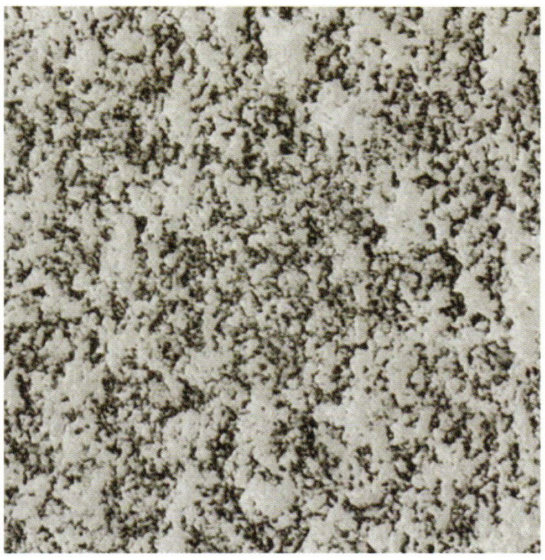

비배접 탁본

폴리곤메시

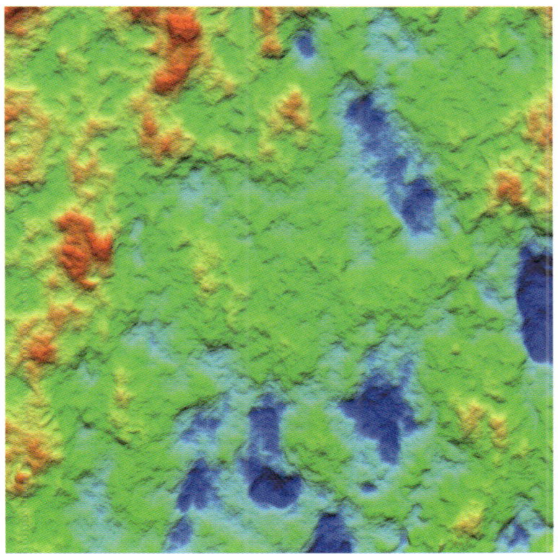

심도맵

AO맵

좌측면 2행 8자

정 : 從?
이 : △
임 : △
서 : △
고 : △
공 : △

디지털 사진

RTI

부착 탁본

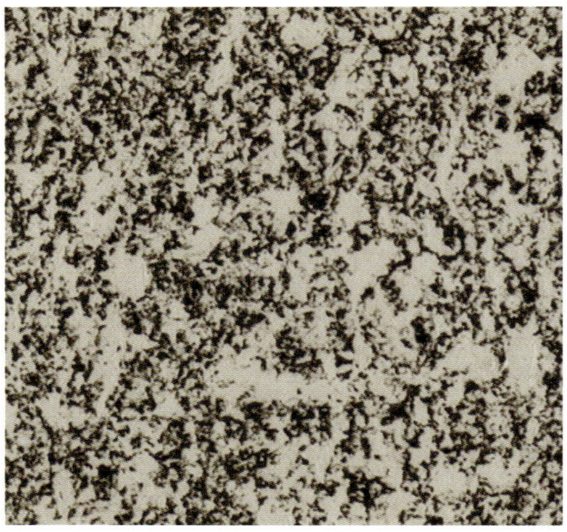

배접 탁본

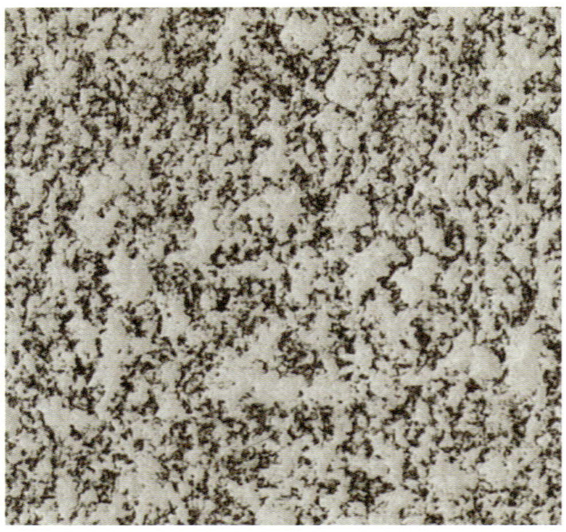

비배접 탁본

폴리곤메시

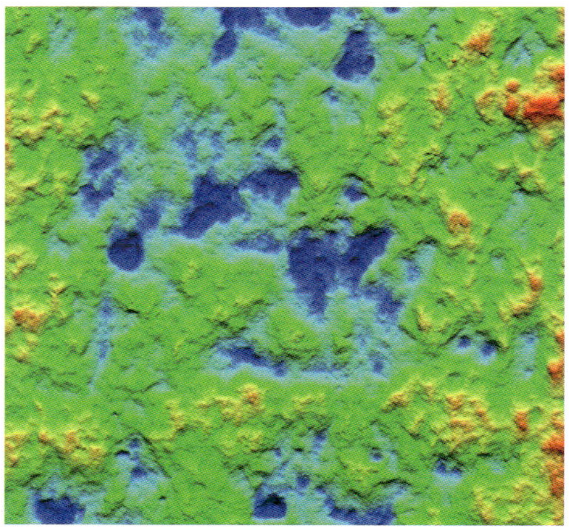

심도맵

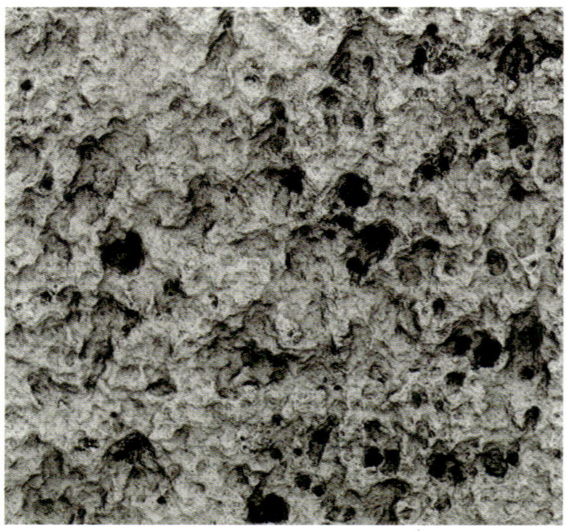

AO맵

좌측면 2행 9자

정 : 班
이 : 班
임 : △
서 : 班
고 : 剌
공 : 剌

디지털 사진

RTI

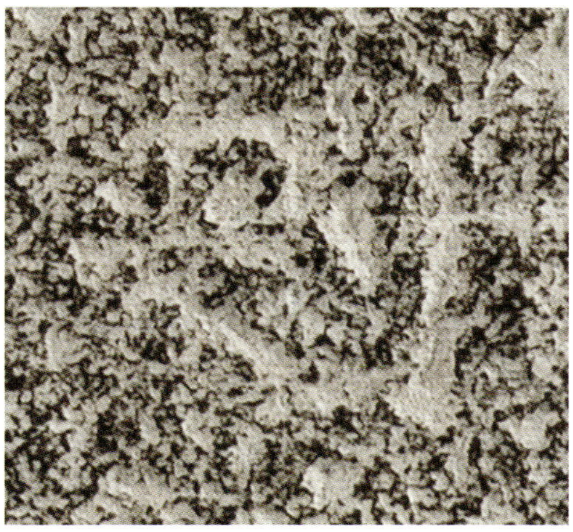

부착 탁본

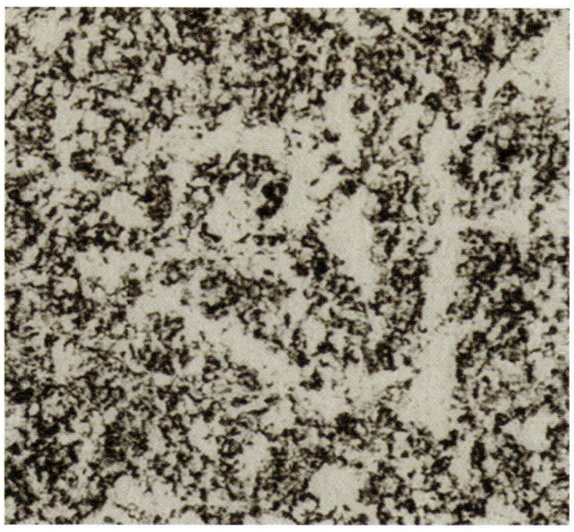

배접 탁본

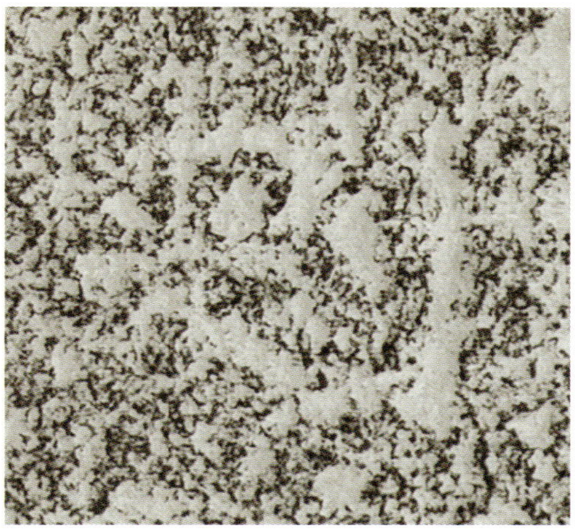

비배접 탁본

폴리곤메시

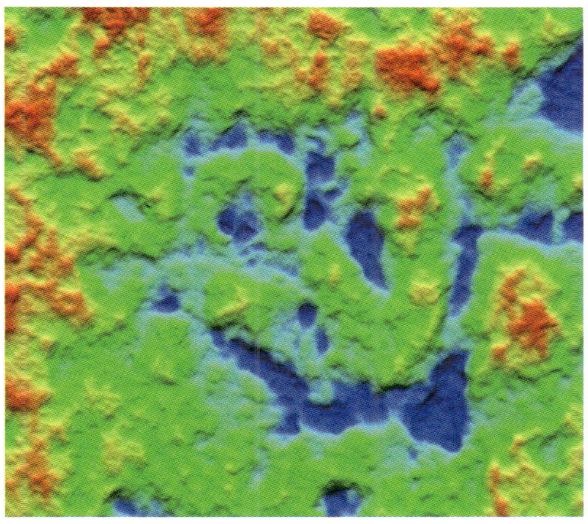

심도맵

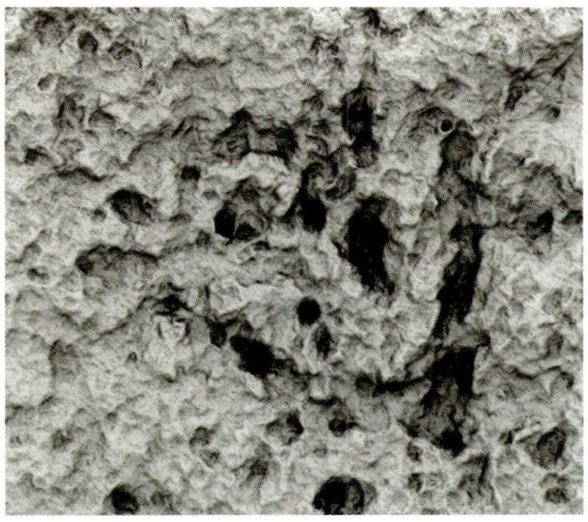

AO맵

좌측면 2행 10자

功

디지털 사진

RTI

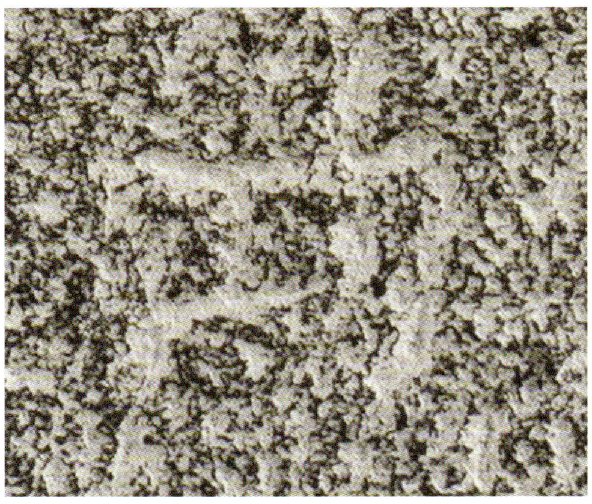

부착 탁본

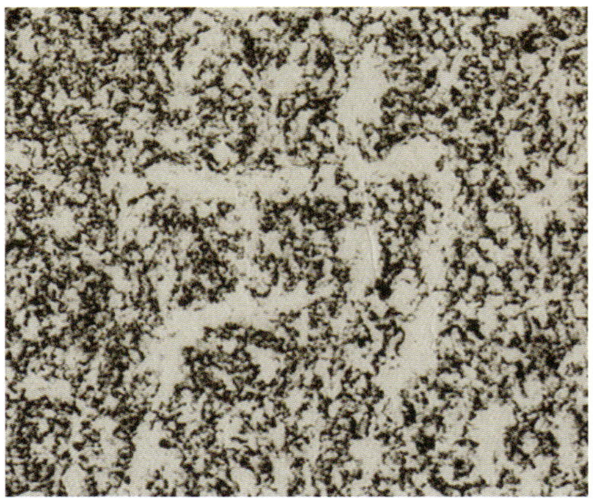

배접 탁본

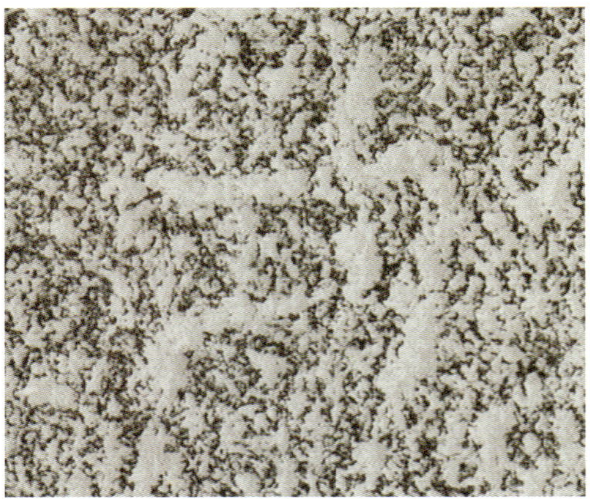

비배접 탁본

폴리곤메시

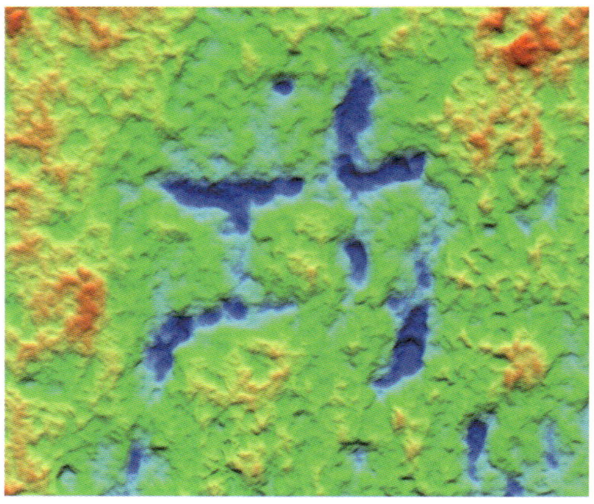

심도맵

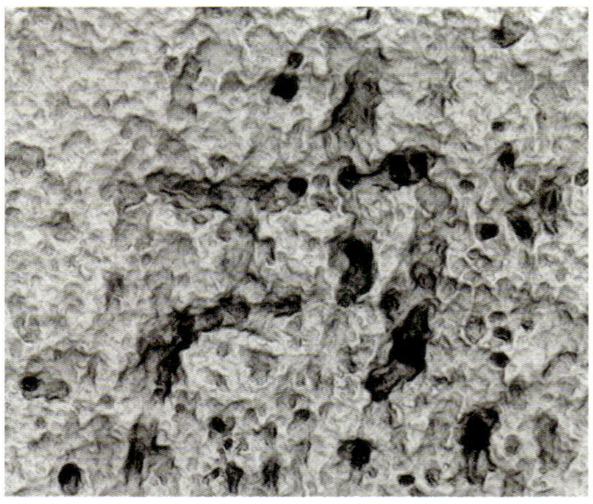

AO맵

좌측면 2행 11자

정 : △
이 : 恩?
임 : △
서 : △
고 : △
공 : △

디지털 사진

RTI

부착 탁본

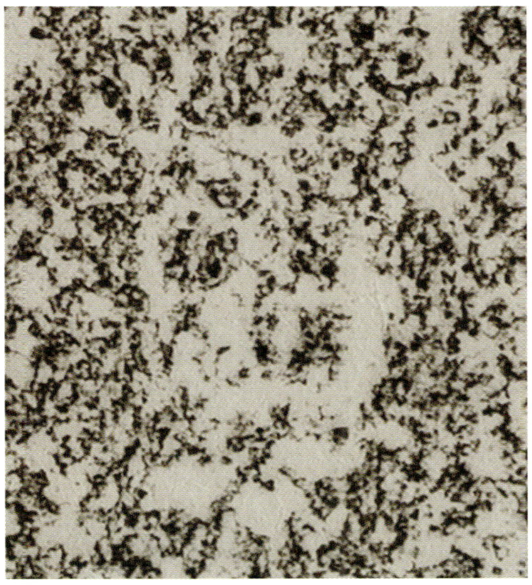

배접 탁본

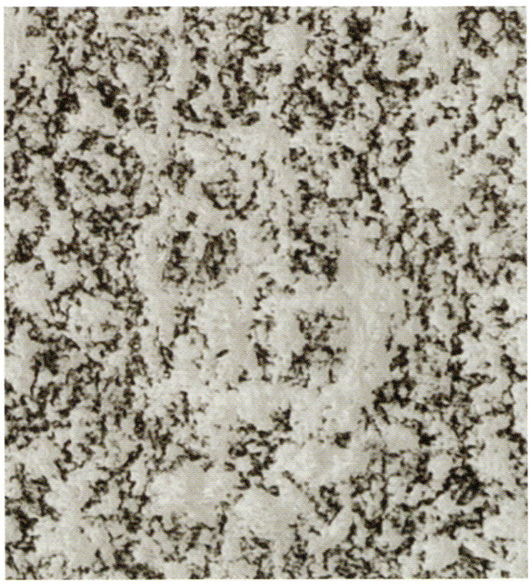

비배접 탁본

폴리곤메시

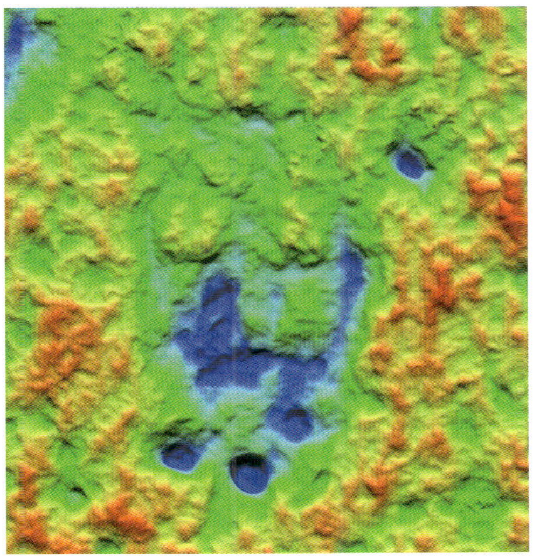

심도맵

AO맵

좌측면 2행 12자

△

디지털 사진

RTI

부착 탁본

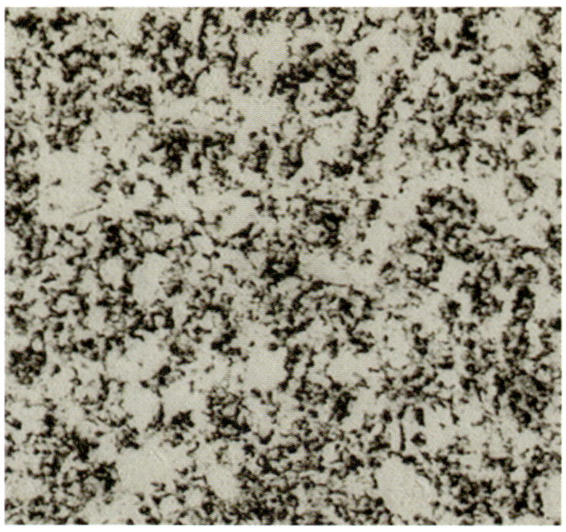

배접 탁본

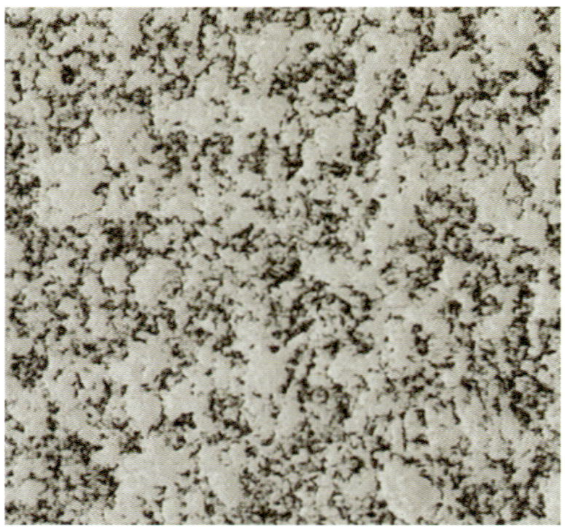

비배접 탁본

폴리곤메시

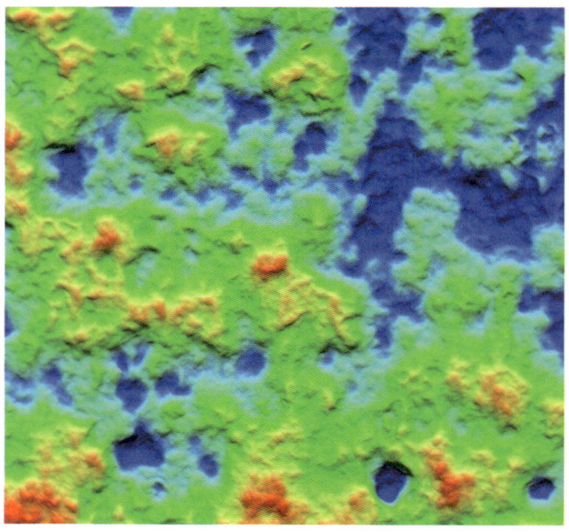

심도맵

AO맵

좌측면 2행 13자

정 : △
이 : △
임 : △
서 : △
고 : 射
공 : 射

디지털 사진

RTI

부착 탁본

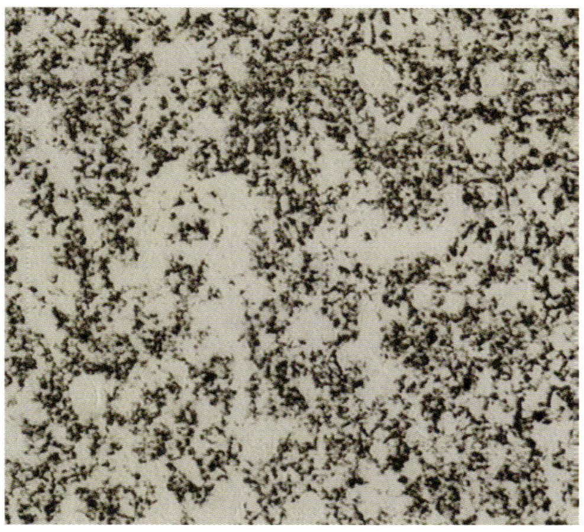

배접 탁본

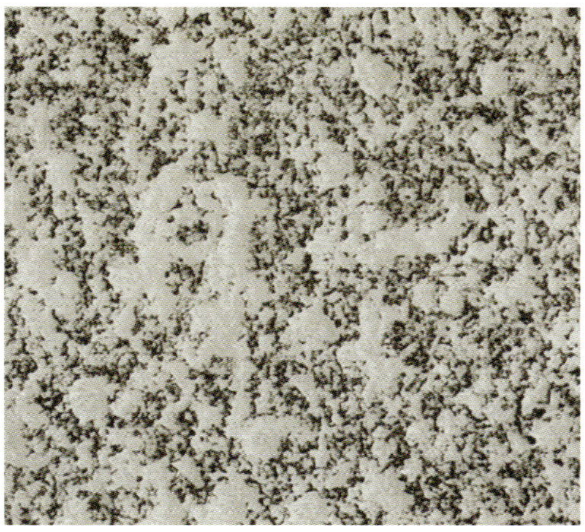

비배접 탁본

폴리곤메시

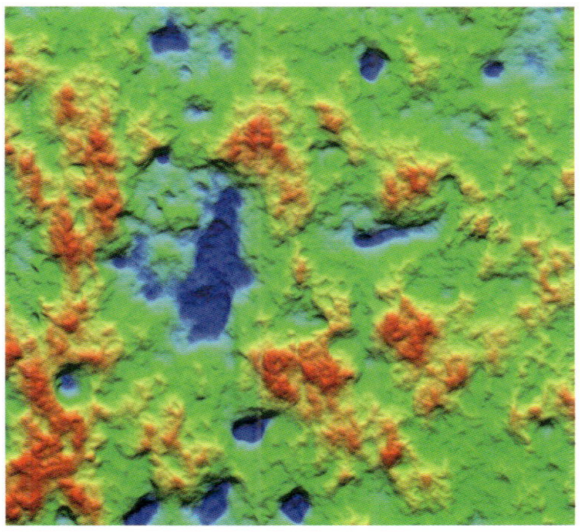

심도맵

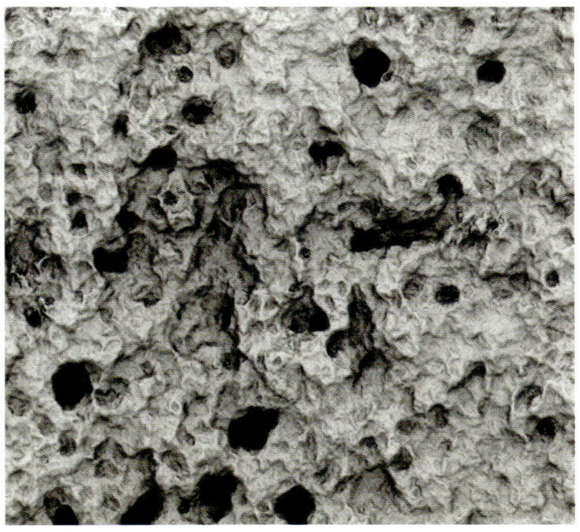

AO맵

좌측면 2행 14자

△

디지털 사진

RTI

부착 탁본

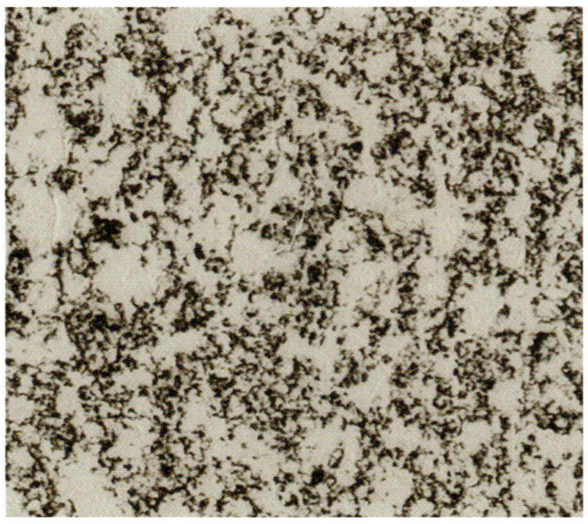

배접 탁본

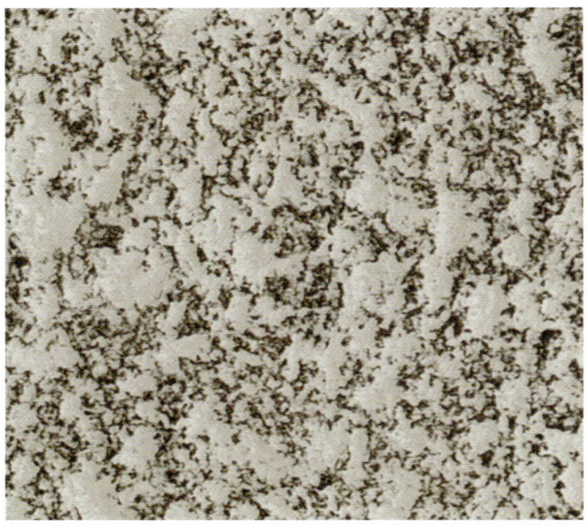

비배접 탁본

폴리곤메시

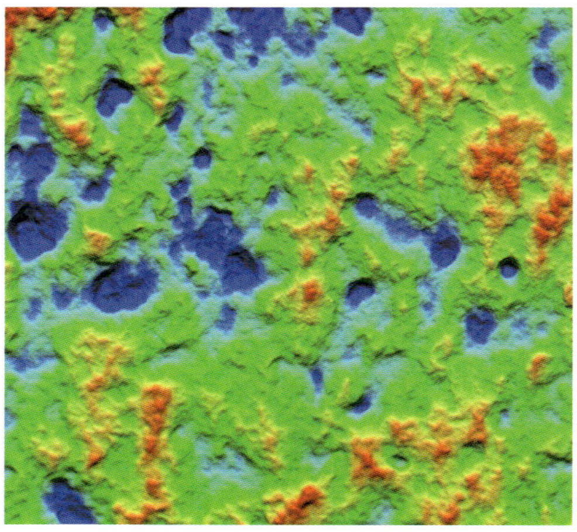

심도맵

AO맵

좌측면 2행 15자

△

디지털 사진

RTI

부착 탁본

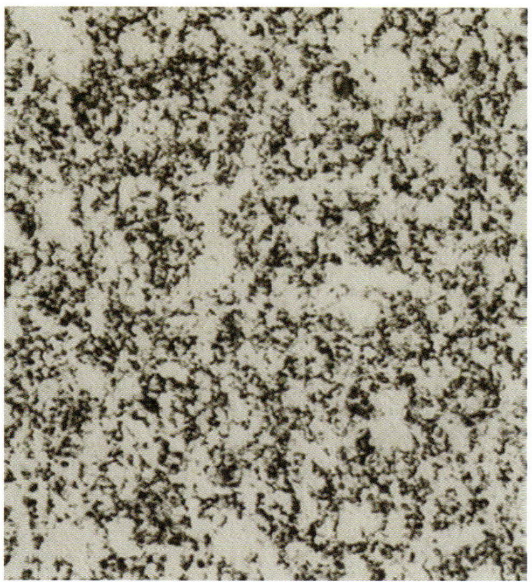

배접 탁본

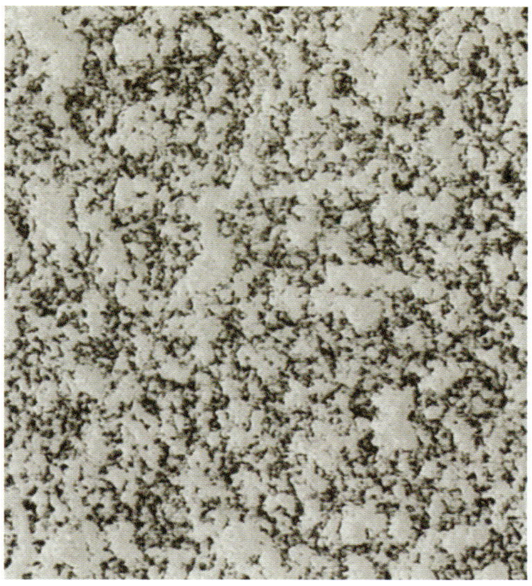

비배접 탁본

폴리곤메시

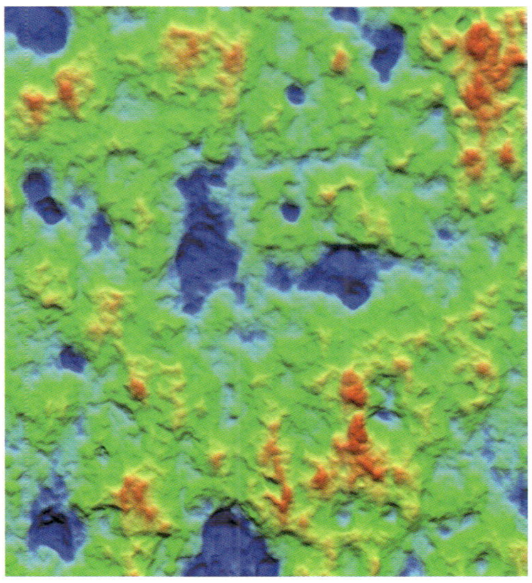

심도맵

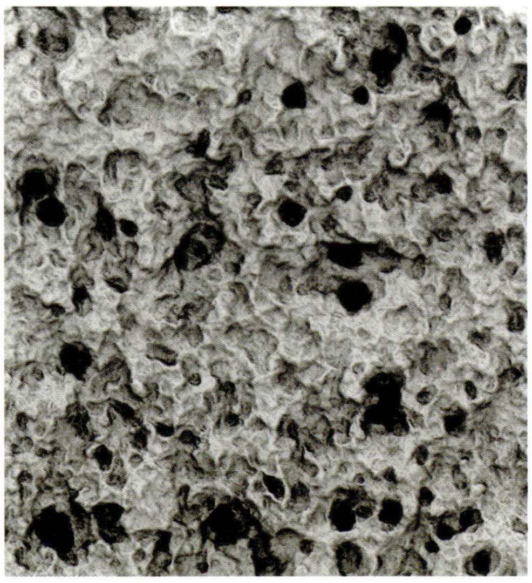

AO맵

좌측면 2행 16자

△

디지털 사진

RTI

부착 탁본

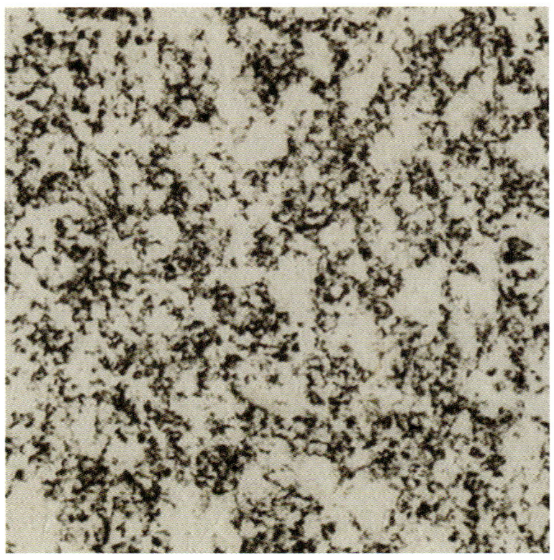

배접 탁본

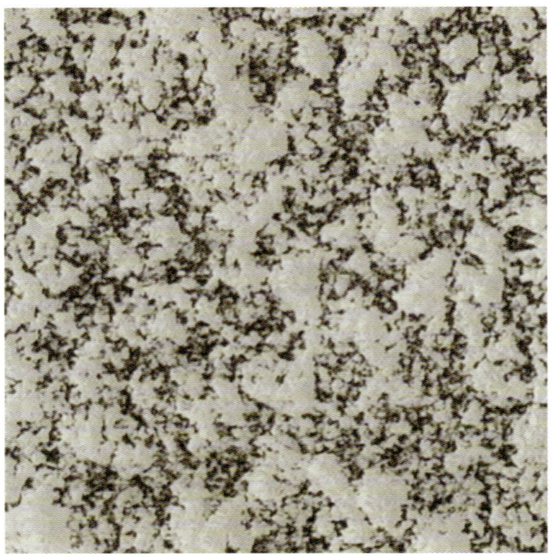

비배접 탁본

폴리곤메시

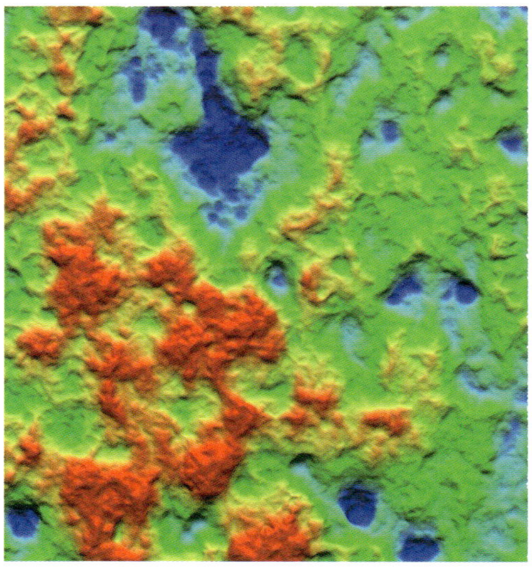

심도맵

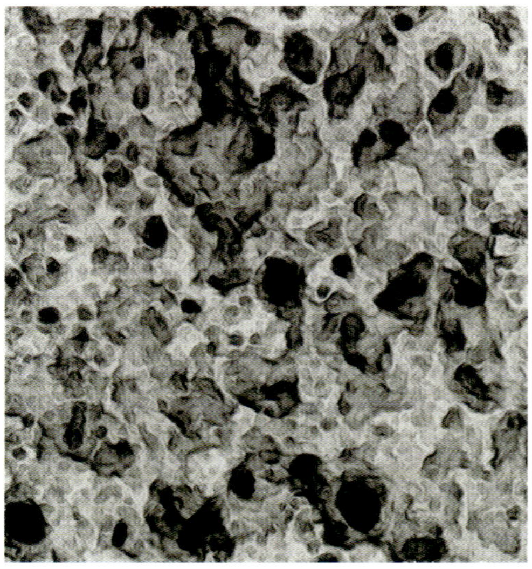

AO맵

좌측면 2행 17자

△

디지털 사진

RTI

부착 탁본

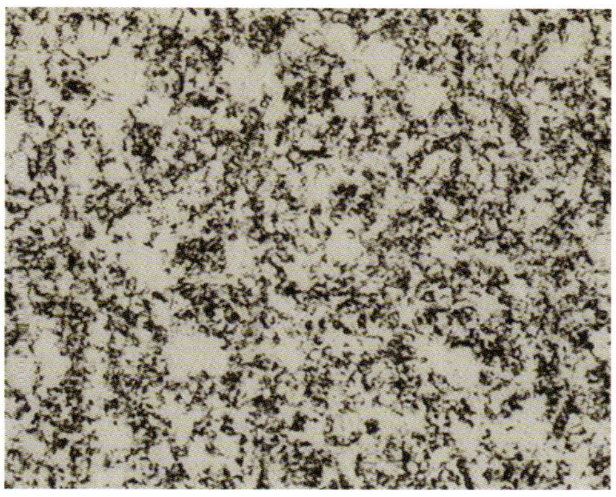

배접 탁본

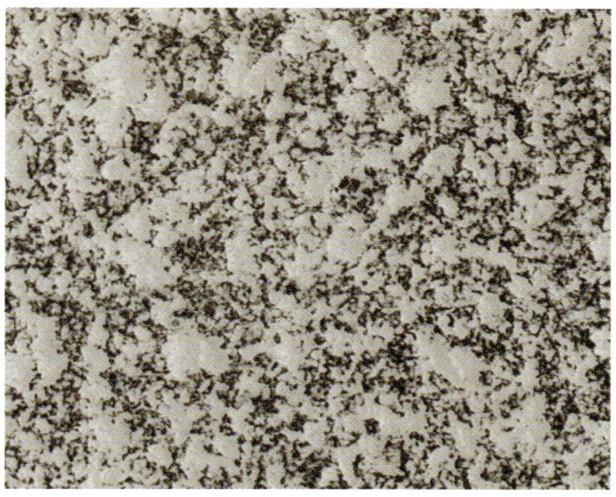

비배접 탁본

폴리곤메시

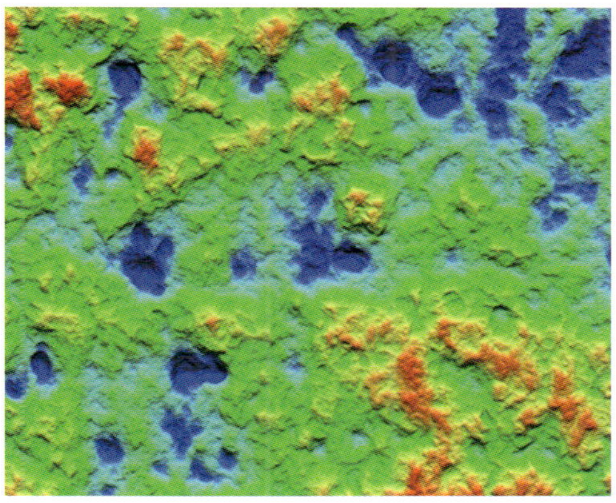

심도맵

AO맵

좌측면 2행 18자

△

디지털 사진

RTI

부착 탁본

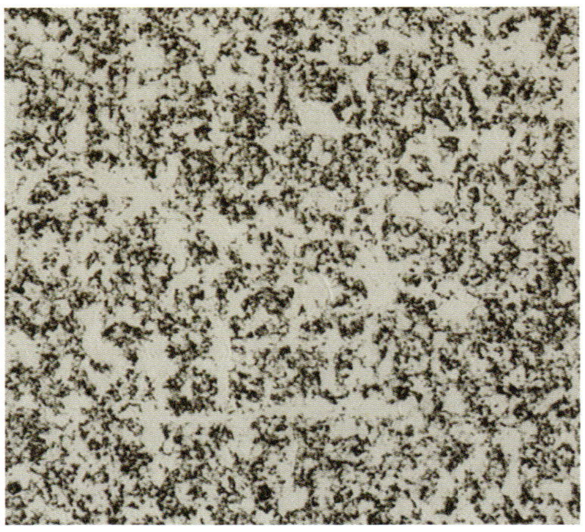

배접 탁본

비배접 탁본

폴리곤메시

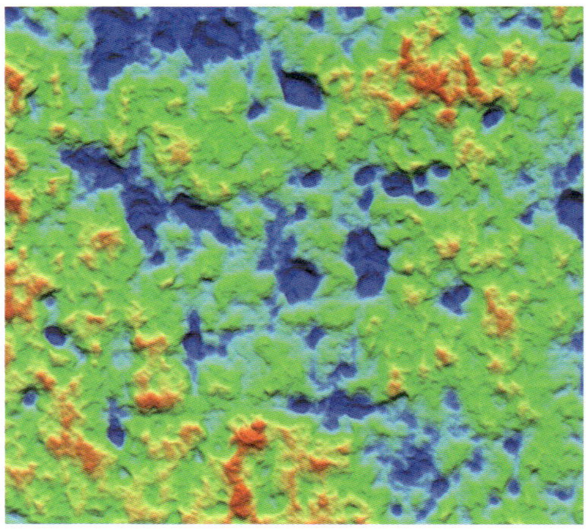

심도맵

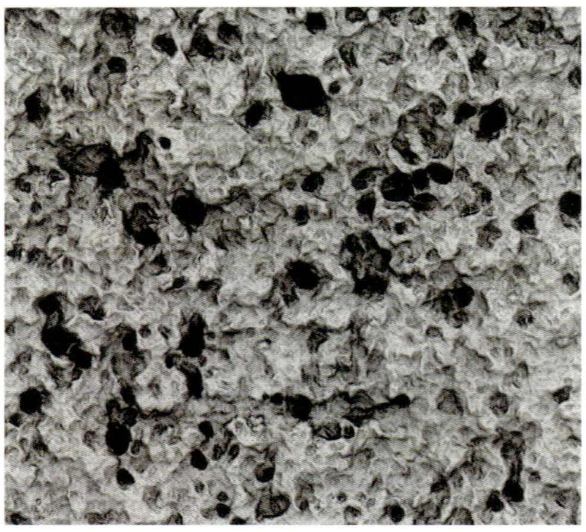

AO맵

좌측면 2행 19자

節

디지털 사진

RTI

부착 탁본

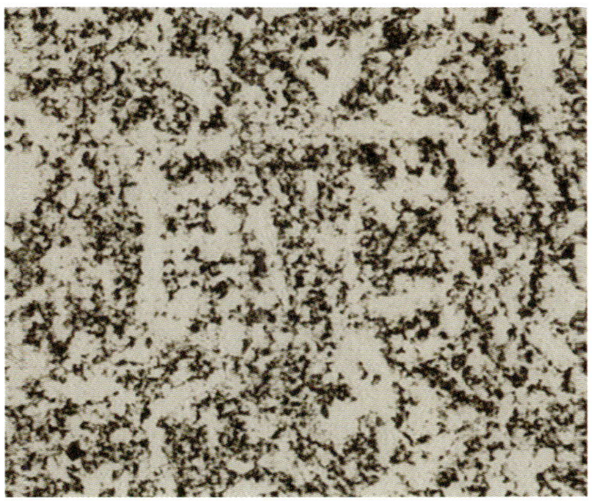

배접 탁본

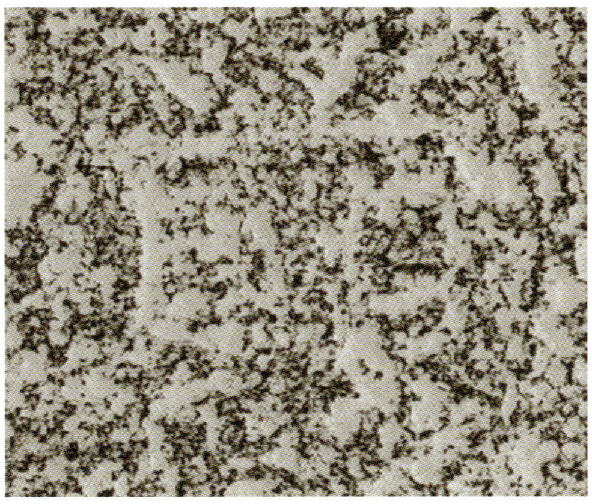

비배접 탁본

폴리곤메시

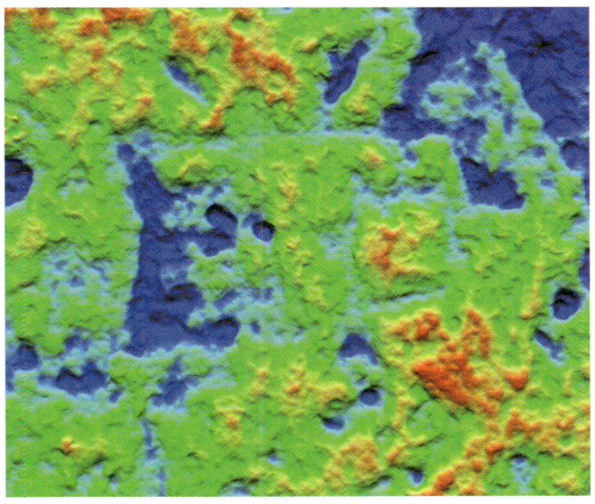

심도맵

AO맵

좌측면 2행 20자

人

디지털 사진

RTI

부착 탁본

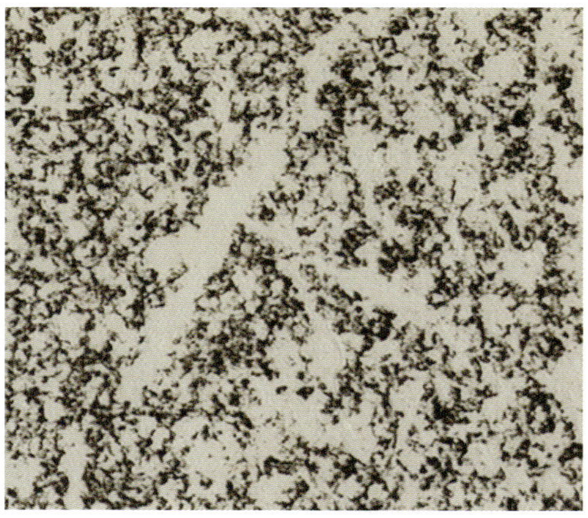

배접 탁본

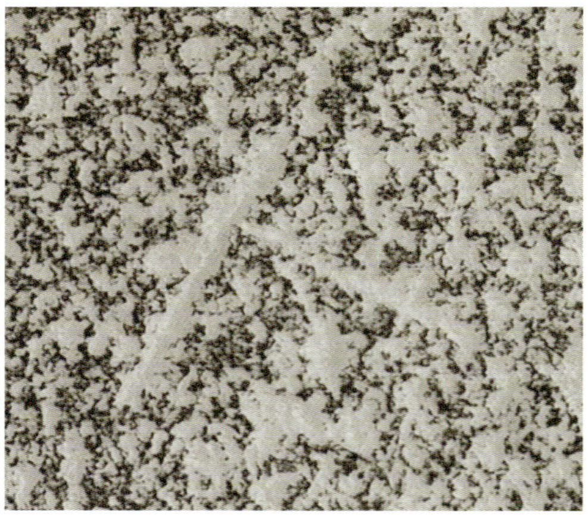

비배접 탁본

폴리곤메시

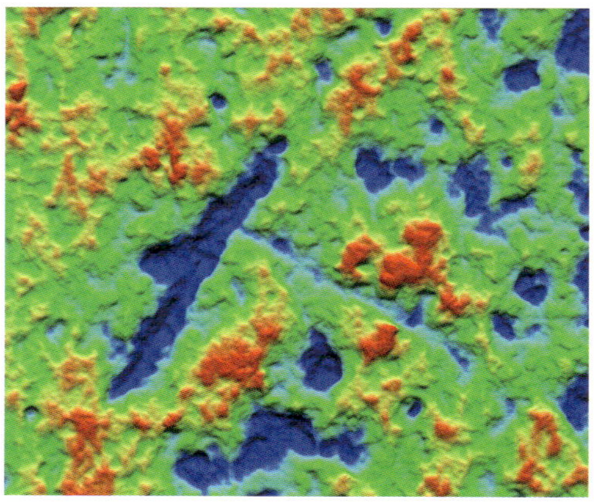

심도맵

AO맵

좌측면 2행 21자

정 : △
이 : △
임 : △
서 : △
고 : 剌
공 : 剌

디지털 사진

RTI

부착 탁본

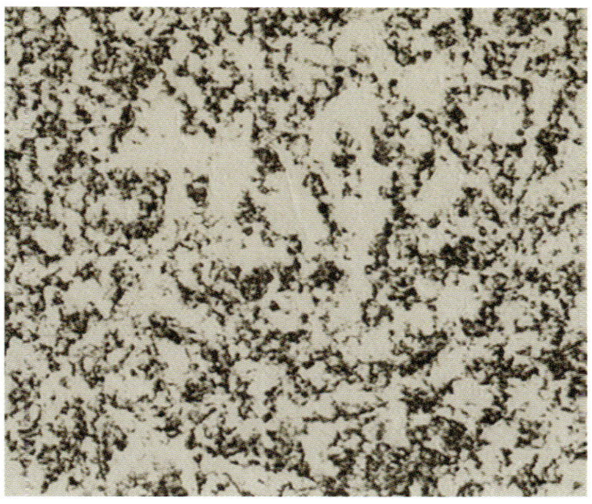

배접 탁본

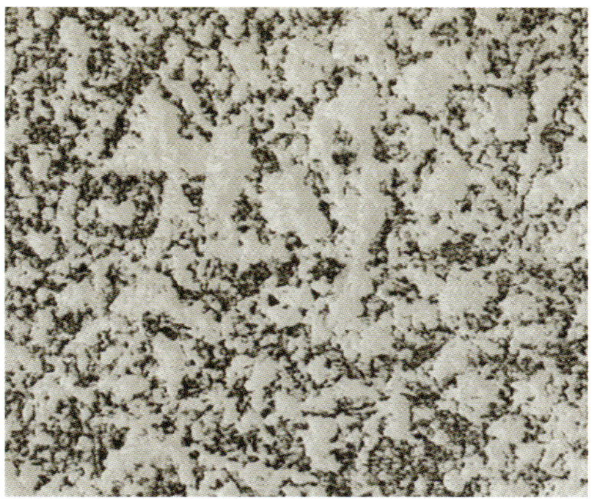

비배접 탁본

폴리곤메시

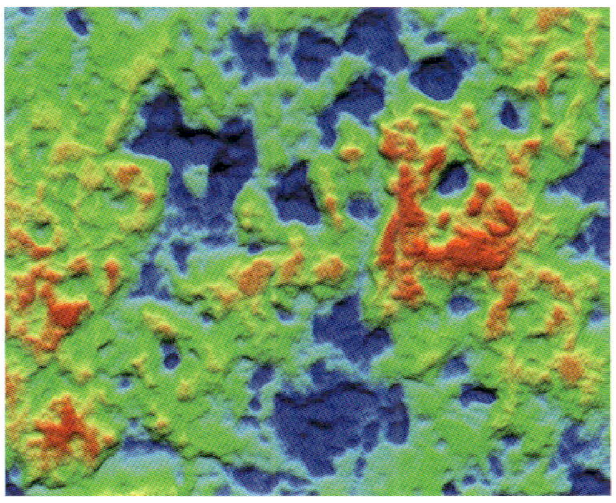

심도맵

AO맵

좌측면 2행 22자

△(하부 깨짐)

디지털 사진

RTI

부착 탁본

배접 탁본

비배접 탁본

폴리곤메시

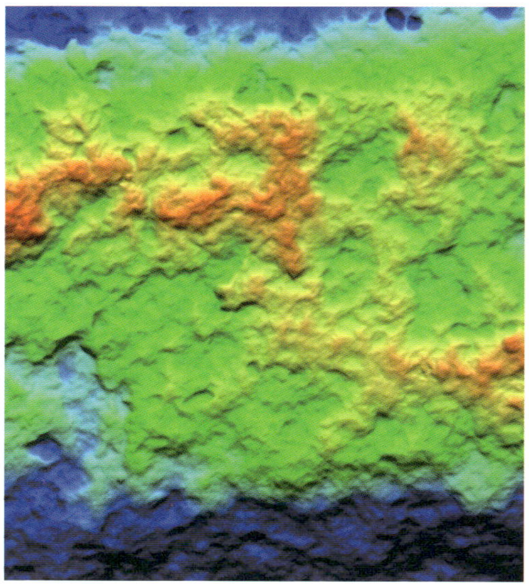

심도맵

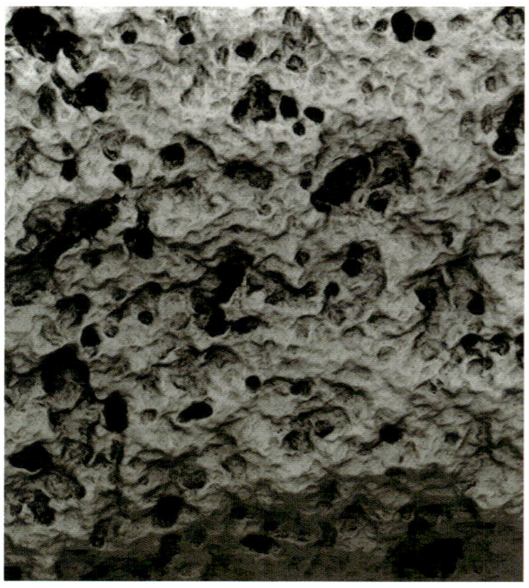

AO맵

좌측면 3행 1자

△

디지털 사진

RTI

부착 탁본

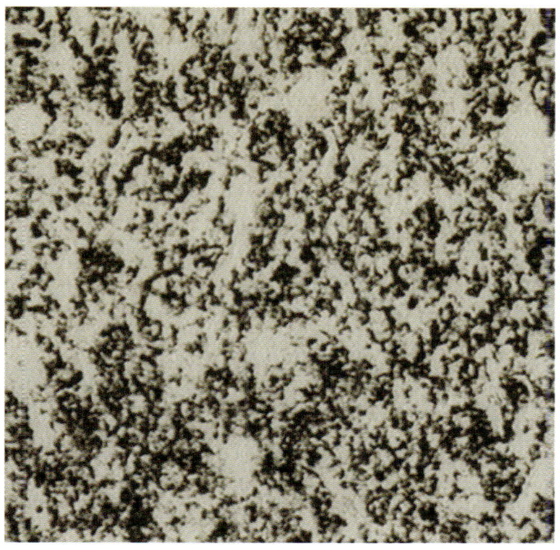

배접 탁본

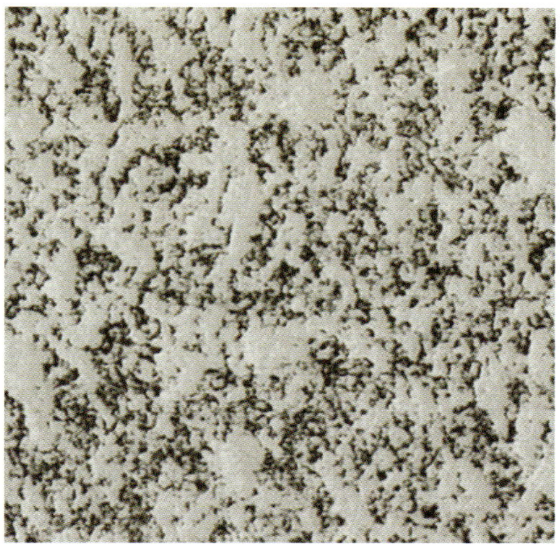

비배접 탁본

폴리곤메시

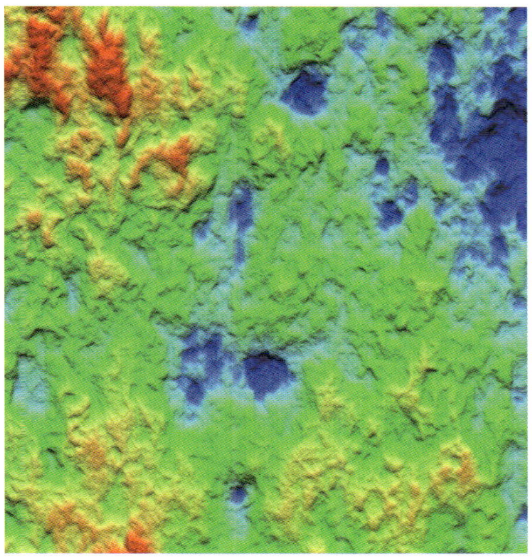

심도맵

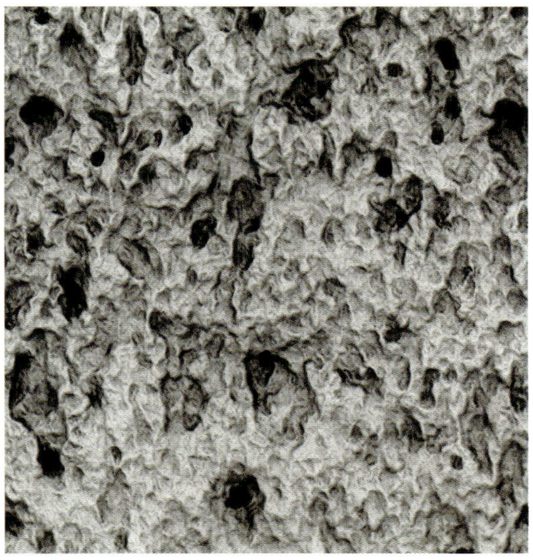

AO맵

좌측면 3행 2자

△

디지털 사진

RTI

부착 탁본

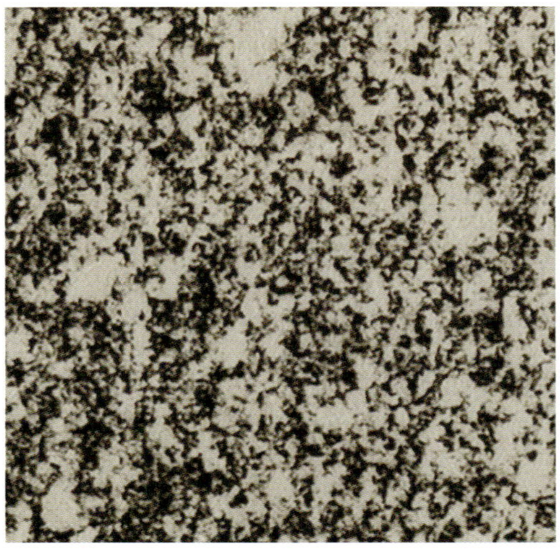

배접 탁본

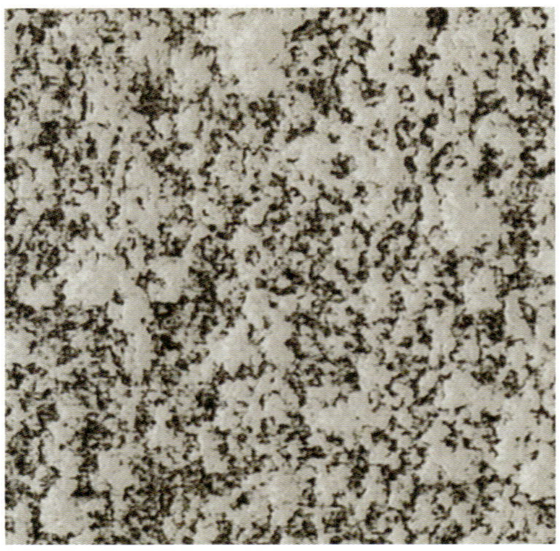

비배접 탁본

폴리곤메시

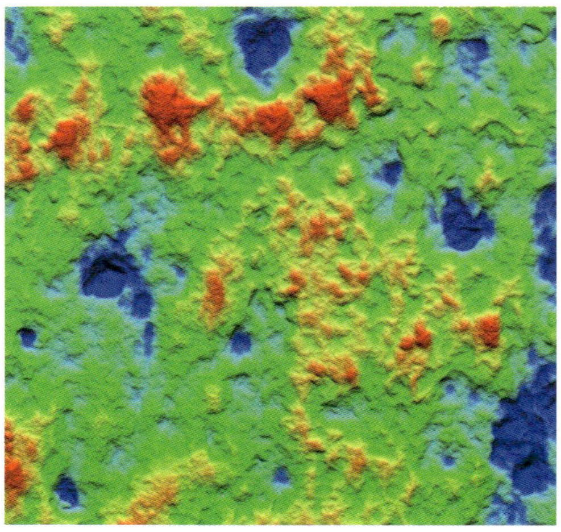

심도맵

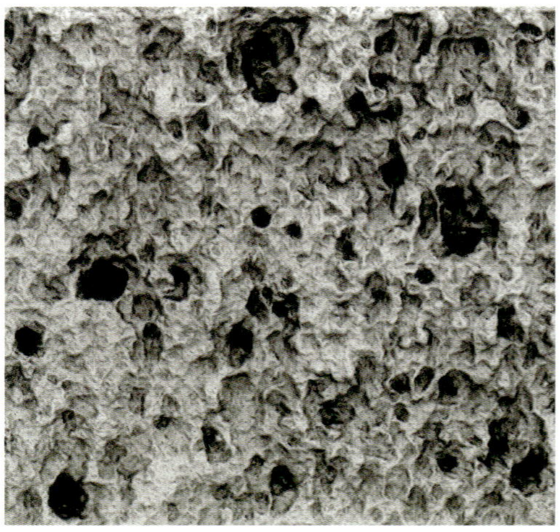

AO맵

좌측면 3행 3자

△

디지털 사진

RTI

부착 탁본

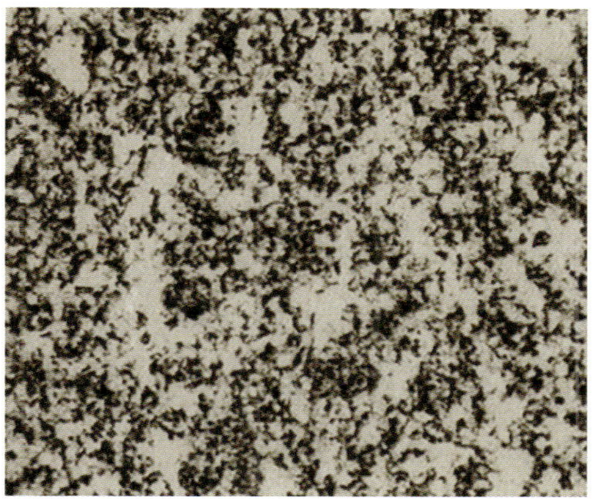

배접 탁본

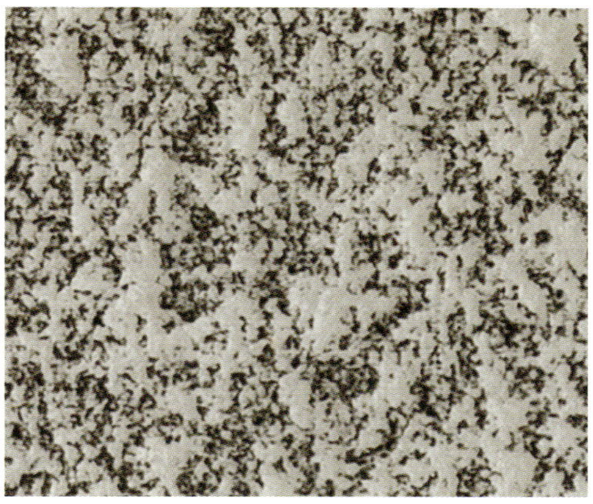

비배접 탁본

폴리곤메시

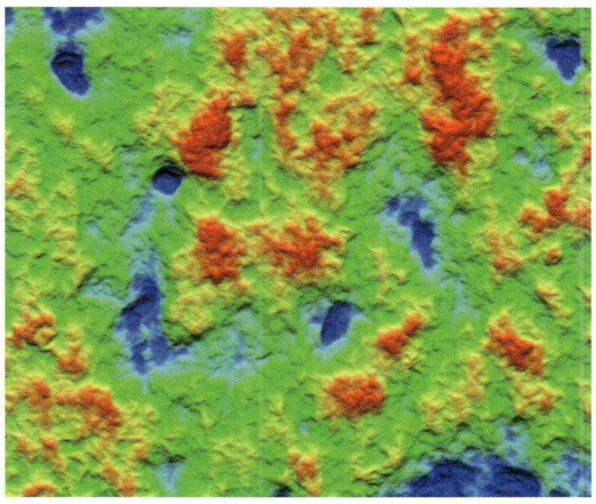

심도맵

AO맵

좌측면 3행 4자

△

디지털 사진

RTI

부착 탁본

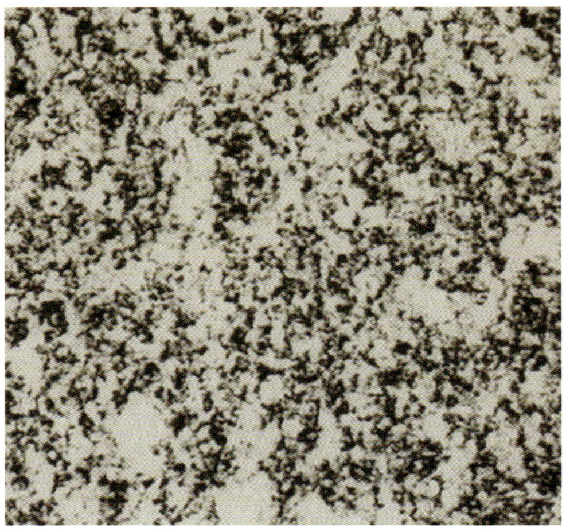

배접 탁본

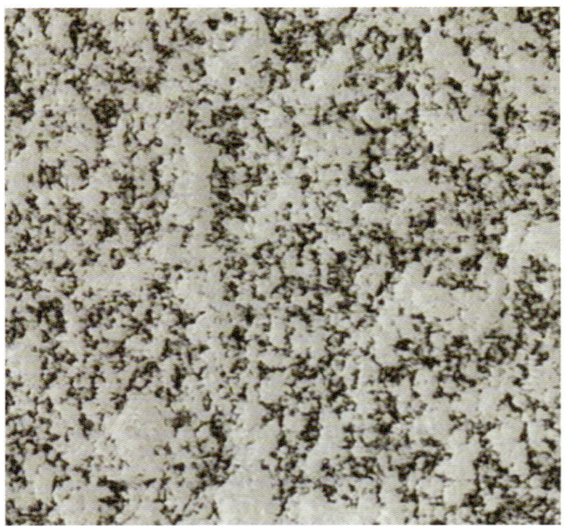

비배접 탁본

폴리곤메시

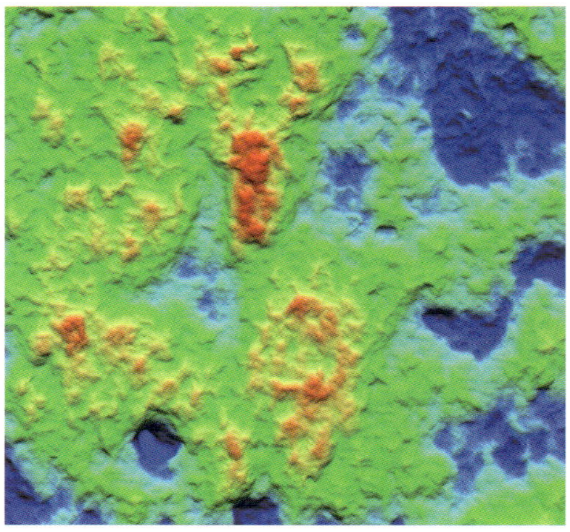

심도맵

AO맵

좌측면 3행 5자

정 : △
이 : 貝+?
임 : △
서 : △
고 : △
공 : △

디지털 사진

RTI

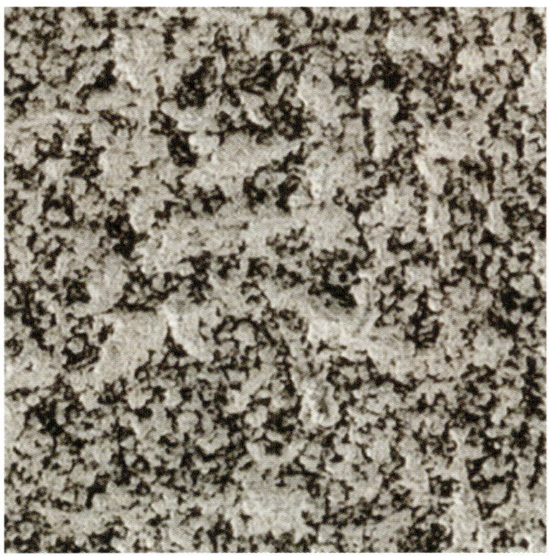

부착 탁본

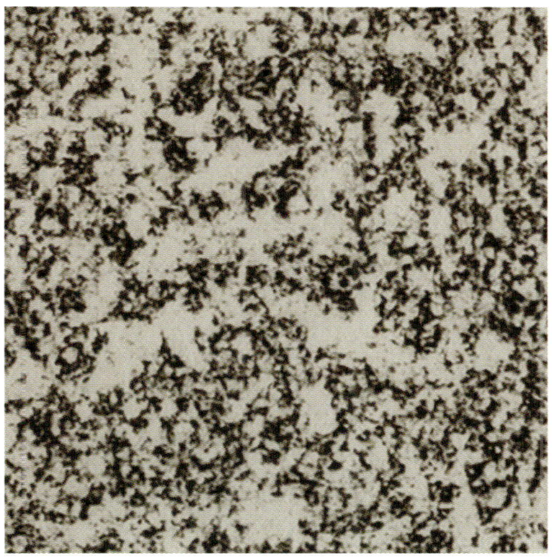

배접 탁본

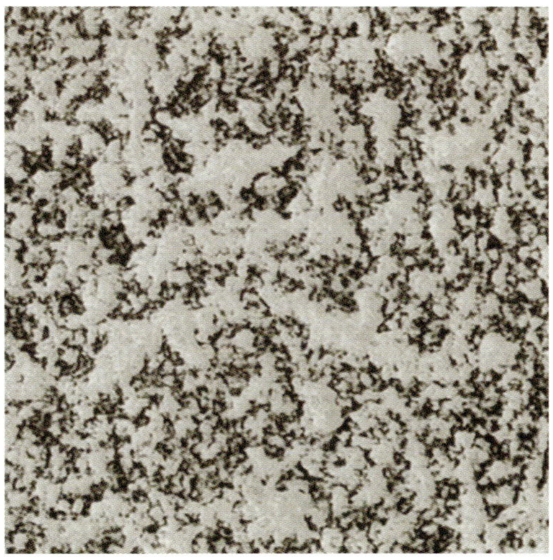

비배접 탁본

폴리곤메시

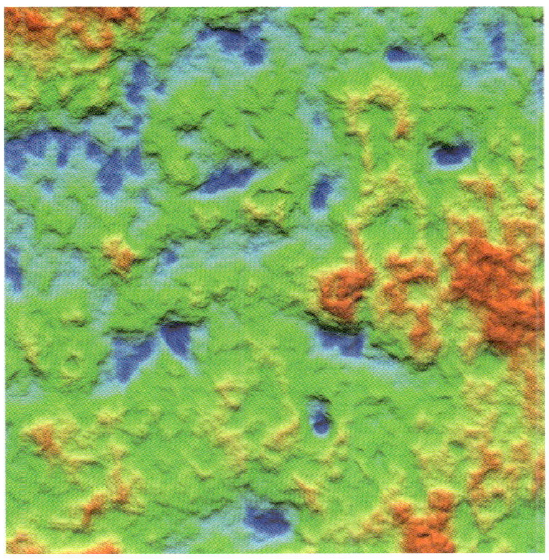

심도맵

AO맵

좌측면 3행 6자

디지털 사진

RTI

부착 탁본

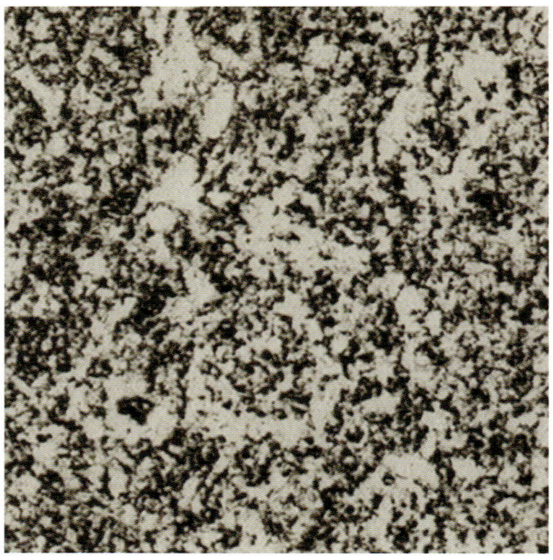

배접 탁본

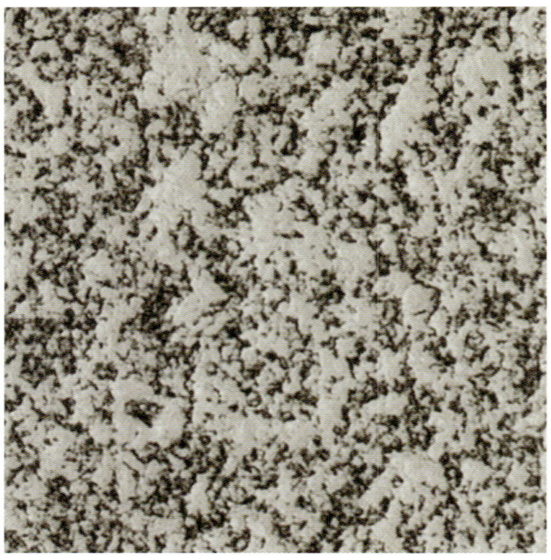

비배접 탁본

폴리곤메시

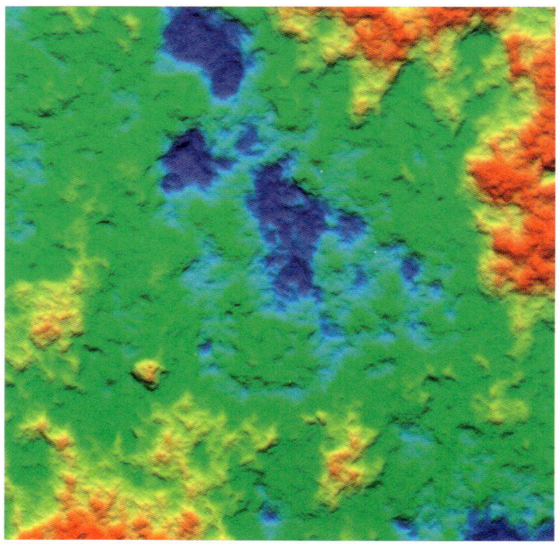

심도맵

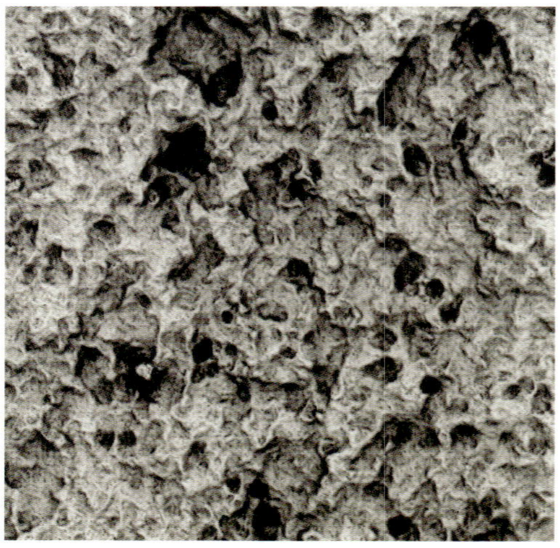

AO맵

좌측면 3행 7(1)자

정 : 辛
이 : 辛
임 : △
서 : 辛
고 : 辛?
공 : 工+△?/△

디지털 사진

RTI

부착 탁본

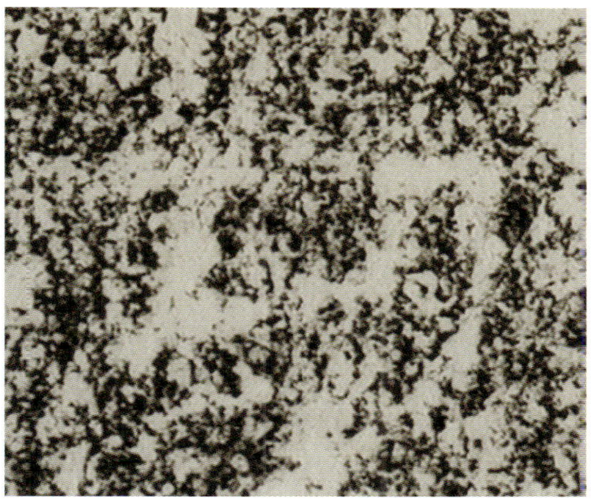

배접 탁본

비배접 탁본

폴리곤메시

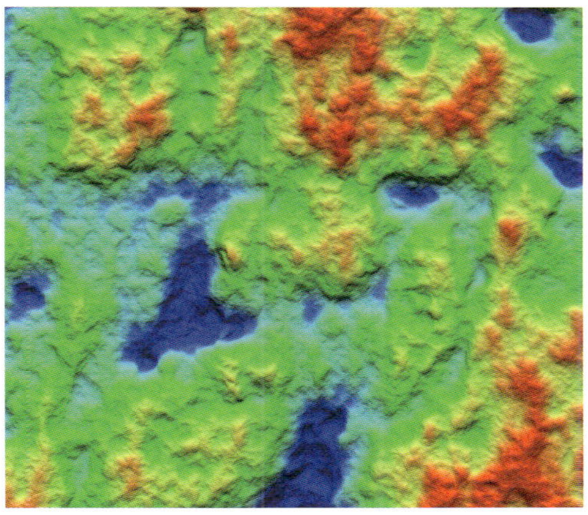

심도맵

AO맵

좌측면 3행 7(2)자

정 : 辛
이 : 辛
임 : △
서 : 辛
고 : 辛?
공 : 二?/△

디지털 사진

RTI

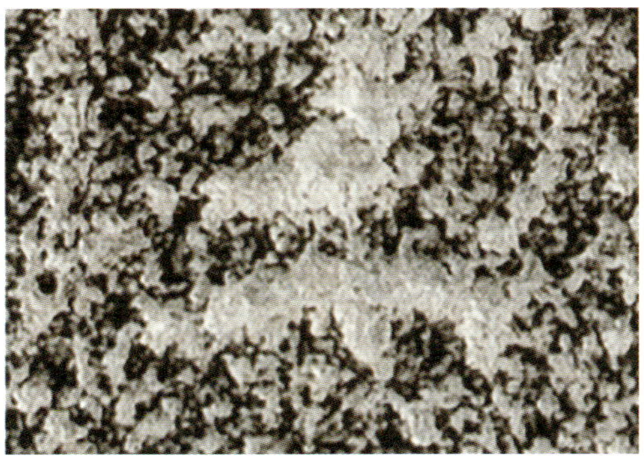

부착 탁본

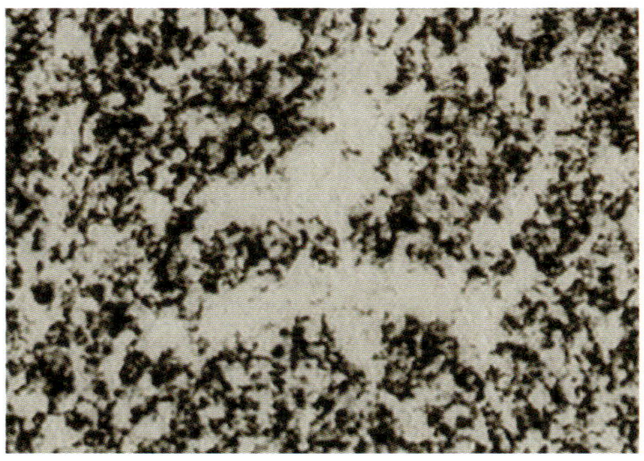

배접 탁본

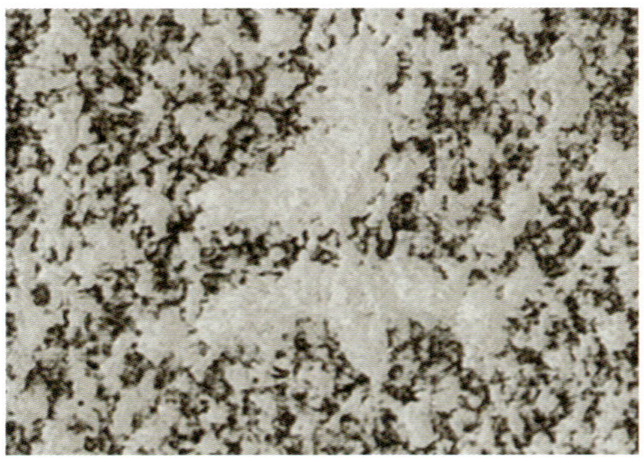

비배접 탁본

폴리곤메시

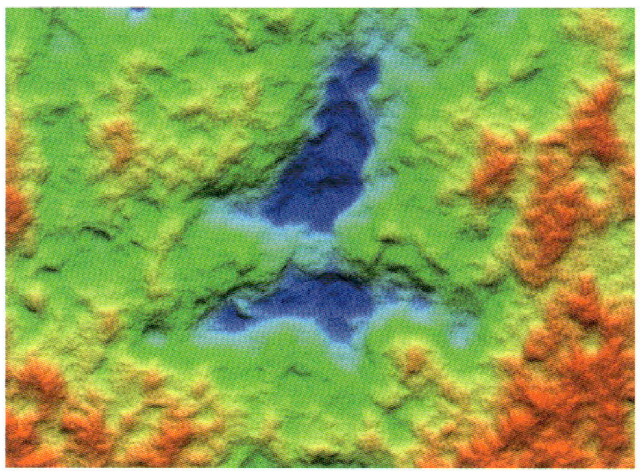

심도맵

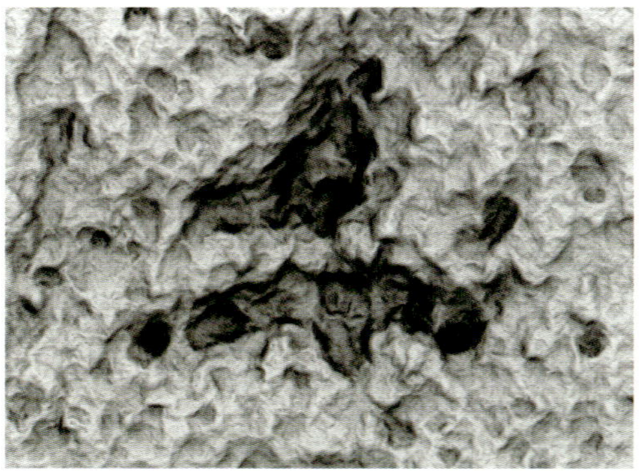

AO맵

좌측면 3행 8자

정 : 酉
이 : 酉
임 : △
서 : 酉
고 : 酉?
공 : 〈百〉

디지털 사진

RTI

부착 탁본

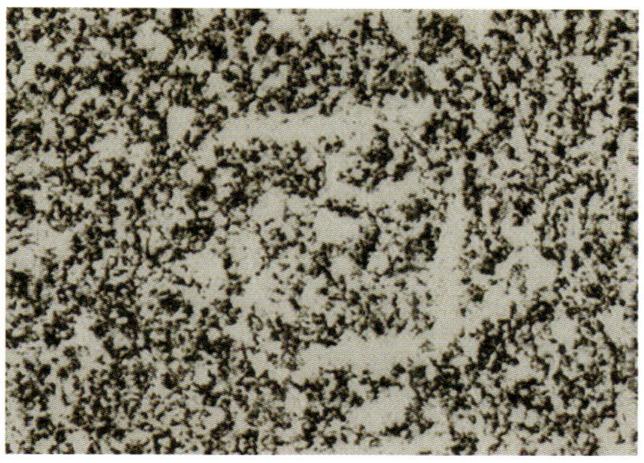

배접 탁본

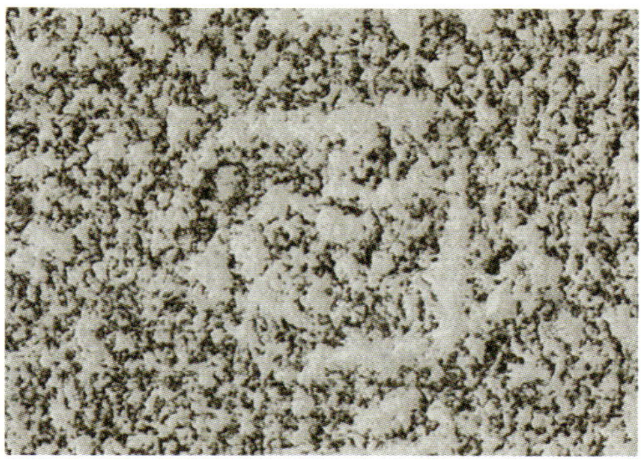

비배접 탁본

폴리곤메시

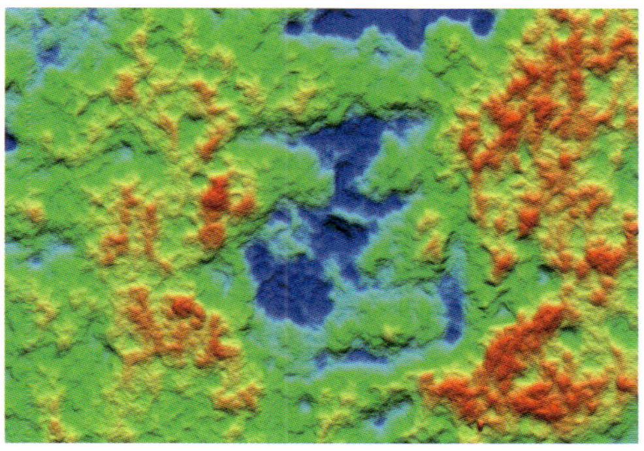

심도맵

AO맵

좌측면 3행 9(1)자

정 : 年
이 : 年
임 : △
서 : 年
고 : △
공 : 〈六〉

디지털 사진

RTI

부착 탁본

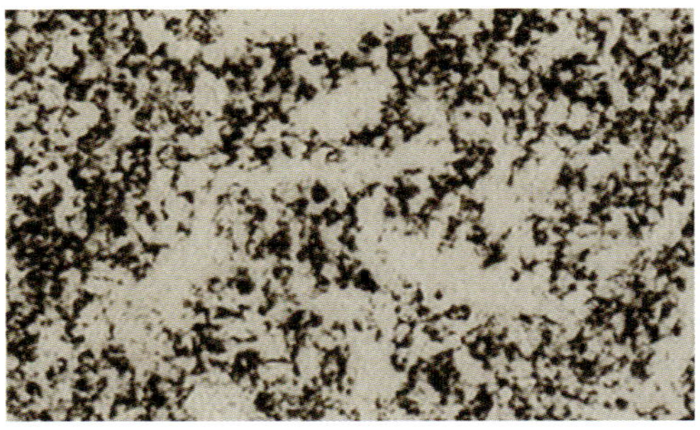

배접 탁본

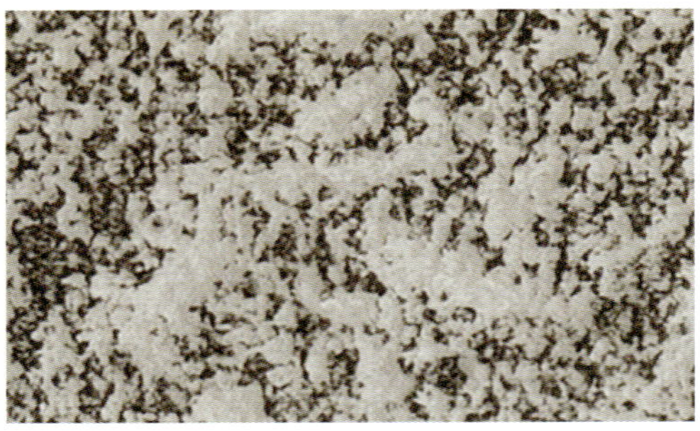

비배접 탁본

폴리곤메시

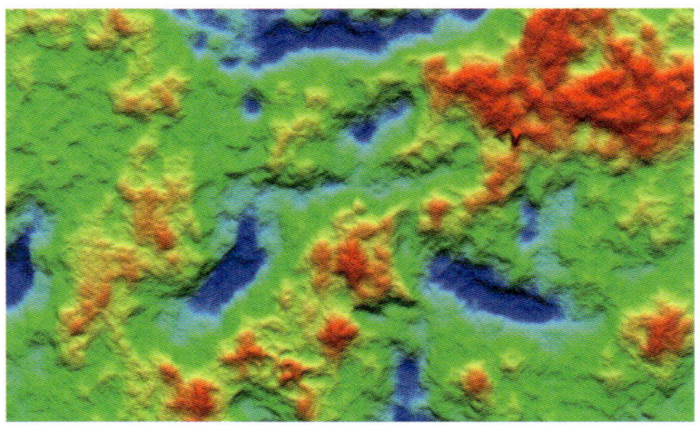

심도맵

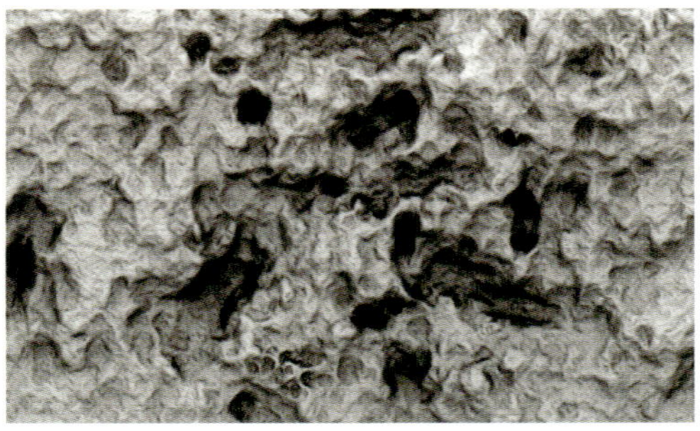

AO맵

좌측면 3행 9(2)자

정 : 年
이 : 年
임 : △
서 : 年
고 : △
공 : 〈十〉

디지털 사진

RTI

부착 탁본

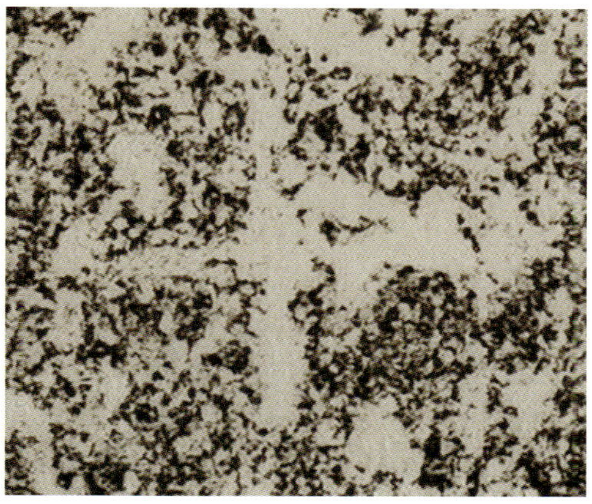

배접 탁본

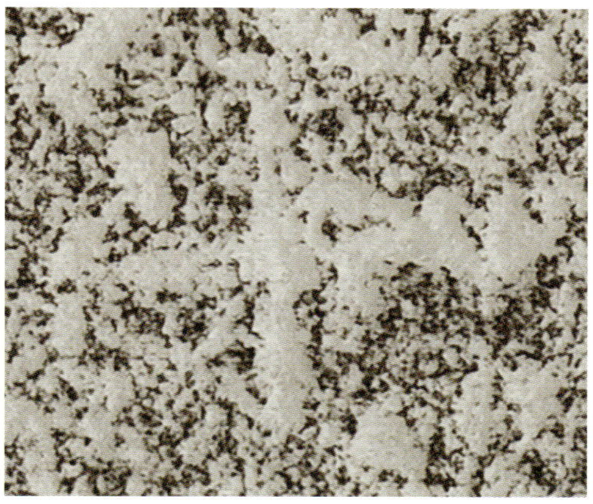

비배접 탁본

폴리곤메시

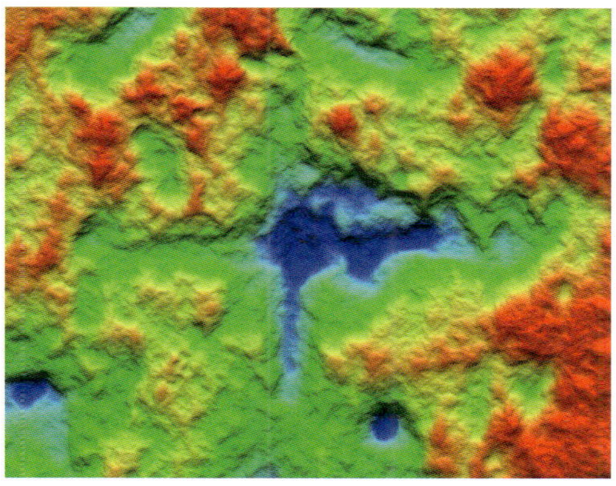

심도맵

AO맵

좌측면 3행 10자

△

디지털 사진

RTI

부착 탁본

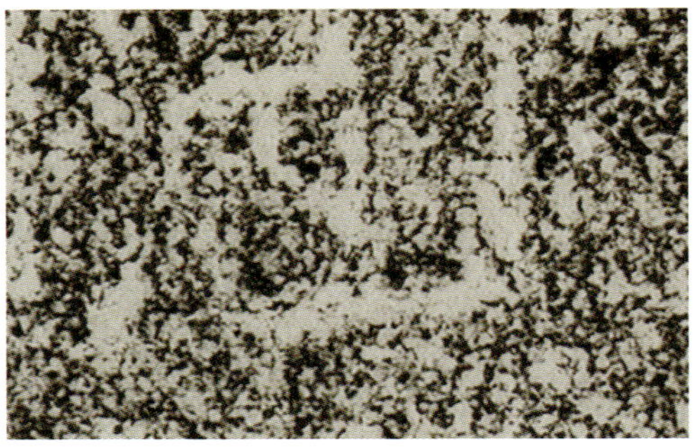

배접 탁본

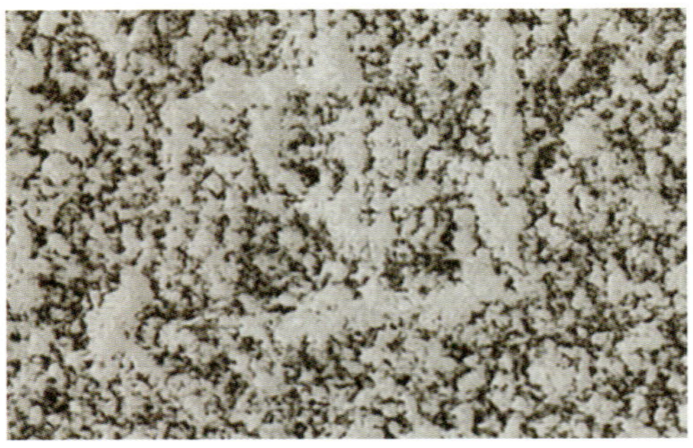

비배접 탁본

폴리곤메시

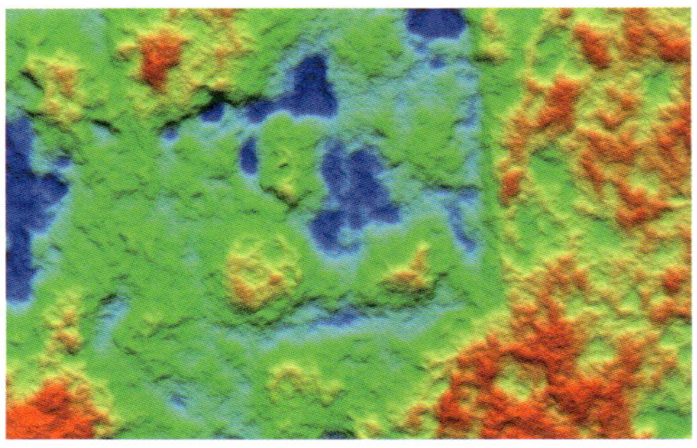

심도맵

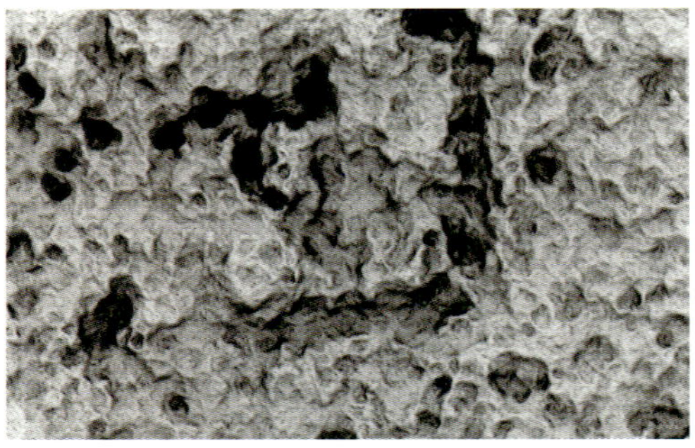

AO맵

좌측면 3행 11자

정 : △
이 : △
임 : △
서 : △
고 : △
공 : 亻+△

디지털 사진

RTI

부착 탁본

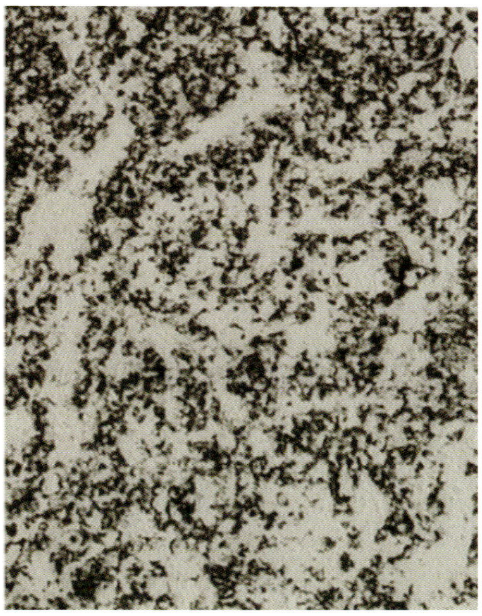

배접 탁본

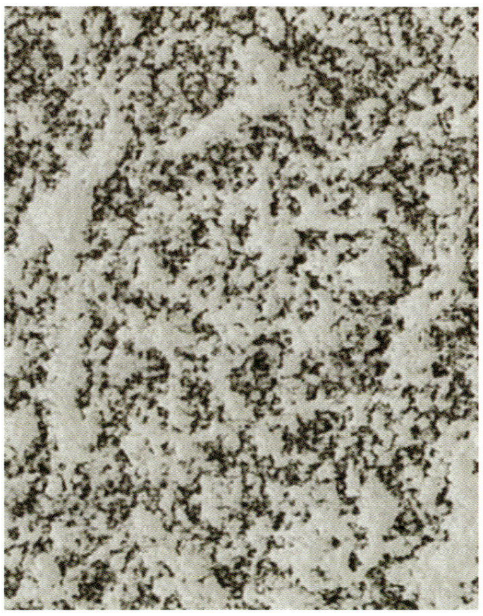

비배접 탁본

폴리곤메시

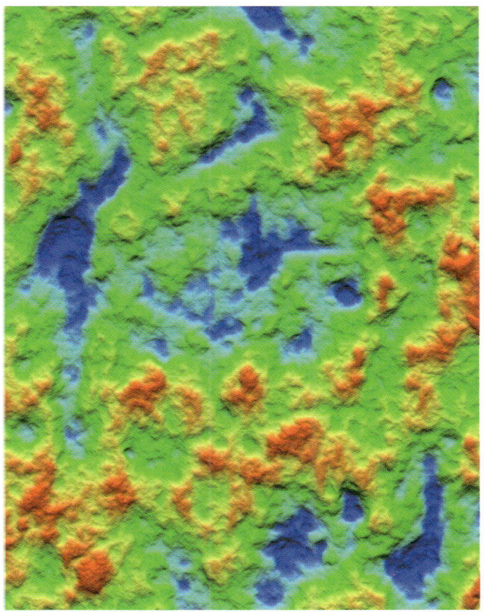

심도맵

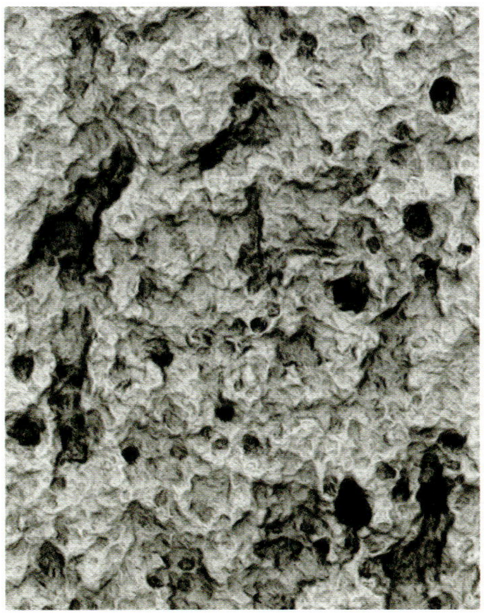

AO맵

좌측면 3행 12자

△

디지털 사진

RTI

부착 탁본

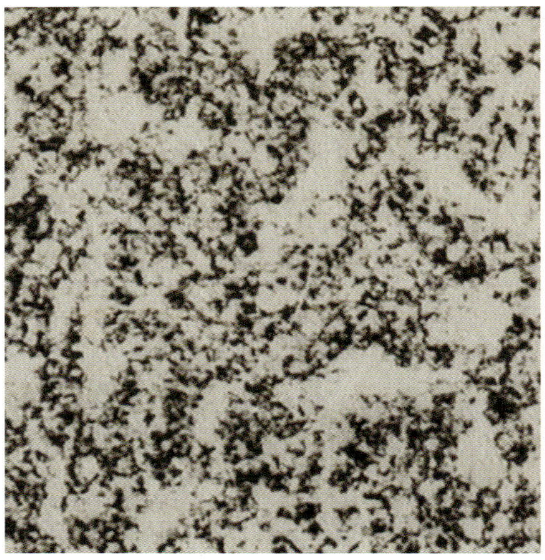

배접 탁본

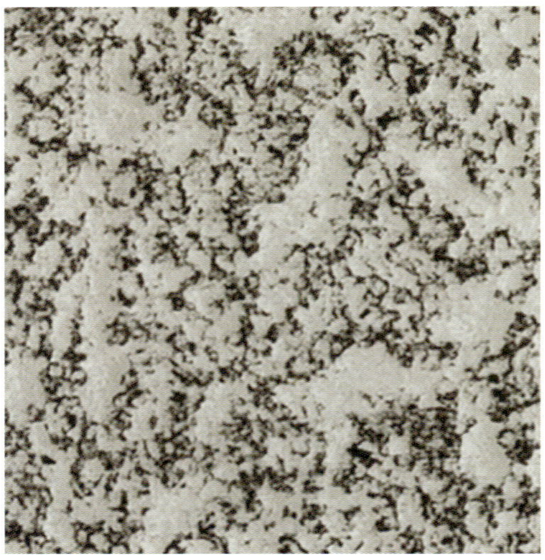

비배접 탁본

폴리곤메시

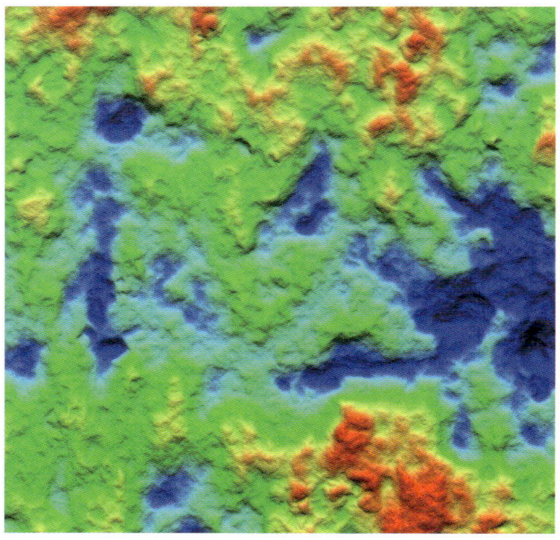

심도맵

AO맵

좌측면 3행 13자

정 : 十
이 : △
임 : △
서 : 十
고 : △
공 : 〈十〉

디지털 사진

RTI

부착 탁본

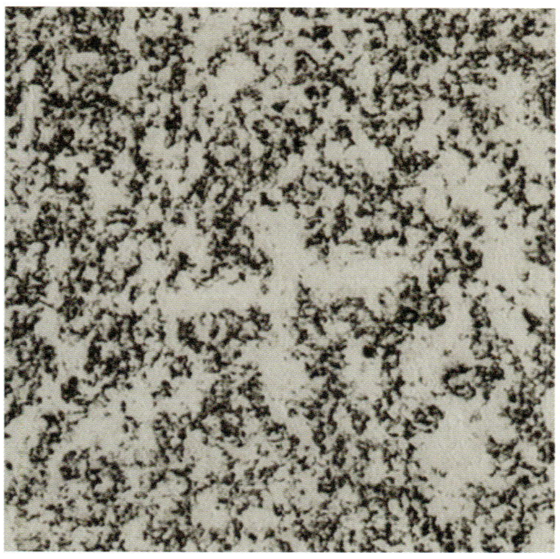

배접 탁본

비배접 탁본

폴리곤메시

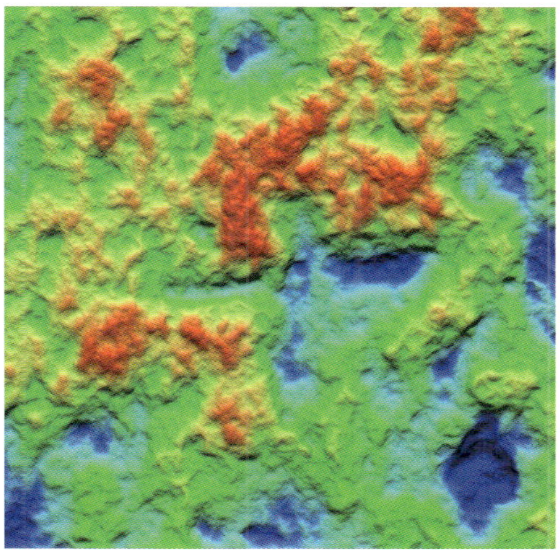

심도맵

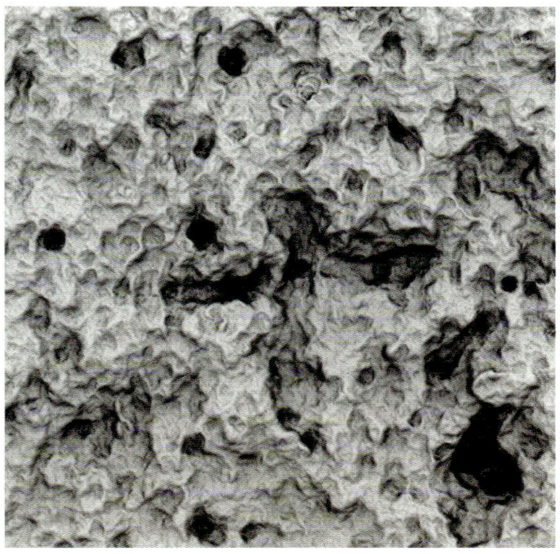

AO맵

좌측면 3행 14자

△

디지털 사진

RTI

부착 탁본

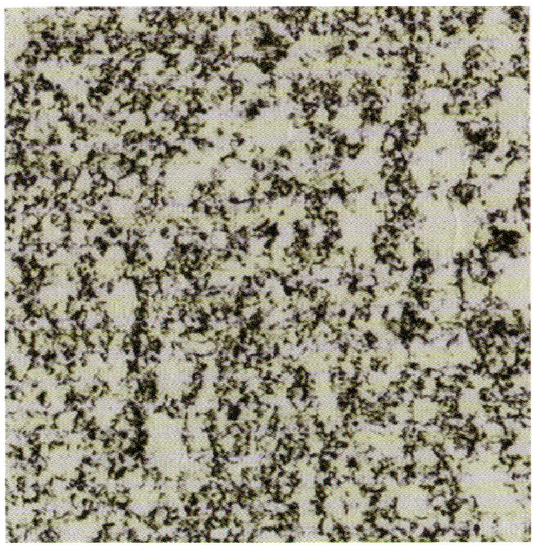

배접 탁본

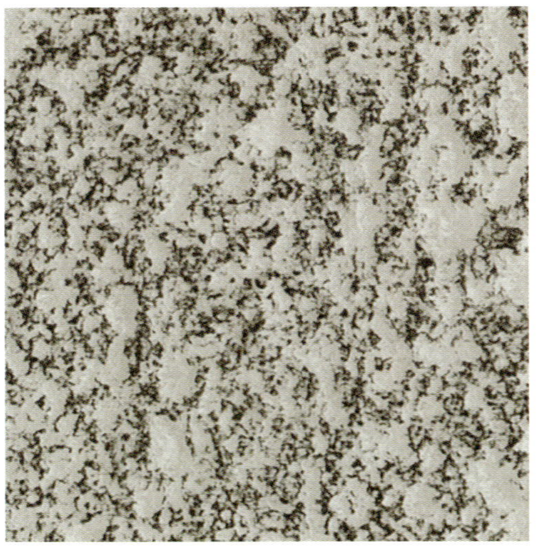

비배접 탁본

폴리곤메시

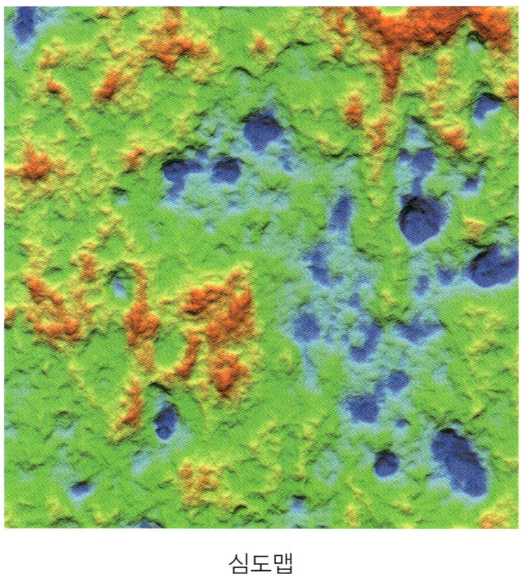

심도맵

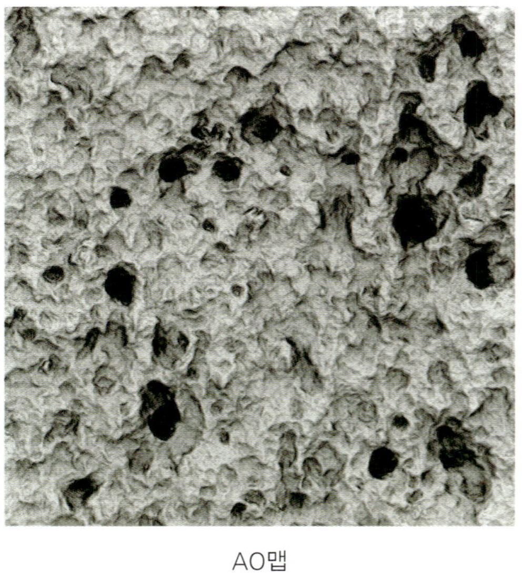

AO맵

좌측면 3행 15자

정 : △
이 : 十
임 : △
서 : △
고 : △
공 : △

디지털 사진

RTI

부착 탁본

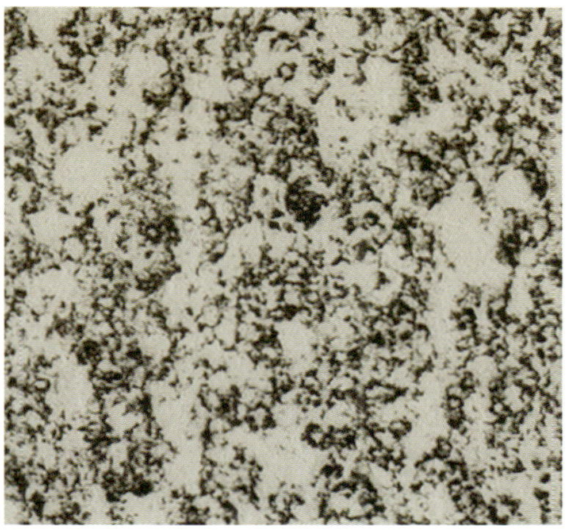

배접 탁본

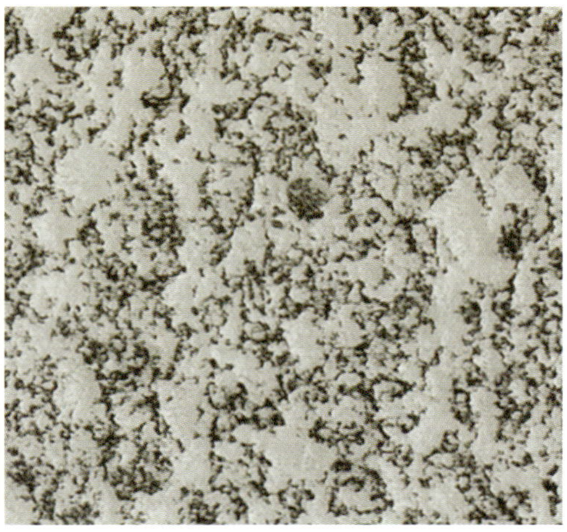

비배접 탁본

폴리곤메시

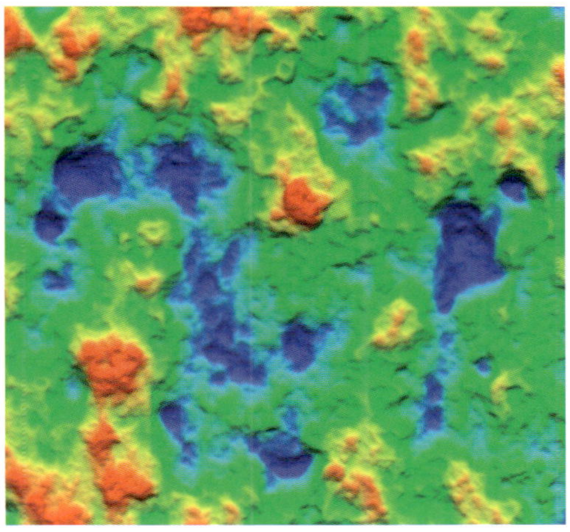

심도맵

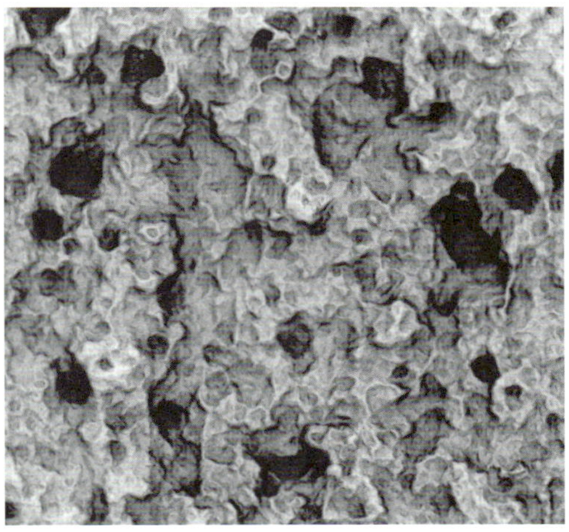

AO맵

좌측면 3행 16자

정 : △
이 : 四
임 : △
서 : △
고 : △
공 : △

디지털 사진

RTI

부착 탁본

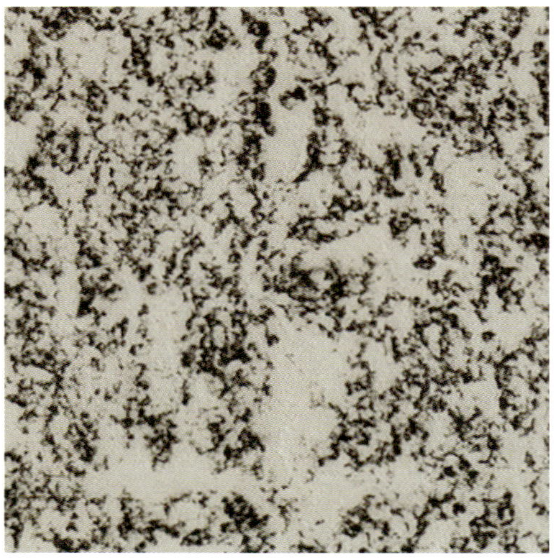

배접 탁본

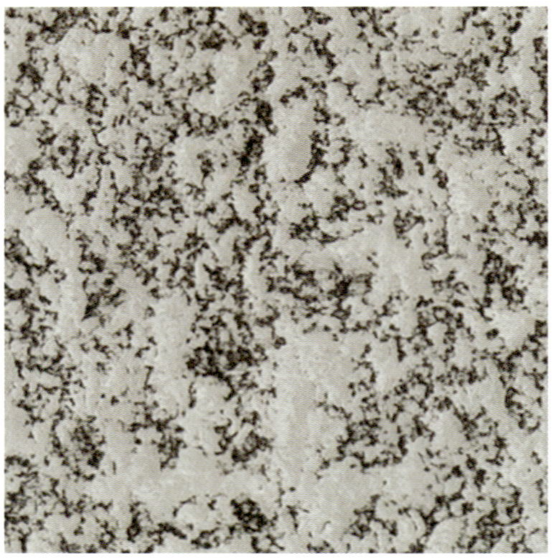

비배접 탁본

폴리곤메시

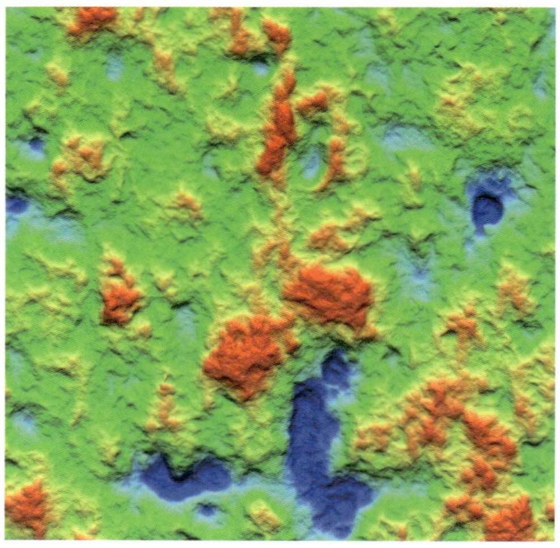

심도맵

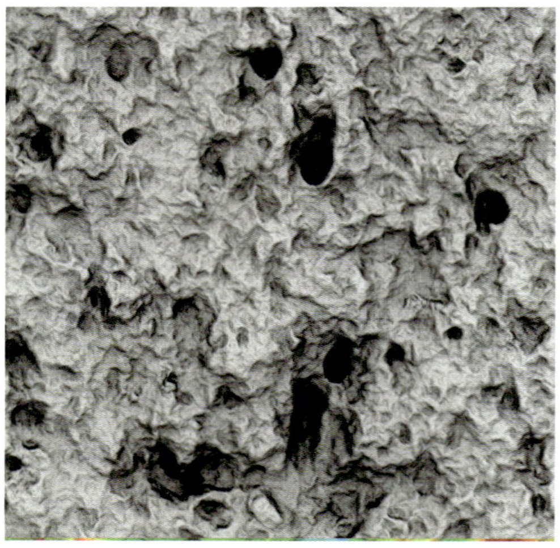

AO맵

좌측면 3행 17자

정 : △
이 : △
임 : △
서 : △
고 : △
공 : 〈土〉

디지털 사진

RTI

부착 탁본

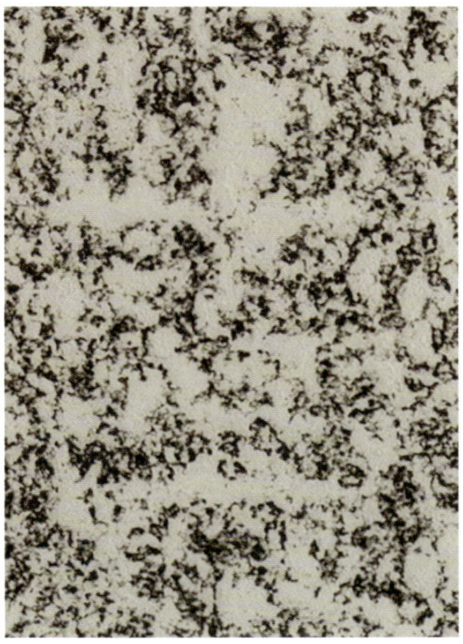

배접 탁본

비배접 탁본

폴리곤메시

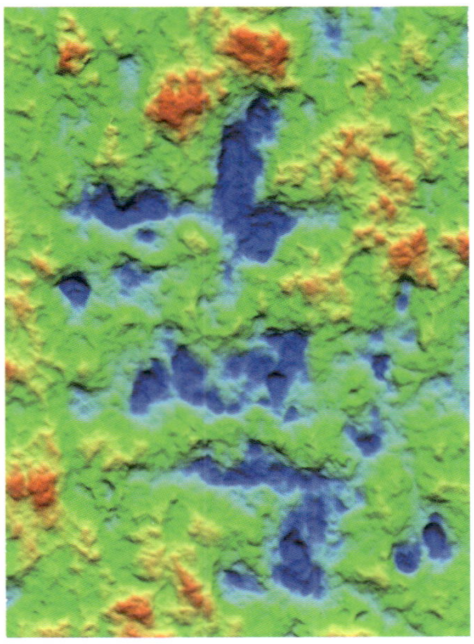

심도맵

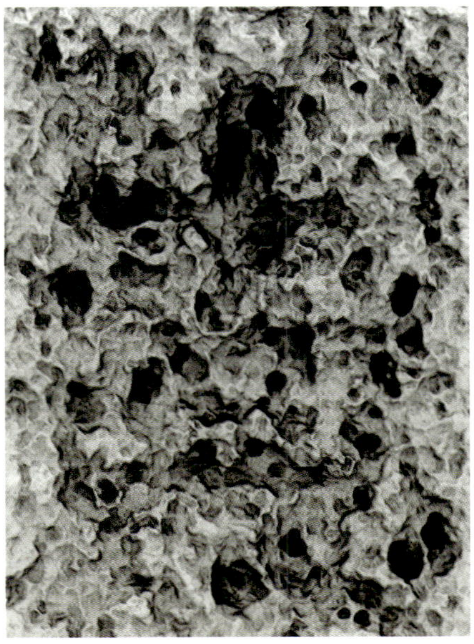

AO맵

좌측면 3행 18자

△

디지털 사진

RTI

부착 탁본

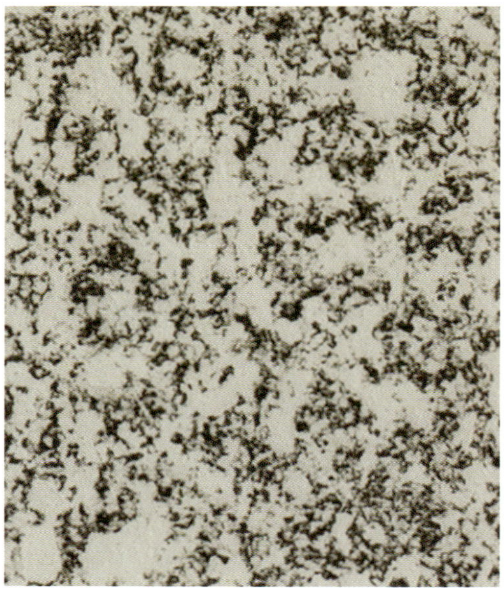

배접 탁본

비배접 탁본

폴리곤메시

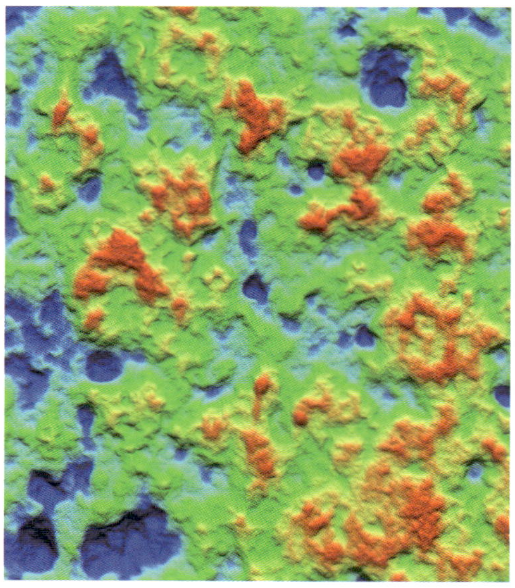

심도맵

AO맵

좌측면 3행 19자

정 : 大
이 : 大
임 : 大
서 : 太
고 : 太
공 : 大

디지털 사진

RTI

부착 탁본

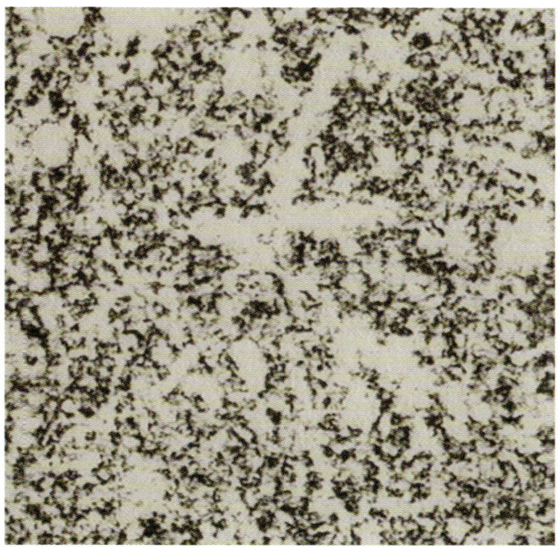

배접 탁본

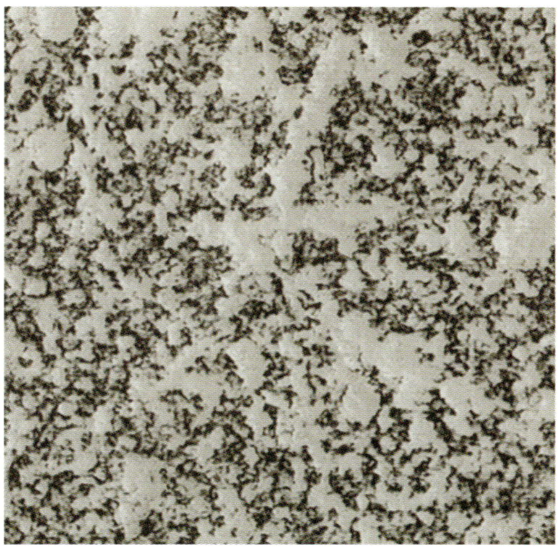

비배접 탁본

폴리곤메시

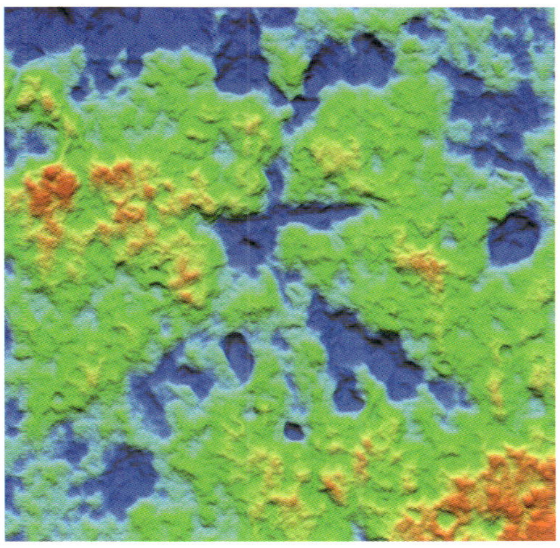

심도맵

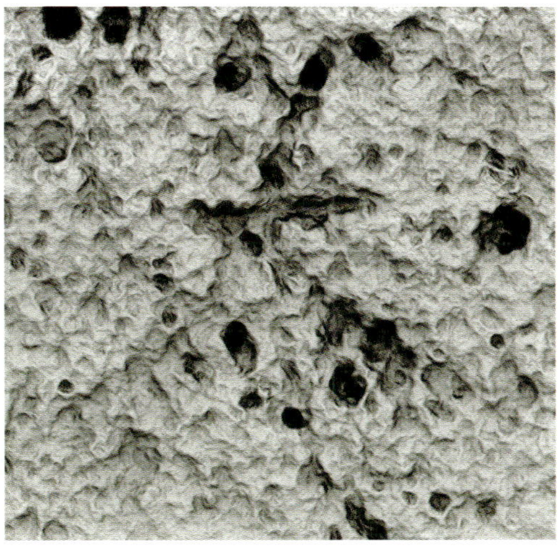

AO맵

좌측면 3행 20자

王

디지털 사진

RTI

부착 탁본

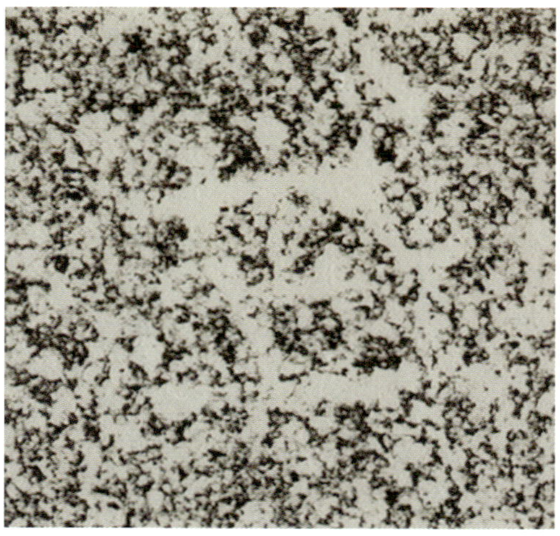

배접 탁본

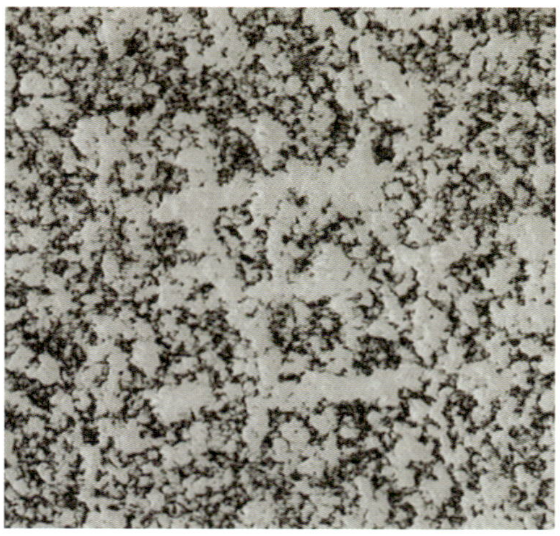

비배접 탁본

폴리곤메시

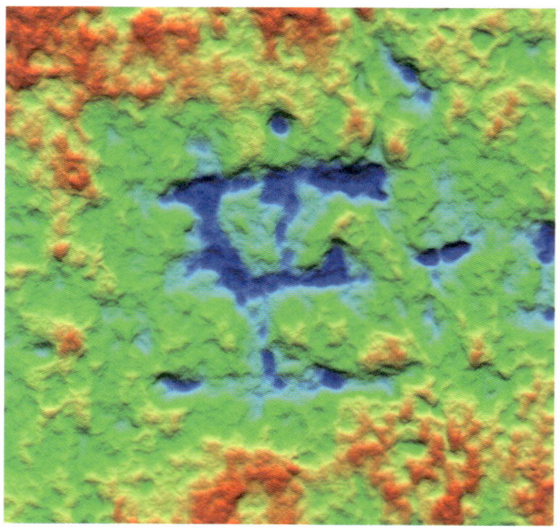

심도맵

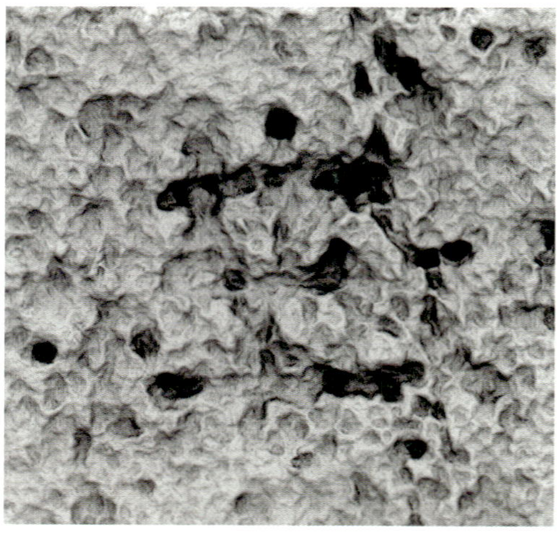

AO맵

좌측면 3행 21자

國

디지털 사진

RTI

부착 탁본

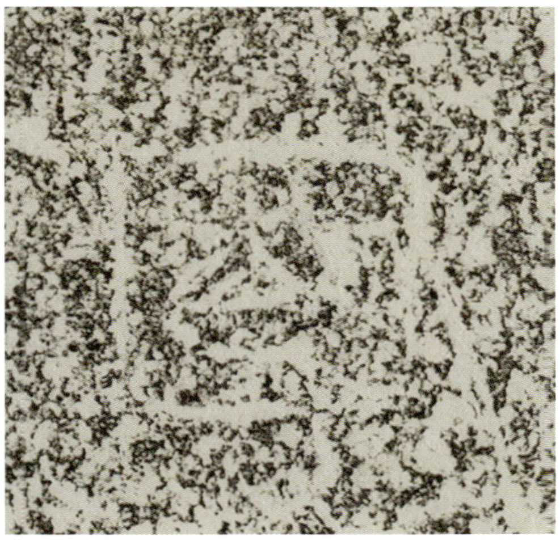

배접 탁본

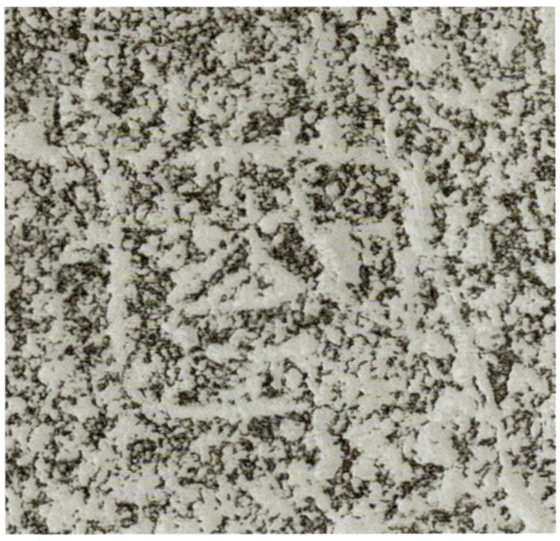

비배접 탁본

폴리곤메시

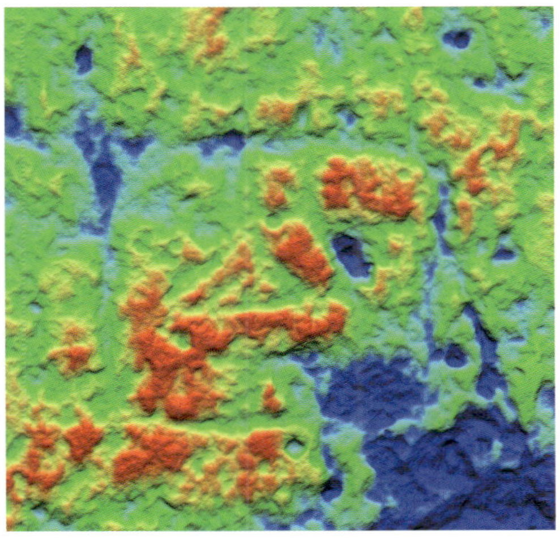

심도맵

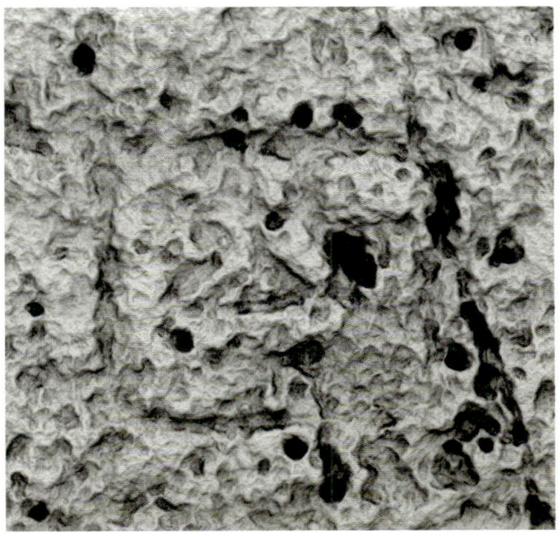

AO맵

좌측면 3행 22자

정 : 土
이 : 土
임 : 土?
서 : 土
고 : 土
공 : 土

디지털 사진

RTI

부착 탁본

배접 탁본

비배접 탁본

폴리곤메시

심도맵

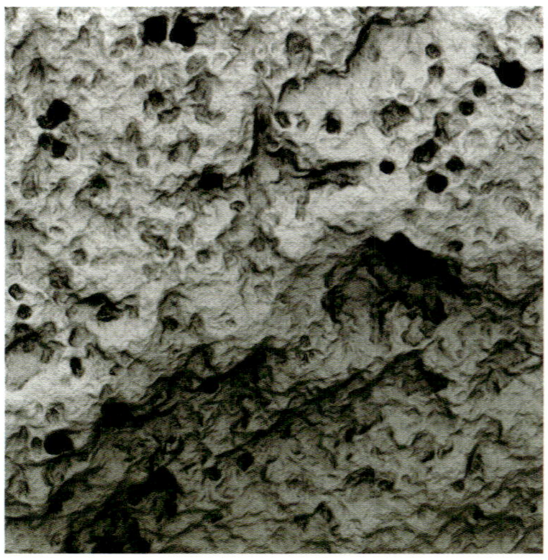

AO맵

좌측면 4행 1자

△

디지털 사진

RTI

부착 탁본

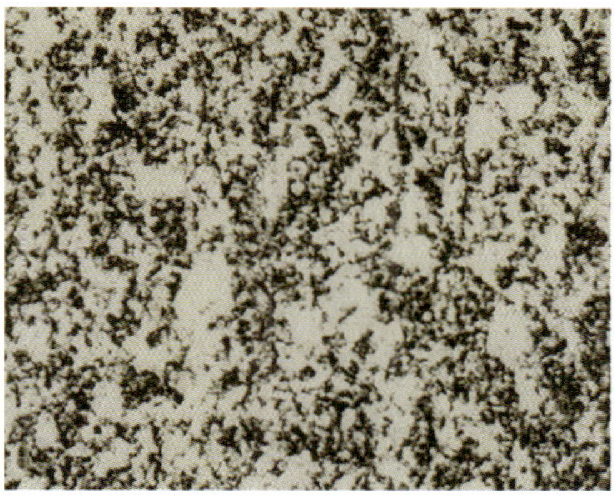

배접 탁본

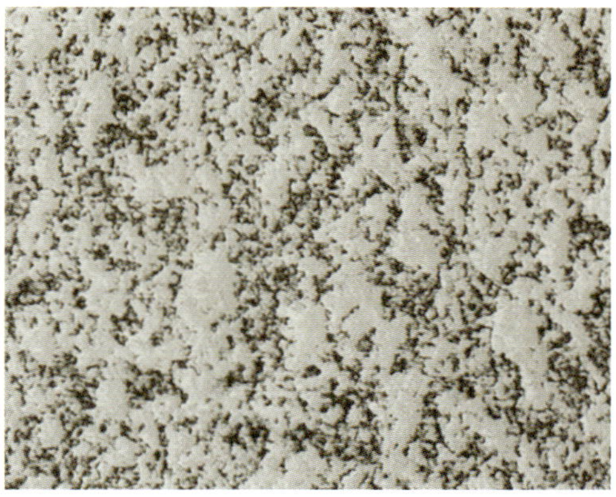

비배접 탁본

폴리곤메시

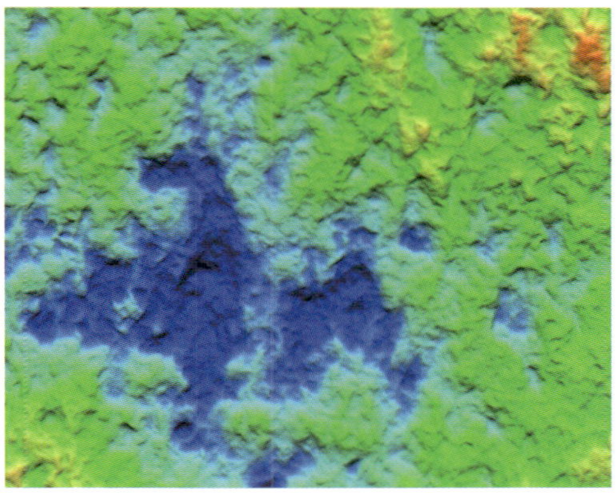

심도맵

AO맵

좌측면 4행 2자

정 : △
이 : △
임 : △
서 : △
고 : 人
공 : △

디지털 사진

RTI

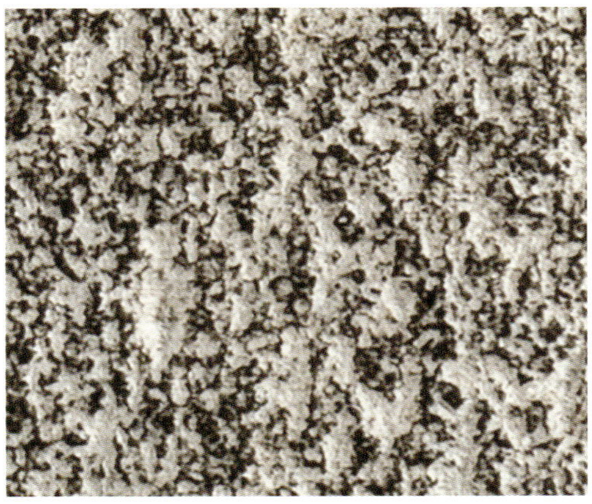

부착 탁본

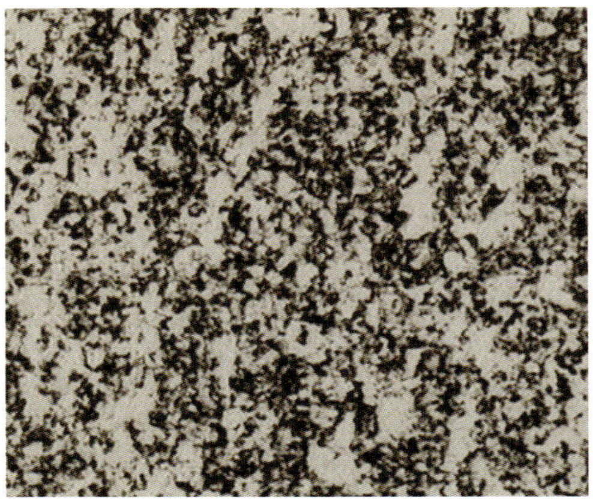

배접 탁본

비배접 탁본

폴리곤메시

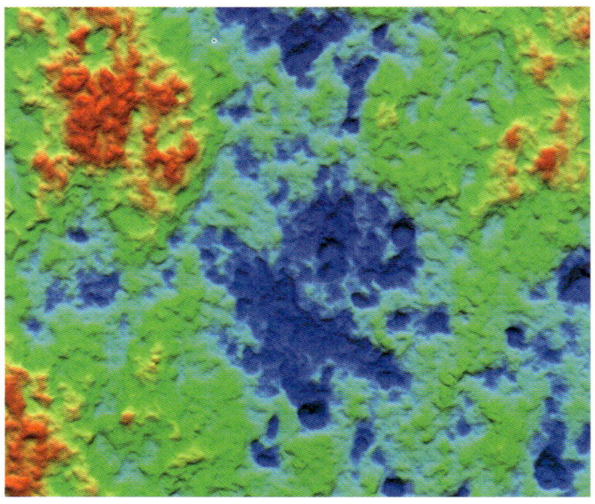

심도맵

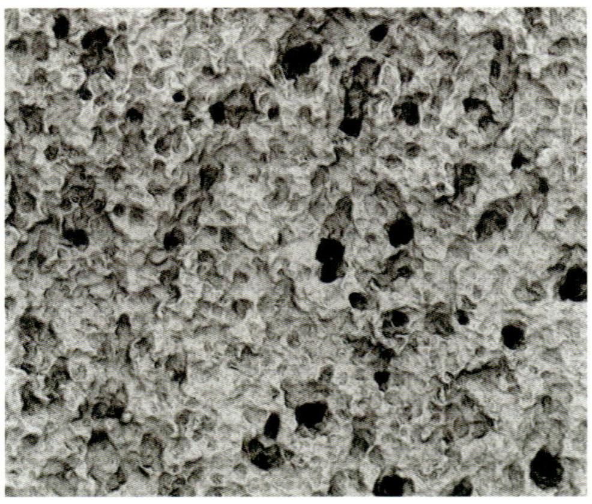

AO맵

좌측면 4행 3자

△

디지털 사진

RTI

부착 탁본

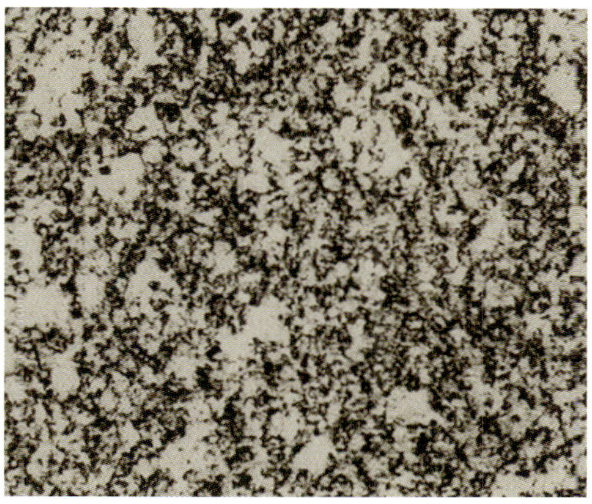

배접 탁본

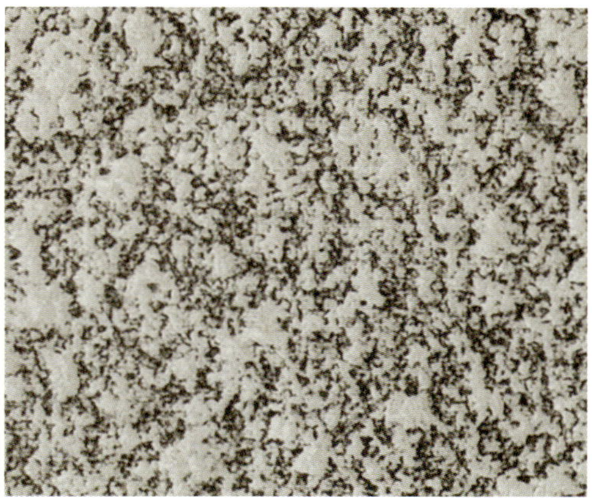

비배접 탁본

폴리곤메시

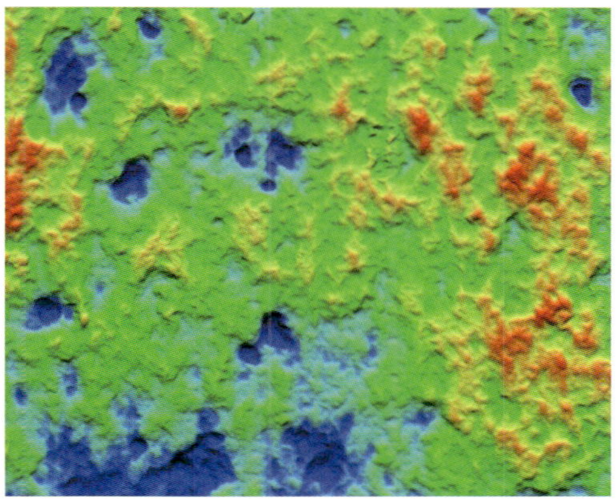

심도맵

AO맵

좌측면 4행 4자

△

디지털 사진

RTI

부착 탁본

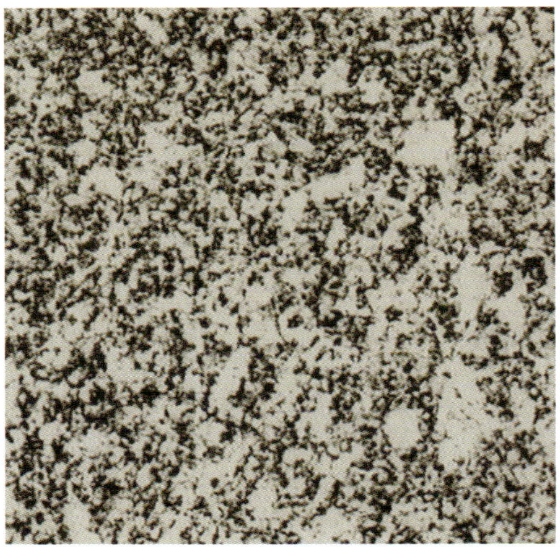

배접 탁본

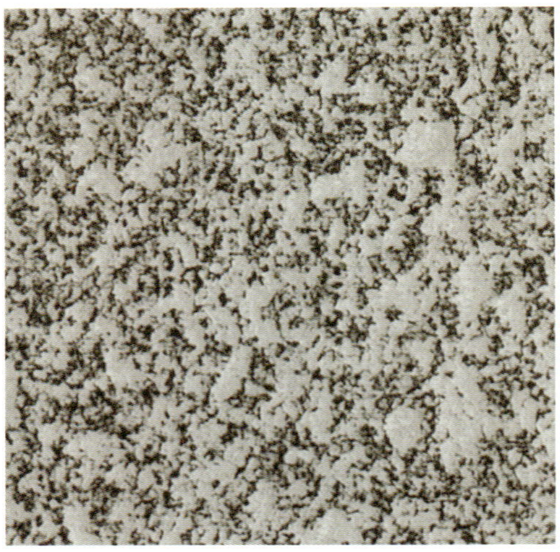

비배접 탁본

폴리곤메시

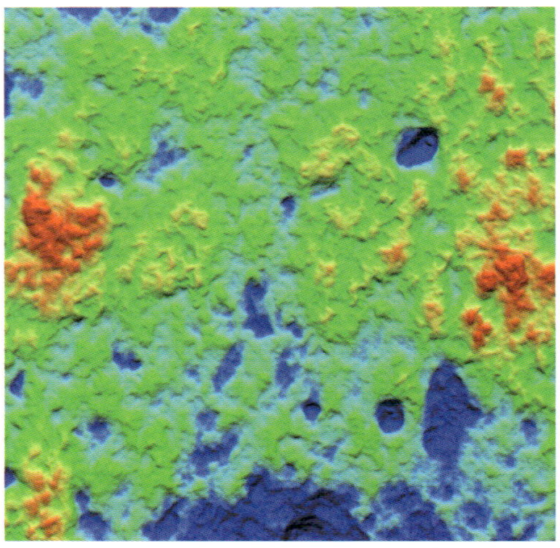

심도맵

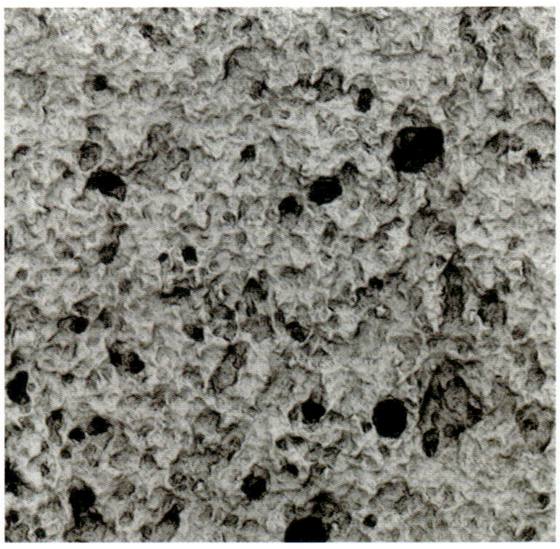

AO맵

좌측면 4행 5자

△

디지털 사진

RTI

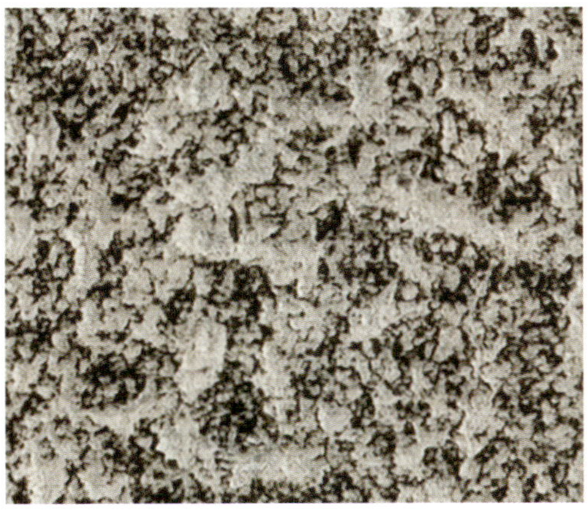

부착 탁본

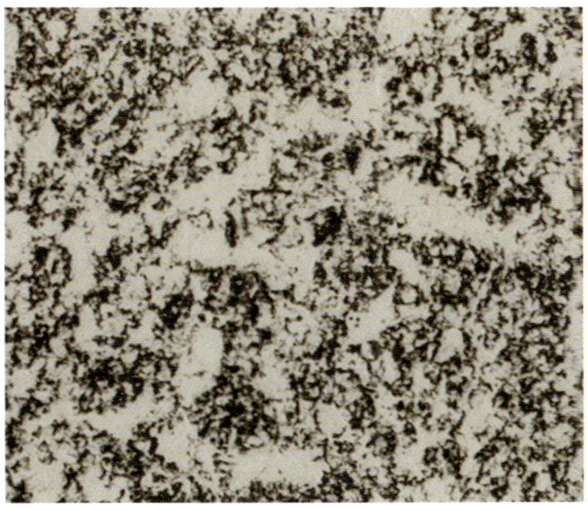

배접 탁본

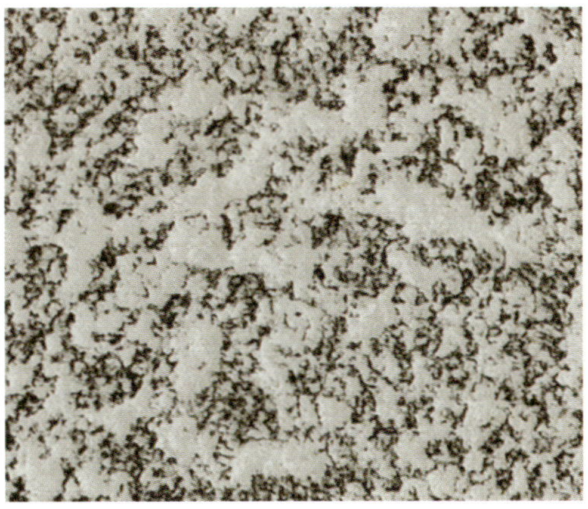

비배접 탁본

폴리곤메시

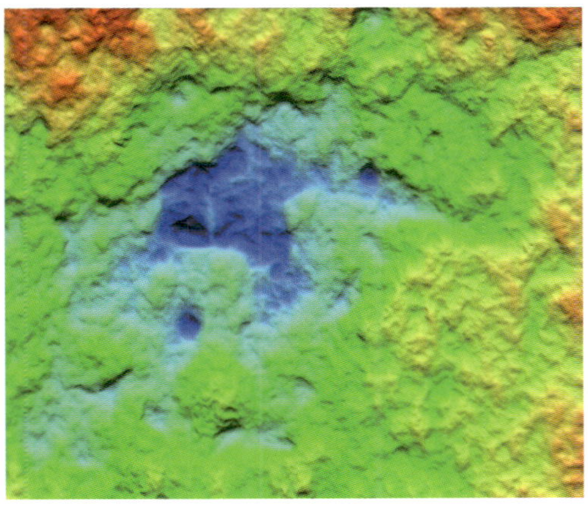

심도맵

AO맵

좌측면 4행 6자

△

디지털 사진

RTI

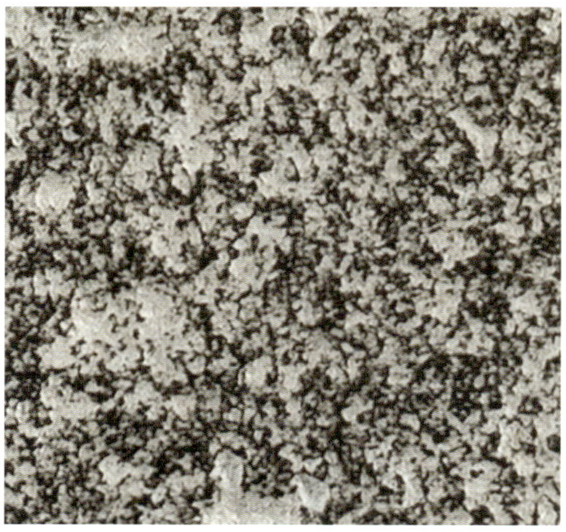

부착 탁본

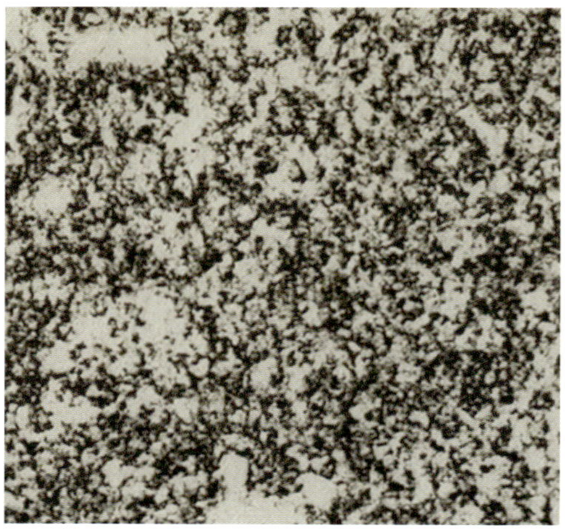

배접 탁본

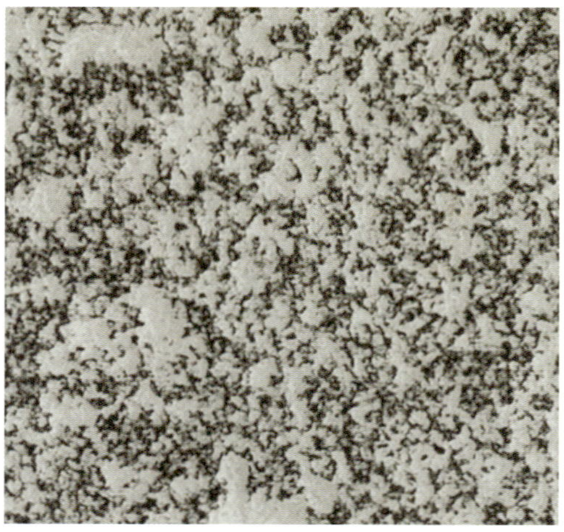

비배접 탁본

폴리곤메시

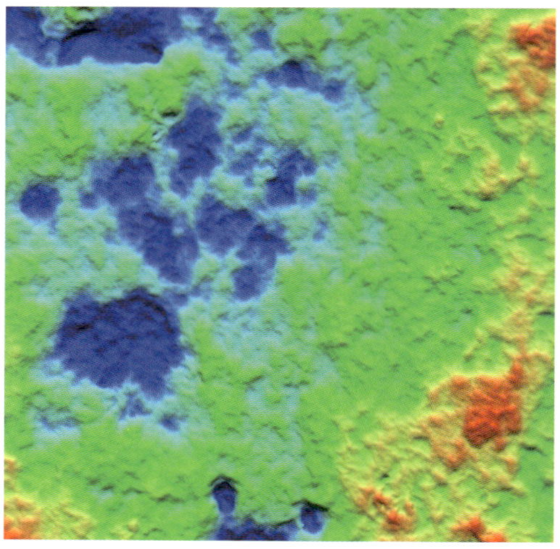

심도맵

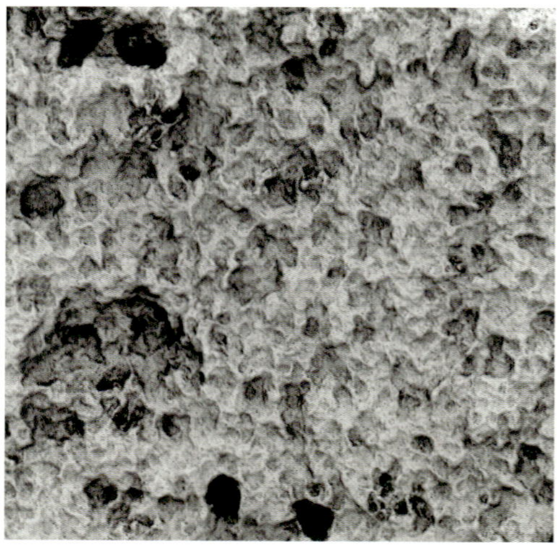

AO맵

좌측면 4행 7자

△

디지털 사진

RTI

부착 탁본

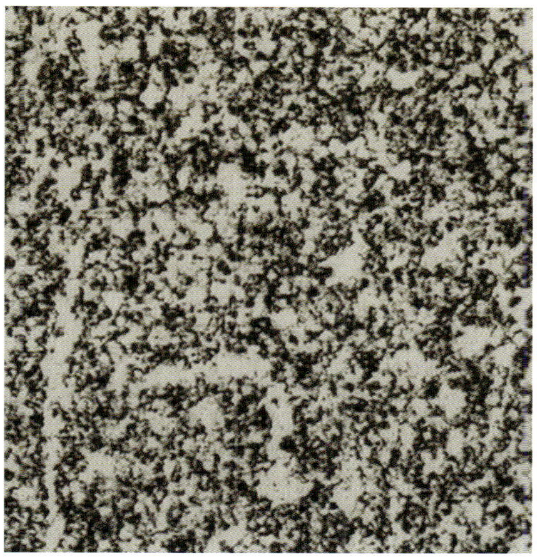

배접 탁본

비배접 탁본

폴리곤메시

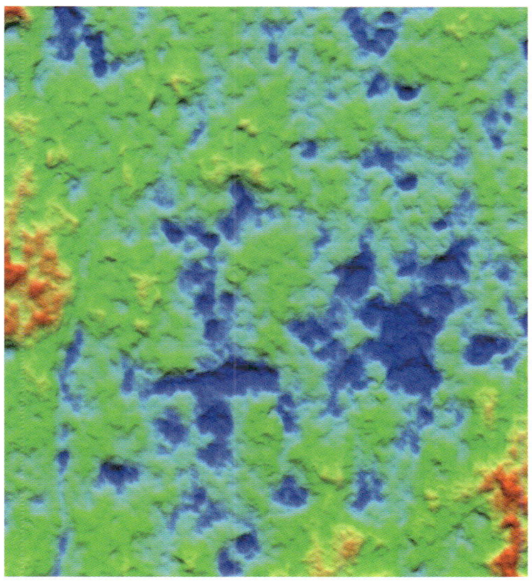

심도맵

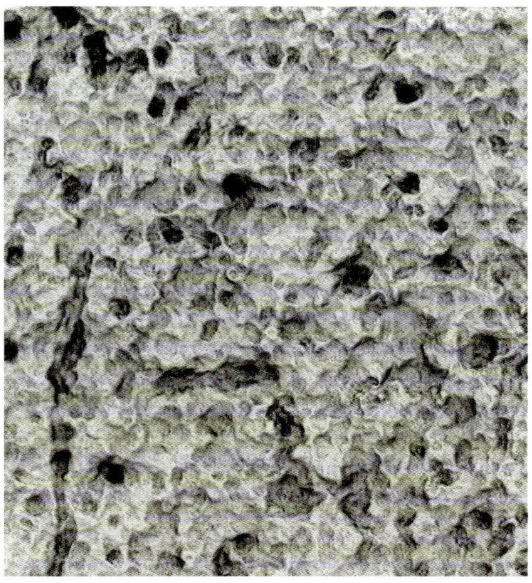

AO맵

좌측면 4행 8자

△

디지털 사진

RTI

부착 탁본

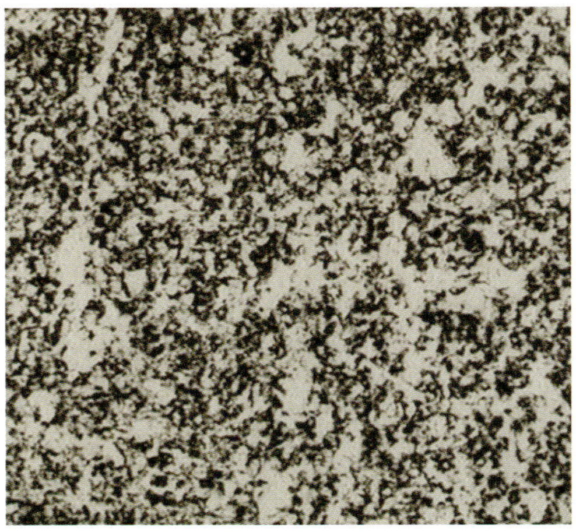

배접 탁본

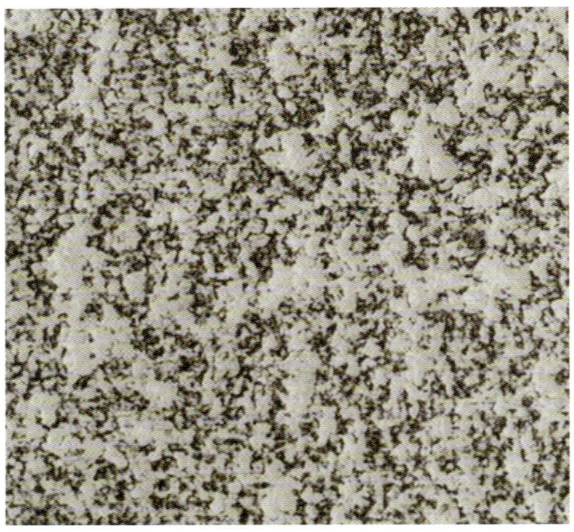

비배접 탁본

폴리곤메시

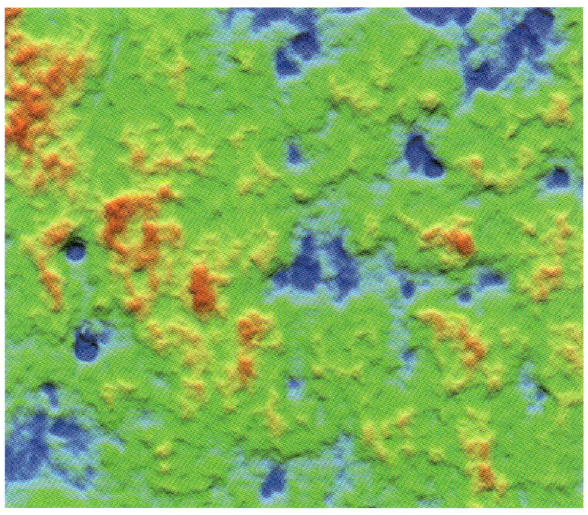

심도맵

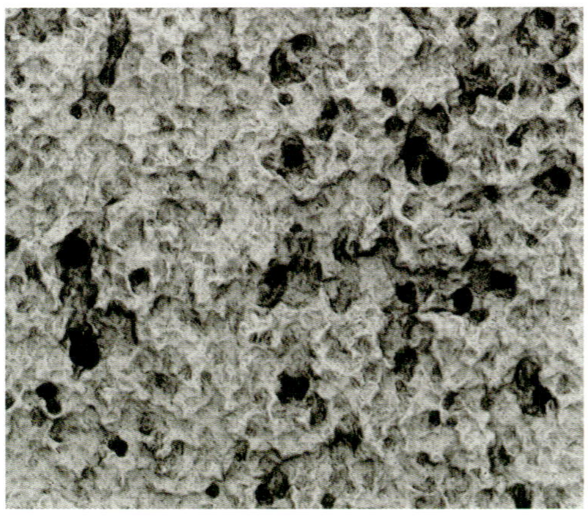

AO맵

좌측면 4행 9자

△

디지털 사진

RTI

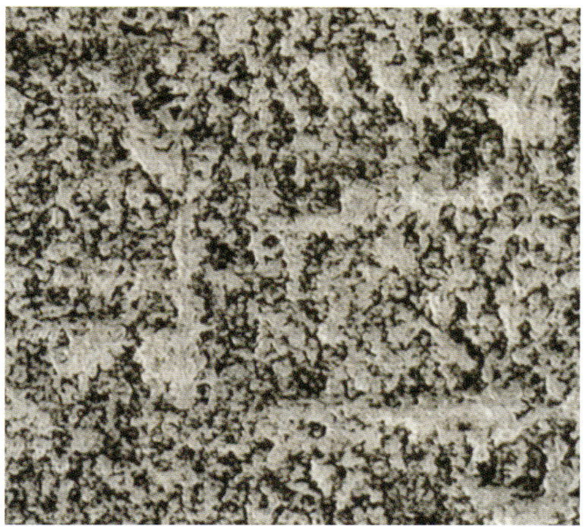

부착 탁본

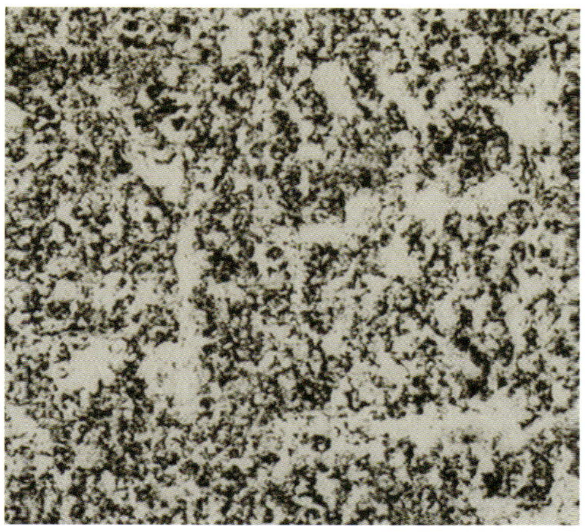

배접 탁본

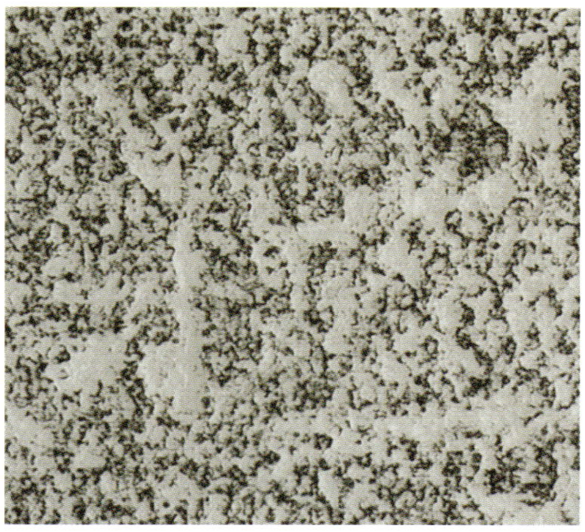

비배접 탁본

폴리곤메시

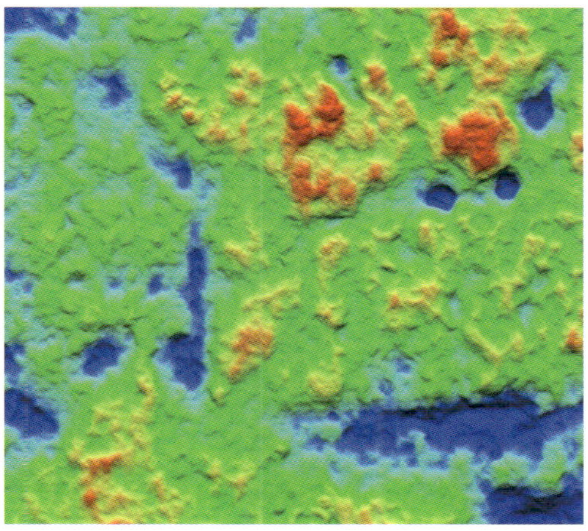

심도맵

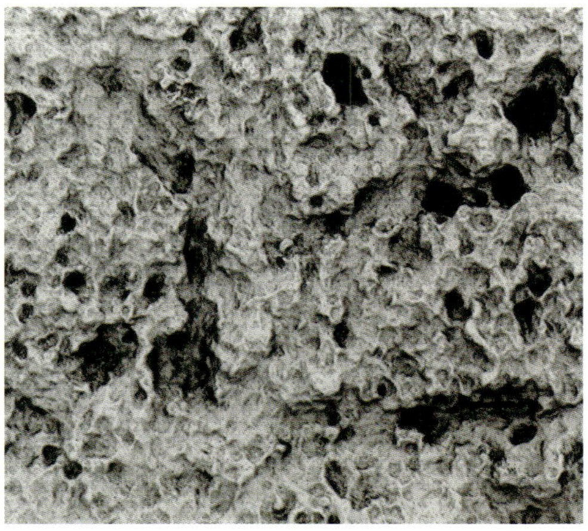

AO맵

좌측면 4행 10자

디지털 사진

RTI

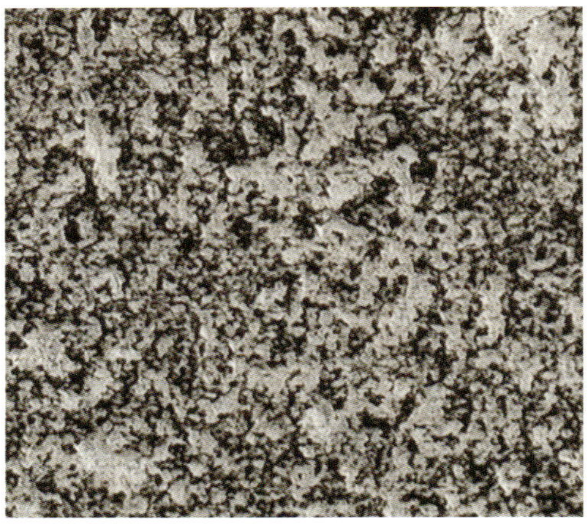

부착 탁본

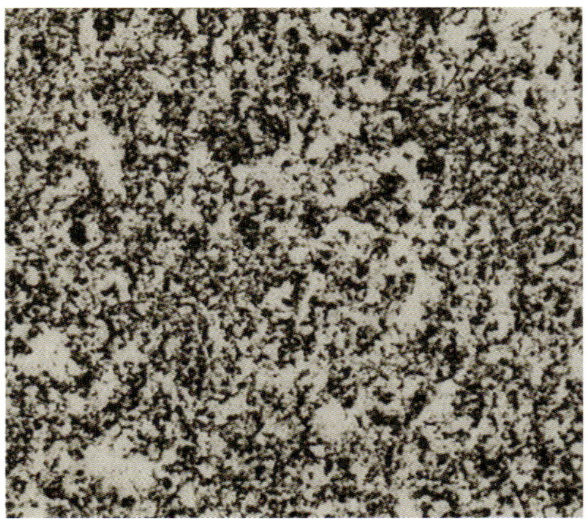

배접 탁본

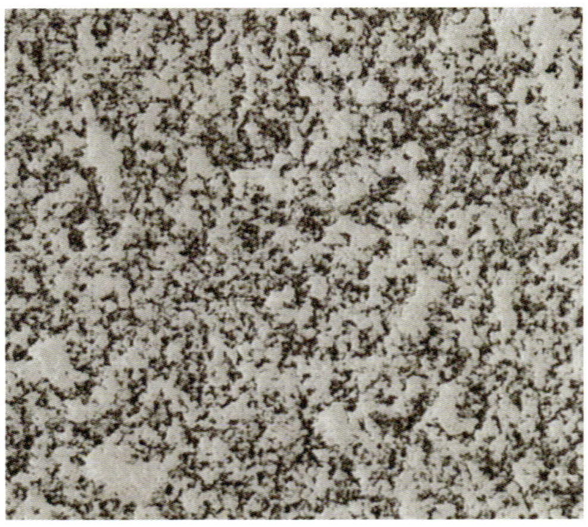

비배접 탁본

폴리곤메시

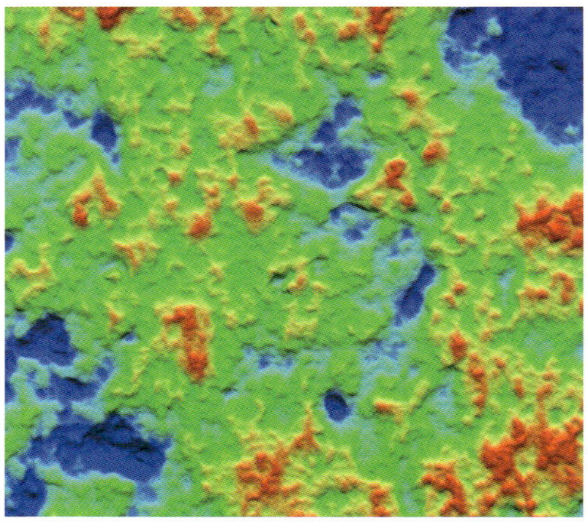

심도맵

AO맵

좌측면 4행 11자

△

디지털 사진

RTI

부착 탁본

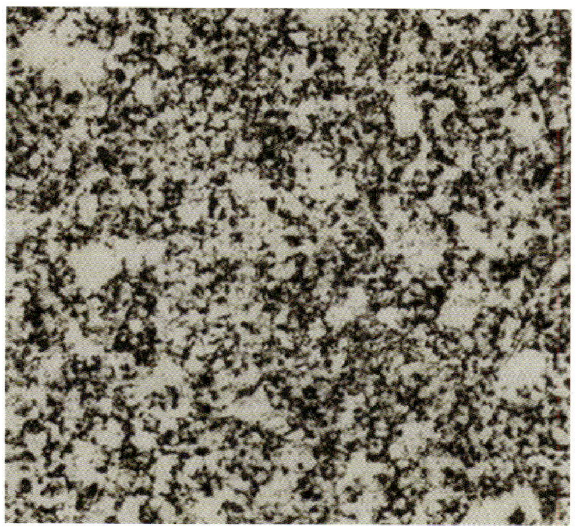

배접 탁본

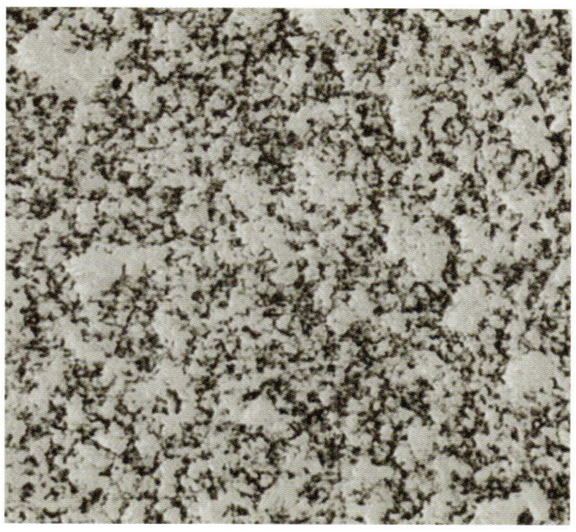

비배접 탁본

폴리곤메시

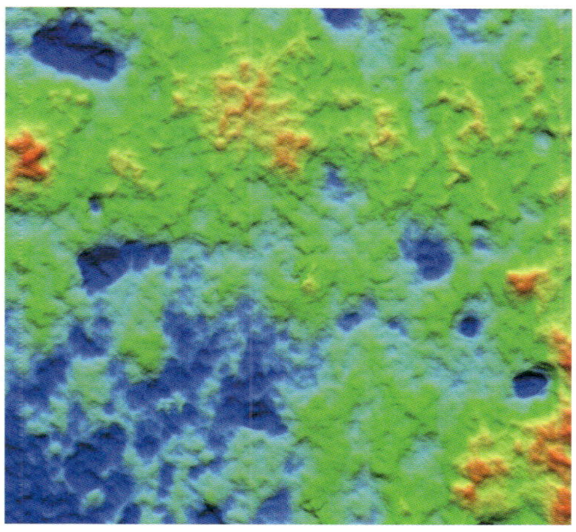

심도맵

AO맵

좌측면 4행 12자

△

디지털 사진

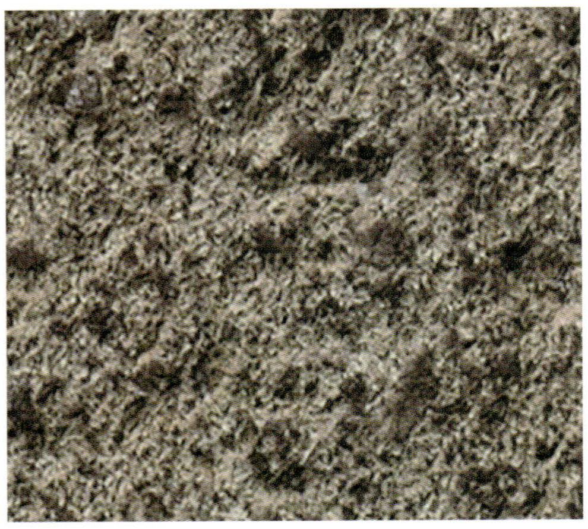

RTI

부착 탁본

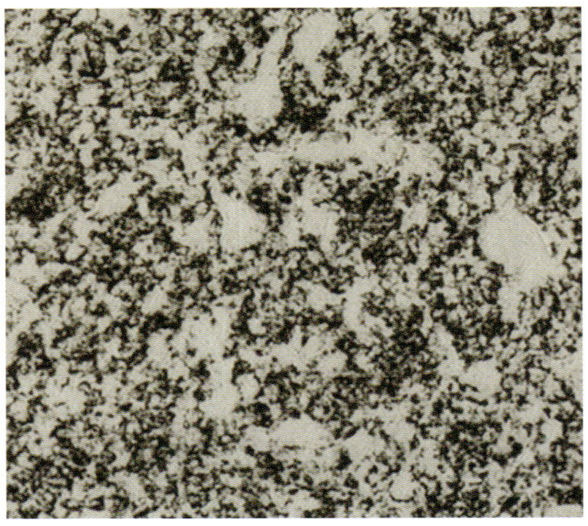

배접 탁본

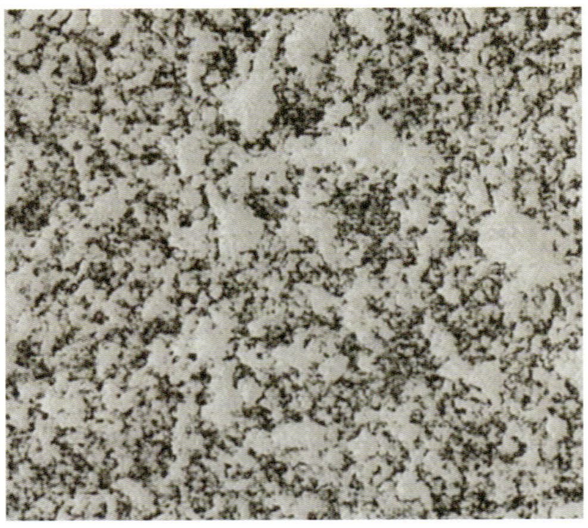

비배접 탁본

폴리곤메시

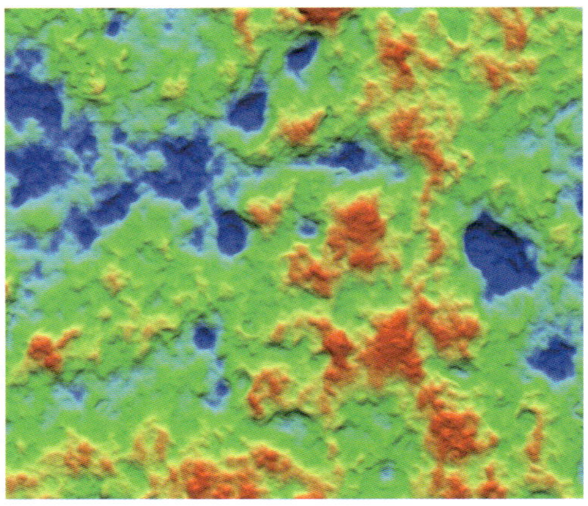

심도맵

AO맵

좌측면 4행 13자

정 : 軍?
이 : 寅
임 : △
서 : △
고 : 黃
공 : △

디지털 사진

RTI

부착 탁본

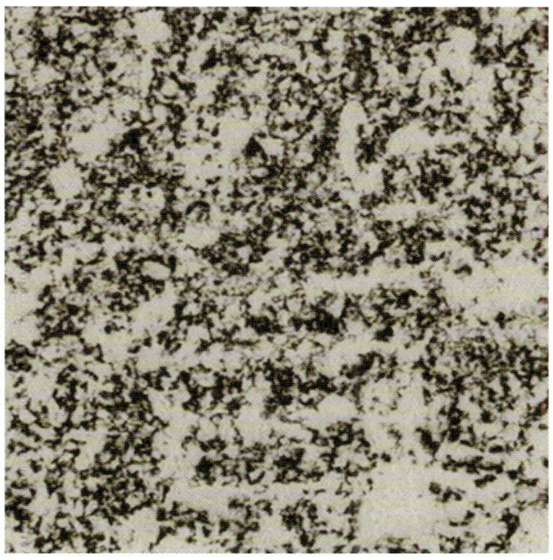

배접 탁본

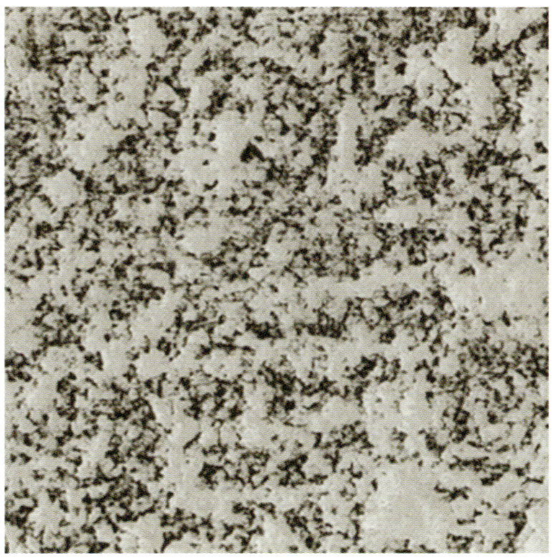

비배접 탁본

폴리곤메시

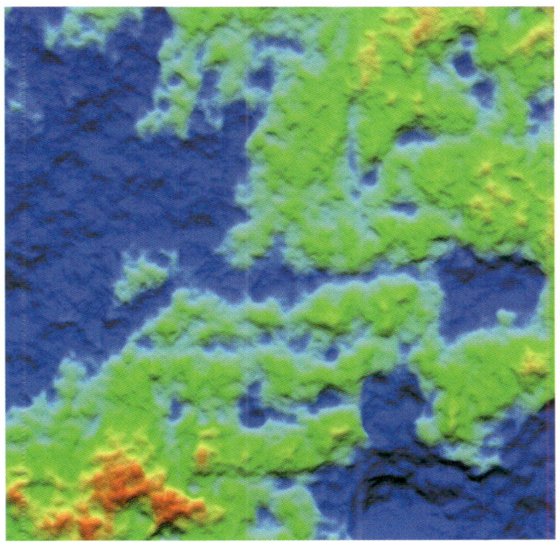

심도맵

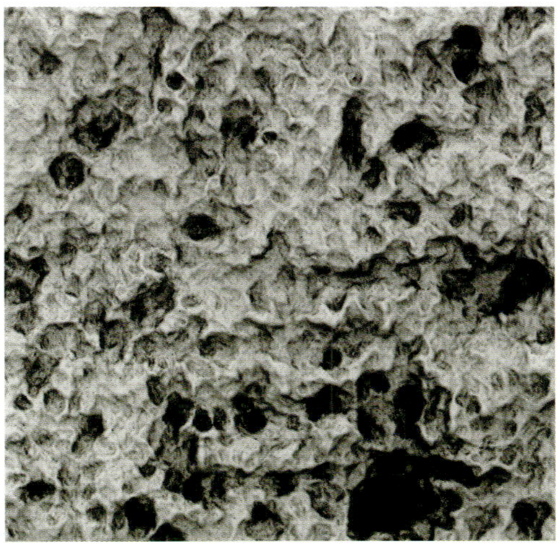

AO맵

좌측면 4행 14자

△

디지털 사진

RTI

부착 탁본

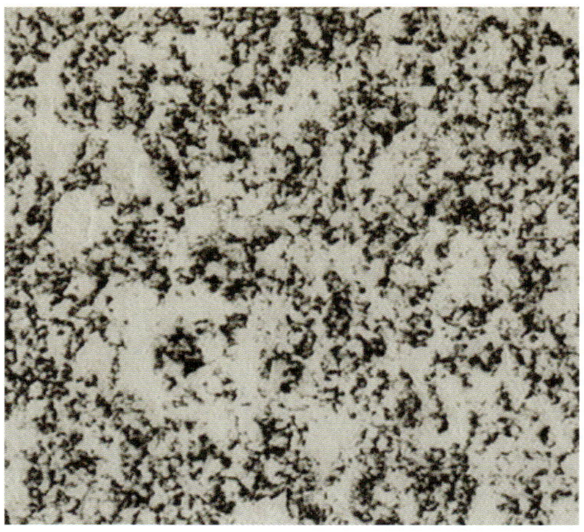

배접 탁본

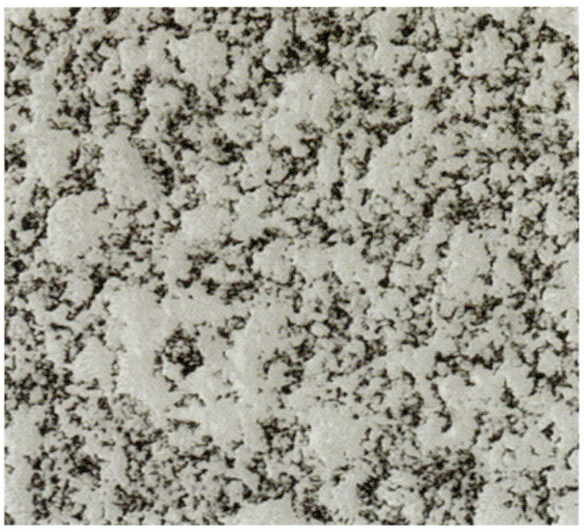

비배접 탁본

폴리곤메시

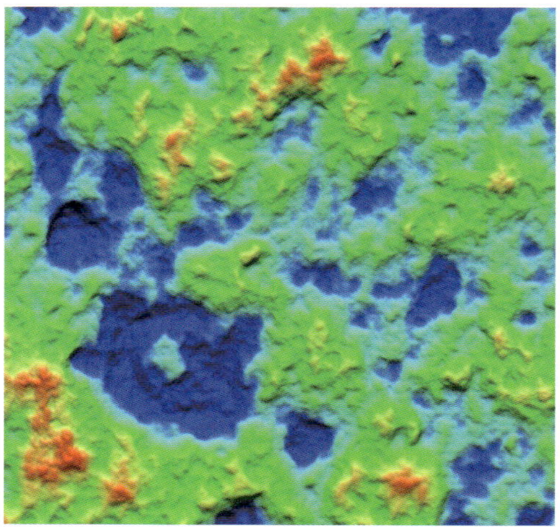

심도맵

AO맵

좌측면 4행 15자

△

디지털 사진

RTI

부착 탁본

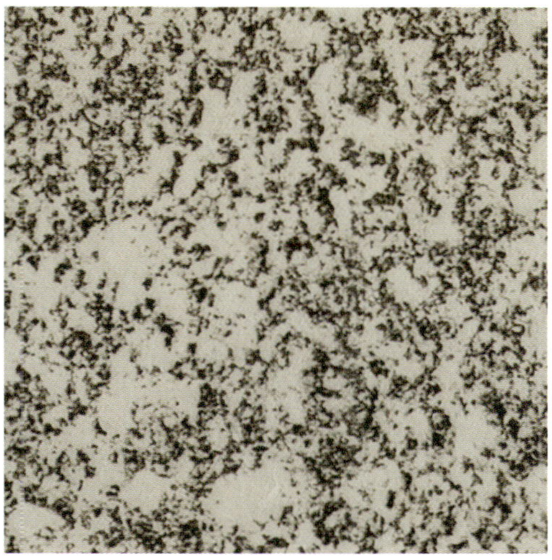

배접 탁본

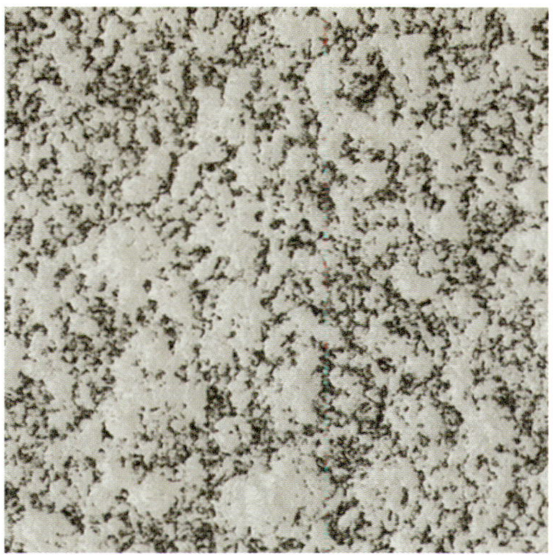

비배접 탁본

폴리곤메시

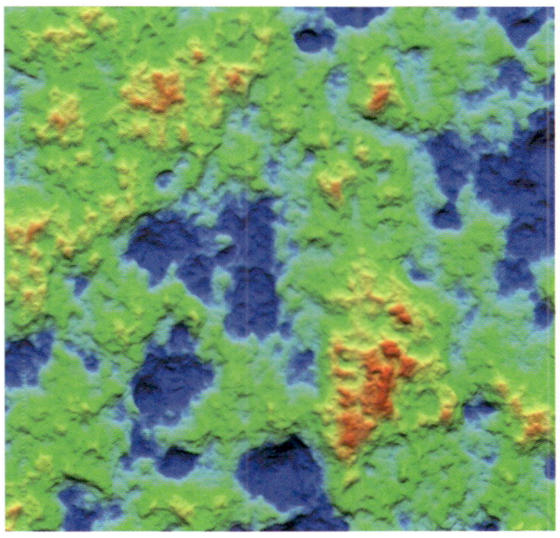

심도맵

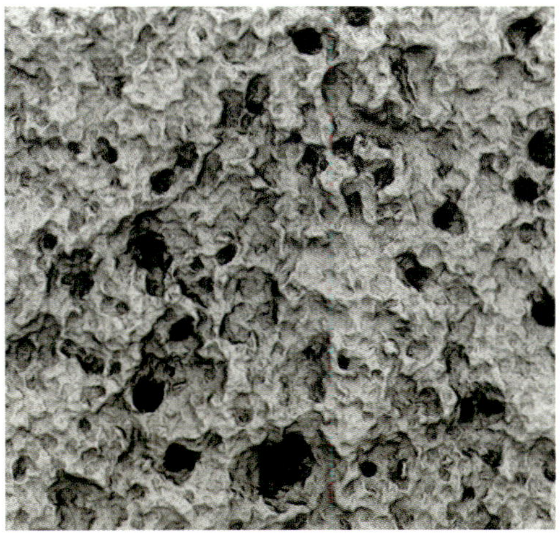

AO맵

좌측면 4행 16자

디지털 사진

RTI

부착 탁본

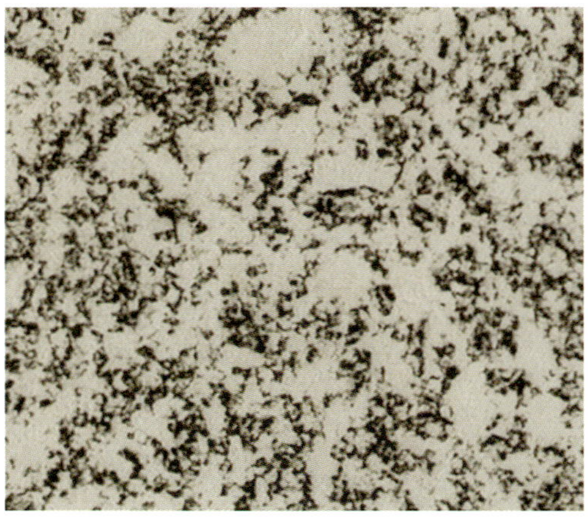

배접 탁본

비배접 탁본

폴리곤메시

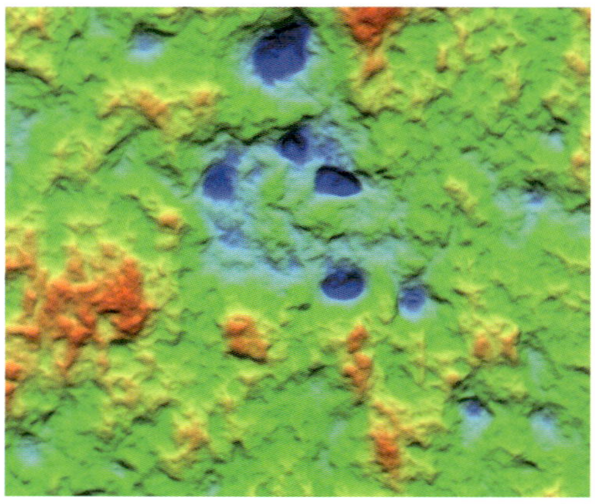

심도맵

AO맵

좌측면 4행 17자

△

디지털 사진

RTI

부착 탁본

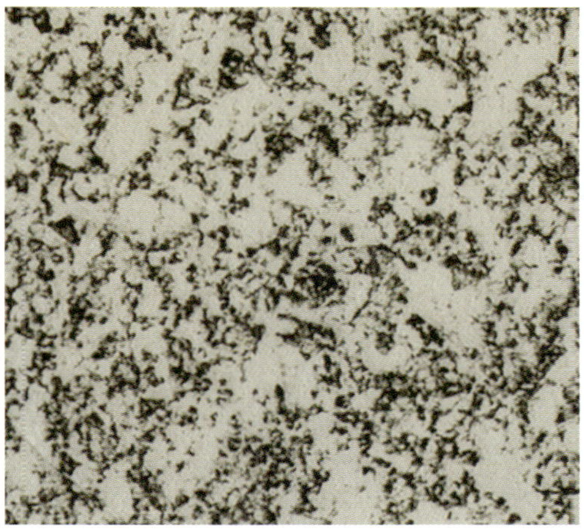

배접 탁본

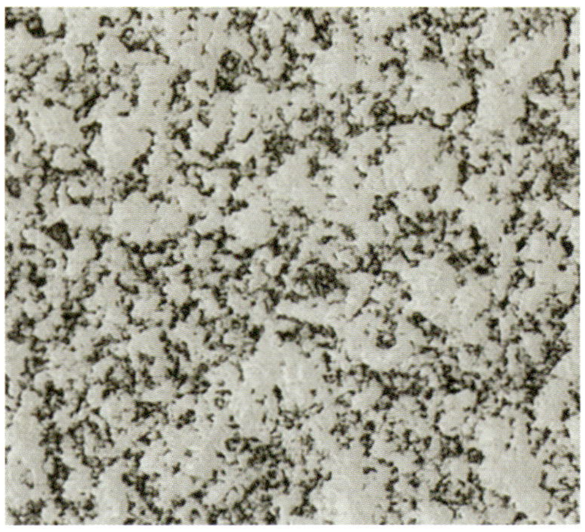

비배접 탁본

폴리곤메시

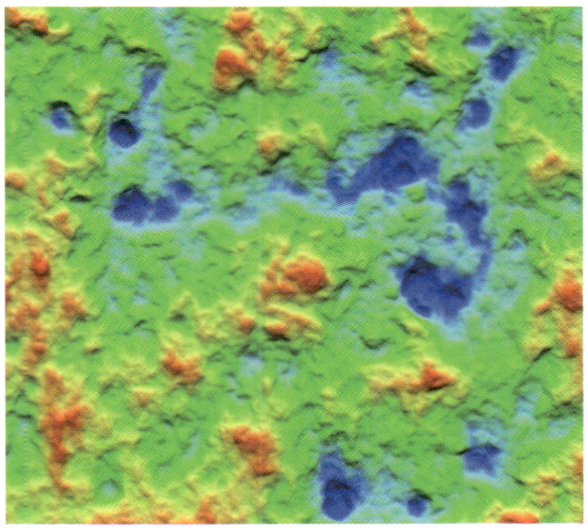

심도맵

AO맵

좌측면 4행 18자

△

디지털 사진

RTI

부착 탁본

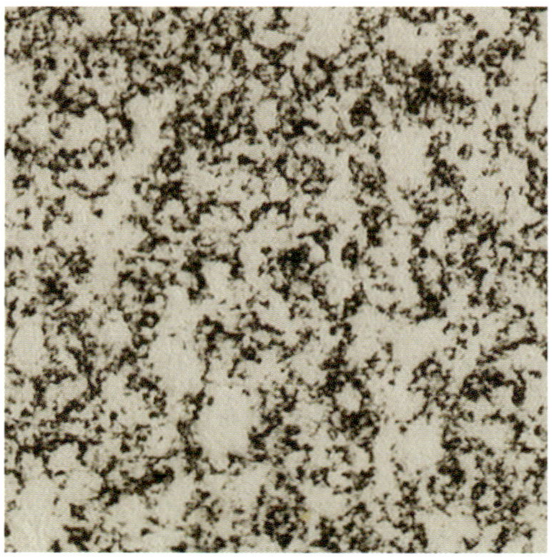

배접 탁본

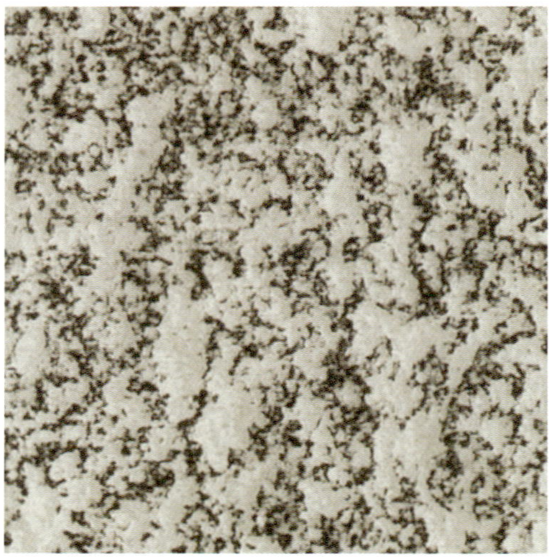

비배접 탁본

폴리곤메시

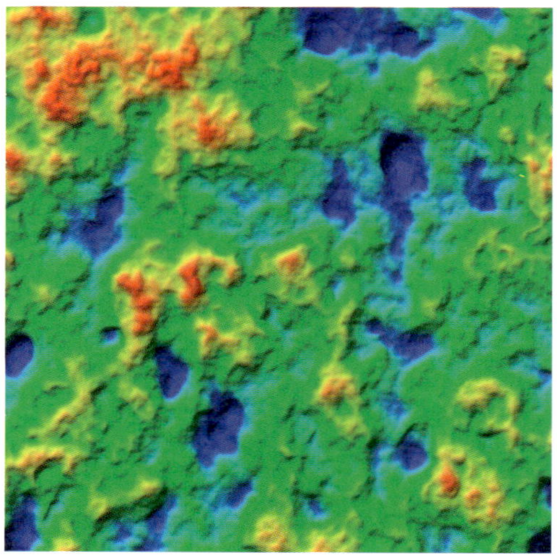

심도맵

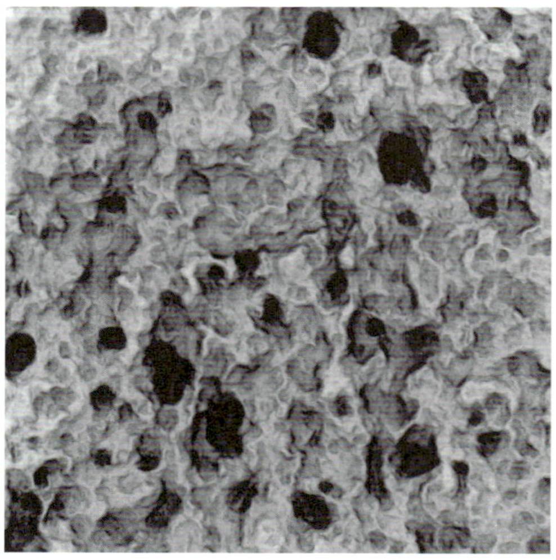

AO맵

좌측면 4행 19자

△

디지털 사진

RTI

부착 탁본

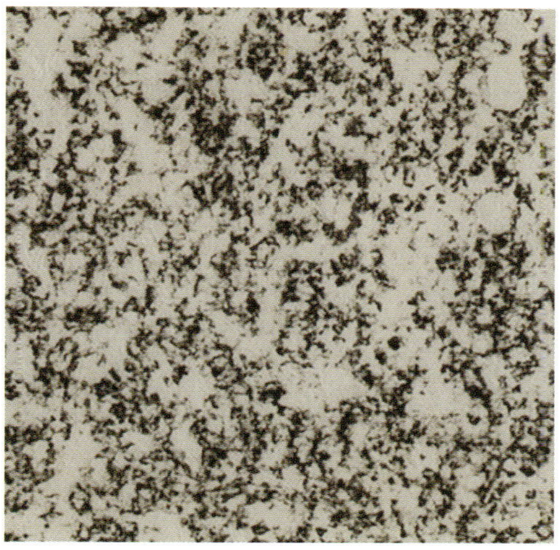

배접 탁본

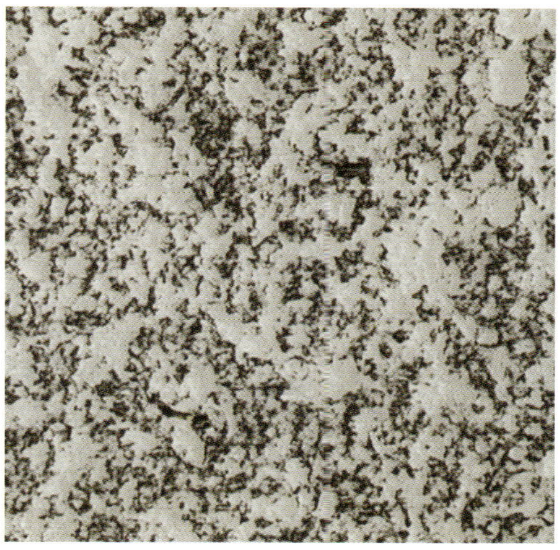

비배접 탁본

폴리곤메시

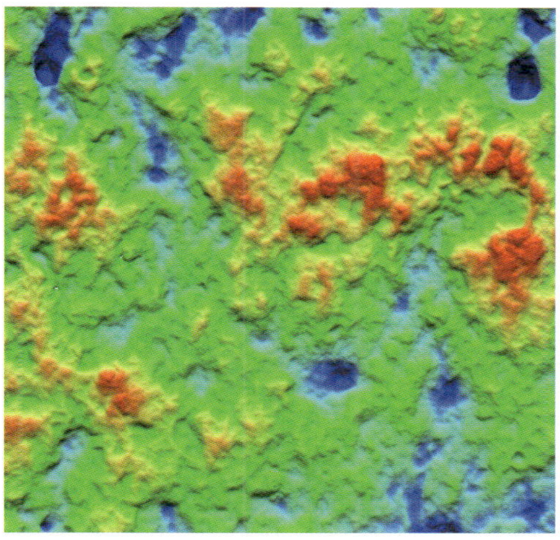

심도맵

AO맵

좌측면 4행 20자

△

디지털 사진

RTI

부착 탁본

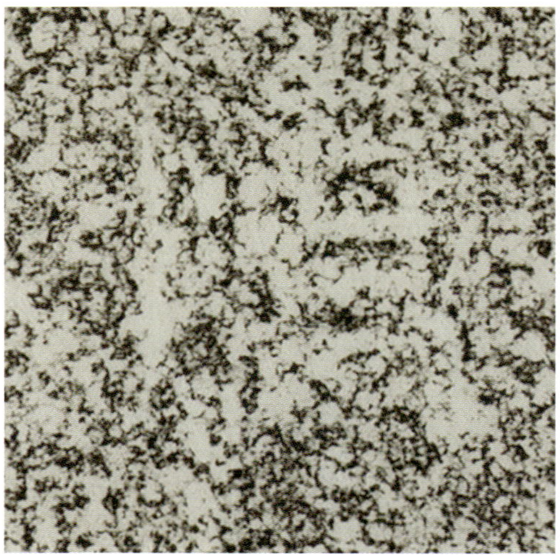

배접 탁본

비배접 탁본

폴리곤메시

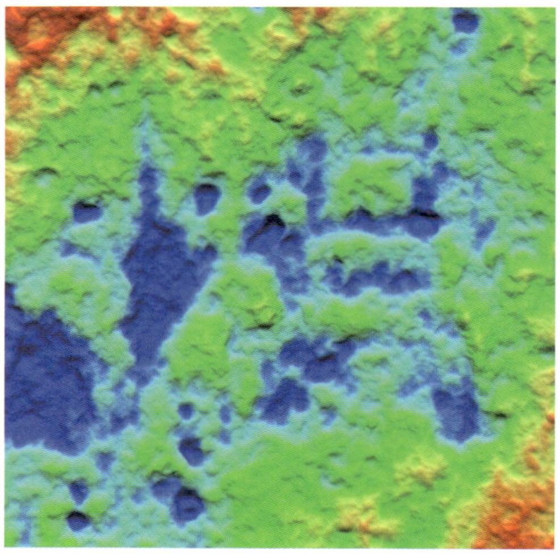

심도맵

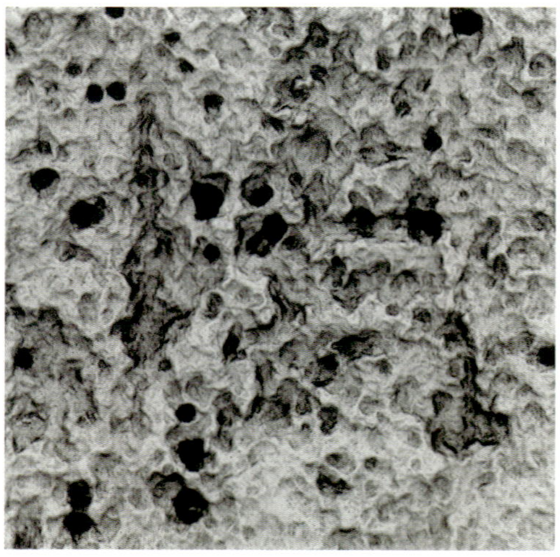

AO맵

좌측면 4행 21자

정 : △
이 : △
임 : 安
서 : △
고 : 安?
공 : △

디지털 사진

RTI

부착 탁본

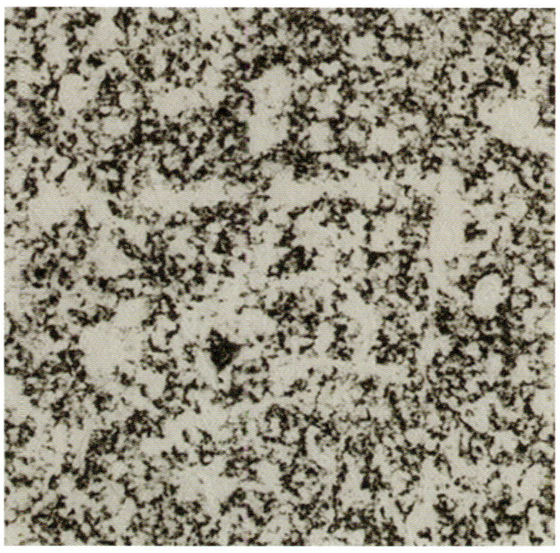

배접 탁본

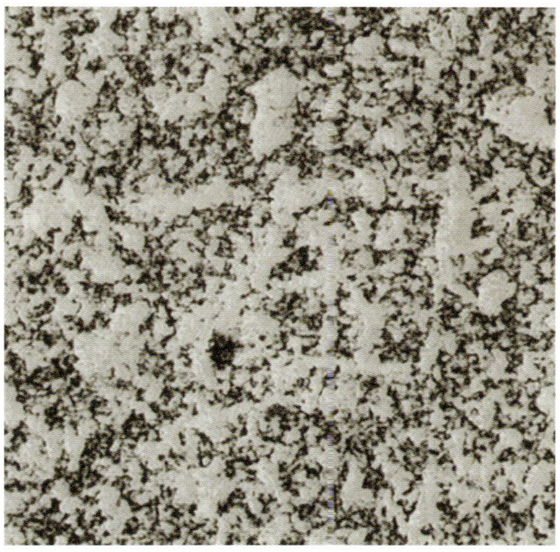

비배접 탁본

폴리곤메시

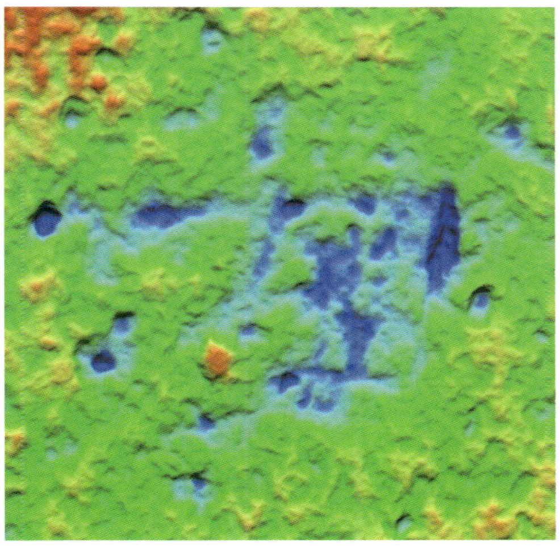

심도맵

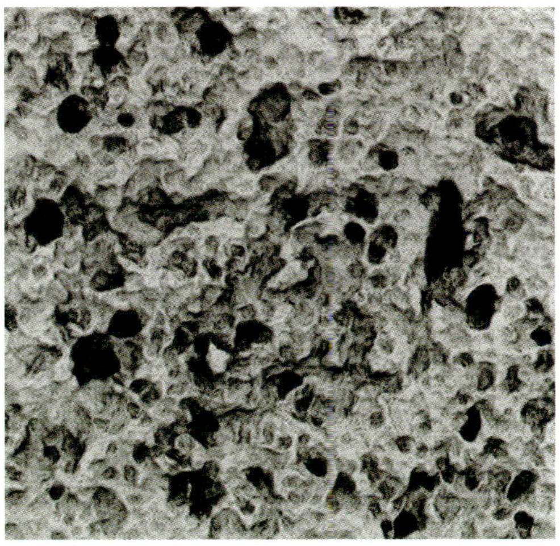

AO맵

좌측면 4행 22자

정 : 隱
이 : △
임 : △
서 : △
고 : △
공 : △

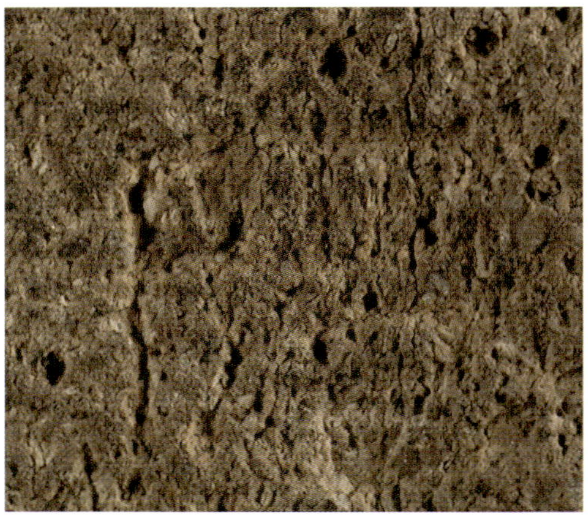

디지털 사진

RTI

부착 탁본

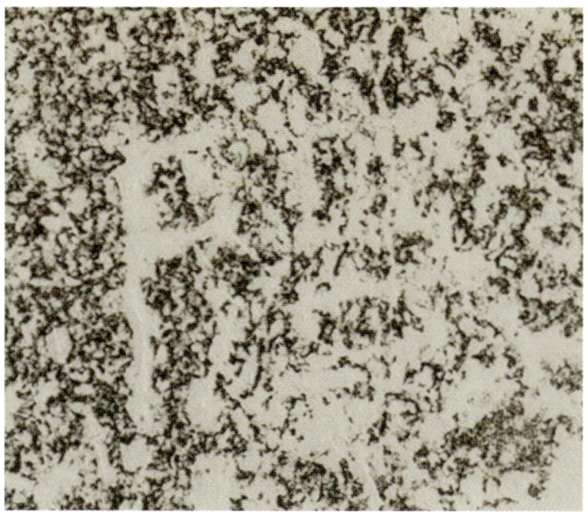

배접 탁본

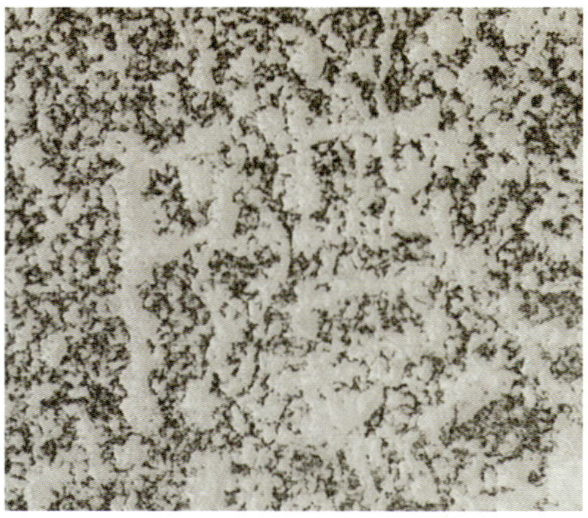

비배접 탁본

폴리곤메시

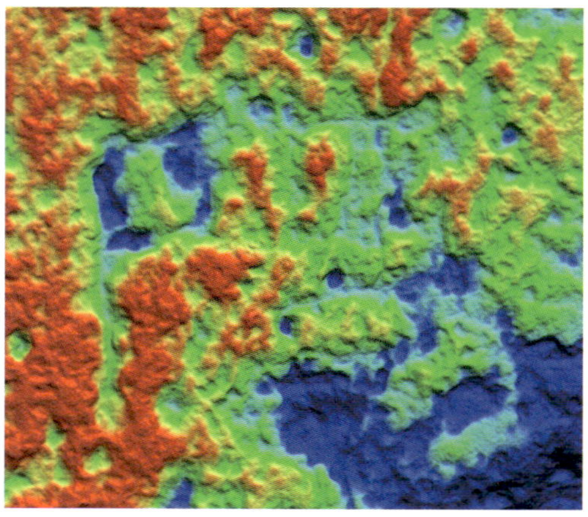

심도맵

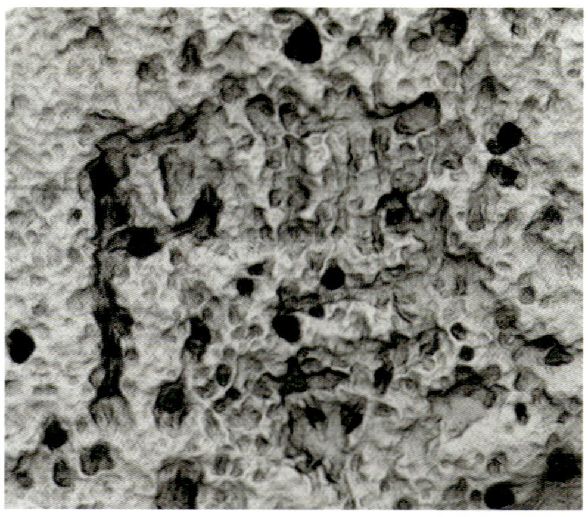

AO맵

좌측면 4행 23자

△(우측 깨짐)

디지털 사진

RTI

부착 탁본

배접 탁본

비배접 탁본

폴리곤메시

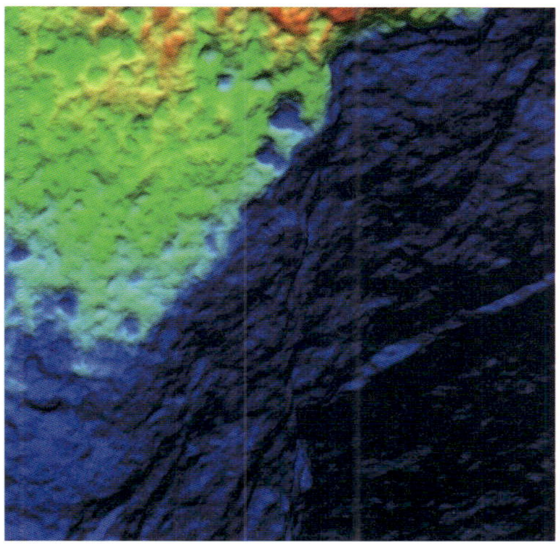

심도맵

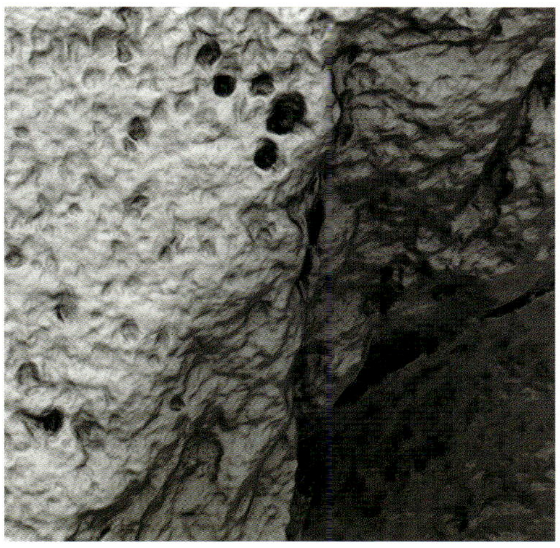

AO맵

좌측면 5행 1자

△

디지털 사진

RTI

부착 탁본

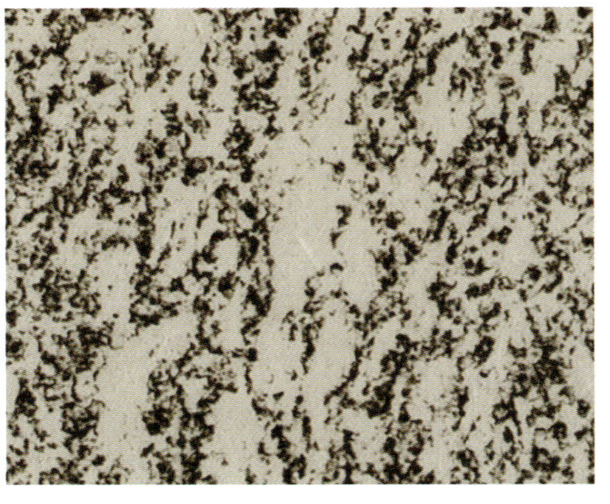

배접 탁본

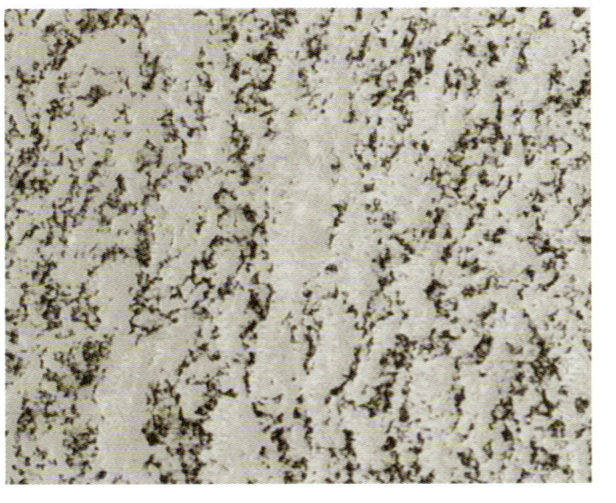

비배접 탁본

폴리곤메시

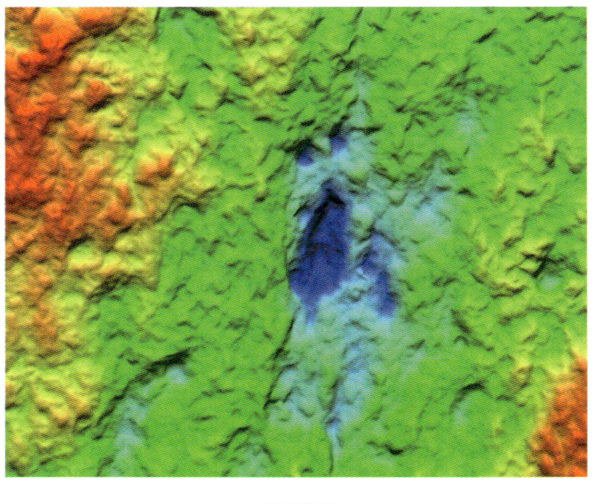

심도맵

AO맵

좌측면 5행 2자

△

디지털 사진

RTI

부착 탁본

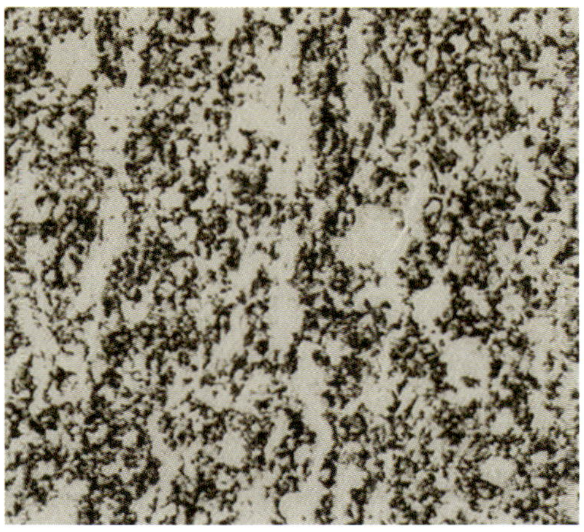

배접 탁본

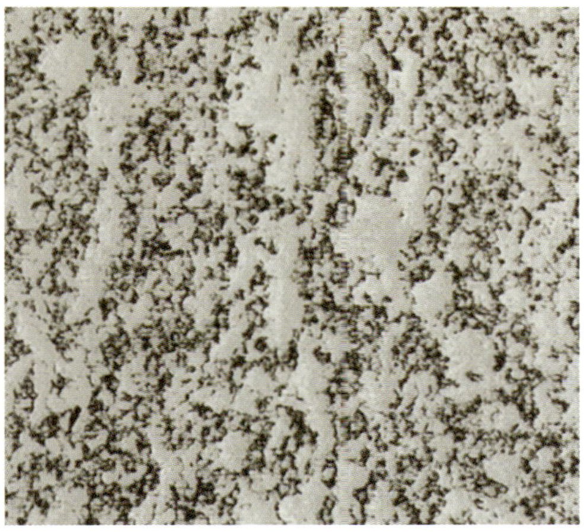

비배접 탁븐

폴리곤메시

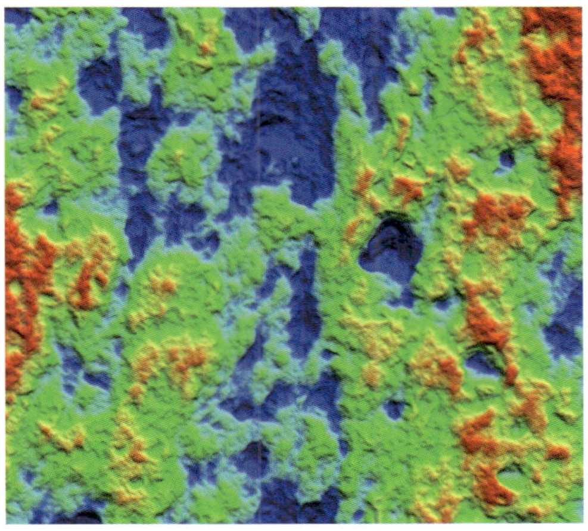

심도맵

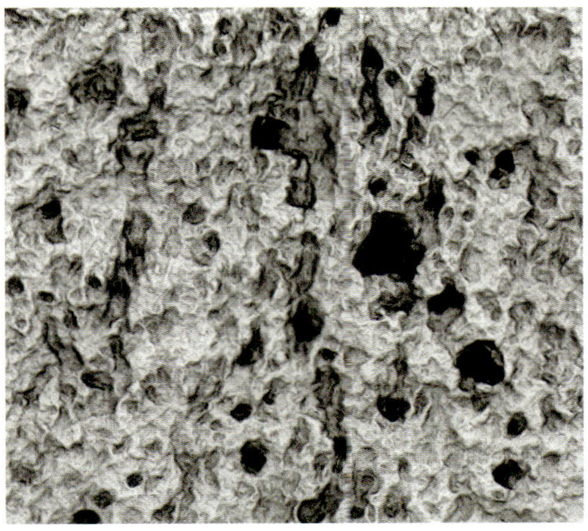

AO맵

좌측면 5행 3자

△

디지털 사진

RTI

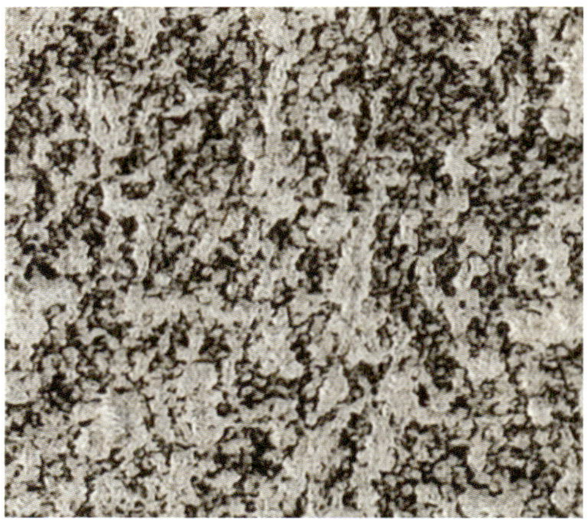

부착 탁본

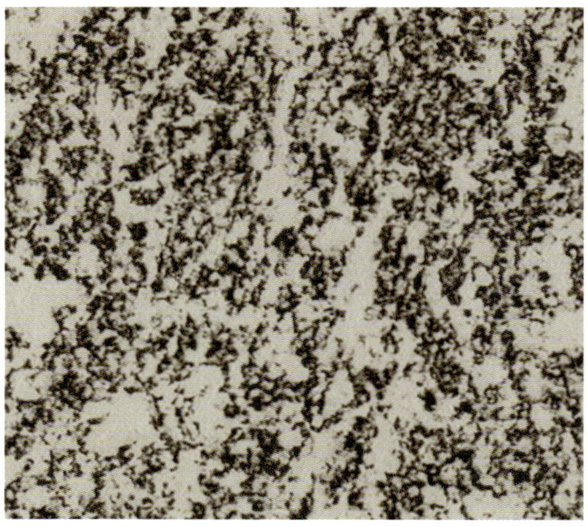

배접 탁본

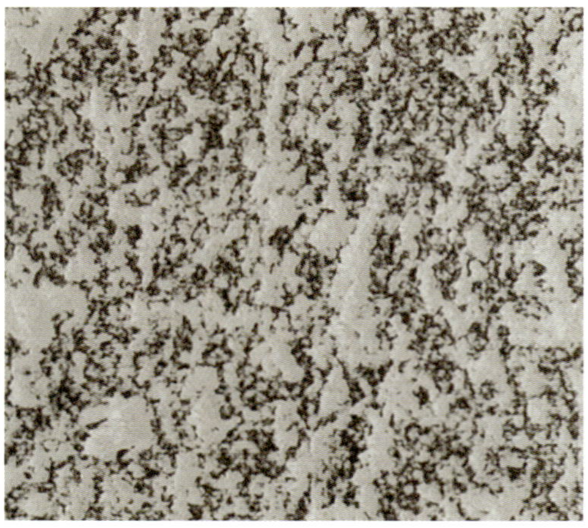

비배접 탁본

폴리곤메시

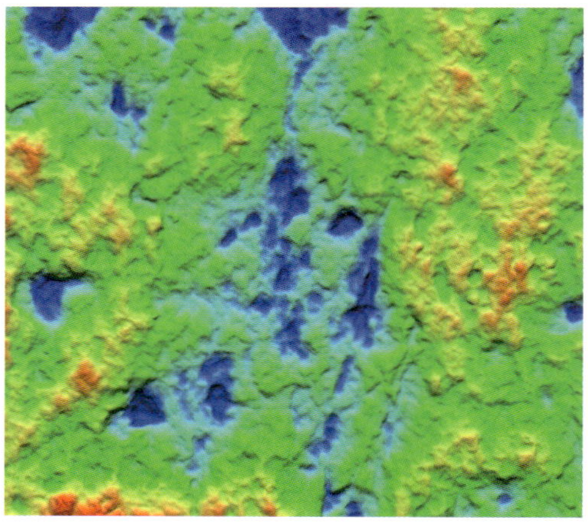

심도맵

AO맵

좌측면 5행 4자

△

디지털 사진

RTI

부착 탁본

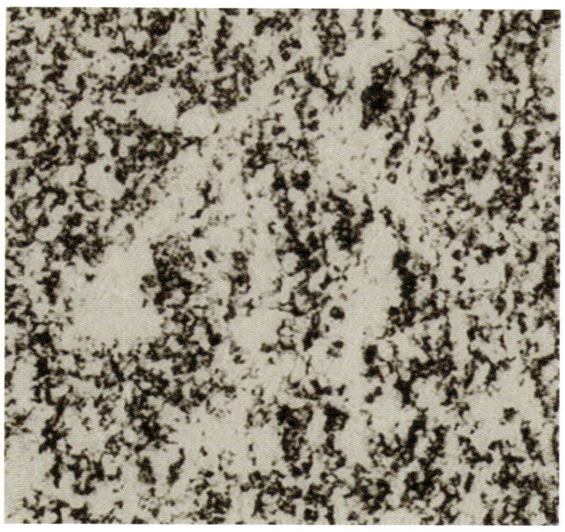

배접 탁본

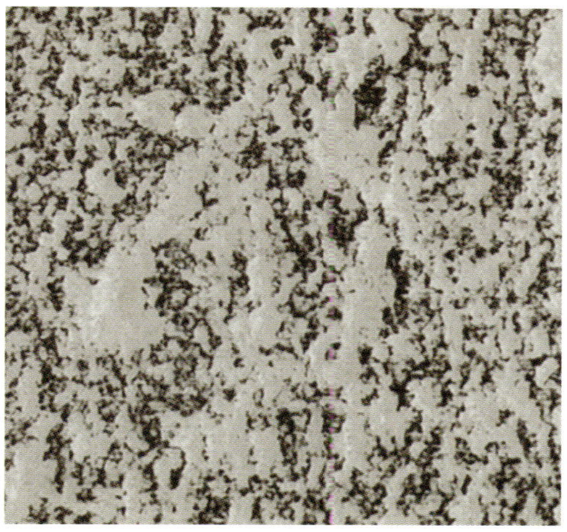

비배접 탁본

폴리곤메시

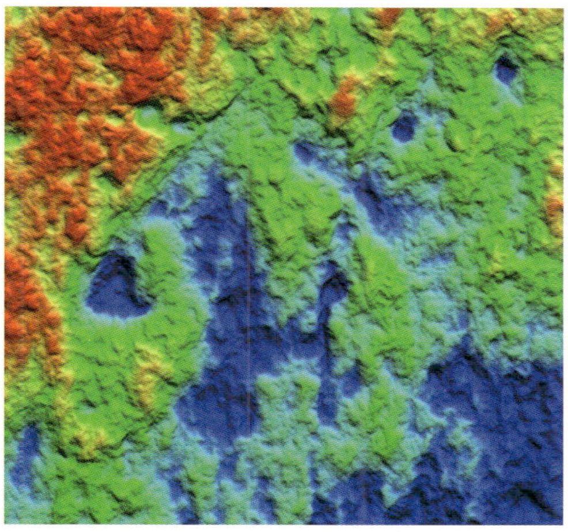

심도맵

AO맵

좌측면 5행 5자

△

디지털 사진

RTI

부착 탁본

배접 탁본

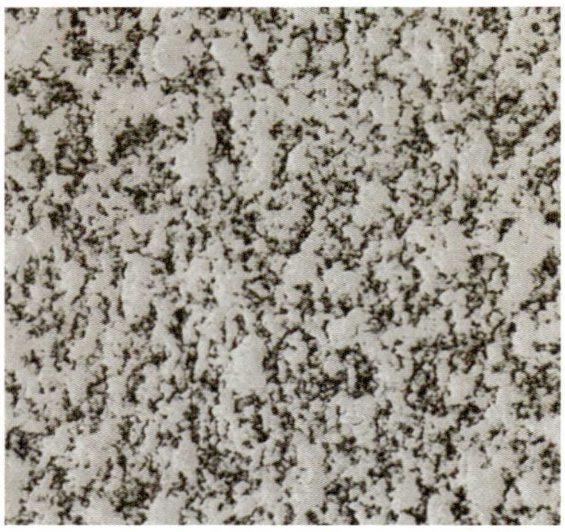

비배접 탁본

폴리곤메시

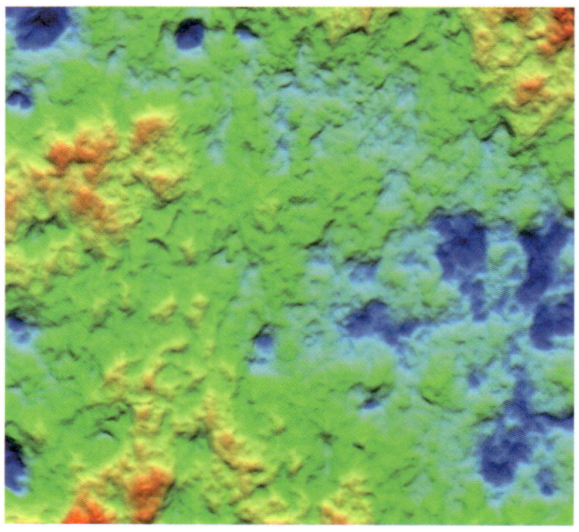

심도맵

AO맵

좌측면 5행 6자

△

디지털 사진

RTI

부착 탁본

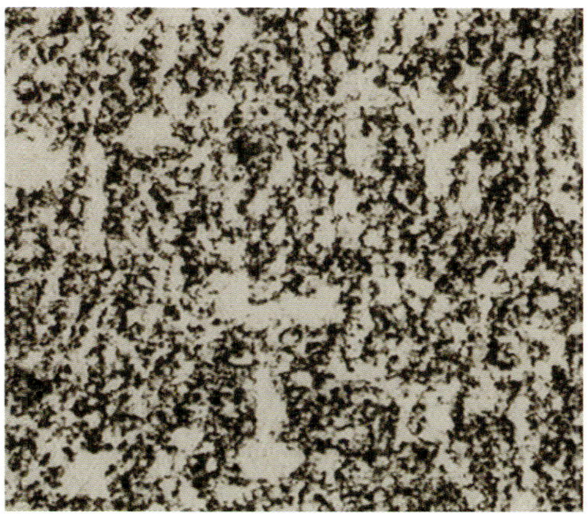

배접 탁본

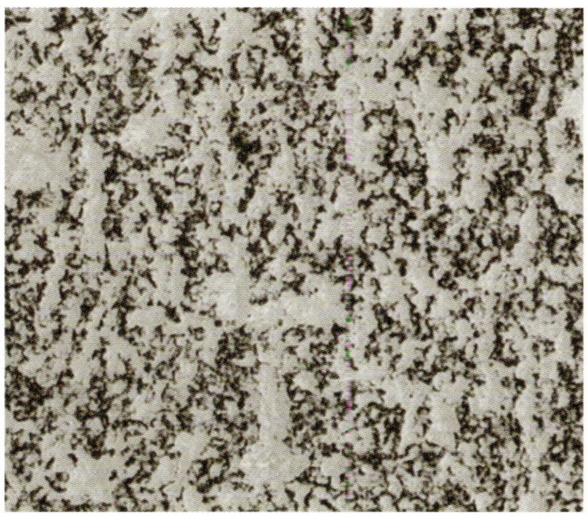

비배접 탁본

폴리곤메시

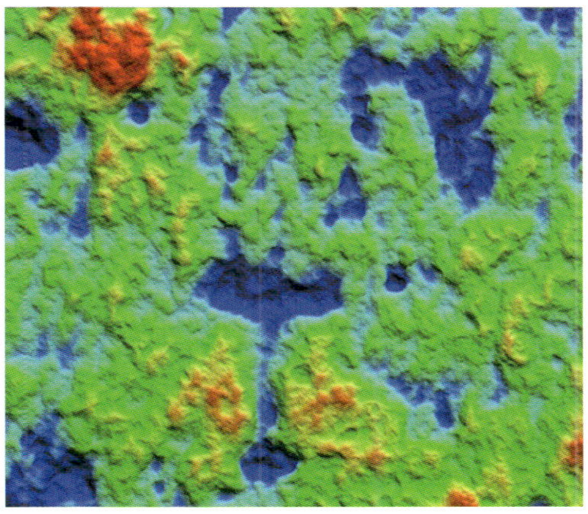

심도맵

AO맵

좌측면 5행 7자

△

디지털 사진

RTI

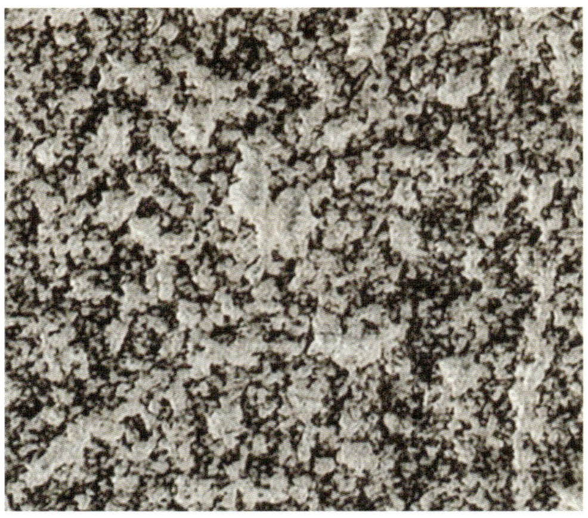

부착 탁본

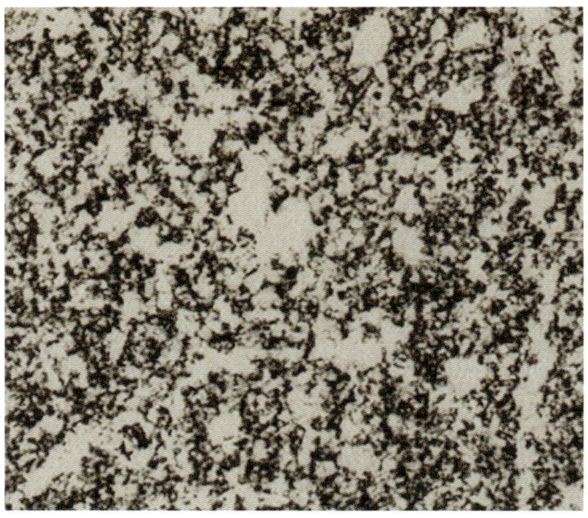

배접 탁본

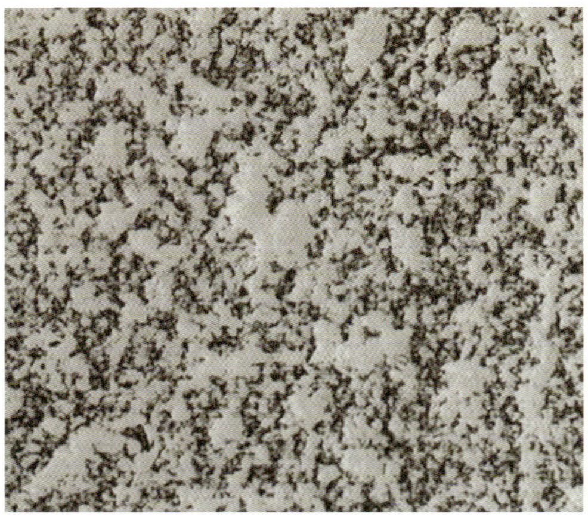

비배접 탁본

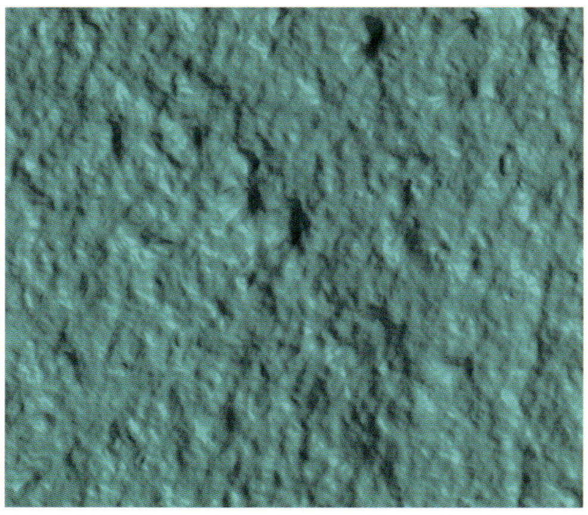

폴리곤메시

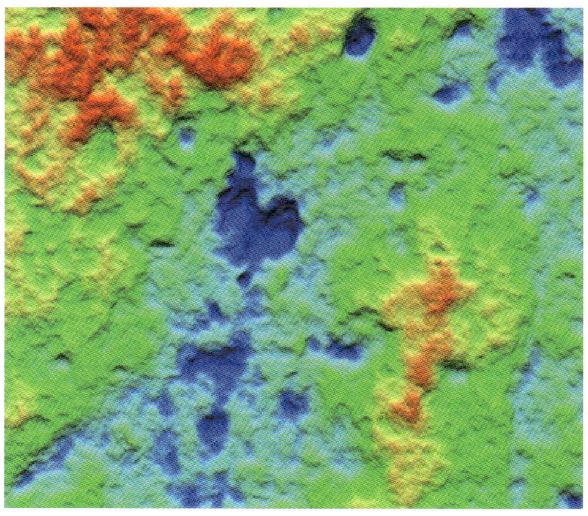

심도맵

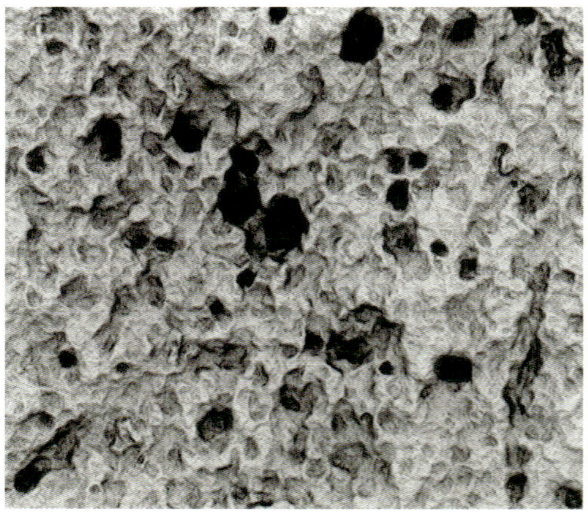

AO맵

좌측면 5행 8자

△

디지털 사진

RTI

부착 탁본

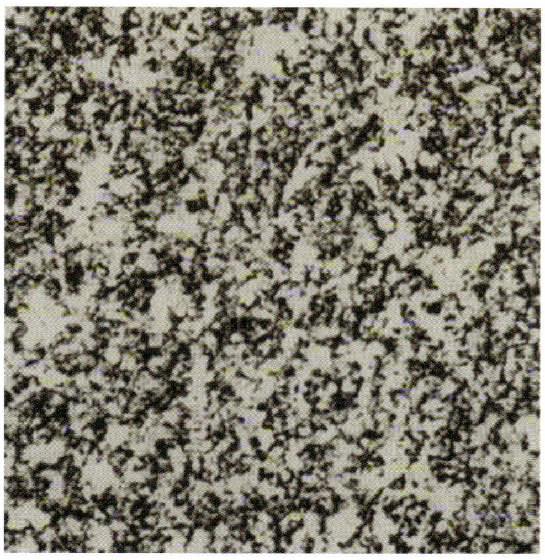

배접 탁본

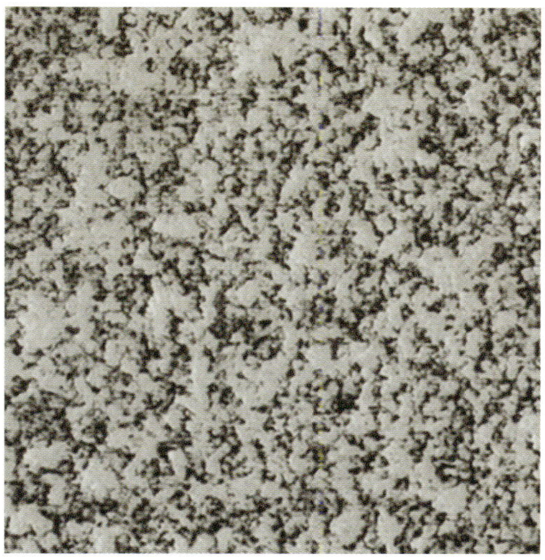

비배접 탁본

폴리곤메시

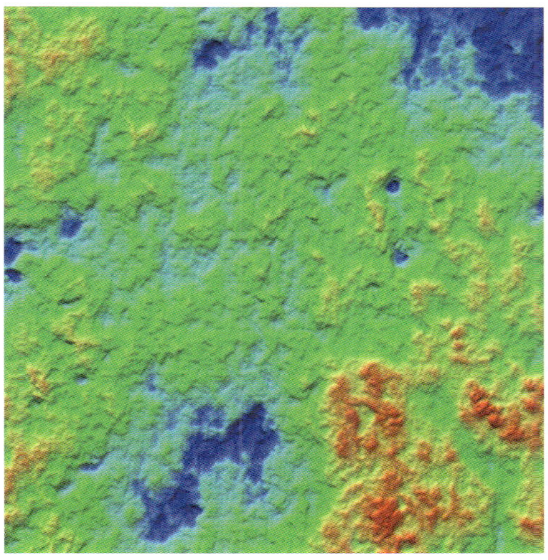

심도맵

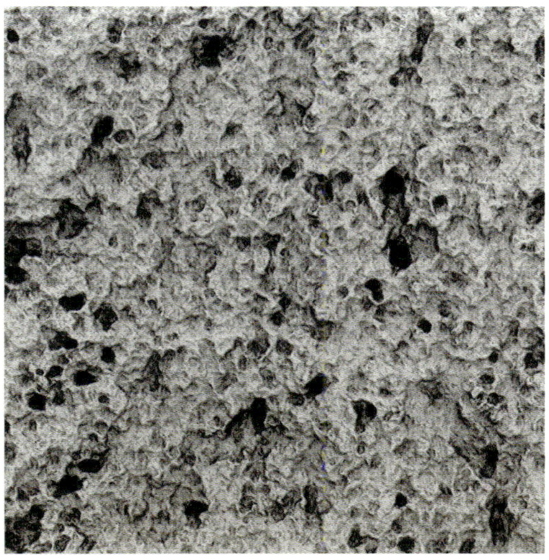

AO맵

좌측면 5행 9자

△

디지털 사진

RTI

부착 탁본

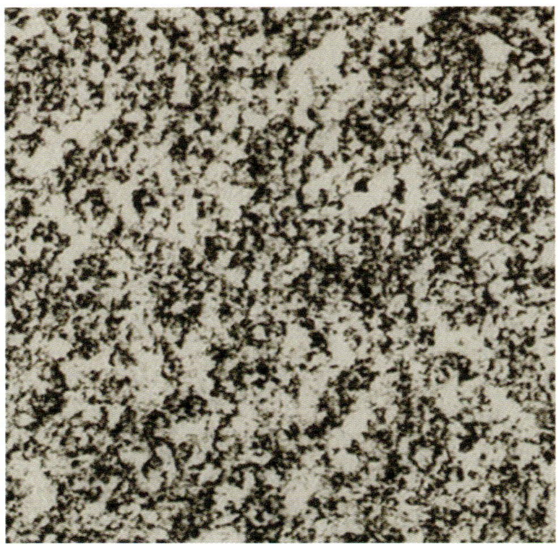

배접 탁본

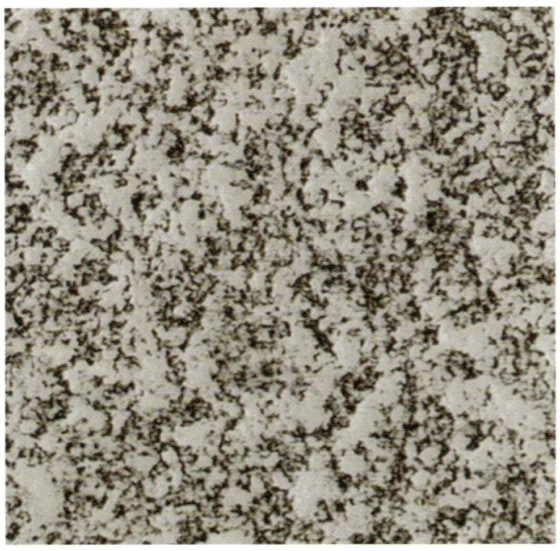

비배접 탁본

폴리곤메시

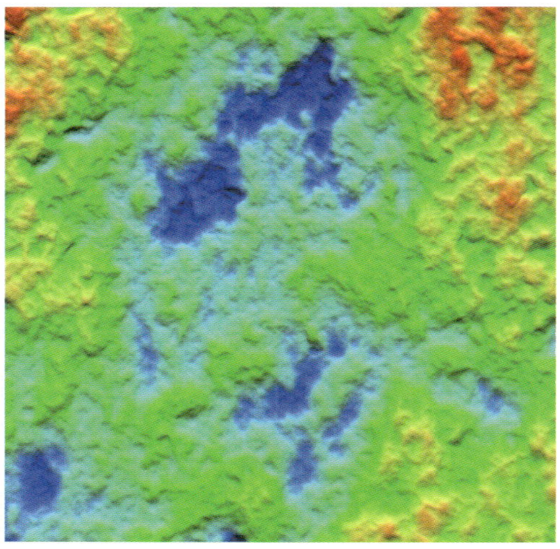

심도맵

AO맵

좌측면 5행 10자

上

디지털 사진

RTI

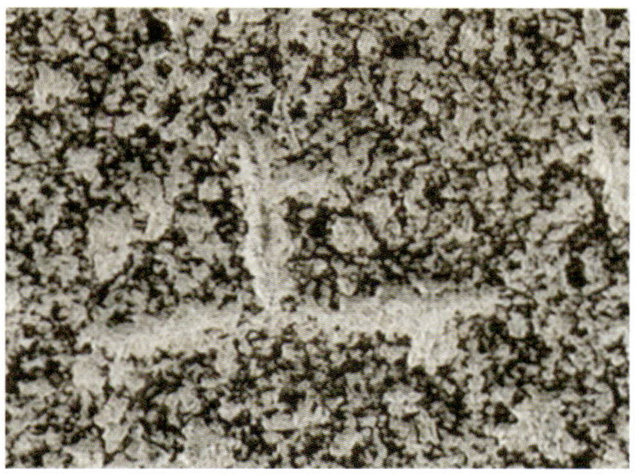

부착 탁본

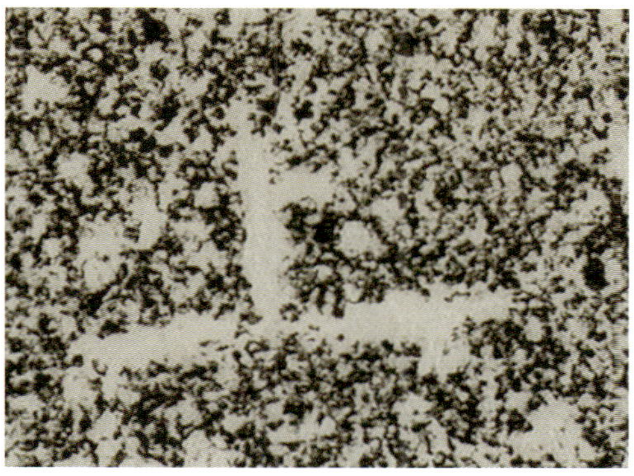

배접 탁본

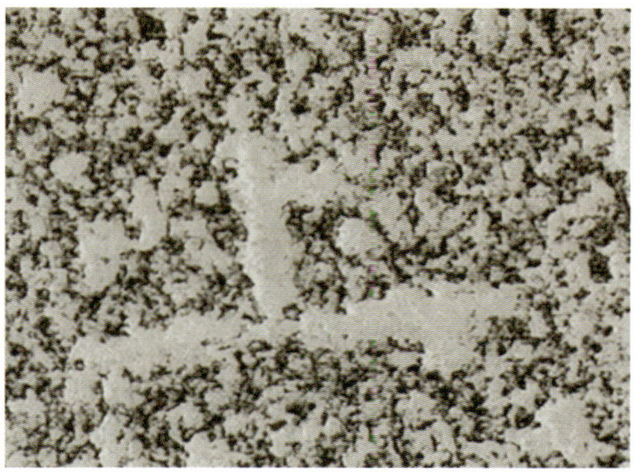

비배접 탁본

폴리곤메시

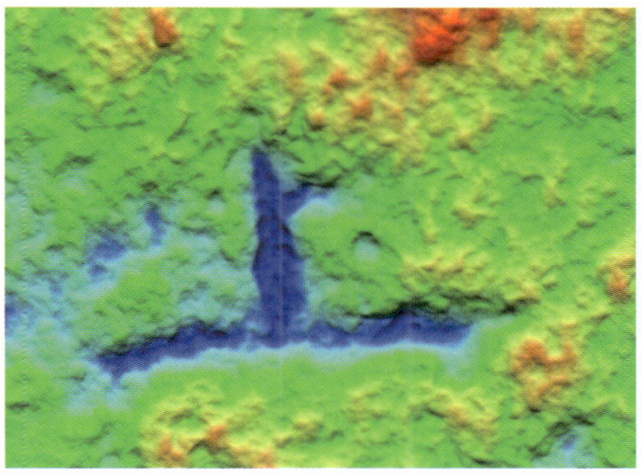

심도맵

AO맵

좌측면 5행 11자

정 : 有
이 : 有
임 : 有
서 : 有
고 : 右?
공 : 有

디지털 사진

RTI

부착 탁본

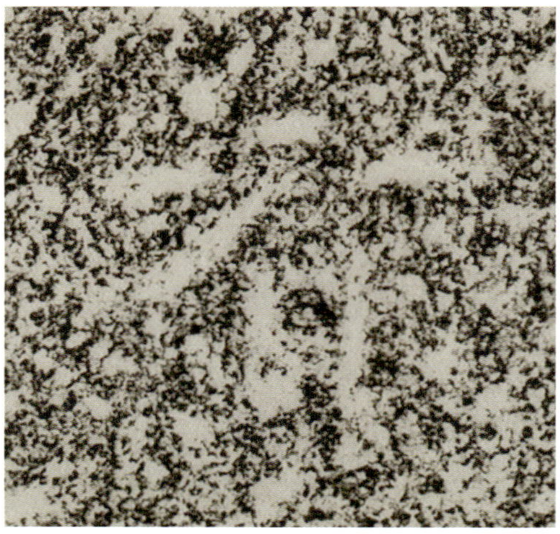

배접 탁본

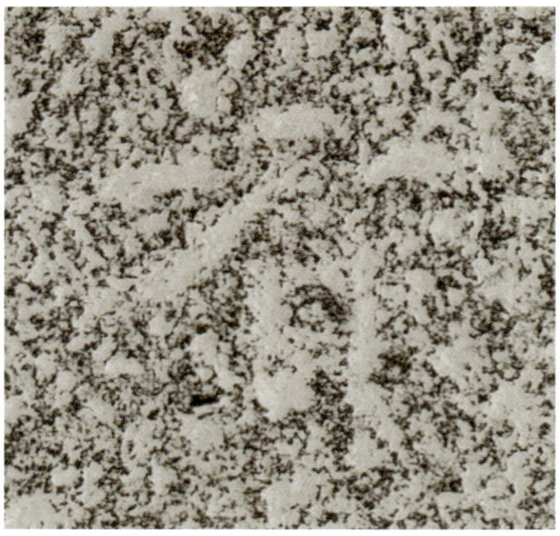

비배접 탁본

폴리곤메시

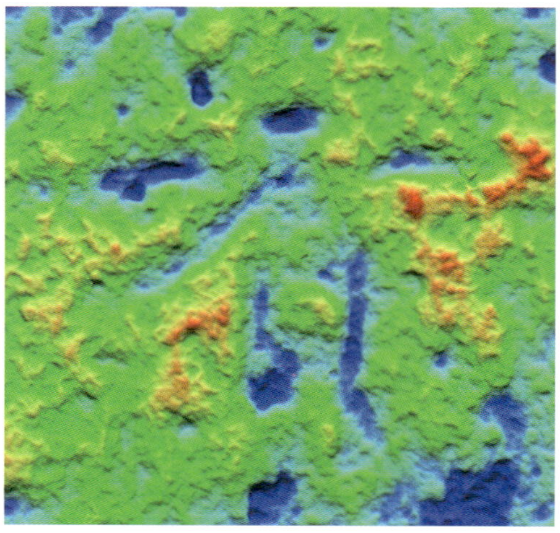

심도맵

AO맵

좌측면 5행 12자

정 : 之?
이 : △
임 : △
서 : △
고 : △
공 : 之?

디지털 사진

RTI

부착 탁본

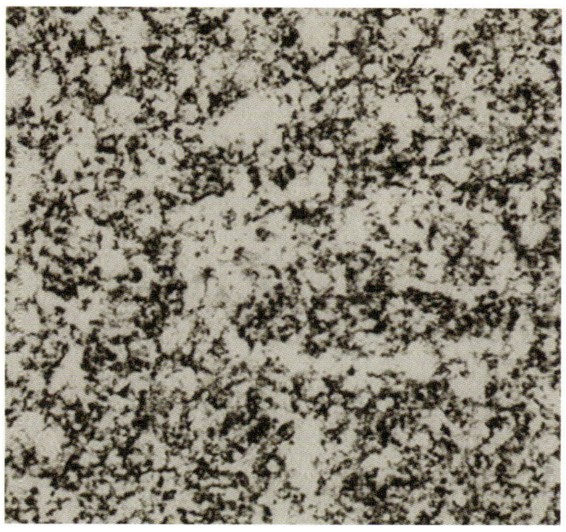

배접 탁본

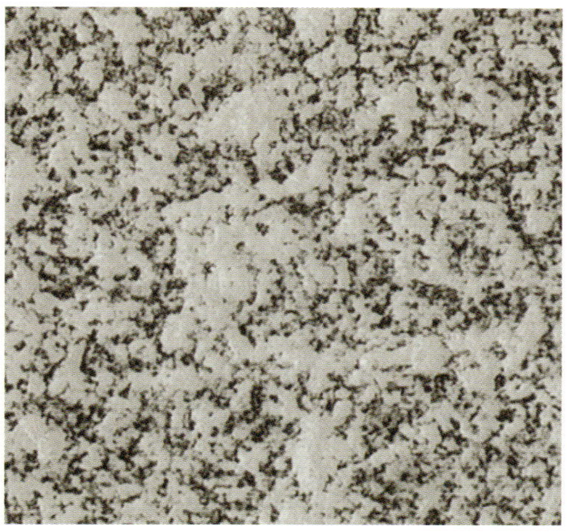

비배접 탁본

폴리곤메시

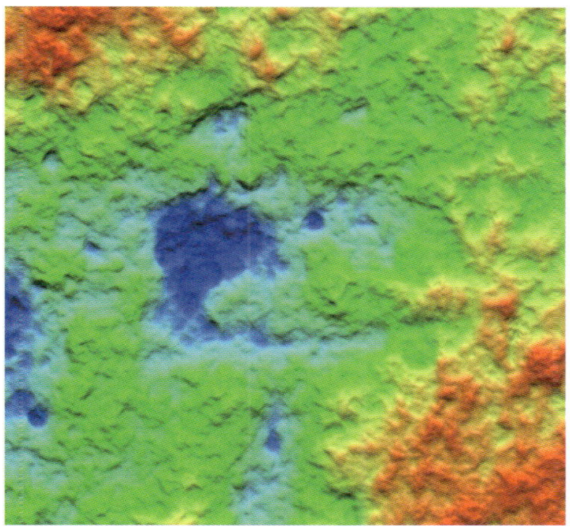

심도맵

AO맵

좌측면 5행 13자

정 : 辛
이 : △
임 : △
서 : △
고 : 辛
공 : 〈辛〉

디지털 사진

RTI

부착 탁본

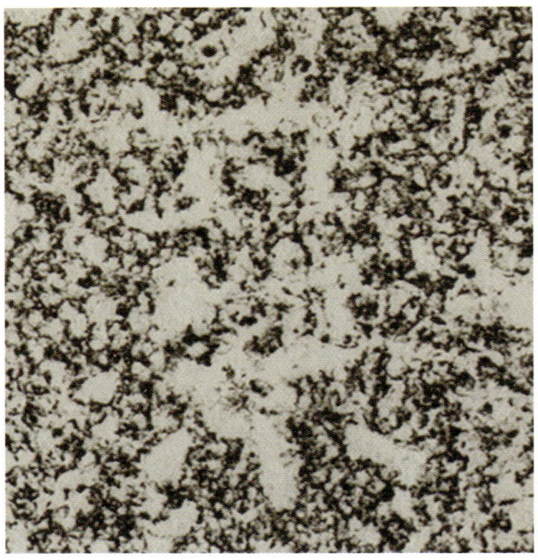

배접 탁본

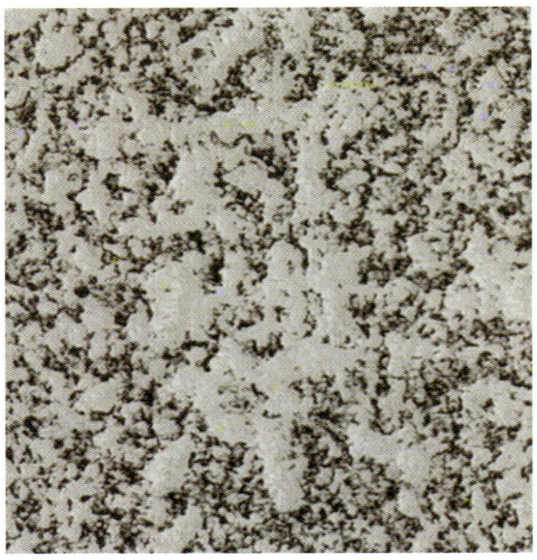

비배접 탁본

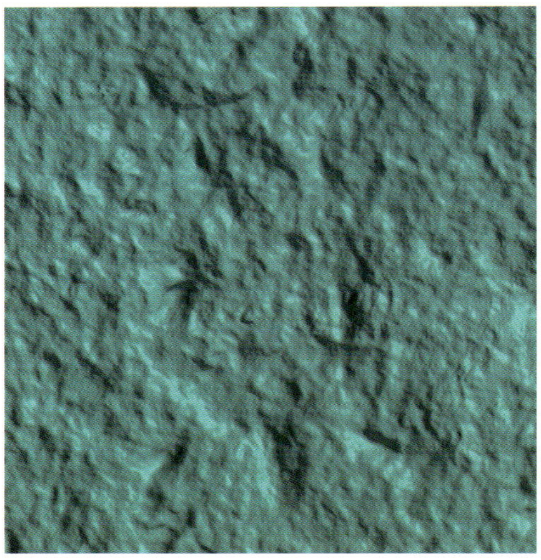

폴리곤메시

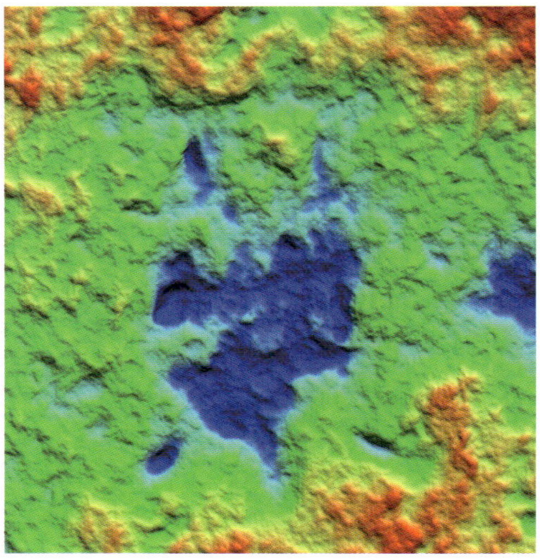

심도맵

AO맵

좌측면 5행 14자

정 : 酉
이 : △
임 : 國?
서 : 酉
고 : 酉
공 : 〈酉〉

디지털 사진

RTI

부착 탁본

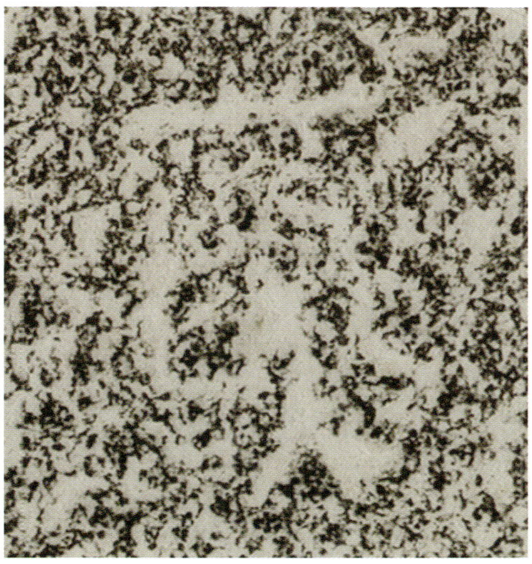

배접 탁본

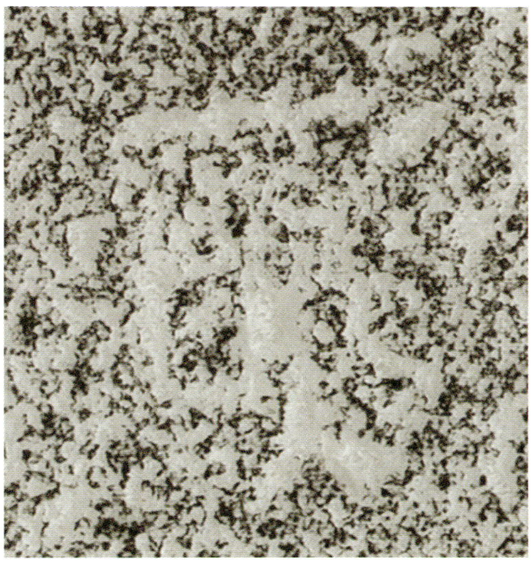

비배접 탁본

폴리곤메시

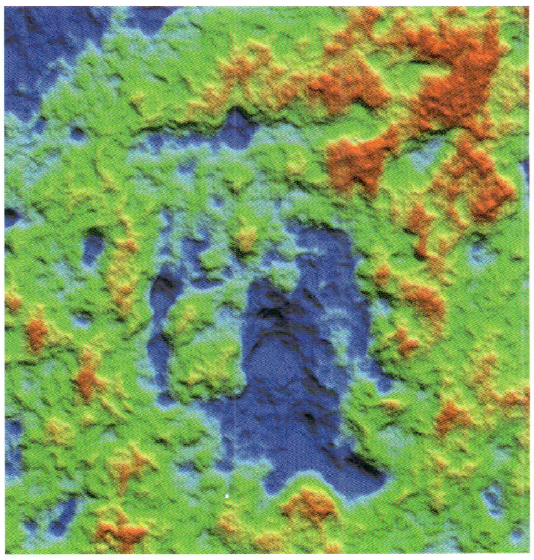

심도맵

AO맵

좌측면 5행 15자

디지털 사진

RTI

부착 탁본

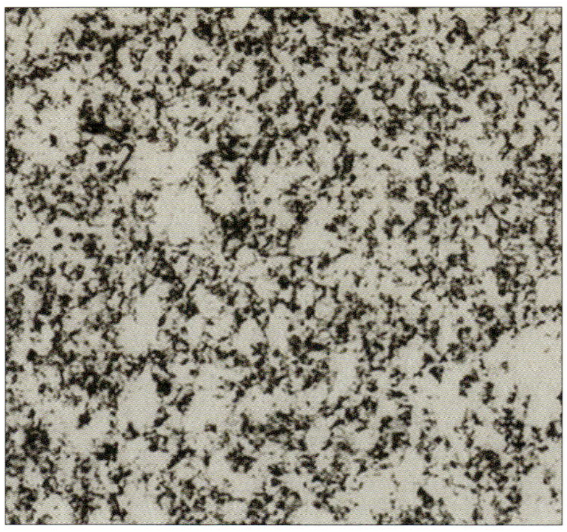

배접 탁본

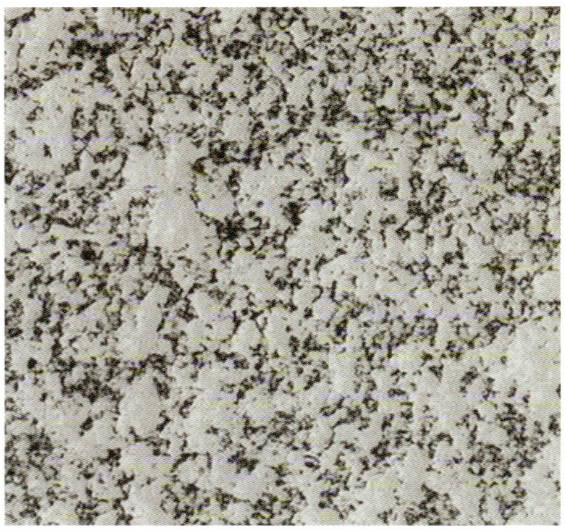

비배접 탁본

폴리곤메시

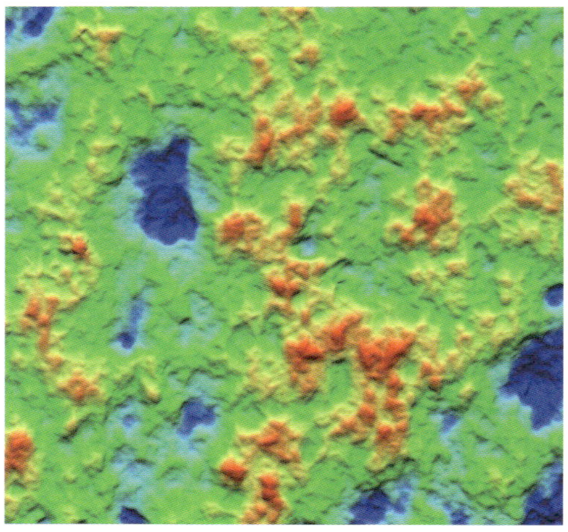

심도맵

AO맵

좌측면 5행 16자

△

디지털 사진

RTI

부착 탁본

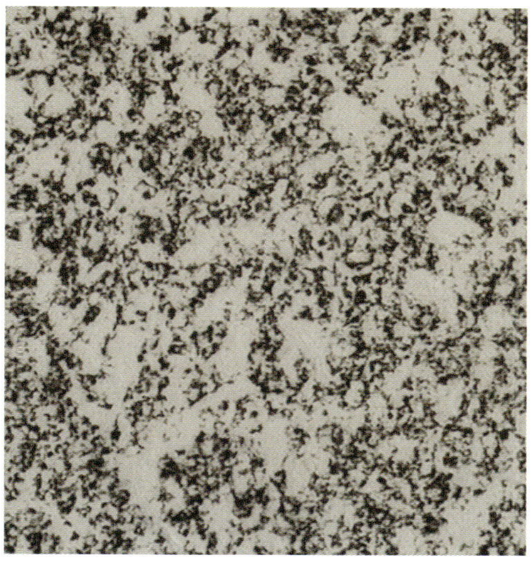

배접 탁본

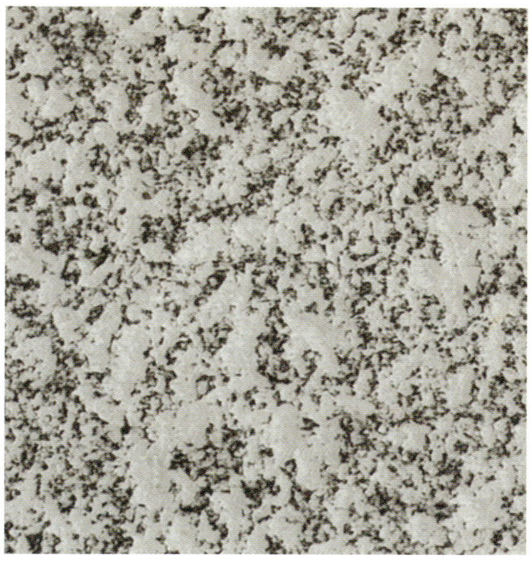

비배접 탁본

폴리곤메시

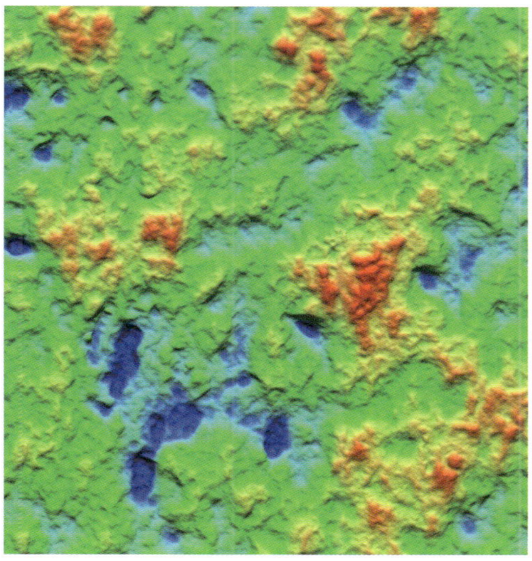

심도맵

AO맵

좌측면 5행 17자

△

디지털 사진

RTI

부착 탁본

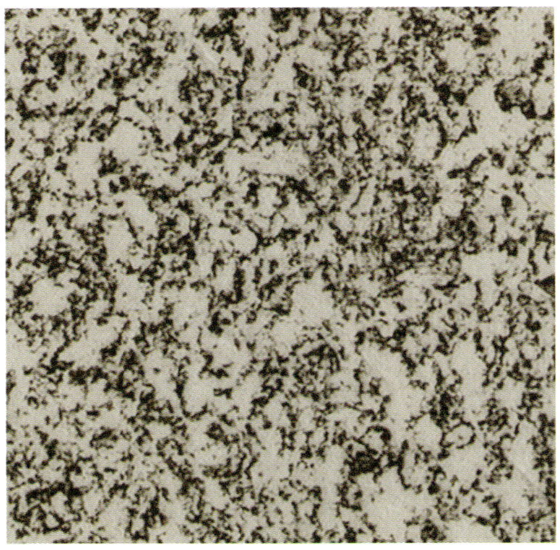

배접 탁본

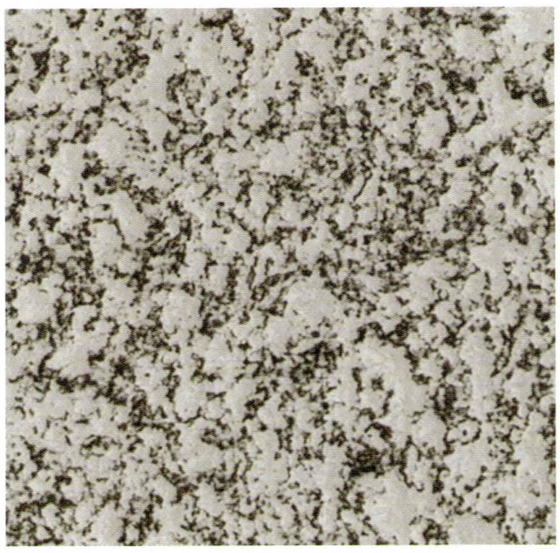

비배접 탁본

폴리곤메시

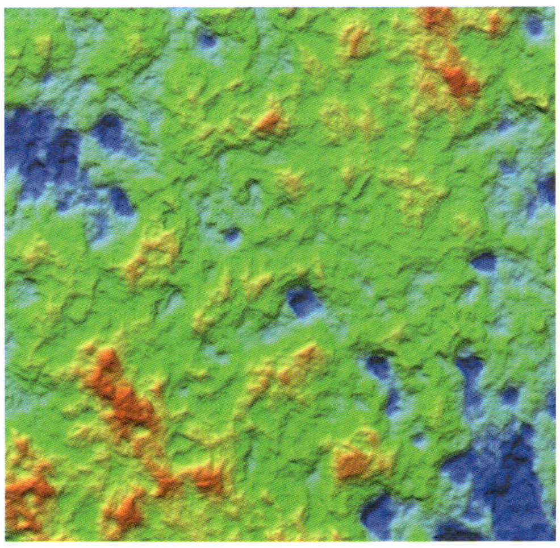

심도맵

AO맵

좌측면 5행 18자

△

디지털 사진

RTI

부착 탁본

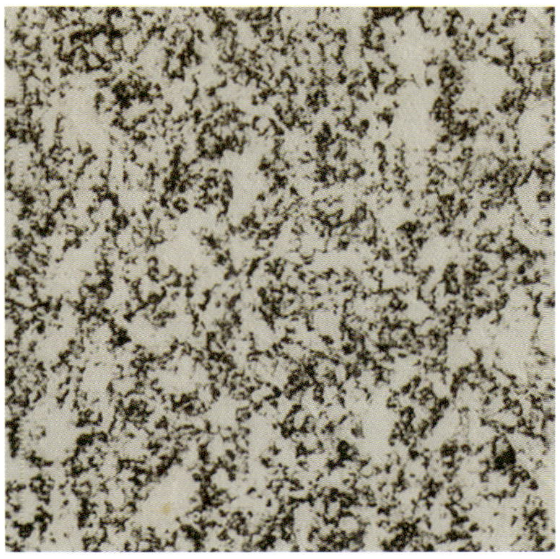

배접 탁본

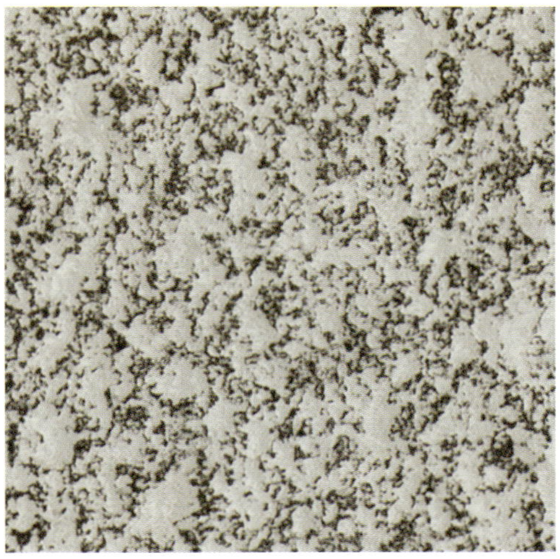

비배접 탁본

폴리곤메시

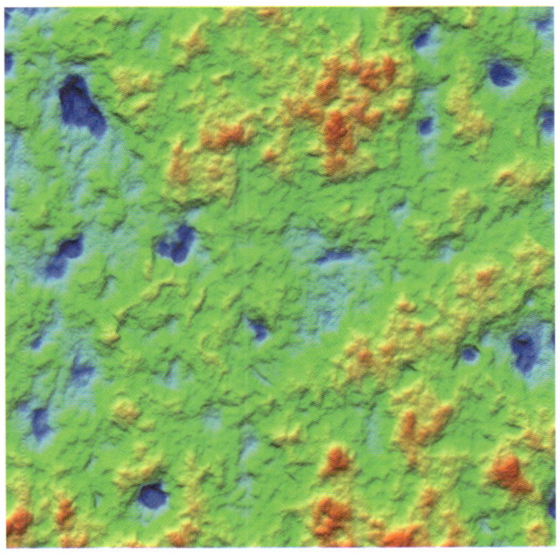

심도맵

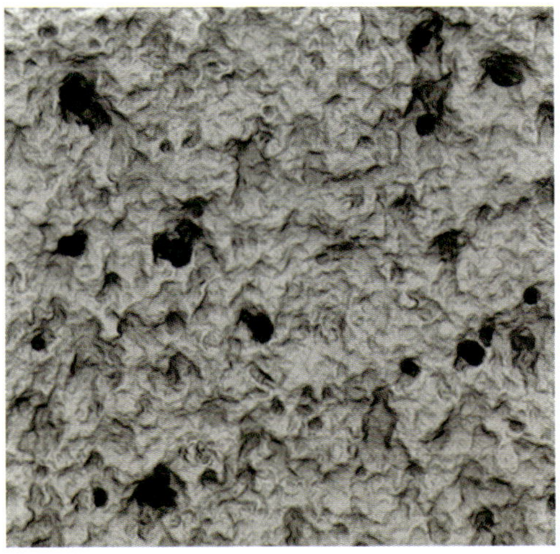

AO맵

좌측면 5행 19자

東

디지털 사진

RTI

부착 탁본

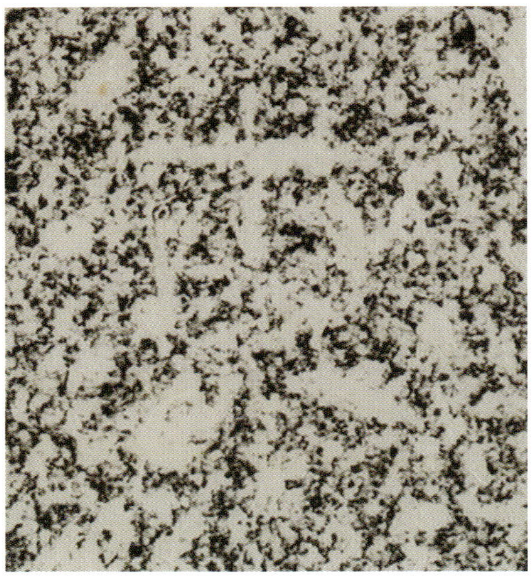

배접 탁본

비배접 탁본

폴리곤메시

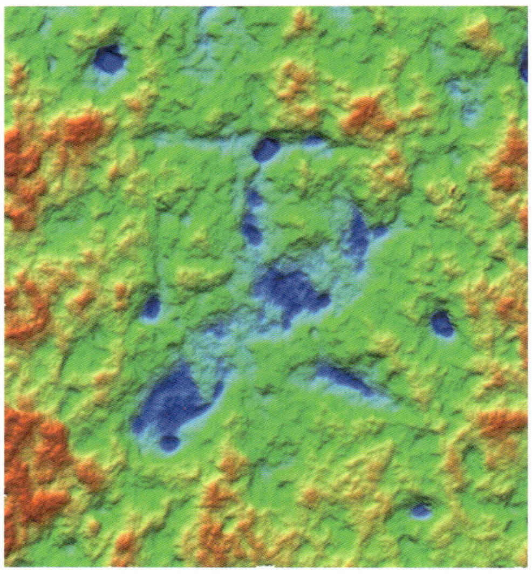

심도맵

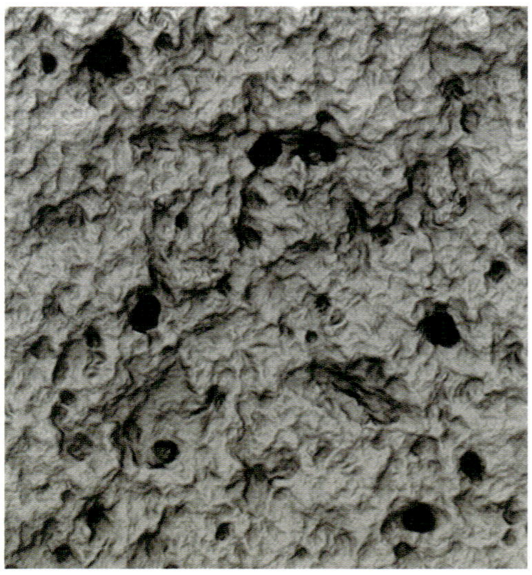

AO맵

좌측면 5행 20자

夷

디지털 사진

RTI

부착 탁본

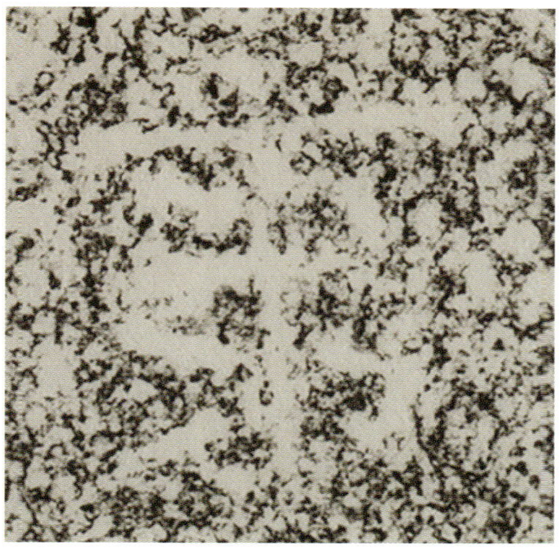

배접 탁본

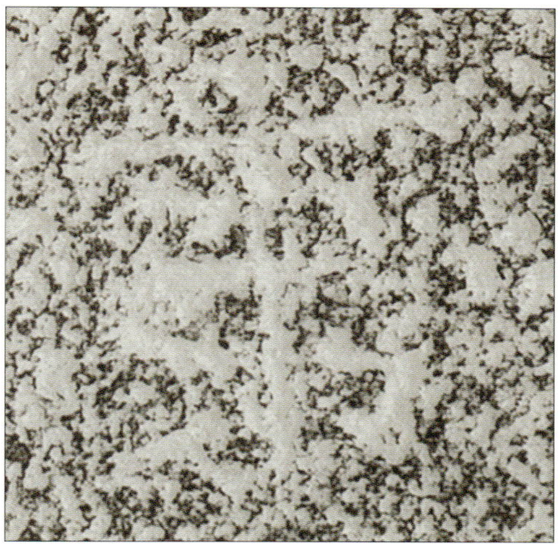

비배접 탁본

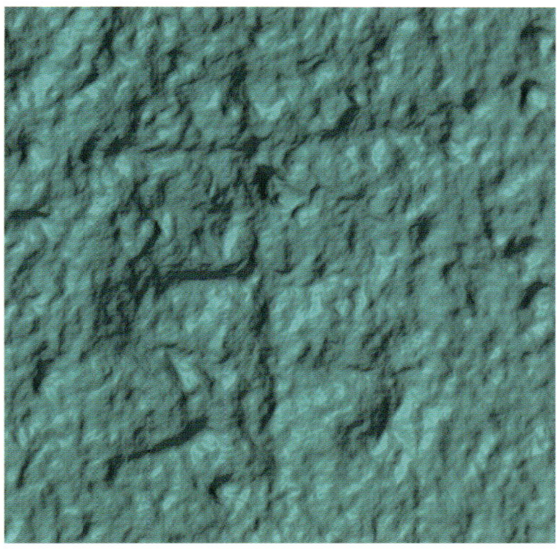

폴리곤메시

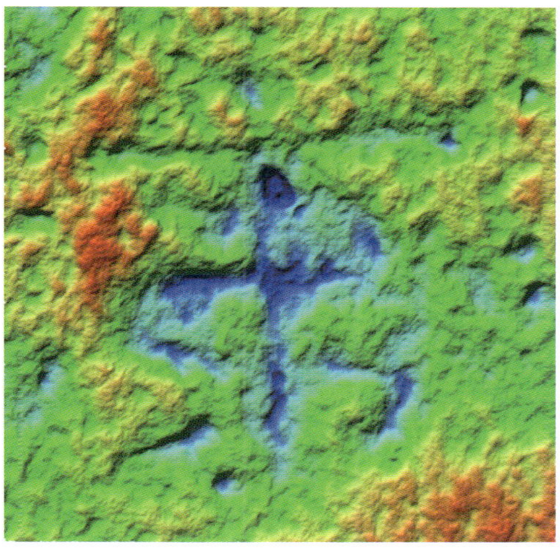

심도맵

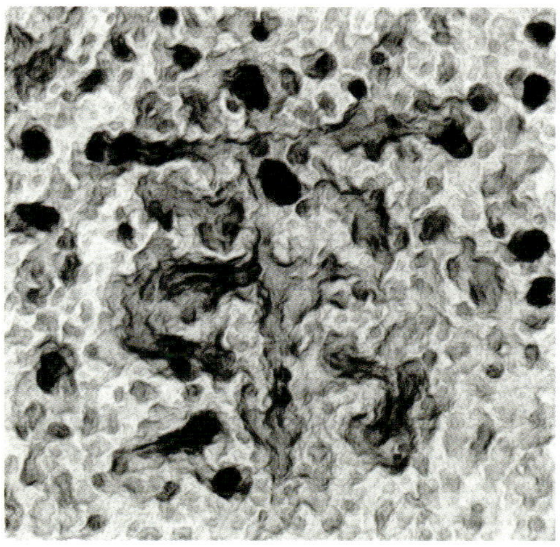

AO맵

좌측면 5행 21자

寐

디지털 사진

RTI

부착 탁본

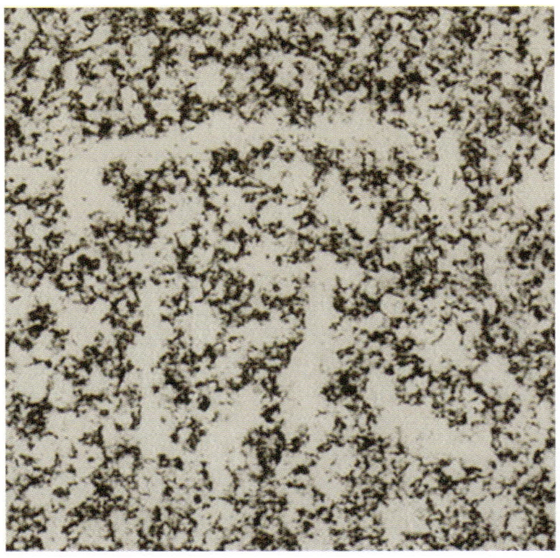

배접 탁본

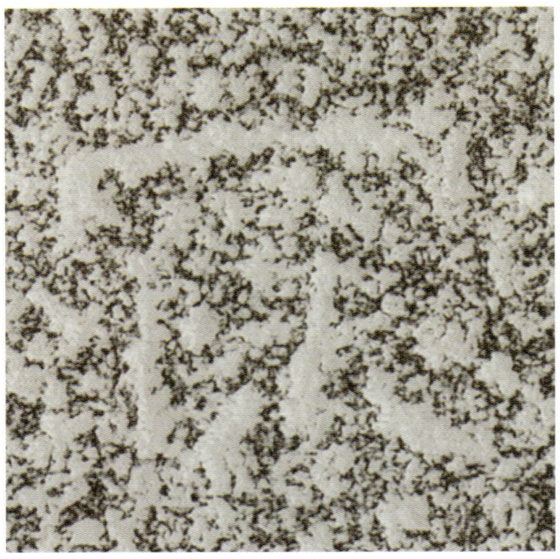

비배접 탁본

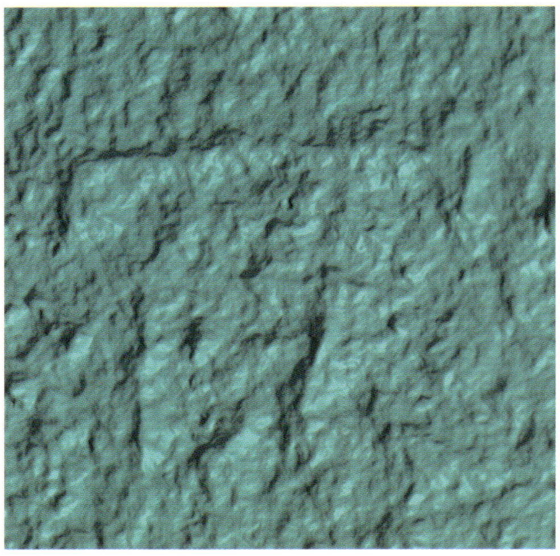

폴리곤메시

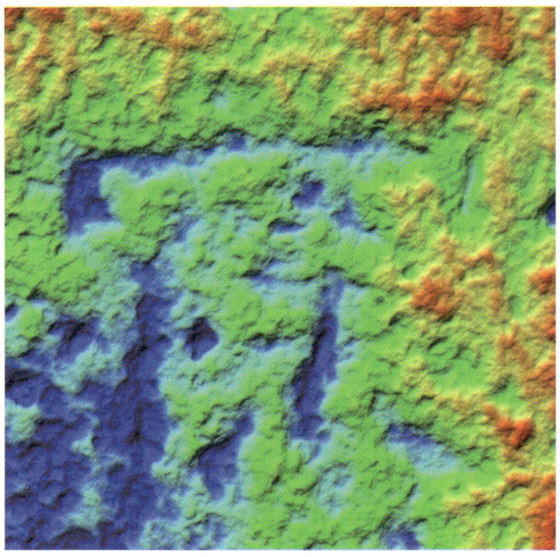

심도맵

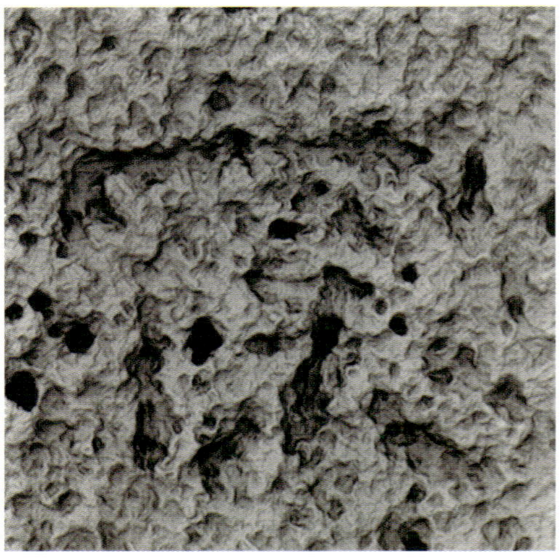

AO맵

좌측면 5행 22자

錦

디지털 사진

RTI

부착 탁본

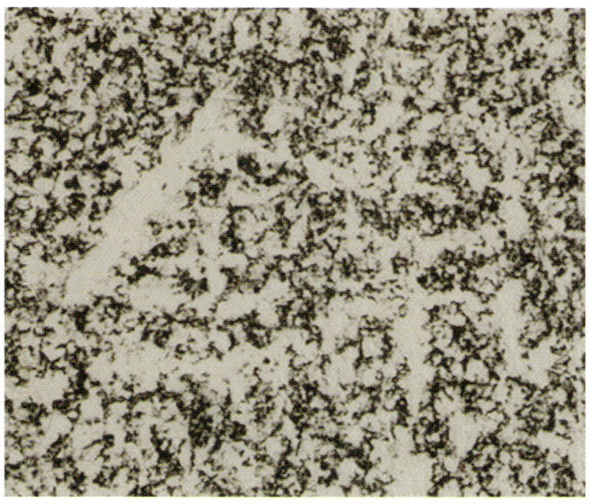

배접 탁본

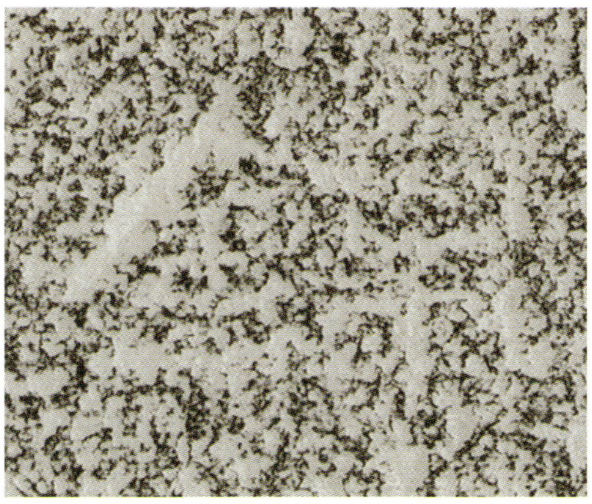

비배접 탁본

폴리곤메시

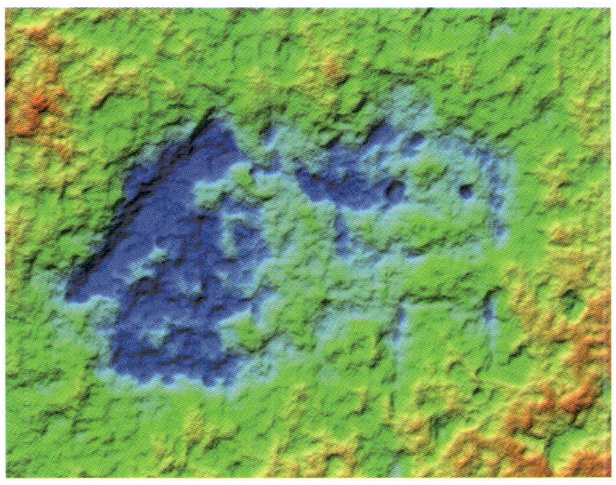

심도맵

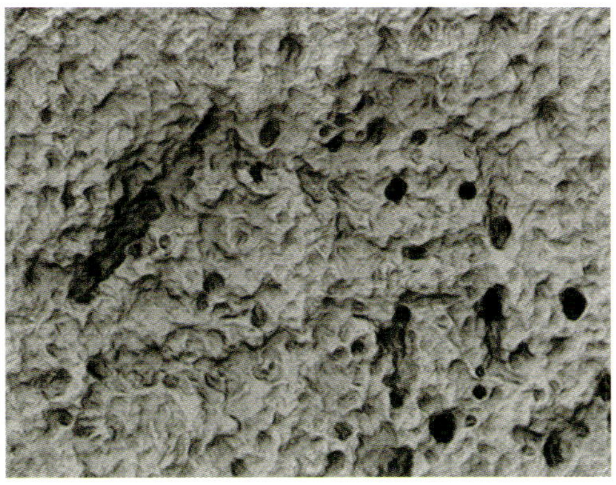

AO맵

좌측면 5행 23자

土

디지털 사진

RTI

부착 탁본

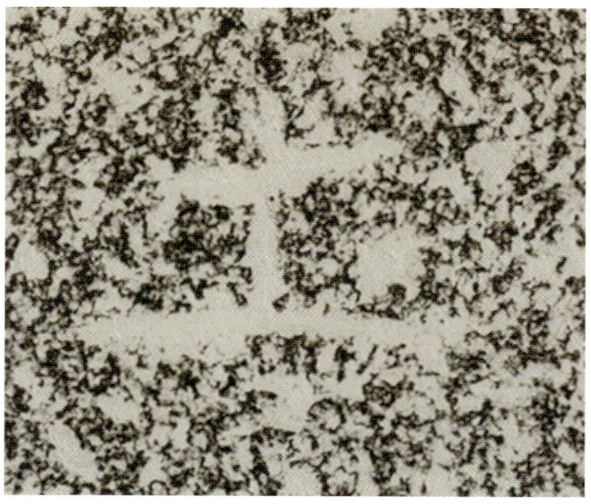

배접 탁본

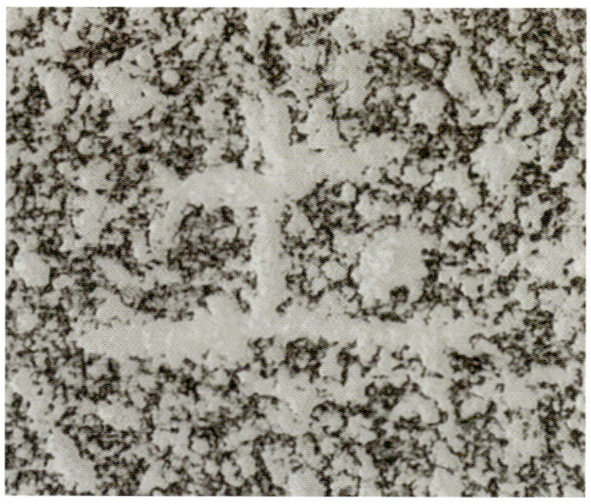

비배접 탁본

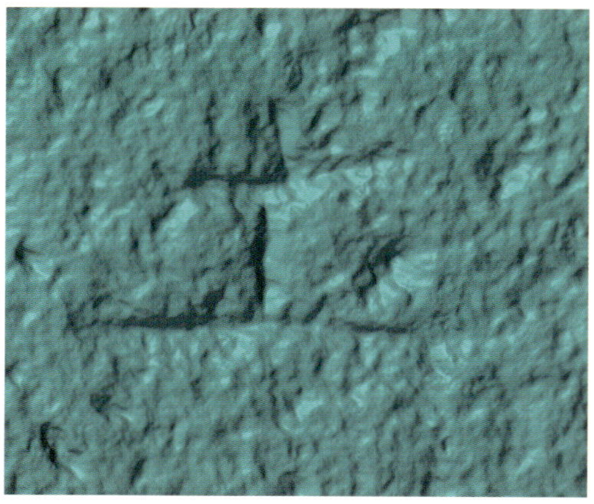

폴리곤메시

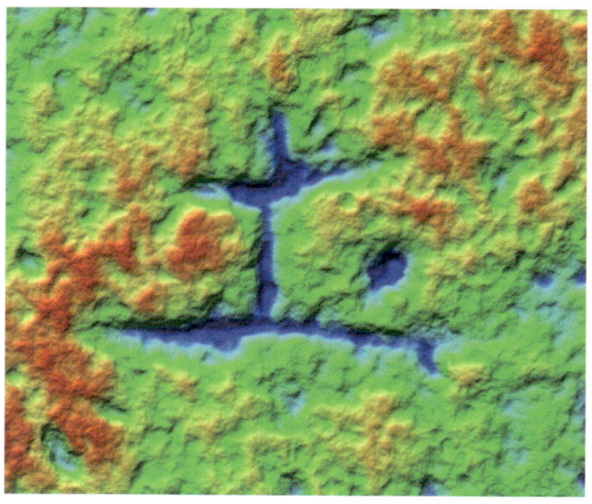

심도맵

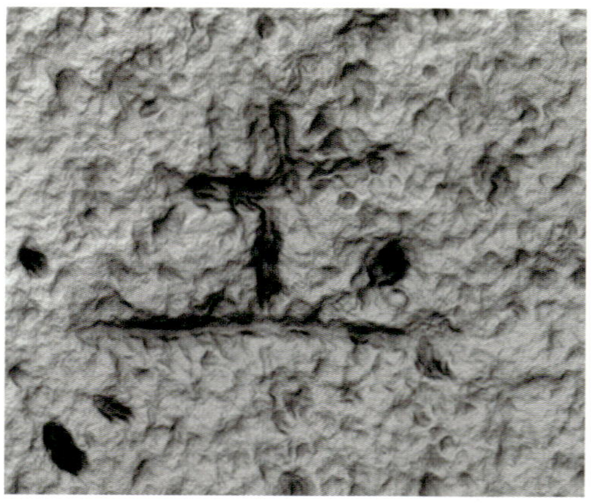

AO맵

좌측면 6행 1자

△

디지털 사진

RTI

부착 탁본

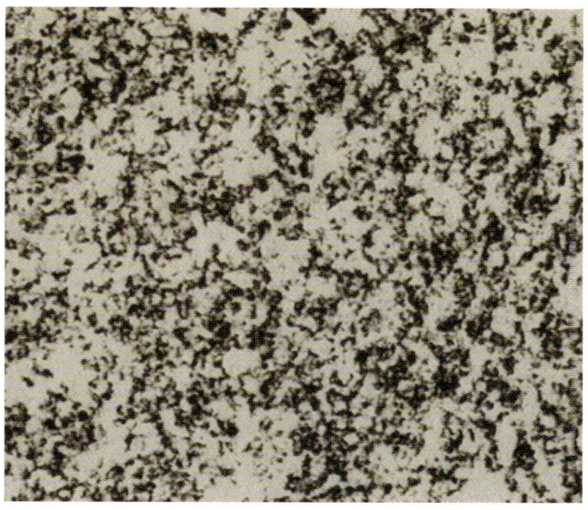

배접 탁본

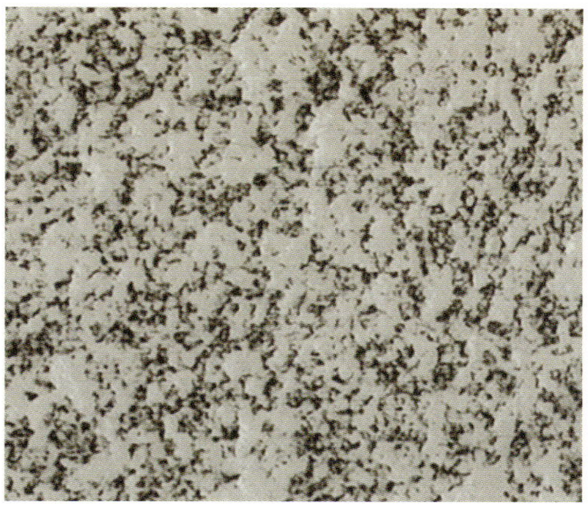

비배접 탁본

폴리곤메시

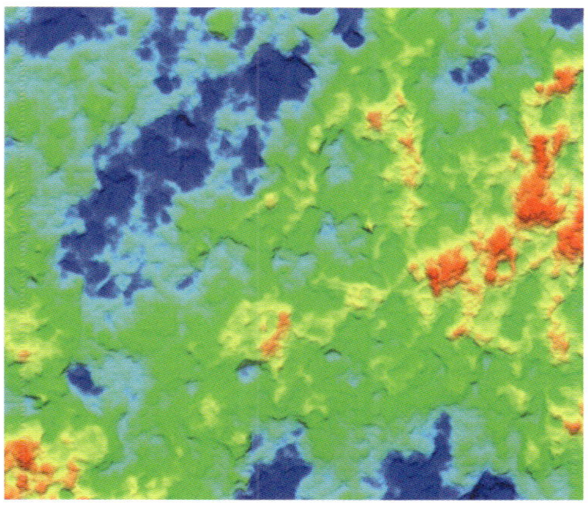

심도맵

AO맵

좌측면 6행 2자

△

디지털 사진

RTI

부착 탁본

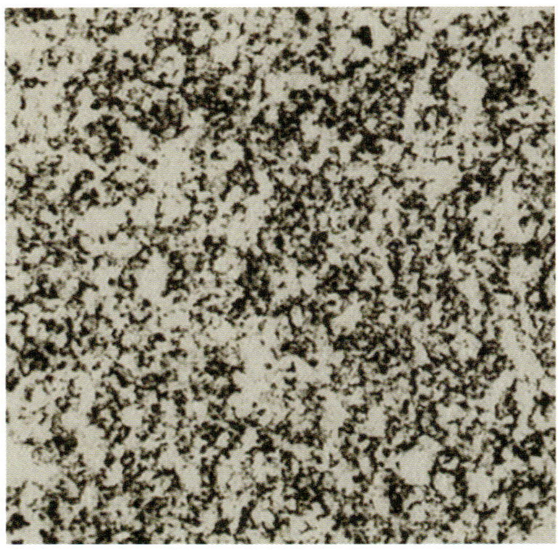

배접 탁본

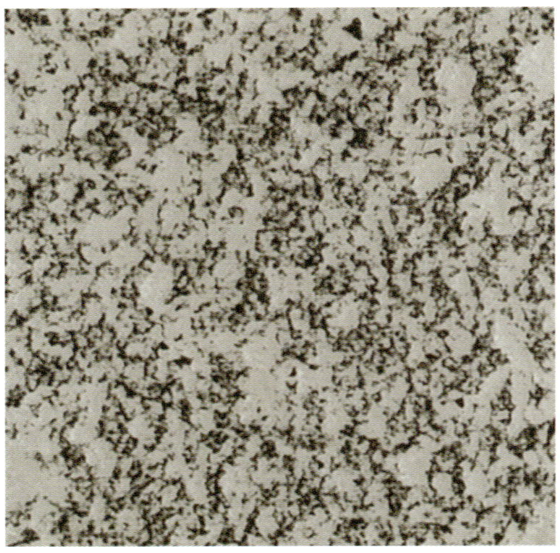

비배접 탁본

폴리곤메시

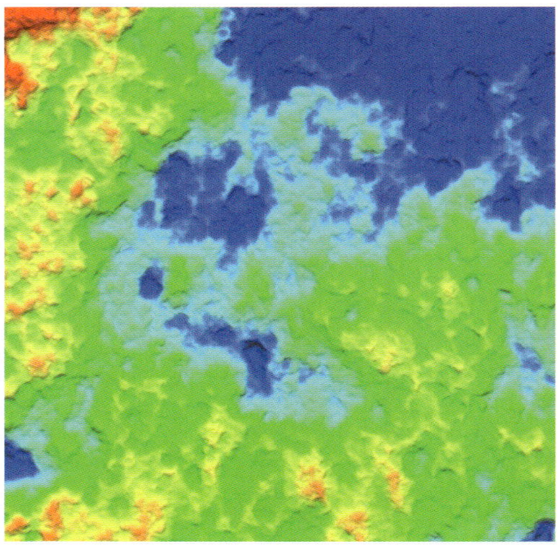

심도맵

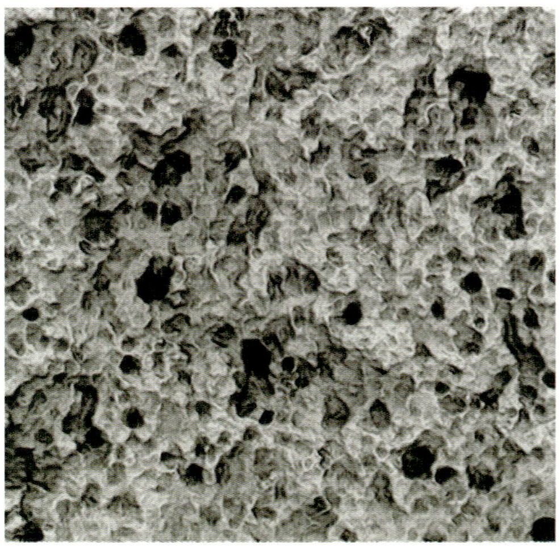

AO맵

좌측면 6행 3자

△

디지털 사진

RTI

부착 탁본

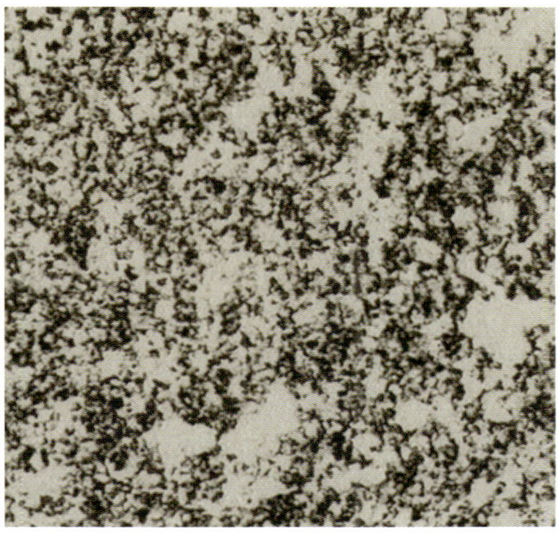

배접 탁본

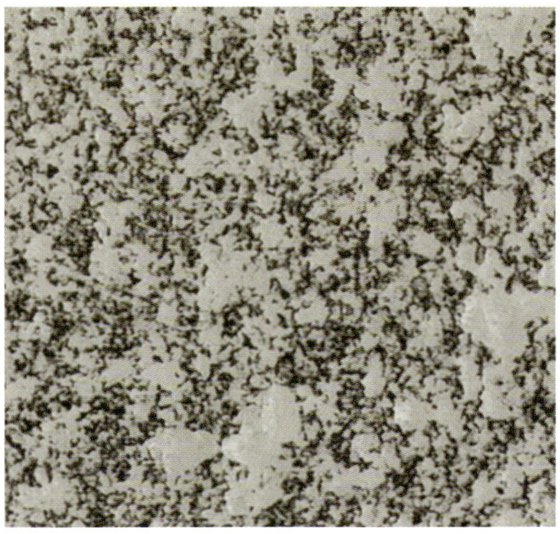

비배접 탁본

폴리곤메시

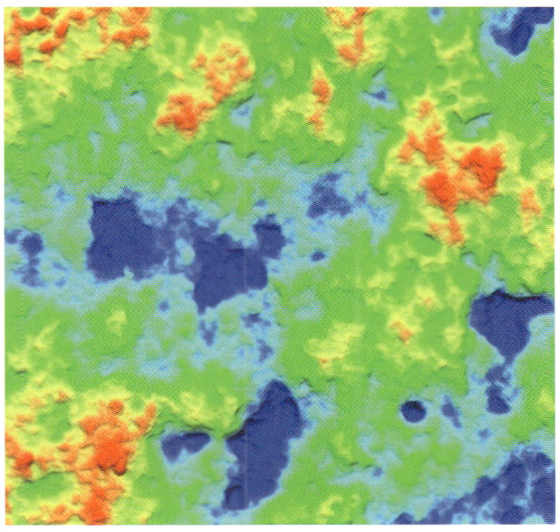

심도맵

AO맵

좌측면 6행 4자

△

디지털 사진

RTI

부착 탁본

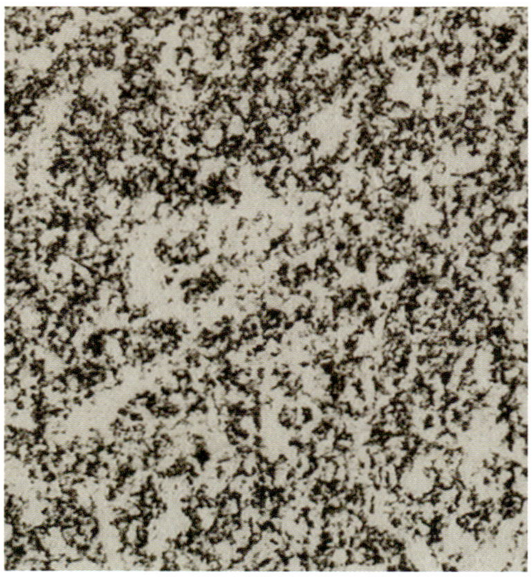

배접 탁본

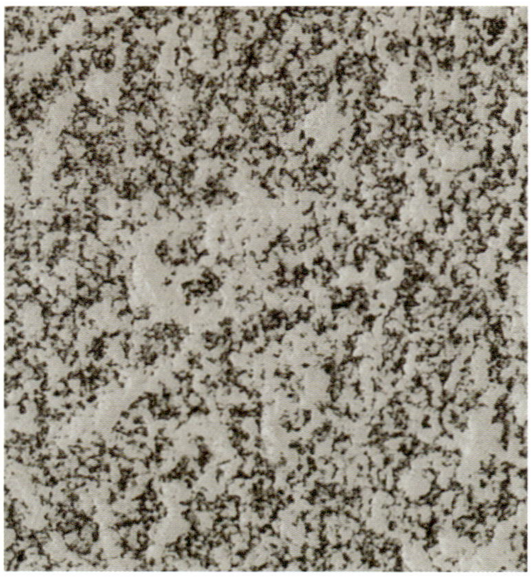

비배접 탁본

폴리곤메시

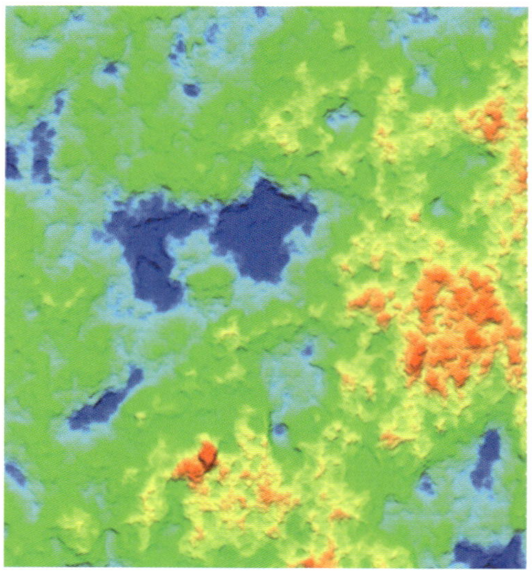

심도맵

AO맵

좌측면 6행 5자

△

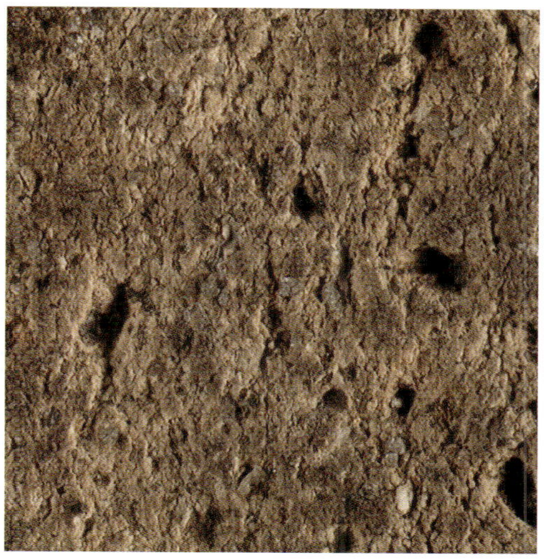

디지털 사진

RTI

부착 탁본

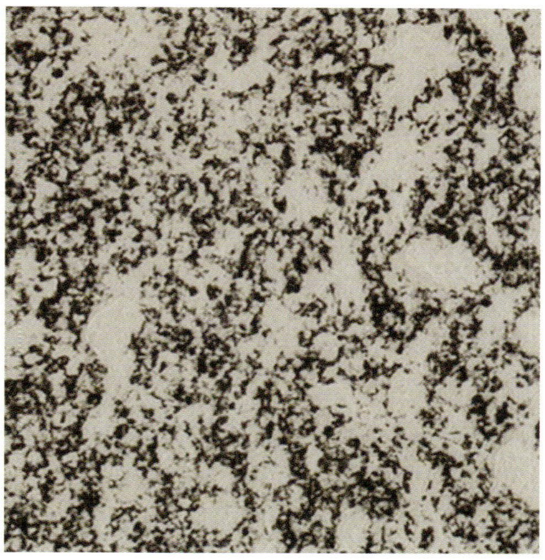

배접 탁본

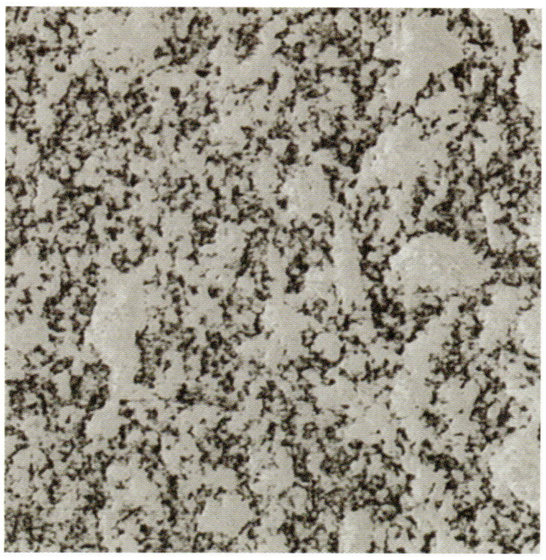

비배접 탁본

폴리곤메시

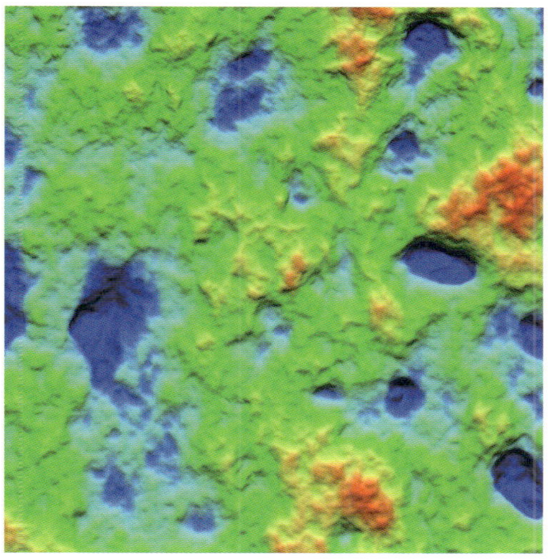

심도맵

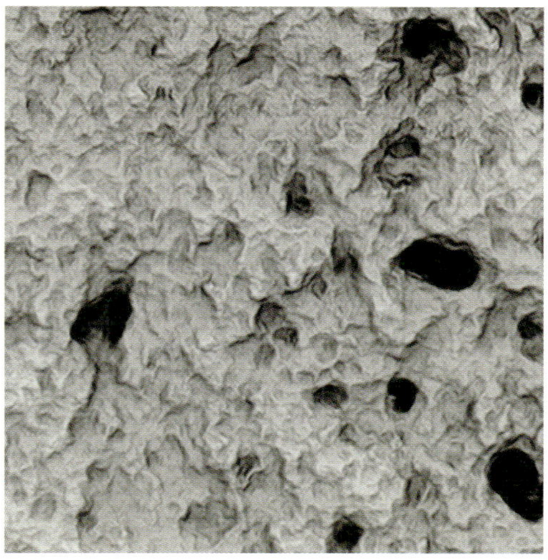

AO맵

좌측면 6행 6자

△

디지털 사진

RTI

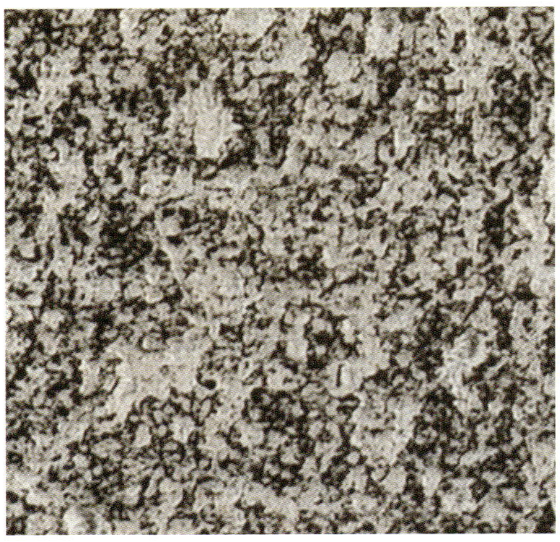

부착 탁본

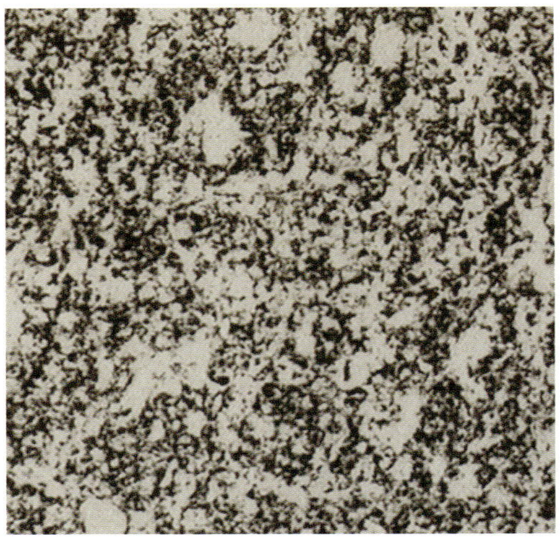

배접 탁본

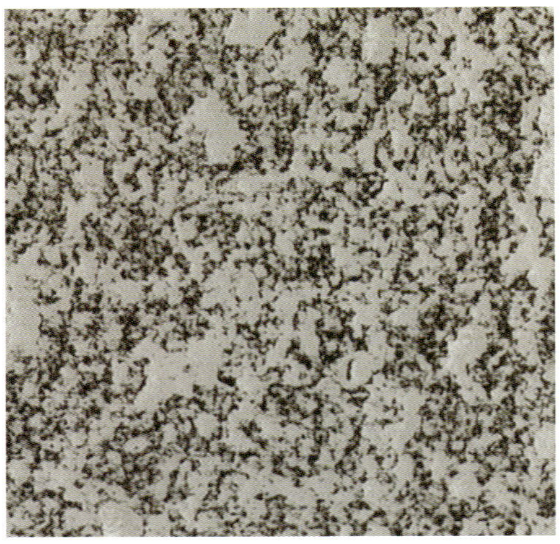

비배접 탁본

폴리곤메시

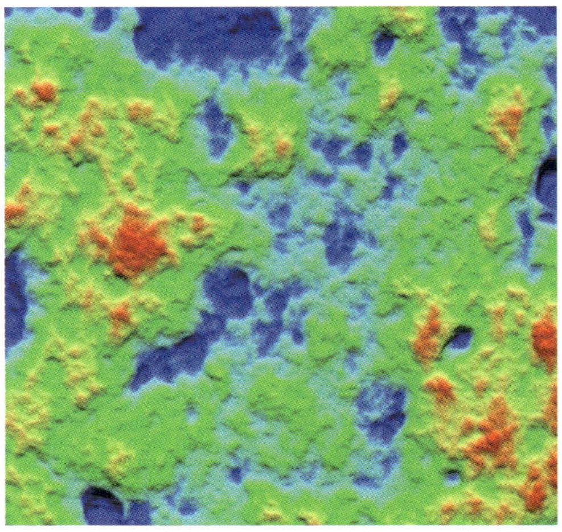

심도맵

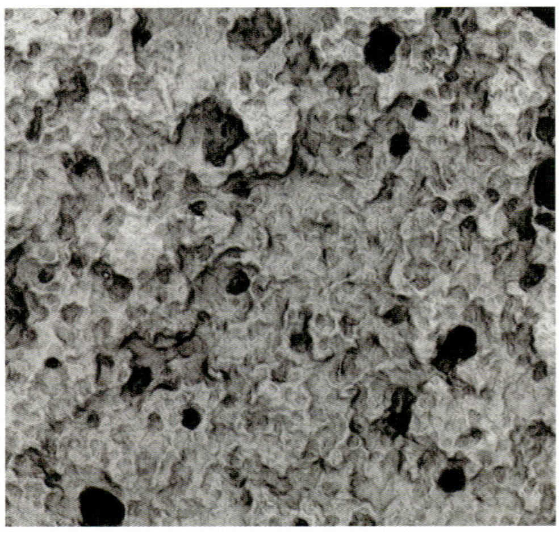

AO맵

좌측면 6행 7자

정 : 方
이 : 多
임 : 右
서 : 方
고 : 方?, 万?, 右?
공 : 右

디지털 사진

RTI

부착 탁본

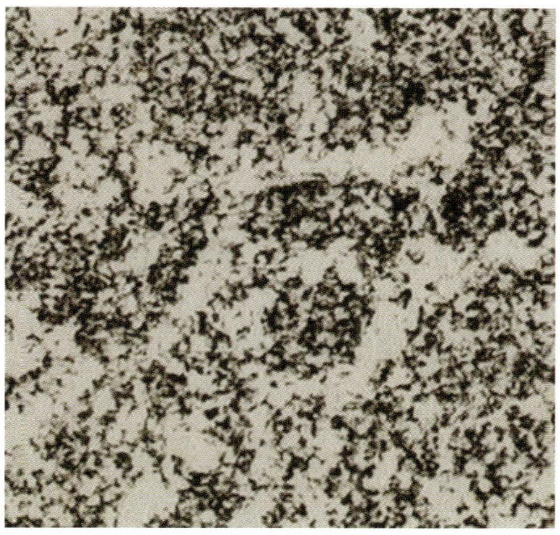

배접 탁본

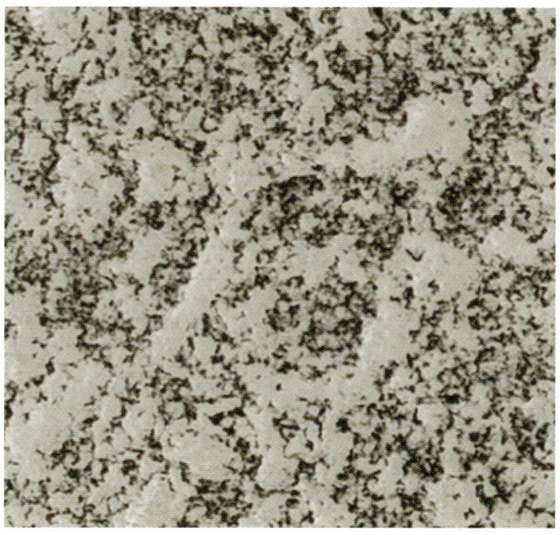

비배접 탁본

폴리곤메시

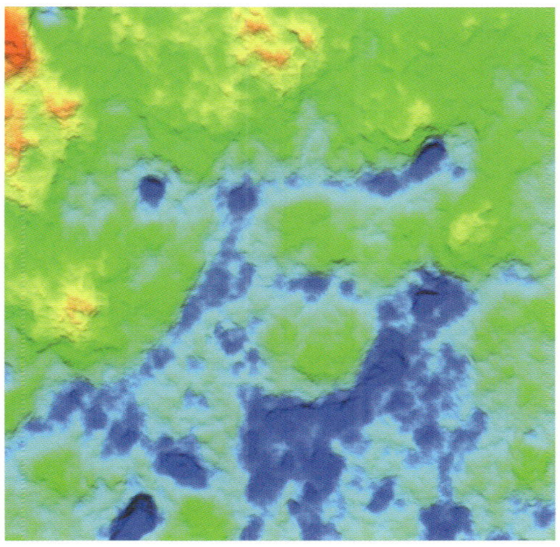

심도맵

AO맵

좌측면 6행 8자

정 : 得?
이 : 兮
임 : 祖
서 : △
고 : 祖
공 : △

디지털 사진

RTI

부착 탁본

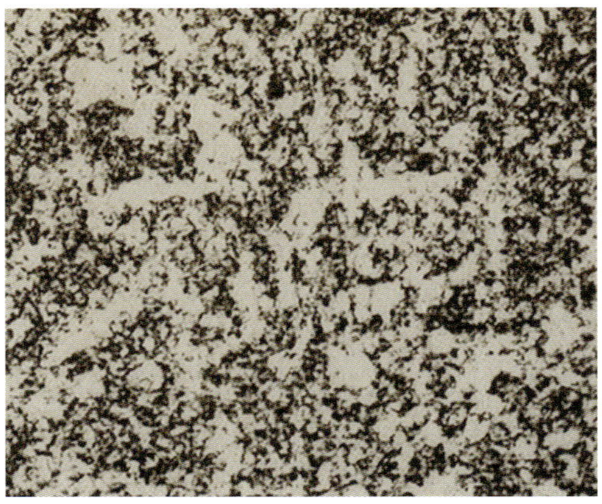

배접 탁본

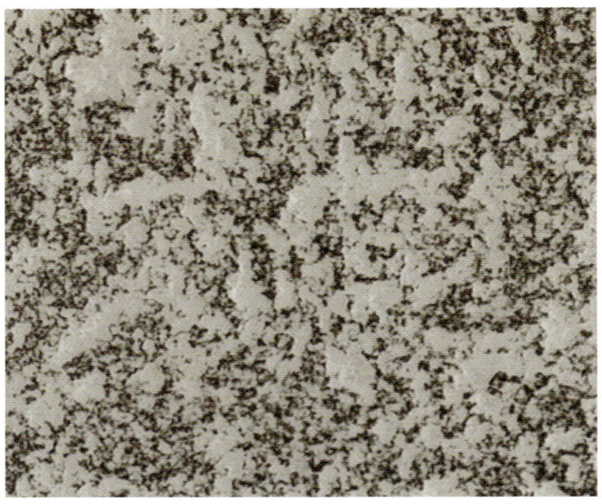

비배접 탁본

폴리곤메시

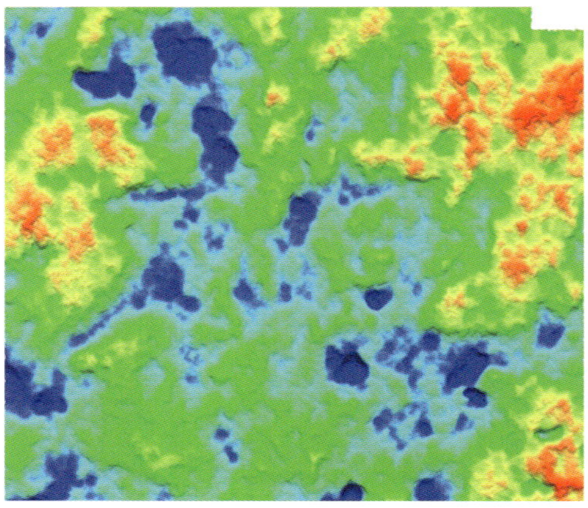

심도맵

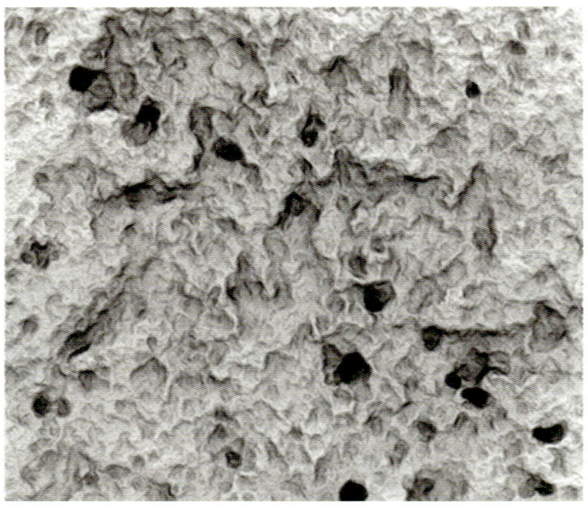

AO맵

좌측면 6행 9자

정 : △
이 : 桓
임 : △
서 : 桓
고 : 故?
공 : △

디지털 사진

RTI

부착 탁본

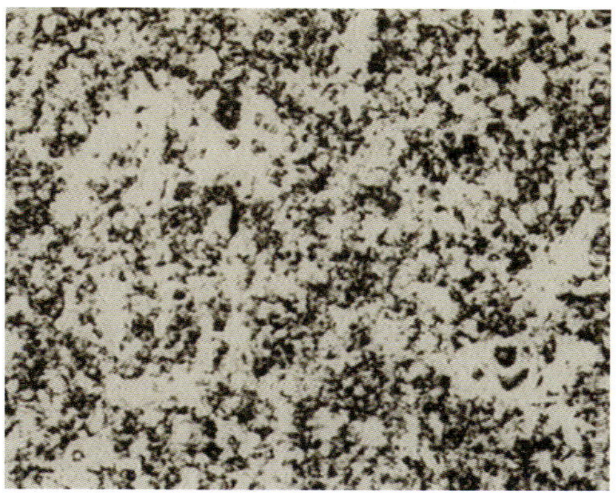

배접 탁본

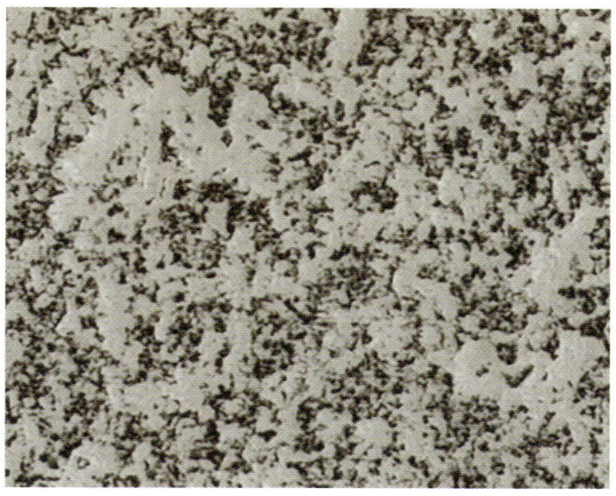

비배접 탁본

폴리곤메시

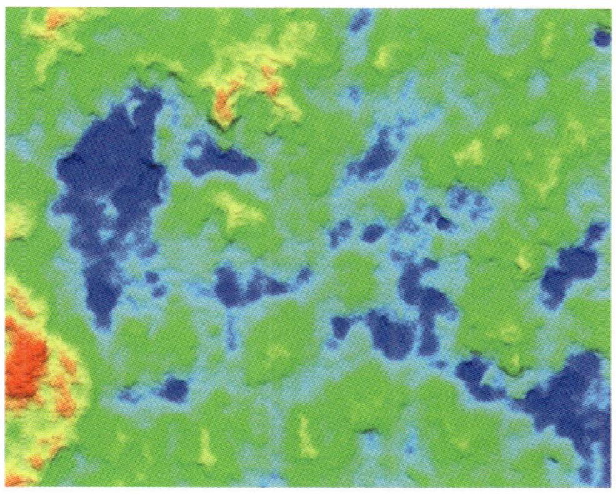

심도맵

AO맵

좌측면 6행 10자

정 : △
이 : △奴
임 : △
서 : △
고 : △
공 : △

디지털 사진

RTI

부착 탁본

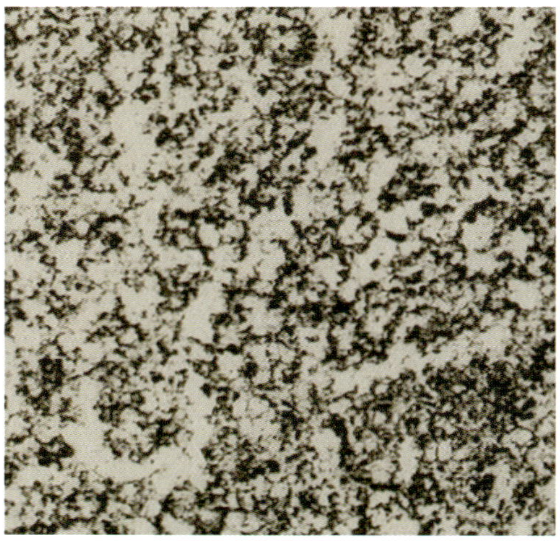

배접 탁본

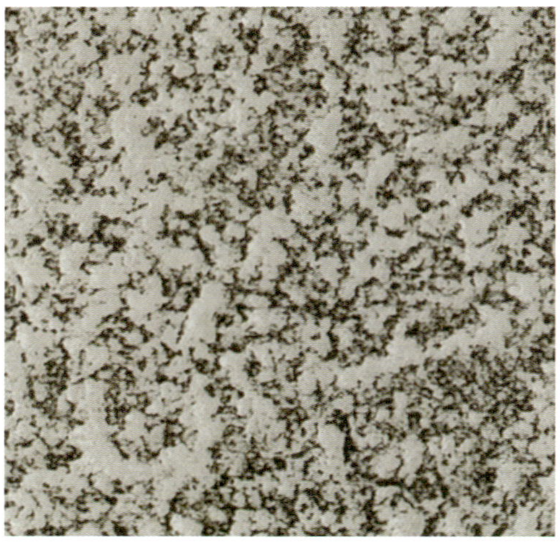

비배접 탁본

폴리곤메시

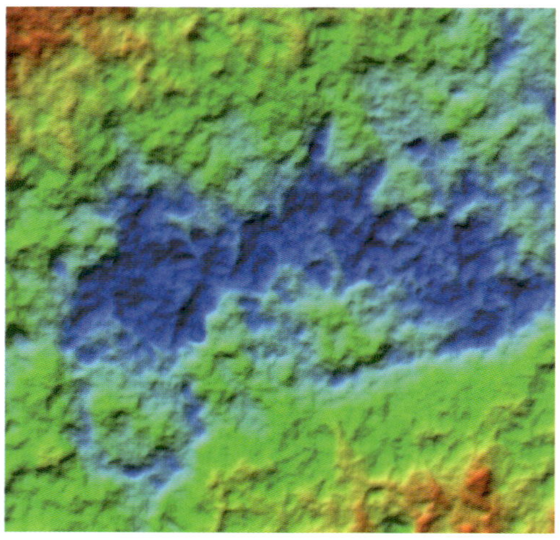

심도맵

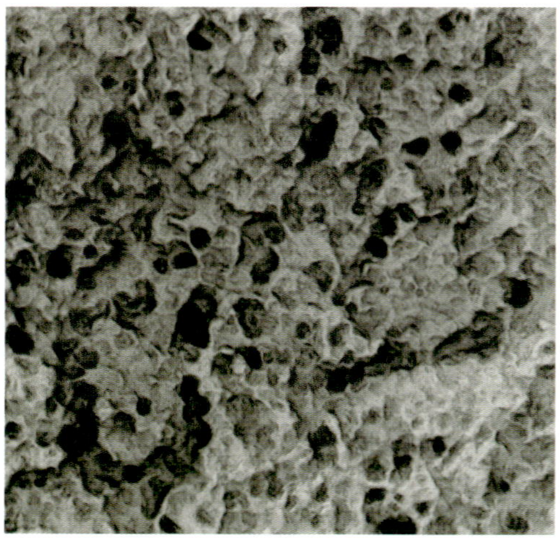

AO맵

좌측면 6행 11자

沙

디지털 사진

RTI

부착 탁본

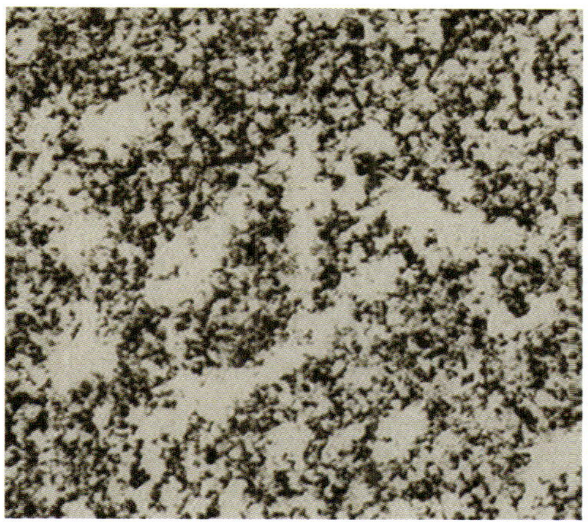

배접 탁본

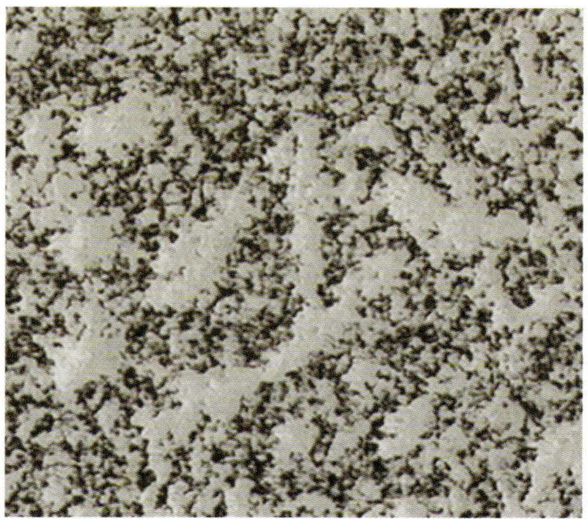

비배접 탁본

폴리곤메시

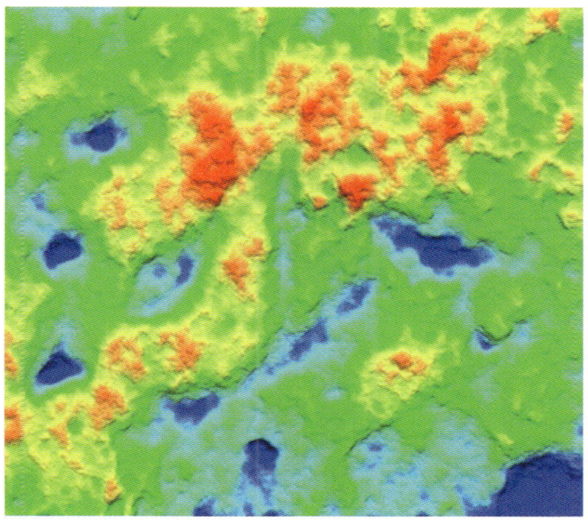

심도맵

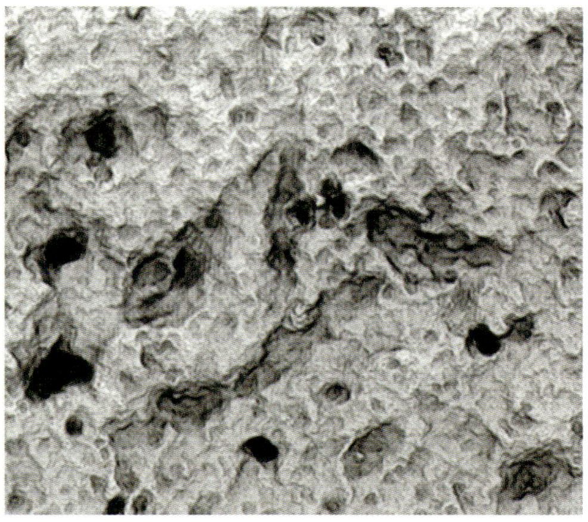

AO맵

좌측면 6행 12자

△

디지털 사진

RTI

부착 탁본

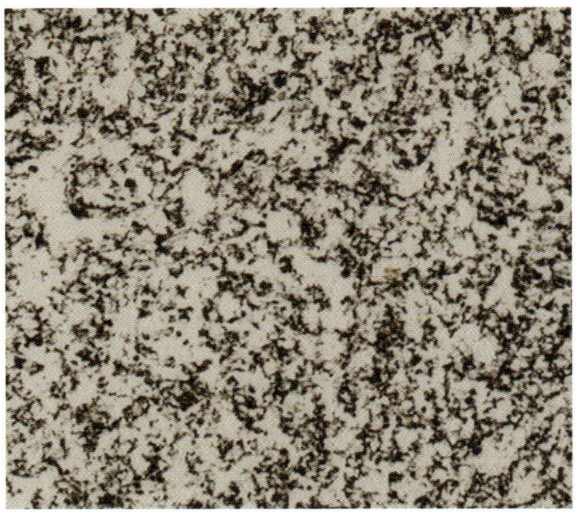

배접 탁본

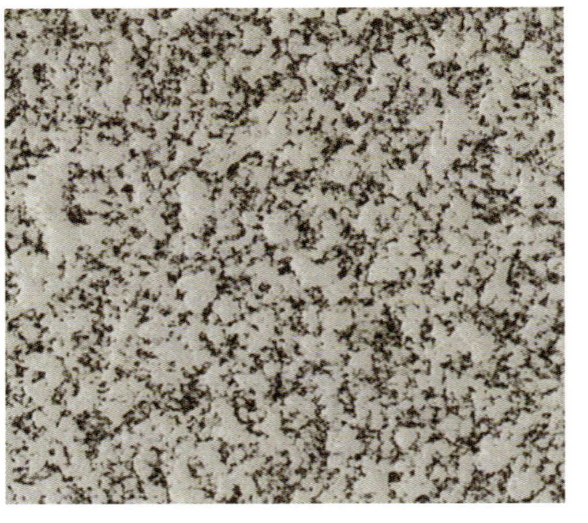

비배접 탁본

폴리곤메시

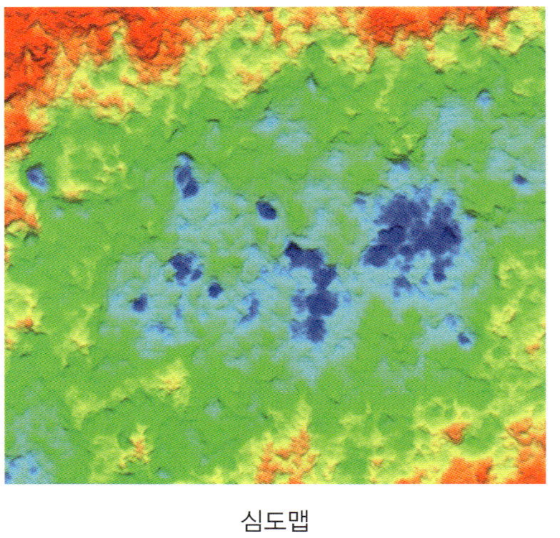

심도맵

AO맵

좌측면 6행 13자

斯

디지털 사진

RTI

부착 탁본

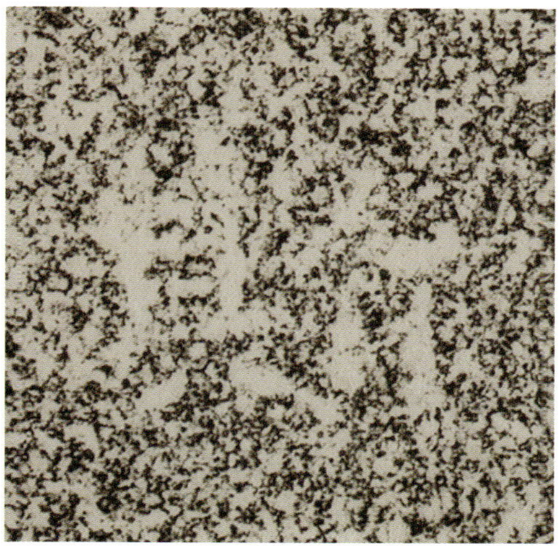

배접 탁본

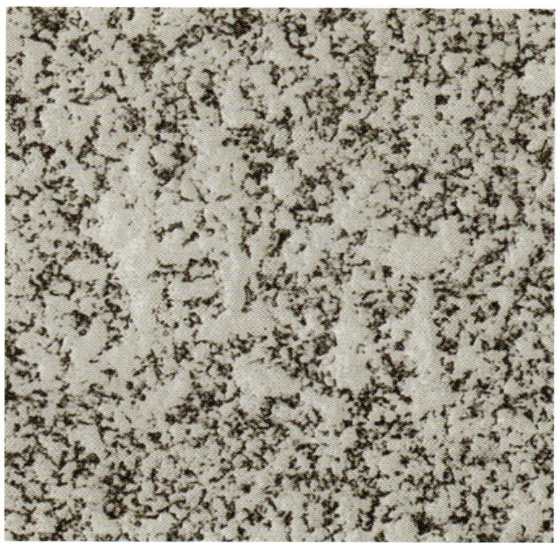

비배접 탁본

폴리곤메시

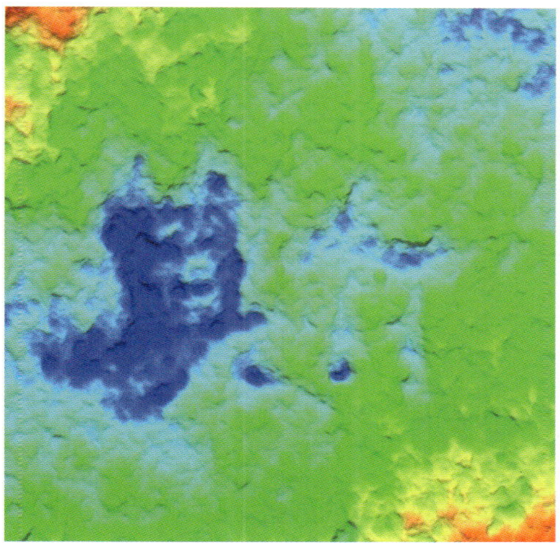

심도맵

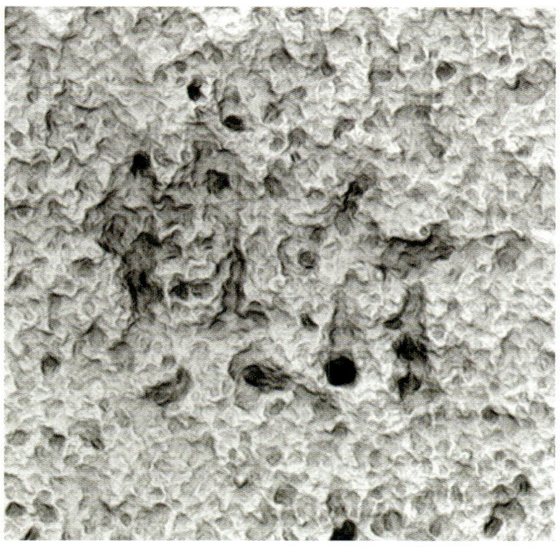

AO맵

좌측면 6행 14자

정 : 色
이 : 色
임 : 絶
서 : 色
고 : 色
공 : 邑

디지털 사진

RTI

부착 탁본

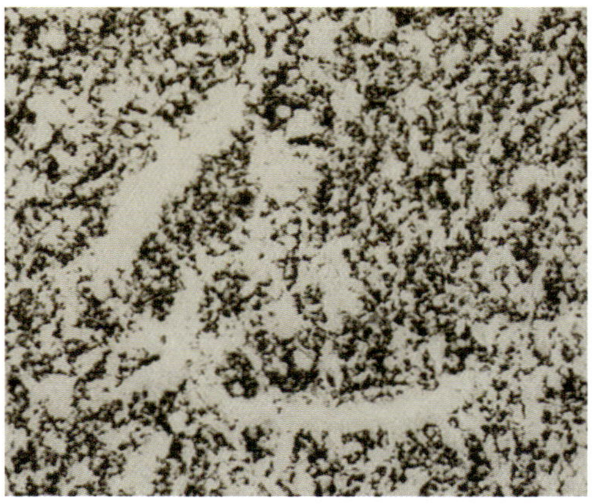

배접 탁본

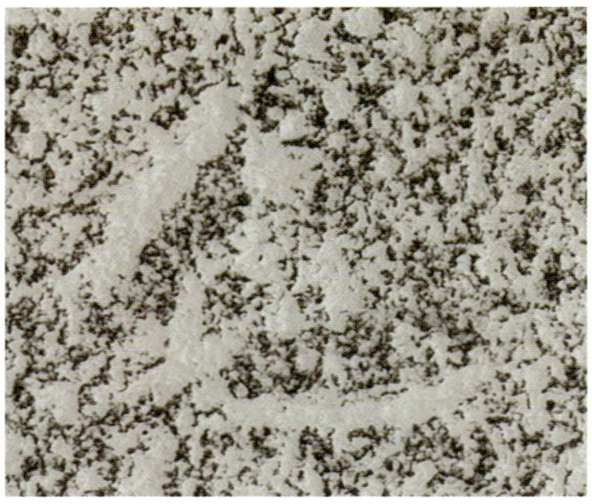

비배접 탁본

폴리곤메시

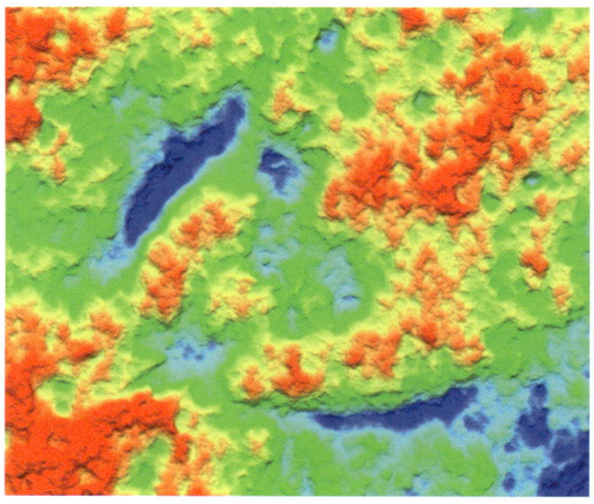

심도맵

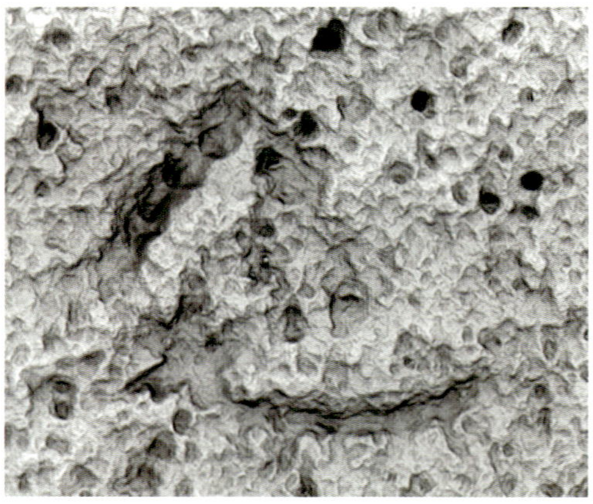

AO맵

좌측면 6행 15자

정 : △
이 : 智?
임 : △
서 : △
고 : △
공 : △

디지털 사진

RTI

부착 탁본

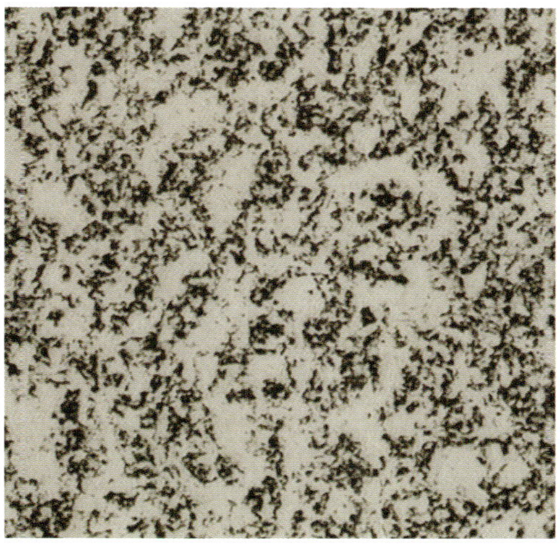

배접 탁본

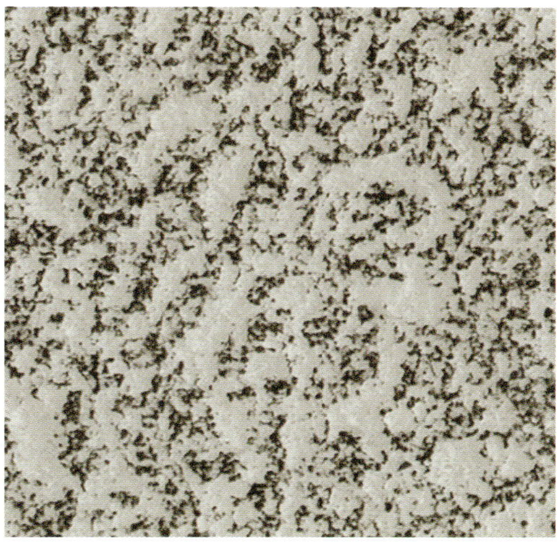

비배접 탁본

폴리곤메시

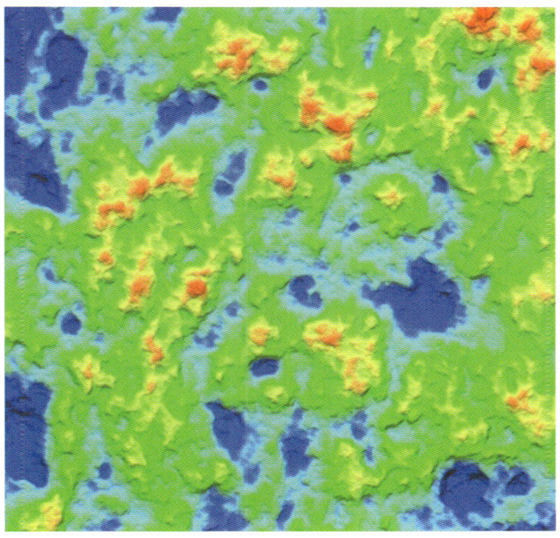

심도맵

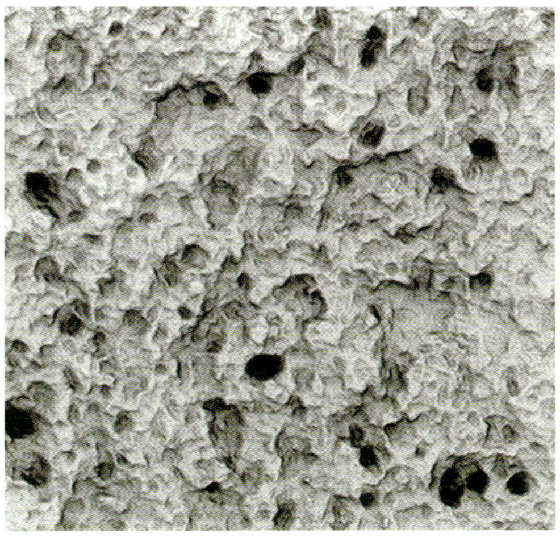

AO맵

좌측면 6행 16자

정 : △
이 : △
임 : △
서 : △
고 : 太
공 : 大

디지털 사진

RTI

부착 탁본

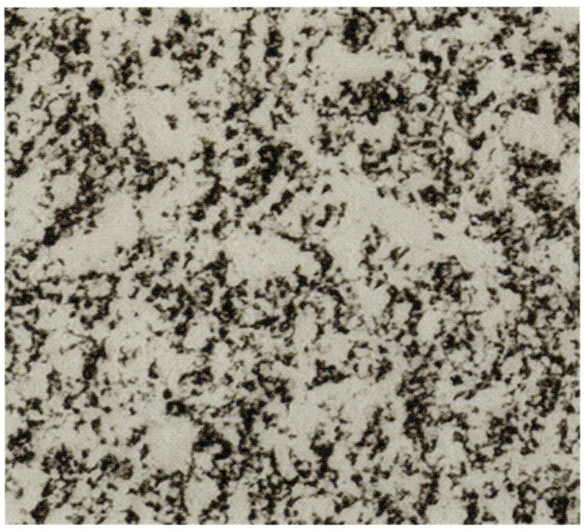

배접 탁본

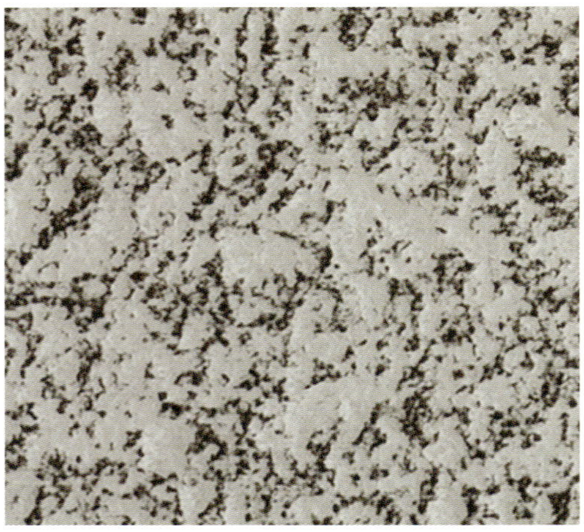

비배접 탁본

폴리곤메시

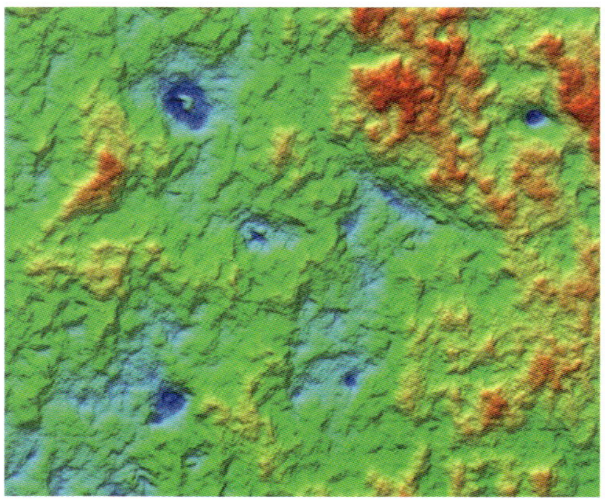

심도맵

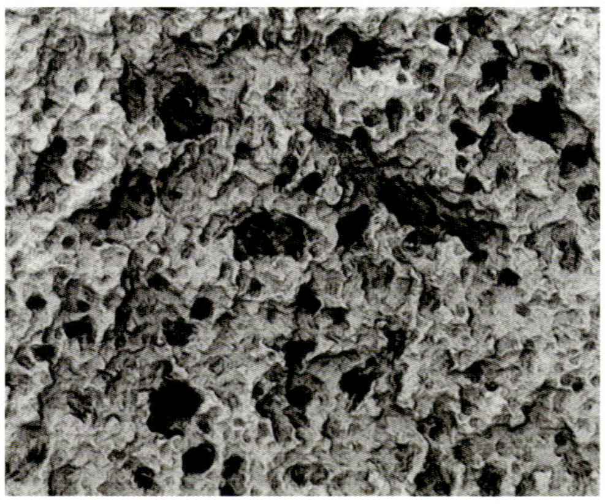

AO맵

좌측면 6행 17자

정 : 古
이 : 古
임 : 古?
서 : 古
고 : 古
공 : 古

디지털 사진

RTI

부착 탁본

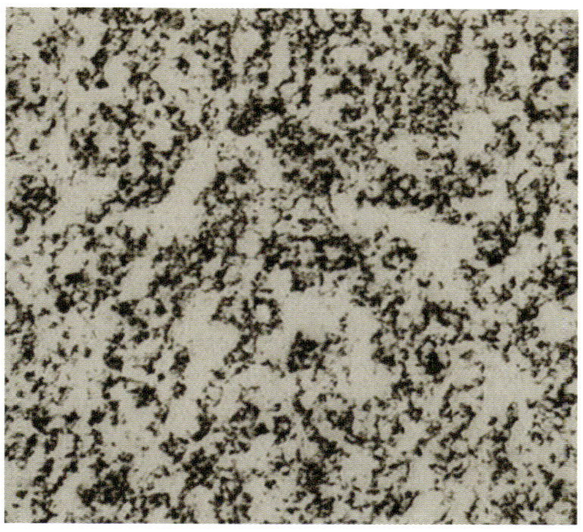

배접 탁본

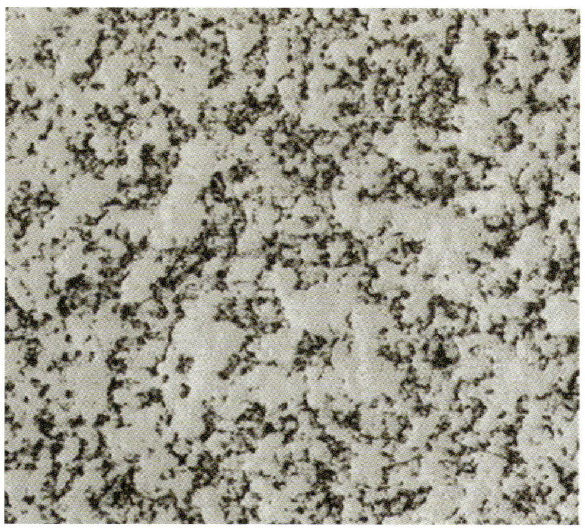

비배접 탁본

폴리곤메시

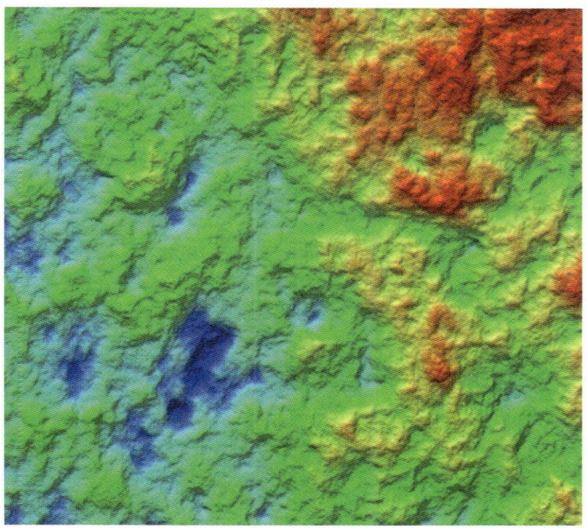

심도맵

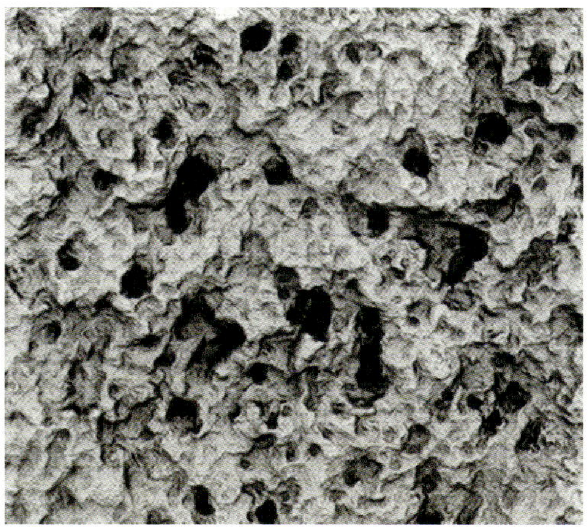

AO맵

좌측면 6행 18자

정 : 鄒
이 : 鄒
임 : 鄒?
서 : 鄒
고 : 鄒
공 : 鄒

디지털 사진

RTI

부착 탁본

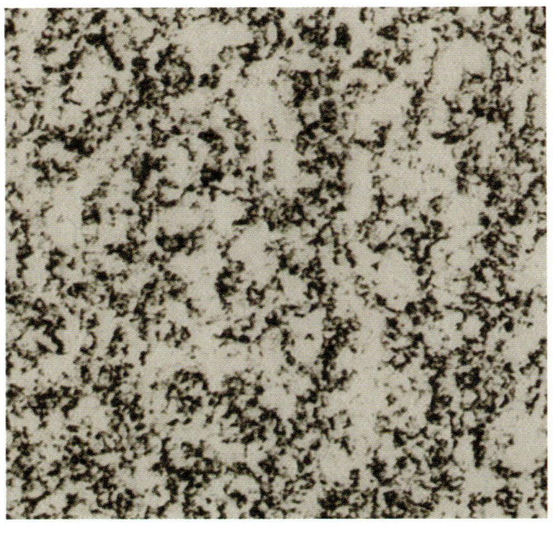

배접 탁본

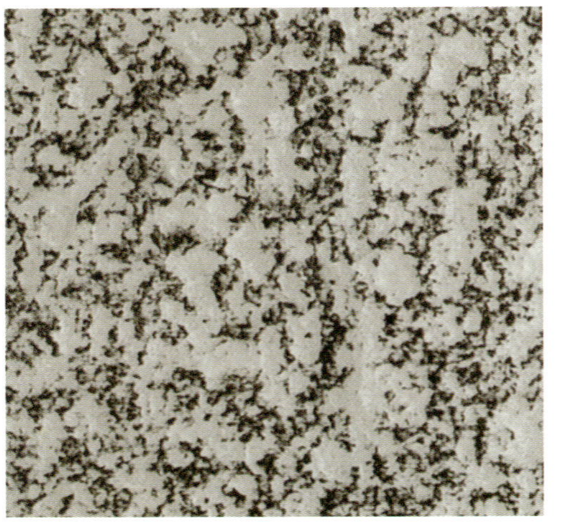

비배접 탁본

폴리곤메시

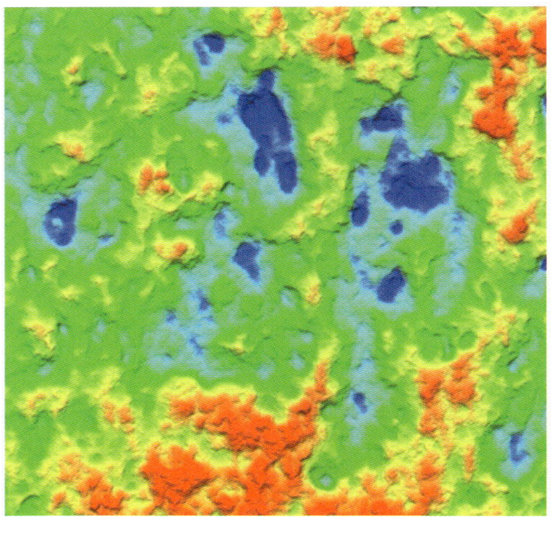

심도맵

AO맵

좌측면 6행 19자

임 : 加?
이 : 加
정 : 加
서 : 加
고 : 加
공 : 加

디지털 사진

RTI

부착 탁본

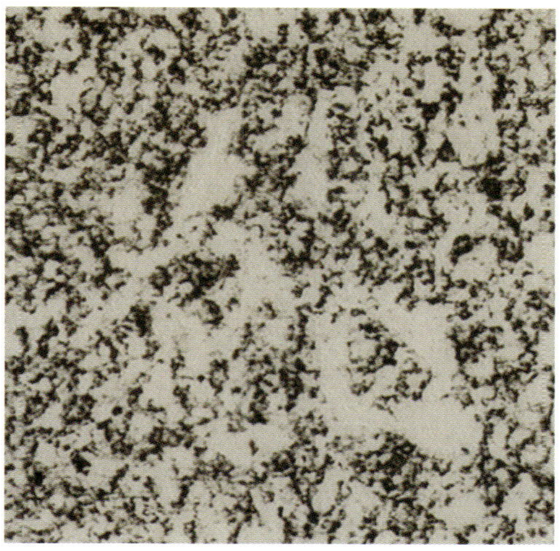

배접 탁본

비배접 탁본

폴리곤메시

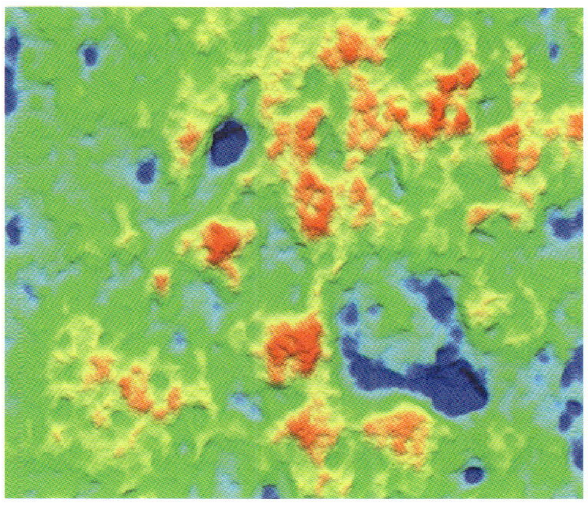

심도맵

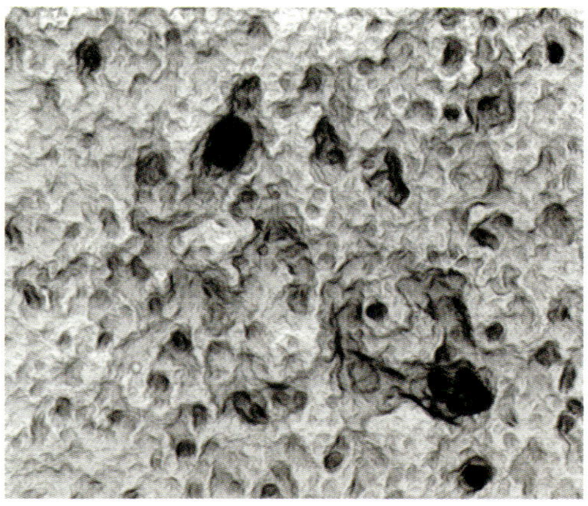

AO맵

좌측면 6행 20자

共

디지털 사진

RTI

부착 탁본

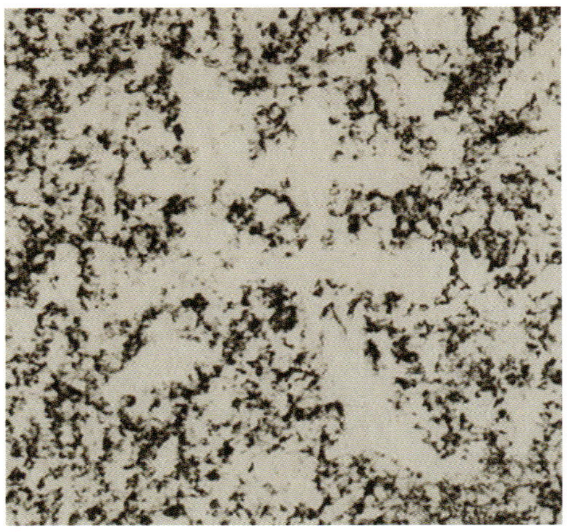

배접 탁본

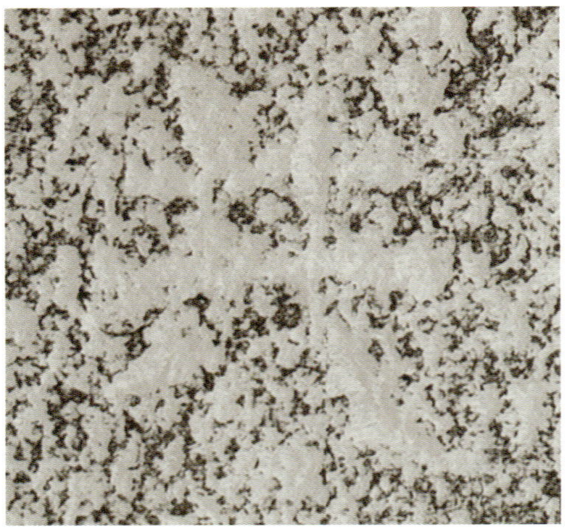

비배접 탁본

폴리곤메시

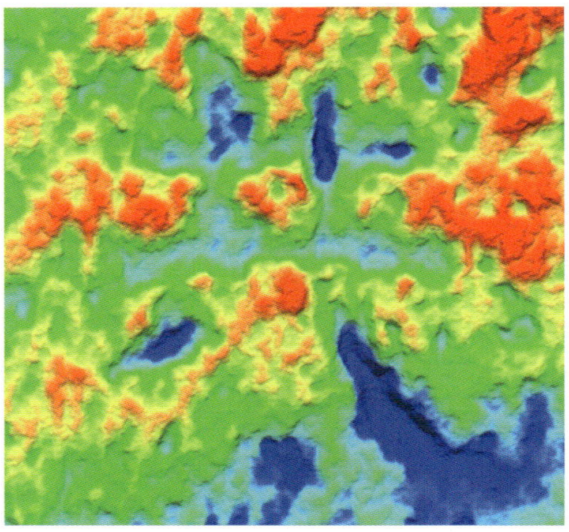

심도맵

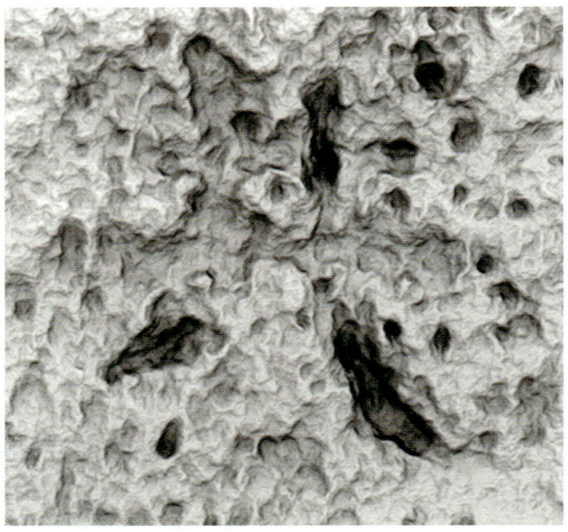

AO맵

좌측면 6행 21자

軍

디지털 사진

RTI

부착 탁본

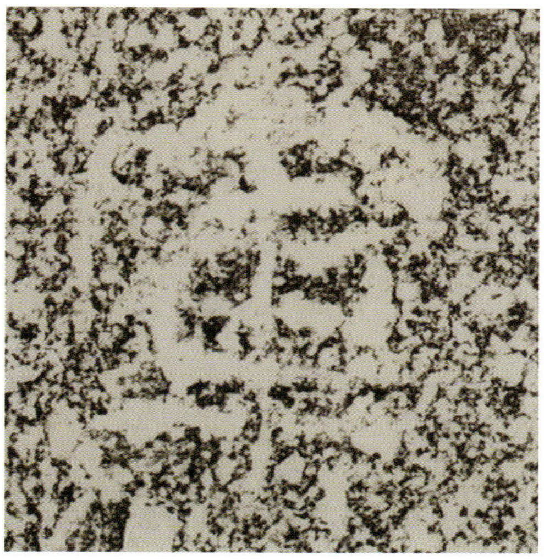

배접 탁본

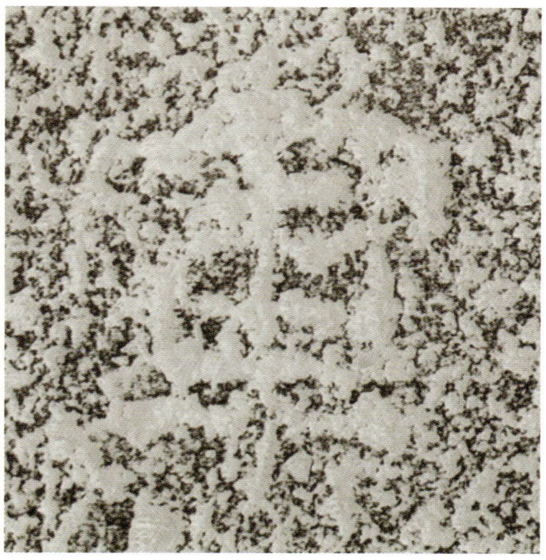

비배접 탁본

폴리곤메시

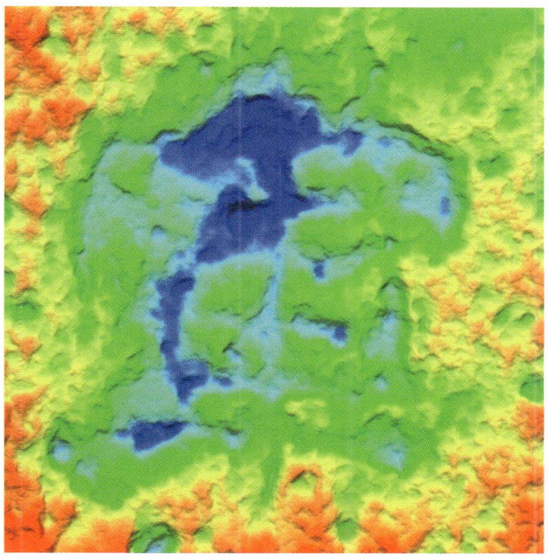

심도맵

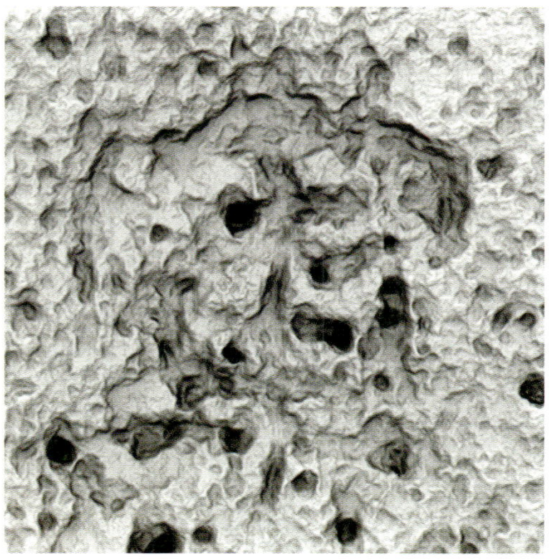

AO맵

좌측면 6행 22자

至

디지털 사진

RTI

부착 탁본

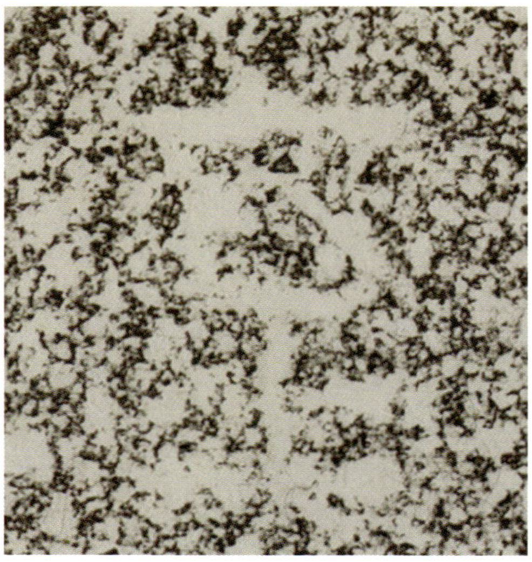

배접 탁본

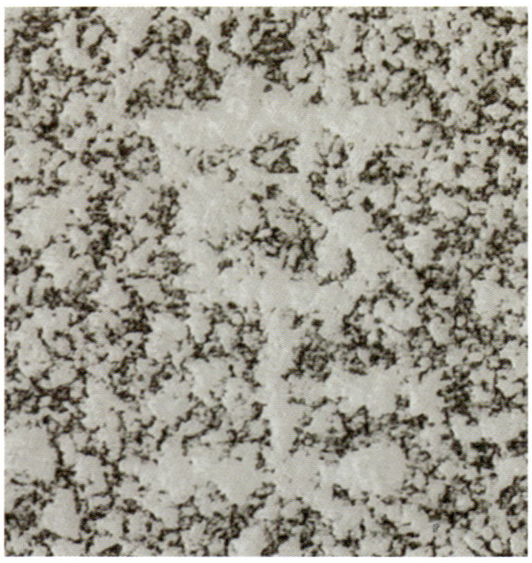

비배접 탁본

폴리곤메시

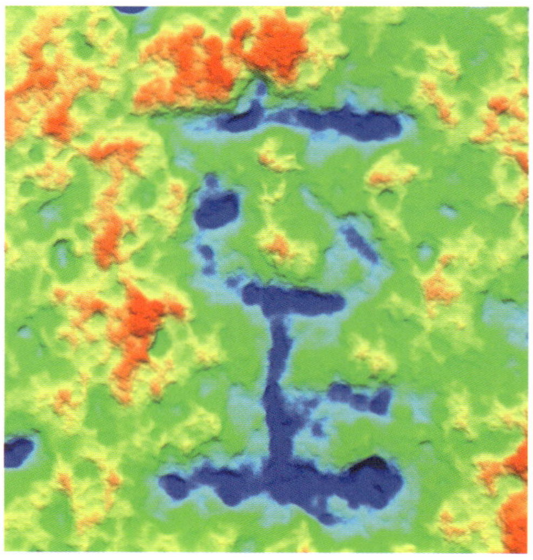

심도맵

AO맵

좌측면 6행 23자

于

디지털 사진

RTI

부착 탁본

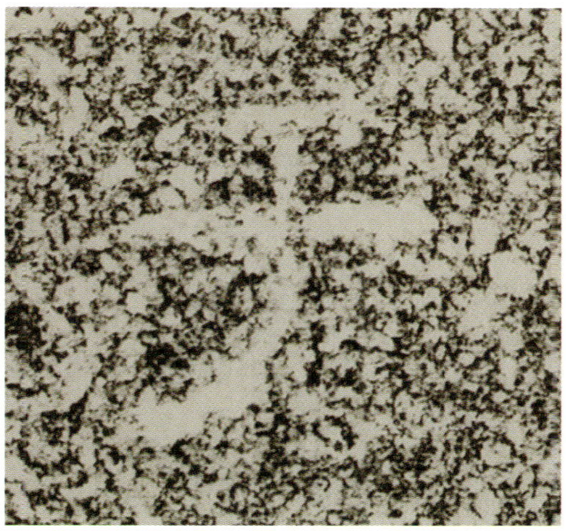

배접 탁본

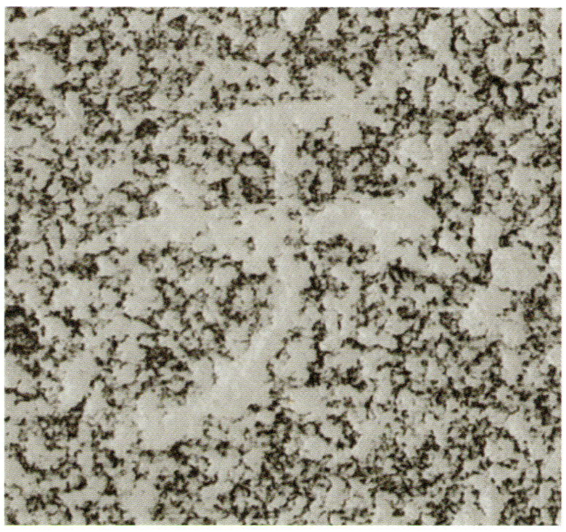

비배접 탁본

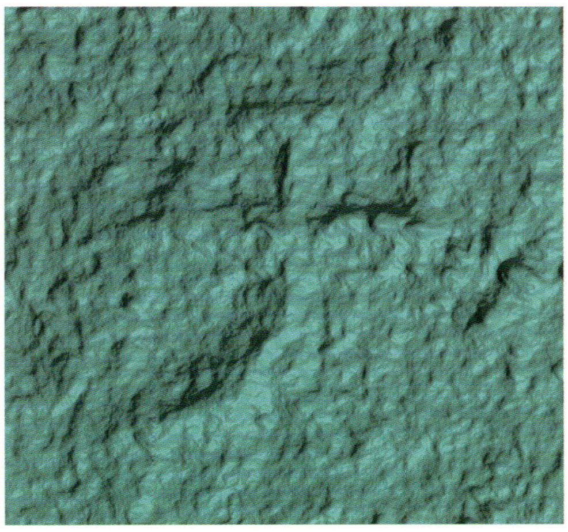

폴리곤메시

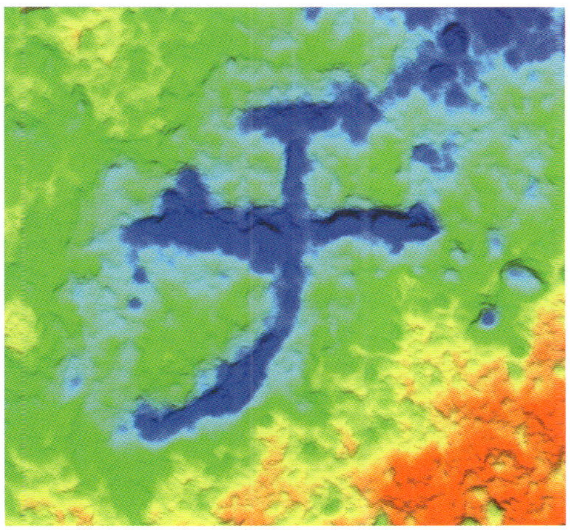

심도맵

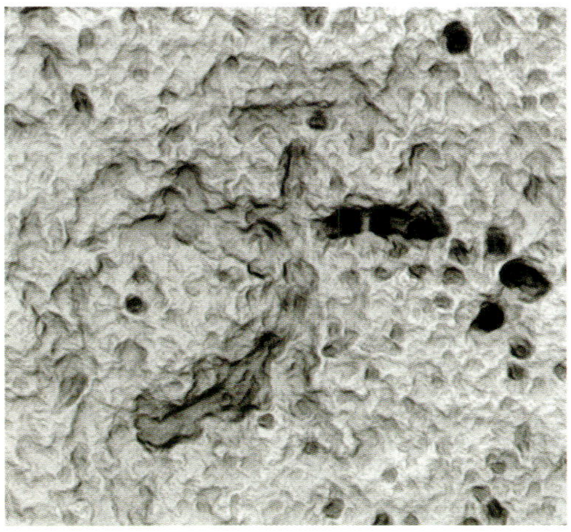

AO맵

좌측면 7행 1자

정 : 伐?
이 : △
임 : △
서 : △
고 : △
공 : △

디지털 사진

RTI

부착 탁본

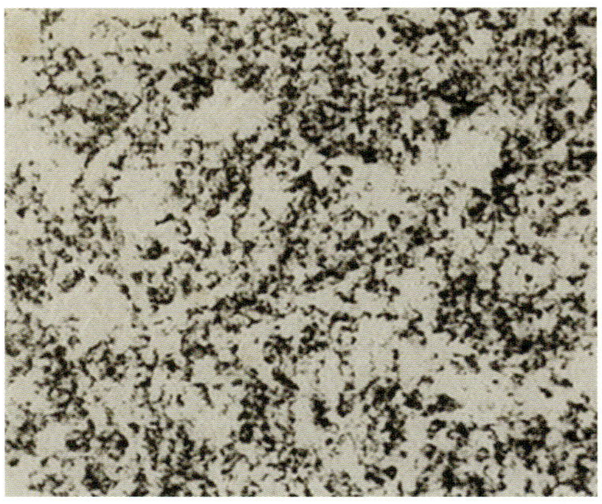

배접 탁본

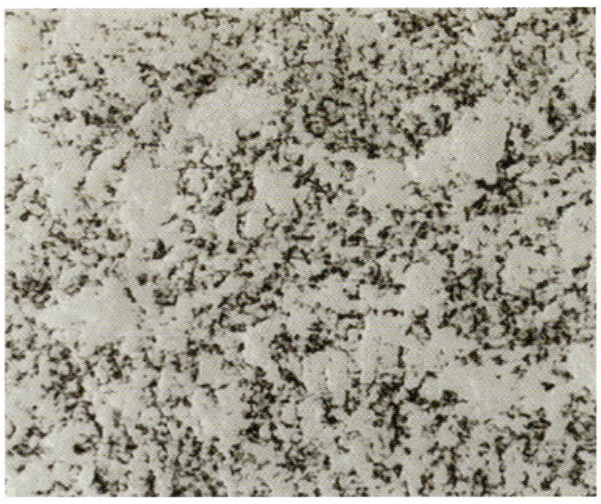

비배접 탁본

폴리곤메시

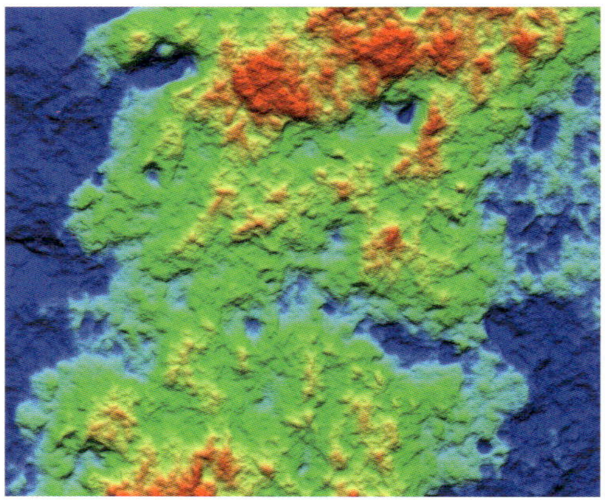

심도맵

AO맵

좌측면 7행 2자

정 : 城?
이 : 城
임 : △
서 : △
고 : △
공 : △

디지털 사진

RTI

부착 탁본

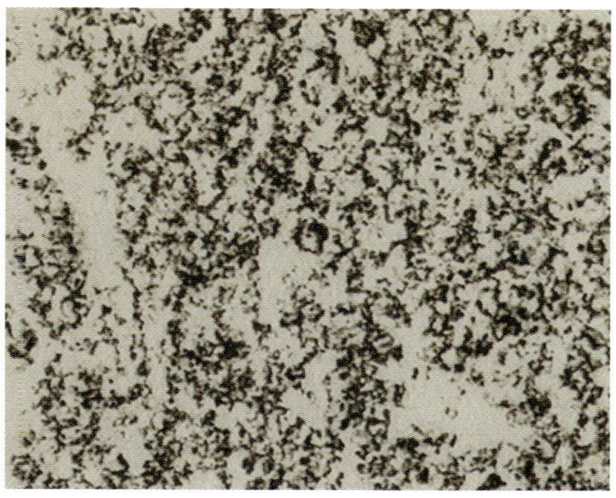

배접 탁본

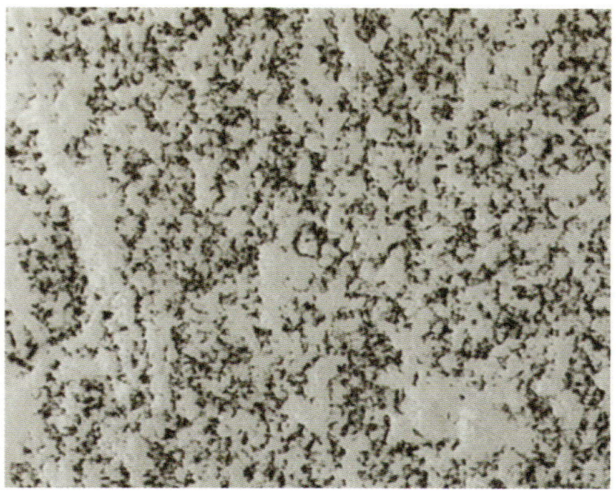

비배접 탁본

폴리곤메시

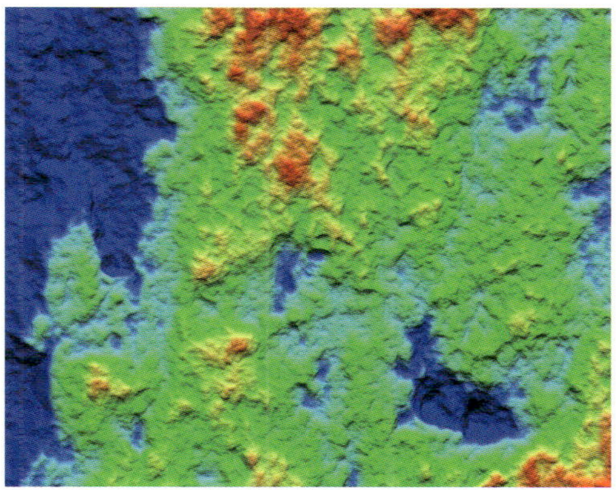

심도맵

AO맵

좌측면 7행 3자

정 : 丙?
이 : 丙?
임 : △
서 : △
고 : 去?
공 : △

디지털 사진

RTI

부착 탁본

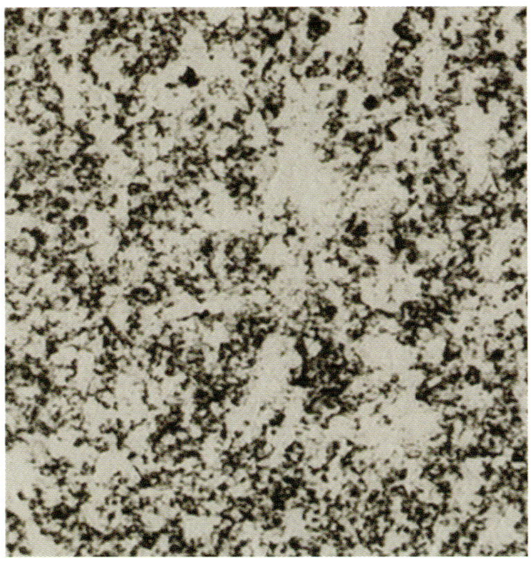

배접 탁본

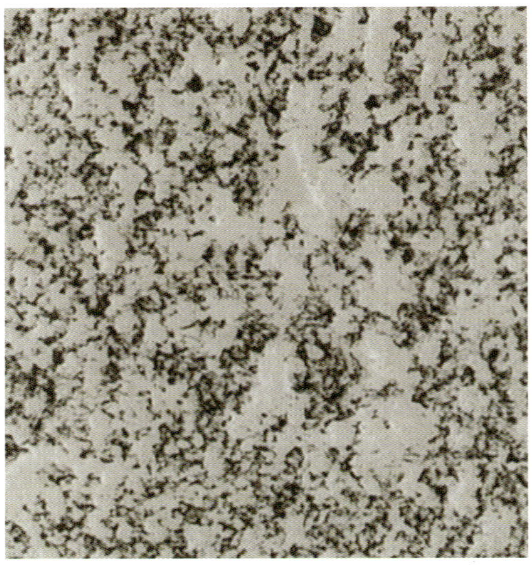

비배접 탁본

폴리곤메시

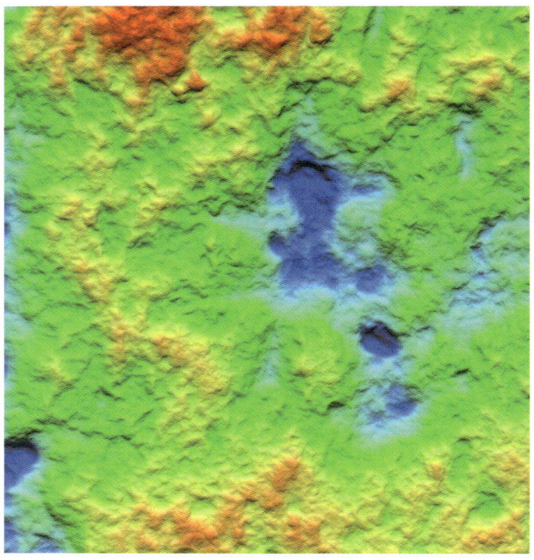

심도맵

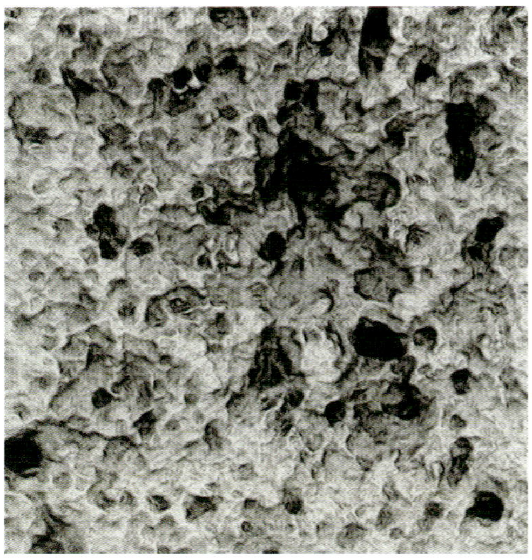

AO맵

좌측면 7행 4자

정 : 于
이 : 子?
임 : 于
서 : △
고 : 于
공 : 子?/于?

디지털 사진

RTI

부착 탁본

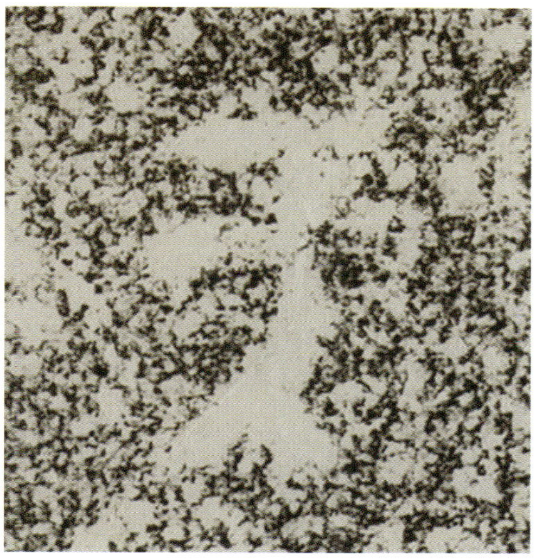

배접 탁본

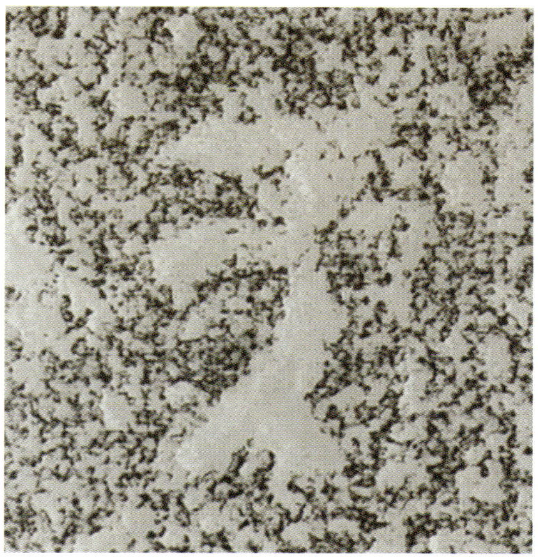

비배접 탁본

폴리곤메시

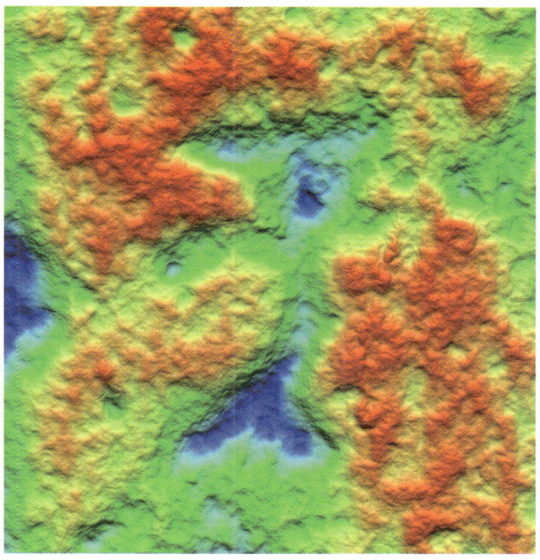

심도맵

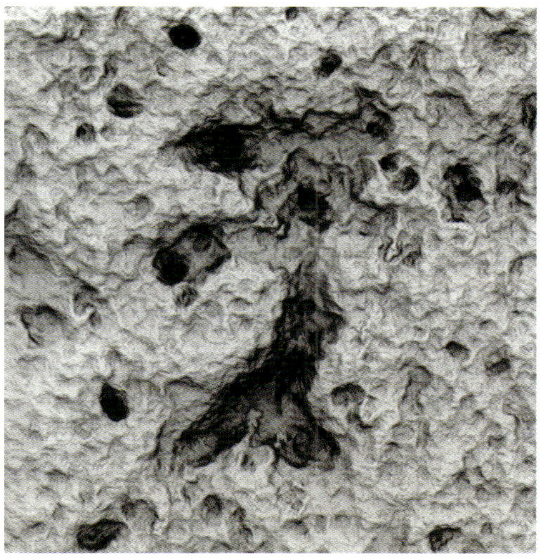

AO맵

좌측면 7행 5자

정 : △
이 : 授
임 : △
서 : △
고 : △
공 : △

디지털 사진

RTI

부착 탁본

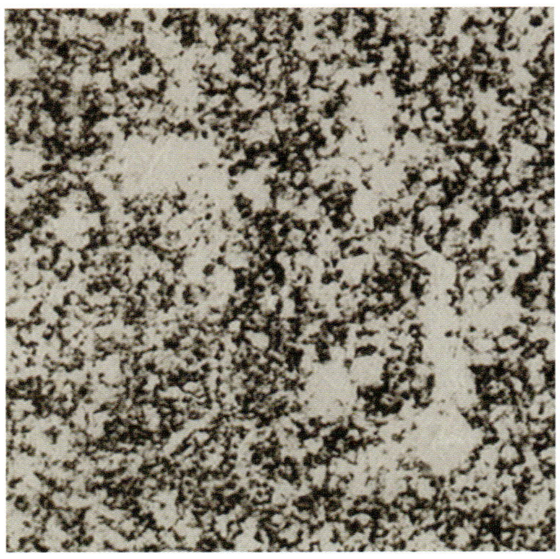

배접 탁본

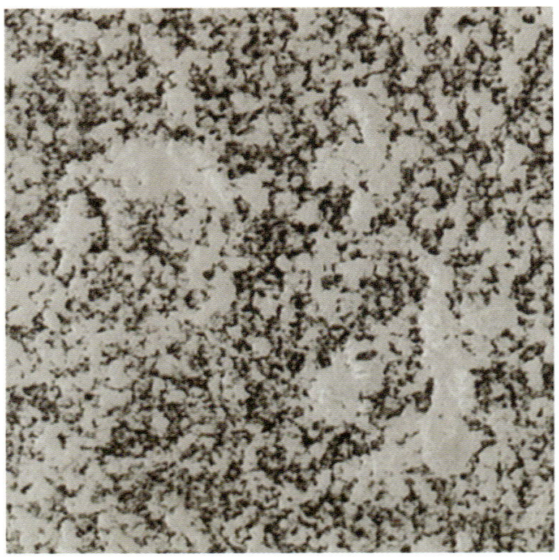

비배접 탁본

폴리곤메시

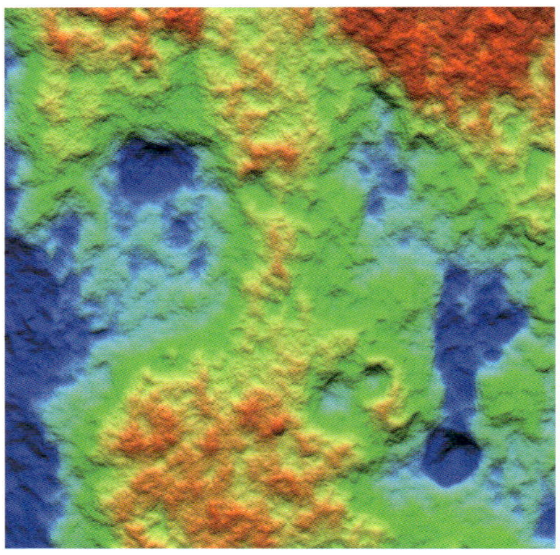

심도맵

AO맵

좌측면 7행 6자

古

디지털 사진

RTI

부착 탁본

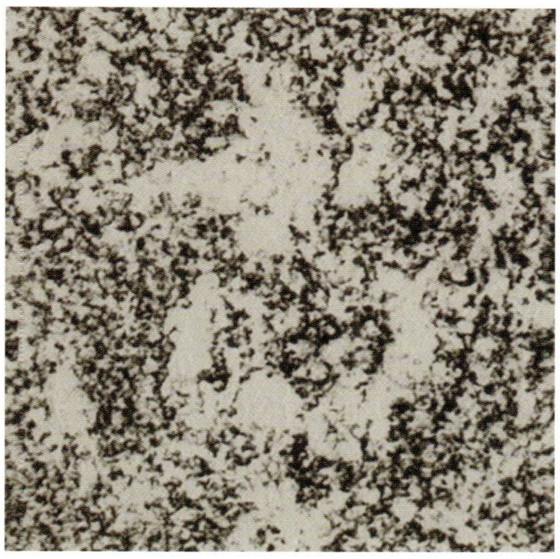

배접 탁본

비배접 탁본

폴리곤메시

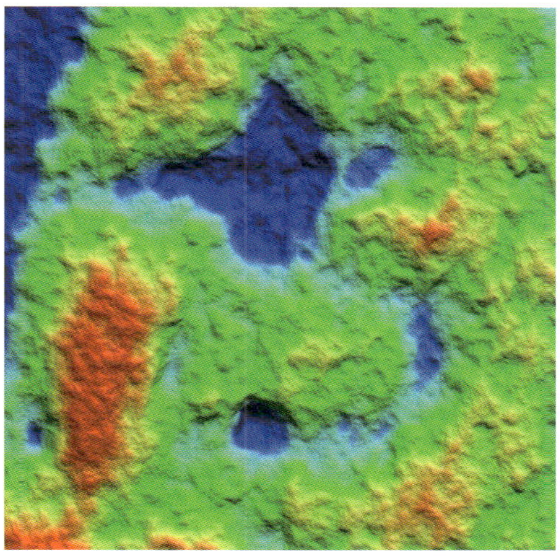

심도맵

AO맵

좌측면 7행 7자

牟

디지털 사진

RTI

부착 탁본

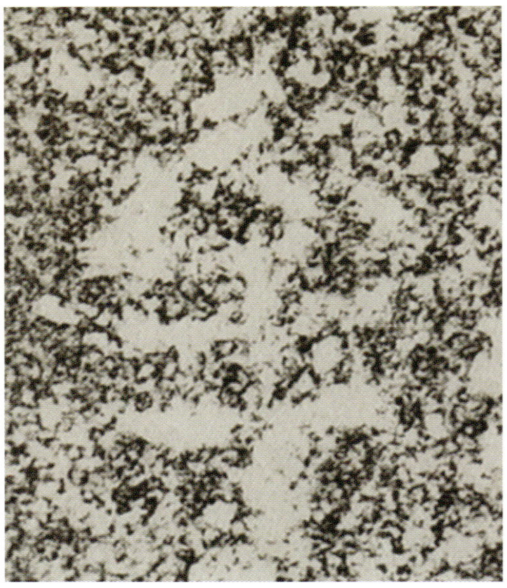

배접 탁본

비배접 탁본

폴리곤메시

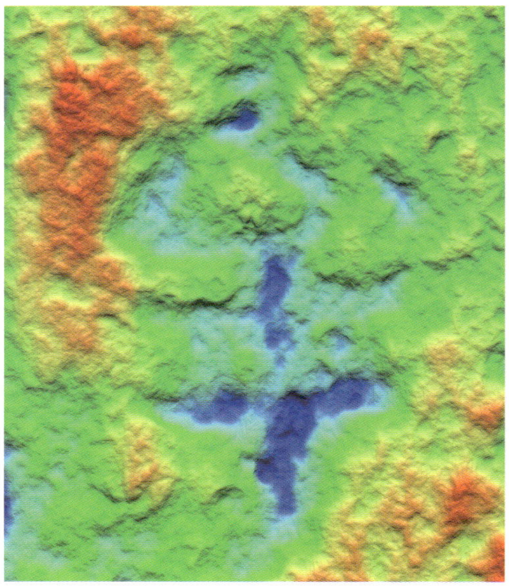

심도맵

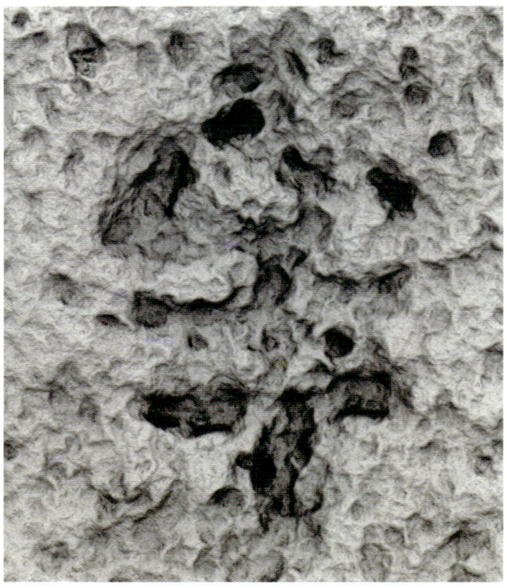

AO맵

좌측면 7행 8자

婁

디지털 사진

RTI

부착 탁본

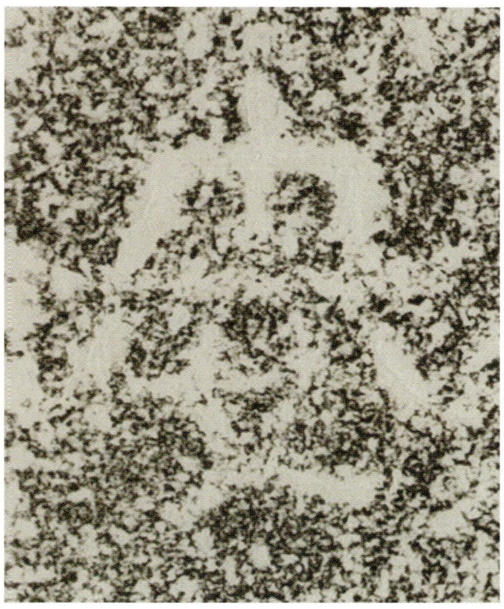

배접 탁본

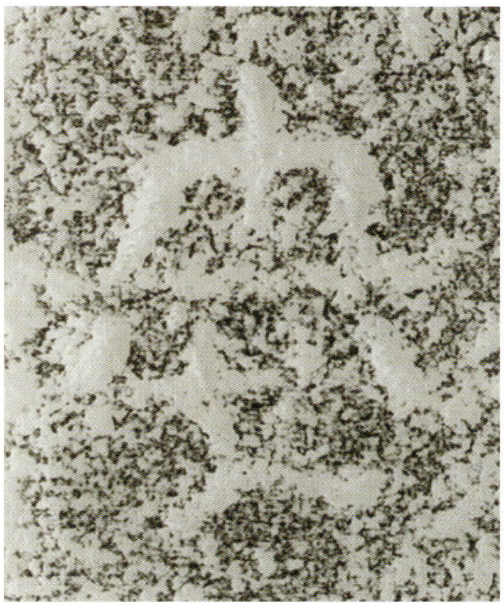

비배접 탁본

폴리곤메시

심도맵

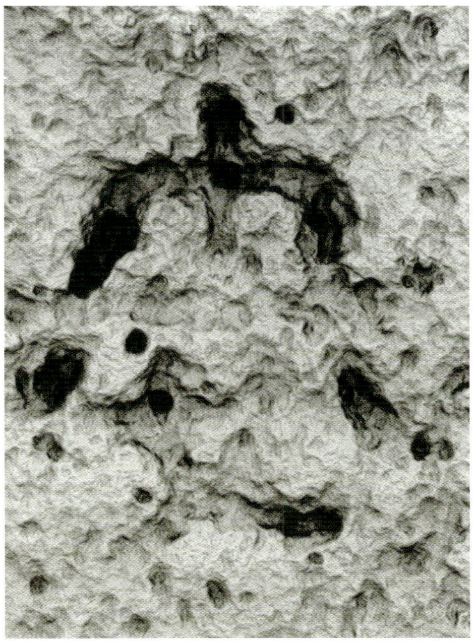

AO맵

좌측면 7행 9자

城

디지털 사진

RTI

부착 탁본

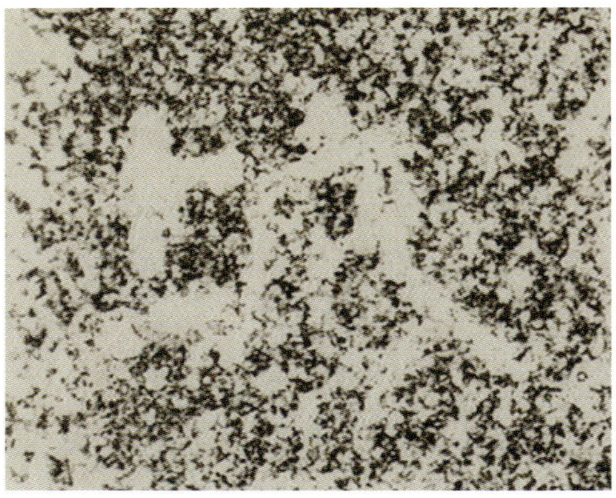

배접 탁본

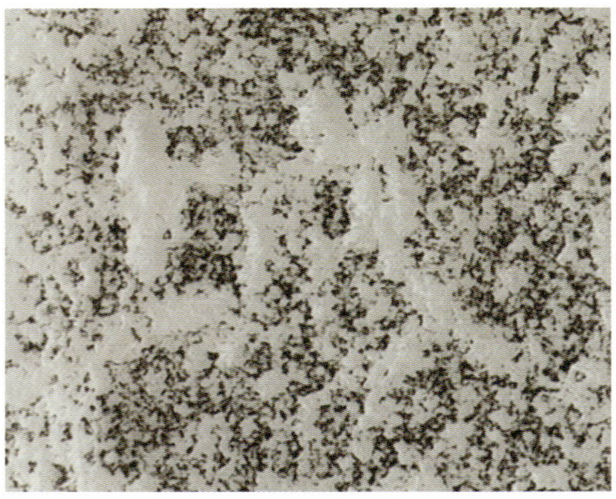

비배접 탁본

폴리곤메시

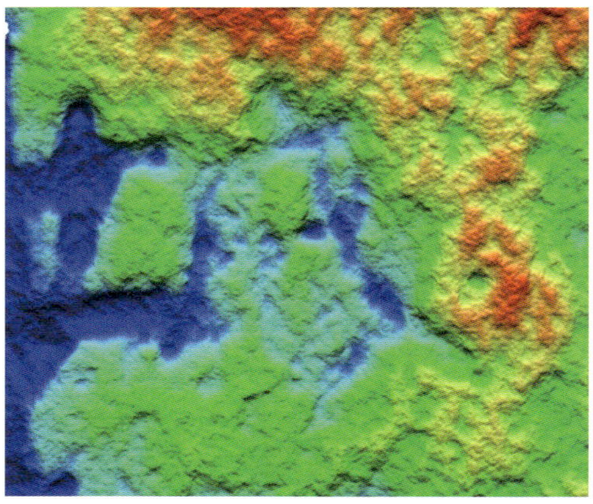

심도맵

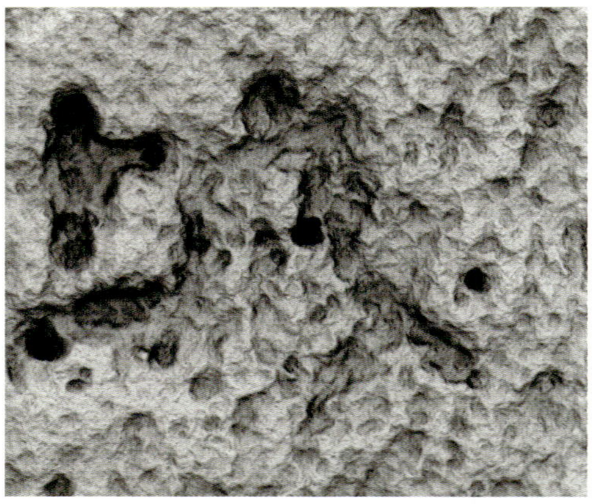

AO맵

좌측면 7행 10자

정 : 守
이 : 守
임 : 主?
서 : 守
고 : 守
공 : 守

디지털 사진

RTI

부착 탁본

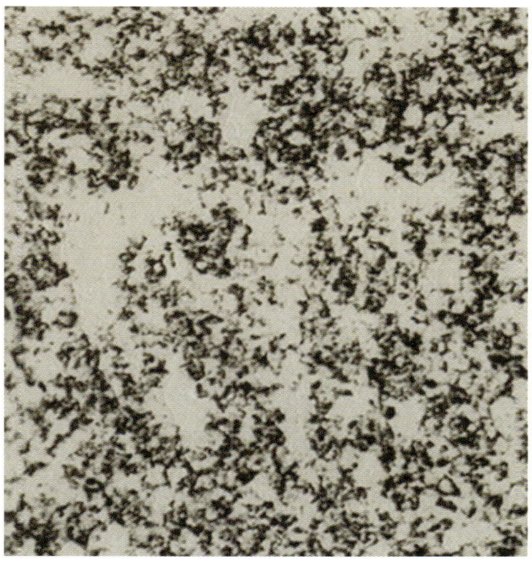

배접 탁본

비배접 탁본

폴리곤메시

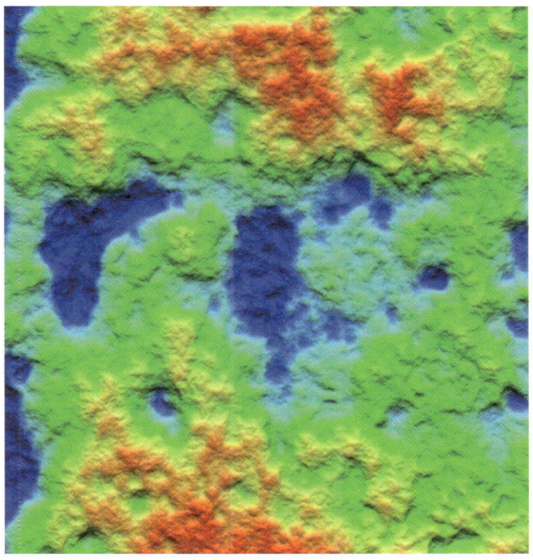

심도맵

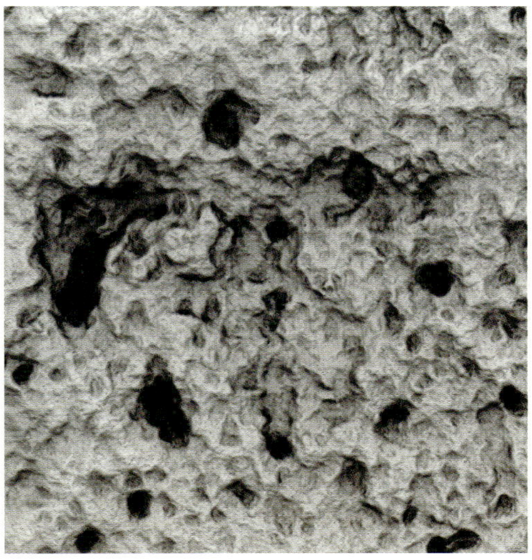

AO맵

좌측면 7행 11자

정 : 事
이 : 事
임 : 事
서 : 事
고 : 事
공 : 事?

디지털 사진

RTI

부착 탁본

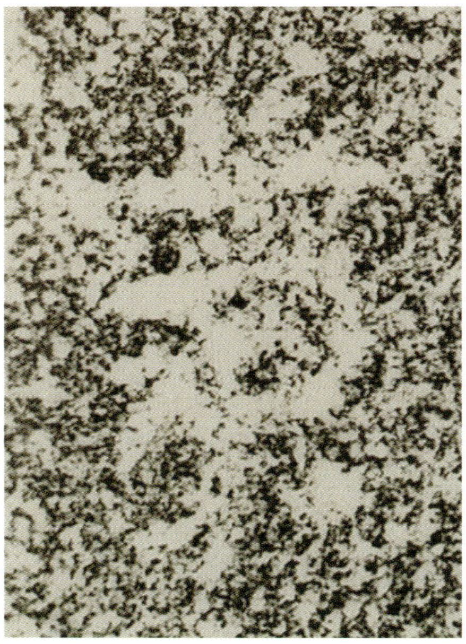

배접 탁본

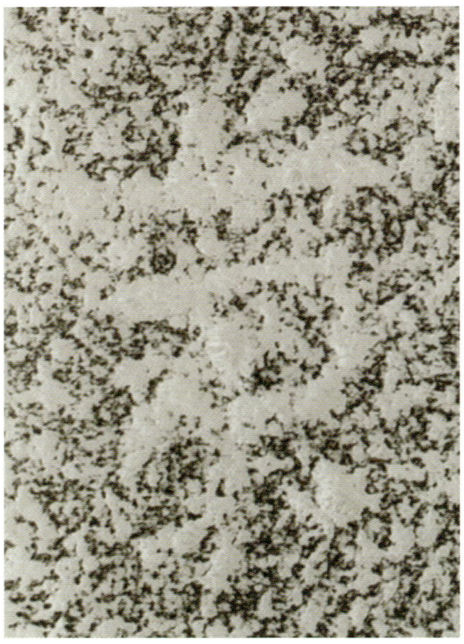

비배접 탁본

폴리곤메시

심도맵

AO맵

좌측면 7행 12자

下

디지털 사진

RTI

부착 탁본

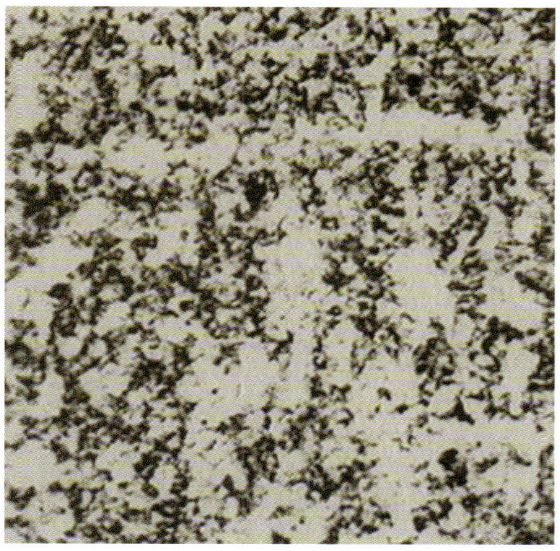

배접 탁본

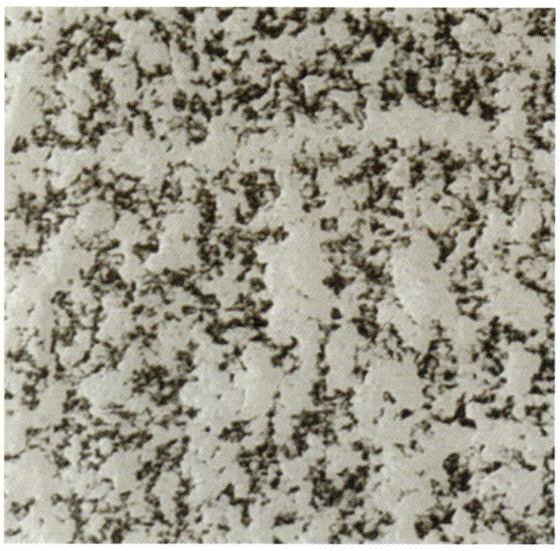

비배접 탁본

폴리곤메시

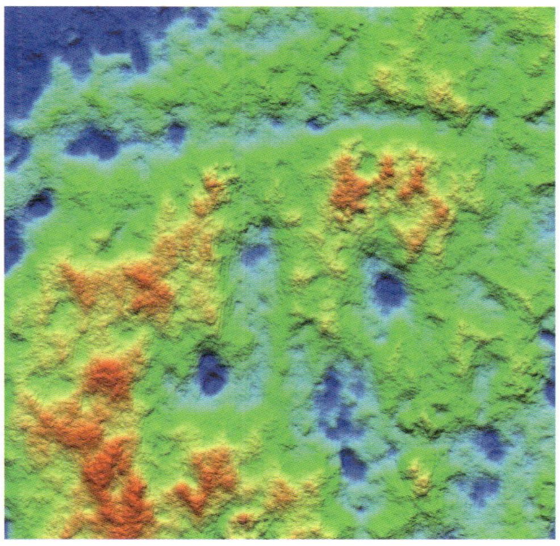

심도맵

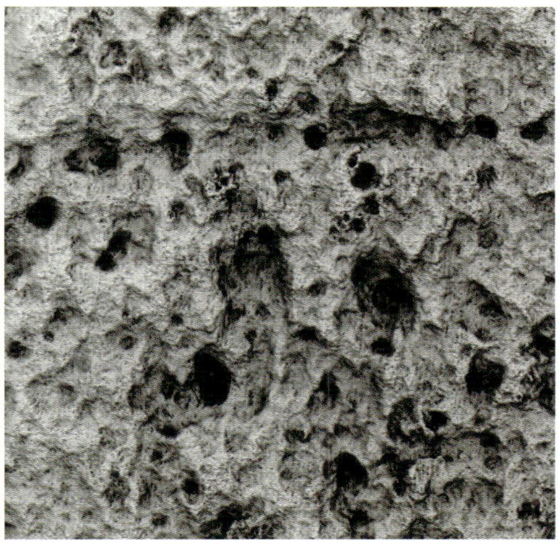

AO맵

좌측면 7행 13자

部

디지털 사진

RTI

부착 탁본

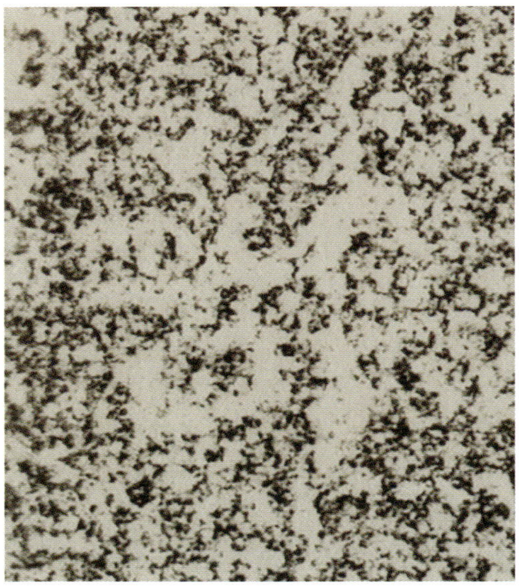

배접 탁본

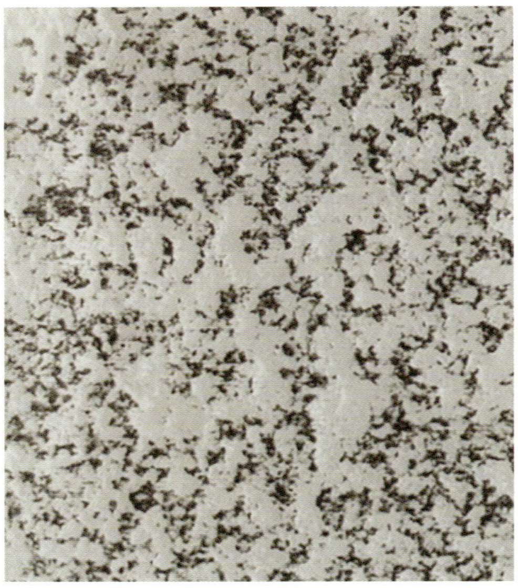

비배접 탁본

폴리곤메시

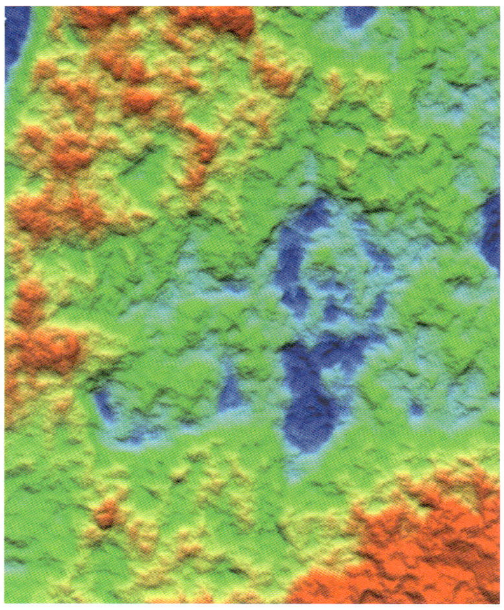

심도맵

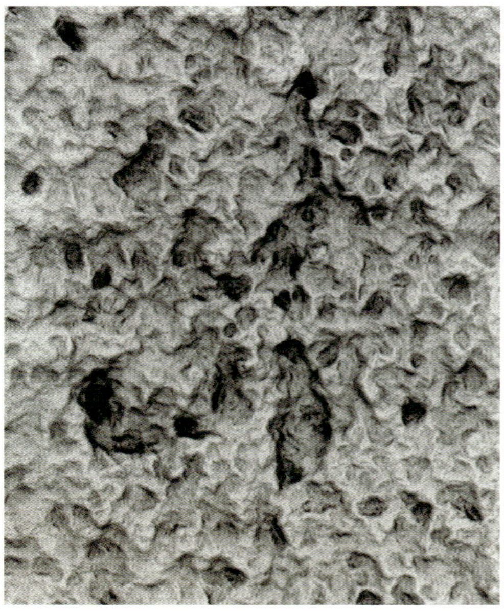

AO맵

좌측면 7행 14자

大

디지털 사진

RTI

부착 탁본

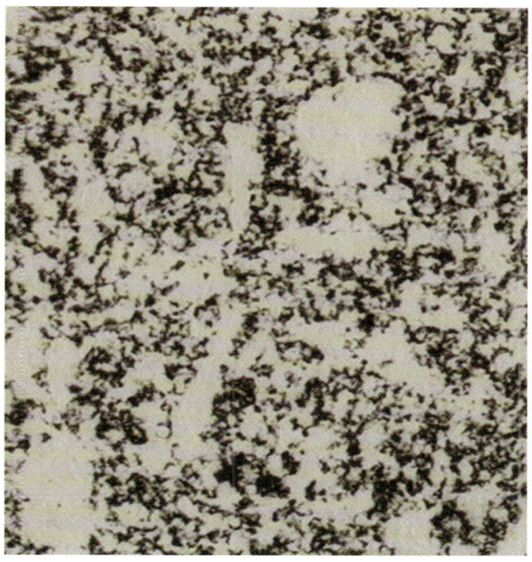

배접 탁본

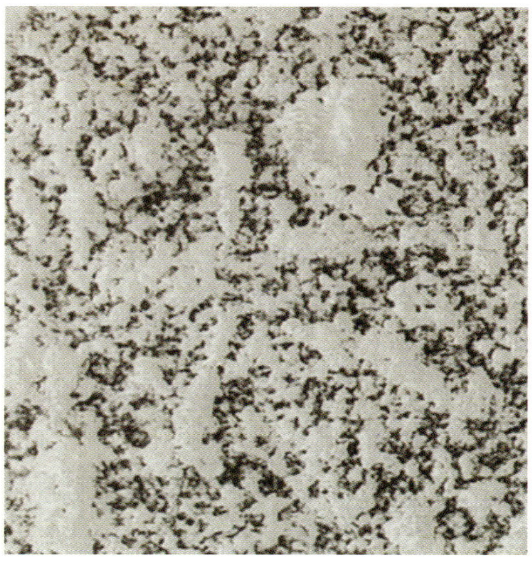

비배접 탁본

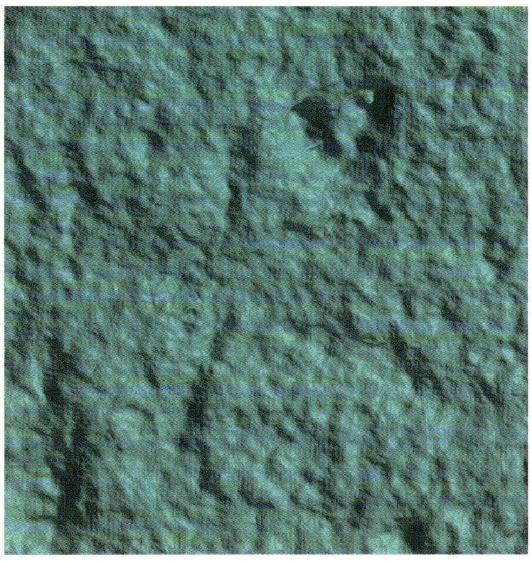

폴리곤메시

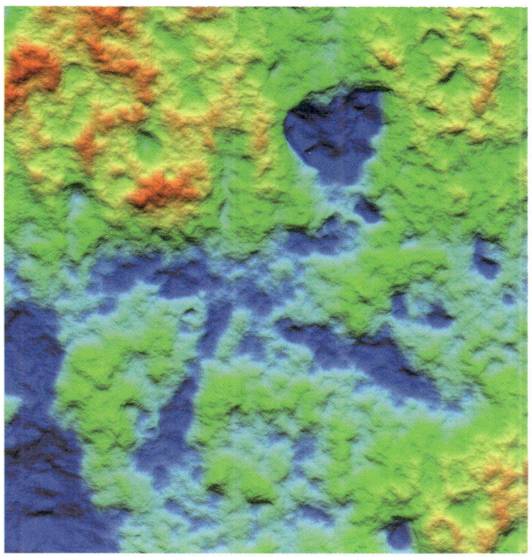

심도맵

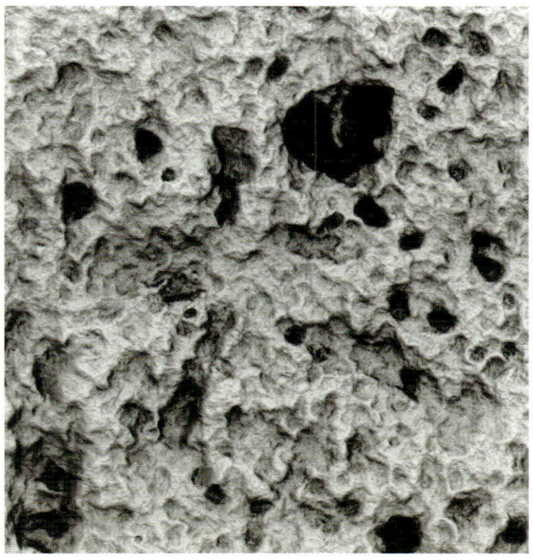

AO맵

좌측면 7행 15자

冗

디지털 사진

RTI

부착 탁본

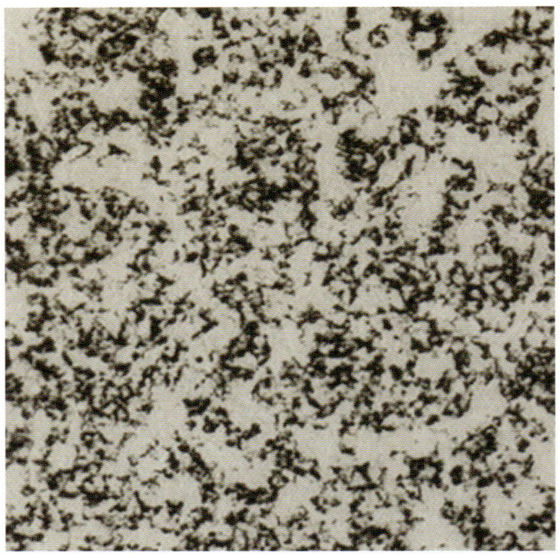

배접 탁본

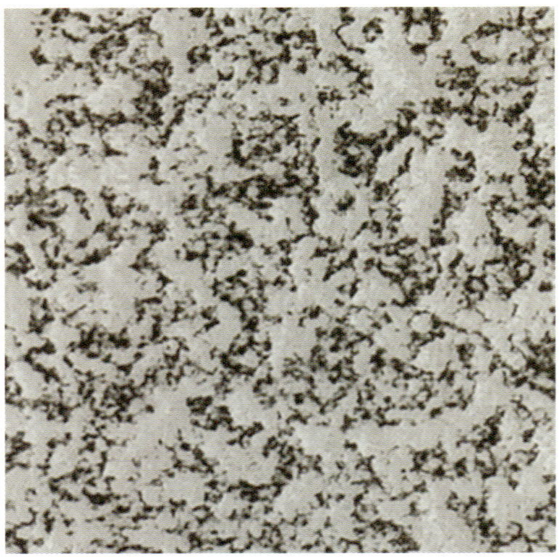

비배접 탁본

폴리곤메시

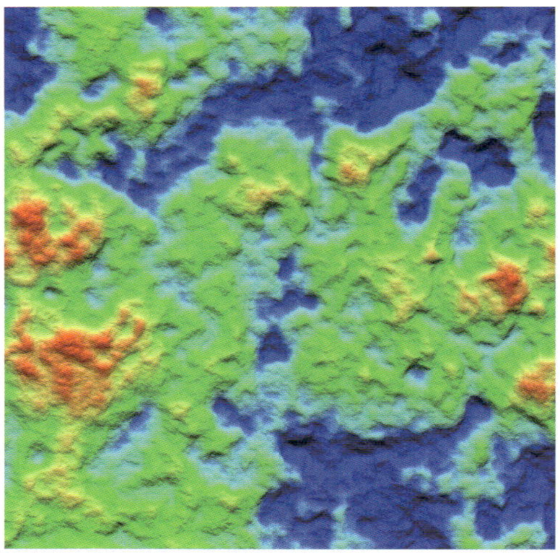

심도맵

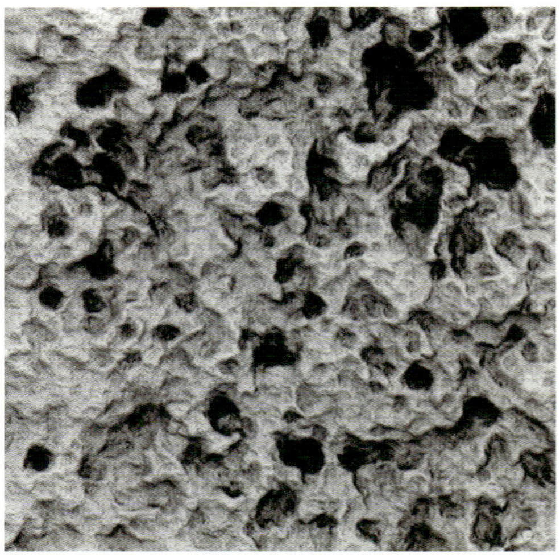

AO맵

좌측면 7행 16자

정 : 耶
이 : 躬
임 : △
서 : 耶
고 : 耶
공 : △

디지털 사진

RTI

부착 탁본

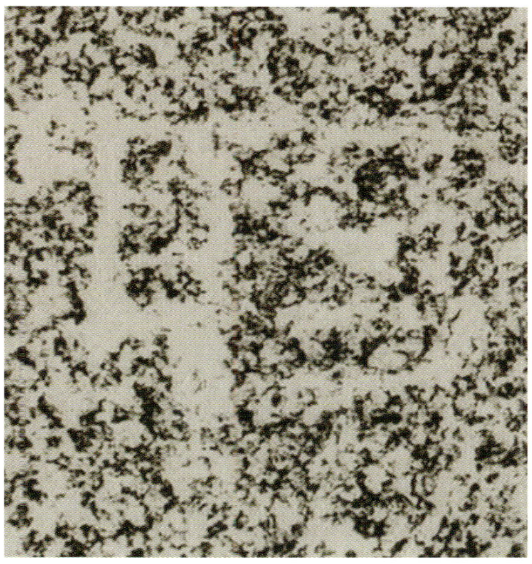

배접 탁본

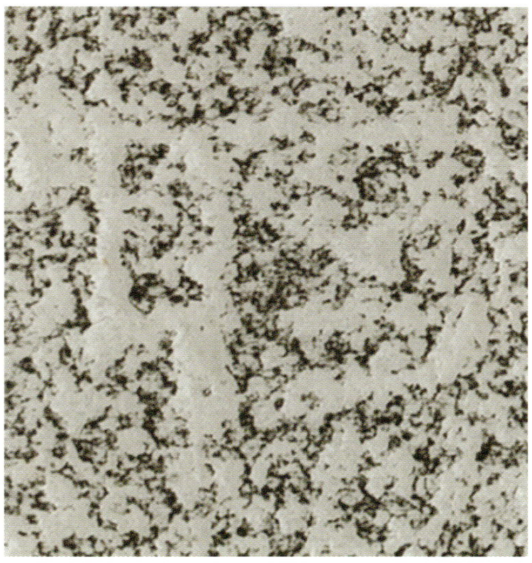

비배접 탁본

폴리곤메시

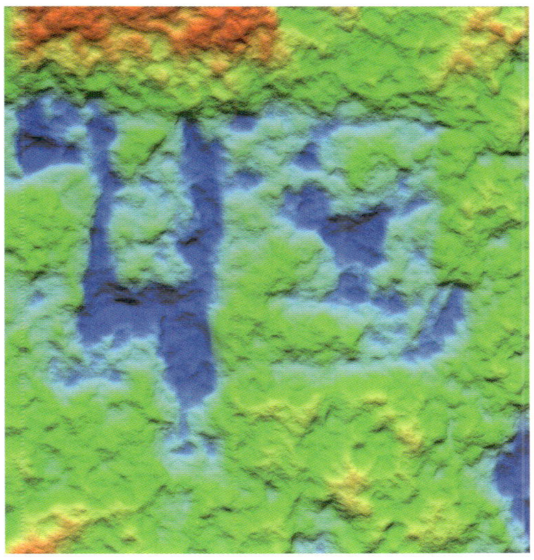

심도맵

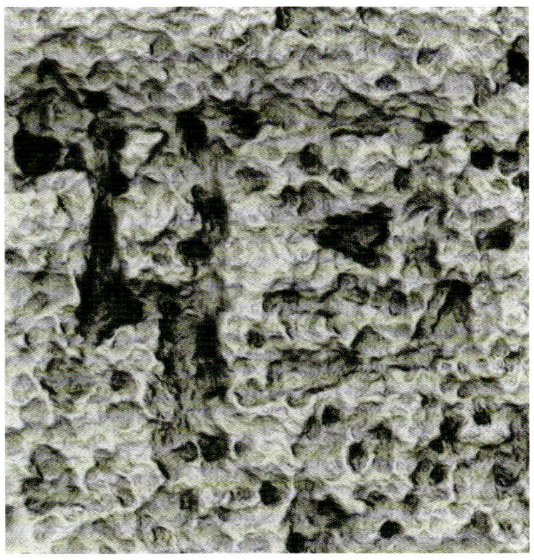

AO맵

좌측면 7행 17자

정 : 乎?
이 : 乎
임 : △
서 : △
고 : △
공 : △

디지털 사진

RTI

부착 탁본

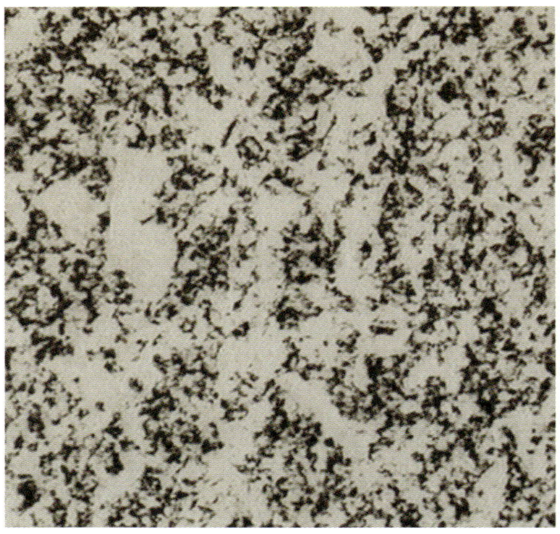

배접 탁본

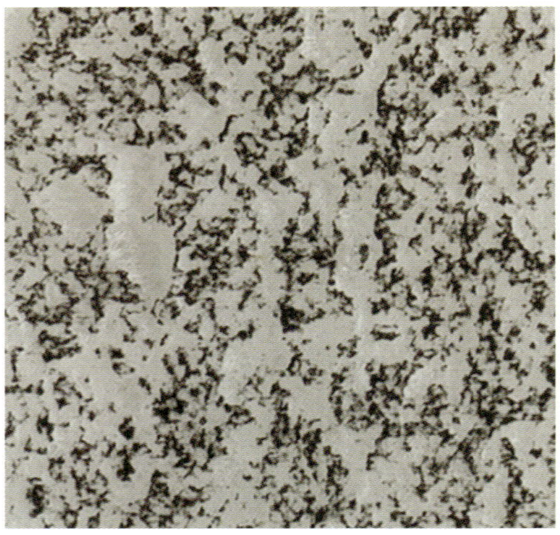

비배접 탁본

폴리곤메시

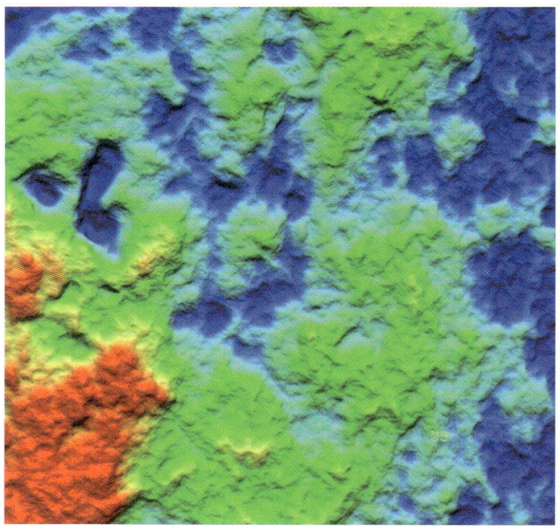

심도맵

AO맵

우측면 1행 11자[6]

고 : 前
공 : 〈前〉

디지털 사진

RTI

부착 탁본

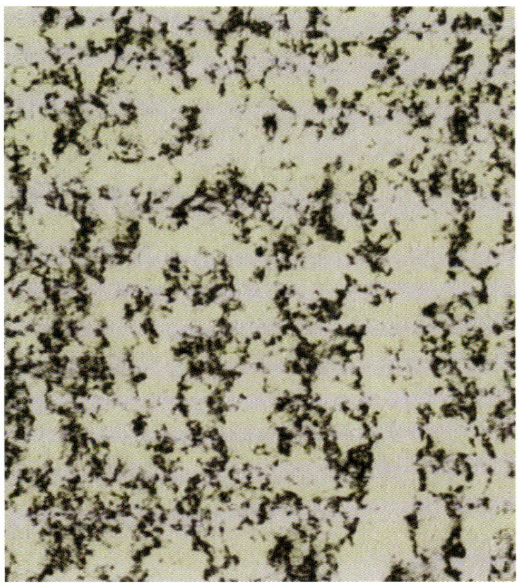

배접 탁본

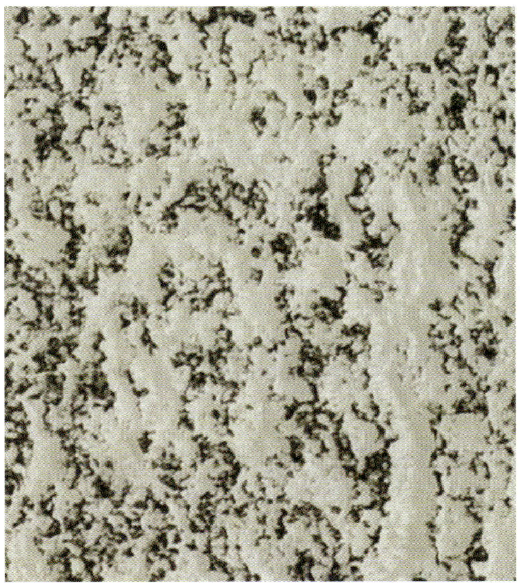

비배접 탁본

폴리곤메시

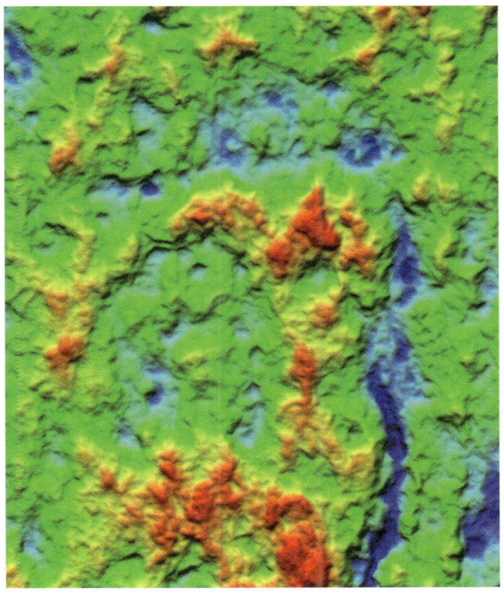

심도맵

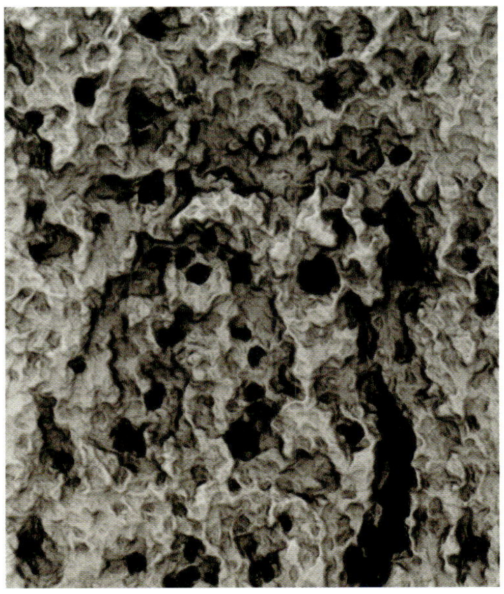

AO맵

6 고구려연구회 판독문에서는 이 글자를 〈Ⅲ면: 右面〉 1행 10자로 파악하였으나 '충주고구려비 전시관 탁본' 등으로 살펴보면 우측면 1행 11자의 위치이다.

우측면 1행 12자

고 : 部
공 : 部?

디지털 사진

RTI

부착 탁본

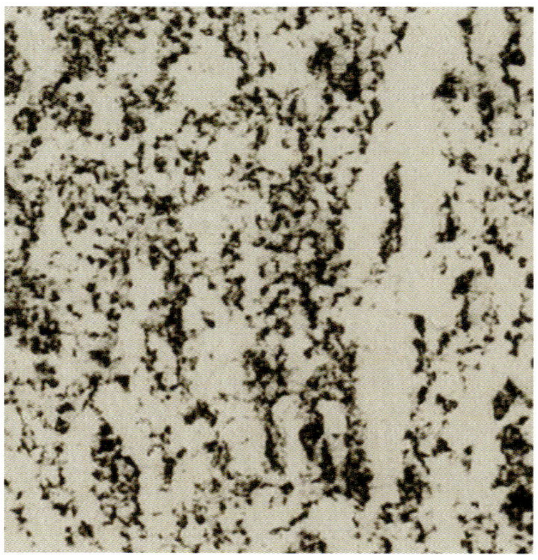

배접 탁본

비배접 탁본

폴리곤메시

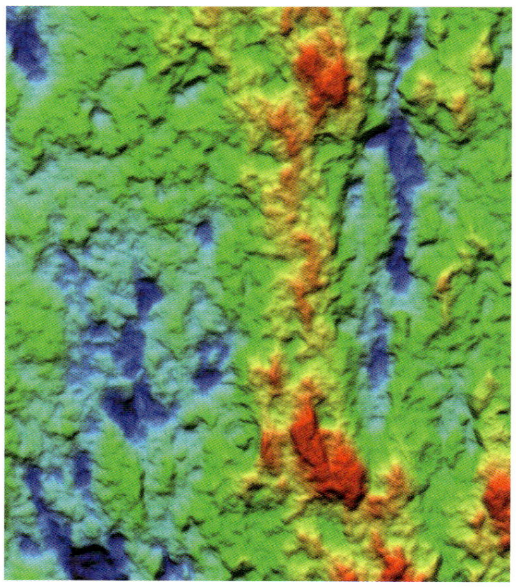

심도맵

AO맵

후면 마지막 행 8자[7]

고 : 巡?
공 : 巡?

디지털 사진

RTI

부착 탁본

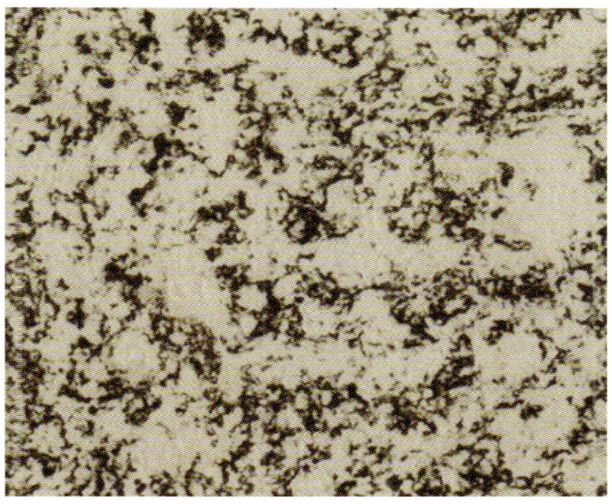

배접 탁본

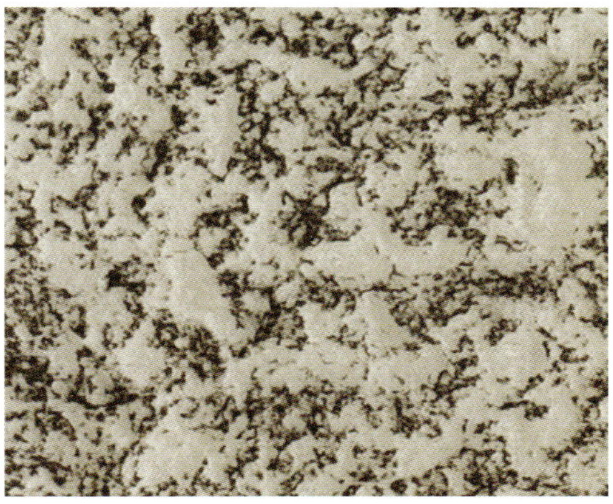

비배접 탁본

폴리곤메시

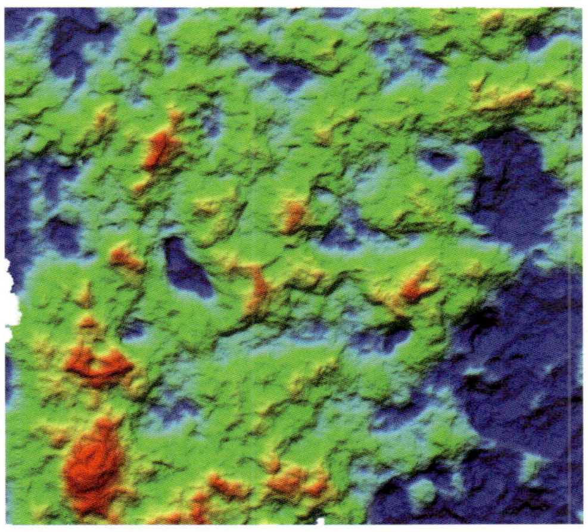

심도맵

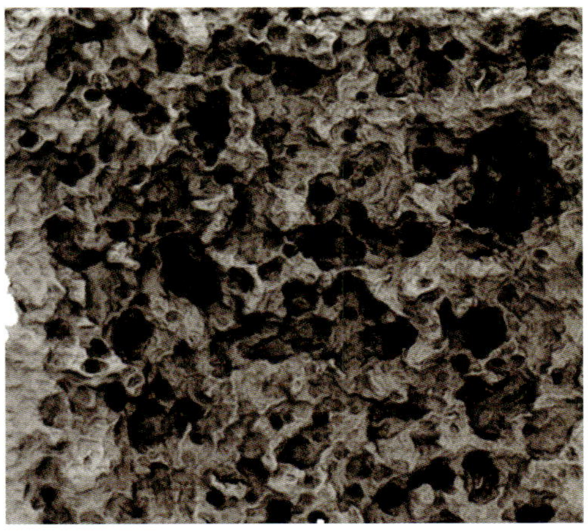

AO맵

7 이 글자는 충주고구려비 전시관 탁본 등을 통해 살펴보면 후면 마지막 행 제 8자의 위치에 해당한다.

Ⅵ
비문 판독

충주고구려비 공동판독회
(동북아역사재단·한국고대사학회)

일시 및 장소

차수	날짜	장소	비고
제1차	2019. 8. 22.	동북아역사재단 대회의실	전면, 좌측면 일부
제2차	2019. 10. 17.	국립공주대학교 문화재보존과학과 디지털보존솔루션연구실	
제3차	2020. 4. 24.	서울교육대학교	좌측면, 후면, 우측면

범례

기호	표기 내용
	별도의 기재가 없는 것은 이견이 없는 글자
★	기존에 견해 차이가 있었으나 이번 판독회에서 확정한 글자
☆	2019년 판독회에서 처음으로 제시된 글자
〈 〉	2019년 판독회 참여자 다수가 가능성이 높다고 인정한 글자
?	추정한 글자
△	판독 불능
×	글자 없음

판독자 약호

- 정 : 鄭永鎬(1979, 『史學志』 13)
- 이 : 李丙燾(1979, 『史學志』 13)
- 임 : 任昌淳(1979, 『史學志』 13)
- 이호 : 李昊榮(1979, 『史學志』 13)
- 서 : 徐永大(1992, 『譯註 韓國古代金石文』)
- 고 : 고구려연구회(2000, 『中原高句麗碑研究』 고구려연구 10)
  고* : 2000년 고구려연구회에서 확정한 글자
  고** : 2000년 고구려연구회에서 새로 판독한 글자
- 기타 : 2000년 고구려연구회에서 보조안 또는 의견으로 제시된 글자
- 고광 : 高光儀(2020, 『한국고대사연구』 98)

판독문 비교

전면

	10		9		8		7		6	
	기존	2019	기존	2019	기존	2019	기존	2019	기존	2019
	×	×	△ : 이호	△? : 공	銘? : 정 年? □ : 이 △ : 이호	△? : 공 丁 酉 : 고광	碑? : 정 辛 : 이호	△? : 공 在 : 고광	四 : 이(6행과 7행 사이) 歲 : 이호	△? : 공 歲 : 고광
①	△	△	△ : 임/이/정/서/고 德, 使 : 기타	〈德〉	夷	夷	△ : 임 大 : 이/정/서/고	大	夷 : 임/이/정/서 夷? : 고	夷
②	△ : 임/이/정/서 疏? : 고** 流, 統 : 기타	〈流〉	△ : 임/이/정/서/고 教 : 기타	△	寐	寐	位	位	寐	寐
③	△ : 임 奴 : 이/정/서/고	奴	△ : 임/이/정/서/고 來, 懃 : 기타	土?☆/△	錦	錦	△ : 임 諸 : 이/정/서/고	諸	錦	錦
④	△ : 임/서 趨? : 이 故? : 정 扌+? : 고	扶?☆/抹?☆	境 : 임/이/서 境? : 정/고 廣, 鑛, 復 : 기타	境?/△	上? : 임 去? : 이 上 : 정/서/고	上	位	位	△ : 임 逮 : 이 遝 : 정/서/고	遝
⑤	△ : 임/서/고 狛 : 이 狛? : 정 狃 : 기타	亻☆+△	△ : 임/이/정/서/고 大, 內 : 기타	△	下	下	上	上	還	還
⑥	△ : 임/서 殘? : 이 凶? : 정/고	△	募	募	至	至	下	下	來	來
⑦	△ : 임/서 王 : 이 鬼? : 정 鬼 : 고 兎 : 기타	△	人	人	于	于	衣	衣	△ : 임 節 : 이/정/서/고	節
⑧	盖	蓋	三 : 임/이/정/서/고 七 : 기타	三	伐	伐	服	服	教	教
⑨	盧	盧	百	百	城	城	△ : 임 束? : 이 來? : 정 兼 : 서 束?, 來? : 고 幷, 恭 : 기타	〈兼〉	賜	賜
⑩	共 : 임/정/서/고 供 : 이	共	新	新	教 : 임/이/정/서/고 敬, 放 : 기타	教	受	受	△ : 임 寐 : 이/정/서/고	寐

5		4		3		2		1		
기존	2019	기존	2019	기존	2019	기존	2019	기존	2019	
興 : 이 年 : 이호/고	年? : 공 年 : 고광	七 : 이호	七?:공 七 : 고광	建 : 이(3행과 4행 사이) 熙 : 이호	△? : 공 樂 : 고광	麗 □ : 이 △ : 이호	△? : 공 永 : 고광	高 □ : 이	×	
用 : 임/서/고 伊 : 이/정 思 : 기타	伊?/用?	向 : 임/고* 尙 : 이/정/서	向	奴	奴	上	上	五	五	①
者	者/有?☆	墍 : 임 敎 : 이/정 △ : 서 墍?, 望? : 고 謁 : 기타	墍	主	主	下	下	月	月	②
賜	賜	上	上	簿	簿	相	相	中	中	③
之	之	共	共	△ : 임 道 : 이/정/서 貴 : 고*	貴	和? : 임 和 : 서/고* 知 : 이/정	〈知〉	高	高	④
△ : 임 隨 : 이/정/서/고	隨	看	看	△ : 임 使 : 이/정 德 : 서 德? : 고 惪, 思 : 기타	〈德〉	守	守	麗	麗	⑤
△ : 임/고 者 : 이/서 者? : 정 過, 忠, 患, 去 : 기타	恭?☆/去?	節	節	△ : 임/서 鄕 : 이 鄕? : 정 ?+田 : 고 佃, 苗, 細 : 기타	〈句〉☆	天	天	大 : 임/이/정/서 太 : 고	太/大	⑥
△ : 임 節 : 이/정/서/고	諸☆★	賜	賜	△ : 임/정/서 類 : 이 類? : 고	〈方+△〉☆	東? : 임 東 : 이/서/고 △ : 정 萬, 重 : 기타	東	王	王	⑦
△ : 임/서/고 敎 : 이/정 萬, 禹, 審, 寧, 敎 : 기타	△	太 : 임/서/고 大 : 이 大? : 정	九?☆/太?	△ : 임/서 出 : 이 王? : 정/고 玉?, 吒? : 기타	〈王〉	來 : 임/이/서/고 來? : 정 夷 : 기타	來	相 : 임/서 祖 : 이/정/고 招, 柤 : 기타	祖★	⑧
△ : 임/서/고 賜 : 이 使? : 정 海, 每 : 기타	△	霍? : 임/정 藿 : 이 翟 : 서 霍 : 고	〈霍〉	△ : 임 牛 : 이 安 : 서 安? : 정/고 等, 玄? : 기타	〈不〉☆	之	之	△ : 임 王 : 이/정/서/고 玉 : 기타	王	⑨
奴	奴	鄒? : 임 △ : 이 鄒 : 정/서/고	鄒	△ : 임/서 聆 : 이 聆? : 정 聆? : 고 聰 : 기타	〈聆〉☆	寐? : 임 寐 : 이/정/서/고	寐	△ : 임 令 : 이/고* 公 : 정/서	公★	⑩

	10		9		8		7		6	
	기존	2019	기존	2019	기존	2019	기존	2019	기존	2019
⑪	△ : 임/서 謀 : 이 謀? : 정 ?+甚 : 고 諶, 鍖 : 기타	△ + 衣☆	羅	羅	來 : 임/서/고 勅? : 이 來? : 정	來	敎	敎	△ : 임 錦 : 이/정/서/고	錦
⑫	募	募	土	土	前	前	跪	跪	△ : 임 土 : 이/정/서/고	土
⑬	人	人	內	內	部	部	官? : 임 營 : 이/정/서/고 宮 : 기타	營	△ : 임 內 : 이/정/서/고	內
⑭	新	新	幢	幢	大 : 임/이/정/서 太 : 고 大? : 기타	大/太	△ : 임/이 之? : 정 之 : 서/고 也, 立 : 기타	之	△ : 임 諸 : 이/정/서/고	諸
⑮	羅	羅	主	主	使	使	十	十	△ : 임 衆 : 이/정/서/고	衆
⑯	土	土	下 : 임/이/정/서/고 木, 求 : 기타	下	者	者	二 : 임/정/서/고 二? : 이	二	△ : 임 人 : 이/정/서/고 本 : 기타	本?/人?
⑰	內	內	部	部	多	多	月	月	△ : 임/정/서/고 △衣 : 이 服 : 기타	△
⑱	衆	衆	△ : 임 拔 : 이/서 拔? : 정/고	拔	于 : 임/고 兮 : 이 亐? : 정 亐 : 서	于	廿	廿	△ : 임/정/서/고 △服 : 이 智 : 기타	支☆★
⑲	人	人	位	位	桓	桓	三 : 임/이/서/고 三? : 정 五? : 기타	三?/七?☆	△	〈告〉☆
⑳	拜? : 임 △ : 이 供? : 정 拜 : 서 跓 : 고** 踐?, 計? : 기타	兵?☆/先?☆	使	使	奴	奴	△ : 임 日 : 이/정/서 日? : 고 깨짐 : 기타	〈日〉	△ : 임/정/서/고 △大 : 이 깨짐 : 기타	〈大〉
㉑	動 : 이/서 動? : 임/정/고	動	者	者	主	主	甲	〈甲〉	△ : 임/정 王 : 이/서 王? : 고 十, 主, 去, 天 : 기타	王
㉒	⿱罒△ : 임 △ : 이/정/서/고 迺, 遷 : 기타	奪?☆	端 : 임 補? : 이 補 : 서/고 錦 : 정	補	簿	簿	寅	寅	國	國
㉓	깨짐	깨짐	奴	奴	看? : 임 者? : 이 首? : 정 △ : 서 貴 : 고	貴	東	東	土	土

5		4		3		2		1		
기존	2019	기존	2019	기존	2019	기존	2019	기존	2019	
客 : 임/서/고 衆 : 이/정 智 : 기타	客	敎 : 임 △ : 이/정/서 敎?, 授? : 고 求 : 기타	敎	△ : 임/서/고 之 : 이 之? : 정 那, 鄒, 部, 之, 節 : 기타	△	錦? : 임 錦 : 이/정/서/고	錦	△ : 임/정/서/고 還 : 이 是, 忠, 惠, 遷 : 기타	△	⑪
△ : 임 人 : 이/정/서/고	人	食+? : 임 食 : 이/정/서/고	食	△ : 임 去 : 이/서 法? : 정 去? : 고 法, 古 : 기타	去?/古?	忌? : 임/정/고 忌 : 이/서 患 : 기타	忌★	新	新	⑫
△ : 임/서/고 革 : 이 者 : 정 草, 歲, 幷, 輩 : 기타	△	丏? : 임/정 △ : 이/서 在? : 고 正 : 기타	在?/于?☆	△ : 임/이/정/서/고 弓, 鳥, 馬, 与 : 기타	△	太	太/大	羅	羅	⑬
懃 : 임 鞋 : 이 敎 : 정/서/고	敎	△ : 임/정/서 東? : 이 東 : 고*	東	△	△	子	子	寐	寐	⑭
亠+? : 임 諸 : 이/서/고 諸? : 정	諸	賜 : 임/이/서 賜? : 정 夷 : 고*	夷	到? : 임/정 △ : 이 到 : 서/고	到	共	共	錦	錦	⑮
位	位	寐	寐	至 : 임/서/고 △ : 이 至? : 정	至	前	前	世	世	⑯
賜	賜	錦	錦	跪	跪	部	部	世	世	⑰
上 : 임/이/서/고 土 : 정	上	之	之	官? : 임 管? : 이 營 : 정/서/고 官, 宮 : 기타	營	大 : 임/이/정/서 太 : 고	太/大	爲 : 임/이/서/고 爲? : 정	爲	⑱
下 : 임/이/서/고 內 : 정	下	衣	衣	大? : 임/정 大 : 이 △ : 서 天, 大, 夭 : 고	〈大〉	使	使	願	願	⑲
△ : 임/정 衣 : 이/서 衣? : 고 깨짐 : 기타	〈衣〉	服	服	太	太	者	者	如	如	⑳
服 : 임/이/서/고 △ : 정	服	建	建	子	子	多	多	兄	兄	㉑
敎	敎	立	立	共	共	于 : 임 亐? : 정 兮 : 이 亐 : 서/고	于/兮/亐	如	如	㉒
東	東	處 : 임/서/고 楼? : 이 處? : 정 虔 : 기타	處	言+? : 임/고 △ : 이/서 節? : 정 諾, 諸, 語, 謀 : 기타	語?/諸?	桓	桓	弟	弟	㉓

좌측면

7		6		5		4		3		2		1		
기존	2019	기존	2019	기존	2019	기존	2019	기존	2019	기존	2019	기존	2019	
△ : 임/이/서/고 伐? : 정	△	△	△	△	△	△ : 임/이/정/서/고 去, 坐, 谷 : 기타	△	△	△	△	△	△	△	①
△ : 임/서/고 城 : 이 城? : 정	△	△	△	△	△	△ : 임/이/정/서 人 : 고 以, 火, 父 : 기타	△	△	△	△	△	△	△	②
△ : 임/서 丙? : 이/정 去? : 고** 先, 走 : 기타	△	△	△	△	△	△	△	△	△	△	△	△	△	③
于 : 임/정/고 子? : 이 △ : 서	子?/ 于?	△	△	△	△	△	△	△	△	△	△	△ : 임 中 : 정/서 中? : 이 忠? : 고**	〈中〉	④
△ : 임/정/서/고 授 : 이 教 : 기타	△	△	△	△	△	△ : 임/이/정/서/고 谷 : 기타	△	△ : 임/정/서/고 貝+? : 이	△	△	△	△ : 임/이/정/서/고 苦 : 기타	△	⑤
古	古	△	△	△ : 임/이/정/ 서/고 素, 榮, 宋 : 기타	△	△	△	△	△	△	△	△ : 임/이/정/서/고 爲 : 기타	△	⑥
牟	牟	右 : 임 多 : 이 方 : 정/서 方?, 万?, 右? : 고 石 : 기타	右	△	△	△ : 임/이/정/서/고 鳥 : 기타	△	△ : 임 辛 : 이/정/서 辛? : 고	工+△?/ △☆ 二?☆/ △	△	△	△ : 임/이/정/서 于? : 고	△	⑦
婁	婁	祖 : 임/고 兮 : 이 得? : 정 △ : 서 祖, 桓 : 기타	△	△	△	△	△	△ : 임 酉 : 이/정/서 酉? : 고	〈百〉☆	△ : 임/이/서/고 從? : 정	△	△ : 임/서 伐 : 정/고 滅? : 이	△	⑧
城	城	△ : 임/정 桓 : 이/서 故? : 고**	△	△	△	△	△	△ : 임/고 年 : 이/정/서	〈六〉☆ 〈十〉☆	△ : 임 班 : 이/정/서 刺 : 고** 助 : 기타	刺	△ : 임 城 : 이/정/서/고	△	⑨
主? : 임 守 : 이/정/서/고	守	△ : 임/정/서/고 △奴 : 이	△	上	上	△	△	△	△☆ ×	功	功	不 : 임/정/서/고 不? : 이	不/求☆	⑩
事	事?	沙	沙	有 : 임/이/정/서 右? : 고** 杏 : 기타	有	△	△	△	亻+△☆	△ : 임/정/서/고 恩? : 이	△	△ : 임/서 得 : 정 △? : 이 犭+? : 고** 狩, 得, 葯 : 기타	△	⑪

7		6		5		4		3		2		1		
기존	2019	기존	2019	기존	2019	기존	2019	기존	2019	기존	2019	기존	2019	
下	下	△ : 임/이/정/ 서/고 之 : 기타	△	△ : 임/이/서/고 之? : 정 乙 : 기타	之?	△ : 임/이/정/서/고 客, 庚 : 기타	△	△	△	△	△	△ : 임/이/서/고 發? : 정 城, 穫 : 기타	△	⑫
部	部	斯	斯	△ : 임/이/서 辛 : 정/고	〈辛〉	△ : 임/서 寅 : 이 軍? : 정 黃 : 고** 皆, 萱 : 기타	△	△ : 임/이/고 十 : 정/서	〈十〉	△ : 임/이/정/서 尌 : 고	射	村	村	⑬
大	大	絶 : 임 色 : 이/정/서/고	邑☆★	國? : 임 △ : 이 酉 : 정/서/고	〈酉〉	△	△	△	△	△ : 임/이/정/ 서/고 想, 怨 : 기타	△	舍	舍	⑭
兄	兄	△ : 임/정/서/고 智? : 이	△	△	△	△	△	△ : 임/정/서/고 十 : 이	△	△	△	△ : 임/이/정/서/고 鄭, 食 : 기타	△	⑮
△ : 임 躬 : 이 耶 : 정/서/고	△	△ : 임/이/정/서 太 : 고** 大 : 기타	大	△	△	△	△	△ : 임/정/서/고 四 : 이	△	△	△	△ : 임/이/정/서/고 깨짐 : 기타	△	⑯
△ : 임/서/고 乎 : 이 乎? : 정	△	古? : 임 古 : 정/이/서/고	古	△	△	△	△	△	〈土〉☆	△ : 임/이/정/ 서/고 蓋, 盖 : 기타	△	△ : 임/이/정/서/고 聚, 奏, 最, 日+助 : 기타	△	⑰
×	×	鄒? : 임 鄒 : 이/정/서/고	鄒	△	△	△	△	△	△	△ : 임/이/정/ 서/고 盧, 隘 : 기타	△	△ : 임/정/서 昖 : 이 月+? : 고** 胜, 共 : 기타	月+△?/ 日+△?	⑱
×	×	加? : 임 加 : 이/정/서/고	加	東	東	△	△	大 : 임/이/정 太 : 서/고	大	節	節	△ : 임/이/정/서 胜 : 고**	△	⑲
×	×	共	共	夷	夷	△ : 임/이/정/서/고 愼, 情, 賜, 相 : 기타	△	王	王	人	人	△ : 임/이/정/서/고 夏, 復 : 기타	優	⑳
×	×	軍	軍	寐	寐	安 임 △ 이/정/서 安? : 고	△	國	國	△ : 임/이/정/서 刺 : 고** 視 : 기타	刺	△ : 임/이/정/서 沙? : 고 征 : 기타	沙	㉑
×	×	至	至	錦	錦	△ 임/이/서/고 隱 정 隱, 隁, 威, 麗, 陪 : 기타	△	土? : 임 土 : 이/정/서/고	土	△	깨짐	△ : 임/고 沙 : 이/서 沙? : 정	깨짐	㉒
×	×	于	于	土	土	△ : 임/이/정/서/고 墓 : 기타	깨짐	△	깨짐	△	깨짐	△	깨짐	㉓

공동판독회 녹취록

제1차 판독회

날　　짜　2019. 8. 22(목) 9:00~18:00
장　　소　동북아역사재단 대회의실
참 석 자　강진원(서원대학교), 고광의(동북아역사재단), 공석구(고구려발해학회 회장, 한밭대학교), 김양동(계명대학교)
김창석(강원대학교), 노태돈(서울대학교), 박찬규(단국대학교), 서영교(중원대학교), 서영수(단국대학교)
신빛(동덕여자대학교), 여호규(한국외국어대학교), 이성제(동북아역사재단), 이수훈(한국고대사학회 회장, 부산대학교)
임기환(서울교육대학교), 장병진(연세대학교), 정호섭(고려대학교), 조영훈(국립공주대학교), 최연식(동국대학교) 등
녹취 · 정리　양인호(동북아역사재단), 고태진(서울대학교)

전면

1행 1~5자

고광의(회의 진행) 기존에 '五月中高麗'로 보았고 큰 이견이 없는 것으로 앎. '高'자는 약간 좌측으로 기울어졌고 '麗'자는 지금 쓰는 자형과 비슷함.

1행 6~7자

고광의 다음 글자인 '大/太'는 논의가 필요함.

조영훈 '太'일 경우, 점의 크기가 주변의 광물입자보다 크고 깊이가 깊음. 점의 방향성은 위에서 아래임.

여호규 2행 '太子共'의 '太'자와 비교해야 함. 왼쪽으로 비스듬히 내려가는 획에 점이 붙음. 여기에서는 점을 획으로 보기 힘듦. 개인적으로 '大'일 가능성이 높다고 봄.

이수훈 자연 크랙인지 인공적인 필획인지 단면을 잘라서 보면 좋겠음.

조영훈 (3D 가시화 자료) 같은 색은 같은 깊이를 나타냄. 음각의 깊이로는 '大'와 점의 깊이가 같음. 깊이 등으로 보아 '太'로 판독했는데, 서체에 대한 지식이 부족한 상황임을 감안하기 바람.

김창석 인공적으로 한 것인지 자연적으로 빠져나온 것인지? 이물질이 빠져나온 경우 예리한 각으로 남고, 정으로 쳐서 각자를 한 경우 부드러운 굴곡면이 됨. 깊이가 같을지라도 음각 부분의 측면의 예리한 정도가 다름.

조영훈 그런 부분도 추가적으로 검토하겠음.

고광의 그럼 다음으로 '太子共'을 살펴보겠음.

조영훈 '태자공'의 '태'는 점이 크고 깊이가 깊음.

여호규 '태자공'의 '태'자에 보이는 점 두 개의 깊이는 어떤지?

조영훈 두 점의 깊이는 같아 보임.

고광의 '大王/太子共'의 글자를 비교하겠음.

조영훈 점의 깊이는 대왕에서 '大'와 '、'의 깊이가 비슷. '태자공'에서는 '大'보다 '、'이 더 깊음. 다만 점의 방향이 정중앙보다 우측으로 치우침.

이성제 '태자공'의 '태자'에서 점이 그렇게 많이 치우쳐 보이지는 않음. 점이 좌변으로 붙어야 한다는 선입견 때문에 우측에 있는 듯이 보이는 것. 사실 가운데임. 대왕의 '、'은 필획으로 볼 수 있음(太王).

박찬규 '大'와 '太'를 다 몰아서 볼 수 있을지?

여호규 2행 13자, 3행 20자 모두 '、'이 정중앙 또는 정중앙에서 약간 왼쪽으로 치우쳐서 나옴. 1행 6자의 '、'은 중앙 라인에서 우하단으로 치우쳐서 획으로 보기 힘듦(大王).

김양동 '태왕'과 '대왕' 중 하나로 한다면 점을 획으로 봐서 '태왕'으로 결정하는 게 낫다고 생각함(太王).

박찬규 (좌측면) 3행 '太王國土'와 비교해야 함. '下部大兄', '大使者/太使者' 등 '大·太'자가 많이 나오니 몰아서 비교해보면 괜찮은 방법일 것.

고광의 좌측면 3행 19자에서 '太'는 '、'이 좌측으로 붙어 있는 모습. '太子'는 가운데, '太王'은 좌하로 치우침. '태왕국토'는 정중앙이 아닌 것처럼 브임.

조영훈 공주대학교 연구팀에서는 '大'로 읽음(大王國土). '大'자 사이에 점이 잘 안 보임. 점의 깊이가 다른 획보다 얕음. 눈으로 보이는 대로만 읽었음.

여호규 기존 탁본에는 왼쪽으로 내려가는 획에서 비스듬하게 점을 찍은 듯이 보였는데, 그 깊이가 얕은 건지?

정호섭 얕다기보다는 작음.

조영훈 왼쪽 획에 붙어 있음.

고광의 '大王' 또는 '太王' 중 어느 것으로 보아야 할지?

김창석 8행 14에 '大使者'도 확인 바람.

조영훈 연구팀에서는 '太'자로 봄.

여호규 비면에 부착된 상태에서 찍은 탁본 사진으로 보면 위아래로 크랙이 있어서 획으로 보기 힘듦.

박찬규 고전에서 '大'와 '太'는 구분을 잘 안 함. 고구려는 태왕호가 있어서 중요시됨. 서영수 선생께서 태왕과 대왕의 의미 차이를 설명해주시면 감사.

서영수 합천에서 출토된 것으로 전해지는 유개장경호에 '大王'으로 나옴. 신라인지 가야인지 불확실. 광개토태왕비에는 세 가지 왕호가 다 나옴. 추모왕, 유리왕, 대해주류왕(대왕), 광개토태왕 등 고구려인이 시조나 선대인을 왕, 대왕, 태왕으로 구분해서 사용한 것은 분명함. 작은 나라의 왕은 왕, 몇 개 종족을 합쳤으면 대왕, 태왕은 황제와 같은 의미라고 생각함.

판독의 경우 과거에는 며칠에 걸쳐서 했음. 논쟁이 있었지만 기본적으로는 太, 보수적으로 보는 사람은 大, 완벽한 결론은 못 내림. 필획이 정확하게 그려진 것이 아님. 중앙, 좌우의 차

 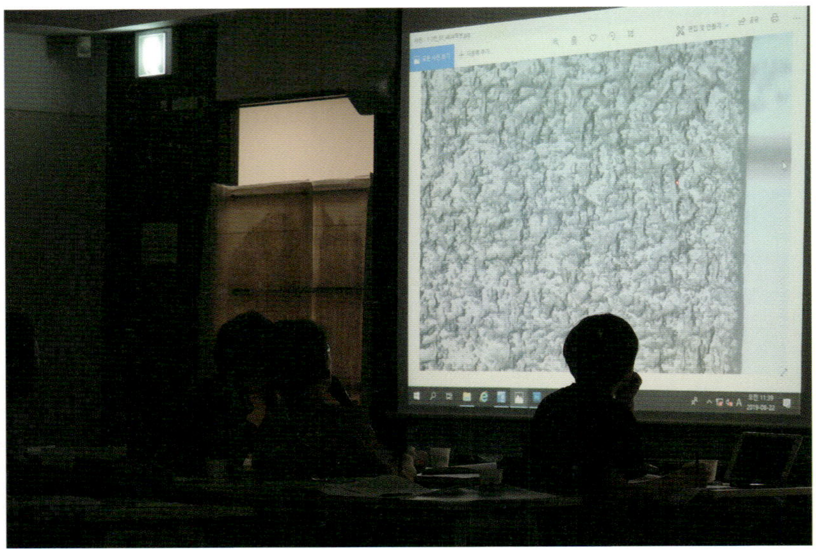

이 정도로 글자를 구분하는 것은 무리가 있을 듯. '太王'으로 보고 '大王'을 보조안으로 제시하는 것이 좋을 듯함.

고광의 선택하기 쉽지 않지만 판독에서는 '太'와 '大'를 구분해야 함. 공주대학교 연구팀에서 선입견 없이 파악해서 그 의견도 중요함. 서영수 선생님 말씀을 참고해서 두 가지 모두 올리도록 하겠음.

1행 8자

고광의 이 글자는 좌변이 '示'냐 '木'이냐, 우변이 '且'냐 '目'이냐가 논란이 되고 있음.

김양동 '祖'.

서영수 RTI를 보니 '祖'에 가까움. 고구려연구회에서도 '祖'로 읽음. 오늘 보니 '祖'에 가까움.

이수훈 오른쪽 밑의 획이 '且'로 보임.

박찬규 2000년에 '祖'로 봄. 우측은 '且'로 볼 수 있음. 문제는 왼쪽 부분을 '礻'로 볼 수 있을까인데, '礻'가 들어간 글자가 보이지 않음.

고광의 '上下相和'로 본 부분의 '相'은?

박찬규 '木'에 '目'이 확실. 이 왼쪽 부분이 '나무 목(木)' 같음. 이걸 '礻'로 볼 수 있을지가 꺼려져서 망설여짐.

김양동 첫 획이 조금 띄운 듯이 처리한 '礻'자임.

여호규 RTI에서는 빛의 각도에 따라 '目'으로 보이기도 함. 중앙에서 세로로 쭉 내려오는 획과 대각선 왼쪽으로 내려오는 획이 동시에 보이기 때문임. 어떤 각도로 봐도 두 가지가 다 보임. 판단하기 어려움.

김양동 고구려에 '相王'이라는 표현이 있는지?

박찬규 이전에도 논란이 된 부분임. '相王'도 고구려의 왕 중 하나에 해당하는 용어가 아닐까라는 이야기도 나옴. '祖王'이라는 용어도 존재할 수 있고, '相王'도 존재할 수 있음. 근거는 없지만 가능성 정도.

김양동 '눈 목(目)'일 때는 마지막 획이 넘어가지 않고 내린 획이 더 길 수 있음. '且'자의 경우 세로획은 내려오지 않고 가로획이 좌우로 더 나감. '礻'는 점을 찍고 가로로 나감. '木'은 가로획과 내림획이 겹쳐서 나가는 것은 깊이가 다름. 지금 글자는 '礻'의 점과 가로획이 교차되는 부분이 떨어져 보임. '木'처럼 관통하는 획은 깊이가 다름.

조영훈 깊이로 보면 좌변의 세로획이 관통하고 있음. '木'에 가깝게 봄.

고광의 모니터의 3D 심도맵에서 초록색으로 끊어진 부분이 보임.

조영훈 세로획(丨)과 가로획(一)에 하나의 교차점이 있어 보임. 세로획이 완벽하게 일자로 내려온다고 볼 수는 없음. 단 가로획과 세로획이 만나고 있는(연결된) 점에 주목함.

여호규 가로획과 좌하로 내려오는 획이 연결된다고 볼 수 있는지?

이수훈 세로획이 가로획을 관통하느냐 점으로 분리되느냐를 확인해야 함. 그것이 확인 안 되면 오른쪽(且)을 가지고 판단해야 함.

박찬규 우측은 '且'가 거의 확실. '礻'를 비교할 수 있는 글자가 없음.

김창석 좌변은 판단이 잘 안 됨. 우측 맨 아래 가로획이 튀어나온 것이 잘 보이므로 '祖'로 판단.

여호규 반론은 아니지만 좌변을 꼼꼼하게 보자는 정도의 의견. 다만 RTI에서는 좌변이 '示'와 '木'이 다 보임. 탁본을 통해서도 두 가지 가능성이 다 있음. 우변은 '且'가 명확함.

고광의 현시점에서 좌변은 불확실. 단 우변이 '且'가 확실하다면 '祖'가 될 수밖에 없다 정도로 정리.

1행 10자

이성제 보이는 모습은 '公', '侖'으로 볼 수 있음, 마지막 획만 확인하고 넘어가는 것이 좋겠음.

정호섭 심도맵 사진을 보면 밑으로 내려오는 선을 인정하기 힘듦.

조영훈 밑으로 내려오는 선은 암석적 특징, 즉 암석의 결로 보임. 연구팀에서는 '公'으로 판단.

여호규 '侖'으로 봤을 경우 '人' 밑에 '卩'의 우상단이 가로에서 세로로 꺾어지는 부분을 획으로 봄. 그러나 비면 관찰이나 렌더링을 봤을 때 깊이가 얕음. 크랙으로 여겨지며 '公'자일 가능성이 높음.

고광의 별다른 이견이 없으면 '公'으로 확정하고 넘어감.

정호섭 '公'일 경우 해석이 문제임.

1행 11자

여호규 윗부분을 빼고 가운데만 보면 '王'에 가까움. 또는 아래 획을 빼면 '어조사 우(于)'.

고광의 글씨를 쓰는 사람과 새기는 사람이 동일한지도 감안해야 함. 새기는 사람의 스타일도 생각해야 함. 한 획이지만 끊어서 새길 가능성도 있음.

김창석 여 교수님 말에 더해 가운데 부분을 '王'자로 본다면 '主'나 '生'으로도 볼 수 있음.

고광의 '生'일 경우 '丿' 부분의 깊이는 어떤지?

조영훈 다른 획에 비해 깊이가 얕은 편임.

정호섭 '王'으로 볼 경우 중간 획이 길고 아래 획이 크게 휘어 있음.

박찬규 확정하긴 힘드나, 가능성을 본다면 2000년도 판독회에서 글자를 두 부분으로 나눠 윗부분은 '口'에 다른 자가 붙어 있고, 아래는 '心'으로 보는 견해가 있었음. '忠', '惠'자 정도에서 논의되어야 하지 않을지.

고광의 기존에 없던 '主', '生', '王' 세 가지 가능성을 염두에 두고 넘어가겠음.

1행 12~19자

고광의 '新羅寐錦世世爲願'에서 제18자의 경우 기존에는 '爲'자로 확정 또는 물음표 찍은 정도. 다른 판독안은 없었음.

박찬규 글자가 정자체는 아니지만 광개토왕비의 글자와 비슷해서 2000년도에 '爲'로 확정 지음.

1행 20~23자

고광의 '兄'의 '口'에서 아래 획을 빼친 것처럼 보이는 것은 고구려 토기 명문 등에서도 보임.

2행 4자

고광의 '和'인가 '知'인가?

임기환 '知'로 보임

조영훈 '丿'이 획으로 인정됨.

고광의 '禾'에 해당되는 획이 보이지 않음. '和'로 볼 경우 '禾'가 너무 높이 올라가 글자의 간격이 맞지 않음. '知'에 가까움.

여호규 '知'로 보기에는 좌변(矢)이 부드럽지 않음.

박찬규 '上下相知'가 될 경우 어휘가 성립이 되는지?

고광의 다음의 '守天'과도 연결시켜 보아야 함.

최연식 '上下上知'는 '서로 이해한다'라고 해석할 수 있음.

고광의 '知'자로 확정하고 넘어감.

2행 6자

고광의 위 획이 짧고 아래 획이 긴 '天'자임. '夫'로 보기 힘듦. '天'으로 확정하고 넘어감.

전면 상단 부분(소위 '제액')

고광의 그간 이른바 '제액' 부분에 대해서는 인정을 하지 않음. 이번에 살펴보니 글자로 인정할 만한 흔적이 보임. 필획으로 보아 '歲在七年'으로 추정됨. 글자의 존재는 인정되는지?

임기환 '年'자로 보이기는 함. 글자 크기가 다른 글자와 비교해서 어떤지?

고광의 다른 글자와 비슷함.

박찬규 '年'자는 가능할 듯. 그러나 '七'은 크기가 작음.

고광의 지금은 '七'의 가로획이 위가 길고 아래가 짧지만, 덕흥리묵서명에는 아래가 길고 위가 짧은 '七'자가 보임.

여호규 '七'로 보는 부분이 글자라면 전체적인 획의 결을 고려하여 획의 여부를 판단해야 함. 아래 획에서 세로획 왼쪽으로도 결이 보임(ㅗ 모양).

박찬규 3D 모델링으로 보면 '七'이 가능함.

고광의 아래 획 오른쪽 끝이 파책처럼 보임.

김창석 '七'로 볼 때 옆 글자와 폭이 좁아짐. 글자라면 '廿'으로 볼 수 있지 않을지?

조영훈 필획 중에 끊기는 부분이 두 번 있음.

김양동 '七'은 아래 획을 길게 파임을 주지 않음. 짧게 써야 함. 경우에 따라 '十'에 가깝게 보이기도 함. 파임이 없는 글자임. 단, '七'에 가까운 글자임(위가 길고 아래가 짧은 '七'). 나머지는 크랙으로 보임.

장병진 '七'에서 세로획과 아래 가로획이 꺾이는 부분(모서리)이 얕음.

고광의 돌에 새길 때 깊이가 일정하지 않을 수 있음. 획을 한 번에 이어서 새기지 않는 경우도 있음.

조영훈 '七' 우측에 글자 같은 흔적이 있음. '七'과 다른 것을 합친 글자가 아닐지?

고광의 그렇게 되면 다른 글자와의 균형이 어긋남.

박찬규 제액이라면 다른 글자와 맞을 필요가 없음.

– 오전 종료, 오후 시작 –

고광의 논란이 되는 부분과 제액의 글자 유무, 좌측면의 간지 부분 등을 살펴보겠음. 제액 부분 글자의 유무부터 살펴보기로 함.

최연식 글자는 있음.

여호규 잘 모르겠음.

이수훈 ‘年’, ‘七(十)’은 확인. 나머지는 자신 없음.

김창석 글자가 너무 작고 왼쪽에 치우침. 우변에 획이 있어야 함. ‘칠(七)’로 읽기에는 글자가 너무 작음.

노태돈 글자가 있다면 제액이 되어야 하는데 글자 형태가 제액으로 보기에는 부정적. 한두 글자는 인정할 수도 있겠으나 제액으로 보기 힘들기 때문에 성립하기 어려움. 제액의 존재는 부정적.

고광의 편의상 이른바 ‘제액’이라고 부르는 것. 표현은 별개의 문제이고 글자의 존재가 중요.

임기환 ‘年’자는 글자처럼 보임. ‘七’은 세로획이 크랙의 연장선이어서 획으로 볼 수 있을지 의문. 사진상으로도 글자가 낮아 보임(얕아 보임). 검증 필요.

공석구 ‘年’은 보임. 글자로 인정할 경우 여러 가지 설명 필요. 현재로서는 ‘年’은 인정.

정호섭 ‘年’자도 글자인지 의문. 전체적인 심도가 훨씬 얕아 보임. 해당 부분은 원석 그대로의 면을 가지고 있는 면임에도 심도가 훨씬 낮음. ‘年?’ 정도로 처리하는 것이 좋겠음.

박찬규 ‘年’, ‘七’ 두 글자는 존재하는 듯. 3D로도 글자가 얕은 것인지?

조영훈 상대적인 깊이를 다시 체크해 봄. 글자 모양은 확정하지 않았지만 획은 인정함.

임기환 증폭은 글자 단위로만 한 것인지?

조영훈 글자로 추정되는 부분만 증폭함.

이성제 글자가 들어가기에는 전체적인 모양이 어색함. 중국에서 비액이 들어갈 때는 누가 보더라도 비액임이 분명하도록 각석함. 그런 것이 아니라면 제액이라는 표현은 삼가야 함.

고광의 ‘제액’ 표현은 보류. 글자 유무를 확인하는 것이 중요함.

김창석 글자는 ‘年’만 인정. 다른 글자가 나란히 있더라도 비문 본문과 같은 때에 쓰인 것인지, 추기인지도 고려해야 함. 제액이라면 이 면이 1면이 되어야 함. 그러나 다른 면이 1면일 가능성이 높음.

강진원 비의 형태가 광개토왕비와 비슷. 광개토왕비는 제액 없음. 5세기 중엽은 고구려가 중국과 교류함. 만약 제액이라면 저런 식으로 했을지? 다른 비들과도 비교해야 함.

고광의 그럼 ‘글자가 일부 존재하는 것’으로 합의, 어떤 글자이지?

여호규 이 글자의 경우 ‘秊’이 아니라 요즘 사용하는 ‘年’자인데 이럴 경우 ‘㐄’부분의 왼쪽 획이 없음. 좌측면의 ‘辛酉年’ 글자를 ‘년’자로 봤을 때 ‘秊’으로 되어 있어 비교해야 함.

고광의 좌측면은 ‘秊’과 비슷한 모양으로 보임.

여호규 잘 모르겠음. 비교 검토가 필요하다는 정도임.

정호섭 전면과 좌측면의 자형과 글쓰기 느낌이 크게 다름. 쓴 사람이나 새긴 시기가 다른 것인지?

고광의 말씀하신 부분은 사실 가장 기본적으로 해결해야 할 부분이기도 함. 우선 앞에서 언급된 부분

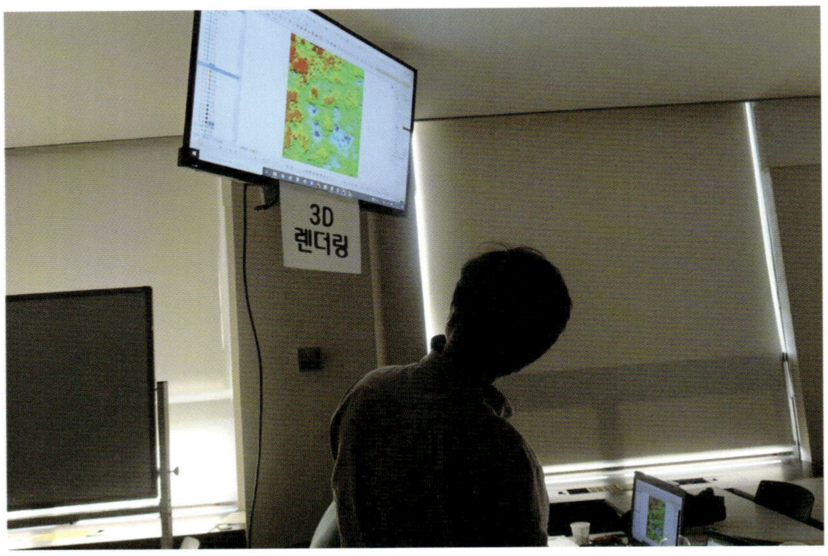

부터 마무리 짓고 가는 것이 좋겠음. 상단 부분에 '年', '七' 정도의 글자가 있는 것으로 보고 크랙일 가능성도 열어둠. 다음으로 '在', '歲'가 있는지. '○○年歲在+연간지'의 형식인 듯.

이수훈 글자를 대각선(좌상-우하)으로 단면을 잘라서 보면 자연 크랙인지 필획인지 여부를 알 수 있음. 인위적이면 넓고 완만, 크랙이면 날카롭고 좁음.

임기환 중성리비와의 석질 차이도 고려해야 함. 원래 표면에서 조금씩 잘라내서 깊이의 차이를 확인하는 방법도 고려 바람. 이 부분은 글자의 존재 가능성만 확인하고 넘어가는 것이 좋겠음.

2행 7~11자

고광의 '東來之寐錦' 다섯 자는 거의 이견 없음.

2행 12자

여호규 보통 '꺼릴 기(忌)'로 읽음.

고광의 예전에는 '忌/忌?/還'으로 보기도 함.

여호규 아래에 '心'이 있기 때문에 '忌'로 보는 것이 타당함.

2행 13~15자

고광의 '太子共', '太子'로 보는 게 맞을 듯. '共'자도 큰 이견 없음.

2행 18자

박찬규 오전에는 '太'로 읽음.

공석구 고구려에 '太大使者'가 있음. 이것을 '太'로 읽으면 '太使者'라는 새로운 관등이 나와야 함. 현 시점에서는 '大使者'로 읽는 게 타당하다고 봄.

김창석 오전에 8행 14자를 '太'로 판독(前部太使者 多于桓奴).

여호규 둘은 동일 인물임.

고광의 일단 보이는 대로 판독하면 '太'자?

여호규 개인적으로는 '大'로 보임.

2행 22자

고광의 '于'의 모양이 다름(亐). 다른 의견이 있는지?

이성제 '兮'자.

여호규 8행 18자와 자형만 다르지 같은 글자로 보아야 함. 동일 인물.

고광의 '亐'처럼 쓰는 '于'자가 있는지?

최연식 요즘에도 이렇게 많이 씀.

박찬규 같은 기록에서 다르게 표현하는 방법.

최연식 그게 것임.

고광의 광개토태왕비에도 '亐'자로 나옴.

박찬규 조선시대에도 동일 비석에 다른 자형으로 쓰기도 함.

고광의 동일 인물, 동일 글자로 판독하겠음.

조영훈 심도맵을 보면 '亐'에서 '二' 사이에 획이 보임(工 모양). 연구팀에서는 '땅이름 울(亐)'로 판독함.

박찬규 '亐'과 '亐'는 같은 글자로 봐야 함. '多于'가 지명일 가능성은?

여호규 표기 순서상 인명으로 봐야 함. 타 금석문에서 출신+관등+인명 순서로 나옴. '前部', '大使者' 다음이므로 인명으로 보는 편이 타당함.

3행 3자

고광의 '簿'의 좌변이 재방변(扌)으로 된 '簿'임.

여호규 '부'자를 쓸 때 '竹'을 '⺌'로 쓴 점이 특징임.

3행 4자

고광의 과거 '道'자로도 논의되었으나, 지금 보면 '貴'가 맞음. 주부의 이름임.

3행 5자

여호규 우하단 '心'이 명확함. 좌변도 두인변(彳)에 가까운 자형이 보임. 전체적으로 '德'자로 보아도 무방함.

고광의 '心' 우에 가로획(一)이 빠져 있고 좌변도 단인변(亻) 모양이라 '德'으로 확정할 수는 없음. 예전에 '思', '㥁'로도 제시됨. '心'은 인정, 윗부분은 유보하는 것이 좋겠음.

조영훈 연구팀에서는 보류함.

3행 6자

고광의 '亻'이 맞는지? 우측도 '田'이 맞는지? '田'자라면 중앙 '十'의 세로획 윗부분과 가로획 우측('十'의 'ㄴ' 부분)이 잘 안 보임.

조영훈 '佝'로 판독. 'ㄴ' 부분은 크랙으로 여겨짐.

박찬규 '糸'가 있는 '細'로 보임.

고광의 '佝'에서 상대적으로 '口'가 작긴 하지만 비슷한 자형. 우측 마지막 부분에 갈고리(亅) 모양 보임. 좌변도 '亻'으로 보기에 어색함.

박찬규 2000년도에 '細'로 보면서 글자가 깨졌다고 판단. 확정은 아니었음.

고광의 기존에도 이 글자에 대한 견해가 다양했음. 그러나 갈고리 모양은 인정해야 함. '입 구(口)'를 인정하면 '佝'도 가능함.

장병진 '口'에서 우측 윗부분이 'ㄱ' 모양인지 '十' 형태로 연결되는지 확인 바람.

고광의 '十'일 경우 직각으로 나와야 하는데, 이 경우에는 둥근 모양(ㇸ) 형태, '田'은 아닌 듯함.

여호규 '佝'일 경우 왼쪽 위에 삐침획(丿)이 있어야 하는데 안 보임.

조영훈 '田'으로 볼 경우 '十'에서 가로 우측획 부분은 결정의 박락, 세로획은 크랙임.

박찬규 부수 없는 '句'인지? 위아래 글자와 크기가 다름.

3행 7자

조영훈 우측 부분에 박락이 심함.

고광의 좌변 '类'는 '米+大'로 볼 수 있는지?

박찬규 2000년에 확정 짓지 못함.

고광의 박락이 심해서 판독 불능. 보류.

3행 8자

여호규 2000년에 '王'으로 봄. 개인적으로 갓머리(宀)가 안 보여 '安'으로 보기는 어려움. '王'에 가까운 듯.

고광의 앞부분의 '王(大王)'자와 비교하면?

조영훈 주변에 입자가 박락됨. '王'의 형태에서 맨 위 가로획이 짧고 맨 아래 가로획이 긴 모양임. 몇 군데에서 이런 모습이 보이는데, '王'자를 이렇게 쓰는 사례가 있는지?

고광의 1행 9자와 비교해야 함. 기존에 '玉', '旺'으로도 제시됨. '王'의 모양만은 확실한 듯.

여호규 가운데 세로획이 연결된다고 볼 수 있는지?

조영훈 굴곡(획의 깊이가 일정하지 않은)이 있기는 함. 그러나 맨 아래 가로획과 세로획이 만나는 부분의 깊이가 동일. 매핑 기법상 연속되는 획으로 볼 수 있음.

고광의 '王'일 가능성이 높다는 것으로 합의함.

3행 9자

고광의 3D상으로는 '不'로 보임

조영훈 연구팀에서는 '不'로 판독함.

고광의 '不'로 상정함.

3행 10자

여호규 좌변은 '耳'에 가까움. 우변은 상단에 '令' 또는 '今'. '聰'의 '悤'처럼 복잡한 획은 무리임. 지금으로서는 '聆' 또는 '耹'으로 추정.

고광의 3D팀에서는 우측 글자를 무엇으로 보았는지?

조영훈 '令'으로 파악함. 다만 '卩'의 수직획이 명확치 않음. '𠃌' 부분은 인정됨.

여호규 '𠃌'을 인정하면 우상단이 너무 좁아짐. '令'보다는 '今'일 가능성이 높을 듯. 추후에 '𠃌' 부분을 재검토하기 바람.

3행 11자

고광의 RTI로 보면 '鄒'로 보임.

여호규 '鄒'의 좌변(芻)은 보임. '鄒'라면 글씨가 오른쪽으로 치우침. 우측 행의 '錦'과도 겹침.

박찬규 '우방 부(阝)'는 잘 보이는 듯함.

조영훈 좌변에 가로획이 세 개 나타남.

정호섭 그것 때문에 '那'로 본 게 아닌지?

여호규 불능 처리가 좋겠음.

3행 12자

정호섭 렌더링으로 보면 '去'자임.

여호규 '去'로 보기엔 하단이 잘 나오지 않음.

박찬규 '古'로 보임.

고광의 RTI에서 빛의 각도에 따라 '去'와 '古'가 모두 나타남.

조영훈 윗부분이 '土' 모양보다는 '士'에 가깝긴 하지만 확실치는 않음.

고광의 '古', '去'자 둘 중 하나일 것으로 판단됨.

3행 13자

고광의 '弓'이 좌우 반전된 모양임. '三'과 '丨'가 확실히 보임.

조영훈 '丨'은 인정됨. 다만 '三' 부분에서 2·3획의 우측 부분 및 3획의 우측 하단은 박락됨. 갓머리(宀)가 있다고 볼 수는 없을지?

박찬규 '夷'자?

고광의 'ㄹ' 모양은 아닌 듯함.

장병진 맨 위가 갓머리라면 '牢'로도 보임.

이수훈 '牢'라면 '牛'에서 삐침(丿)이 보이는지가 관건임.

정호섭 갓머리를 인정한다면 심도맵상으로 빨간 공간(평평한 면, 심도상 상대적으로 높은 면)이 넓음. '宀'의 왼쪽 점(㇀)과 가로획이 이어지지 않음. 왼쪽의 심도 깊은 부분은 박락됨.

고광의 렌더링에서 갓머리로 나오기는 함.

정호섭 끊긴 것이 보임.

여호규 점과 가로획이 끊겨 있어 갓머리로 보기 힘듦.

정호섭 불능 처리하는 것이 좋겠음.

3행14자

여호규 기존에 판독을 하지 못함.

- 휴식 -

3행 23자

여호규 '語'로 판독함.

고광의 좌변 '言'이 확실하게 나오는지 확인 필요함.

정호섭 우변은 마모가 아닌지?

여호규 렌더링을 보면 우변에 '입 구(口)'는 확실. RTI에서 '口' 위에 '三'도 확실함.

조영훈 '百'일 가능성 확인 요망.

고광의 '百'일 경우 '一'과 '日'의 연결 부분이 끊어짐.

조영훈 우변 '口'는 맞음. 파란색 '丶'은 광물입자 탈락.

고광의 여호규 교수님 말대로 '語'일 가능성이 높은 듯함.

4행 13자

여호규 2000년에 '在'자로 판독. '亻' 부분은 크랙으로 보임. 이것을 빼면 '于' 가능. '亻'이 크랙인지 여부 확인 바람.

박찬규 왼쪽에 무언가가 있어야 하지 않는지?

고광의 '亻'은 필획이 맞는 듯함.

조영훈 좌측 수직선은 확실함. 주변이 박락되어 크랙으로 보인 것. 연구팀에서는 '在'로 판독함.

5행 6자

여호규 '恭'? 기존에는 '者'자로 봄.

김창석 ‘恭’이라면 위에 뿔 모양(亠)이 안 보임.

여호규 올라가는 모양이 있음.

고광의 ‘太子共’의 ‘共’자와 비교해보면 우변의 상단(共)까지는 인정됨. 하단의 ‘⺗’ 유무가 관건임.

여호규 ‘⺗’에서 길게 뻗은 획이 보이고, 좌우에 점 세 개는 있었을 듯함.

박찬규 옆 글자와 높이가 안 맞음.

고광의 글자 밑이 비어 있음.

여호규 4행에서 6행으로 갈수록 글자가 점점 올라감. 해당 글자가 위로 올라간 느낌은 있지만 큰 문제는 아님.

5행 7자

여호규 ‘諸’? 기존에는 ‘節’자로 봄. ‘言’과 ‘者’가 모두 보임. 다른 ‘節’과 자형이 다름.

정호섭 자형은 ‘諸’로 보임.

5행 8자

여호규 ‘王’?(기존 판독 불능자)

좌측면

3행 7~9자

고광의 기존에 ‘辛酉年’으로 판독함. 충주고구려비의 연대 파악에 주요 근거가 됨.

여호규 ‘酉’로 본다면, 여기에 맞는 간지는 ‘己酉’, ‘丁酉’, ‘乙酉’, ‘辛酉’, ‘癸酉’ 다섯 가지임. ‘辛酉’로 보지 않으면 다른 것이 되기 힘듦.

서영교 그 견해는 ‘酉’가 확실하다는 가정하에서만 가능한 것임.

김창석 ‘酉’가 맞는지 확인 필요.

고광의 좌측면 5행 13~15자와 비교 필요. 5행에서는 ‘立’ 아래에 ‘木’이 있는 모양의 ‘亲’ 형태임.

이성제 ‘立’ 위에 갓머리 모양이 포함되는지?

고광의 거기까지 올라가진 않음.

이수훈 이 형태의 ‘辛’자는 신라 금석문에서 많이 보임.

이성제 갓머리(?)로 의심되는 부분을 빼면 ‘亲’ 판독 가능.

고광의 ‘酉’ 아래 ‘ㅅ’처럼 보이는 것은 획인지?

조영훈 획으로 보임.

여호규 그것이 실획이 되면 ‘ㅅ’ 모양이 다른 글자보다 심도가 너무 깊은 것 아닌지?

조영훈 광물 입자가 떨어진 곳이 중첩된 것. 입체적으로 보면 다른 글자와 크게 다르지 않음.

고광의 ‘ㅅ’ 모양이 다른 획보다 선명한데?

조영훈 자연적으로 보이지는 않음. 인위적인 개입으로 느껴짐.

고광의 그런데 3행의 ‘亲’은 아주 확실치는 않음. ‘酉’자는 필획이 비교적 분명해서 이 두 글자를 ‘亲酉’로 보고, ‘年’자도 상부에 ‘禾’ 비슷한 형태가 보여 ‘秊’자로 파악했던 것으로 생각됨. 그러나 ‘禾’로 보기에는 세로획이 안 보이고 줄도 안 맞음. 기존에 ‘亲’으로 판독했던 글자의 경우 사실 자형이 ‘望’자와도 비슷해 보임. 하지만 아래가 ‘壬’이 아니고 우상변의 글자도 ‘月’이 아님. ‘亲’으로 보기에는 ‘立’ 밑에 ‘未’, ‘木’ 등의 형태가 안 나옴. ‘酉’자처럼 보이고 그 아래 글자도 ‘秊’자와 비슷해서 ‘辛酉年’으로 판독했던 것으로 생각됨. 그러나 ‘亲’과 ‘秊’자 둘 다 무리가 있음. ‘秊’자에서 아래의 ‘十’까지는 잘 보임. ‘十’ 밑에도 자형의 흔적이 있음. 전체적으로 글자와 글자 사이에 다른 필획이 채워지고 다른 글자들과 간격이 맞지 않음.

정호섭 간격이 맞지 않는다는 말은 해당 문구를 '二△六十'으로 읽어야 한다는 말인지?

고광의 '二百六十四'?

박찬규 줄을 맞추지 않은 것이 이상함.

정호섭 고광의 선생님 말대로라면 작은 글자를 삽입했다고 봐야 하는지?

고광의 삽입이라기보다는 특수한 형태. 왜 그랬는지를 파악해야 함.

여호규 아래에 '亻' 모양이 있음.

고광의 그 글자는 '倭'자로도 보임.

정호섭 이 부분은 글자 모양이 다른 부분과 다름.

고광의 '功二百六十四△倭'로 보임.

김창석 '功'이 아니라 우변이 '刀'인 '切'에 가까움.

여호규 2행 10자는 확실히 '工+力'임.

이수훈 우변이 '乃'로도 보임.

여호규 2행 10자의 '功'보다 왜 작게 썼는지도 의문임.

고광의 숫자의 경우 합자(合字)를 하는 경우도 있으므로 합자로 볼 수 있지 않을지?

이성제 묘지의 경우 다 새기고 난 뒤 틀린 부분이 확인되면 깎아낸 다음에 다시 새김. 깎고 다시 새긴 흔적이 나옴.

박찬규 모양만 보면 고광의 선생님 말이 맞아 보임. 2차 추각 또는 마모 등으로 인한 추각의 가능성은 없는지?

이성제 추각을 하면 면을 깎아내야 함. 깊게 파고 다시 깊게 들어가야 하는데, 지금 이 부분은 다른 면과 크게 차이가 나지 않음.

박찬규 면을 다 깎지는 않고 해당 글자만 손을 댄 게 아닐지?

여호규 전면 10행 끝에서 이야기가 끝나지 않음. 전면 마지막 이야기가 좌면으로 넘어옴. 좌면 전체가 전면과 다른 시점에 새겨졌다고 보기는 어려움.

박찬규 글자 일부분만 수정이 된 것이 아닐지?

여호규 그러려면 물질을 새로 하고 기존 글자와 섞이는 과정이 있어야 함. 비면 상태로는 좌면의 특정 부분만 물질한 것으로 볼 상황은 아님. 전면에서 좌면으로 이어지는 내용도 고려해서 파악해야 함.

이성제 글자를 2개씩 묶어 '六十'을 하나의 글자로 치면?

고광의 '六十四' 아래가 비어 있음. '二百六十四'를 하나의 덩어리로 보아 합자해 연서하고, '四'가 이미 다음 칸의 반 정도를 차지했으므로 공간을 띄고 다시 글자를 새긴 것이 아닐지?
이러한 상황이면 '辛酉年'은 힘들고 보이는 대로 판독해야 할 듯함.

박찬규 '倭'는 고광의 선생님의 생각인지?

고광의 가늘지만 '女'가 보이므로 '倭'로 볼 수 있을 듯함.

정호섭 '倭'의 우상단 '禾' 부분에 위 획(㇀)과 세로획 상단이 이어지지 않아도 상관없는지? 렌더링상으로는 끊어져 있음.

고광의 닿을 듯 말듯 함. 이 정도는 인정할 만함.

여호규 '倭'로 본 글자 두 칸 아래에 '十'이 나옴. 숫자가 이어지는 상황이므로 검토 필요함. 3행 17자에는 '十二'가 한 글자 분량으로 나옴.

고광의 숫자는 특수한 표기법이 있는 듯. '十二'일지 '杏'일지 등은 더 고찰 필요함. 분명한 것은 획이 교란되어 있음.

정호섭 '十'자의 모양이 다른 글자와 다름.

박찬규 이 부분의 '十'이 위의 '十'과 다름.

고광의 그래서 '杏'자일 가능성도 생각해 봄. 다만 '杏'일 경우 글자가 너무 커짐.

3행 22~23자

여호규 4면 2행 제일 하단 검토 필요함. 기존에는 글자가 새겨진 부분이 깨진 것으로 판단. 그러나 원래부터 깨진 모양의 비에 글자를 새긴 것일 가능성도 판단해야 함(결락이 아니라 공백).

고광의 분명하진 않지만 자획의 가능성도 보임. 4/5 정도는 획이 보이는 듯함.

조영훈 해당 부분은 심도맵이 없음. 모델링에서는 명확하게 판단할 수 없음.

전면

7행 15~22자

정호섭 '十二'에서 '二'는 정확함. '一'로 보기 힘듦.

고광의 새겨진 상태로는 '二'가 맞음.

고광의 그다음 '三' 또는 '五'자로 본 것은?

여호규 세로획이 나오는지가 중요함.

고광의 '三'이든 '五'든 맨 위 가로획이 명확하지 않음. 획으로 보기에는 다른 획과의 간격이 멀다는 느낌. '三'으로 보기에 의심스러움. '七'자는?

여호규 세로획이 나오나?

고광의 RTI상으로는 세로획이 보이고 맨 위 가로획이 희미함. 가로획이 두 개만 보임.

조영훈 맨 위 가로획은 크랙과 겹쳐진 것. 세로획은 불확실함.

정호섭 세로획이 인정되면 '七'로 읽게 되는지? 그러나 '七'보다는 '土'에 가까운 모양임.

고광의 'ㄴ' 부분이 수직보다는 약간 기울어진 '七'자로 보임. 가로획이 나오지 않은 상황에서 세로획을 인정한다면 숫자 중에서는 '七' 밖에 없음.

여호규 3D 스캔상 맨 위 주변이 박락된 것이므로 획이 있을 가능성이 있음. 맨 위 가로획이 있었을 가능성이 높은지, 세로획을 인정하고 '七'로 볼 가능성이 높은지 판단해야 함.

고광의 간지와 날짜를 가지고 해당하는 연도도 찾아봐야 함.

이수훈 3D 스캔상으로는 세로획의 깊이가 얕아 인정되지 않을 듯함.

- 끝 -

제2차 판독회

날 짜 2019. 10. 17(목) 10:00~17:30
장 소 국립공주대학교 문화재보존과학과 디지털보존솔루션연구실
참 석 자 고광의(동북아역사재단), 고태진(한국고대사학회 간사), 공석구(고구려발해학회 회장, 한밭대학교)
나유정(한국외국어대학교 박사과정), 안재홍(KAIST), 양인호(동북아역사재단), 여호규(한국외국어대학교)
이성제(동북아역사재단), 이수훈(한국고대사학회 회장, 부산대학교), 장준식(충청북도문화재연구원)
조영훈(국립공주대학교), 국립공주대학교 및 카이스트 연구원 다수
녹취 · 정리 양인호(동북아역사재단)

고광의(회의 진행) 전 고구려연구회 회장 서길수 선생님이 소장하고 있던 2000년 당시 충주고구려비 사진(필름자료)을 이양받아 스캔하여 재단 자료실에 이관함. 오늘은 1차 판독회 때 다루지 못한 부분 위주로 논의하기 바람.

여호규 1차 판독회에서 논의가 많이 안 된 부분은 전면 3행부터 5행 상단임. 3행 6~14자, 5행 1~9자 등은 판독이 잘 안 돼 논란이 큼. 10행은 다수가 공유한 판독이 있어 내용 파악이 가능함. 소위 '제액'과 1~2행은 지난번에 많이 다룸.

조영훈 배포해드린 엑셀 표는 3D 스캔 결과를 연구팀에서 판독한 것임. 흰 바탕은 기존 판독과 일치, 노란 바탕은 애매한 것(명확하지 않은 것), 주황색은 기존과 전혀 다른 글자로 판독한 것임.

전면

3행 3~4자

고광의 8행 23, 24자와 함께 봐야 함. 여기에서 재방변(扌)이 확실하므로 부(簿: 섶 박)임. 24자도 '貴'자가 명확함.

3행 5자

여호규 아랫부분에 '心'이 명확히 보임.

이성제 '心'이 맞는 듯. '心' 위에 '口'는 인정되는지?

고광의 필획은 맞는 듯함. '德'자라면 '心' 위에 '一'은 생략 가능해도 우변 상단 '十'은 나타나야 함.

여호규 '十' 부분이 미세하게 보임.

이성제 3D상으로 '彳'은 보임.

고광의 9행 1자도 같은 글자임. 필획인지 여부 확실치 않음. '德'자로 추정하고 넘어가기로 함.

3행 6자

고광의 1차 판독회에서 '旬'로 판독함. '田'은 성립하지 않음. '洵'도 필획상 어려움. 다만 '旬'로 보기엔 안의 '口'가 작다는 문제가 있음.

이성제 '旬'에서 '口'는 인정되는지?

여호규 '勹'의 삐침(丿)이 잘 안 보인다는 점이 문제임.

조영훈 삐침 부분이 박락이라면 획으로 볼 여지도 있음. 연구팀에서는 '旬'일 가능성이 높다고 파악함.

이수훈 '口'의 상단 가로획이 우측으로 획이 이어진 것처럼 보임.

조영훈 그것 때문에 처음에 '田'으로 봤으나 글자가 안 만들어짐. 해당 부분이 박락이라면 '旬'에 가까움.

여호규 RTI로는 '口'가 잘 보이지 않음.

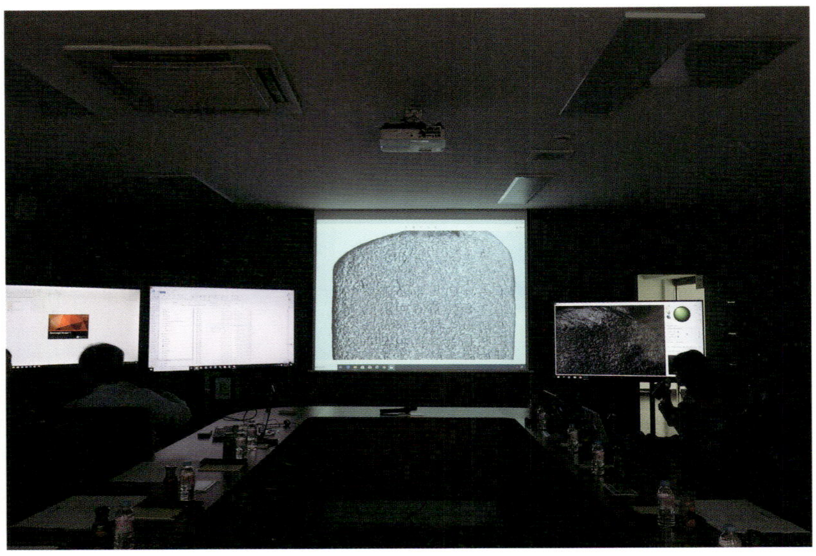

3행 7자

고광의 '類'로 볼 경우 글자가 너무 커짐. 우측의 '頁'은 크랙으로 여겨짐.

조영훈 우측은 박락임.

여호규 '類'라면 좌측 하단의 '大'가 다른 글자를 침범함.

고광의 침범에는 좌측 4행의 '賜'가 큰 글자이기 때문인 점도 있음.

여호규 '類'가 아닌 것만은 확실한 듯함.

고광의 '類'는 어렵고 일부 필획을 확인했다 정도로 마무리.

조영훈 좌측이 '方'인 경우는 없을지?

여호규 '方'일 수도 있음.

이성제 '方'이라면 글자가 작아짐.

여호규 우변까지 합쳐서 '放'자?

고광의 좌변은 '方'자일 가능성도 있어 보임. '方+?'으로 추정.

이성제 '施'는?

이수훈 좌하단 '㇏'은 획인지?

조영훈 좌하단을 '大'로 봤음.

고광의 우상단에 '𠆢'이 나오면 '扵'도 가능함.

여호규 가로획(一)이 가능한지?

조영훈 탁본에서는 획이 잘 나오지 않는 경우도 있음('一'의 가능성을 열어둠).

고광의 9행 2~3자와 비교 필요함.

여호규 9행 3자는 '土'.

조영훈 '玕'자는?

여호규 좌변은 '土'.

이성제 3행 7자가 '扵'는 될 수 없음. '方'까지는 가능함.

3행 8자

고광의 '王'일 가능성 상정.

조영훈 아랫부분 '一'이 획인지 아닌지가 중요함.

이수훈 세로획도 가능한 것인지? '王'에서 하단 세로획이 보이지 않음.

조영훈 선이 샤프하진 않음.

고광의 다른 대안이 없는 것 같으므로 '王'으로 추정.

3행 9자

여호규 ‘不’ 또는 ‘示’.

조영훈 렌더링상 ‘ノ’은 인정됨. 그러나 ‘示’일 경우 상단 가로 부분(二의 상단)을 획으로 보기에는 모양이 약함.

이수훈 ‘不’일 가능성이 있음.

고광의 ‘不’자일 가능성이 높음으로 확정.

3행 10자

이성제 우하단 ‘心’이 인정되는지?

고광의 ‘心’ 모양은 아님.

여호규 좌변 ‘耳’는 지난 판독회 때 읽어냄. 우변이 문제인데, 우하단을 ‘心’으로 보기엔 ‘人’ 안에 ‘一’이 있어 이상함. 그렇다면 ‘忩’인데, 그 모양은 아님.

고광의 ‘人’(또는 ‘八’)에 ‘一’을 합쳐 세모(△) 형태로 쓸 수도 있음. 우변이 ‘令’일 경우 세로획(丨)은 불가능함. 지난번 판독에서 ‘聆’으로 판독함.

3행 11자

여호규 ‘日’이 보임.

고광의 ‘ㅋ’ 형태일 가능성이 큼. ‘ㅋ’가 세로로 두 개 들어가기에는 글자가 높아짐.

여호규 4행 10자와 비교해야 함. ‘ㅋ+ㅋ+阝’ 모양.

이성제 3행 11자는 ‘卩’의 세로획이 너무 아래로 떨어짐. 우변 빼고 ‘芻’자 가능한지?

여호규 2행 17자 ‘部’와 비교하면 ‘阝’이 안 나옴.

고광의 보류하고 넘어감.

– 휴식 –

전면 상단 부분(소위 ‘제액’)

장준식 소위 ‘제액’은 두 줄일 가능성을 배제할 수 없음.

고광의 어쨌든 글자는 존재한다고 보임.

조영훈 음영 차이로 심도를 파악하면 글자는 있음. ‘七年’ 정도는 인정됨. 제액 부분에 대한 다양한 시도를 하고 있음.

고광의 ‘연호+몇 年+歲在+간지’ 형식으로 볼 수 있음. 적어도 상단부에서 8자는 인정해야 함. 그렇다면 ‘永樂七年歲在丁酉’로 보임.

여호규 RTI로 볼 때 ‘七’ 부분은 ‘十’과 ‘一’이 끊어짐.

고광의 각(刻)하는 사람이 돌에 새길 때 필획을 완전히 잇지 않는 경우도 종종 있음.

이수훈 ‘十’과 ‘一’이 연결되는 부분이 둥글지 않고 각이 져 있음.

고광의 각자(刻字)를 할 때 반드시 필획에 맞춰서 하지는 않음.

이성제 지난번 판독회에서 글자의 존재는 인정했고, 비의 성격과 다를 수 있다는 언급이 있었음. 별도의 작업을 하는 게 나을 듯함.

장준식 제액 아랫줄 우측에도 글자가 보임.

이수훈 그렇다면 행당 25자인 것. 단, 중국 금석문에서도 한 칸을 띄는 경우는 종종 있음.

고광의 ‘多于桓/奴’, ‘東/夷’ 등 이어지는 문장이 있어서 각 행당 25자는 성립하기 힘듦.

3행 12자

조영훈 크게 보면 '古', 한눈에 보기에는 '去'임. 위 가로선은 명확하지만 아래 가로선은 박락 가능성이 있음.

고광의 '去', '古'자 둘 다 기재하기로 함.

3행 13자

판독 불가

3행 14자

판독 불가

3행 15~17자

여호규 '到', '至', '跪'는 거의 확정적임.

3행 18자

여호규 7행 13자에서 글자 상단에 '火' 두 개 대신 점 세 개(``´)를 사용했으므로 '営'임.

3행 19자

고광의 윗부분 삐침(ノ)이 획으로 인정되는지?

조영훈 획으로 보기에는 깊이가 얕고 폭도 얇음.

여호규 그렇다면 '大'로 보아야 함.

3행 20~22자

여호규 이 부분도 앞과 마찬가지로 '太子共'에 거의 이견이 없음.

3행 23자

고광의 지난 판독회에서 좌변의 '言'은 인정함. 개인적으로는 '諸'로 판독함.

이성제 '諸'라면 '者'에서 대각선 획이 우상에서 좌하로 나야 하는데(ノ), 지금은 좌상에서 우하(㇏)로 나옴.

여호규 우변의 모양상 대각선 획이 나오기 힘듦. 고광의 선생님이 획으로 보는 '㇏'는 크랙으로 보임. '語'로 판독함.

이수훈 '諮'는 아닐지?

고광의 예서에서 '者'자의 상부 마지막 가로획과 삐침을 '×'자처럼 엇갈리게 쓰기도 함. '語' 또는 '諸'로 추정함.

4행 1자

여호규 RTI로는 '向', '尙'이 다 보임.

고광의 우측 좌우의 점 두 개는 필획으로 인정하기 힘듦.

조영훈 심도맵으로 보면 '向'에 가까운 모양임.

4행 2자

여호규 고구려연구회 등 기존에 '壂'으로 판독함. 큰 이견은 없음.

고광의 '壂'으로 확정함.

4행 3~7자

여호규 기존에 '上共看節賜' 5자에 대해 큰 이견이 없음. 확정하고 넘어가도 됨.

4행 8자

여호규 '太'와 '大'로 의견이 나뉨. 개인적으로는 '太'자로 봄.

이성제 '大'든 '太'든 글자가 왼쪽으로 치우침.

이수훈 '九'로도 보임.

고광의 '九'로 보임.

여호규 '九'라면 '乁'의 꺾이는 부분이 뻗는 느낌이 강하고 연결되어 있지 않음.

고광의 뒤 글자까지 이어 볼 때 '太霍鄒'보다는 '九霍鄒'가 더 자연스러움. '九'와 '太'자 모두 가능성을 열어 둠.

4행 9자

고광의 기존에 '霍'으로 판독함.

여호규 '雨'자 모양이 잘 나오지 않음. '翟'?

고광의 '唯'자는?

조영훈 3D상으로는 '币' 모양이 보임. '雨'에 가까운 모양임.

여호규 '唯' 가능성도 있어 보임. 단 '口'가 '隹'의 왼쪽 위로 붙은 모양임.

고광의 '雨'로 보기엔 맨 위 가로획(一)이 너무 짧음. '唯'일 경우 '口'가 너무 작아짐. 일단 기존처럼 '霍'으로 추정함.

4행 10~11자

고광의 '䢵(=鄒)', '教'는 이견이 없으니 넘어감.

4행 12자

고광의 기존에 모두 '食'으로 파악함.

이성제 '食'자 오른쪽에 글자가 있을 가능성은 없는지?

고광의 글씨 크기가 한 글자만 들어갈 크기임.

이성제 그렇게 보기에는 글자 폭이 좁음.

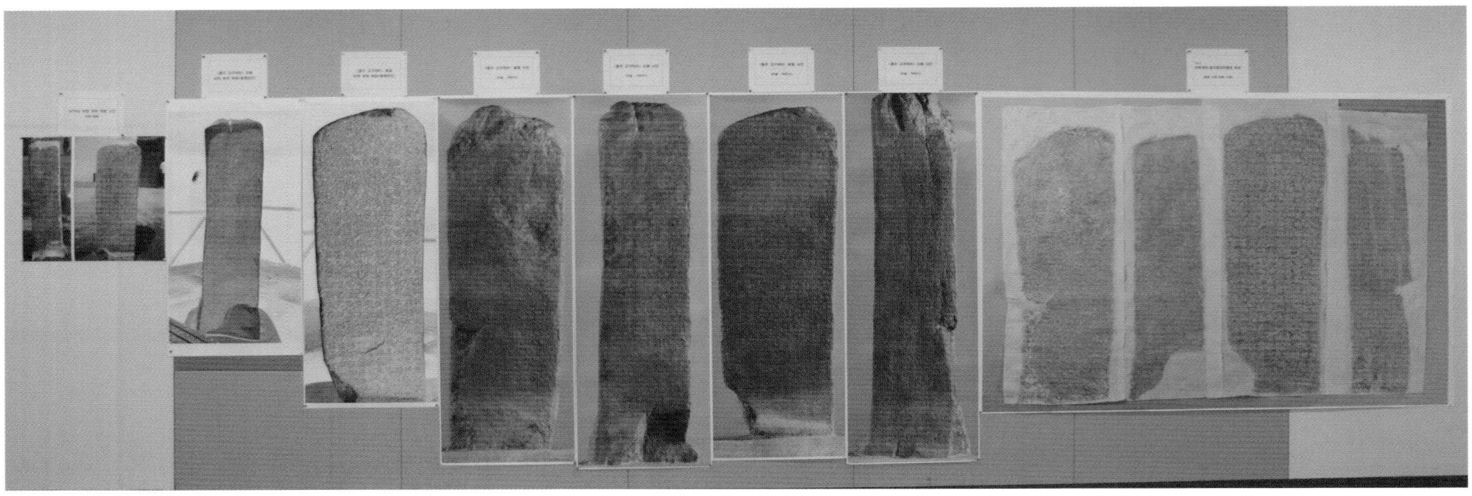

여호규 윗부분의 '人'을 넓고 길게 뽑아서 문제없음.

조영훈 '食' 우측으로 별다른 글씨의 흔적은 보이지 않음.

4행 13자

여호규 기존에 고구려연구회에서는 '在'로 봄. 그러나 '土'에서 아래 가로획이 명확하지 않음. '于'로 판독함.

이수훈 '𠂇'는 확실함.

조영훈 '土'에서 아래 가로획은 획이 확실해 보임.

여호규 일직선이 아니라 'ㅅ' 모양임(土보다는 十 아래에 ㅅ).

고광의 흘려 쓰다 보면 일직선으로 나오지 않을 수 있음. '在'로 볼 때 '土'를 제외한 나머지 획은 명확함.

여호규 안쪽 'ㅅ' 같은 모양의 대각선 두 획이 'ハ'처럼 서로 떨어짐.

고광의 '在'와 '于' 모두 상정함.

4행 14~23자

여호규 '東夷寐錦之衣服建立處' 10자는 기존에도 이견이 없었음.

5행 1자

고광의 기존에는 '用'으로 판독. 그러나 좌상부에 대각선이 보이므로 '伊'자일 가능성도 있음.

여호규 좌상 대각선 획이 약함. 그걸 빼면 '尹'자가 아닐지? '亻'을 획으로 볼 수 있을까? 획으로 잡으면 '伊', 아니면 '尹'자임.

고광의 '亻'이 획이라면 '用'자는 아님.

조영훈 '亻'은 약하지만 윤곽이 있음. 수직선은 확실함.

이성제 '亻'과 '尹'이 과하게 붙어 있음. 접합된 수준.

이수훈 글자 우측이 'ヨ'처럼 아래가 없이 끝나는지 '丮'처럼 획이 이어지는지?(㇏의 유무) RTI로는 '用'자로도 보임.

고광의 가운데 획도 삐침(丿)인지 '뚫을 곤(丨)'인지 확인해야 함.

여호규 모양이 'ヨ' 형태임. '㇈'처럼 파임은 안 보임. 자세히 보면 '亻'도 인정할 수 있을 듯함.

고광의 '伊', '用'자 모두 상정함.

5행 2자

여호규 기존에는 '者'로 봤으나, '有'일 가능성이 있음. 우하단을 길게 뽑음.

고광의 '月'자가 나오는지?

여호규 애매함. 하지만 '日'보다는 '月'에 가깝고 '土'도 보이지 않음.

이성제 기존에 '土'라고 본 획이 우측으로 치우침.

여호규 2행 20자가 '者'이므로, 그것과 비교해야 함.

조영훈 연구팀에서는 2행 20자와 비슷하게 파악함.

고광의 '者'의 모양이 나오긴 함. '日'이 '土'에 비해 우측으로 치우쳤지만 그렇게 쓰는 경우도 있음. '有'자라면 사선이 짧음.

이수훈 RTI에서도 '者'의 모양이 나옴.

고광의 '者'와 '有'자 모두 상정함.

5행 3~5자

고광의 '賜', '之', '隋'는 큰 이견이 없음.

5행 6자

여호규 기존에는 '者'로 보았으나, '恭'을 제안함.

이성제 앞과 달리 '土' 모양이 좀 보임.

고광의 '恭'일 경우 글자가 전체적으로 위로 올라감.

여호규 비면의 글자가 전반적으로 뒤 행으로 갈수록 위로 올라가고 있기 때문에 큰 문제는 아님.

이성제 '者'든 '恭'이든 RTI상으로는 판독이 안 됨. '恭'이면 뿔처럼 위로 올라와야 하는데, 그 모습이 보이지 않음. 아래는 '厶' 모양임.

이수훈 '厶'처럼 보이기도 함. RTI를 보다 보면 어느 순간에 '去'로도 나옴.

고광의 '素'는 어떨지?

이성제 그러려면 가운데 획이 쭉 내려와야 함.

고광의 그게 잘 안 보이는 게 문제임. '婁'는?

이성제 아래를 '心'으로 볼 수는 없을지?

고광의 이수훈, 여호규 두 분 의견을 모두 받아들여 '恭'과 '去'도 함께 상정함.

5행 7자

여호규 기존에 '節'로 판독함. 그러나 좌변에 '言'이 보여 '節'은 아님. '諸'와 모양이 비슷함.

고광의 '諸'로 보임.

조영훈 우측에 '土' 모양 획이 있음.

이성제 '諸'라면 3행 23자와 삐침의 모양이 다름.

고광의 우변에 '土'와 '日' 모양이 보임. '諸'로 확정.

5행 8자

여호규 기존에는 '教'나 판독 불능으로 처리했으나 '王'을 제안함.

이성제 다른 '王'자와 모양 차이가 큼.

고광의 글자 주변에 무슨 획 같은 것이 보이기는 함.

이성제 다른 '教'자와 비교하면 형태가 불분명함.

조영훈 심도맵으로도 글자를 파악하기 힘듦.

고광의 판독 불능 처리함.

5행 9자

고광의 기존에 이병도 선생이 '賜'로 판독했고, '海', '每' 등도 제시됨.

이성제 앞서 다른 '賜'자와 달리 삐침 등이 나타나지 않아 '賜'로 보기 어려움.

고광의 바로 옆에 같은 글자가 있는데 이걸 왜 '賜'로 봤을지? 오히려 모양으로 보면 '寫'와 가까움.

여호규 대부분 판독 불능으로 보고 있음.

이성제 '賜'로 볼 만한 획이 없음. 4행 7자와 비교하면 더욱 그러함.

여호규 불능으로 처리하고 넘어가는 것이 좋겠음.

5행 10~12자

여호규 이 부분은 '奴客人'이 거의 확실함.

5행 13자

여호규 위는 초두(艹)가 확실한 것 같은데 아래가 애매함. '寺'와 모양이 비슷함. '苿'. '等'의 약자. 북위(北魏) 윤애강조상비(尹愛姜造像碑)에 이 글자가 나옴. 신라 하대 비석에도 '等'자를 위에 점 하나 찍고 아래 '寸'을 쓰기도 함.

고광의 점으로 보기에는 너무 길다는 느낌임. 양쪽을 제하고 보면 아래가 '方'이 되어 초두와 합쳐서 '芳'으로 보이기도 함.

이수훈 공주대 연구팀에서는 어떻게 봤는지?

조영훈 연구팀에서는 처음에 '侖'으로 봄. 그러나 가운데 아랫부분(冊)에서 가로획이 나오지 않음.

고광의 심도맵 등으로 다시 보면 '而'로도 보임.

이성제 '而'가 되면 글자가 위아래는 좁고 좌우가 넓음.

여호규 '冂'처럼 이어져서 내려오는지, 아니면 '十'처럼 끊어지고 세로획이 있는지가 관건임. 개인적으로는 '寸'으로 보임.

고광의 판독 불능 처리함.

5행 14자~6행 15자

여호규 기존 판독에서 큰 이견이 없던 부분임. 새로운 고화질 촬영 사진과 탁본을 봐도 기존 판독과 달라 보이지 않음. 기존 판독을 인정하고 넘어가도 될 것임.

조영훈 6행 8자 검토 바람.

고광의 일반적으로 '教'자로 봄.

여호규 큰 이견 없는 글자임.

조영훈 '教' 모양이 잘 나오지 않아 요청함.

고광의 여호규 선생님 말대로 판독에 큰 이견이 없었으므로 넘어가도록 함.

6행 16자

고광의 기존에 '人'으로 보았는데 아래에 '十' 자형이 보임. 위를 '大'로 볼 수 있다면 '本(夲)'자?

여호규 '大'라면 가로획이 이어지는 느낌이 없음. '人'으로 보임. '大'라고 해도 아래에 있는 것을 획으로 인정할 수 있는지가 문제임.

고광의 RTI에 잘 나옴.

여호규 가로획의 깊이가 좀 얕음.

고광의 '人'으로 보기엔 지나치게 큼.

여호규 다른 '人'자도 이 정도 크기는 되지 않는지? 예를 들어 10행 19자.

고광의 3D상으로도 가로획이 안 보이는지?

조영훈 가로획이 있긴 하지만 짧고 획 우측이 결락되어 확실하게 알 수 없음.

고광의 '本'과 '人' 모두 상정함.

6행 17자

고광의 기존에 '衣'가 들어간 글자나 '服'으로 보는 견해가 있었으나 마멸이 심해 알아보기 힘듦. 고구려연구회에서도 불능 처리함. 특별한 견해가 없으면 불능으로 처리하고 넘어가겠음.

6행 18자

여호규 '支'가 명확해 보이지 않는지?

고광의 '支'자가 명확함. 적성비에도 보이는 글자임.

이수훈 '本'으로 보이기도 함.

고광의 RTI로 보면 달라 보이기는 함.

여호규 위에 있는 가로획이 문제. '十'으로 볼 수도 있지만 좀 약함.

고광의 '本'은 가로획이 길지 않음.

이수훈 목간에도 오른쪽에 점이 찍힌 '支'가 많이 나옴.

여호규 비교적 명확한 글자인데 기존에는 왜 못 읽었는지 모르겠음.

고광의 그렇다면 '支'로 확정함. 새롭게 판독된 글자임.

6행 19자

고광의 '制'에서 '刂'만 빠진 모양? 글자 바로 아래부터 박락이 있음. 박락 부분에 글자의 아래가 포함되어 알아보기 쉽지 않지만, 윗부분의 획은 잘 브이는 편임.

이수훈 '失' 또는 '先'자?

여호규 '先'은 될 수도 있음.

고광의 발 두 개가 애매함. '告'자는?

이수훈 밑이 잘 나오는지?

고광의 밑부분이 깨진 상태이기는 함.

여호규 문맥상으로는 서술어가 와야 함. 박락 부분이 글자 하단을 스쳐 지나가듯이 있지만 '告'일 가능성이 있음.

이수훈 RTI로는 '告'가 맞음. 다만 '告'라면 충주고구려비에서는 처음 나오는 글자임.

여호규 '告'자 느낌이 나옴.

고광의 중심축을 보면 '告', 아니면 '吉'자임.

여호규 '告'가 되면 해석이 재밌어짐. '告大王國土 大位諸位上下…'.

고광의 글자 아래 박락 부분이 필획의 하단을 스치고 지나감.

여호규 하단의 '口'가 좀 작게 나옴.

고광의 넓게 볼 수 있는 모양도 있음.

이성제 네모가 반듯하지는 않음.

고광의 '五月中'의 '五月'도 반듯하진 않음. 예서와 해서가 섞여 나오기 때문인 듯함.

이성제 '告'자가 가장 가능성이 높기는 함.

나유정 '告'일 경우 좌상단 삐침이 명확하지 않음.

조영훈 '志'로 볼 가능성은 없는지?

이수훈 아랫부분이 '丨+口' 모양인데.

조영훈 사실 '丨' 부분이 가장 선명함. '丨'와 '口'이 연결되는 윗부분은 약간 흔적이 있음(획이 깊지 않음).

고광의 정으로 돌을 치다 보면 획이 이어지지 않을 수도 있음.

여호규 윗부분 삐침을 인정할 수 있음. '告'자일 가능성이 높음.

이수훈 '告'가 된다면 기존에는 전혀 판독하지 못했던 글자를 새롭게 읽은 것임. 문맥상으로는 괜찮은지?

여호규 서술어가 들어가면 좋다고 생각했음. 마침 '告'가 된다면 딱 들어맞는 느낌임. 게다가 뒷부분이 '大王國土'로 판독되므로 '대왕국토에 告한다'는 등의 해석도 가능함. 상당한 성과임.

고광의 '告'자로 확정함.

6행 20~23자

고광의 20자와 21자는 박락됨. 22자, 23자는 '國土'가 확실함.

여호규 좌측면에 '大(太)王國土'가 나오므로 20자와 21자는 '大(太)/王'일 가능성이 높음. 기존에도 큰 이견 없는 부분임.

7행 9자

여호규 7행에서는 9자가 검토 필요함. '上下衣服'까지는 확실함. 기존에는 '兼'으로 많이 봤는데 확실치 않음.

조영훈 '黍'일 가능성은?

여호규 내려오는 획이 하나가 아니라 두 개임.

이성제 내려오다가 네모 박스 같이 비어 있는 모습이 보임.

고광의 '戊', '戎', '成'자는?

여호규 명확하진 않지만 가로획이 세 개 나오지 않는지?

고광의 RTI로는 王자 비슷하게도 나옴.

이성제 어쨌든 '兼'은 이상하다는 말인지?

여호규 '兼'으로 봄. 다만 해석이 잘 안 됨.

고광의 '兼'으로 보기에는 내려가는 획이나 점이 명확치 않음. 여호규 선생님은 비면에서 떼어내기 전의 탁본(비면 부착 탁본) 사진으로 판독함. 그런데 그 사진은 실내에서 조명으로 찍은 것이라 빛 조절이 정확히 안 되었다는 점도 고려해야 함. 빛 반사로 인해 정확한 판독이 힘들다는 단점이 있음.

7행 10~18자

고광의 '受教跪營之 十二月廿'까지는 확실함.

7행 19자

이성제 지난번에 '三'이 유력하지만 '五'일 가능성도 상정하고 넘어갔음.

고광의 '七'자는?

이수훈 '三'인지 '五'인지 RTI를 돌려보는 게 좋겠음.

여호규 하단에 가로획 두 개는 나옴.

고광의 '三'자가 되려면 위에 가로획이 하나 더 나와야 하는데 모호함. '五'자라면 위에 가로획이 나오고 세로획도 두 개가 있어야 함. 하지만 세로획은 하나만 보임. '五'자는 배제해야 함.

여호규 '五'자는 아닌 듯함.

고광의 어쨌든 숫자가 나와야 하는 자리이기에 '二', '三', '七' 중 하나일 듯함.

이수훈 '二'는 바로 위의 '十二月'과 비교해보면 글자가 좀 낮아짐.

여호규 '二'는 너무 내려감. '二'도 제외해야 함. 관건은 글자 윗부분에 획이 있었는데 박락된 것인지 검토가 필요함.

고광의 '二', '五'는 배제하고 '三', '七'을 상정함. 8행, 9행은 기존에 큰 이견이 없으므로 건너뛰고 10행으로 넘어감.

10행 1자

판독 불가임.

10행 2자

고광의 '流' 또는 '統'자?

여호규 우변은 '㐬'의 모양이 나옴.

고광의 관건은 좌변이 '氵'인지 '糸'인지임.

여호규 우변의 하단 획이 세 개임. '充'보다는 '㐬'로 봐야 함.

고광의 그렇다면 '流'일 가능성이 있음.

10행 3자

고광의 '奴'자에 이견 없음.

10행 4자

여호규 좌변은 '扌'가 거의 확실함.

고광의 '振'자?

여호규 우변이 '夫'? 가로획 두 개가 나오고 '人'자 모양이 나오기는 함.

이성제 '人'보다는 'ㅅ' 모양으로 보임. 부드럽게 이어지지 않고 각이 짐.

고광의 '抹'처럼 보임.

이수훈 제시하는 영상마다 다르게 보여서 판단이 힘듦.

고광의 일단 재방변 확인.

이수훈 '扶'와 '抹'을 모두 올리는 게 좋겠음.

10행 5자

여호규 '位'? 좌변에 '亻'은 나옴.

고광의 우변이 '立'보다는 '丑'? '亻' 확인까지만 인정하고 넘어가겠음.

10행 6자

고광의 '殘', '凶'이라는 견해도 있으나 판독 불가로 보기도 함. 이번에도 판단하기 어려움.

10행 7자

여호규 '鬼'로도 읽었음. 좌변이 '其'처럼 보이지 않는지?

고광의 '宀' 밑에 '頁'?

이수훈 판독 불능 처리하고 넘어가는 것이 좋겠음.

10행 8~10자

고광의 '盖盧共'(기존 판독에서도 큰 이견 없었음).

10행 11자

여호규 하단부만 보면 '衣'가 나옴. 상단만 알면 됨.

조영훈 수직 획 두 개에 가로획 다수가 보여 '其'로 파악함.

여호규 '襄'으로 보기도 했음. 다만 상단에 '口' 두 개가 아니라 '日'을 눕혀 놓은 모양임.

이성제 '襄'이라면 '衣'와는 또 다름.

고광의 '衣'가 아닐 수도 있다는 생각이 듦. '衣'가 되면 글자가 좀 커짐.

여호규 하단부 '衣'의 가능성을 제시하는 정도로 합의하는 게 좋겠음.

10행 12~19자

'募人新羅土內衆人'.

10행 20자

여호규 '先'이 아닐지?

고광의 '先'이라면 상단의 꼭지(土의 중앙 상단 삐져 나온 획)가 약함. '兵'자는?

여호규 '兵'으로 보기엔 하단 두 개의 점이 길어 보임.

고광의 점의 우측 부분은 훼손으로 보임.

조영훈 점의 우측이 획으로 보기에는 수직임.

고광의 '先'으로 보기에는 글자의 중심이 조금 다름.

여호규 '兵'이라면 왼쪽 세로획도 좀 약함.

조영훈 매핑할 때 약간 기울어진 상태여서 획이 얕게 보일 수 있음. 중심점을 다시 잡으면 획으로 볼 여지가 있음.

고광의 '兵', '先'을 함께 상정함.

이수훈 확정이 되지 않았지만, 기존에는 없던 판독을 한 것임.

10행 21자

고광의 '動'.

10행 22자

여호규 글자의 형태가 '大'에 '丶'이 있고 아래에 '寸'이 있는 모양(太+寸≒夺). '奪'의 약자가 아닌지 싶음. 이이(李頤) 묘지(墓誌)에 '빼앗을 탈(奪)'을 '클 태(太)' 밑에 '마디 촌(寸)'을 쓰는 사례가 있음.

이수훈 육안으로만 보면 '클 태(太)'에 '마디 촌(寸)'으로 보이기는 함.

고광의 '寸'이 옹색해 보임. '辶' 같은 것이 보여 '通'자 형태와도 비슷함. '奪'의 약자 가능성 제기 정도로 상정함.

좌측면

2행 22자

여호규 좌면 2행 22자에 획이 보이는지?

조영훈 획을 못 찾음.

여호규 단락 구성에 중요한 부분임. 깨졌지만 상단은 획이 있어야 하는데 보이지 않음.

고광의 공격(空隔)일 가능성도 있음.

여호규 그럴 수도 있음. 1행과 3행에는 깨진 윗부분에 획이 보이는데, 2행에는 없음. 하단 두 글자를 공격 처리한 것이 아닐지?

7행 16~17자

이성제 16자는 '耶'가 맞는지?

고광의 기존에 '耶乎'로 읽었음.

여호규 17자는 잘 모르겠음.

고광의 '耶'와 '乎'가 어울리지는 않음.

여호규 17자가 '大'와도 비슷하지만 알아보기 힘듦.

이성제 '耶'자는 확실하다고 보면 되는지?

고광의 '耶'는 인정할 수도 있어 보임.

여호규 17자 밑으로는 글자가 없는 것이 확실한 것인지?

조영훈 글자 없음. 연구팀에서도 17자까지만 파악. 18자부터는 없음.

- 끝 -

충주고구려비 공동판독안
(동북아역사재단 · 한국고대사학회)

전면

10	9	8	7	6	5	4	3	2	1	
×	△?	△?	△?	△?	年?	七?	△?	△?	×	
△	〈德〉	夷	大	夷	伊?/用?	向	奴	上	五	①
〈流〉	△	寐	位	寐	者/有?	壂	主	下	月	②
奴	土?/△	錦	諸	錦	賜	上	簿	相	中	③
扶?/抹?	境?/△	上	位	遝	之	共	貴	〈知〉	高	④
亻+△	△	下	上	還	隋	看	〈德〉	守	麗	⑤
△	募	至	下	來	恭?/去?	節	〈句〉	天	太/大	⑥
△	人	于	衣	節	諸	賜	〈方+△〉	東	王	⑦
蓋	三	伐	服	教	△	九?/太?	〈王〉	來	祖	⑧
盧	百	城	〈兼〉	賜	△	〈霍〉	〈不〉	之	王	⑨
共	新	教	受	寐	奴	鄒	〈聆〉	寐	公	⑩
△ + 衣	羅	來	教	錦	客	教	△	錦	△	⑪
募	土	前	跪	土	人	食	去?/古?	忌	新	⑫
人	內	部	營	內	△	在?/于?	△	太/大	羅	⑬
新	幢	大/太	之	諸	教	東	△	子	寐	⑭
羅	主	使	十	衆	諸	夷	到	共	錦	⑮
土	下	者	二	本?/人?	位	寐	至	前	世	⑯
內	部	多	月	△	賜	錦	跪	部	世	⑰
衆	拔	于	廿	支	上	之	營	太/大	爲	⑱
人	位	桓	三?/七?	〈告〉	下	衣	〈大〉	使	願	⑲
兵?/先?	使	奴	〈日〉	〈大〉	〈衣〉	服	太	者	如	⑳
動	者	主	〈甲〉	王	服	建	子	多	兄	㉑
奪?	補	簿	寅	國	教	立	共	于/兮/亐	如	㉒
깨짐	奴	貴	東	土	東	處	語?/諸?	桓	弟	㉓

---

* 1~2차 판독회 결과 소위 '題額'으로도 불렸던 '前面의 윗단 부분'에 대해, 글자가 존재할 가능성이 있다는 점까지는 합의함. 단, 글자가 존재한다고 해도 비의 내용과 곧바로 연결될 수 있는 부분인지는 알 수 없음.
* 3차 판독회에서는 우측면과 후면도 행을 맞추어 글을 썼을 것이라는 데 합의함.

좌측면

7	6	5	4	3	2	1	
△	△	△	△	△	△	△	①
△	△	△	△	△	△	△	②
△	△	△	△	△	△	△	③
子?/于?	△	△	△	△	△	〈中〉	④
△	△	△	△	△	△	△	⑤
古	△	△	△	△	△	△	⑥
牟	右	△	△	工+△? / △ 二? / △	△	△	⑦
婁	△	△	△	〈百〉	△	△	⑧
城	△	△	△	〈六〉 〈十〉	刺	△	⑨
守	△	上	△	△ ×	功	不/求	⑩
事?	沙	有	△	亻+△	△	△	⑪
下	△	之?	△	△	△	△	⑫
部	斯	〈辛〉	△	〈十〉	射	村	⑬
大	邑	〈酉〉	△	△	△	舍	⑭
兄	△	△	△	△	△	△	⑮
△	大	△	△	△	△	△	⑯
△	古	△	△	〈十一〉	△	△	⑰
×	鄒	△	△	△	△	月+△?/ 日+△?	⑱
×	加	東	△	大	節	△	⑲
×	共	夷	△	王	人	優	⑳
×	軍	寐	△	國	刺	沙	㉑
×	至	錦	△	土	깨짐	깨짐	㉒
×	于	土	깨짐	깨짐	깨짐	깨짐	㉓

우측면

1행 중하단부에 〈前〉, 部?

후면

마지막 행 중반부에 巡?

Ⅶ
디지털 판독 성과와 의미

충주고구려비의 선행 판독

충주고구려비는 1979년 2월 24일, 충주 지역 문화재 애호단체인 예성동호회 회원들에 의해 문자가 새겨진 비석으로 처음 확인되었다. 동년 4월 8일에 단국대학교박물관이 주관한 학술조사단이 구성되어 정식 조사가 진행되었다. 판독은 이병도, 이기백, 변태섭, 임창순, 정영호, 신형식, 김정배, 이호영 교수 등 학계의 전문가들이 참여하였고(그림 1a), 이를 통해 고구려와 신라와의 관계를 기록한 한반도 유일의 고구려 비석으로 판명되었다.

판독 결과는 동년 6월 9일 '中原高句麗碑 學術會議'에서 발표되었으며, 전면 상단 부분의 글자를 제외한 전면 230자 중 정영호는 208자(90.4%), 이병도는 211자(91.7%), 임창순은 174자(75.7%)를 제시하였다(표 1). 좌측면의 경우, 161자 중에서 정영호와 이병도는 62자(38.5%), 임창순은 42자(26.1%)를 보고하였다.[1] 당시 판독된 글자는 최대 91.7%로 높은 판독률을 보이지만 가장 소극적인 판독률과 약 16.0%의 차이가 있어 판독에 대한 지속적인 검증이 필요하였다.

충주고구려비는 발견 당시에 이미 풍화가 심했고 표면 오염이 진행되고 있어 육안 관찰과 탁본에 의한 정밀 판독이 쉽지 않은 상태였다. 발견된 지 20년이 지난 2000년 초, 사단법인 고구려연구회는 충주고구려비의 새로운 탁본을 제작하고 비면의 필름 사진과 적외선 사진을 컴퓨터로 영상화하여 비교하는 등 당시로서는 최신 기술을 도입한 연구를 시도하였다. 이러한 자료를 근거로 2월 22일부터 25일까지 '中原高句麗碑 新釋文 國際 워크샵'을 개최하였다. 여기에는 역사학, 고고학, 문화사학, 국문학, 한문학, 서예학 등 다양한 학문 분야 전문가들이 참여하여 합의에 의한 판독문을 도출하였다(그림 1b).

당시 주요 성과 중 하나는 발견 당시부터 논란이 된 2면비인가 3면비인가 아니면 4면비인가에 대해서 4면비라는 사실을 확인한 점이다. 우측면에서 '前部大兄'이라는 관등명을 읽었고, 후면에서는

그림 1 충주고구려비 판독회
a. 1979년 판독회 모습
b. 2000년 中原高句麗碑 新釋文 國際 워크샵

1 檀國大學校 史學會, 1979,『史學志』13(中原高句麗碑 特輯號).

표 1 충주고구려비 선행 판독 결과

구분		1979			2000
판독 및 주관		정영호	이병도	임창순	고구려연구회
판독자수 / 판독률	전면	208자 / 90.4%	211자 / 91.7%	174자 / 75.7%	210자 / 91.3%
	좌측면	62자 / 38.5%	62자 / 38.5%	42자 / 26.1%	59자 / 36.6%

글자의 흔적이 뚜렷하다는 의견을 모았으며 실제 '巡'자를 판독하기도 하였다. 그리고 전면 상단에서 글자의 흔적을 확인한 것이다. 전면 맨 위쪽에 '年'자를 판독함으로써 이 비에 '제액'이 있다는 데 참여한 석문위원들의 의견이 일치하였다고 한다.[2] 당시 판독된 글자는 전면 본문 230자 중 210자(91.3%)와 좌측면 155자 중 59자(36.6%)이다.[3]

디지털 판독 및 성과

최근 첨단기술의 급속한 발전과 함께 금석문의 가독성과 판독률을 높이기 위한 연구가 진행되고 있으며 그 대표적인 방법 중 하나가 디지털 영상분석 기술이다.[4] 충주고구려비 발견 40주년이 되는 2019년에는 동북아역사재단의 기획연구로 3차원 스캐닝과 반사율변환영상(reflectance transformation imaging; RTI) 등 디지털 기술을 비문의 판독에 적극 활용한 연구를 진행하였다.[5] 특히 3차원 고정밀스캐닝을 이용하여 충주고구려비의 전체적인 형상과 비문을 입체적으로 모델링하고, 이를 통해 글자의 절대적인 치수를 측정하고 범위를 설정하였으며, 기하정보 매핑과 렌더링 기술을 적용하여 학제 간 디지털 판독을 수행하였다(그림 2).

2019년 충주고구려비의 디지털 가시화 및 영상분석 기반의 판독회는 동북아역사재단 한국고중세사연구소와 한국고대사학회가 주관하고 역사학, 고고학, 미술사학, 서예학, 보존과학 및 디지털 유산 관련 전문가들이 참여하였다. 이 판독회에서는 기존에 판독문이 제시된 전면과 좌측면의 글자를 중심으로 재검토하였다.

비교 대상으로 1979년 최초 조사에서 개인 판독문을 제시한 정영호, 이병도, 임창순과 1992년 선행 연구를 정리한 서영대의 판독문을 포함시켰다. 여기에 2000년 고구려연구회가 주관하여 학계가 합의한 판독문을 더하여 2019년 공동판독문과 종합적으로 비교하였다. 이견이 없는 글자는 '확정', 2개 이상의 의견이 제시된 글자는 '이견', 필획은 존재하나 구체적인 자형을 제시할 수 없거나 필획의 존재 여부를 확인할 수 없는 부분을 '미판독'으로 구분하여[6] 판독된 글자의 변화에 따라 8개 유형으로 분류하였다(표 2).

---

2 徐吉洙, 2000,「중원고구려비 신석문 국제워크샵과 국제학술대회」,『高句麗硏究』 10, 학연문화사, 129~267쪽.

3 '판독'은 이견 없이 확정된 글자뿐만 아니라 이견이 있는 글자도 포함한다.

4 조영훈·이찬희, 2012,「석조문화유산의 형상분석을 위한 3차원 디지털복원과 표면심도 모델링: 해운대 석각을 중심으로」,『보존과학회지』 28, 87~94쪽; 신소연·김영민, 2013,「RTI 촬영을 통한 감산사 미륵보살상과 아미타불상 명문 검토」,『美術資料』 84, 76~99쪽; 허의주·최강선, 2019,「다항 회귀 분석을 이용한 3차원 비석 데이터 내 글자 새김 추출법」,『전자공학회논문지』 56, 73~80쪽.

5 조영훈·권다경·고광의, 2000,「충주 고구려비 판독을 위한 3차원 스캐닝 기술의 적용 및 고찰」,『韓國古代史硏究』 98, 9~45쪽: 동북아역사재단 한국고중세사연구소 편, 2020,『충주고구려비 연구』, 동북아역사재단.

6 2019년 '충주고구려비 공동판독안'에서 이견이 없는 글자와 판독회 참여자 다수가 가능성이 높다고 인정한 글자(〈 〉 표시)를 '확정'으로 보았다. 또한 추정한 글자(? 표시)는 '이견'으로 구분하였다. 이러한 글자는 전면 10행 21자 '奪?', 좌측면 5행 12자 '之?', 좌측면 7행 11자 '事?'자이다. '奪?'자는 '爵'자 또는 '△'자로 이견이 있던 글자이나 이번에 새롭게 추정한 글자이고, '之?'자는 기존에 대부분이 판독 불능으로 처리하였으나 정영호만 '之?'자로 제시하였던 글자인데 이번에 '之'자로 추정하였다. '事?'자는 기존에 '事'자로 확정되어 이견이 제기되지 않았으나 이번 판독회에서 필획이 명확하게 확인되지 않는다는 견해가 있어 추정한 글자로 남겨두었다.

그림 2 디지털 판독자료 구축과정

표 2 선행(1979년, 2000년) 및 2019년 공동판독문 비교에 따른 유형 분류

유형	판독회			글자 수		대표 글자
	선행		2019년	전면	좌측면	
1	확정	→	확정	124자	27자	전면 1행 1자 '五', 1행 4자 '高'
2	이견	→	확정	68자	20자	전면 3행 10자 '△,貽/貽?/耳+台?' → 〈聆〉
3	미판독	→	확정	2자	2자	전면 6행 19자 '〈告〉'
4	확정	→	이견	2자	1자	전면 5행 2자 '者' → '者/有?'
5	이견	→	이견	18자	5자	전면 4행 8자 '太/大/大?' → '九?/太?'
6	미판독	→	이견	1자	0자	전면 9행 3자 '土?/△'
7	이견	→	미판독	16자	26자	전면 3행 7자 '△/類/類?' → '〈方+△〉'
8	미판독	→	미판독	7자	74자	전면 3행 13자 '△'
합 계				238자	155자	

먼저 유형 1은 선행 판독에서 확정된 글자가 그대로 유지된 경우이며, 유형 2는 선행 판독 당시 여러 글자로 이견을 보였으나 2019년 공동판독회에서 한 글자로 확정된 것이다. 유형 3은 기존에 판독이 불가했지만 디지털 가시화를 통해 확정된 글자이다. 유형 4는 선행 판독에서 확정된 글자였으나 2019년도에 여러 글자로 이견을 보인 경우이다. 유형 5는 1979년, 2000년, 2019년 판독에서 모두 합의되지 못한 채 이견으로 남은 글자이고, 유형 6은 기존에 판독이 불가하였으나 2019년 디지털 가시화를 통해 의견이 제시된 글자이다. 유형 7은 당초 이견이 있는 글자였으나 현재는 미판독 상태인 글자이고, 마지막으로 유형 8은 과거부터 현재까지 판독이 불가한 글자이다. 이처럼 2019년 디지털 판독을 통해 유형 1~3은 최종 확정으로 분류되며, 유형 4~6은 이견, 유형 7과 8은 미판독에 해당된다.

이렇게 분류한 8개 유형을 2019년 공동판독안에 매핑하고 각 글자의 개수를 정량적으로 산출하였다(표 3, 4). 그 결과, 유형 1(확정 → 확정)은 전면 124자와 좌측면 26자, 유형 2(이견 → 확정)는 전면 68자와 좌측면 21자, 유형 3(미판독 → 확정)은 전면과 좌측면 각각 2자이다. 또한 유형 4(확정 → 이견)는 전면 2자와 좌측면 1자, 유형 5(이견 → 이견)는 전면 18자와 좌측면 5자, 유형 6(미판독 → 이견)은 전면에서만 1자가 확인되었다. 유형 7(이견 → 미판독)은 전면 16자와 좌측면 26자, 마지막으로 유형 8(미판독 → 미판독)은 전면 7자와 좌측면 74자를 보였다.

표 3 2019년 공동판독안(전면)의 유형별 매핑 결과(매핑 색상은 표 2와 같음)[7]

	10	9	8	7	6	5	4	3	2	1
	×	△?	△?	△?	△?	年?	七?	△?	△?	×
1	△	〈德〉	夷	大	夷	伊?/用?	向	奴	上	五
2	〈統〉	△	寐	位	寐	者/有?☆	壂	主	下	月
3	奴	土?☆/△	錦	諸	錦	賜	上	簿	相	中
4	扶?☆/抹?☆	境?/△	上	位	遝	之	共	貴	〈知〉	高
5	亻☆+△	△	下	上	還	隨	看	〈德〉	守	麗
6	△	募	至	下	來	恭?☆/去?	節	〈句〉☆	天	太/大
7	△	人	于	衣	節	諸☆★	賜	〈方+△〉☆	東	王
8	蓋	三	伐	服	教	△	九?☆/太?	〈王〉	來	祖★
9	盧	百	城	〈兼〉	賜	△	〈霍〉	〈不〉☆	之	王
10	共	新	教	受	寐	奴	鄒	〈聆〉☆	寐	公★
11	△+衣☆	羅	來	教	錦	客	教	△	錦	△
12	募	土	前	跪	土	人	食	去?/古?	忌★	新
13	人	內	部	營	內	△	在?/于?☆	△	太/大	羅
14	新	幢	大/太	之	諸	教	東	△	子	寐
15	羅	主	使	十	衆	諸	夷	到	共	錦
16	土	下	者	二	本?/人?	位	寐	至	前	世
17	內	部	多	月	△	賜	錦	跪	部	世
18	衆	拔	于	廿	支☆★	上	之	營	太/大	爲
19	人	位	桓	三?/七?☆	〈告〉☆	下	衣	〈大〉	使	願
20	兵?☆/先?☆	使	奴	〈日〉	〈大〉	〈衣〉	服	太	者	如
21	動	者	主	〈甲〉	王	服	建	子	多	兄
22	奪?☆	補	簿	寅	國	教	立	共	于/兮/亐	如
23	깨짐	奴	貴	東	土	東	處	語?/諸?	桓	弟

표 4 2019년 공동판독안(좌측면)의 유형별 매핑 결과(매핑 색상은 표 2와 같음)

	7	6	5	4	3	2	1
1	△	△	△	△	△	△	△
2	△	△	△	△	△	△	△
3	△	△	△	△	△	△	△
4	子?/于?	△	△	△	△	△	〈中〉
5	△	△	△	△	△	△	△
6	古	△	△	△	△	△	△
7	牟	右	△	△	工+△?☆/△ 二?☆/△	△	△
8	婁	△	△	△	〈百〉☆	△	△
9	城	△	△	△	〈六〉☆ 〈十〉☆	刺	△
10	守	△	上	△	△ ×	功	不/求☆
11	事?	沙	有	△	亻+△☆	△	△
12	下	△	之?	△	△	△	△
13	部	斯	〈辛〉	△	〈十〉	射	村
14	大	邑☆★	〈酉〉	△	△	△	舍
15	兄	△	△	△	△	△	△
16	△	大	△	△	△	△	△
17	△	古	△	△	〈十☆ 一☆〉	△	△
18	×	鄒	△	△	△	△	月+△?/ 日+△?
19	×	加	東	△	大	節	△
20	×	共	夷	△	王	人	優
21	×	軍	寐	△	國	刺	沙
22	×	至	錦	△	土	깨짐	깨짐
23	×	于	土	깨짐	깨짐	깨짐	깨짐

전체적으로 비석 표면의 보존상태가 양호한 부분은 가독성이 높아 판독 글자가 그대로 유지되었다. 이에 비해 비면의 훼손이 심한 부분은 디지털 기술을 기반으로 진행된 작업이 효과적이었다. 2019년 공동판독회의 성과 중 하나는 기존에 판독되지 않았던 전면 6행 19자 '〈告〉'와 9행 1자 '〈德〉', 좌측면 1행 20자 '優'와 3행 17자 〈十一〉가 새롭게 확정된 것이다.

또한 전면과 좌측면에서 기존 판독과는 달리 상당수의 새로운 글자들이 처음으로 제시되었다는 점을 들 수 있다. 2019년 공동판독안에서 처음으로 제시된 글자는 총 28자이다.[8] 전면에서는 3행

그림 3
선행 미판독에서 2019년 확정된
전면 6행 19자(告)의 디지털 가시화 결과

그림 4
2019년 공동판독문에서 처음으로 제시된
전면 3행 6자(句)의 디지털 가시화 결과

7 표 3·4에서 별도의 기재가 없는 글자는 이견이 없는 글자, ★는 기존에 견해 차이가 있었으나 이번 판독회에서 확정한 글자, ☆는 2019년 판독회에서 처음으로 제시된 글자, 〈 〉는 2019년 판독회 참여자 다수가 가능성이 높다고 인정한 글자, ?는 추정한 글자, △는 미판독 글자, ×는 글자 없음을 의미한다.

8 2000년 고구려연구회 판독문에서는 새로 합의된 글자와 함께 '보조안'. '추정한 자', '의견으로 제시된 글자' 등을 함께 정리하였는데, '의견으로 제시된 글자'는 2019년 유형 분류를 위한 비교 대상에서 제외하였다. 다만 2019년 판독에서 새롭게 제시된 글자를 판별할 때는 비교 대상을 삼았다. 따라서 전면 10행 2자 '〈流〉', 전면 6행 16자 '本?', 좌측면 1행 20자 '優'는 이미 2000년 판독회에서 의견으로 제시되었기 때문에 이번에 처음으로 제시된 글자에는 포함시키지 않았다.

그림5
선행 이견 글자가 2019년 확정된
전면 1행 10자(公)의 디지털 가시화 결과

6자 '〈句〉', 3행 7자 '〈方+△〉', 3행 9자 '〈不〉', 3행 10자 '〈聆〉', 4행 8자 '九?', 4행 13자 '于?', 5행 2자 '有?', 5행 6자 '恭?', 5행 7자 '諸', 6행 18자 '支', 6행 19자 '〈告〉', 7행 19자 '七?', 9행 3자 '土?', 10행 4자 '扶?/抹?', 10행 5자 좌측 부분에서 '亻', 10행 11자 하부의 '衣', 10행 20자 '兵?/先?', 10행 22자 '奪?'자 등 18자이다. 좌측면에서는 1행 10자 '求', 3행 7자 부분에서 '工+△?'와 '二?', 3행 8자 '〈百〉', 3행 9자 부분에서 '〈六〉'자와 '〈十〉', 3행 11자 '亻+△', 3행 17자 부분에서 '〈十〉'자와 '〈一〉', 6행 14자 '邑'자 등 10자이다. 이 중 전면 5행 7자 '諸'와 6행 18자 '支', 좌측면 6행 14자 '邑'은 이견 없이 확정되었고, 나머지 글자는 추정하였거나 판독회 참여자 다수가 가능성이 높다고 인정한 글자이다.

또 하나의 성과는 1979년과 2000년 선행 판독안에서 이견이 있었던 글자 중 전면 68자와 좌측면 21자가 합의 과정을 통해 한 글자로 확정된 것이라고 할 수 있다. 예컨대 전면 5행 7자의 경우, 이병도(1979), 정영호(1979), 고구려연구회(2000)에 의해 '節'자로 판독되었으나, 재검토 과정에서 '諸'로 변경되었다. 또한 1행 10자는 선행 판독문에서 탁본을 통해 글자 하단에서 '丨'획이 있는 것처럼 보여 '爺'자 또는 '公'자라는 이견이 있는 상태로 합의된 바 있다. 그러나 디지털 가시화 결과 상부는 뚜렷하게 '八'자의 형태를 보였지만, 하부에서 '爺'자로 볼 수 있는 세로획이 확인되지 않아 '公'자로 최종 확정되었다.

2019년 공동판독문을 토대로 전면과 좌측면 본문의 '확정', '이견', '미판독' 글자 점유율을 산출하였으며, 이를 선행 판독 결과와 비교하였다(표 5, 그림 6). 먼저 전면의 경우, 선행 판독에서 확정으로 합의된 글자는 126자(52.9%)였으나, 2019년도에는 194자(81.5%)로 68자(28.6%)가 증가하였다. 또한 이견 글자는 102자(42.9%)에서 21자(8.8%)로 81자(34.1%)의 큰 변화가 있었다. 반면 미판독 글자는 10자(4.2%)에서 23자(9.7%)로 13자(5.5%) 증가하였다. 좌측면의 경우, 이견 글자가 45자(29.0%)의 큰 폭으로 감소한 만큼, 상대적으로 확정 글자가 21자(13.5%), 미판독 글자가 24자(15.5%) 증가한 것이다.

충주고구려비의 디지털 판독은 영상분석 및 가시화 기술을 통해 금석문 연구자들에게 보다 명확한 글자의 현재 상태에 대한 정보를 제공함으로써 학제 간 공동합의문을 도출할 수 있었다. 특히 글자의 가독성을 높여 선행 이견 글자를 재검토하는 데 중요한 자료로 활용되었고, 보다 객관적인 판독안을 작성하는 데 기여하였다.

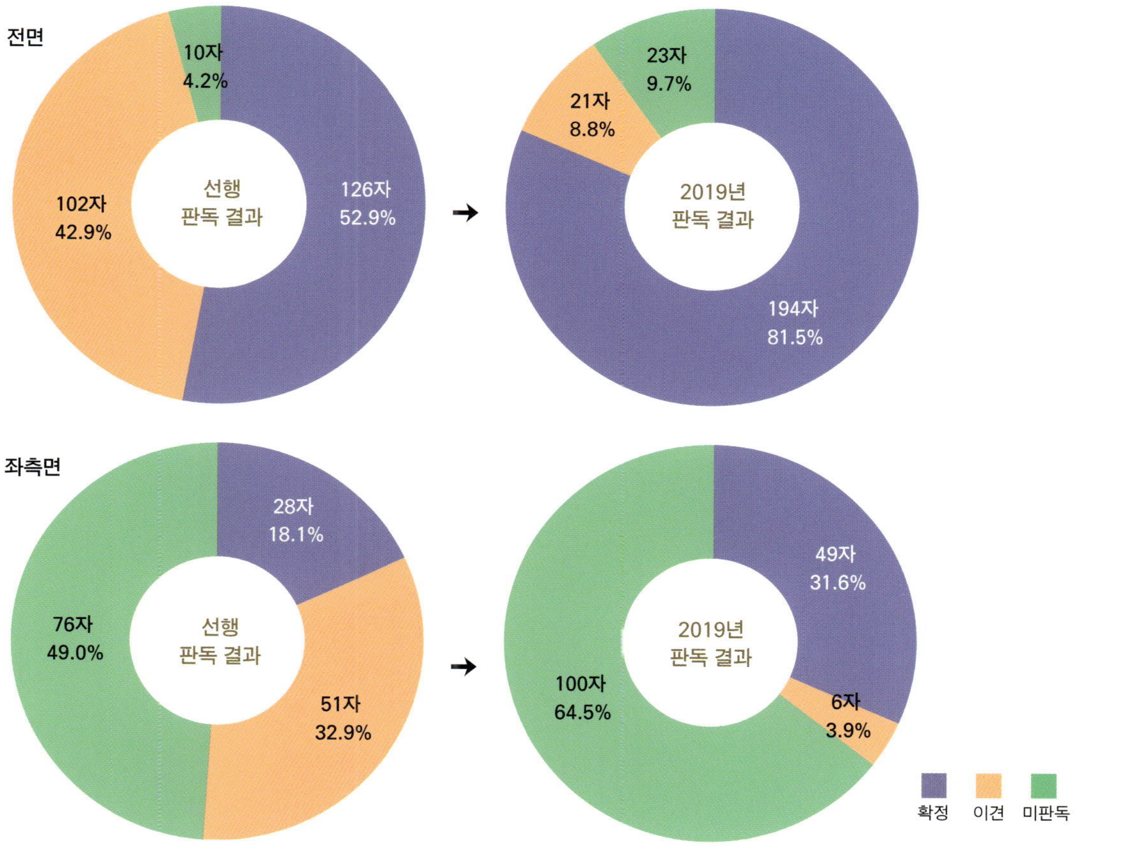

그림 6
선행 판독 대비 2019년
공동판독문의 통계 분석 결과

표 5 선행 판독 대비 2019년 공동판독문 결과 증감 비교

판독 결과		선행		2019년		증감	
		글자 수	점유율	글자 수	점유율	글자 수	점유율
전면	확정	126자	52.9%	194자	81.5%	+68자	+28.6%
	이견	102자	42.9%	21자	8.8%	-81자	-34.1%
	미판독	10자	4.2%	23자	9.7%	+13자	+5.5%
좌측면	확정	28자	18.1%	49자	31.6%	+21자	+13.5%
	이견	51자	32.9%	6자	3.9%	-45자	-29.0%
	미판독	76자	49.0%	100자	64.5%	+24자	+15.5%
전체	확정	154자	39.2%	243자	61.8%	+89자	+22.6%
	이견	153자	38.9%	27자	6.9%	-126자	-32.0%
	미판독	86자	21.9%	123자	31.3%	+37자	+9.4%

디지털 판독의 의미

금석문의 판독은 육안 관찰을 통해 글자의 존재 여부와 필획을 확인하고, 비석 표면의 오염물질을 최대한 제거한 뒤 탁출한 탁본을 이용하여 판독하는 것이 일반적인 방법이다. 그러나 국내 현존하는 고대 금석문들은 대부분 풍화와 마모로 인해 육안이나 탁본을 통해 글자의 형태를 파악하는 것이 쉽지 않다.

따라서 2019년도 충주고구려비의 판독에는 글자를 디지털화하고 이를 가시화할 수 있는 방법을 다양하게 적용해 보았다. 특히 원석 탁본으로 도출할 수 없는 글자의 입체적 특징을 정량적으로 수치화하였고, 디지털 가시화 기술을 통해 필획의 연속적 형상을 객관화하였으며, 유사 자형을 가진 글자들의 3차원 유사도 분석을 수행하였다. 이를 통해 기존에 2차원적 분석에 의존했던 판독 방식을 개선하여 3차원 기반의 다각적 분석이 가능해졌고, 판독 성과를 고도화하는 데 도움이 되었다. 그림 7은 충주고구려비의 다학제 간 디지털 판독 과정을 순서도로 정리한 것이다.

먼저 RTI와 네 가지 방식의 3차원 스캐닝을 통해 비석의 전체 형상, 비면의 세부 형상, 비문 글자의 정밀 형상을 디지털화하고, 각 기술에 적합한 데이터 처리 과정을 완료하였다. 또한 개별 글자의 판

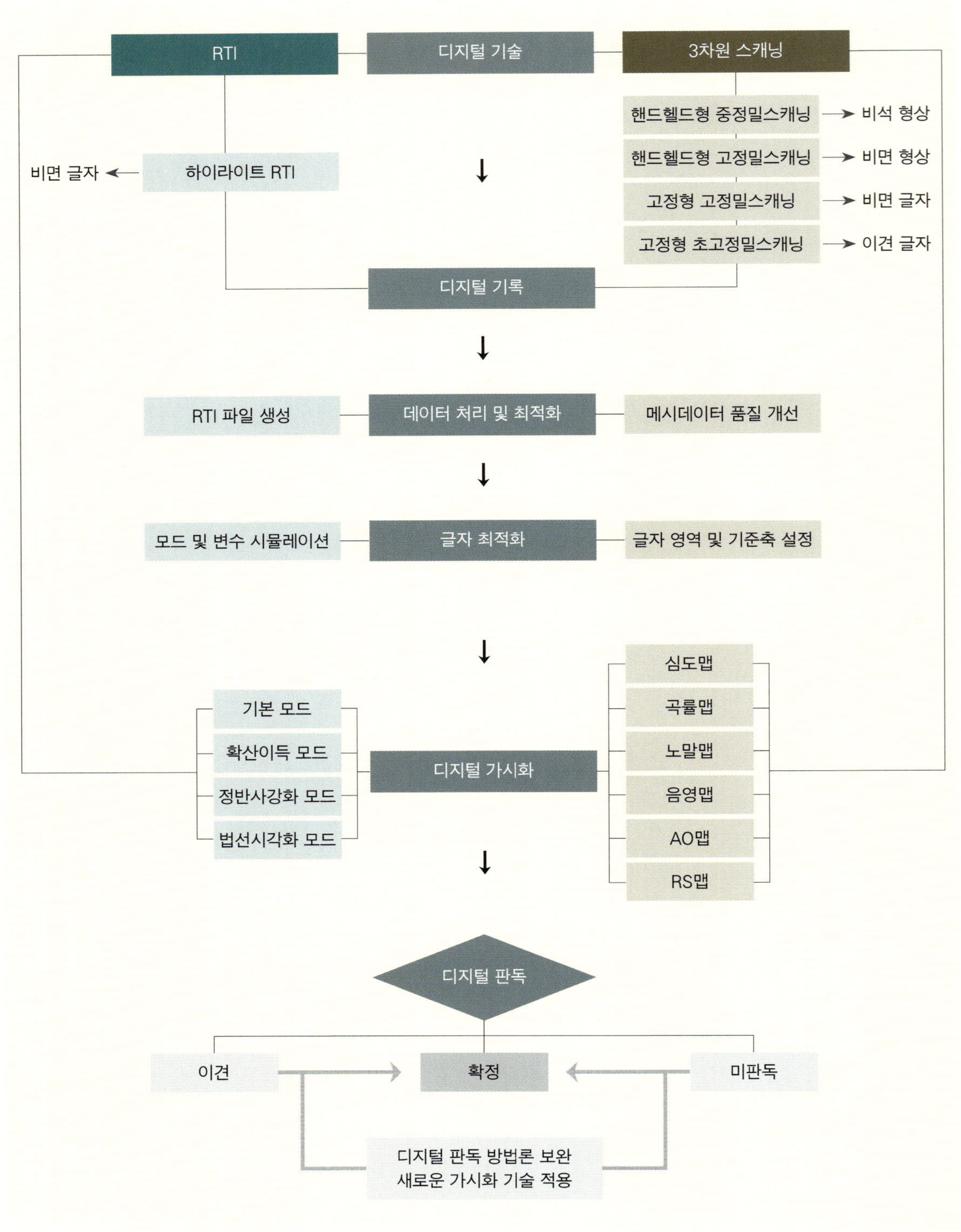

그림 7 디지털 기술을 이용한 충주고구려비의 판독 과정

독이 가능하도록 글자 영역 및 기준축 설정 등의 판독 맞춤형 최적화 과정을 거쳐 최종 글자 모델을 완성하였다. 그런 다음 RIT의 경우, 높이, 반사광, 법선 벡터 등을 이용하여 네 가지 렌더링 모드로 가시화 이미지를 추출하고, 3차원 스캐닝은 심도, 곡률, 법선 등의 기하정보와 음영, 차폐율, 반사광을 렌더링하여 6종류의 디지털 가시화 모델을 구축하였다. 이렇게 완성된 가시화 이미지를 이용하여 역사, 고고학, 국문학, 한문학, 서예학, 문자학, 보존과학 및 디지털 유산 전문가들의 공동판독 과정을 거쳐 확정, 미판독, 이견 글자를 합의하였다.

이처럼 충주고구려비의 디지털 판독은 기본적으로 RTI와 3차원 스캐닝을 기반으로 수행되었으며, 다양한 렌더링 모드와 최적화 과정을 거쳐 선행 판독문을 재검토하고 새롭게 보완하는 데 많은 기여를 하였다. 그러나 다학제 간 협업적 디지털 판독에도 불구하고 아직까지 확정되지 못한 채 판독이 유보된 상태로 남아 있는 글자들이 다수 존재한다는 것은 글자 신호를 보다 더 효과적으로 가시화할 수 있는 기술 개발이 필요함을 의미한다. 따라서 미판독 또는 이견 글자에 대해서는 지속적으로 새로운 가시화 기술을 개발하는 등 그 방법을 보완해 나가야 할 것이다.

이를 위해 풍화된 비석 표면에서 최대한 실획을 찾아내는 것이 관건이다. 그러나 비석 표면의 손상도가 심해 실획을 찾기 어렵다면 이견 글자의 형태와 디지털 가시화 결과를 매칭하여 판독 범위를 좁혀나가는 방법을 제안한다. 이 과정에서 원석 탁본 및 고해상도 사진을 적극 활용하여 가시화 결과를 교차 검증한다. 이를 통해 다수가 합의하면 글자를 확정하고, 이견이 있어 추후에 연구가 더 필요하다면 판독을 유보한다. 이러한 판독 합의 과정은 선행 판독문의 정밀한 검토 및 재판독을 수행하는 데 중요한 과정이다.

한편, 기술 개발 측면에서는 인문학과 이공학적 융합 연구가 중요하다. 이를 위한 방법으로는 첫째 이미 개발된 영상분석 소프트웨어 중 새롭게 추가되는 알고리즘과 플러그인을 글자 판독에 지속적으로 활용하여 적용성을 평가해야 한다. 둘째는 글자 신호를 저해하는 노이즈를 자동으로 필터링할 수 있는 판독 맞춤형 가시화 기술을 개발하여 글자의 가독성을 높일 필요가 있다. 마지막으로 탁본, 사진, 3차원 캡처 이미지 등의 2차원 이미지를 이용하여 글자 신호를 극대화할 수 있는 다양한 영상처리 기법이 적용되어야 한다.

금번 수행한 충주고구려비의 디지털 판독은 3차원 스캐닝 및 영상분석을 기반으로 RTI를 접목시켜 수행하였으며 초고해상도 디지털 사진과 정밀 탁본 등 다양한 방법을 융복합시킴으로써 소기의 성과를 달성할 수 있었다. 이러한 연구 방법과 결과를 시간과 공간의 제약 없는 온라인 플랫폼으로 구축한다면 금석문 디지털 판독의 고도화가 더욱 더 가능해질 것으로 생각된다.

부록

1979년 조사 사진 및 탁본

1979년 조사 현장 사진

1 예성동호회의 충주고구려비 조사 (1979. 2. 24)
2 입석마을 입구 화단에 서있는 충주 고구려비(1차 조사, 1979. 4. 5)
3 비를 둘러보는 황수영 박사(1차 조사, 1979. 4. 5)
4 단국대학교 조사단 현장 조사(2차 조사, 1979. 4. 7)
5 비 전면 탁본 부착 상태(2차 조사, 1979. 4. 8)
6 비 좌측면 탁본 부착 상태(2차 조사, 1979. 4. 8)

3

4

5

6

8

7 입석마을 주민들과 정영호 교수 합영(2차 조사, 1979. 4. 8)
8 비 옮기기 작업(2차 조사, 1979. 4. 8)
9 비 입석새마을 창고 마당 임시 이치(3차 조사, 1979. 4. 22)
10 비 탁본 작업(3차 조사, 1979. 4. 22)
11 비 전면 탁본 브착 상태(3차 조사, 1979. 4. 22)

12

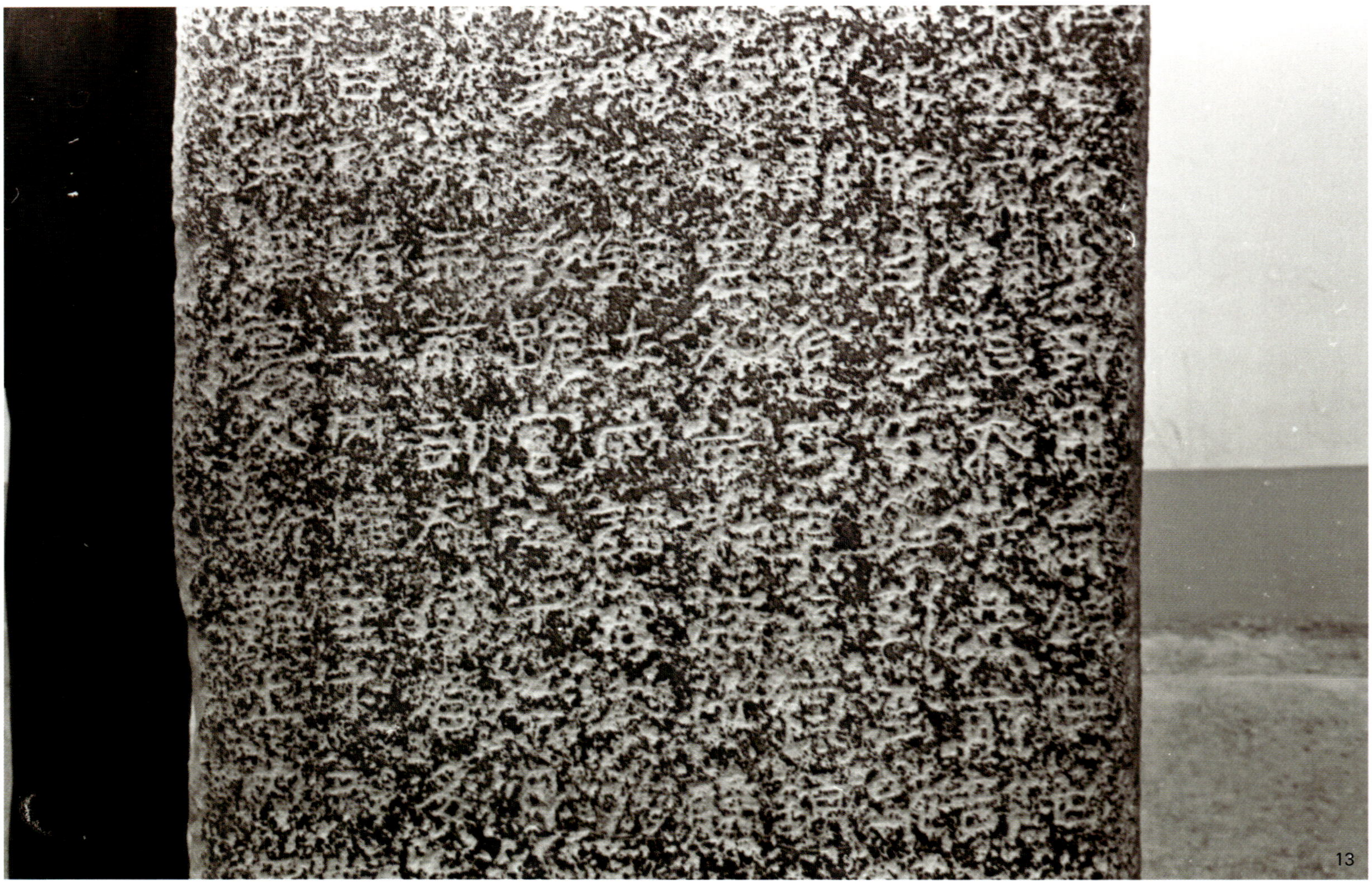

13

12~15 비 전면 탁본 부착 상태 세부(3차 조사, 1979. 4. 22)

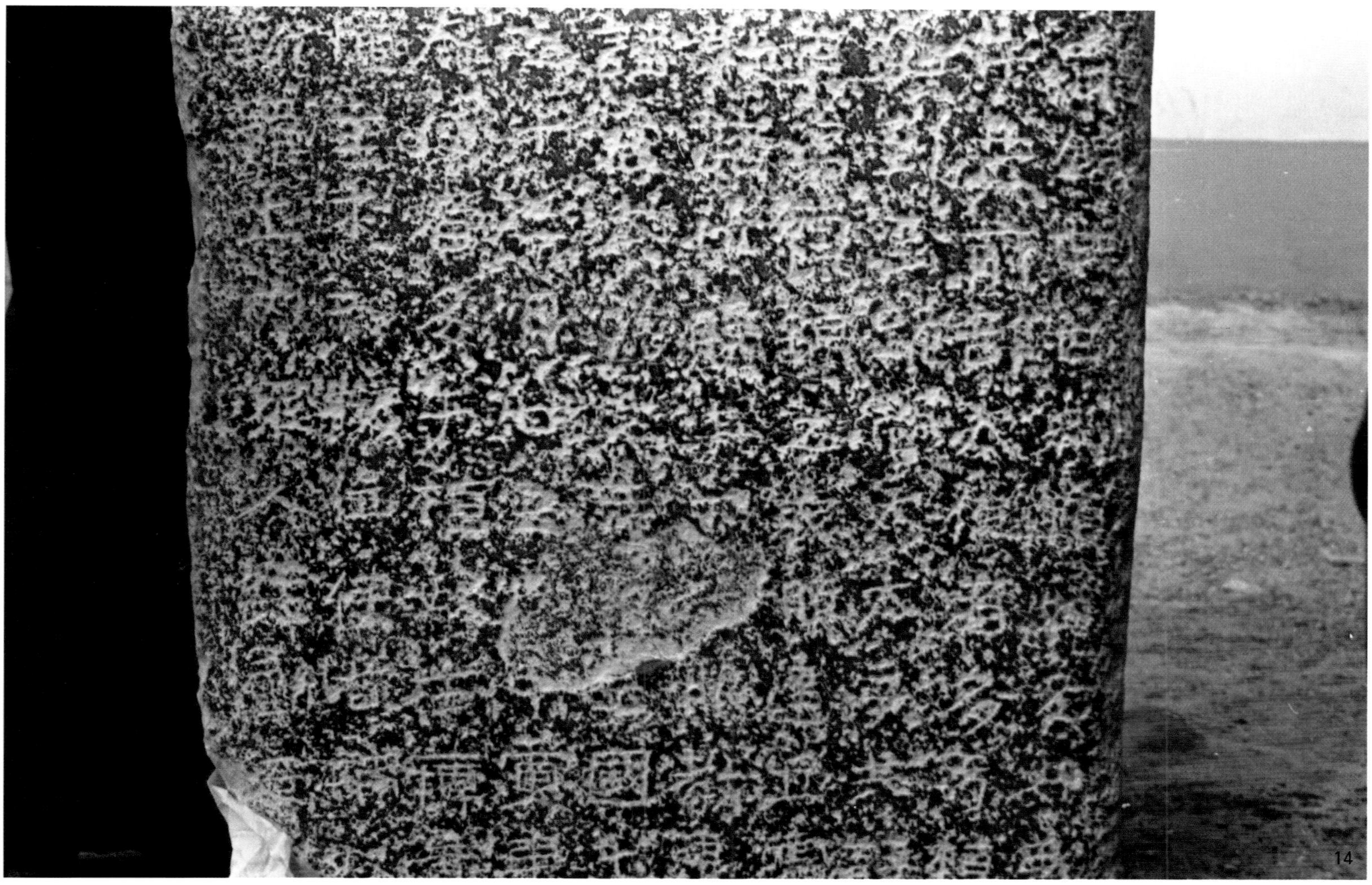
14

15

16

17

18

16 충주고구려비 판독회(3차 조사, 1979. 4. 22)
17~19 충주고구려비 발견 설명회(3차 조사, 1979. 4. 22)

20 입석마을 입구 전경(4차 조사, 1979. 5. 5)
21~22 비 입석새마을 창고 마당 임시 이치(4차 조사, 1979. 5. 5)

23 비 탁본 작업(4차 조사, 1979. 5. 5)
24 충주고구려비 조사단(4차 조사, 1979. 5. 5)

25 비 전면 탁본 부착 상태(4차 조사, 1979. 5. 5)

26~27 비 전면 상부, 하부 탁본 부착 상태(4차 조사, 1979. 5. 5)

28 비 좌측면 탁본 부착 상태(4차 조사, 1979. 5. 5)

29~31 비 좌측면 상부, 중앙, 하부 탁본 부착 상태(4차 조사, 1979. 5. 5)

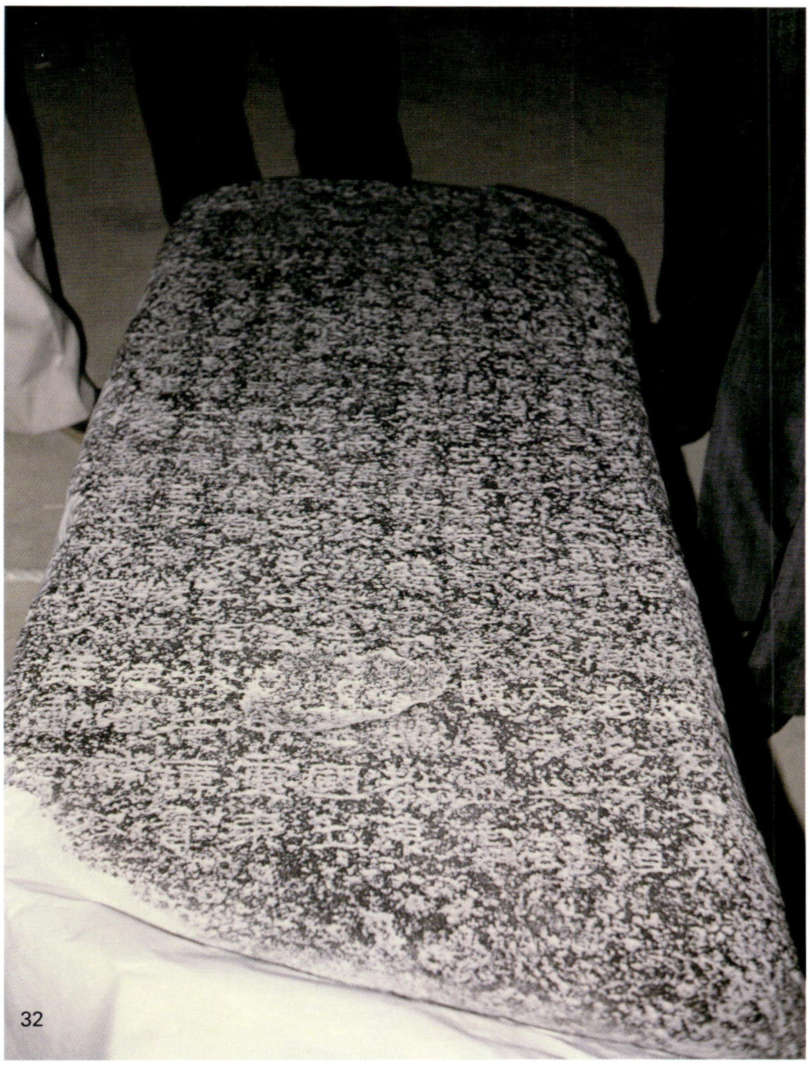
32

33

32 비 전면 탁본 부착 상태(4차 조사, 1979. 5. 5)
33 비문 판독(4차 조사, 1979. 5. 5)

忠北 中原高句麗碑(前·左面) 4月 5日

전면과 좌측면 탁본을 나란히 배치하여 하나의 족자로 표구하였다. 족자 뒷면 우측 상단에는 '忠北 中原高句麗碑(前·左面) 4月 5日'이라고 붓으로 쓴 제첨(題簽)이 붙어 있다. 당시 단국대학교에 재직하며 비의 최초 조사를 주도한 정영호 교수에 의하면 "4월 5일에 탁본을 두 벌 하였다(정영호, 1979, 「中原高句麗碑의 發見調査와 研究展望」, 『史學志』 13, 檀國大學校 史學會, 3~4쪽)"고 한 것으로 보아, 이 탁본이 그중 한 벌의 전면과 좌측면일 것으로 여겨진다.

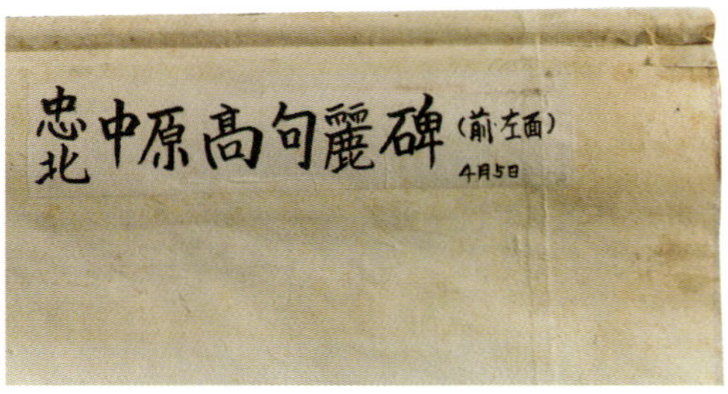

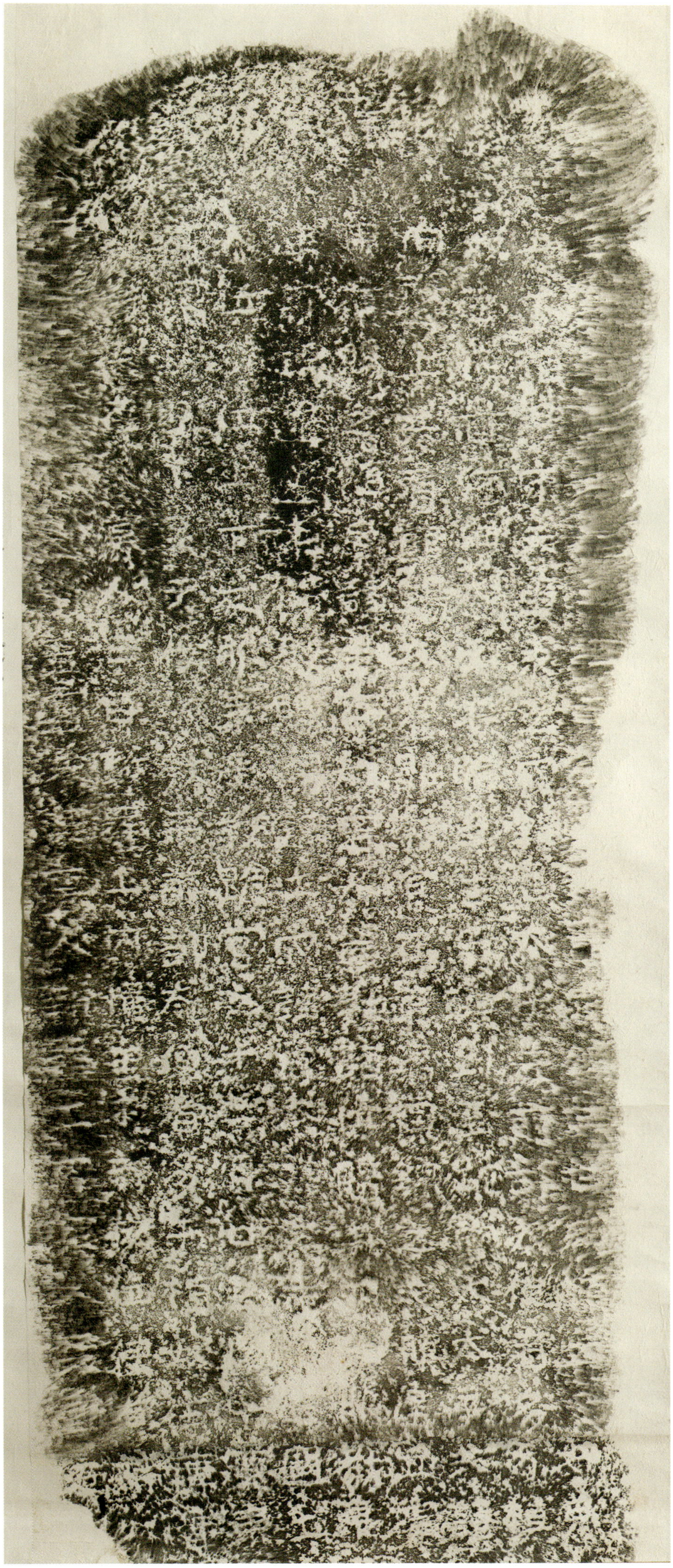
전면

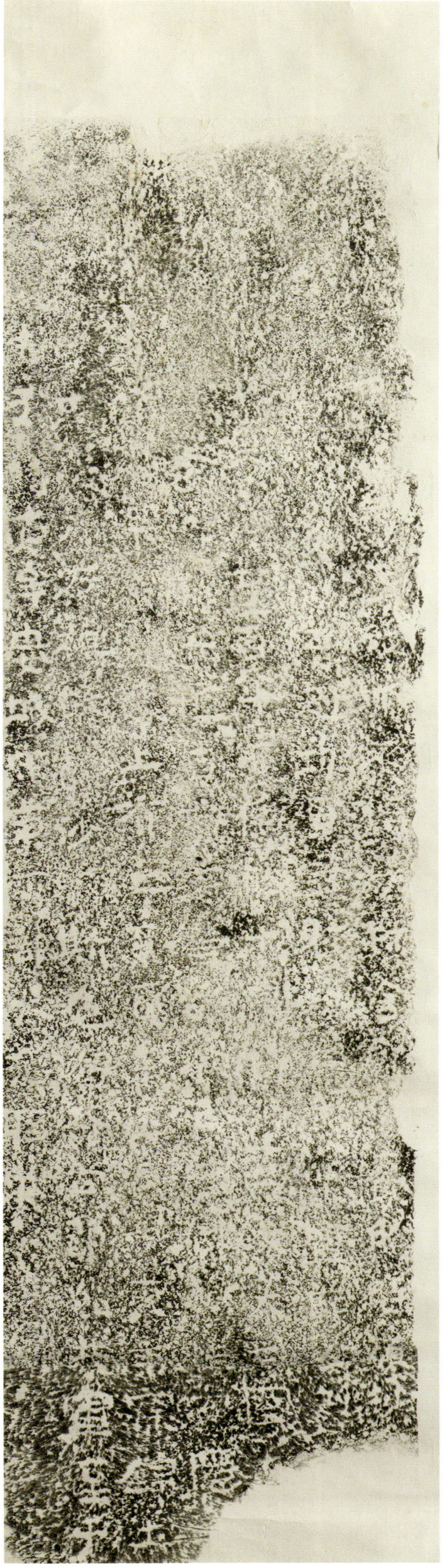
좌측면

中原高句麗碑 判明時 搨本 204

전면 상단부터 제21자 부분까지를 4장으로 나누어 9자와 10자가 중복되게 탁출한 탁본을 하나의 족자로 표구하였다. 족자 뒷면 우측 상단에는 붓으로 쓴 '中原高句麗碑 判明時 搨本'이라는 제첨이 붙어 있고, 그 옆에 '204'라는 숫자가 쓰여 있다. 정영호 교수에 의하면, "청태 때문에 글자가 잘 드러나지 않아 탁본지를 조각 내어 부분적으로 탁본을 진행하였다(정영호, 1979, 「中原高句麗碑의 發見調査와 研究展望」, 『史學志』 13, 檀國大學校 史學會, 6쪽)"고 하는데, 이것이 그 탁본일 가능성이 있다.

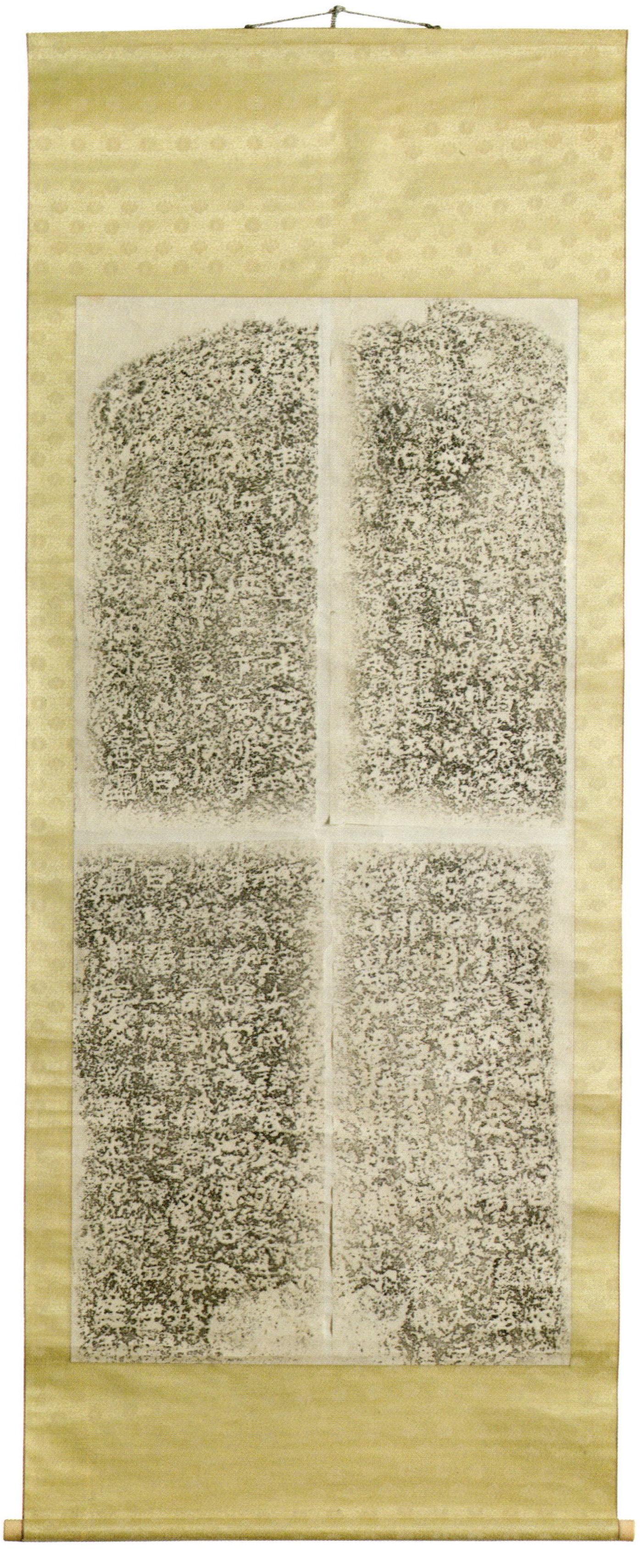

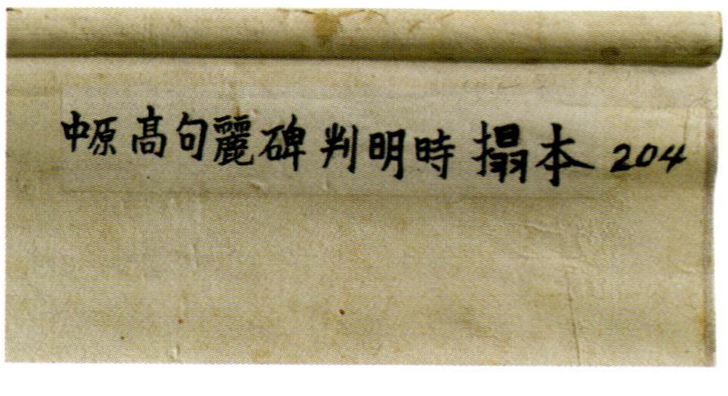

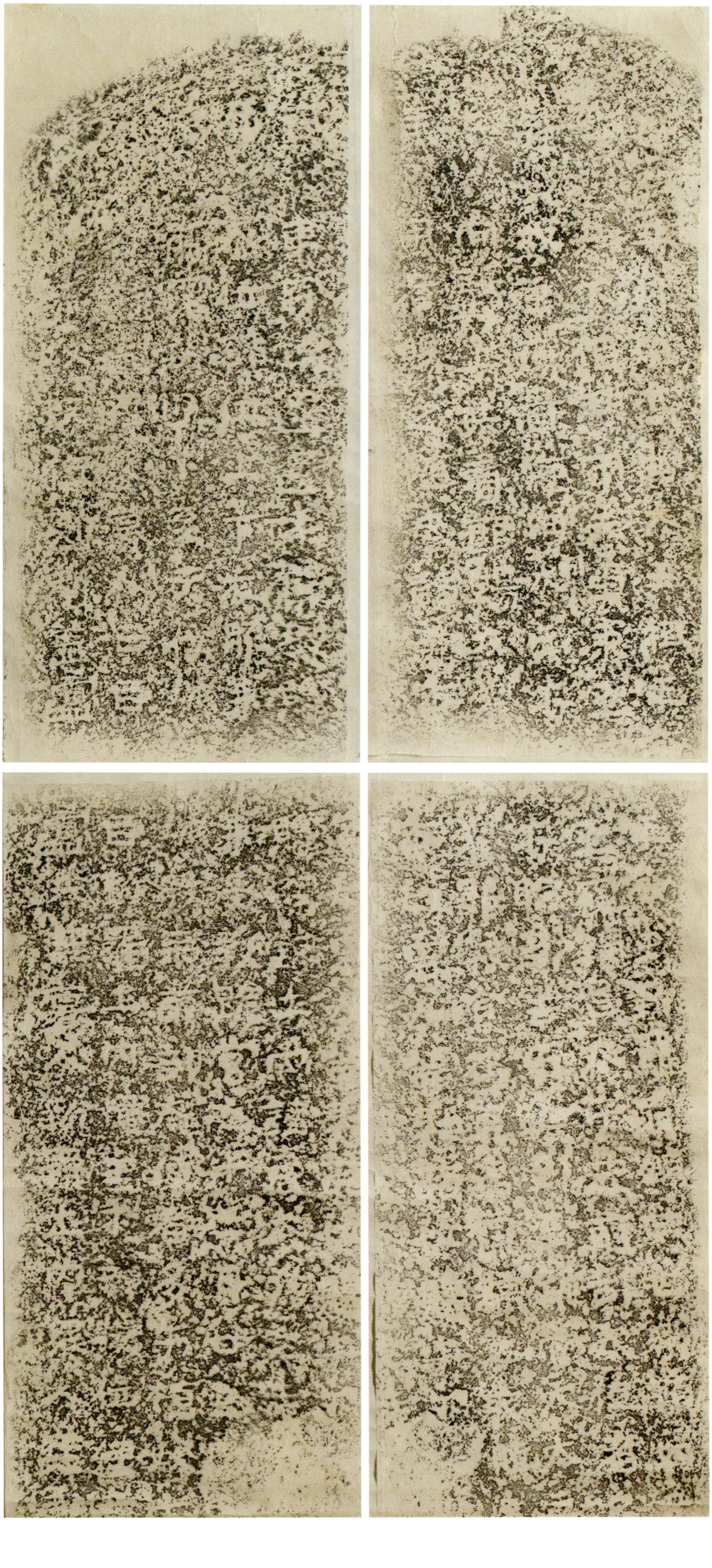

忠北 中原高句麗碑(後, 右側)(1979. 5. 5~6) 206

후면과 우측면 탁본을 나란히 배치하여 하나의 족자로 표구하였다. 족자 뒷면 우측 상단에는 '忠北 中原高句麗碑(後,右側)(1979. 5. 5~6)'이라고 붓으로 쓴 제첨이 붙어 있고, 그 아래에 '206'이라는 숫자가 쓰여 있다.

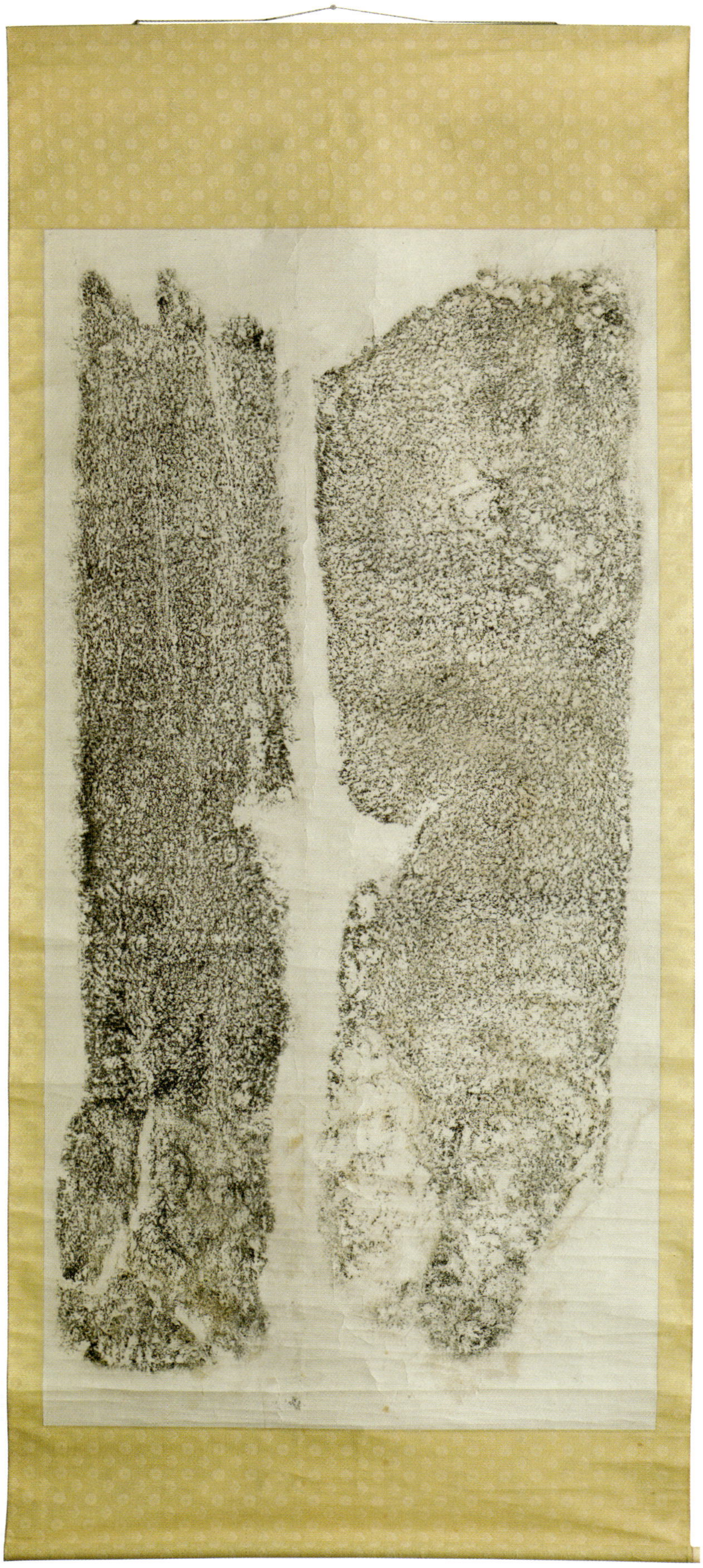

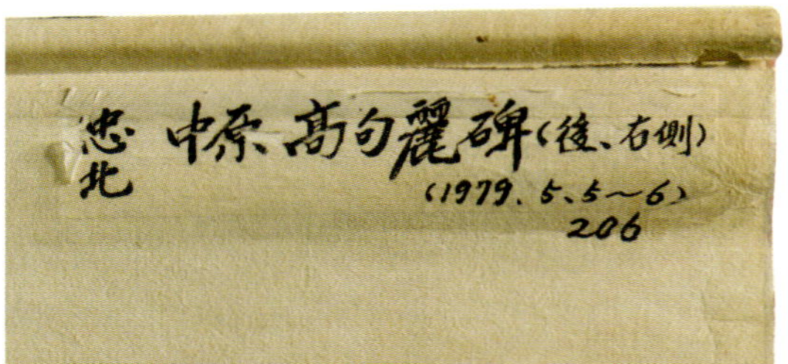

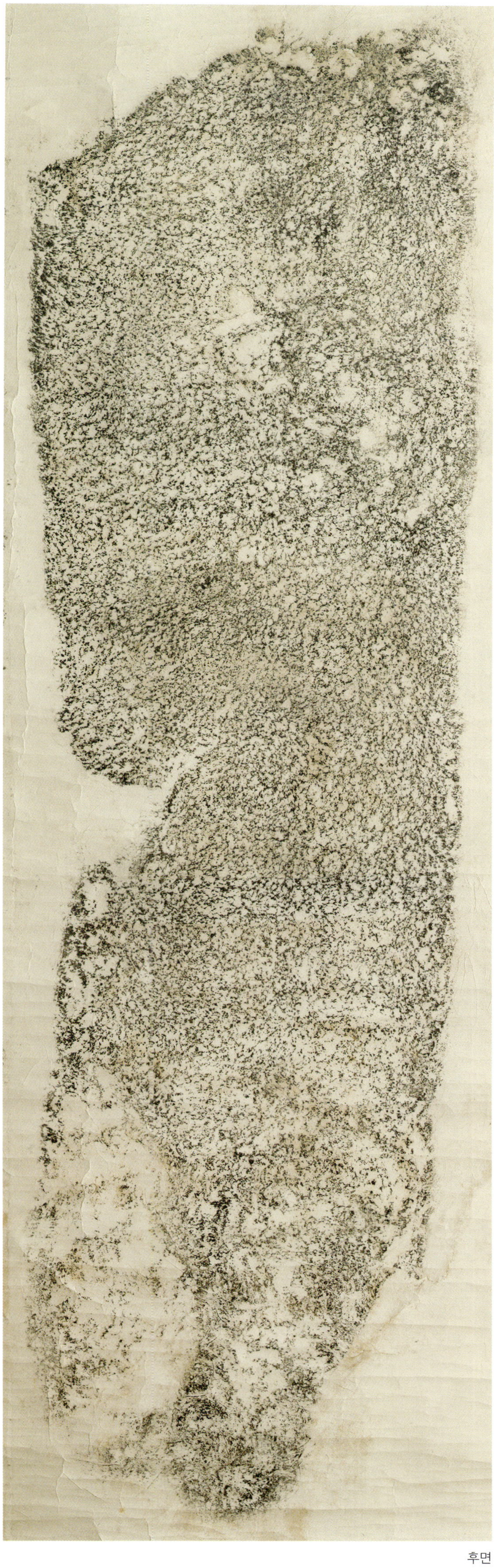
후면

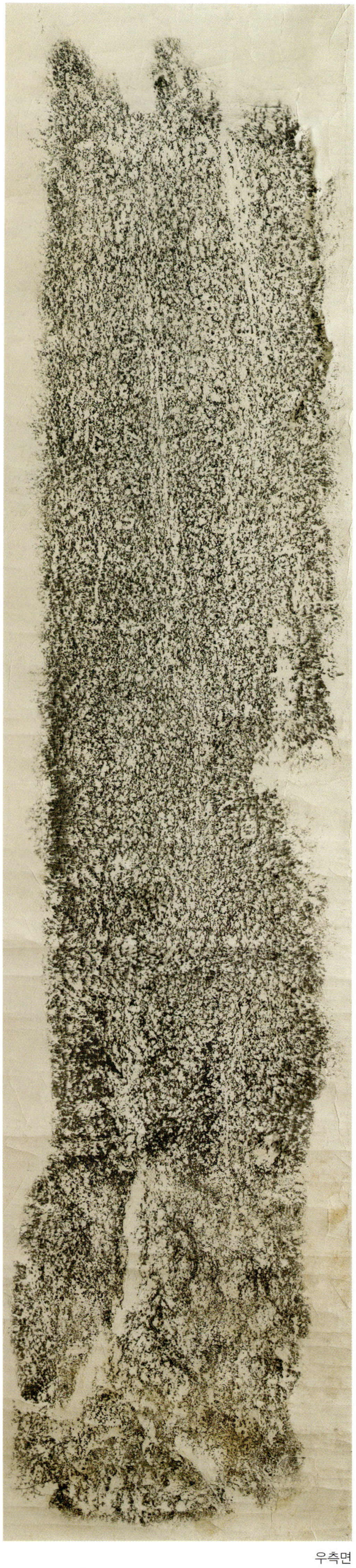
우측면

中原高句麗碑(正面) 高句麗 205(忠北 中原郡 可金面 立石里)

전면 탁본을 하나의 족자로 표구하였다. 족자 뒷면 우측 상단에는 '中原高句麗碑(正面) 高句麗 205(忠北 中原郡 可金面 立石里)'라고 붓으로 쓴 제첨이 붙어 있다.

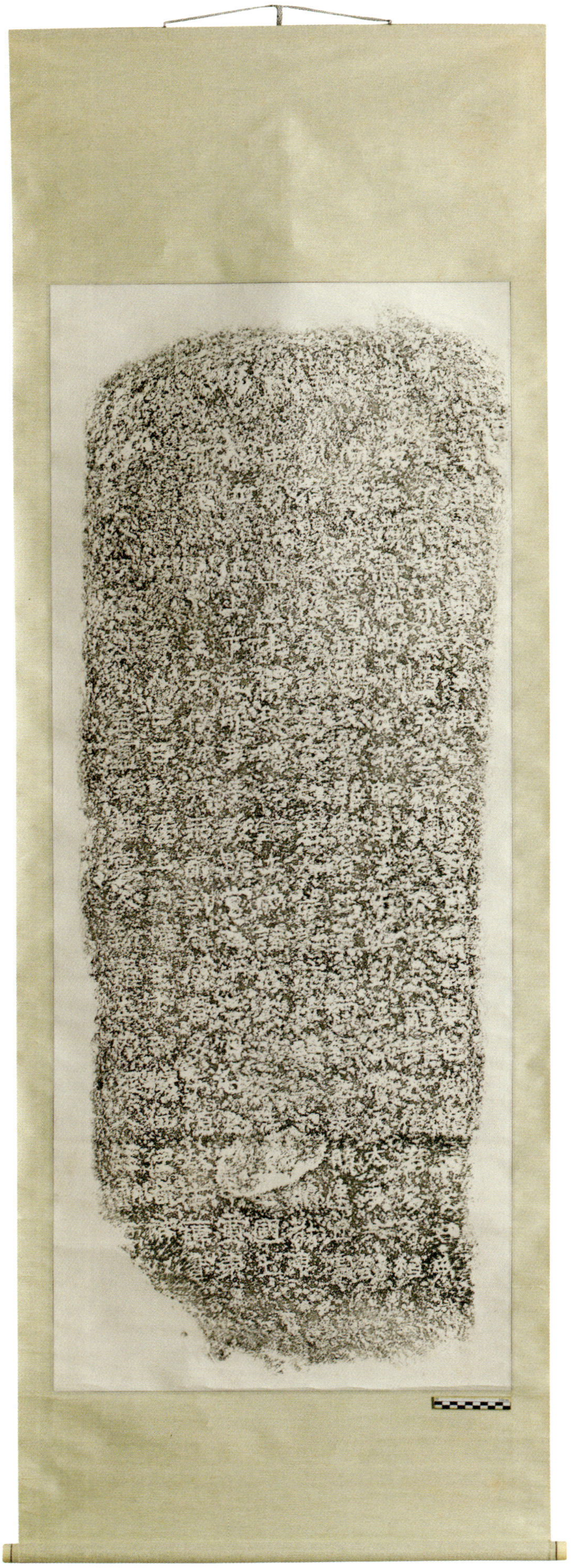

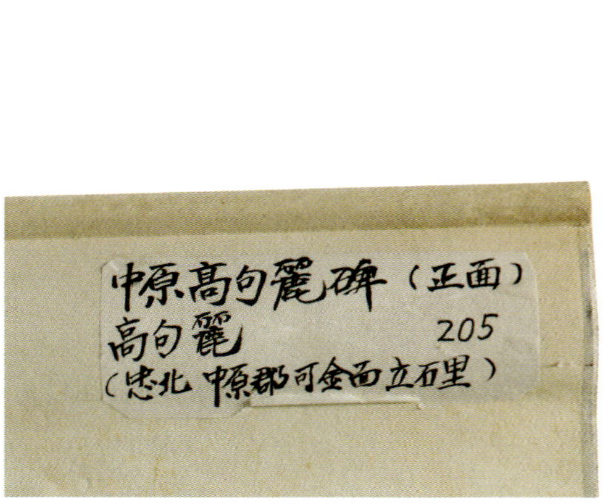

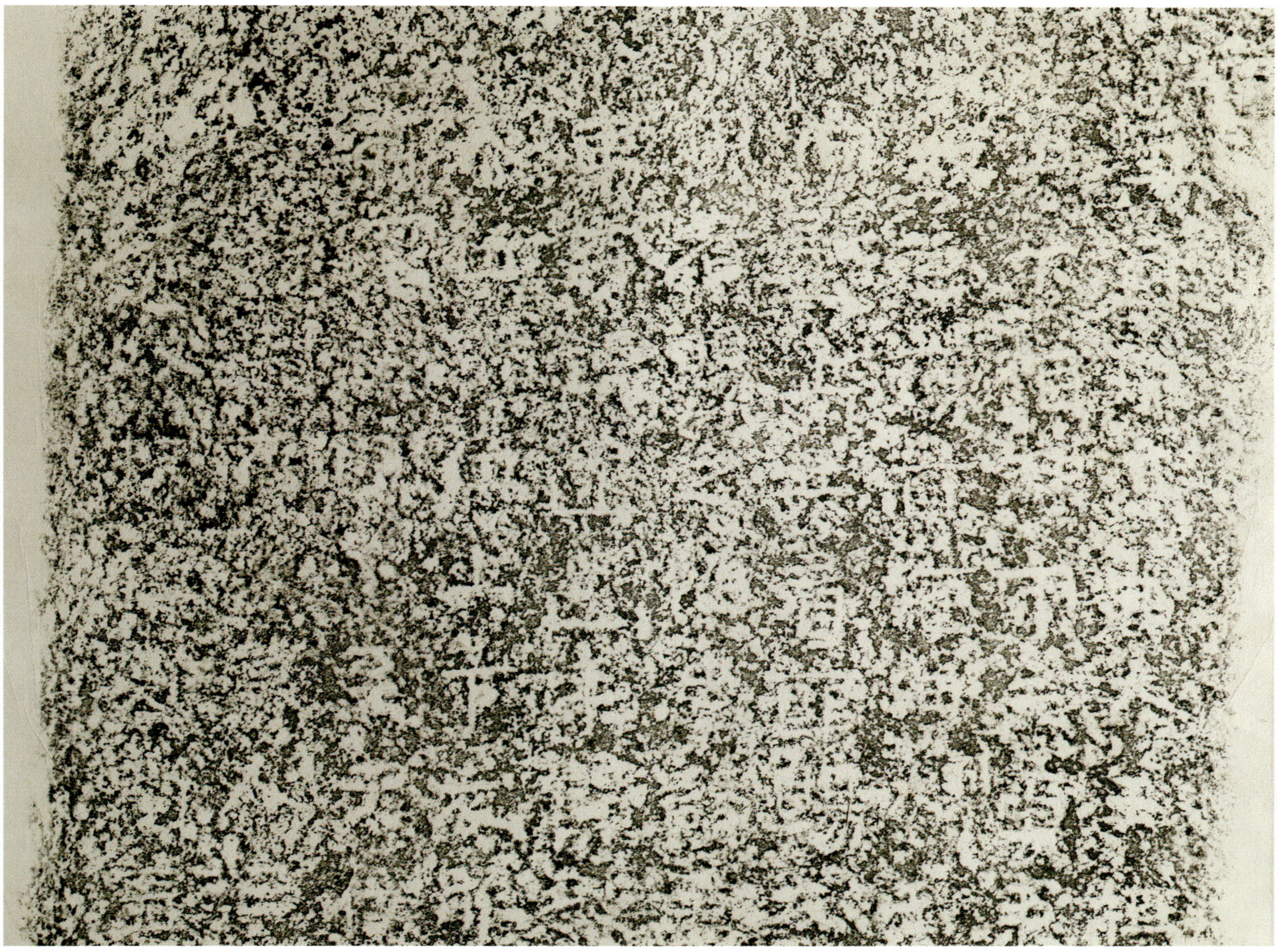

1/6면, 2/6면

3/6면, 4/6면

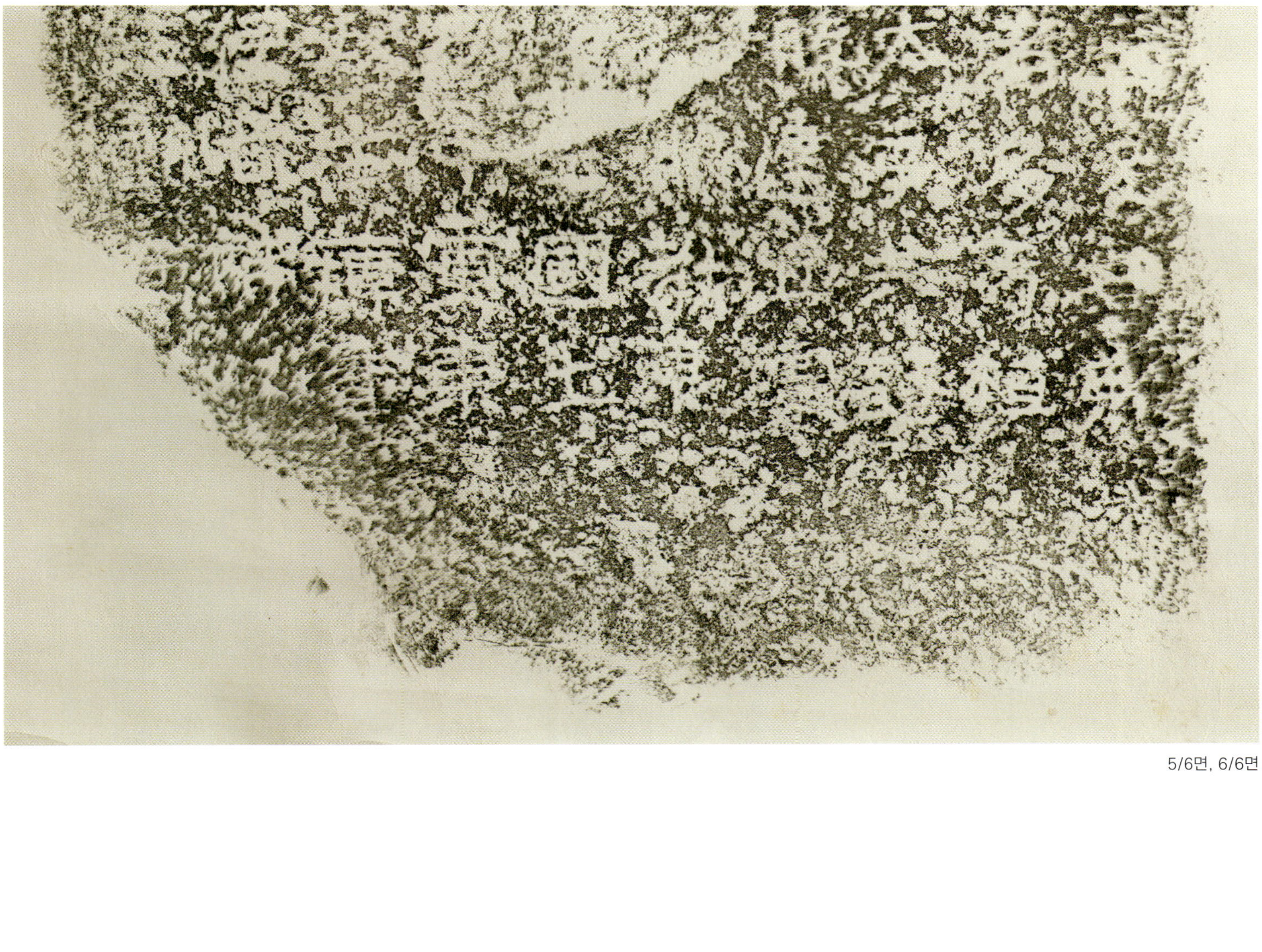

5/6면, 6/6면

中原高句麗碑(向 左側面) 高句麗(忠北 中原郡 加(可?)金面 立石里) 206

좌측면 탁본을 하나의 족자로 표구하였다. 족자 뒷면 우측 상단에는 '中原高句麗碑(向 左側面) 高句麗(忠北 中原郡 加(可?)金面 立石里) 206'이라고 붓으로 쓴 제첨이 붙어 있다.

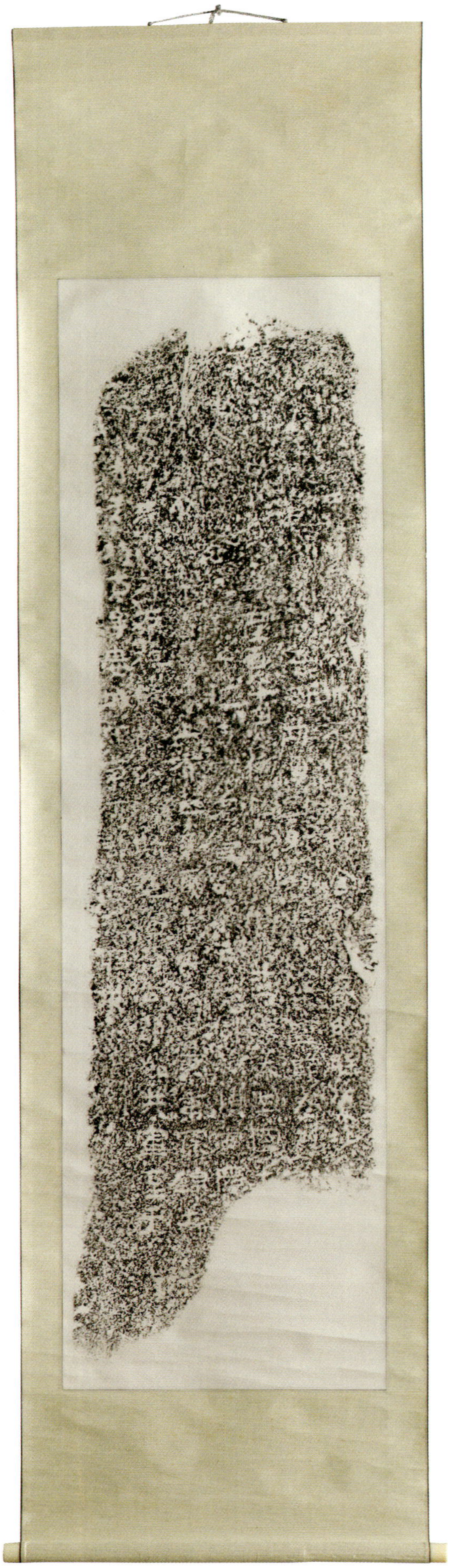

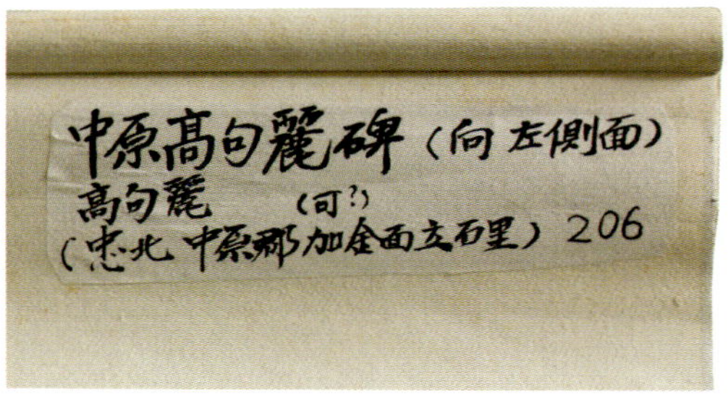

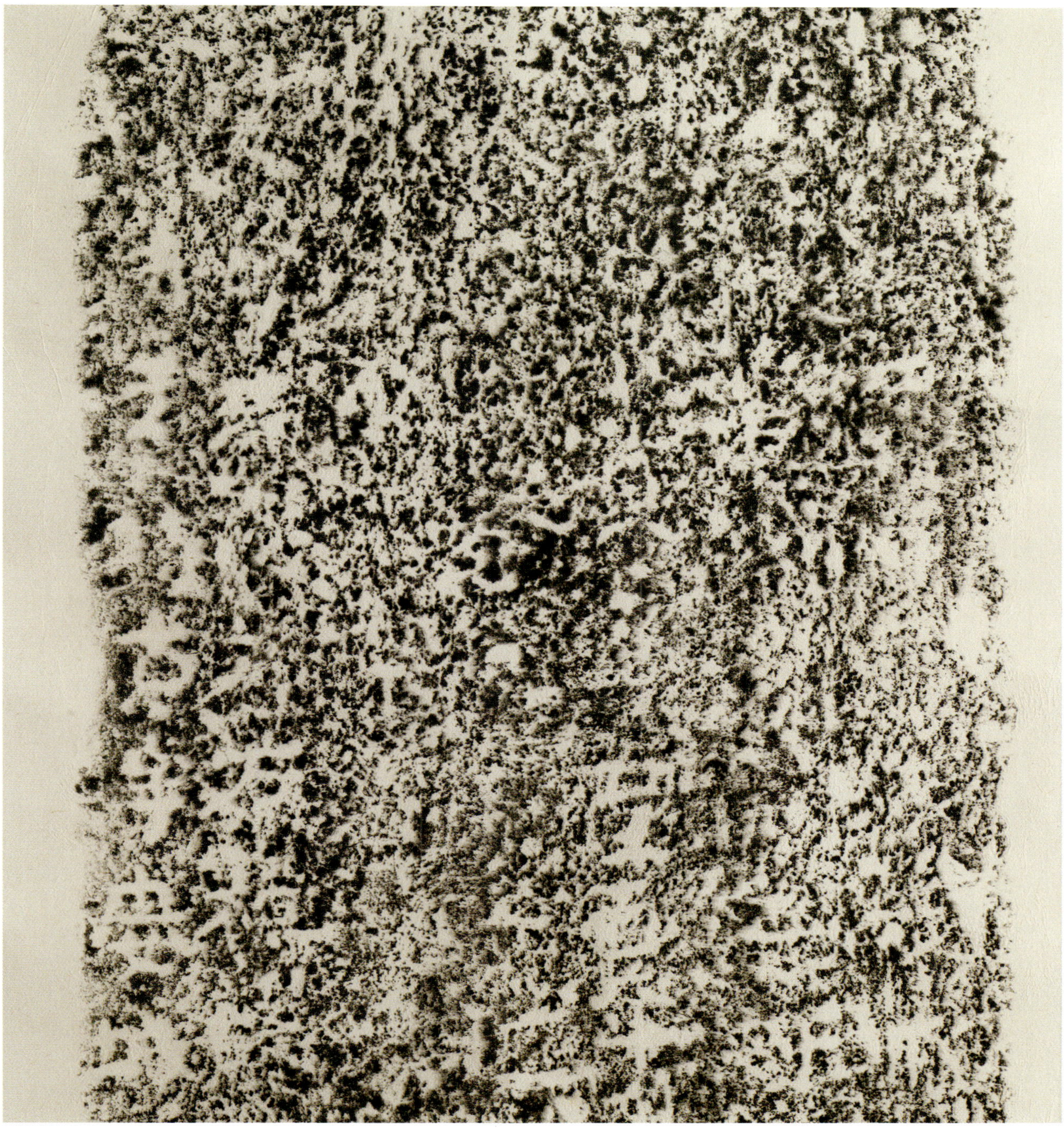

1/6면, 2/6면

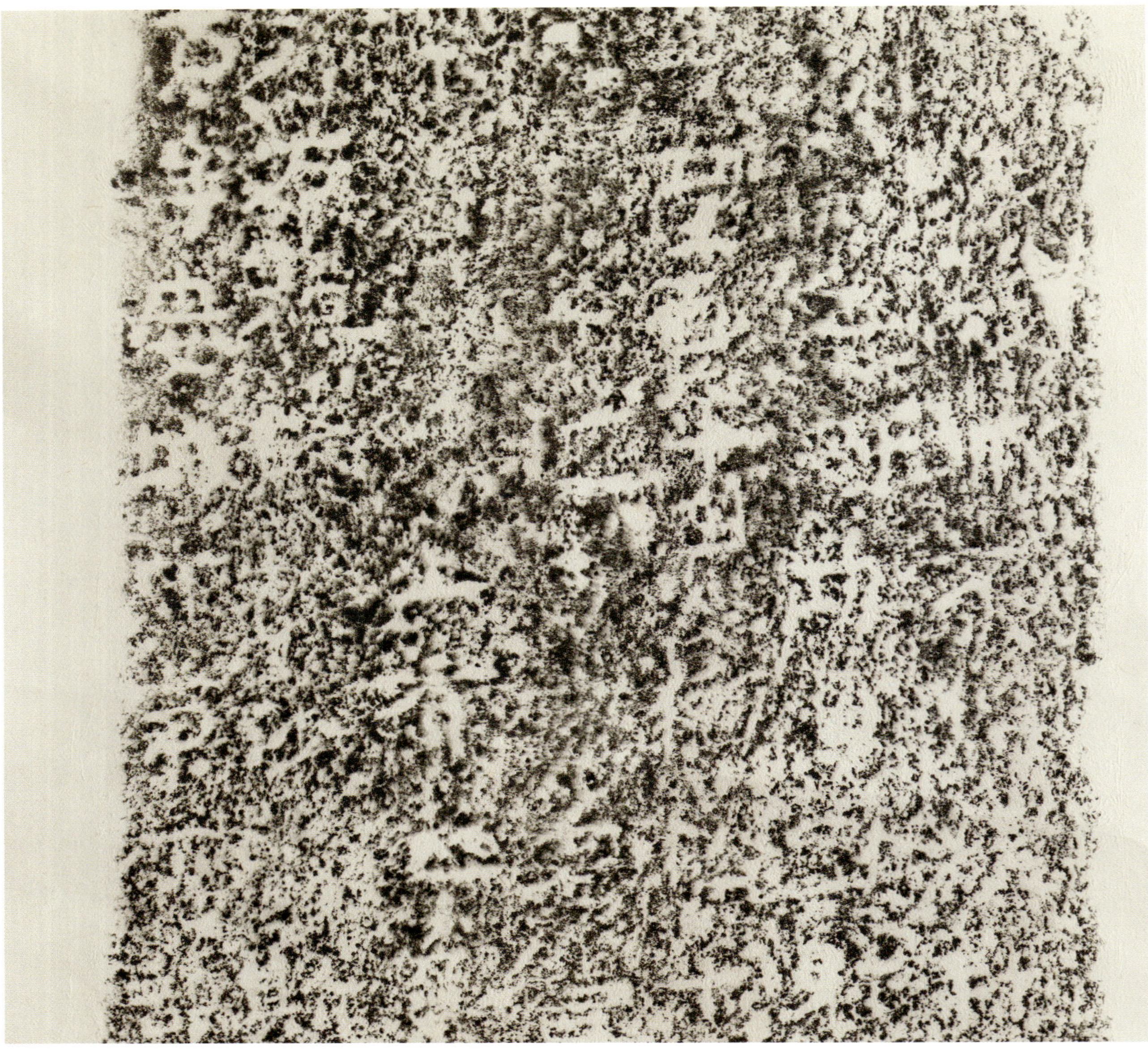

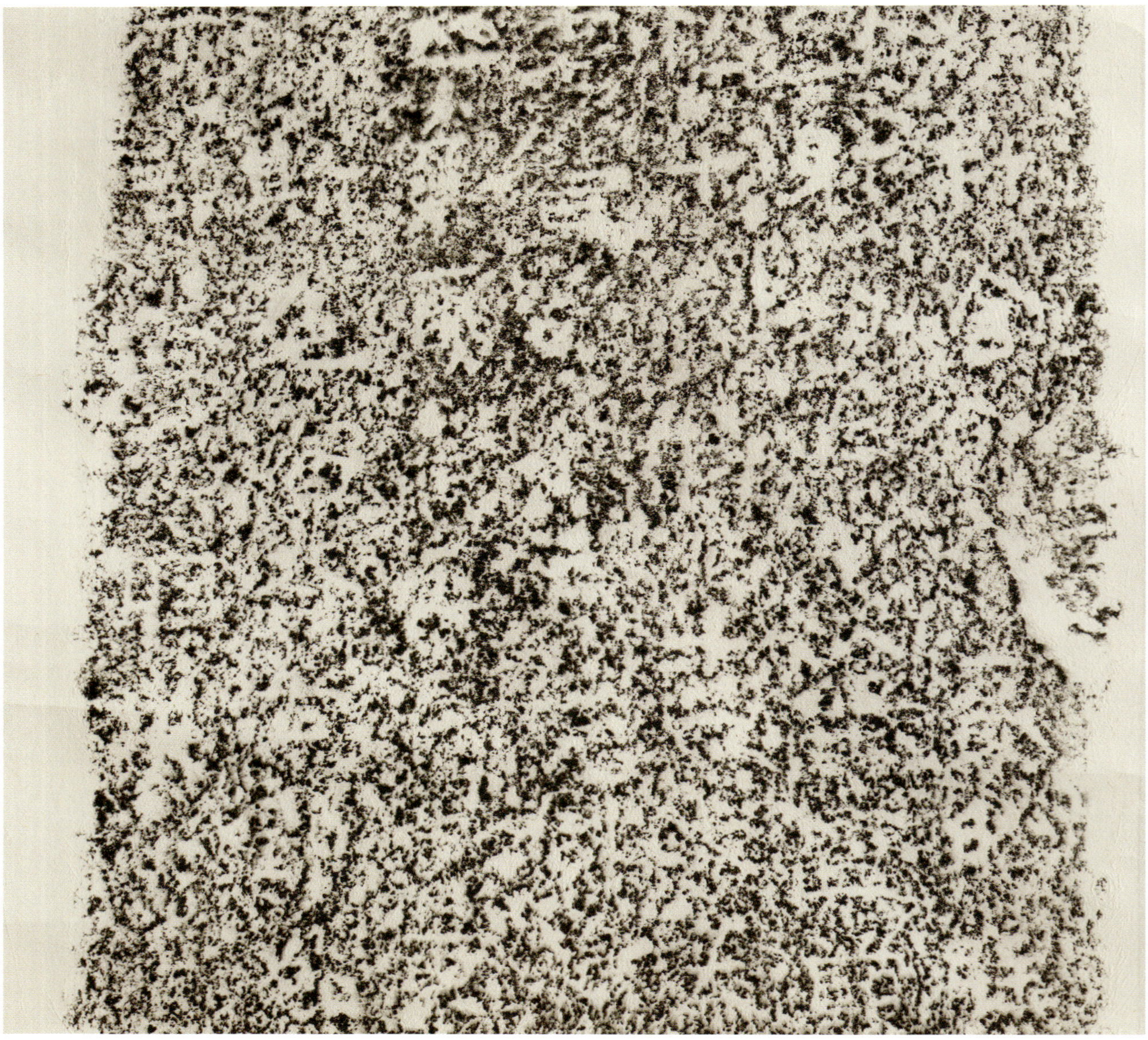

3/6면, 4/6면

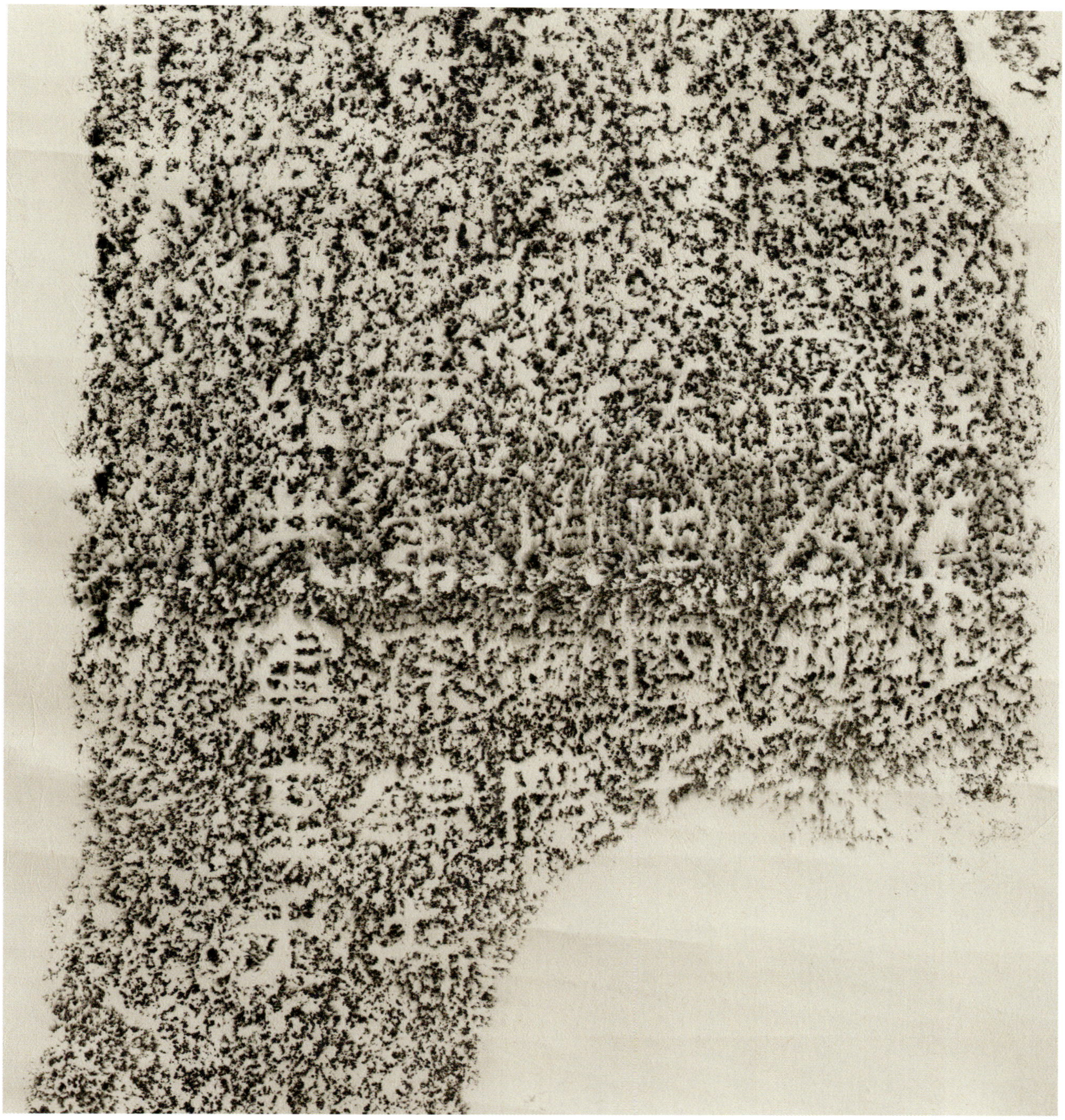

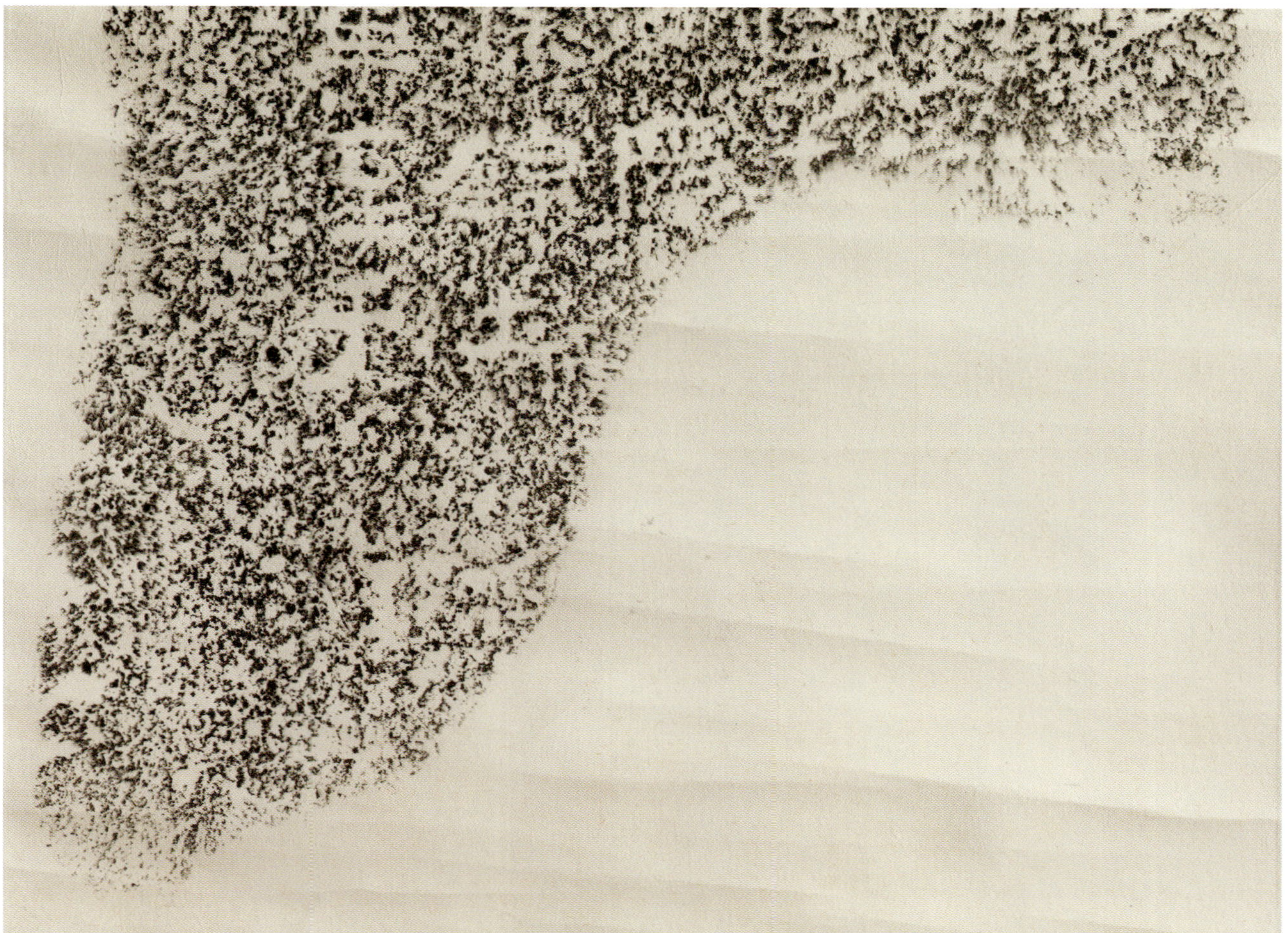

5/6면, 6/6면

정영호 소장 충주고구려비 탁본

1979년 정영호 교수가 채탁하여 소장한 탁본으로, 전면과 좌측면,
후면과 우측면을 각각 한 벌의 족자로 표구하였다.

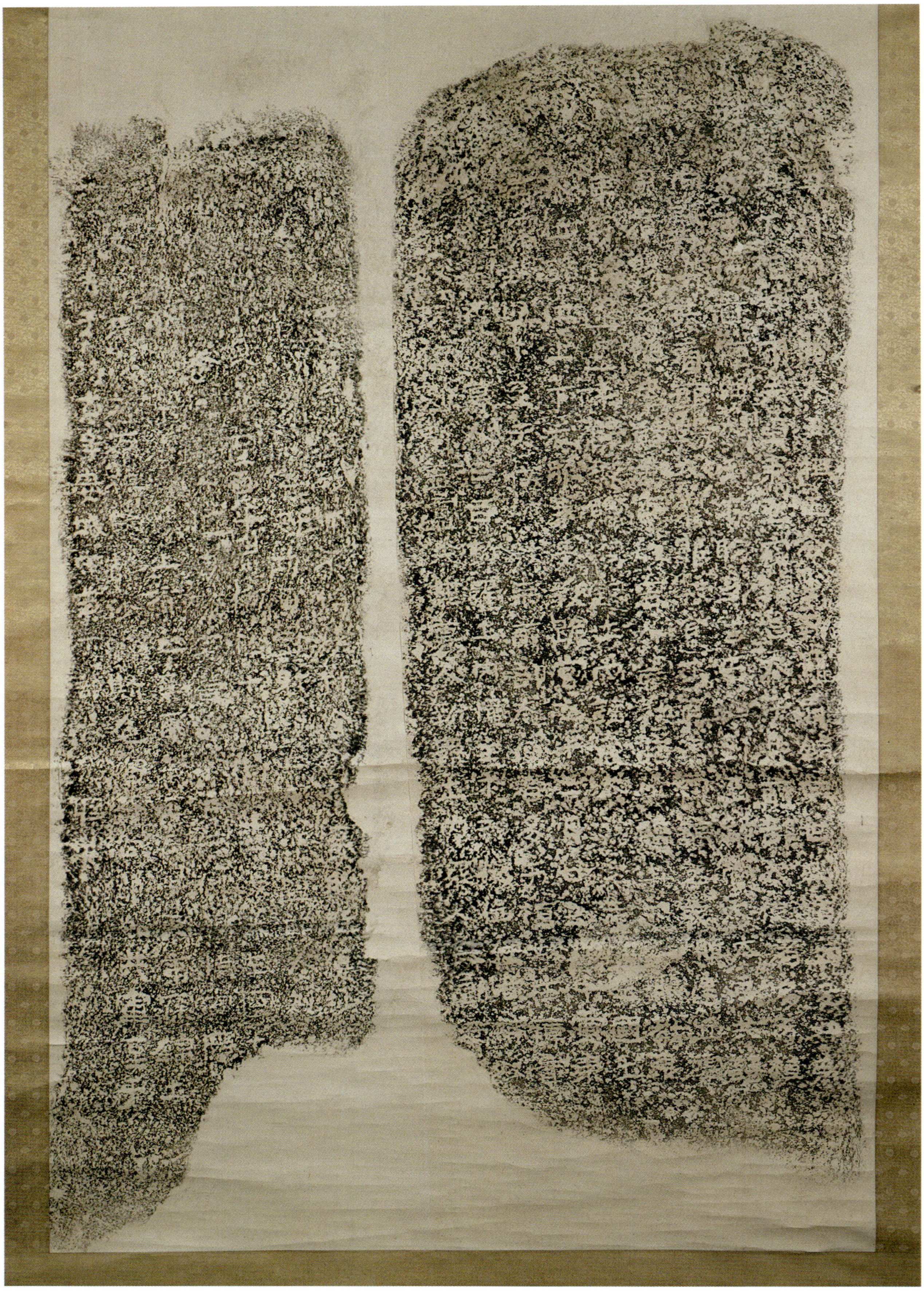

| 전면 |

전면 상부

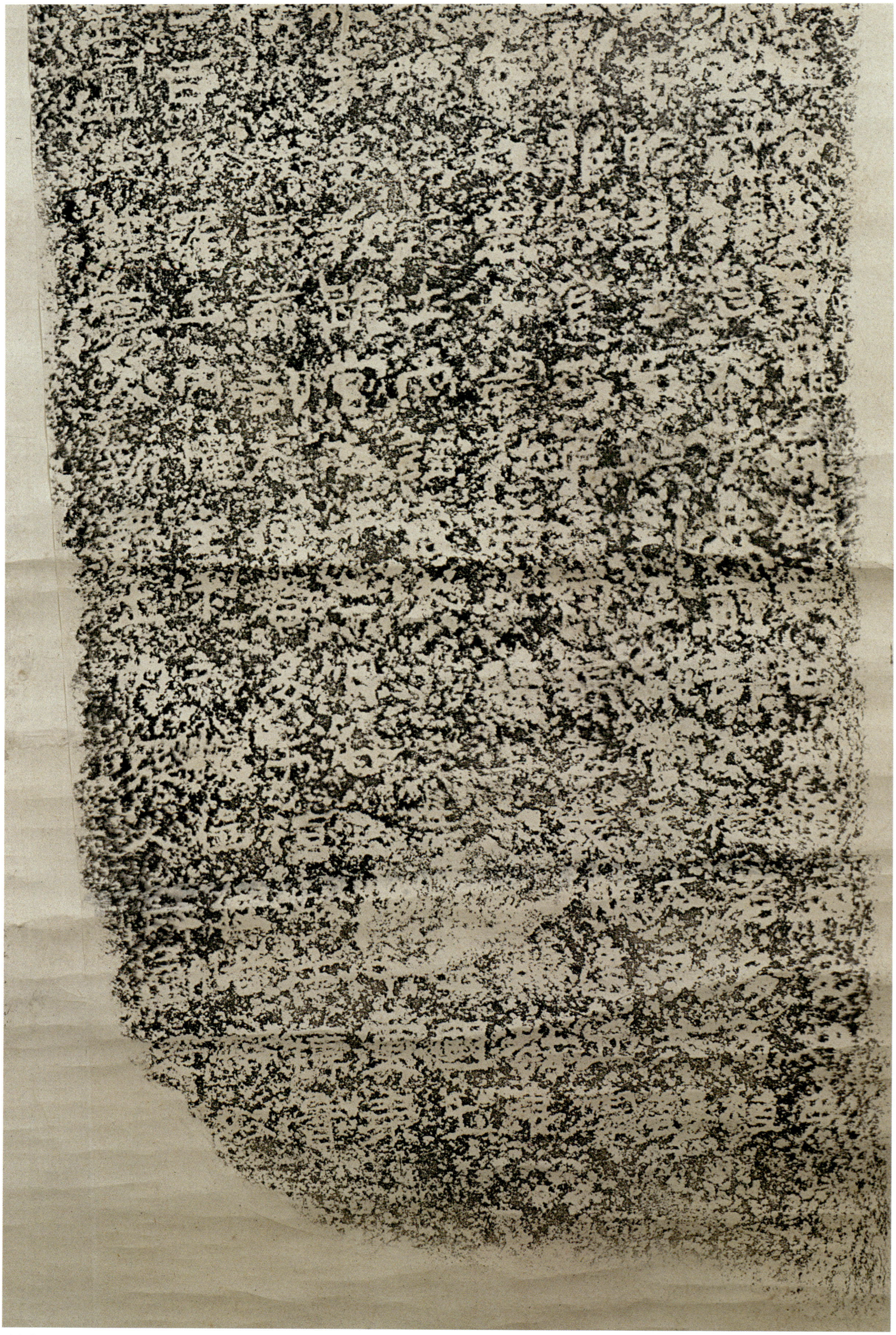

전면 하부

| 좌측면 |

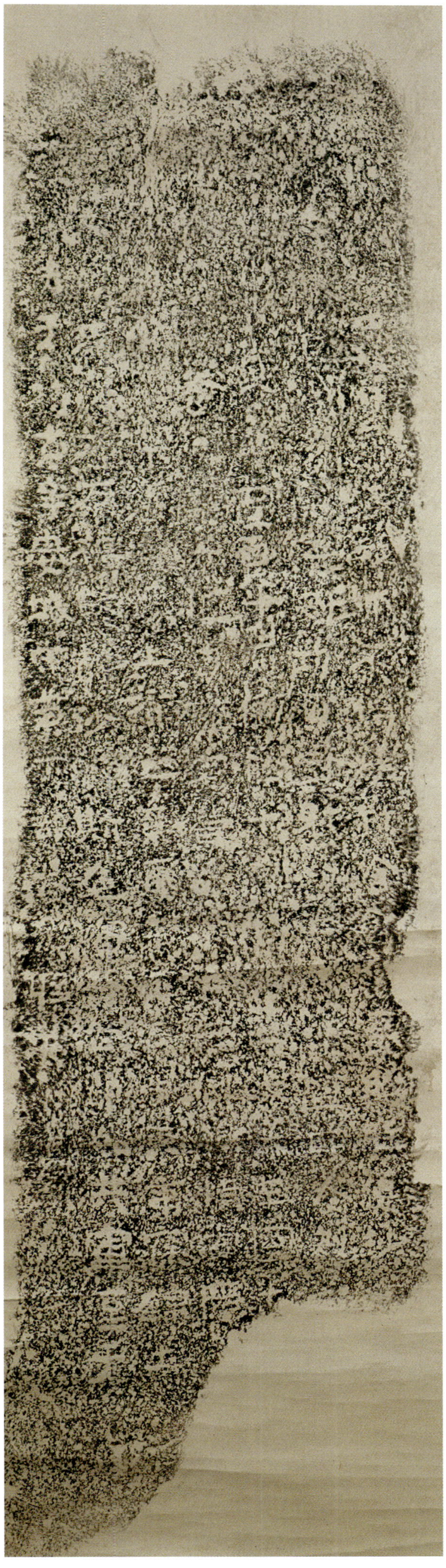

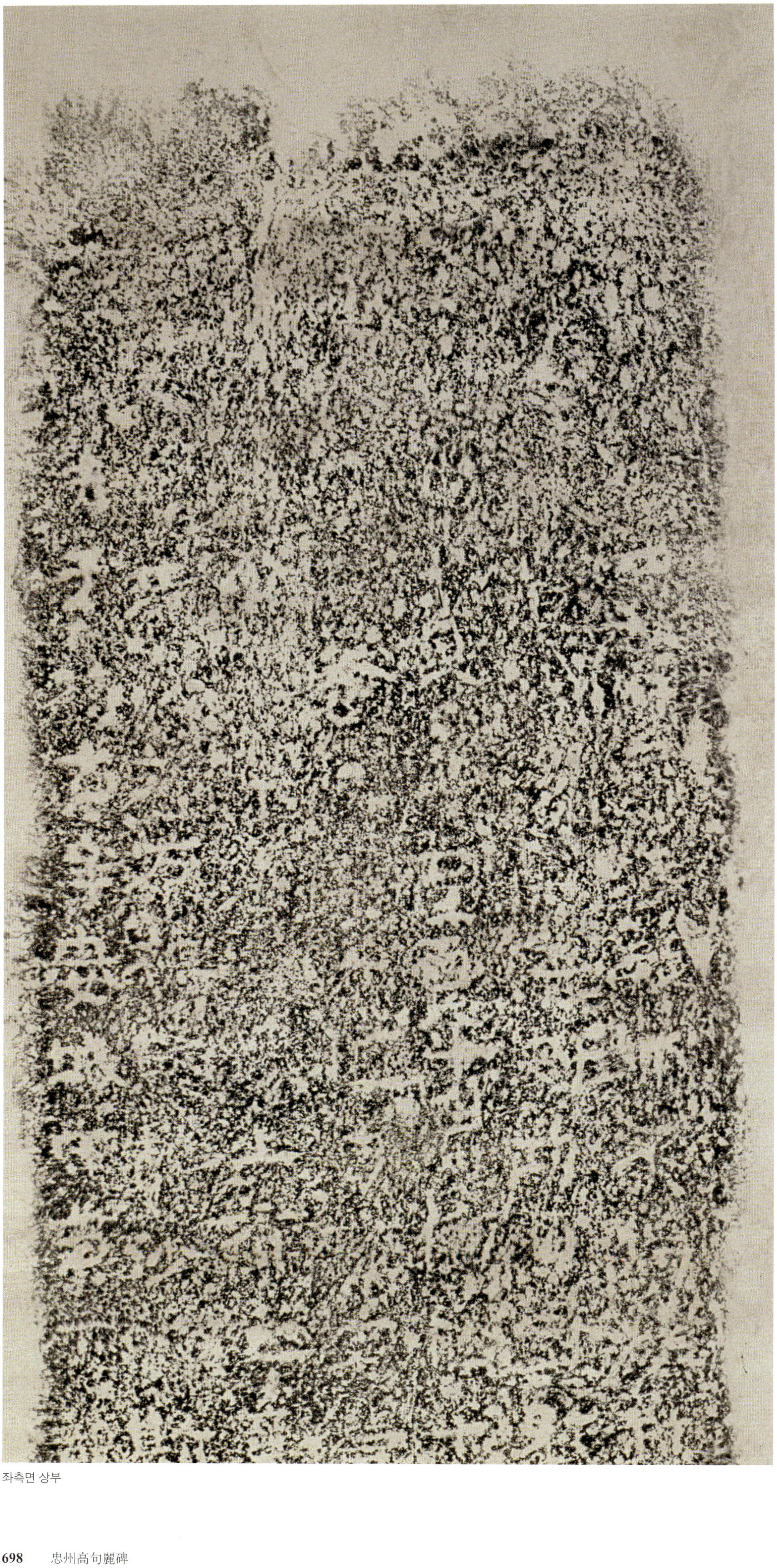

좌측면 상부

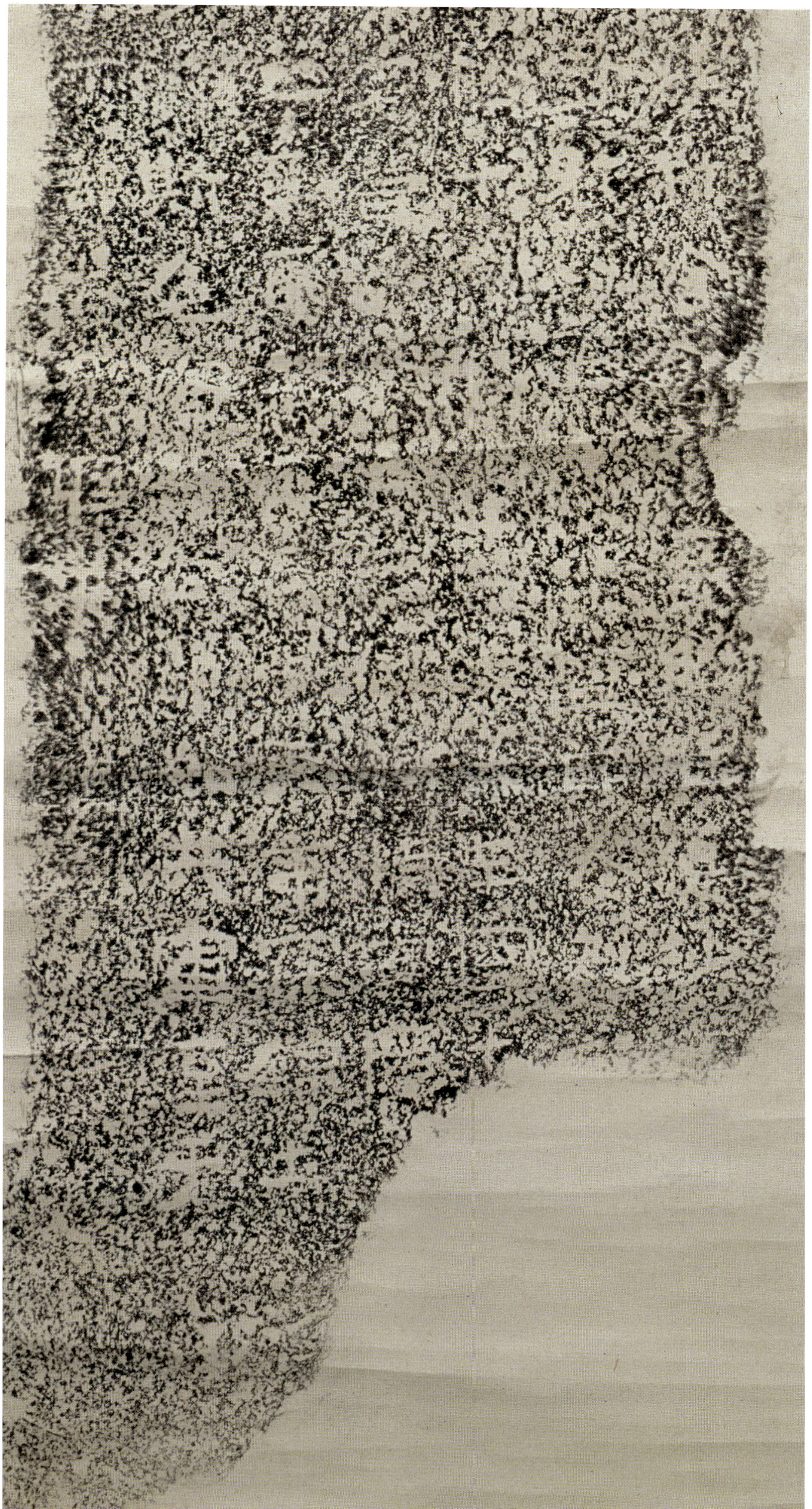
좌측면 하부

| 후면 |

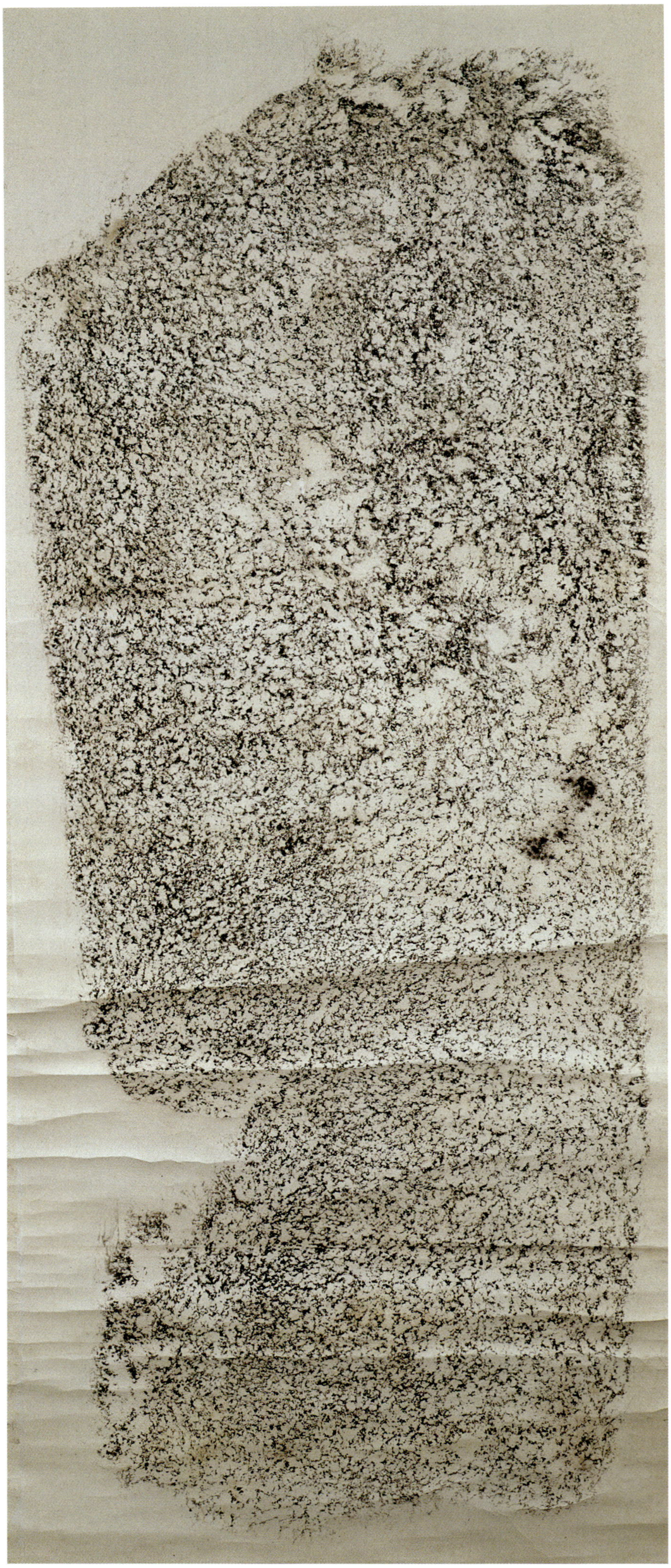

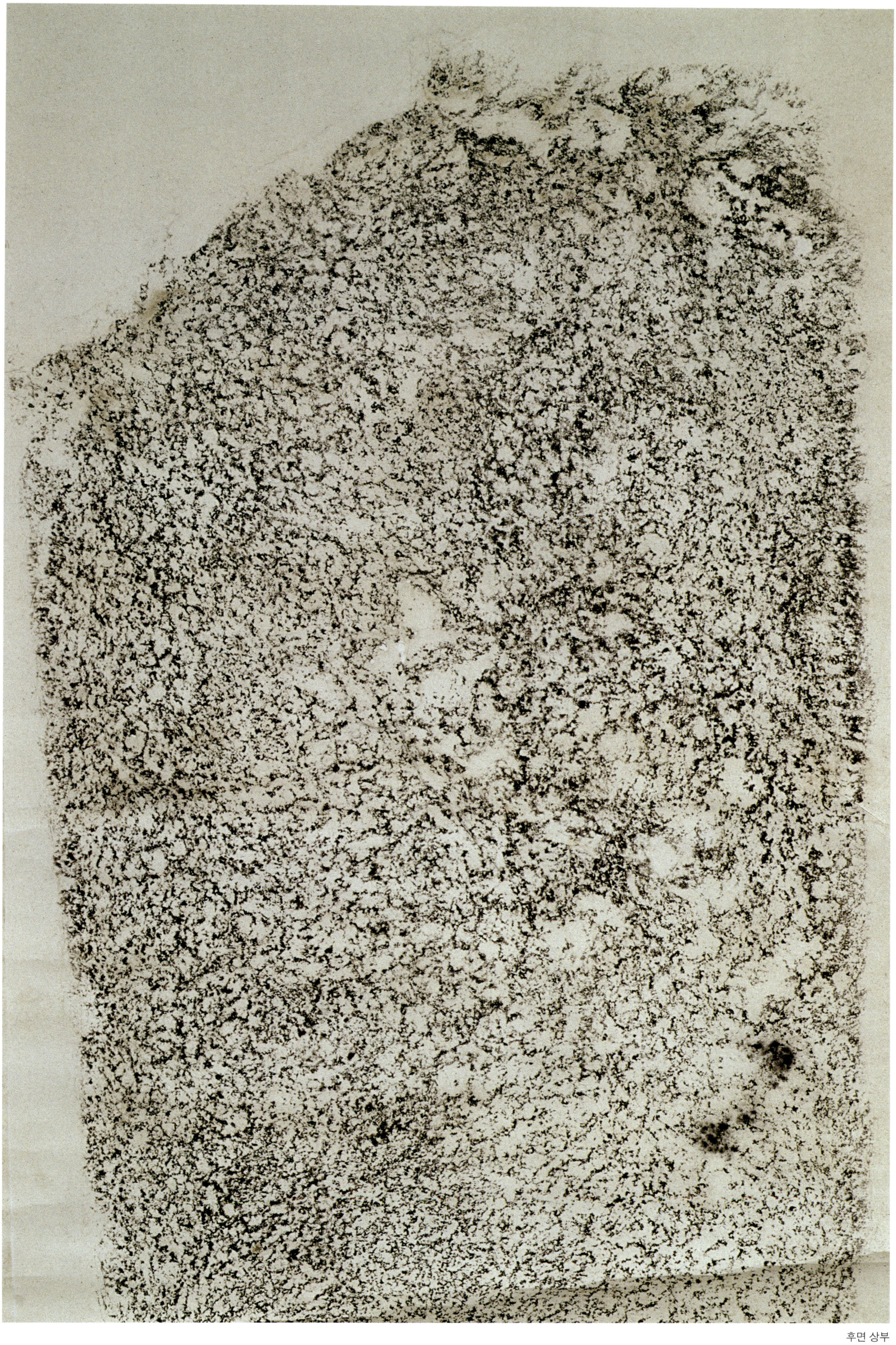

후면 상부

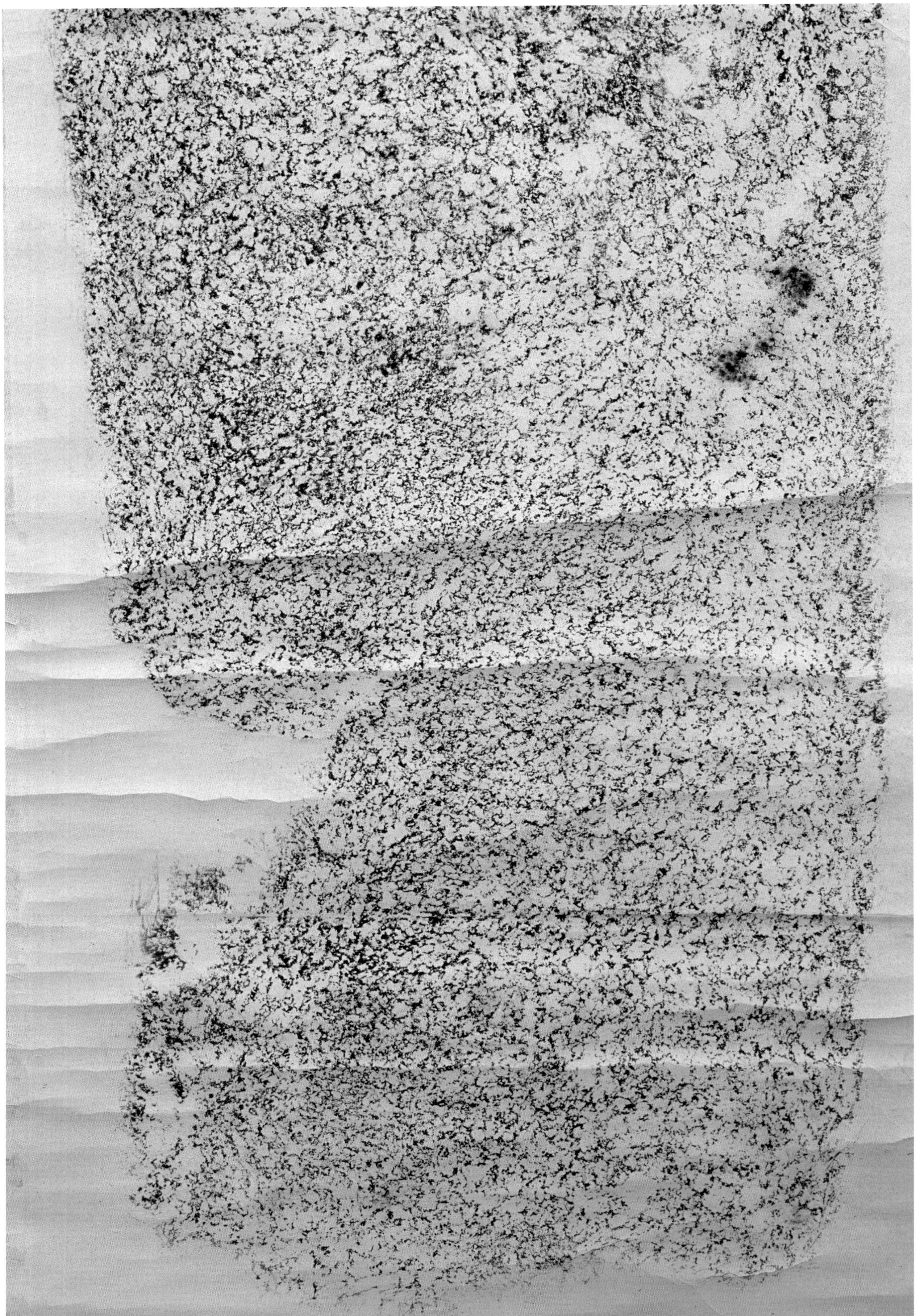

후면 하부

| 우측면 |

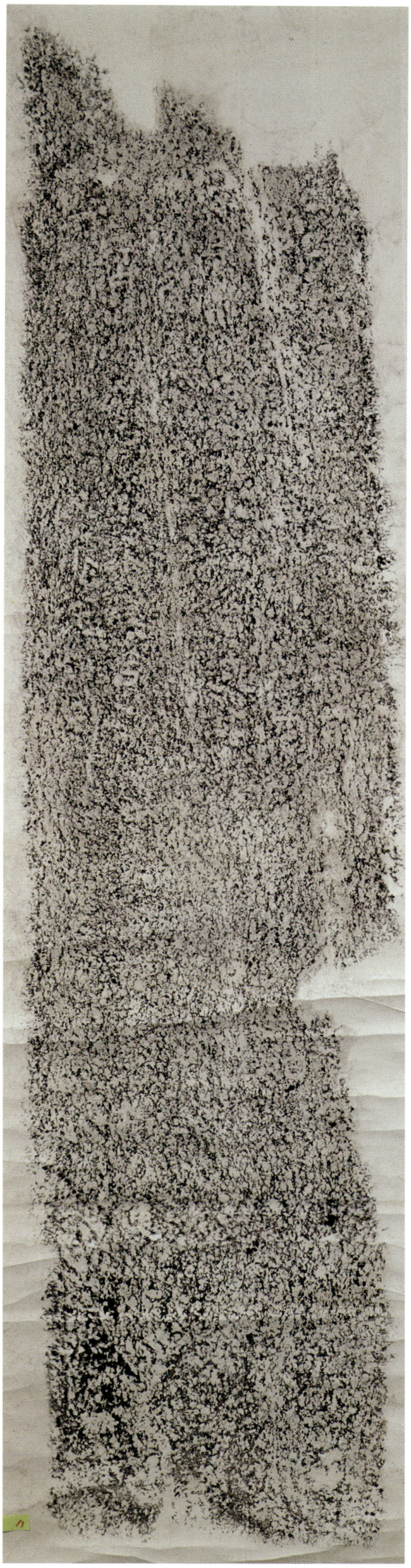

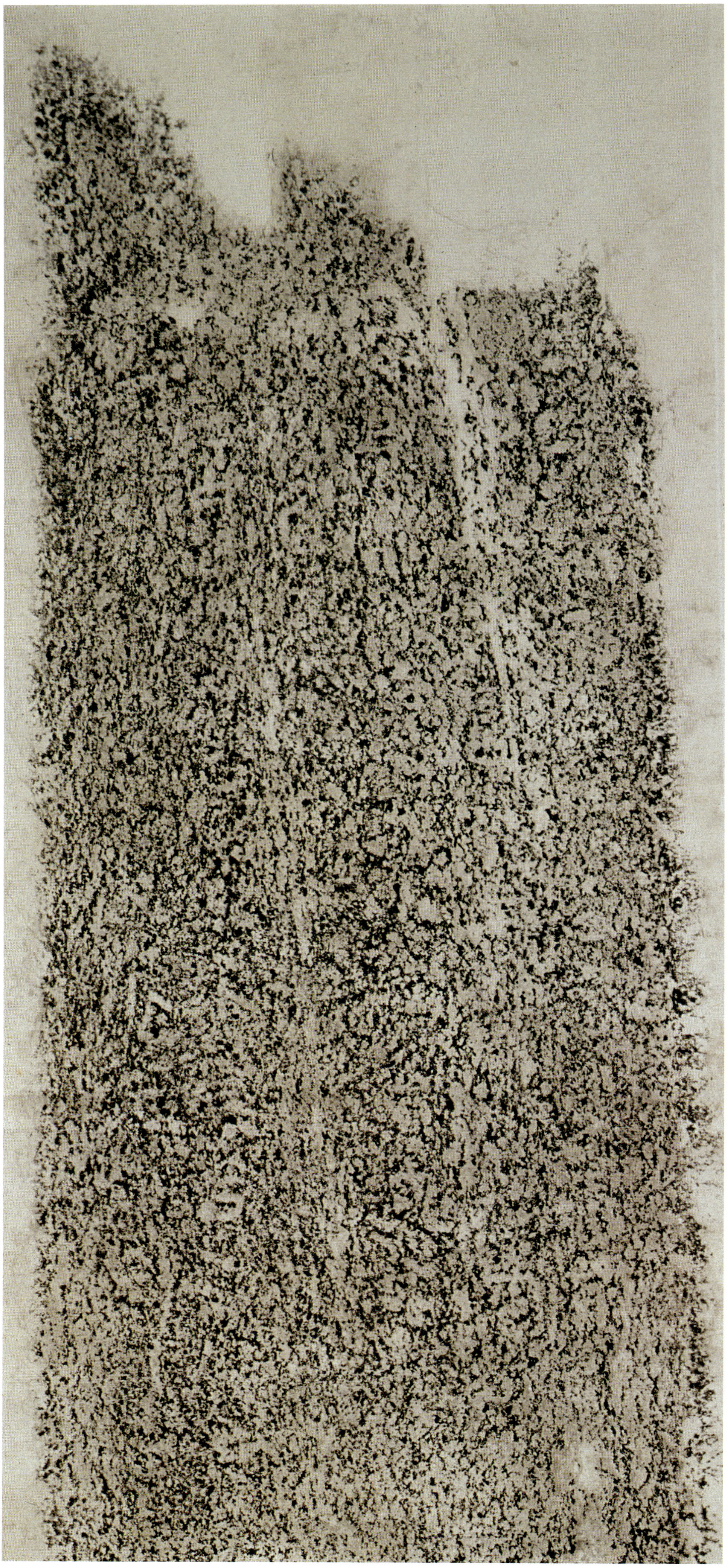

우측면 상부

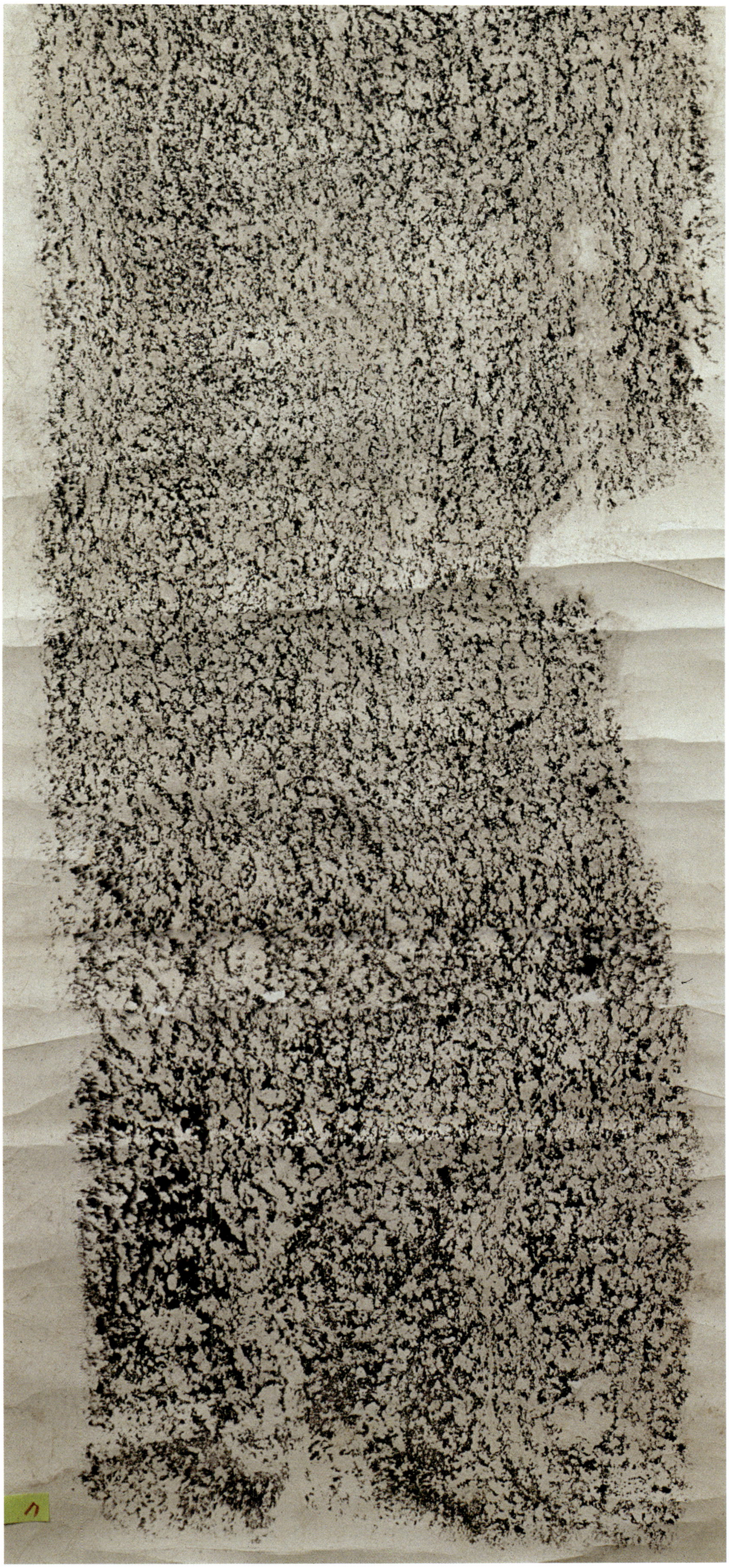

우측면 하부

고구려연구회 소장 충주고구려비 탁본

2000년 고구려연구회가 '中原高句麗碑 新釋文 國際 워크샵'을 준비하는 동안 정영호 교수가 "20년 전 초기에 떴던 것(서길수, 2000, 「중원고구려비 신석문 국제워크샵과 국제학술대회」, 『高句麗硏究』 10, 학연문화사, 133쪽)"이라며 고구려연구회에 기증한 것이다. 탁본은 전면과 좌측면, 후면과 우측면을 각각 한 벌의 족자로 표구하였다. 전면·좌측면 족자 뒷면의 우측 상단에는 '忠北 中原高句麗碑(前·左面)' 제첨이 붙어 있고, 좌측 상단에는 '鄭永鎬'라는 보라색 스탬프 글자와 정 교수의 아호 '豪佛'을 예서체로 새긴 정방형 인장 2방이 붉은색 인주로 찍혀 있다. 이 자료집에 실린 후면·좌측면의 탁본 족자 사진은 2000년 당시 고구려연구회에서 촬영한 것이다.

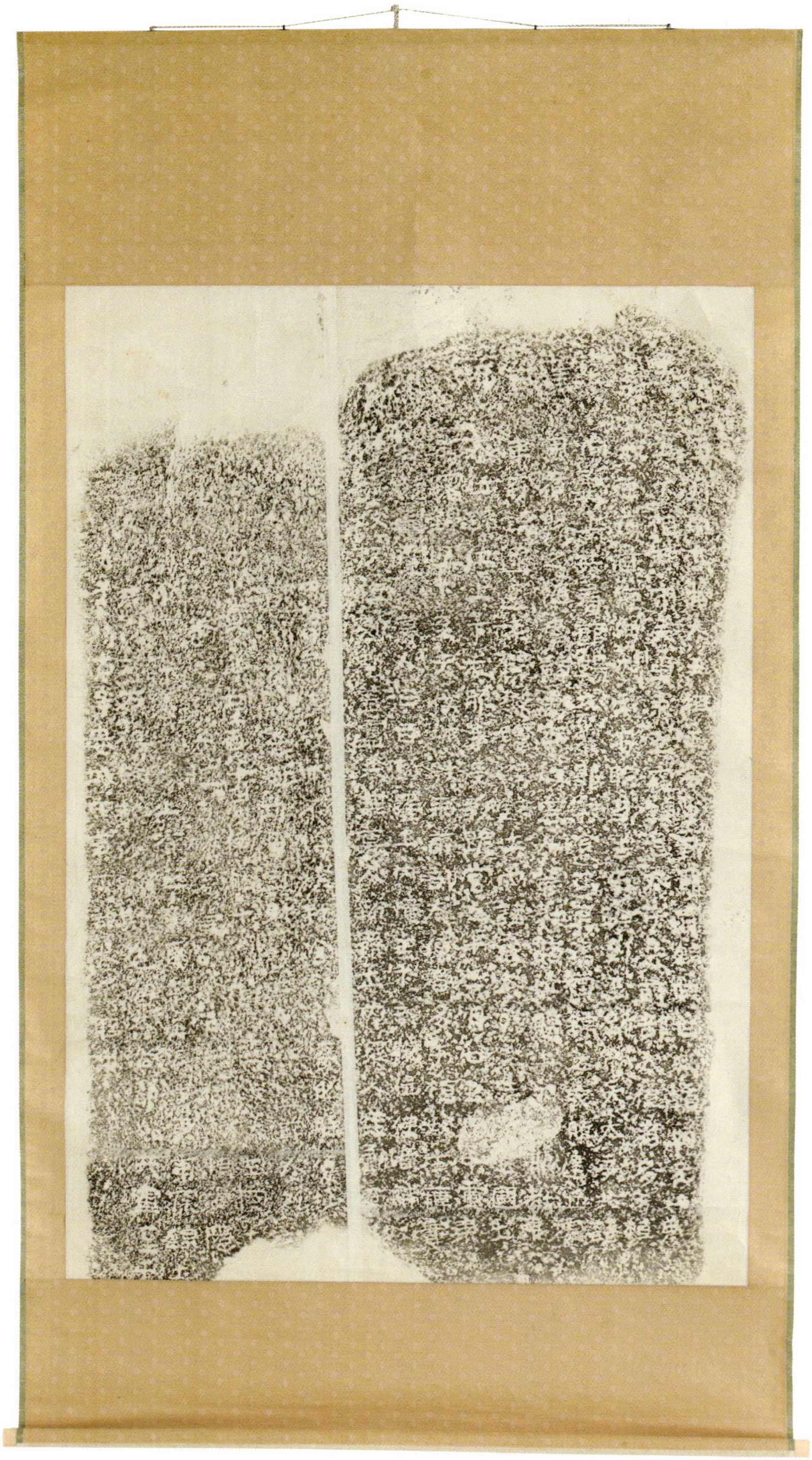

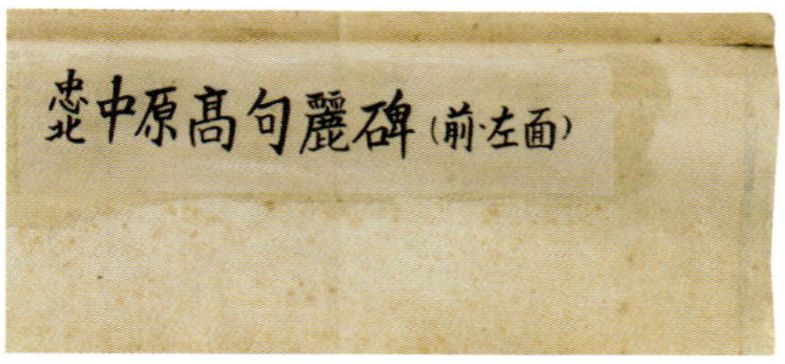

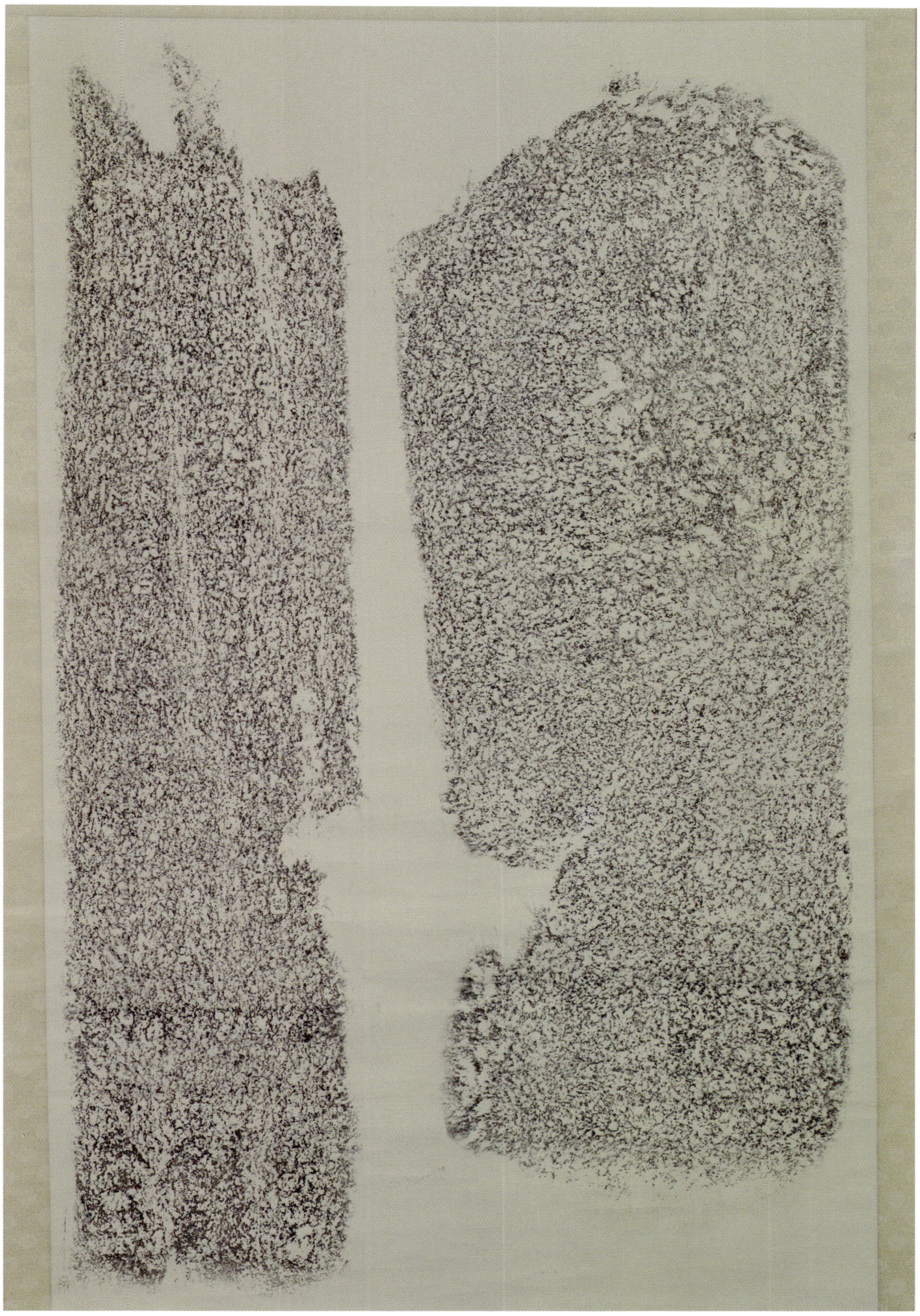

후면, 좌측면(2000년 고구려연구회 촬영)

| 전면 |

전면 상부

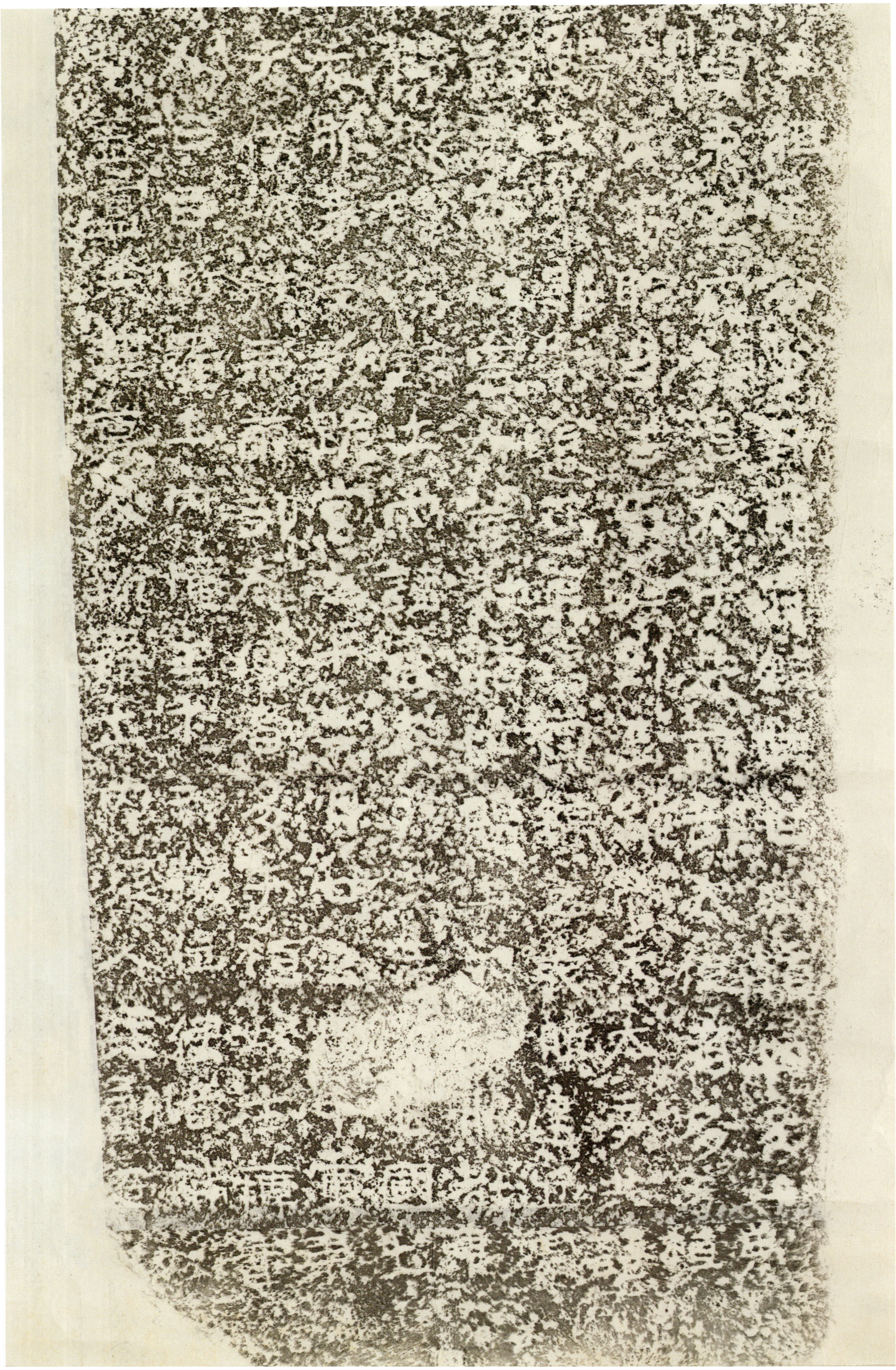

전면 하부

| 좌측면 |

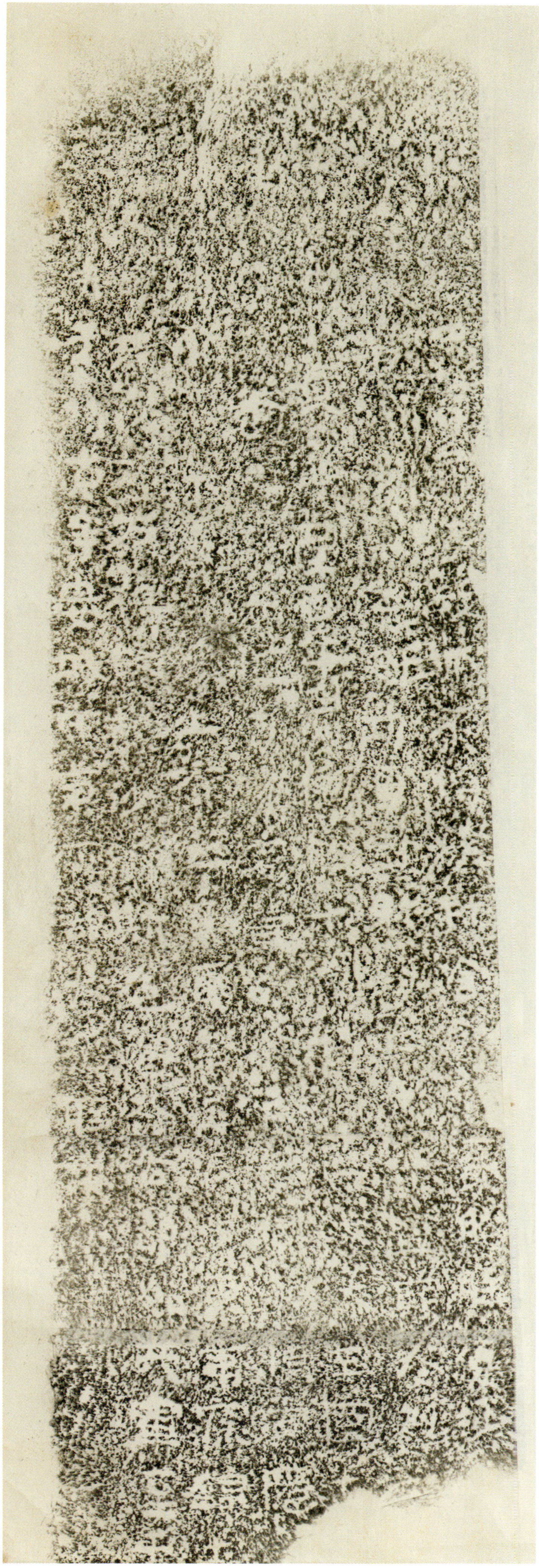

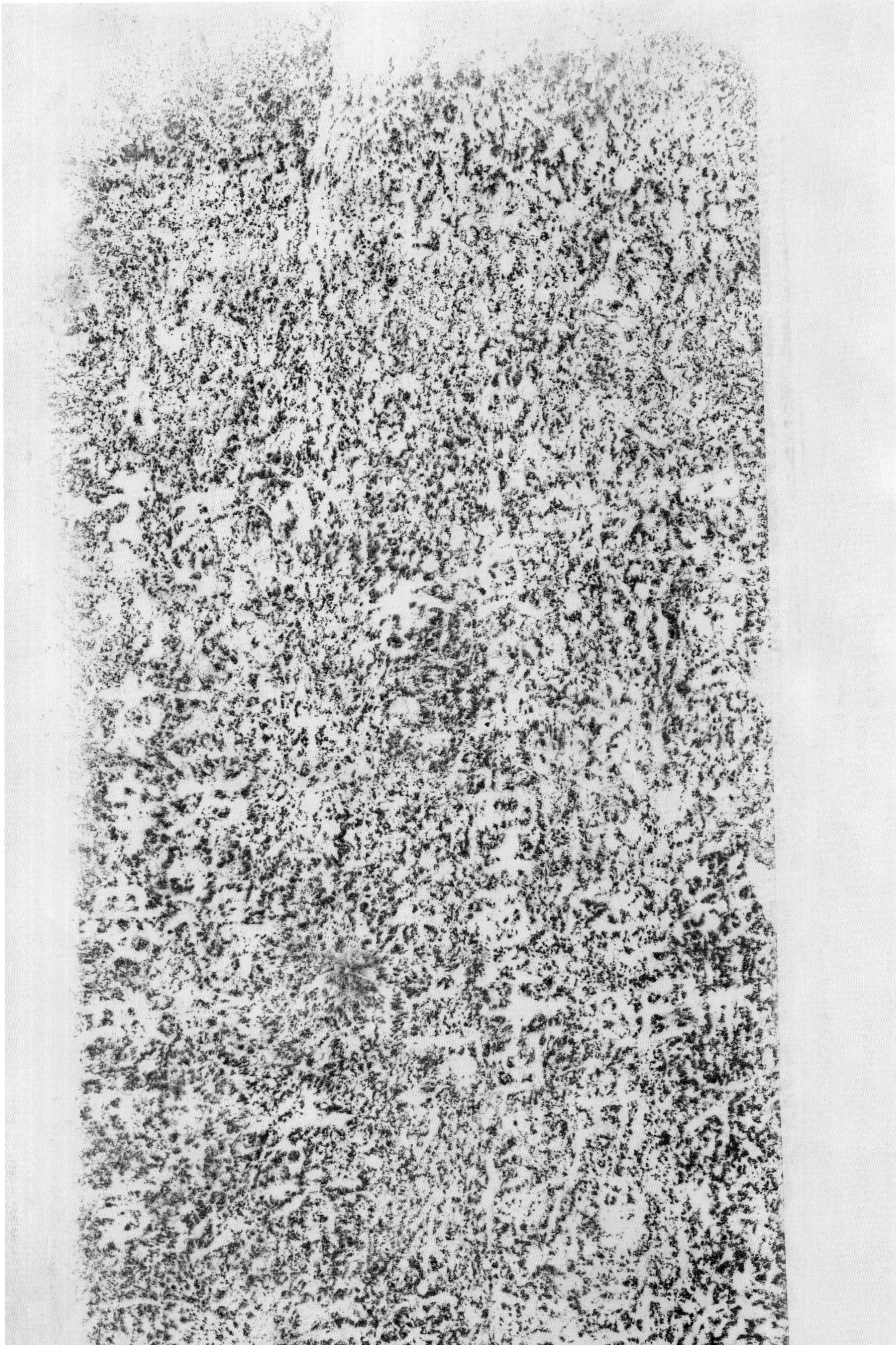

좌측면 상부

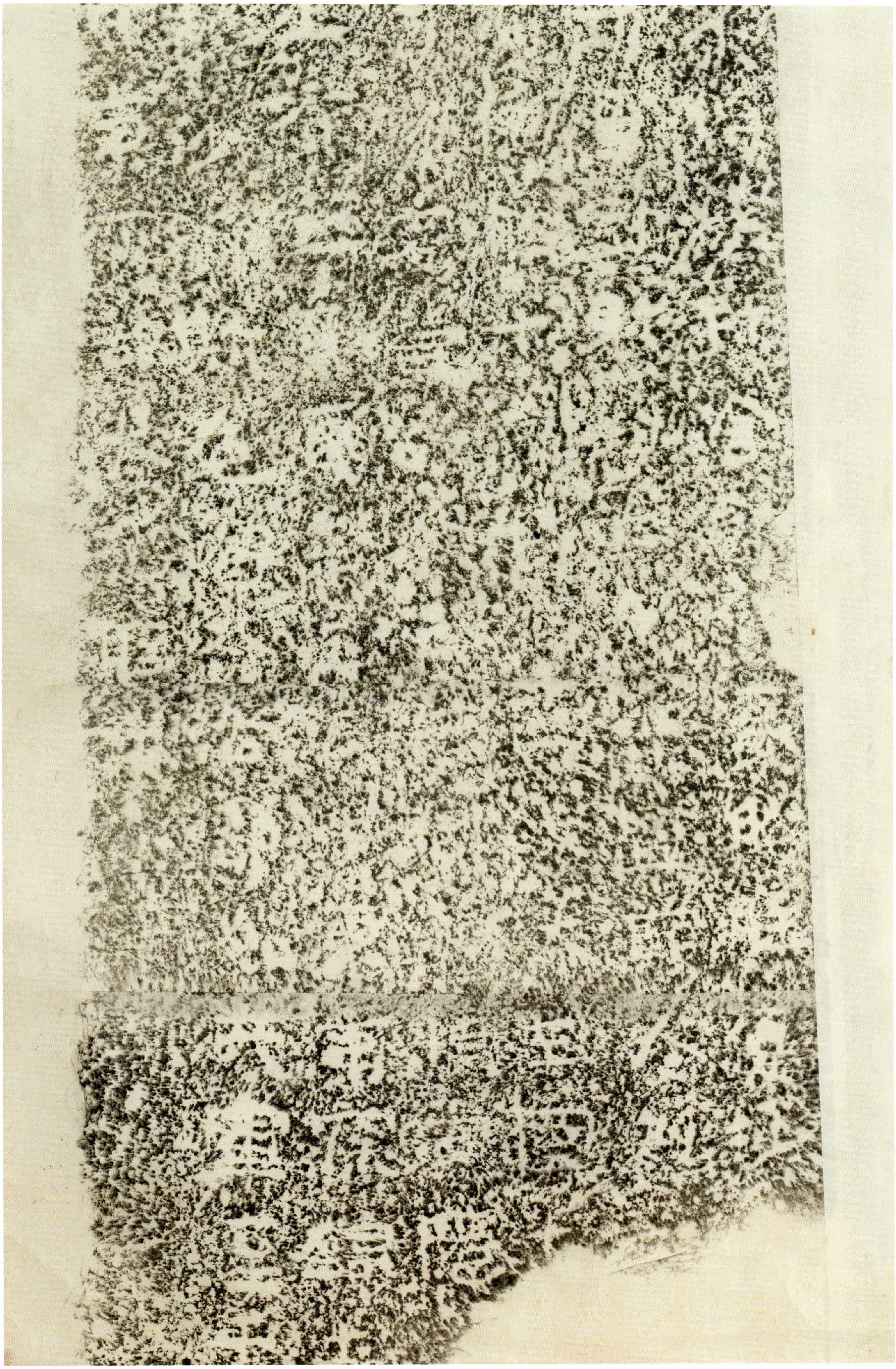

좌측면 하부

충주고구려비 탁본전시관 탁본

탁본은 전면, 좌측면, 후면, 우측면을 각각 1장으로 탁출하고 배접하여 전시하였다. 좌측면과 우측면 탁본의 좌측 하단에 기증자인 정영호 교수의 아호를 전서로 새긴 방형의 '豪佛' 인장이 찍혀 있다. 우측면 탁본에는 전면 1행과 후면 마지막 행의 일부가 탁출되어 우측면과 후면의 글자 위치를 파악할 수 있게 한다.

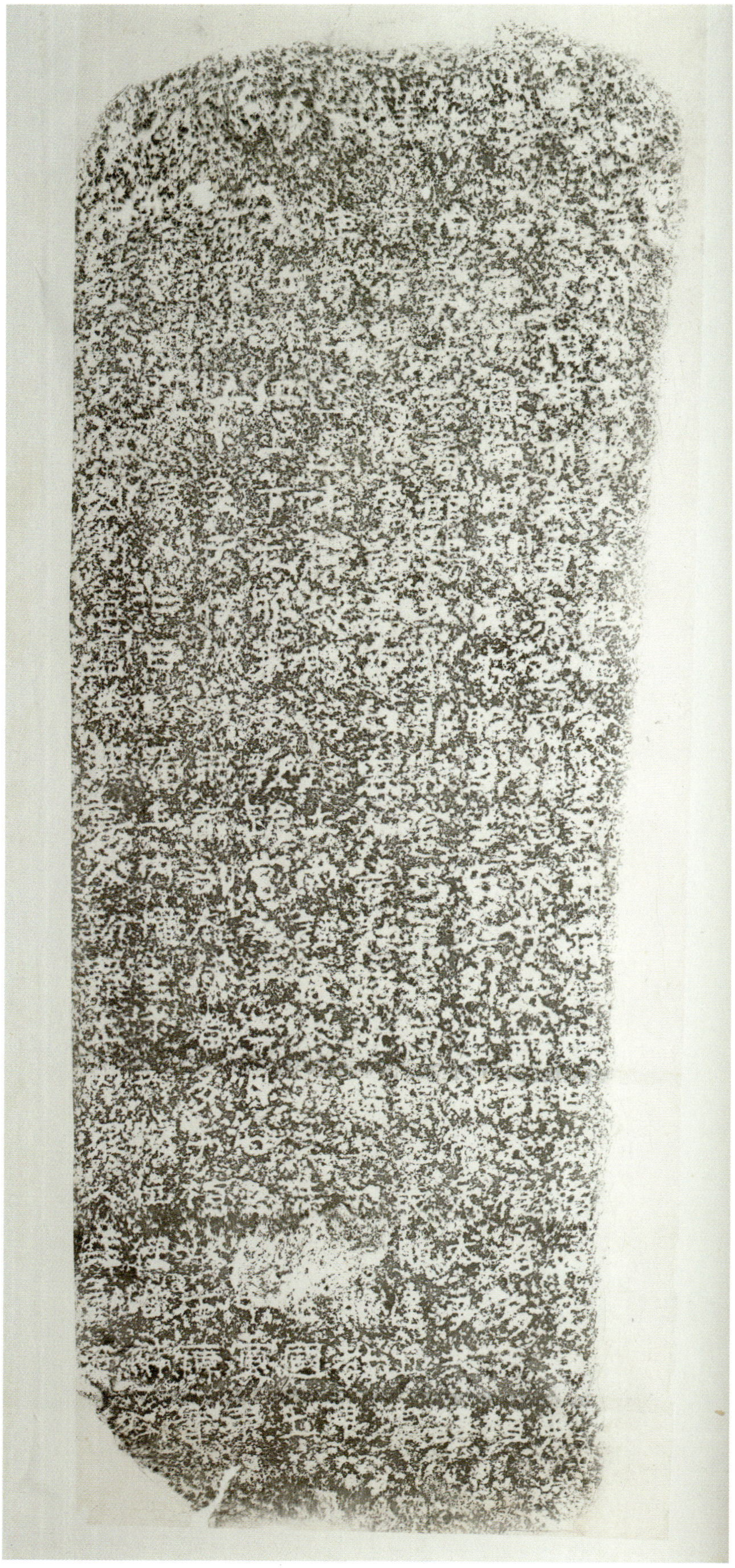

전면

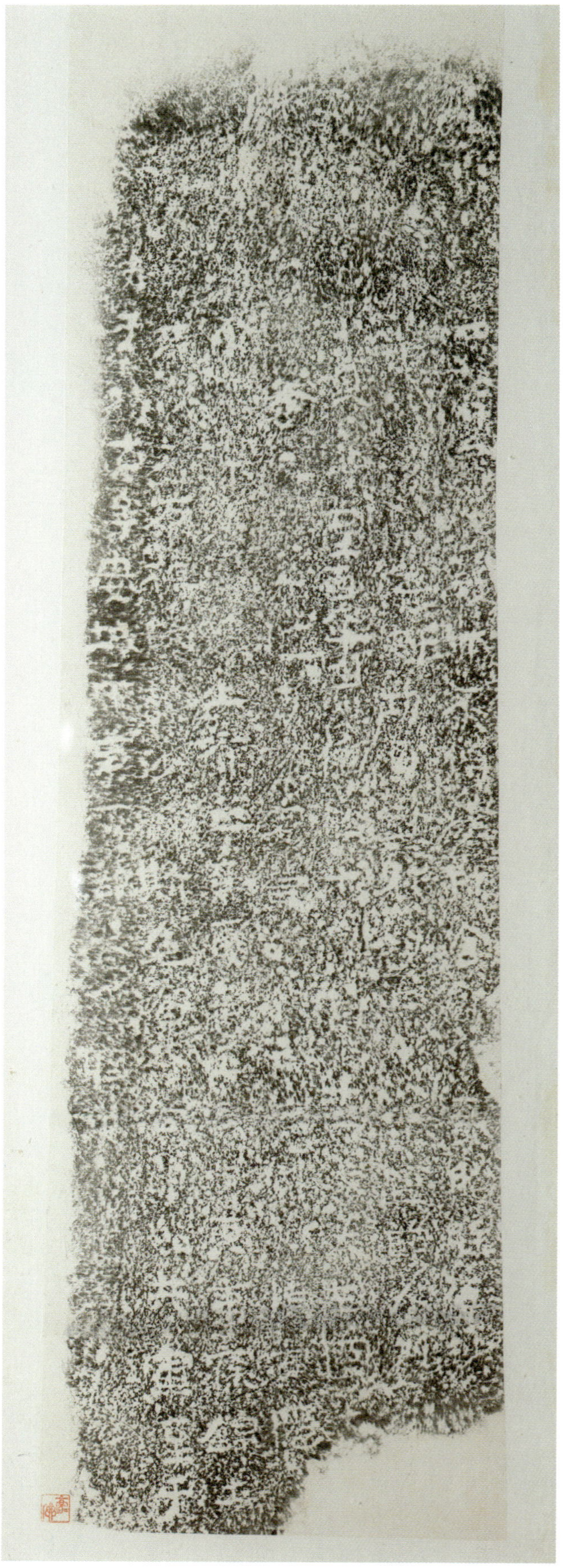

좌측면

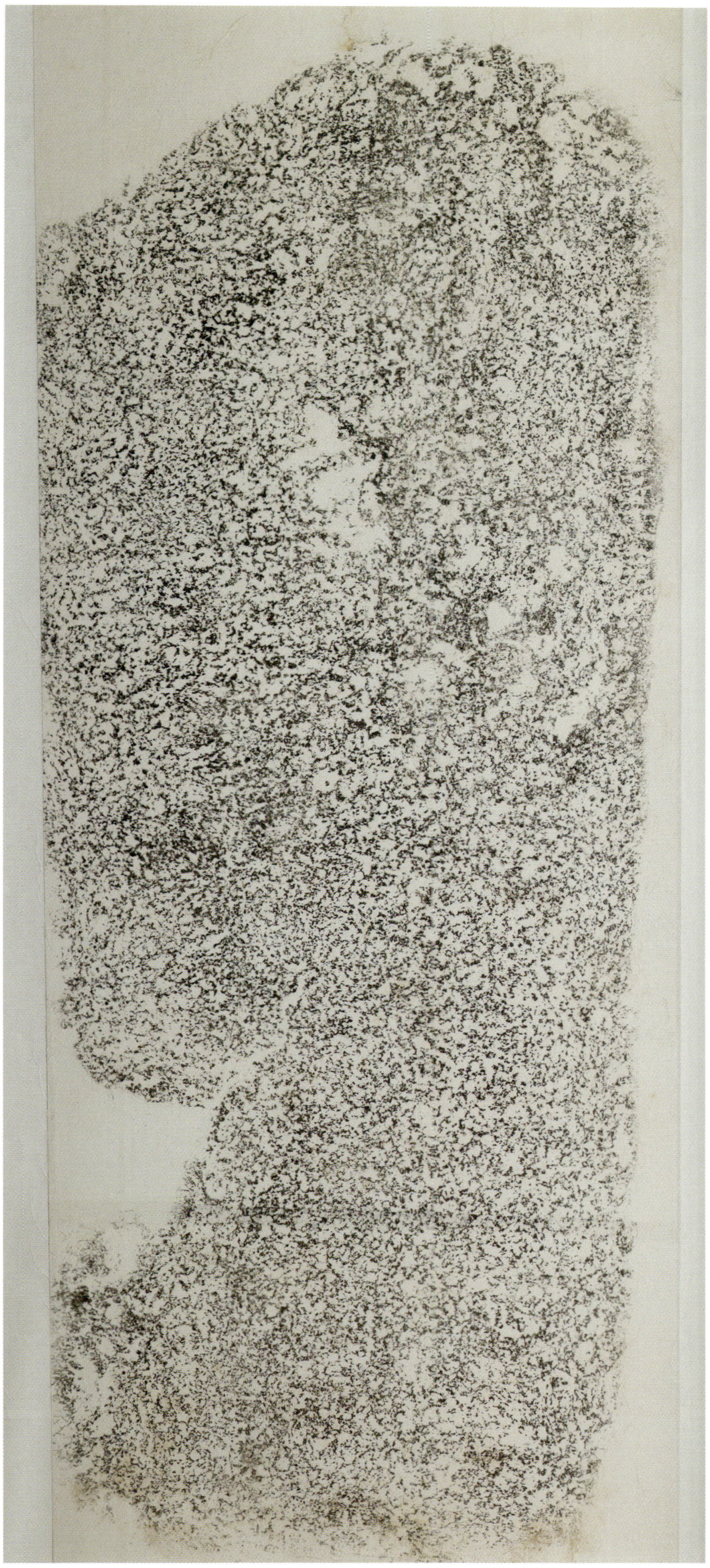

후면

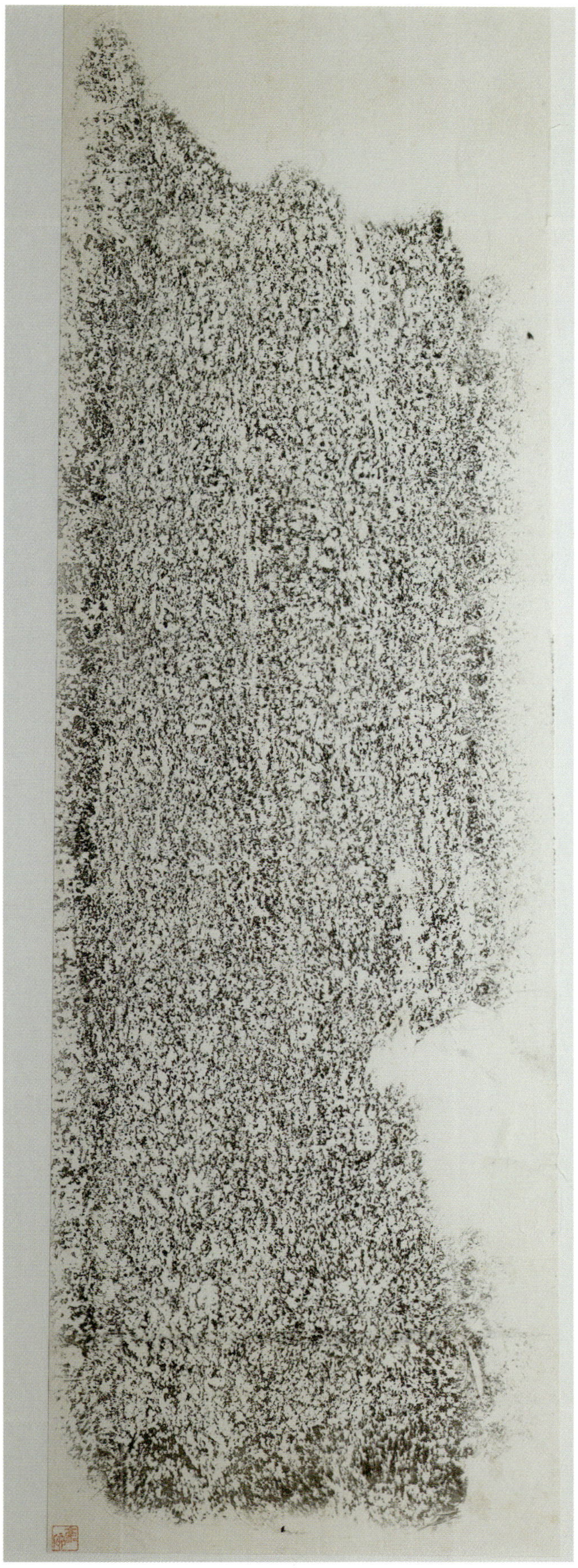

우측면

부록

2000년 고구려연구회 탁본

2000년 고구려연구회 탁본

2000년 2월 8~9일 고구려연구회가 주관하여 탁본한 것이다. 탁본 작업은 고구려연구회 연구원 김희찬 박사와 예성문화연구회 김병구 선생이 맡아서 하고, 서길수 회장, 박찬규 박사, 박승범 선생이 함께 참여하였다. 탁본은 비면의 각 면을 화선지 1장씩으로 탁출하였으며, 표구하지 않은 상태이다.

전면

좌측면

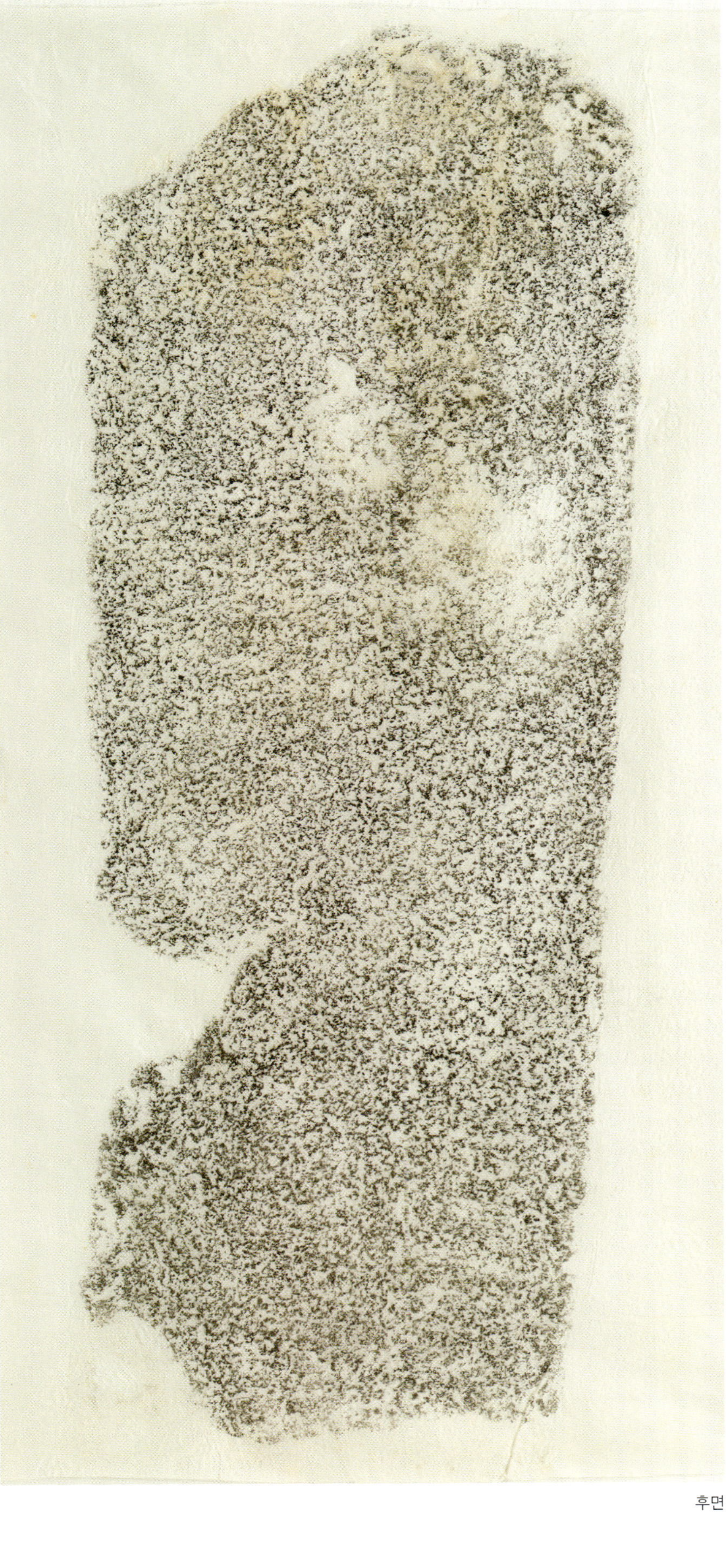

후면

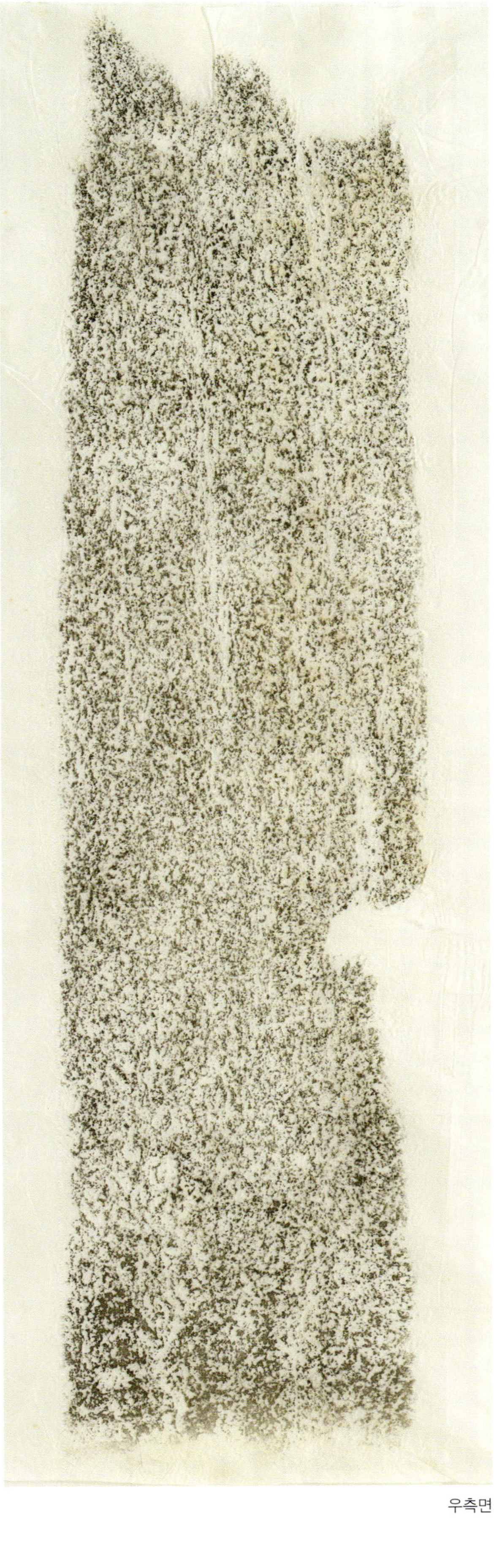

우측면

전면 상부

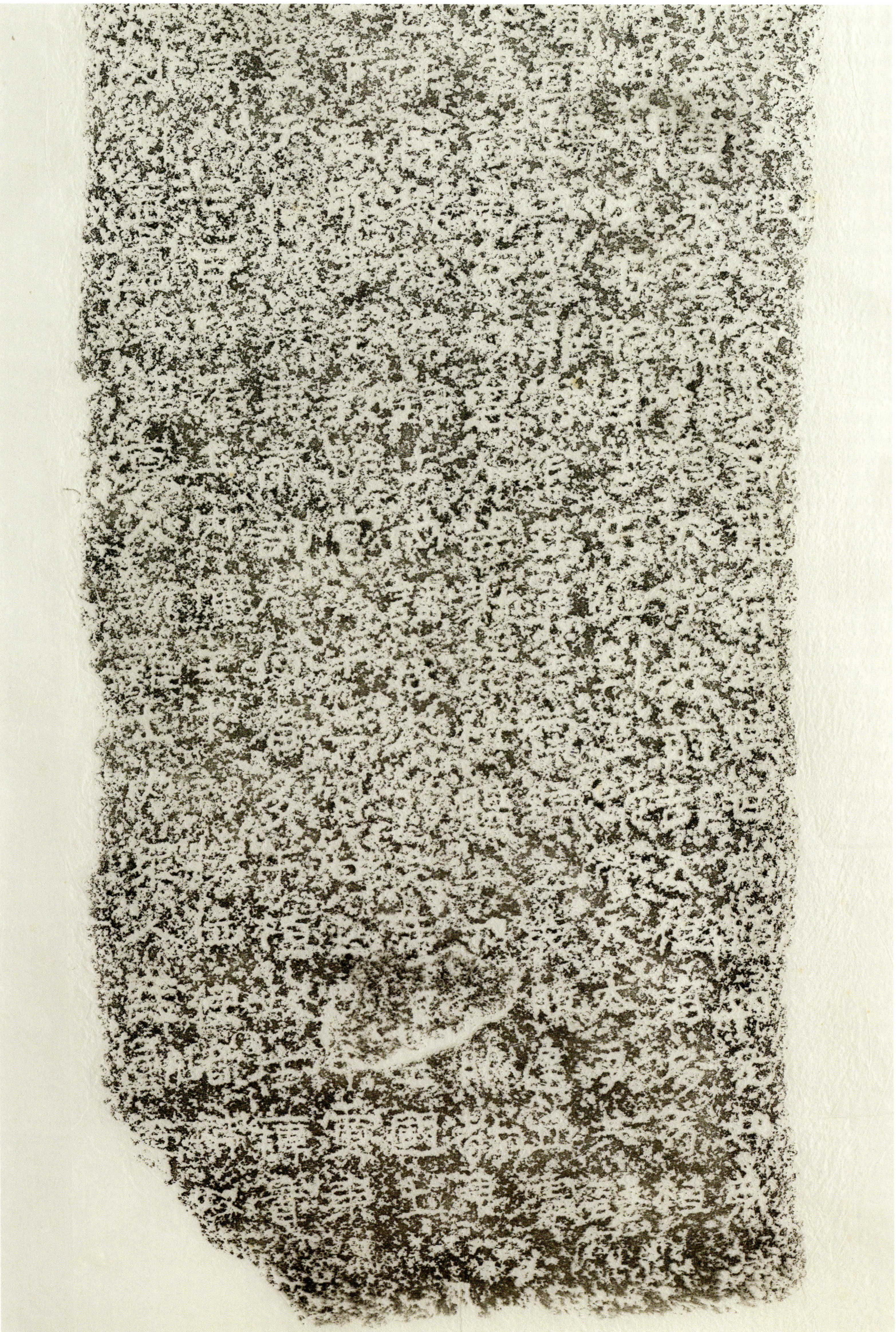

전면 하부

좌측면 상부

좌측면 하부

후면 상부

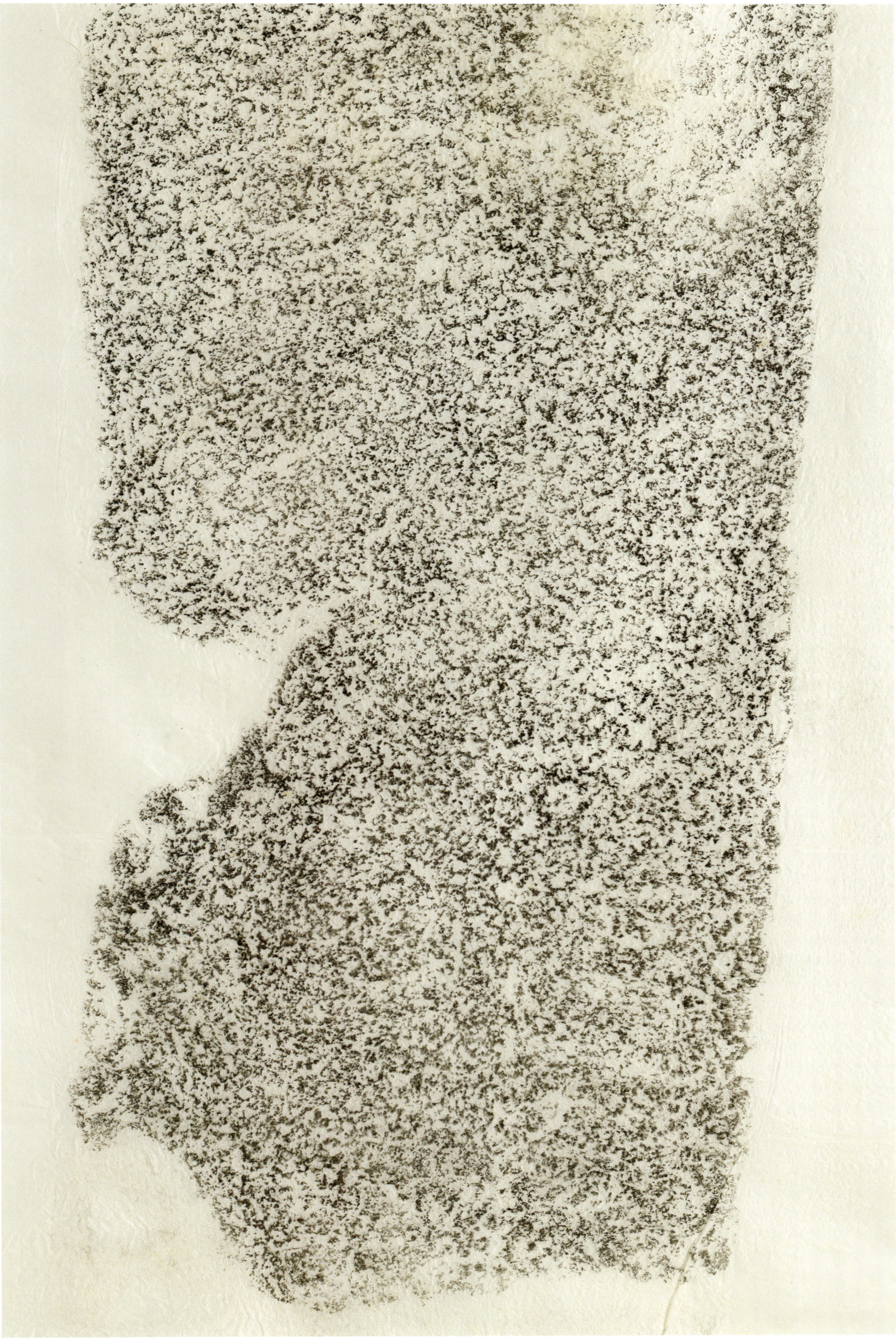

후면 하부

우측면 상부

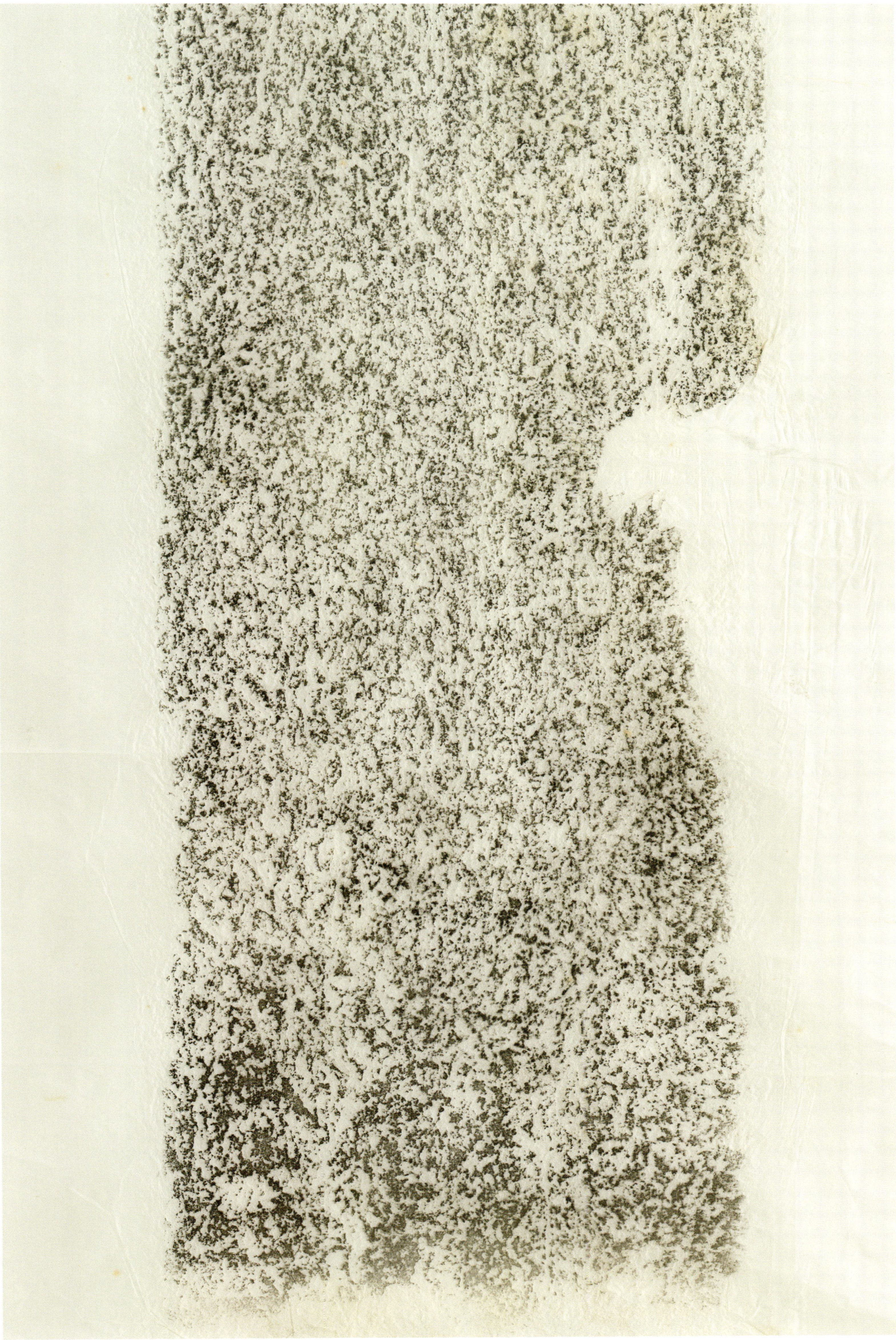

우측면 하부

충주고구려비 관련 연구문헌

단행본

檀國大學校 史學會, 1979,『史學志』13(中原高句麗碑 特輯號), 檀國大學校 史學會.

高句麗研究會 編, 2000,『中原高句麗碑 研究』(高句麗研究 10), 학연문화사.

韓國古代史學會, 2020,『韓國古代史研究』98 특집: 발견40주년 기념 "충주고구려비 연구의 새단계", 韓國古代史學會.

동북아역사재단 한중관계연구소 편, 2020,『충주고구려비 연구』, 동북아역사재단.

논문 및 자료

金禮植, 1979,「中原 高句麗碑 發見經緯」,『蘂城文化』創刊號, 蘂城同好會.

鄭永浩, 1979,「中原高句麗碑의 發見調査와 研究展望」,『史學志』13, 檀國大學校 史學會.

李丙燾, 1979,「中原高句麗碑에 대하여」,『史學志』13, 檀國大學校 史學會; 2012,「中原高句麗碑에 대하여」,『斗溪李丙燾全集04-韓國古代社會史論稿』, 한국학술정보(주).

李基白, 1979,「中原高句麗碑의 몇가지 문제」,『史學志』13, 檀國大學校 史學會; 1996,「중원고구려비의 몇가지 문제」,『韓國古代 政治社會史 研究』, 一潮閣.

邊太燮, 1979,「中原高句麗碑의 內容과 年代에 대한 檢討」,『史學志』13, 檀國大學校 史學會.

任昌淳, 1979,「中原高句麗碑小考」,『史學志』13, 檀國大學校 史學會.

申瀅植, 1979,「中原高句麗碑에 대한 考察」,『史學志』13, 檀國大學校 史學會; 1984,「중원고구려비에 대한 고찰」,『韓國古代史의 新研究』, 一潮閣; 1995,「中原高句麗碑에 대한 一考察」,『高句麗 南進 經營史의 研究』, 白山資料院.

金貞培, 1979,「中原高句麗碑의 몇가지 問題點」,『史學志』13, 檀國大學校 史學會.

李昊榮, 1979,「中原高句麗碑 題額의 新讀-長壽王代의 年號 推論-」,『史學志』13, 檀國大學校 史學會.

田中俊明, 1981,「高句麗の金石文」,『朝鮮史研究會論文集』18, 朝鮮史研究會.

木下禮仁, 1981,「中原高句麗碑-その建立年次を中心として-」,『村上四男博士 和歌山大學退官記念 朝鮮史論文集』, 開明書院.

武田幸男, 1980,「序說 五~六世紀東アジア史の一視點-高句麗中原碑から新羅赤城碑」へ」,『(東アジア世界における)日本古代史講座』第4卷(朝鮮三國と倭國), 學生社.

劉永智, 1981,「最新發見的高句麗碑」,『學術研究叢刊』1.

木下禮仁, 1982,「日付干支と年次-中原高句麗碑の日付干支をめぐつて」,『考古學と古代史』(同志社大學 考古學シリーズ1).

장준식, 1982,「高句麗 國原城 治址에 關한 研究-中原 可金地域의 遺蹟遺物을 中心으로」, 단국대학교 대학원 사학과 석사학위논문.

金英夏·韓相俊, 1983,「中原高句麗碑의 建碑 年代」,『教育研究誌』25, 경북대학교 사범대학.

李昊榮, 1984,「高句麗·新羅의 漢江流域 進出問題」,『史學志』18, 단국대학교 사학회.

木下禮仁·宮島一彥, 1984,「高句麗の曆-中原高句麗碑をめぐつて」,『韓國文化』6-1, 自由社.

엄윤수, 1984,「中原高句麗碑 小考-碑의 建立年代와 高句麗의 南下政策을 중심으로-」, 고려대학교 교육대학원 역사교육전공 석사학위논문.

손영종, 1985,「중원고구려비에 대하여」,『력사과학』2, 과학백과사전출판사.

劉永智, 1986,「高句麗碑出土記芻議」,『學術研究叢刊』.

崔範勳, 1987,「金石文에 나타난 吏讀研究」,『論文集』21, 경기대학교.

鄭雲龍, 1987,「5~6世紀 高句麗·新羅의 勢力變遷 過程에 대한 一考察-中原高句麗碑와 丹陽新羅赤城碑의 連繫的 考察」, 고려대학교 대학원 사학과 석사학위논문.

金昌鎬, 1987,「中原高句麗碑의 재검토」,『韓國學報』47, 일지사.

徐光輝, 1990,「中原高句麗碑」,『東北亞歷史與文化』, 遼沈書社.

李殿福, 1991,「高句麗金銅石雕佛像及中原郡碑－兼談高句驪易名高麗之始」,『博物館研究』1, 吉林省博物館學會·吉林省考古學會.

徐永大, 1992,「中原 高句麗碑」,『譯註 韓國古代金石文』제1권(고구려·백제·낙랑 편), 駕洛國事蹟開發研究院.

木下禮仁·宮鳥一彦, 1993,「高句麗の暦－中原高句麗碑をめぐつて」,『日本書紀と古代朝鮮』, 塙書房.

木村誠, 1997,「中原高句麗碑立碑年次の再検討」,『朝鮮社會の史的展開と東アジア』, 山川出版社.

최영희, 1997,「忠州를 거쳐 새재(鳥嶺)로－역사 기행－」,『金顯吉教授定年紀念鄉土史學論叢』.

朴性鳳, 1997,「高句麗 金石文의 연구현황과 과제－"廣開土好太王碑와 中原高句麗碑"를 중심으로－」,『國史館論叢』78, 國史編纂委員會.

예술의 전당, 1998,「中原高句麗碑」,『옛탁본의 아름다움, 그리고 우리 역사』(한국서예사특별전18 韓國의 名碑古拓), 예술의 전당.

篠原啓方, 1999,「中原高句麗碑로 본 高句麗의 國家 位相」, 高麗大學校 碩士學位論文.

손영종, 2000,「중원고구려비」,『고구려사의 제문제』, 신서원.

鄭永鎬, 2000,「中原高句麗碑의 發見調査와 意義」,『高句麗研究』10, 학연문화사.

徐吉洙, 2000,「중원고구려비 신석문 국제워크샵과 국제학술대회」,『高句麗研究』10, 학연문화사.

李道學, 2000,「中原高句麗碑의 建立 目的」,『高句麗研究』10, 학연문화사; 2001,「중원고구려비의 건립 목적은?」,『한국고대사 그 의문과 진실』, 김영사.

木村誠, 2000,「中原高句麗碑の立碑年について」,『高句麗研究』10, 학연문화사; 2000,「中原高句麗碑의 立碑年에 관해서」,『高句麗研究』10, 학연문화사.

朴眞奭, 2000,「中原高句麗碑의 建立年代 考証」,『高句麗研究』10, 학연문화사.

金昌鎬, 2000,「中原高句麗碑의 建立 年代」,『高句麗研究』10, 학연문화사; 2009,「中原高句麗碑의 건립 연대」,『삼국시대 금석문 연구』, 서경문화사.

南豊鉉, 2000,「中原高句麗碑文의 解讀과 吏讀的 性格」,『高句麗研究』10, 학연문화사.

李殿福, 2000,「通過中原郡高麗碑看高句驪國名的變遷」,『高句麗研究』10, 학연문화사; 宋龍鎬 번역, 2000,「중원군의 고구려비를 통해 본 고구려 국명의 변천」,『高句麗研究』10, 학연문화사.

林起煥, 2000,「중원고구려비를 통해 본 고구려와 신라의 관계」,『高句麗研究』10, 학연문화사.

李鎔賢, 2000,「中原高句麗碑와 新羅의 諸碑」,『高句麗研究』10, 학연문화사.

徐榮一, 2000,「中原高句麗碑에 나타난 高句麗 城과 關防體系－于伐城과 古牟婁城을 中心으로－」,『高句麗研究』10, 학연문화사.

耿鐵華, 2000,「冉牟墓誌與中原高句麗碑」,『高句麗研究』10, 학연문화사; 徐日範 번역, 2000,「冉牟墓誌와 中原高句麗碑」,『高句麗研究』10, 학연문화사.

金洋東, 2000,「中原 高句麗碑와 高句麗 金石文의 書體에 대하여」,『高句麗研究』10, 학연문화사.

張俊植, 2000,「中原高句麗碑 附近의 高句麗系 遺蹟·遺物 檢討」,『高句麗研究』10, 학연문화사.

시노하라 히로카타(篠原啓方), 2000,「〈中原高句麗碑〉의 釋讀과 내용의 의의」,『史叢』51, 高大史學會.

孫煥一, 2000,「中原 高句麗碑의 書體」,『高句麗研究』9, 학연문화사.

최장열, 2004,「중원고구려비, 선돌에서 한반도 유일의 고구려비로」,『고대로부터의 통신』, 푸른역사.

糸永佳正, 2004,「『中原高句麗碑』の「高麗太王」と麗·羅關係」,『歴史研究』42, 大阪教育大学歴史学研究室.

정운용, 2005,「三國關係史에서 본 中原高句麗碑의 意味」,『고구려의 국제관계』(연구총서5), 고구려연구재단.

鄭雲龍, 2005,「中原高句麗碑 研究의 몇 가지 問題」,『국제고려학회 서울지회 논문집』6, 국제고려학회.

張彰恩, 2005,「中原高句麗碑의 판독과 해석」,『新羅史學報』5, 新羅史學會.

張彰恩. 2006,「中原高句麗碑의 연구동향과 주요 쟁점」,『歷史學報』189, 歷史學會.

鄭雲龍, 2006,「中原高句麗碑의 建立 年代」,『白山學報』76, 白山學會.

金永旭, 2007,「中原 高句麗碑의 國語學的 研究」,『口訣研究』18, 口訣學會.

최형철, 2007,「고구려가 형이고, 신라가 아우다: 중원고구려비」,『박물관 속의 한국사』, 휴머니스트.

孫玉良·孫文範 主編, 2008,「第12章 第5節 中原高句麗碑」,『簡明高句麗史』, 吉林人民出版社.

박성현, 2010, 「6세기 초 고구려 · 신라의 화약과 경계 - 『중원 고구려비』와 양국 경계의 재검토 - 」, 『역사와 현실』 76, 한국역사연구회.
이천시립월전미술관, 2010, 「07 중원고구려비」, 『옛 글씨의 아름다움 그 속에서 역사를 보다』, 이천시립월전미술관.
국립중앙박물관, 2010, 「중원고구려비」, 『금석문자료1 - 삼국시대』(국립중앙박물관 소장 역사자료 총서 10), 국립중앙박물관.
임기환, 2011, 「울진 봉평리 신라비와 광개토왕비, 중원고구려비」, 『울진 봉평리 신라비와 한국 고대 금석문』, 울진군 · 한국고대사학회.
박진석, 2011, 「제8장 中原高句麗碑 試論」, 『고구려역사 제문제』, 경인문화사.
서지영, 2012, 「5세기 羅 麗 관계변화와 〈中原高句麗碑〉의 建立」, 『韓國古代史研究』 68, 한국고대사학회.
박찬흥, 2013, 「중원고구려비의 건립 목적과 신라의 위상」, 『韓國史學報』 51, 고려사학회.
장창은, 2013, 「충주 고구려비 연구의 최근동향」, 『제7회 중원문화학술포럼 - 고구려의 재발견 - 』, 한국고대학회 · 한국교통대학교박물관.
고광의, 2014, 「고구려왕, 충주에 비를 세우다」, 『고구려의 역사 고구려인의 삶』, 충청북도교육청.
장창은, 2014, 「보론 「中原高句麗碑」 연구의 현 단계」, 『고구려 남방 진출사』, 京仁文化社.
李宇泰 編著, 2014, 「忠州 高句麗碑」, 『韓國金石文集成(2)』 高句麗2 - 高句麗 및 高句麗關聯 金石文, 韓國國學振興院.
조성원, 2015, 「小광개토태왕비, 중원고구려비」, 『고구려 9백 년의 자취소리』, 해드림.
김병곤, 2015, 「「충주고구려비」에 표현된 신라 폄하 용어의 사실성」, 『지역과 역사』 36, 부경역사연구소.
趙宇然, 2015, 「文字化된 權力의 意志 - 4~5세기 고구려 碑文에 보이는 사회 · 정치적 단면 - 」, 『東아시아 古代學』 45, 東아시아古代學會.
정호섭, 2017, 「충주고구려비의 비밀」, 『고구려 비문의 비밀』, 살림출판사.
심정현, 2018, 「5세기 고구려 남방의 범위와 지배형태」, 『역사와 현실』 108, 한국역사연구회.
전덕재, 2019, 「충주고구려비를 통해 본 5세기 중반 고구려와 신라의 관계」, 『高句麗渤海研究』 65, 高句麗渤海學會.
서울대학교박물관, 2019, 「중원고구려비」, 『불후의 기록』 서울대학교 소장 탁본, 서울대학교박물관.
장준식, 2019, 「충주 고구려비 발견 40주년 회고와 전망」, 『충주 고구려비의 어제와 오늘』(충주 고구려비 발견 40주년 기념 학술대회), 한국교통대학교 중원학연구소.
박경식, 2019, 「충주 고구려비의 발견과 역사학적 의의」, 『충주 고구려비의 어제와 오늘』(충주 고구려비 발견 40주년 기념 학술대회), 한국교통대학교 중원학연구소.
鄭濟圭, 2019, 「「忠州 高句麗碑」의 역사성과 새로운 모색」, 『충주 고구려비의 어제와 오늘』(충주 고구려비 발견 40주년 기념 학술대회), 한국교통대학교 중원학연구소.
백종오, 2019, 「중원지역 고구려 고고학의 성과」, 『충주 고구려비의 어제와 오늘』(충주 고구려비 발견 40주년 기념 학술대회), 한국교통대학교 중원학연구소.
조영광, 2019, 「충주 고구려비 관련 학술행사의 회고와 정리」, 『충주 고구려비의 어제와 오늘』(충주 고구려비 발견 40주년 기념 학술대회), 한국교통대학교 중원학연구소; 2020, 「충주 고구려비 관련 학술행사의 회고와 정리」, 『先史와 古代』 63, 韓國古代學會.
허의행 · 장우영, 2019, 「충주 고구려비의 고지형과 역사입지 검토」, 『충주 고구려비의 어제와 오늘』(충주 고구려비 발견 40주년 기념 학술대회), 한국교통대학교 중원학연구소; 2020, 「충주 고구려비의 건립 위치에 대한 고고지리학적 접근」, 『先史와 古代』 63, 韓國古代學會.
장준식, 2019, 「충주 고구려비 발견 40주년 회고와 전망」, 『충주 고구려비 발견 40주년 기념 학술회의』자료집, 동북아역사재단 · 韓國古代史學會.
조영훈 · 권다경 · 고광의, 2019, 「충주 고구려비 판독을 위한 과학적 조사 방법」, 『충주 고구려비 발견 40주년 기념 학술회의』자료집, 동북아역사재단 · 韓國古代史學會; 2020, 「충주 고구려비 판독을 위한 3차원 스캐닝 기술의 적용 및 고찰」, 『韓國古代史研究』 98, 한국고대사학회.
고광의, 2019, 「충주 고구려비 판독문 재검토」, 『충주 고구려비 발견 40주년 기념 학술회의』자료집, 동북아역사재단 · 韓國古代史學會; 2020, 「충주 고구려비의 판독문 재검토 - 題額과 干支를 중심으로 - 」, 『韓國古代史研究』 98, 한국고대사학회.
여호규, 2019, 「충주 고구려비의 단락 구성과 건립 시기」, 『충주 고구려비 발견 40주년 기념 학술회의』자료집, 동북아역사재단 · 韓國古代史學會; 2020, 「충주고구려비의 단락구성과 건립시기」, 『韓國古代史研究』 98, 한국고대사학회.
임기환, 2019, 「충주 고구려비의 高麗 太王과 新羅 寐錦」, 『충주 고구려비 발견 40주년 기념 학술회의』자료집, 동북아역사재단 · 韓國古代史學會; 2020, 「충주고구려비의 高麗 大王과 東夷 寐錦」, 『韓國古代史研究』 98, 한국고대사학회.
이성제, 2019, 「忠州 高句麗碑의 건립 목적과 배경」, 『충주 고구려비 발견 40주년 기념 학술회의』자료집, 동북아역사재단 · 韓國古代史學會; 2020, 「〈忠州高句麗碑〉의 건립 목적과 배경」, 『韓國古代史研究』 98, 한국고대사학회.
대한불교조계종 불교중앙박물관, 2019, 「충주 고구려비」, 『2019 금석문 탁본조사 보고서』 강원도Ⅱ · 충청북도, 문화재청 · 대한불교조계종 총무원.
국립경주박물관, 2019, 「부록: 충주 고구려비」, 『新羅文字資料』 신라문자료Ⅱ, 국립경주박물관.
李鎔賢, 2020, 「忠州 高句麗碑 '忌' · '共'의 재해석」, 『韓國史學報』 80, 高麗史學會.
국립문화재연구소, 2020, 「충주 고구려비」, 『한국의 석비』 고대(국보 · 보물), 국립문화재연구소.

忠州高句麗碑

초판 1쇄 인쇄 2021년 9월 1일
초판 1쇄 발행 2021년 9월 15일

엮은이 동북아역사재단
지은이 고광의·조영훈·신빛·안재홍
펴낸이 이영호
펴낸곳 동북아역사재단

등 록 제312-2004-050호(2004년 10월 18일)
주 소 03739 서울시 서대문구 통일로 81(미근동267) NH농협생명빌딩
전 화 02-2012-6065
팩 스 02-2012-6189
홈페이지 www.nahf.or.kr
표지디자인 역사공간
제작·인쇄 역사공간

ISBN 978-89-6187-653-7 93910

값 95,000원

ISBN 978-89-6187-653-7(93910)